本研究得到下列基金资助：

国家自然科学基金(72074053)

复旦大学高峰学科项目基金

国家自然科学基金（72074053）
国家社会科学基金重大项目（12&ZD024）
复旦大学高峰学科项目基金

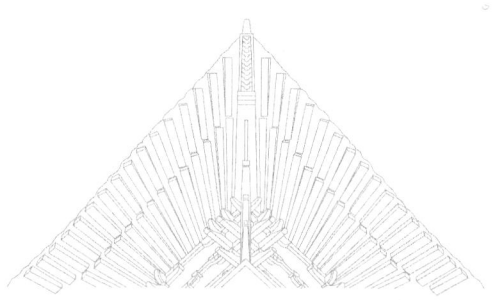

民族文化旅游社区参与机制

—— 前沿理论与精准营销 ——

李小民　徐宁宁　郭英之　著

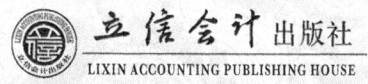

图书在版编目(CIP)数据

民族文化旅游社区参与机制：前沿理论与精准营销／李小民，徐宁宁，郭英之著. —上海：立信会计出版社，2024.1

ISBN 978-7-5429-7335-1

Ⅰ.①民… Ⅱ.①李… ②徐… ③郭… Ⅲ.①民族地区-旅游业发展-社区发展-研究-中国 Ⅳ.①F592.3

中国国家版本馆 CIP 数据核字(2023)第 088429 号

策划编辑　　孙　勇
责任编辑　　孙　勇
美术编辑　　北京任燕飞工作室

民族文化旅游社区参与机制：前沿理论与精准营销
Minzu Wenhua Lüyou Shequ Canyu Jizhi Qianyan Lilun Yu Jingzhun Yingxiao

出版发行	立信会计出版社
地　　址	上海市中山西路 2230 号　　邮政编码　200235
电　　话	(021)64411389　　传　　真　(021)64411325
网　　址	www.lixinph.com　　电子邮箱　lixinph2019@126.com
网上书店	http://lixin.jd.com　　http://lxkjcbs.tmall.com
经　　销	各地新华书店
印　　刷	江苏凤凰数码印务有限公司
开　　本	787 毫米×1092 毫米　　1/16
印　　张	23.75　　插　页　1
字　　数	578 千字
版　　次	2024 年 1 月第 1 版
印　　次	2024 年 1 月第 1 次
书　　号	ISBN 978-7-5429-7335-1/F
定　　价	99.00 元

如有印订差错，请与本社联系调换

前　言

开展民族文化旅游的目的一方面是利用旅游产业的联动作用为少数民族居民创造就业机会，提高其生活质量，实现旅游扶贫；另一方面是探索通过旅游发展来保护性地开发民族地区的自然资源与人文资源，从而助推以人民为中心的全面小康社会的建设与管理。坚持以人民为中心是新时代坚持和发展中国特色社会主义的基本方略之一，这意味着不仅经济社会发展要坚持以人民为中心的发展思想，而且中国特色社会主义事业诸领域、各方面与全过程都必须坚持以人民为中心。

我国改革开放40多年来，旅游业发展迅猛，民族文化旅游在第三产业中扮演了重要角色。我国有56个民族，分布在不同区域和省份，其中相当一部分少数民族地区社会经济发展相对滞后，自然环境保存相对完好。不同少数民族在传统文化、生活习惯、民俗民风方面具有很大差异，形成了各具特色的民族文化旅游资源。随着旅游需求从观光到体验的转变，旅游者对异质文化体验类的旅游产品更加青睐，少数民族地区的民族文化旅游发展不仅得到了市场的关注，也受到了学界、业界的关注。民族文化旅游可以因地制宜，精准发力，确保各民族同胞与祖国经济社会发展同频共振，共享现代化发展成就。

民族文化旅游的发展助推全面小康社会建设和发展。一方面，我国少数民族地区都争相发展具有当地少数民族特色的民族文化旅游，少数民族地区经济水平也因此得到了一定提升。另一方面，少数民族居民的生活质量是否因当地旅游发展得到改善、改善程度有多少、少数民族居民是否从当地旅游发展中充分获益，还需要关注。同时，少数民族村寨和社区的旅游发展决策大多仍以自上而下的模式进行，地方政府容易忽略当地少数民族居民的意见和建议，进而造成民族旅游发展中社区居民参与（即社区参与）程度较低、参与面不广的问题。本书立足于促进少数民族地区社区居民与旅游发展关系的和谐，以旅游者和潜在旅游者市场需求为中心，旨在通过科学、系统的学术研究，探索民族文化旅游背景下社区共建、共治、共享的参与机制，实现少数民族地区社区居民和社会组织在旅游参与中的有机结合，形成具有常态性和保障性的民族旅游精准扶贫新途径。

本书（本研究）兼具理论价值与实践意义，从理论价值层面来看：一是集合了民族学、旅游学、社会学、管理学、经济学、营销学等不同学科的研究，形成了综合性的研究成果；二是从多视角探讨民族旅游社区参与机制，形成了具有对比性的实证分析结果；三是整合不同领域的理论研究成果来构建模型，形成多维度的理论和框架。从实践意义层面来看：一是有利于引起社会各界对我国民族文化和旅游资源的重视，促进全社会对少数民族物质和非物质文化遗产的保护；二是有利于突出对少数民族地区居民在旅游发展和社区事务中权利的维护，进而实现旅游方面公共参与的治理创新；三是有利于推动少数民族地区旅游精准扶贫政策的落实,为提升少数民族地区居民生活质量创新路径。

　　本书利用知识图谱可视化软件对与民族文化旅游相关的国内研究进行共现分析和聚类分析,旨在总结国内外文献在研究内容、研究方法和研究视角等方面的异同。本书对相关理论进行梳理和分析,并确定行动者网络理论、社会资本理论、增权理论为主要理论基础。本书运用行动者网络理论中的广义对称性原则,将影响少数民族地区居民旅游参与的人类和非人类因素平等对待,即在考虑少数民族地区社区居民行为与态度对旅游发展影响的同时,结合当地的传统文化和道德准则以及社会经济发展等各个方面,整体性地分析影响少数民族地区居民参与旅游的因素。运用社会资本理论的主要目的不仅是探索诸如道德准则、传统文化、社区凝聚力、互惠程度、相互信任等因素对少数民族地区居民旅游参与意愿的影响,而且是通过对案例地——肇兴侗寨的传统侗族社会资本的解读与探析,明确侗族特有的社会关系、组织结构、社会认知对居民参与意识的影响。运用增权理论的主要目的是探寻少数民族地区居民权利意识和行使程度对其参与社区旅游发展意愿的影响,其中从增权理论中的政治增权、经济增权、社会增权、心理增权等四个维度进行剖析,探索少数民族社区旅游治理重心和权力下移的现状,并基于此来探讨旅游发展对社区居民权利维护以及旅游参与能力提升的影响。

　　本书提出的创新理论、研究方法与得出的结论,可为政府机关、中外企业、高等院校专家学者的相关理论研究与实践,提供科学的量化参考。另外,需要说明的是,本书中民族文化旅游与民族旅游意思相同。

作　　者

目　　录

第一章　绪论 …………………………………………………………………… 001
　　第一节　民族旅游社区参与机制研究背景 ………………………………… 001
　　第二节　民族旅游社区参与机制研究目的与意义 ………………………… 008
　　第三节　民族旅游社区参与机制的研究方法 ……………………………… 010

第二章　国内外民族社区旅游前沿理论研究进展 …………………………… 014
　　第一节　国内外民族旅游研究前沿理论文献综述 ………………………… 014
　　第二节　国内外民族社区研究前沿理论文献综述 ………………………… 035
　　第三节　国内外旅游社区参与研究前沿理论文献综述 …………………… 053

第三章　民族旅游社区参与机制理论基础 …………………………………… 074
　　第一节　民族旅游社区参与机制的行动者网络理论基础 ………………… 074
　　第二节　民族旅游社区参与机制的社会资本理论基础 …………………… 081
　　第三节　民族旅游社区参与机制的增权理论基础 ………………………… 091

第四章　民族旅游社区参与机制研究设计 …………………………………… 099
　　第一节　民族旅游社区参与机制研究思路与理念 ………………………… 099
　　第二节　民族旅游社区参与机制的研究方法 ……………………………… 100
　　第三节　民族旅游社区参与机制的研究假设与模型建构 ………………… 104

第五章　民族旅游社区参与机制模型分析及检验 …………………………… 116
　　第一节　肇兴侗寨民族旅游发展相关背景 ………………………………… 116
　　第二节　民族旅游社区参与机制的问卷信度与效度检验 ………………… 122
　　第三节　民族旅游社区参与机制的市场需求分析 ………………………… 132

第六章　民族旅游社区参与机制感知的需求差异与精准营销 ……………… 193
　　第一节　居民与游客对民族旅游参与机制感知的需求差异比较与精准营销 ……… 193

第二节	居民对民族旅游增权感知的需求差异与精准营销	210
第三节	居民对民族旅游社会资本感知的需求差异与精准营销	233
第四节	居民对民族旅游积极影响感知的需求差异与精准营销	256
第五节	居民对民族旅游消极影响感知的需求差异与精准营销	276
第六节	居民对民族旅游参与意愿感知的需求差异与精准营销	298

第七章 民族旅游社区参与机制研究结论、精准营销管理启示与原则以及创新与展望 319

第一节	民族旅游社区参与机制研究结论	319
第二节	民族旅游社区参与机制的精准营销管理启示与原则	327
第三节	民族旅游社区参与机制研究创新与展望	338

参考文献 340

第一章 绪 论

第一节 民族旅游社区参与机制研究背景

一、少数民族地区经济社会发展的现实需求

第一,基于我国少数民族地区民族居民分布状况所形成的客观需求。我国是多民族国家,2010年国务院第六次全国人口普查报告显示,我国少数民族总人口为13 379.22万人,占我国人口总数的8.49%,相比2000年第五次全国人口普查的统计数据,少数民族人口增加了736.26万人,占我国人口总数的比例也增加了0.08%(国家统计局,2011)[①]。少数民族人口较多的国家主要分布在亚洲,其中印度有67 608.3万人、印度尼西亚有14 052.5万人、中国有13 379.22万人,三个国家少数民族人口相加约为95 040万人,占世界少数民族总人口的54.98%。[②]

我国少数民族人口主要分布在我国西北地区与西南地区,其中广西壮族自治区内有1 711万少数民族人口、云南省有1 534万少数民族人口、新疆维吾尔自治区有1 307万少数民族人口、贵州有1 255万少数民族人口,上述4个省(自治区)是少数民族人口最多也最为集中的4个地方,4个省(自治区)少数民族人口共5 807万人,占全国少数民族总人口的43.4%。[③]因此,对于我国少数民族人口分布占地方总人口比重排名第四的贵州省而言,在省内民族地区发展民族旅游不仅有利于"环保地"促进当地社会经济发展,更能够利用旅游发展的可持续性来保障当地少数民族传统和文化的传承(程仁杰和李朦,2017)[④]。

第二,基于我国少数民族地区社会发展转型的需求。受我国少数民族种类多样、民族特征不同、地区发展差异性等方面的综合影响,我国少数民族地区的社会发展仍然落后于全国的平均水平。因此,对于少数民族地区在经济、文化、社会等方面的研究与政策支持,是实现

[①] 国家统计局. 第六次全国人口普查主要数据发布[EB/OL]. [2011-04-28]. http://www.stats.gov.cn/ztjc/zdtjgz/zgrkpc/dlcrkpc/dcrkpcyw/201104/t20110428_69407.htm.
[②] 世界知识年鉴编委会.2014/2015世界知识年鉴[M].北京:世界知识出版社,2015.
[③] 国家民族事务委员会经济发展司,国家统计局国民经济综合统计司. 2016中国民族统计年鉴[M]. 北京:民族出版社,2016.
[④] 程仁杰,李朦.分析贵州民族地区旅游扶贫开发中存在的问题及解决对策[J].旅游纵览(下半月),2017,27(5):196,199.

推动少数民族地区社会平稳发展的重要举措(吴永明,2012)①。我国各民族的共存共荣是社会经济发展的核心任务,也是维护我国领土完整、稳定统一的重要内容,因此,如何推动少数民族地区的社会经济可持续发展既是具有现实性的迫切问题,又是具有未来性的持续问题(牛云峰,2010②;张锐和张宝成,2011③)。民族地区旅游发展要兼顾社会效应和经济效应,利用旅游发展收益来保障少数民族居民民生和福利,有利于保护当地的特色民族文化资源并推动民族社区的建设升级(王力和王琼,2017④)。旅游能够通过其与农业、工业的联动作用提升旅游目的地的社会经济发展水平,而政府、企业、科研机构关于促进社会经济发展的旅游政策能够尽快提升旅游对当地社会经济的突出作用(Aslan,2014⑤)。在城镇化转型发展情况下,少数民族社区中的传统结构、社会网络、文化习俗面临挑战,如何与外部社区和文化协调发展决定少数民族社区建设效率(卜文虎,2017⑥)。因此,对于少数民族地区旅游发展的相关研究能够从科学、严谨的角度来为少数民族地区社会平衡发展的诉求提供依据与参考。

第三,基于我国少数民族地区以民为本发展的需求。少数民族地区居民的生活质量决定其自身幸福感以及对当地的归属感,是实现少数民族地区社会快速稳步发展的重要组成部分(王曲元,2009⑦)。从影响少数民族地区居民幸福感的角度来看,社区旅游发展的直接经济收益是居民生活质量提升的显著影响因素,而居民收入不能显著提升会影响旅游发展实现以人为本的目的(叶小青,2017⑧)。少数民族的文化资源、少数民族居民聚集地的自然地理资源成为当地提升居民生产生活质量的重要基石,这些未经过分开发的、具有较强原真性的少数民族地区特色资源的经济转化能力成为提高当地居民生活质量工作的核心(陈茜,2005⑨)。旅游发展对居民文化程度、居民收入、社区归属感、经济发展、社区建设、环境保护等方面的提升作用,决定了民族社区居民对旅游发展的态度以及幸福感,旅游对居民生活质量和社区建设的促进是以民为本发展旅游的核心(杨曦和金倩,2016⑩)。罗鸣春等(2014)⑪对云南少数民族居民生活质量的研究发现,和谐的心理感受与实际的经济资本的提高是提高少数民族生活质量与生活满意度的内在因素与外在动力。然而,仅从利益获取的角度来

---

① 吴永明. 建国以来西南少数民族地区社会发展研究综述[J]. 云南民族大学学报(哲学社会科学版),2012,29(6):61-66.
② 牛云峰. 加快推进新疆少数民族经济社会发展的必要性和重要性[J]. 中共伊犁州委党校学报,2010,22(2):41-43.
③ 张锐,张宝成. 少数民族地区经济社会发展的现状及政策分析[J]. 前沿,2011,33(7):156-161.
④ 王力,王琼. 少数民族旅游发展的民生保障机制与策略研究[J]. 贵州民族研究,2017,38(12):173-177.
⑤ Aslan A. Tourism development and economic growth in the mediterranean countries: evidence from panel granger causality tests[J]. Current Issues in Tourism,2014,17(4):363-372.
⑥ 卜文虎. 边疆民族地区城市化转型社区发展问题研究——基于资产建设社会政策视角[J]. 学术探索,2017,25(3):49-57.
⑦ 王曲元. 中国少数民族地区居民生活质量与主观幸福感研究[D]. 北京:中央民族大学,2009:85-96.
⑧ 叶小青. 民族旅游社区居民主观幸福感实证研究——以浙江畲族为例[J]. 贵州民族研究,2017,38(6):38-43.
⑨ 陈茜. 浅析西部大开发过程中少数民族历史文化资源在发展当地旅游业中的地位与作用[J]. 和田师范专科学校学报,2005,25(6):185-186.
⑩ 杨曦,金倩. 民族旅游对当地居民主观幸福感的影响研究——以西江千户苗寨为例[J]. 佳木斯职业学院学报,2016,33(12):431-432.
⑪ 罗晓春,谷雨,倪晓昉,等. 云南少数民族居民心理和谐与生活质量关系研究[J]. 中国健康教育,2014,30(1):27-30.

提高少数民族地区居民的生活质量是极端与偏颇的,而注重保护的资源开发模式是稳步促进当地综合性发展以及提升居民整体生活质量的重中之重(Arambiza 和 Painter,2006)①。因此,合理控制旅游对少数民族地区生态、文化、社会环境的影响,采取保护先行、开发并重的旅游发展模式,对于稳步提升当地居民的生活质量、地方归属感、地方自豪感具有重要的意义。

第四,基于我国少数民族地区社区建设升级的需求。社区建设的程度以及社区治理能力的提升不仅是城镇化发展的重要组成部分,同样也是达到公民社会层级、提高居民生活质量的重要方式和途径(丁元竹,2013)②。就旅游发展的角度而言,社区是旅游业最为基础的单位,是构成旅游目的地的重要部分,社区与旅游目的地两者之间的相互促进或阻碍在很大程度上会形成对旅游发展利益相关者的正面或负面的影响(唐顺铁,1998)③。旅游发展后民族社区关系复杂化制约旅游和社区发展,政府、旅游企业、旅游者、居民、社区等利益相关者的协同合作至关重要,它不仅决定了各方面对旅游社区建设的参与程度,更是影响社区综合发展的重要因素(王洪涛和赵国欣,2017)④。旅游发展后社区层面的利益分配直接影响少数民族社区的有效建设,社区的升级发展需要各群体的协调参与和共同投入,应当注重旅游发展中的公平原则来保障民族社区的创新建设(唐仲霞等,2017)⑤。旅游对于社区建设的影响以及社区治理水平对旅游发展的作用相当明显,当地的旅游产业化程度、居民对旅游的参与程度以及态度、居民从旅游发展中所获得的利益等因素在决定当地旅游发展的同时,也影响着当地社区的和谐发展(Zou 等,2014)⑥。少数民族社区具有血缘性、稳定性、历史性、发展性的特色,居民、旅游发展、旅游特色资源之间的良性互动是促进少数民族旅游业发展的重要因素,也是旅游、社区建设与治理能力共同提升的发展模式(Strickland-Munro 和 Moore,2013)⑦。因此,从社区建设和参与的层面来研究少数民族旅游对于当地社区以及居民的影响具有相当强的针对性与目的性。

二、少数民族地区民族旅游的发展现状

第一,我国少数民族地区旅游产品市场供给丰富。20世纪80年代我国的少数民族地区旅游开始萌生并获得了极大的发展空间,尤其是我国所具有的少数民族资源优势,使少数民族地区在民族旅游资源的供给上拥有潜力(吴忠军和韦俊峰,2014)⑧。文化软实力概念的风

---

① Arambiza E, Painter M. Biodiversity conservation and the quality of life of indigenous people in the Bolivian Chaco[J]. Human Organization,2006,65(1):20-34.
② 丁元竹. 价值意义与工具意义上的社区——关于社区建设和社区治理的探索[J]. 中国治理评论,2013,2(2):24-41.
③ 唐顺铁. 旅游目的地的社区化及社区旅游研究[J]. 地理研究,1998,17(2):145-149.
④ 王洪涛,赵国欣. 民族村寨旅游开发中的利益冲突化解机制研究——基于利益相关者理论[J]. 文化产业研究,2017,10(3):270-281.
⑤ 唐仲霞,肖景义,何明花,等. 民族旅游社区多主体共生因素分析——以青海三个社区为例[J]. 青海师范大学学报(哲学社会科学版),2017,39(4):47-52.
⑥ Zou T, Huang S, Ding P. Toward a community-driven development model of rural tourism: the Chinese experience[J]. International Journal of Tourism Research,2014,16(3):261-271.
⑦ Strickland-Munro J, Moore S. Indigenous involvement and benefits from tourism in protected areas: a study of Purnululu National Park and Warmun Community, Australia[J]. Journal of Sustainable Tourism,2013,21(1):26-41.
⑧ 吴忠军,韦俊峰. 国内民族旅游研究综述[J]. 广西经济管理干部学院学报,2014,26(1):65-71.

靡,对于特有文化的原真性保护以及特定文化的创新性挖掘是丰富我国少数民族旅游资源、深挖少数民族文化特色以及适应当代社会转型的重要途径(谢维光等,2013)[1]。就民族旅游的本质而言,其异质文化和旅游参与性与体验性形成了对游客的吸引力基础,我国民族旅游资源丰富且各具特色(马骍,2017)[2]。非物质文化遗产在很大程度上是少数民族的传统的展现平台,在为少数民族地区提供丰富旅游资源的同时也受到挑战,保障民族旅游资源的原真性不仅能够促进文化传承,也是创造丰富民族旅游产品的重要基础(何昭丽和米雪,2017)[3]。我国少数民族居民更多地参与当地旅游业,居民也因此获得了综合性的利益与回报,然而产品同质化、服务水平参差化、分工模糊化、管理混乱化等方面的阻碍,在一定程度上形成了较为混乱的供给市场秩序(王汝辉和罗晓彬,2009)[4]。少数民族旅游市场的供给应该顺应旅游者旅游需求的转变,同时少数民族旅游目的地旅游资源的合理开发和保护不仅能够凸显当地的历史文化特色,而且能够进一步丰富我国少数民族旅游市场的供给态势(陆军和潘善环,2003)[5]。因此,合理地监管我国少数民族地区旅游供给市场,创造优质的旅游产品和服务具有重要的意义。

第二,我国少数民族地区旅游产品市场需求激增。我国少数民族地区旅游主要以突出当地特色的文化、生活习惯、习俗、节庆等风土人情资源来吸引游客,在一定程度上可以看出旅游者对于异地文化的猎奇心理以及情感体验的需求构成市场发展潜力(李娜和龙虎,2013)[6]。国家重视少数民族地区旅游发展,近些年少数民族地区接待的旅游者人数和旅游收入均有显著提高,旅游者愈发向往既有新奇文化特质又有秀美自然风光的旅游目的地(彭宗兰,2017)[7]。旅游者需求的动态性、个性化、猎奇性、求新性等成为我国少数民族旅游目的地在把握旅游者需求变化方面的难点,因此,有针对性地对少数民族旅游市场进行调研,利用管理学、营销学、社会学、心理学、地理学等相关学科的理论对市场需求进行数据分析,能够有效地促进各个少数民族旅游地"有的放矢"地开发旅游资源(吴修林和陈慧钧,2011)[8]。近年来,随着游客对少数民族文化市场认同程度的不断加深,选择少数民族地区进行旅游活动的人数也随之提高,少数民族地区旅游形象、环境资源、旅游氛围以及文化熟悉程度成为影响游客选择目的地的重要因素(邹丽敏等,2017)[9]。因此,有针对性地进行少数民族旅游目的地的旅游市场营销调研能够在获得居民感知与态度等方面意见的基础上,通过科学合理的分析,形成具有实践意义的营销策略与预测,为我国少数民族旅游总体发展的持续性提供技术上与实践上的保障。

---

[1] 谢维光,杨光,刘彦亮.民族旅游与文化变迁的核心问题探讨[J].对外经贸,2013,27(10):65-66,106.
[2] 马骍.关于民族旅游可持续发展的思考[J].中南民族大学学报(人文社会科学版),2017,37(6):126-130.
[3] 何昭丽,米雪."少数民族非物质文化遗产保护"与"旅游开发"双赢发展研究[J].广西民族研究,2017,33(5):149-155.
[4] 王汝辉,罗晓彬.西部民族旅游开发中民居接待供给制度的效率研究[J].四川师范大学学报(社会科学版),2009,36(3):118-122.
[5] 陆军,潘善环.多维视野中的民族旅游开发[J].桂林旅游高等专科学校学报,2003,14(5):58-62.
[6] 李娜,龙虎.民族旅游产品的消费者需求分析研究[J].大众文艺,2013,23(14):264.
[7] 彭宗兰.民族村寨旅游服务标准化建设的现实意义[J].产业与科技论坛,2017,16(20):18-19.
[8] 吴修林,陈慧钧.少数民族旅游演艺特色品牌的营造与提升:以张家界为例[J].求索,2011,31(10):90-91.
[9] 邹丽敏,张嘉雯,姆丽德·包尔江,等.少数民族地区旅游目的地选择影响因素研究[J].市场周刊(理论研究),2017,16(3):36-38.

第三,我国少数民族地区旅游精准扶贫需求上升。我国少数民族地区多数位于自然资源保存尚好的边远地区,旅游资源、民族文化资源丰富,但经济发展缓慢,贫困现象普遍,因此,在少数民族地区发展具有民族特色的旅游,能够在吸引游客前来旅游的基础上,为当地的居民脱贫致富提供保障(杨佳润等,2016)[①]。精准扶贫强调的贫困地区、居民以及资源优势均体现我国少数民族地区的特点,通过当地社区与村寨的民族旅游发展来进行精准扶贫,不仅能够利用当地的风土人情、自然风光增加居民的收入,而且能够在促进经济发展的同时,保护环境与文化的原真性(杨静,2016)[②]。民族地区旅游精准扶贫的基础是打造具有市场吸引力和民族元素的旅游产品,同时促使更多的少数民族地区居民参与当地旅游发展,实现居民收入提升和民族村寨经济发展(何莽等,2017)[③]。从我国早期的旅游扶贫计划与相关项目的实施过程中不难发现,旅游扶贫更多聚焦于区域层面,缺乏对贫困居民的关注,从而导致扶贫效果不佳,居民不能真正获得实惠(邓小海,2015)[④]。因此,在精准扶贫政策背景下,鼓励少数民族居民参与当地旅游发展、旅游决策、利益分配、基础设施建设等工作是旅游扶贫精准性的体现,同时也可以为少数民族地区加快产业升级转型、创造就业,促进少数民族地区跨越式发展奠定基础。

第四,我国国内旅游人次增加的支撑。2001年全国国内旅游人次为125 815.3万,其中北京、山东、江苏、广东、浙江、上海等地国内旅游者数量较多,西藏、青海、甘肃、新疆等地国内旅游者数量较少。2004年全国国内旅游人次为174 318.9万,其中江苏、北京、山东、四川、浙江、广东、上海等地国内旅游者数量较多,西藏、宁夏、青海等地国内旅游者数量较少。2007年全国国内旅游者人数为281 649万,其中江苏、山东、浙江、四川、辽宁、河南等地国内旅游者数量较多,西藏、宁夏、青海等地国内旅游者数量较少。2010年全国国内旅游人次为480 046.9万,其中四川、江苏、山东、浙江、辽宁、河南等地国内旅游者数量较多,西藏、宁夏、青海等地国内旅游者数量较少。2016年全国国内旅游人次为751 862.2万,其中山东、江苏、四川、河南、浙江、湖北等地国内旅游者数量较多,宁夏、西藏、青海等地国内旅游者数量较少。根据各省、自治区和直辖市统计年鉴[⑤],2001—2016年我国各省、直辖市、自治区国内旅游者人数都具有一定增幅。从少数民族地区来看,我国西南少数民族人口分布较多的地区,贵州、云南、广西、四川、重庆等省、直辖市、自治区近年来国内旅游者人数增幅较大,说明民族旅游的发展成为吸引旅游者到访的重要因素。因此,在旅游市场规模迅速扩大的前提下,针对少数民族社区旅游参与机制的研究不仅能够提升当地旅游产业的规模效应和联动效应,更能够使少数民族地区居民从旅游中获得公平收益,进而提升少数民族居民的幸福指数。

三、贵州文化旅游发展的概况

第一,贵州旅游发展宏观环境良好。2016年贵州旅游业产值占全省GDP的比重超

[①] 杨佳润,甘德彬,郭向阳,等.精准扶贫背景下的旅游扶贫路径研究[J].旅游纵览,2016,26(8):182-183.
[②] 杨静.基于精准扶贫背景下贵州省乡村旅游开发利用模式研究[J].旅游纵览,2016,26(2):200-201.
[③] 何莽,陈惠怡,李靖雯.民族旅游扶贫中的旅游吸引物建设:基于四川兴文县苗族旅游扶贫案例的分析[J].广西民族大学学报(哲学社会科学版),2017,39(6):69-75.
[④] 邓小海.旅游精准扶贫研究[D].昆明:云南大学,2015:150-166.
[⑤] 根据各省、自治区和直辖市统计年鉴汇总,涉及2002年、2005年、2008年、2011年、2014年和2017年。

9%,带动了17万贫困地区人口就业,贵州民族文化、山地旅游、生态旅游等资源丰富,发展旅游在宣传贵州的同时也推动了当地小康社会的建设(张恒,2017)[①]。国务院颁布的《国务院关于进一步促进贵州经济社会又好又快发展的若干意见》中,针对贵州省的旅游业提出贵州省在国内建立具有广泛知名度与美誉度的旅游休闲目的地的要求。相关部门一方面提高了对旅游业的固定资产投入,从发展理念、发展模式等方面进行创新;另一方面也通过诸如贵州省旅游产业发展大会、中国国内旅游交易会、多彩贵州民族展演、智慧旅游创新发展大会等一系列的活动,树立了"多彩贵州、醉美贵州"的旅游形象(佚名,2014)[②]。近些年,随着贵州省的空港升级建设、高铁通路建设、高速公路建设、旅游巴士专项工作建设、住宿业配套建设、美丽乡村建设、"旅游扶贫"、财政"一事一议"设施与政策的不断完善,贵州旅游各个景点的可达性、配套设施等都有了进一步的提升,使贵州旅游可持续发展也有了必要的基础保障。同时,贵州各级政府和旅游机构重视对乡村、民族村寨的旅游开发,利用原生态的自然资源和民族资源进行旅游业和旅游产品的创新升级(陈晓娟和章立倩,2016)[③]。目前贵州省旅游产业仍然与我国旅游业发达地区的旅游产业存在不小的差距,然而对于已经将旅游产业作为支柱性产业的贵州而言,如何快速地提升旅游业的软实力建设水平也决定了贵州旅游发展的前景(范波,2014)[④]。因此,对于新时期贵州旅游发展的研究必不可少,既符合贵州当前旅游发展的宏观需要,也迎合了贵州社会经济发展的方向。

第二,贵州民族旅游地方问题突出。贵州拥有55个少数民族的居民,其中有17个少数民族世居于此,少数民族人口占全省居民的近37%。贵州是我国少数民族人口分布较多的省份,在第六次全国人口普查中,全省少数民族人口总数为1 255万人,占全省总人口的36.07%。资料显示[⑤],黔东南州(272.53万人)、铜仁市(216.6万人)、黔南州(178.32万人)、毕节市(169.18万人)、黔西南州(110.46万人)的少数民族人口总数排名处在贵州省前五位。五个市、州少数民族人口相加总数为947.09万人,占全省少数民族人口的75.47%。全省有3个少数民族自治州以及许多具有特色的民族文化乡,民间技艺、民俗文化、民族节庆、民族历史等资源成为贵州省大力发展旅游经济的主要内容(朱万春,2014)[⑥]。如何利用独特的少数民族村寨文化吸引海内外游客等问题不仅是当下贵州少数民族旅游所面临的核心问题,也是乡村社区建设的重点问题(蓝东兴,2012)[⑦]。贵州旅游发展近年来取得突出成效,接待游客量和旅游收入逐年攀升,使旅游业成为重点产业,然而仍存在旅游产品传统化、人才队伍不专业、产业链不完善、旅游服务不细致等突出问题(张福春和廖洪泉,2017)[⑧]。在少数民族社区或村寨中,居民每天的日常生活习惯,村寨中的一砖一瓦,村落的建地选址,传统的民

[①] 张恒.多彩贵州风景正好:第十二届贵州旅游产业发展大会观察[J].当地贵州,2017,23(47):28-29.
[②] 佚名.二零一三年贵州旅游十大亮点[N].中国旅游报,2014-01-06(15).
[③] 陈晓娟,章立倩.贵州乡村民俗文化旅游浅析[J].绿色科技,2016,54(23):135-136,138.
[④] 范波.贵州乡村旅游发展的思考[J].理论与当代,2014,31(6):41-42.
[⑤] 贵州省统计局,国家统计局贵州调查总队.贵州统计年鉴2016[M].北京:中国统计出版社,2016.
[⑥] 朱万春.基于特色民族文化的贵州文化旅游发展创新区研究[J].贵州民族研究,2014,35(3):141-145.
[⑦] 蓝东兴.贵州少数民族村寨文化传承研究的内容、价值与意义[J].贵州民族学院学报(哲学社会科学版),2012,32(4):1-5.
[⑧] 张福春,廖洪泉.度假旅游背景下贵州旅游供给侧改革问题研究[J].安顺学院学报,2017,19(6):110-113.

族服饰、美食、语言、节庆、艺术等各个方面汇集一体,社区或村寨成为贵州不同少数民族特色传统的聚集地(周真刚,2012)[①]。少数民族聚集地区多数都面临着社会经济发展滞后的现实问题,尤其是很多的少数民族村落是国家级或省级贫困村,实现当地旅游的良性发展具有重要现实意义。在旅游发展过程中,自上而下的旅游扶贫却受到了少数民族居民参与程度低、利益分配不公平、扶贫机制单一等问题的影响(蒋焕洲,2014)[②]。同时,贵州少数民族旅游在市场营销方面发展相对落后,尤其是民族旅游形象同质化、品牌内涵表面化、宣传推广传统化等因素制约了贵州民族旅游发展(何烈孝,2017)[③]。因此,针对贵州少数民族旅游社区参与机制的研究势在必行。

第三,贵州民族旅游满足旅游者对健康的需求。贵州少数民族地区旅游资源、文化资源、自然资源丰富,受到广大追求健康生活旅游者的青睐。现代人将旅游作为一种摆脱生活压力、求知、求新、猎奇、创新的积极生活方式,在旅游中追求美好事物、获得文化体验、陶冶情操、亲近大自然等方面的诉求,无不体现了现代旅游者在心理与生理健康上对旅游的需求(李东,2016)[④]。贵州少数民族旅游所体现的医疗性、文化性、休闲性、度假性、体现性、娱乐性、历史性、体育性等特质与健康旅游的概念不谋而合,形成了一定的健康旅游资源开发优势。贵州世居的少数民族均有极具本民族特色与极高医学价值的医药与医疗手段,民族旅游的发展不仅能够让旅游者体验少数民族医学文化的神奇,更能够让贵州少数民族的医疗技艺得到传承与发展,也能够为旅游者提供具有民族特色的医疗保健旅游产品(李应芝和满林华,2017)[⑤]。贵州少数民族居民为了达到强身健体、丰富生活的目的,传承了丰富的体育健身活动,这些活动既体现了少数民族居民对健康生活的追求,也融入当地的日常生产、生活当中,充满了挑战性与体验性,能够满足旅游者求新、求知、求异的心理需求。

贵州少数民族旅游地的生态环境良好,为长时间生活在城市的旅游者提供了亲近自然、呼吸新鲜空气的机会,也使旅游者能够在身心两方面得到休闲与放松。因此,对贵州民族旅游参与机制的研究一方面能够促进居民参与民族旅游途径的创新,另一方面也能够促进贵州民族旅游发展适应旅游需求市场的转变。

第四,贵州旅游市场发展迅速。资料显示[⑥],2001年贵州各市、州国内旅游人次为2 100万,其中贵阳、遵义、黔南州、黔东南州等市、州国内旅游者数量较多,六盘水、铜仁、黔西南、毕节等市、州国内旅游者人数较少。2004年贵州各市、州国内旅游人次为2 480万,其中贵阳、安顺、黔东南州、黔南州等市、州国内旅游者数量较多,铜仁、黔西南、六盘水、毕节等市、州国内旅游者人数较少。2007年贵州各市、州国内旅游人次为6 220万,其中贵阳、安顺、黔东南州、遵义等市、州国内旅游者数量较多,六盘水、铜仁、毕节、黔西南等市、州国内旅

---

① 周真刚.近二十年来贵州少数民族村寨聚落研究综述[J].贵州民族研究,2012,33(1):31-41.
② 蒋焕洲.贵州民族地区旅游扶贫实践:成效、问题与对策思考[J].广西财经学院学报,2014,27(1):34-37,48.
③ 何烈孝.全域旅游下民族旅游目的地品牌建构研究:以贵州黔东南为例[J].凯里学院学报,2017,35(5):60-64.
④ 李东.论健康旅游的类型、市场和概念[J].国土与自然资源研究,2016,38(1):70-73.
⑤ 李应芝,满林华.贵州开发铁皮石斛养生旅游产品路径研究:以环梵净山区为例[J].旅游纵览(下半月),2017,27(4):157.
⑥ 参见贵州省统计局编写的2002年版、2005年版贵州统计年鉴,贵州省统计局、国家统计局贵州调查总队编写的2008年版、2011年版、2014年版和2017年版贵州统计年鉴,这些统计年鉴均由中国统计出版社出版。

游者人数较少。2010年贵州各市、州国内旅游人次为12 863万,其中贵阳、毕节、遵义、黔东南州等市、州国内旅游者数量较多,六盘水、铜仁、黔西南、黔南等市、州国内旅游者人数较少。2013年贵州各市、州国内旅游人次为26 684万,其中贵阳、遵义、安顺、黔南州等市、州国内旅游者数量较多,六盘水、铜仁、黔西南、毕节等市、州国内旅游者人数较少。2016年贵州各市、州国内旅游人次为53 038.23万,其中贵阳、遵义、黔南州、黔东南州等市、州国内旅游者数量较多,六盘水、铜仁、毕节、黔西南州等市、州国内旅游者人数较少。本书研究的案例所在地黔东南州民族旅游资源丰富,旅游发展在贵州省排名位于前列。因此,研究当地少数民族旅游社区参与机制能够在一定程度上继续助推旅游业高质量发展、提升少数民族居民的生活质量。

资料显示[①],2001—2016年,贵州省9个市、州在2001年时国内旅游者到访较少,旅游发展也相对滞后,但从2010年以后,旅游者人数开始激增,贵阳市、遵义市、黔东南州、黔南州的增幅尤为明显,其中黔东南州民族旅游与文化资源丰富,原生态的魅力吸引了众多的游客到访,纯朴的民风与独特的文化成为民族旅游发展的核心。

第二节 民族旅游社区参与机制研究目的与意义

一、研究目的

(一) 明确我国民族旅游发展现状

近些年我国民族旅游发展势头良好,少数民族地区到访旅游者人数不断增加,并且民族旅游也对原本外界了解较少的旅游地民族文化和传统进行了宣传推广。本研究的目的之一就是探寻我国现阶段民族旅游的发展情况,尤其是少数民族居民在社区文化旅游发展中的话语权以及参与权。随着旅游发展影响力的不断扩大,少数民族地区村寨和社区居民的生活与旅游之间的联系愈发紧密,少数民族社区产业结构也开始发生变化,旅游开始成为影响居民的生活质量和家庭收入的重要因素,明确民族旅游发展现状有利于增强各界对少数民族居民生活的关注。

(二) 探寻影响少数民族居民参与民族旅游的因素

我国民族旅游发展成为民族地区社会经济水平提升的重要推动因素,但当地居民切身的利益以及个人收入却没有因为旅游发展而获得显著提升。因此,本研究探索影响少数民族居民参与民族旅游因素的目的在于寻找少数民族居民参与民族旅游程度较低的原因。其中,利用游客与少数民族居民对旅游参与相关因素感知的对比,从游客对权利、社区公共事务、参与社区发展等方面的认知及其自身社会经验,总结对促进少数民族居民参与旅游具有参考价值的信息,利用结构方程模型和路径分析明确各因素的影响力,并以此来形成有针对性的改革措施与整改策略。

---

① 参见贵州省统计局编写的2002年版、2005年版贵州统计年鉴,贵州省统计局、国家统计局贵州调查总队编写的2008年版、2011年版、2014年版和2017年版贵州统计年鉴,这些统计年鉴均由中国统计出版社出版。

(三)建立民族旅游社区参与运行机制

我国民族旅游的居民社区参与受到社区内外部环境的影响,同时也会因为旅游市场动态性变化的特点而出现波动,尤其是对于民族旅游发展基础较弱、管理组织不强的民族社区而言,具有科学性和实践性的民族旅游社区参与机制的形成和运行能够保障旅游业的可持续发展。因此,本研究在进行模型分析后,结合行动者网络理论的研究概念框架,总结民族旅游社区参与机制,在保障社区居民参与旅游发展权利以及话语权的同时,为少数民族地区文化旅游发展和社会稳定提供具有数据支撑的参考建议。

(四)实现民族旅游的社区全面参与

我国民族旅游社区参与程度降低的主因是少数民族居民参与旅游发展的权利缺失,尤其体现在没有参与途径、意见与建议反馈渠道不透明、管理模式缺乏创新等方面。因此,本研究着重从增权、社会资本、行动者网络等角度出发,针对地方政府的旅游发展放权、社区的旅游管理自治、民族社区的社会资本积累、资源的公平公正共享等方面进行分析,力求能够调动民族居民参与文化旅游发展的积极性,使居民不仅能够参与文化旅游工作,更能够实际参与旅游决策、规划以及旅游信息共享等过程,形成旅游发展的全面参与格局,突出旅游精准扶贫策略。

二、研究意义

(一)理论意义

从研究的理论意义层面来看,本研究的理论贡献主要有以下三个方面。

第一,有利于旅游研究中多学科理论的交互应用。少数民族旅游不能简单地作为旅游的一种特殊形式,其所涉及的学科之多、范围之广使其成为近些年的研究热点。从本质上看,少数民族旅游包含民族学、旅游学、社会学、经济学、管理学、政治学、行政学等各个学科的知识。本研究着重研究贵州侗寨社区旅游的发展状况,将从旅游学、社会学、管理学、营销学的视角综合探讨少数民族社区文化旅游的参与机制,以定量与定性的研究为基础,探索我国少数民族旅游实证研究新领域。

第二,有利于对社区参与进行多视角的分析。近年来,许多学者也将研究的重点放在了少数民族社区参与对于少数民族旅游发展的影响。由于受制于社会经济发展的滞后性,社区的参与表现为"参与不足"与"过度参与",社区参与状况并不乐观(周杰等,2013)[①]。然而相关的研究主要注重研究居民层面的参与情况以及参与机制,忽视了旅游者对于民族社区参与旅游发展的评价。本研究结合旅游者与居民的视角,从供给与需求市场对民族旅游社区参与的感知角度来进行全面的分析与研究,尤其是利用旅游者的旅游经历和社会经验来评价影响旅游参与的因素,致力于深化对少数民族社区的理解,拓宽研究视野。

第三,有利于研究模型中多维度关系的构建。关于旅游社区参与机制的研究成为近年来旅游领域学术研究的重点,许多学者运用了不同的理论作为理论基础来具体研究民族社

---

① 周杰,杨兮,张凤太.少数民族村寨社区参与旅游发展的特征及内涵解析[J].黑龙江民族丛刊,2013,29(5):92-97.

区旅游参与机制。本研究在总结前人分析经验的基础上,运用行动者网络理论作为研究的主要框架,结合社会资本理论的黏附式与桥接式的不同属性,利用认知、结构、关系等维度,融合增权理论的经济、心理、社会、政治等增权维度,具体研究少数民族居民对社会资本的获取以及相关增权的理解与判断,通过模型整合与分析,提出一套具有实践意义的旅游社区参与机制和模型体系,为后续的研究进行理论的探索。

(二) 实践意义

从研究的实践意义层面来看,本研究的实践贡献主要有以下三个方面。

第一,有利于对少数民族文化的传承和保护。少数民族地区的旅游发展往往依赖于民族文化、习俗、传统、节庆、生活等各方面的真实体现,然而经济利益的巨大影响使很多少数民族文化过于商业化,不利于对传统文化的保护和再生产。同时,由于社会变迁所造成的影响,少数民族社区村寨在现代化改造与传统性保存之间存在冲突。本研究对于少数民族社区文化旅游参与机制的分析将为社区与文化旅游的发展提出对策,并且可以从居民参与旅游发展的视角强调少数民族传统文化保护的重要性。

第二,有利于对少数民族居民参与权利的维护。近些年,丰富独特的少数民族传统文化魅力引领少数民族旅游发展热潮,为当地带来了可观的旅游经济收益,但一些研究发现少数民族居民在旅游发展中没有获得充分的利益,同时发展文化旅游并没有全面提升少数民族居民在旅游业发展中的权利、社会地位、心理认知,民族旅游发展中的社会效应没有显现,其根源就是少数民族居民和社区对于旅游发展的参与程度不够,参与机制不合理。本研究对于少数民族旅游社区参与机制的研究将结合旅游需求市场的评价,为少数民族旅游社区参与机制提供创新发展的框架。

第三,有利于民族地区社会经济的发展。少数民族村落由于未经开发仍然拥有优质的自然生态资源以及历史文化资源,利用旅游来进行精准扶贫能够有效地促进当地经济发展以及促进当地居民脱贫致富(龙安娜等,2016)[①];利用少数民族文化所带来的旅游商机,对少数民族地区的旅游资源进行保护与开发、升级基础设施、完善旅游发展政策将有效地促进民族旅游扶贫模式的开展(胡锡茹,2003)[②],也有助于旅游精准扶贫政策的具体落实,为当地居民早日实现小康、当地旅游经济发展提供具有科学依据的支持。

第三节 民族旅游社区参与机制的研究方法

一、本研究的技术路线

本研究的技术路线如图1-1所示。

---

① 龙安娜,张英,游葭露.民族地区旅游资源开发与精准扶贫研究:以湘西土家族苗族自治州为例[J]. 2016,34(11):87-91,107.
② 胡锡茹.云南旅游扶贫的三种模式[J].经济问题探索,2003,24(5):109-111.

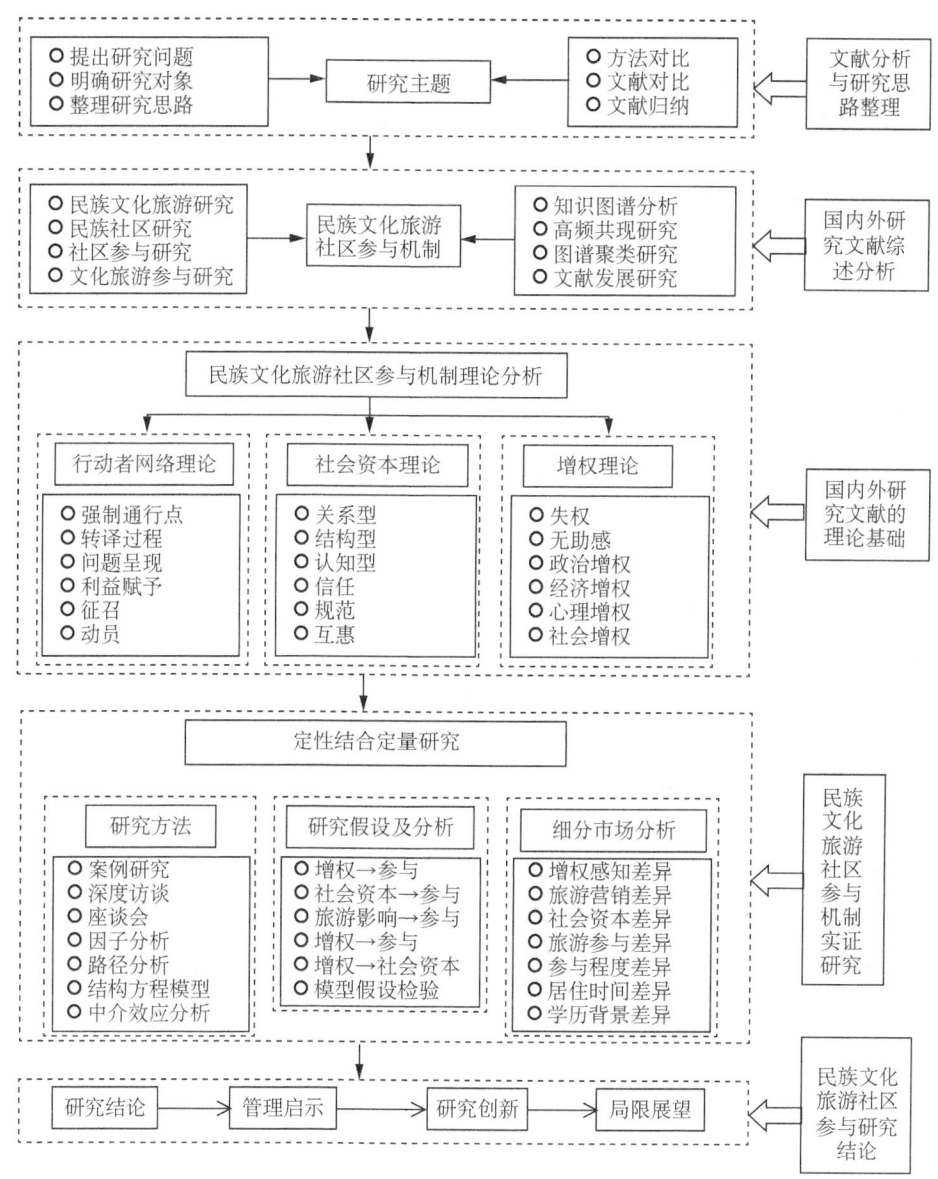

图 1-1 本研究的技术路线

二、本研究的研究方法

(一) 少数民族旅游社区参与相关文献的知识图谱分析

本研究利用 CiteSpace Ⅲ 对国内外民族旅游、民族社区、旅游社区参与等研究进行知识图谱的可视化研究。目的主要是：一方面对国内外少数民族社区旅游参与研究进行分析，突出重要词汇出现频率与首次出现年份，通过可视化来展现研究的重点与热点；另一方面也利用聚类分析、时间线与时区分析的可视化展现该领域研究的历史进展与研究脉络。对文献进行可视化分析，不仅能够更为直观地了解研究领域的总体发展方向与国内外研究重点，而且能够系统地掌握研究的动态变化特点及研究的意义。知识图谱可视化分析结果能够为本研究文献综述的精炼与筛选提供重要帮助。

（二）侗族社区居民旅游参与的半结构式深度访谈

半结构式深度访谈虽然能够创造轻松的氛围，却对访谈执行者的要求颇高，并且本研究访谈的重点目标之一就是贵州黔东南肇兴侗寨的侗族社区居民，对于研究问题与研究目的的把握，以及对侗族文化特点的了解是重点。本研究着重讨论社区居民关系以及社区居民对旅游发展的态度，十分需要从访谈中获得相关的信息。本研究团队通过访谈来进行质性研究，不仅能够为问卷的编写和量表的开发提供参考，也能够了解当地侗族现有的民族社区文化旅游参与模式，以及旅游发展给社区居民带来的影响和变化，从而加深对民族文化与居民旅游参与模式之间关系的认识，为后续的研究提供铺垫。

（三）贵州黔东南黎平侗族社区旅游参与案例研究

本研究选取贵州省黔东南黎平县的侗族村落社区进行案例研究，近些年针对贵州少数民族的研究主要以苗族为主，由于贵州是多民族聚集地，少数民族中侗族的文化也具有特点与典型性，并且近些年案例地旅游发展势头良好；同时，本研究也将针对与社区旅游参与相关的旅游发展决策参与、旅游表演活动参与、旅游经营参与、经济收益、生活质量、权利维护等方面进行实地观察和调研，以便探寻受访者居民和游客在访谈中表现的真实性，并且利用在案例地的调研展开座谈会，从旅游发展不同利益相关者处获得参与当地旅游的信息，为整个研究的顺利开展奠定基础。

（四）独立样本对比与聚类差异的多维度量化分析

本研究将通过 SPSS 20.0 的探索性因子分析来提取居民与旅游者在社区旅游参与总体感知、旅游发展感知、旅游支持态度、社会经济收益、社会资本收益、旅游发展后的增权效应等方面的公因子。同时，本研究通过系统聚类方法来对少数民族居民进行差异性感知群体的类别划分，力求找出具有不同参与程度的少数民族居民组别，为分析参与的公平性、参与的实施程度、参与途径的透明程度以及参与常态化等提供依据；利用拓展包 Process 的偏差校正非参数百分位来进行模型的中介路径与效应研究，旨在厘清影响社区居民参与民族旅游意愿的影响因素的间接路径和直接路径，明确旅游参与机制运行中的重点内容。

（五）少数民族旅游社区参与机制的结构方程模型分析

本研究将采用 AMOS 21.0 对社区旅游参与总体感知、旅游发展感知、旅游发展后的增权效应和侗族传统社会资本经过主成分分析提取的公因子进行验证性因子分析，旨在突出影响程度最高的题项和对影响的因素进行提炼，并且利用建模来对模型进行拟合与修正，找出当地旅游发展后旅游政治、经济、社会、心理增权效应的自变量的路径影响系数。同时，本研究针对旅游积极影响、消极影响和社会资本等中介变量进行分析，通过路径分析来验证所提出的研究假设，并且利用绝对拟合指数与相对拟合指数的标准对模型进行修正，找出刻画少数民族居民社区参与的模型，为参与机制的形成提供基础。

三、本研究的难点

（一）对民族地区进行市场调研时对伦理的把握

一方面，一部分少数民族居民对于汉语的掌握程度不高，语言障碍给本研究团队进行访谈与问卷调查带来困难。在访谈中对语言的运用以及问卷题项的写作逻辑方面,语言差异成为影响研究结果的重要因素;另一方面,少数民族有自己的传统文化与生活习惯,对外界事物的态度和感知具有独特性,访谈和问卷调查中的问题与题项设计需要尊重其民族文化和习俗的特点,使当地少数民族受访者不会产生排斥的心理。同时,在对旅游者的调研中应该注意避免破坏旅游者的游览计划以及旅游情绪,何时进行问卷发放、填写与收集需要调研者精确把握。

(二)对少数民族独特社会资本的解读

社会资本理论是西方社会学发展的重要产物,虽然社会资本理论被应用于越来越多的研究领域,然而不可忽视的是,社会资本理论的形成与发展基于西方文化背景。学术界在将社会资本理论引入中国时就将其和中文语境下的"关系"展开过比较。本研究对侗族文化背景下的社会资本进行讨论,不仅需要考虑中国主流文化的背景,更应该注重侗族文化与社会资本之间的特殊性,尤其是民族性与社会结构对于社会资本的影响。因此,侗族社区本身存在的基于文化特殊性的社会资本不仅成为影响居民社区旅游参与的重点内容,而且成为本研究界定社会资本的重点和难点内容。

第二章 国内外民族社区旅游前沿理论研究进展

第一节 国内外民族旅游研究前沿理论文献综述

一、国内外民族旅游前沿理论研究进展

(一)国内外民族旅游研究发展趋势分析

1. 国内民族旅游研究发展趋势分析

本研究通过中国知网(CNKI)检索主题词民族旅游、少数民族旅游、土著旅游,提取出1 897条文献记录,其中主要涉及的研究领域包括旅游学1 267条、资源学157条、文化学147条、农业经济61条、体育55条、宏观经济学与可持续发展43条、民族学41条、行政学及国家行政管理40条、社会学及统计学26条、文化经济26条、经济体制改革18条、市场研究与信息16条等。从文献发表时间来看,2000年以前国内学术界对民族旅游的关注较少,所形成的研究文献数量也比较少,2002年以后学术界对民族旅游的研究明显升温,2008年以后研究达到了一个高峰期(图2-1)。贵州民族研究(236篇)、黑龙江民族丛刊(78篇)、西南民族大学学报(73篇)成为民族旅游研究主要的来源期刊。

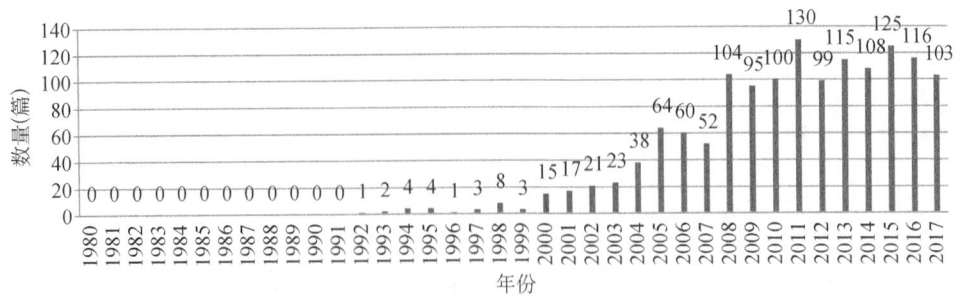

图2-1 国内民族旅游研究文献发表数量-年度分布

2. 国外民族旅游研究发展趋势分析

本研究从Web of Science核心数据库通过检索主题词aboriginal tourism、ethnic tourism、indigenous tourism、minority tourism后,提取出1 092条文献记录,其中主要涉及的研究领域包括酒店休闲体育旅游(Hospitality Leisure Sport Tourism)345条、社会学

(Sociology)131条、环境研究学(Environmental Studies)112条、地理学(Geography)87条、人类学(Anthropology)70条、管理学(Management)66条、绿色可持续科学技术(Green Sustainable Science Technology)65条、环境科学(Environmental Sciences)61条、生态学(Ecology)42条、跨学科社会科学(Social Sciences Interdisciplinary)34条、区域研究(Area Studies)31条、人文多学科(Humanities Multidisciplinary)28条、历史学(History)20条等。从文献发表时间来看,1990年以前国外学术界对民族旅游研究较少,2000年以后研究文献开始增多,尤其是2014年后研究文献开始激增(图2-2)。旅游研究年刊(*Annals of Tourism Research*)(96篇)、可持续旅游杂志(*Journal of Sustainable Tourism*)(53篇)、旅游管理杂志(*Tourism Management*)(48篇)成为出版民族旅游研究文献较多的三大主要刊物。

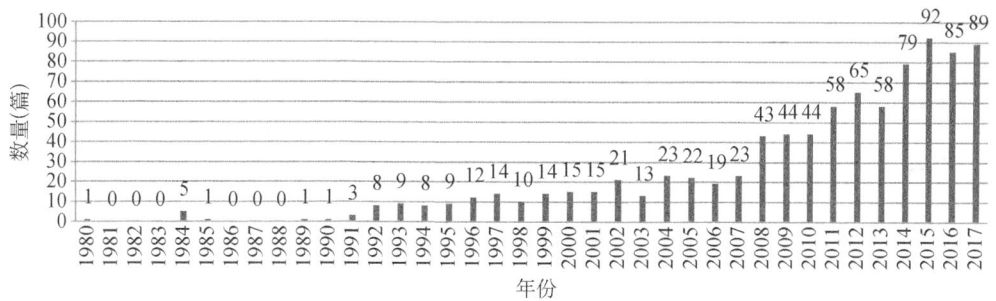

图2-2 国外民族旅游研究文献发表数量-年度分布

(二)国内外民族旅游研究关键词频度分析

1. 国内民族旅游研究关键词频度分布

由表2-1可知,国内民族旅游研究文献关键词高频词汇中,"民族旅游"出现的频次最高,为345次;"民族文化"(83次)、"旅游开发"(51次)、"少数民族"(48次)、"可持续发展"(46次)、"旅游资源"(34次)、"民族地区"(31次)、"旅游文化"(26次)、"文化变迁"(26次)、"社区参与"(24次)、"民族村寨"(23次)、"民族旅游开发"(21次)、"旅游商品"(20次)、"文化旅游"(16次)、"民族旅游村寨"(16次)、"旅游经济"(16次)、"生态旅游"(15次)、"旅游业"(15次)、"少数民族地区"(14次)、"民族文化旅游"(14次)等关键词的出现频率位列第2~20位。国内民族旅游研究高频关键词出现时间较早的包括"少数民族地区""旅游商品""旅游资源",而近些年的研究高频关键词有"民族旅游村寨""民族旅游"等。

2. 国外民族旅游研究关键词频度分布

由表2-1可知,国外民族旅游研究文献关键词高频词汇中,"旅游(Tourism)"出现的频次最高,为233次;"原真性(Authenticity)"(71次)、"身份(Identity)"(65次)、"保护(Conservation)"(55次)、"中国(China)"(55次)、"生态旅游(Ecotourism)"(48次)、"民族旅游(Ethnic Tourism)"(45次)、"民族性(Ethnicity)"(44次)、"社区(Community)"(42次)、"文化(Culture)"(41次)、"遗产(Heritage)"(40次)、"管理(Management)"(38次)、"政治(Politics)"(34次)、"土著旅游(Indigenous Tourism)"(34次)、"影响(Impact)"(31次)、"澳大利亚(Australia)"(29次)、"经历(Experience)"(28次)、"土著(Indigenous People)"(26次)、"墨西哥(Mexico)"(25次)、"可持续性旅游(Sustainable Tourism)"(25次)等词汇

表 2-1 国内外民族旅游研究文献高频词汇前 20 位汇总

国内研究文献高频词	频次	初现年份	国外研究文献高频词	频次	初现年份
民族旅游	345	2000	Tourism	233	1990
民族文化	83	2000	Authenticity	71	1993
旅游开发	51	2003	Identity	65	1995
少数民族	48	2000	Conservation	55	1995
可持续发展	46	2000	China	55	1993
旅游资源	34	1988	Ecotourism	48	2000
民族地区	31	1999	Ethnic Tourism	45	1992
旅游文化	26	1994	Ethnicity	44	1993
文化变迁	26	2004	Community	42	2000
社区参与	24	2005	Culture	41	1993
民族村寨	23	2006	Heritage	40	1996
民族旅游开发	21	2000	Management	38	1992
旅游商品	20	1987	Politics	34	1997
文化旅游	16	2006	Indigenous Tourism	34	2002
民族旅游村寨	16	2012	Impact	31	1994
旅游经济	16	1998	Australia	29	2000
生态旅游	15	2002	Experience	28	2001
旅游业	15	2001	Indigenous People	26	1993
少数民族地区	14	1987	Mexico	25	1992
民族文化旅游	14	2008	Sustainable Tourism	25	1995

的出现频次也较高。国外民族旅游研究高频词汇出现较早的包括"旅游(Tourism)""民族旅游(Ethnic Tourism)""墨西哥(Mexico)""文化(Culture)""中国(China)"等。近些年的研究高频词汇包括"土著旅游(Indigenous Tourism)""社区(Community)"等。

(三)国内外民族旅游研究共词可视化分析

针对文献的关键词、主题词进行出现频度的高低排序分析,旨在有效地对某一学科内的知识结构的发展进行把握与梳理,进而通过某个词汇与某个文献隶属关系的共现矩阵进行统计与可视化分析(李杰和陈超美,2016)①。CiteSpace 所生成的可视化图中每个高频词汇

---

① 李杰,陈超美. CiteSpace:科技文本挖掘及可视化[M]. 北京:首都经济贸易大学出版社,2016:194-196.

所属的节点圆半径越大,表示该词汇出现的频率越高。

1. 国内民族旅游研究共词可视化分析

可视化分析结果显示[①],"民族旅游"为出现频率最高的词汇,说明 1980—2017 年国内学术界的研究主要集中在民族旅游研究框架内,民族旅游是研究重点。而"民族文化""旅游开发""可持续发展""少数民族""旅游资源""民族地区""旅游文化""文化变迁"等关键词出现频率较高,说明国内民族旅游研究较为注重对民族旅游发展、资源开发保护、传统文化传承与变迁、少数民族独特性等方面的探讨。从研究对象的地域分布来看,"黔东南""泸沽湖""藏族""云南省""九寨沟""乌鲁木齐"等关键词,说明国内民族旅游研究的重点区域主要位于我国的西部少数民族地区。

2. 国外民族旅游研究共词可视化分析

可视化分析结果显示,"旅游(Tourism)""原真性(Authenticity)""身份(Identity)""保护(Conservation)""中国(China)"等词汇出现频次较高,所以不难看出,外国学术界关于民族旅游的学术性文献主要从旅游学领域着手进行研究,并且对民族旅游的原真性、少数民族的民族性身份认同、民族旅游发展中的保护与开发以及中国少数民族旅游发展进行了较为深入的研究。同时,从研究地域来看,"中国(China)""澳大利亚(Australia)""墨西哥(Mexico)""哥斯达黎加(Costa Rica)"等关键词也有相当高的出现频次,可以看到民族旅游研究区域集中在亚洲、大洋洲、南美洲等地区,上述地区少数民族分布较广、少数民族人口多、旅游资源丰富、民族传统文化具有吸引力等特点,使当地民族旅游发展势头良好,开展民族旅游也成为这些地区少数民族社会经济发展的重要途径和手段。同时,也可以看到国外学术界对上述地区民族旅游发展相关事务的关心,尤其体现在对第三世界国家民族旅游发展进程中相关问题的分析和探讨。

(四)国内外民族旅游研究共词聚类可视化分析

1. 国内民族旅游研究共词聚类可视化分析

为了进一步了解国内外民族旅游研究的具体类别,本研究利用 CiteSpace 对国内民族旅游研究共词分析结果进行基于 $tf*idf$ 词频逆向文本频率权重(Term Frequency-Inverse Document Frequency)与 LLR 对数极大似然率(Log-Likelihood Ratio)的聚类。其中,$tf*idf$ 算法强调提取词语的权重,其算法为:$W_{ik}=tf_{ik}*idf_{ik}=tf_{ik}*\log[N/(n_k+0.01)]$。该算法能够有效避免分析对低频词汇的忽略与分散因素的忽视。LLR 算法注重研究方向的明确,其主要任务就是判定特征词是否能够成为类别的典型代表,其算法为:$LLR=\log(p(C_j\backslash V_{ij})/p(C_j\backslash V_{ij}))$(陈悦等,2014)[②]。

国内民族旅游研究共词聚类结果较多,主要是由于我国少数民族旅游资源丰富、发展中存在的问题较多,相关研究文献所涉范围也较广,本研究根据各个聚类结果的样本量(Size)较大、相似性(Silhouette)近似为 1 的标准进行筛选(表 2-2)。在 CiteSpace 中,对共词分析聚类的标签是由该类别权重最高的特征词表现的,因此,在进行聚类分析时需对每个

---

① 本书未将可视化分析图和聚类视图展示出来,因本书为黑白印刷,可视化效果较差,需要可视化分析图的读者可联系本书作者索取。

② 陈悦,陈超美,胡志刚,等. 引文空间分析原理与应用[M]. 北京:科学出版社,2014:38-44.

聚类的标签、所包含的其他特征词进行汇总分析,并总结出每一个类别的名称。

表2-2 国内民族旅游研究文献共词聚类表

编号	类别标签	样本量	相似性	所含高频词
1	客源市场分析	77	0.975	动态演化、亲景度、竞争、乌鲁木齐、入境客源市场
2	影响变迁探讨	66	0.904	文化变迁、旅游影响、民族旅游地、旅游、变迁
3	文化精英引领	60	0.876	西藏拉萨市、扎根理论、锅庄舞、精英分子、娘热乡
4	旅游效应作用	57	0.921	可持续发展、旅游、民族经济、民族、旅游产业
5	民族风情吸引	55	0.904	湘西自治州、少数民族风情、德夯、大湘西、民族风情
6	产业转型影响	53	0.930	文化旅游资源、民族自治州、支柱产业、八届人大、合作对象
7	文化经济效应	51	0.910	旅游经济、旅游景观、旅游、文化特征、赫哲族
8	自主创新开发	50	0.929	创新开发、少数民族村寨、自我发展、风景名胜区、节庆旅游
9	宗教信仰嵌入	49	0.890	民族区域、民族自治地方、宗教委员会、实施成效、基础设施

2. 国内民族旅游研究聚类类别分析

经过筛选,本研究总结出国内民族旅游研究共词分析的9个聚类,具体内容如下。

第一,类别1为"客源市场分析"聚类。主要关键词有"动态演化、亲景度、竞争、乌鲁木齐、入境客源市场"等,相关文献主要研究内容包括:①民族旅游的发展随着时间的推移会发生时空的变化,民族旅游的兴起、发展与可持续性;②民族旅游地在我国集中的区域,民族旅游产品的同质化与雷同性导致恶性竞争,如何在强调区域合作的前提下开展良性的旅游地及旅游产品竞争;③民族旅游发展过程中亲景度的具体作用及其对当地社会经济等方面的影响,以乌鲁木齐为代表的我国著名民族旅游地客源市场分布与市场细分分析,开拓入境旅游客源市场对民族旅游发展及民族旅游地发展的意义等。

第二,类别2为"影响变迁探讨"聚类。主要关键词有"文化变迁、旅游影响、民族旅游地、旅游、变迁"等,相关文献主要研究内容包括:①少数民族地区特色传统文化对地区发展的意义,社会进步与文明发展对少数民族传统文化的影响,少数民族地区文化变迁与社会变迁对旅游发展的影响;②旅游发展对少数民族地区社会文化的动态影响,旅游发展后少数民族居民对旅游发展的态度与支持程度,少数民族地区的社会经济水平对当地发展民族旅游的影响;③民族旅游地在旅游发展前与旅游发展后在社会经济文化等各个方面的差异,民族旅游是否能够为旅游地的发展作出实质性的贡献等。

第三,类别3为"文化精英引领"聚类。主要关键词包括"西藏拉萨市、扎根理论、锅庄舞、精英分子、娘热乡"等,相关文献主要研究内容包括:①西藏自治区的民族旅游历史发展与当今现状,以拉萨市为代表的藏族旅游的特点、问题与解决方案,藏族旅游中的传统文化、历史演变及社会结构的特点对旅游发展的影响;②扎根理论的意义与作用,将扎根理论用于我国民族旅游研究的具体案例,以扎根理论为代表的定性研究在民族旅游研究中的重要地位;③民族旅游发展中当地精英分子的角色及其对其他居民支持旅游发展态度的影响,民族旅游发展对民族地区居民意识与生活习惯的影响等。

第四,类别4为"旅游效应作用"聚类。主要关键词包括"可持续发展、旅游、民族经济、民族、旅游产业"等,相关文献主要研究内容包括:①当前我国民族旅游发展过程中所出现的问题,影响民族旅游可持续性发展的主要因素及其对策;②民族旅游发展对当地产生的经济效应,民族旅游业的良性发展对旅游扶贫政策的促进作用,少数民族居民参与旅游发展后所获得的直接经济利益及利益分配标准;③民族旅游地旅游开发后形成的聚集效应对当地发展的影响,旅游产业规模的形成对民族旅游发展的支持与推动,民族旅游产业的形成诉求及现存问题等。

第五,类别5为"民族风情吸引"聚类。主要关键词包括"湘西自治州、少数民族风情、德夯、大湘西、民族风情"等,相关文献主要研究内容包括:①以湖南湘西地区、贵州黔东南地区为代表的少数民族地区旅游发展路径探索,苗族、土家族、侗族等西南地区少数民族旅游发展的特点及其现状;②对西南少数民族地区旅游发展实地研究的意义,西南少数民族地区旅游发展对当地经济发展的重要作用,少数民族旅游发展对提高当地居民生活质量与自尊心的作用;③少数民族风情对游客的吸引力,少数民族风情表演的原真性与舞台化,少数民族风情的挖掘、开发、打造等。

第六,类别6为"产业转型影响"聚类。主要关键词包括"文化旅游资源、民族自治州、支柱产业、八届人大、合作对象"等,相关文献主要研究内容包括:①对少数民族文化原真性、独特性的探索,少数民族旅游资源的开发与利用,发展旅游业过程中对少数民族文化原真性与传统性的维护;②我国民族自治州民族旅游业发展的成效与问题,少数民族旅游业的发展对传统农业的替代作用与产业转型,将旅游业作为民族地区支柱产业的可能性及对当地产业结构调整的影响;③民族旅游发展后的区域合作与竞争分析,民族旅游发展中利益相关者的角色互动与联系等。

第七,类别7为"文化经济效应"聚类。主要关键词包括"旅游经济、旅游景观、旅游、文化特征、赫哲族"等,相关文献主要研究内容包括:①民族地区旅游经济对当地社会经济发展的促进作用,民族旅游发展后的旅游创收对旅游经济地位的提升影响,民族地区开展民族旅游的经济效应的宏观与微观层面探索;②我国民族旅游地区旅游景观的打造与利用,民族地区旅游人文资源及自然资源与旅游景观开发间的关系,旅游景观的保护;③以赫哲族为代表的我国东北地区民族旅游发展现状,我国不同地区少数民族的文化特点及其在民族旅游发展中的应用,文化特征所形成的文化符号对民族旅游发展的影响等。

第八,类别8为"自主创新开发"聚类。主要关键词包括"创新开发、少数民族村寨、自我发展、风景名胜区、节庆旅游"等,相关文献主要研究内容包括:①民族旅游产品开发与市场需求的匹配程度,民族旅游市场开拓对当地旅游与社会发展的影响,创新性民族旅游开发模式对民族旅游产业的影响;②少数民族村寨与社区在民族旅游发展中的作用与定位,少数民族村寨与社区在当地旅游发展事务中的参与程度,少数民族旅游村寨建设与社区自主进行民族旅游规划的实施程度与成效;③风景名胜区中少数民族社区开展旅游活动的意义,民族节庆凸显民族文化传统的旅游效用等。

第九,类别9为"宗教信仰嵌入"聚类。主要关键词包括"民族区域、民族自治地方、宗教委员会、实施成效、基础设施"等,相关文献主要研究内容包括:①民族区域中不同民族传统文化与生活习惯对区域民族旅游发展的影响,民族区域对不同少数民族旅游资源与文化资源的整合;②少数民族宗教信仰对当地民族旅游发展的影响,宗教委员会与旅游发展机构对民族旅游发展的协同引导作用,少数民族宗教信仰对少数民族居民对旅游发展态度的影响;③政府机构对民族地区旅游发展的引导作用,政策实施成效对民族旅游开发及旅游扶贫的影响,民族地区基础设施建设与发展对开展旅游活动的影响等。

3. 国外民族旅游研究共词聚类可视化分析

本研究对国外民族旅游研究共词分析结果进行基于 $tf*idf$ 词频逆向文本频率权重(Term Frequency-Inverse Document Frequency)与LLR对数极大似然率(Log-Likelihood Ratio)的聚类。

聚类结果显示,CiteSpace对国外民族旅游研究文献关键词所进行的聚类分析类别结果较多,主要是因为国外学者对民族旅游研究的目的及研究所涉及的学科领域较多。为了能够更清晰地对聚类结果进行精炼,本研究根据各个聚类结果的样本量(Size)较大、相似性(Silhouette)近似为1的标准进行筛选。表2-3显示经过筛选和精炼后的最具代表性的9个聚类。

表2-3 国外民族旅游研究文献共词聚类

编号	类别标签	样本量	相似性	所含高频词
1	情感一致吸引	79	0.860	Emotional Solidarity, Drinking, Ethnic Restaurant, Solidarity, Emotion
2	购买花费表现	77	0.814	Gift, Ethnocentrism, Tourism Shopping
3	民族精神识别	63	0.883	Indigenous Spirituality, Symbolic Ethnicity, Cycle, Resort Cycle
4	束缚限制问题	60	0.881	Constraint, Kinship, Consanguinity
5	安全卫生影响	59	0.811	Echinococcus, Toxocara, Diphyllobothrium, Affect, Disease
6	发展保护模式	54	0.828	Sinai, Kayapo, Bedouin, Conservation Attitude, Forest resource
7	行为调查分析	52	0.819	Bradford, Tourism Experience, Sydney, Social meaning, Representation of Place
8	边缘属性特征	52	0.803	Marginality, Assimilation, Social class, Subcultural Identity, Theoretical Model
9	地理多样性质	51	0.853	Geodiversity, Local Community, Protected Area, Indigenous Involvement

4. 国外民族旅游研究聚类类别分析

第一，类别 1 为"情感一致吸引"（Quality of Emotional Solidarity）聚类。主要关键词有"情感一致性（Emotional Solidarity）、餐饮（Drinking）、少数民族餐厅（Ethnic Restaurant）、一致性（Solidarity）、情感（Emotion）"，相关文献主要研究内容包括：①少数民族旅游发展后传统文化、习俗、生活习惯、历史传承、遗迹等方面的原真性与商品化的研究；②少数民族当地餐厅、美食等对游客的吸引力，相关旅游产品与民族传统文化的异质性；③少数民族旅游发展过程中游客、居民对当地的情感依恋以及旅游机构对当地文化的合理认知等。

第二，类别 2 为"购买花费表现"（Performances of Purchase Cost）聚类。主要关键词有"礼物（Gift）、民族优越感（Ethnocentrism）、旅游购物（Tourism Shopping）"，相关文献主要研究内容包括：①影响旅游者购买旅游纪念品意愿的重要因素，旅游者购买旅游纪念品的意图，旅游纪念品生产商对当地文化的理解与表现；②旅游者对当地少数民族居民的尊重与理解，少数民族的民族自尊心在旅游发展后的提高，旅游收益对当地少数民族自信心的作用；③旅游者在当地进行旅游花费的动机与意愿，旅游者花费的主要分类，旅游者花费对当地经济的刺激作用等。

第三，类别 3 为"民族精神识别"（Identity of Indigenous Spirituality）聚类。主要关键词有"少数民族精神（Indigenous Spirituality）、象征的民族性（Symbolic Ethnicity）、周期（Cycle）、旅游地生命周期（Resort Cycle）"，相关文献主要研究内容包括：①殖民背景对少数民族旅游的影响，社区旅游发展对少数民族居民对自身民族性认识的作用；②旅游地发展对少数民族居民民族精神与社区归属感的影响，旅游者关于民族性的认识对其理解当地少数民族文化的作用，旅游发展中民族文化原真性与主观性对居民认识的影响；③少数民族旅游地生命周期对旅游发展的影响等。

第四，类别 4 为"束缚限制问题"（Constraint Issues）聚类。主要关键词有"束缚限制（Constraint）、亲属关系（Kinship）、血缘关系（Consanguinity）"，相关文献主要研究内容包括：①阻碍旅游者产生正面情绪与形成愉悦游览氛围的因素，旅游者理解少数民族传统文化活动的束缚因素，影响少数民族旅游中原真性表现的重要因素；②少数民族社区旅游发展中居民关系的维持，少数民族社区中族群、亲疏、血缘对其旅游参与及认知的影响；③少数民族居民在旅游发展中的生存情况、生活质量状况等。

第五，类别 5 为"安全卫生影响"（Impacts of Safety and Health）聚类。主要关键词有"棘球绦虫（Echinococcus）、弓蛔虫（Toxocara）、裂头条虫（Diphyllobothrium）、影响（Affect）、疾病（Disease）"，相关文献主要研究内容包括：①少数民族地区的偏远性所带来的不安全性，生态环境所产生的各类细菌对旅游者及当地居民的影响；②少数民族地区的自然灾害与疾病对旅游者游览体验的影响，政府控制疾病的措施；③少数民族地区医疗机构的建设，旅游者在当地旅游中对疾病的认识与自我保护，当地卫生与医疗条件的建设与提升等。

第六，类别 6 为"发展保护模式"（Modes of Development Protection）聚类。主要关键词有"西奈（Sinai）、卡雅布（Kayapo）、贝多因（Bedouin）、保护态度（Conservation Attitude）、森林保护（Forest resource）"，相关文献主要研究内容包括：①以西奈为代表的土著聚集地的旅游发展、旅游影响、旅游收益等；②少数民族社区相关组织与居民对当地生态环境的保护态度,旅游者的生态保护意愿,政府对旅游发展开发与保护的引导等;③以森林为代表的旅游资源对少数民族旅游发展的影响,旅游地各利益相关者对旅游资源的分配与认识,当地社区与政府部门对旅游资源开发的博弈等。

第七,类别7为"行为调查分析"(Analysis of Behavior Survey)聚类。主要关键词有"布拉德福德(Bradford)、旅游经历(Tourism Experience)、悉尼(Sydney)、社会意义(Social meaning)、地方代表性(Representation of Place)",相关文献主要研究内容包括:①来自城市的旅游者对少数民族旅游的看法,旅游发展导致的城市与边远地区的互动;②旅游经历对旅游者选择少数民族旅游目的地的影响,旅游经历对旅游者游览态度、意愿、行为的影响;③少数民族地区发展民族旅游的社会及经济意义,旅游对当地社区发展的作用和影响等。

第八,类别8为"边缘属性特征"(Features of Marginality)聚类。主要关键词有"边缘性(Marginality)、同化性(Assimilation)、社会等级(Social class)、亚文化身份(Subcultural Identity)、理论模型(Theoretical Model)",相关文献主要研究内容包括:①民族地区的边缘性对其旅游产品特点的凸显作用,旅游开发对少数民族社区地理边缘性的改变,交往增多对促进主流文化传播的作用等;②旅游发展对社会等级以及社会结构的影响,主流文化与土著文化的碰撞与联系,不同亚文化间的交流与相互影响;③基于理论基础的概念模型分析等。

第九,类别9为"地理多样性质"(Geodiversity Quality)聚类。主要关键词有"地理多样性(Geodiversity)、当地社区(Local Community)、保护区(Protected Area)、少数民族参与(Indigenous Involvement)",相关文献主要研究内容包括:①民族旅游发展对地理、环境、生态、物种多样性的依赖,各地不同的风俗习惯以及文化传统多样性对民族旅游发展的影响,民族旅游发展中对地理、生态多样性的保护;②民族旅游发展后居民收益的评估,旅游开发对生态环境影响的评价,旅游发展对当地传统文化宣传与影响的评价;③民族旅游地各利益相关群体在旅游发展中的参与情况,民族社区及居民在旅游决策、发展保护等方面的参与,旅游发展对当地社区发展的影响等。

(五)国内外民族旅游研究共词时间节点可视化分析

1. 国内民族旅游研究共词时间节点可视化分析

时间线(Timeline)与时区(Timezone)的可视化分析有助于梳理某一领域中的知识结构与研究热点,并且可以凸显相关研究的发展脉络,尤其能够体现研究的历史进程与知识演变(陈悦等,2014)①。

为了进一步了解我国民族旅游的研究进展以及学术界的研究热点,本研究对国内民族旅游共词聚类结果进行时间线与时区的可视化分析。

可视化分析结果显示,作为国内民族旅游研究最重要的关键词"民族旅游"出现于2000年,并且此后一直是国内学术界的研究重点。1985—1999年,"少数民族地区""地区旅游业""旅游商品""开发性""经济旅游""专项活动""旅游项目""旅游事业""旅游产品""中国民俗""宗教旅游""民俗旅游""文化古迹""旅游效应""文化特征""民族文化村""民族地区""民族旅游资源""理性规划"等关键词出现早于"民族旅游",说明在形成民族旅游这一概念

---

① 陈悦,陈超美,胡志刚,等.引文空间分析原理与应用[M].北京:科学出版社,2014:75.

之前,国内学术界对这一领域的研究主要集中在文化、民俗民风、宗教旅游、旅游资源开发、旅游商品生产、旅游规划策略、旅游发展效应以及民族地区特色等方面。2000年后,"可持续发展""旅游企业""民族传统文化""民族旅游开发""西部开发""旅游业""旅游人类学""生态旅游""文化保护""旅游开发""民族特色""文化保护""文化变迁""族群认同""旅游品牌""旅游体验""利益相关者"等关键词的出现,说明国内学术界对民族旅游的研究进入新阶段,旅游扶贫与西部发展、生态与环境保护、民族特色与文化保护、民族认同与共荣发展、旅游市场与旅游企业等成为重要研究课题。近几年,"文化软实力""民族女性""参与""满意度""原生态""民族旅游社区""西江千户苗寨""云南大理""传统文化传承""产业组织""中西方游客"等成为出现较多的关键词,说明国内学术界的研究更为细化与深入,不仅对不同的旅游地进行案例分析,而且将研究视角放到民族社区与民族村寨层面。

因此,对国内民族旅游研究文献共词进行时间线与时区分析后可以得出以下结论:第一,我国学术界研究民族旅游的时间较早,而真正在民族旅游框架下进行的研究出现较晚,但随着时间推移,研究领域与内容增多,涉及文化学、人类学、民族学、管理学、旅游学、政策学等多个学科;第二,我国民族旅游研究视角不断多元化,从宏观的政策引导、历史发展、理论探讨、实践研究等到微观的市场运作、行为意愿、参与程度、利益分配、支持态度等。由于我国少数民族地区具有旅游资源丰富与地大物博的特点,国内民族旅游研究呈现出数量与质量等方面的提升,为形成一套具有我国特色的民族旅游研究范式奠定了坚实基础。

2. 国外民族旅游研究共词时间节点可视化分析

为了进一步展现国外民族旅游研究年度与文献关键词之间的关系,并且从时间维度来展示民族旅游研究热点的演进与历史研究成果,本研究对国外民族旅游聚类结果进行基于时间线(Timeline)与时区(Timezone)的可视化分析。

可视化分析结果显示,作为国外民族旅游研究最重要的关键词"旅游(Tourism)"最初出现于1990年的研究文献中,并且此后其始终是国外学者研究的热点。"民族旅游(Ethnic Tourism)"则出现于1992年的文献中,而"原真性(Authenticity)"与"中国(China)"作为重要的研究关键词出现于1993年及之后的文献中。在1993—1999年的研究文献中,"身份(Identity)""保护(Conservation)""遗产(Heritage)""政策(Policy)""影响(Affect)"等是这一期间重要的研究热点;2000年以后,国外民族旅游研究更加深入,包括"社区(Community)""生态旅游(Ecotourism)""表现(Performance)""空间(Space)""知识(Knowledge)""气候变化(Climate Change)"等研究热点以及关于各地的案例研究;2010年至今,国外学术界更加关心对民族旅游地的"增权(Empowerment)""宗教(Religion)""权力(Power)""医疗(Medical)""信息(Information)""服务(Service)""科技(Technology)""需求(Need)""体育(Sport)""居民(Residents)""价值观(Values)""感知(Perceptions)""意愿(Intention)""行为(Behavior)"等方面的研究。

从国外民族旅游研究文献共词时间线与时区的分布可以看出:第一,在以旅游学为基础的情况下,国外研究所涉学科领域不断扩大,既包括宏观与微观层面的社会学、管理学、人类学等,也涉及个体与组织的行为学、认知学、心理学等;第二,在民族旅游的框架下,国外研究所涉旅游管理内容增多,既包括旅游供给层面的环境保护、政策制定、资源开发、服务产品研发等研究,也包括旅游需求层面的细分市场、品牌建设、出行意愿、旅游体验等研究。

二、国内民族旅游前沿理论研究综述

(一) 国内民族旅游文化研究综述

第一,民族旅游文化核心研究。李忠斌和文晓国(2012)[①]认为,民族旅游是旅游者以民族聚居区域为旅游目的地,以当地民族文化为内核,以经济、社会生活为主线,以全面了解民族文化特质及生产、生活状态为目的的一种参与、体验活动。作为民族旅游目的地的重要部分,民族村寨是我国少数民族地区保护、开发、传承少数民族文化的重要媒介,少数民族居民是其传统文化的缔造者,在民族旅游发展中扮演着参与者与决策者的角色(田敏等,2012)[②],尤其是女性地位在民族旅游发展后得到提升,是对主流文化的尊重,也在一定程度上体现了少数民族传统文化对男女平等的主张(钟洁,2010)[③]。原真性是民族旅游发展的核心要素之一,然而民族旅游产品开发的商业化形成了对民族历史文化原真性的挑战(张补宏和徐施,2010)[④]。王学基和孙九霞(2015)[⑤]通过"旅游域(Tourist Sphere)"的概念研究民族旅游景区的传统文化发展,发现不同文化的交流会造成当地文化在时空上的转移。近些年我国民族地区旅游景区中的文化演艺同质性与商业化明显,对民族宗教和传统的片面认识造成了对民族文化形象的损害,使民族旅游发展陷入困境(谭日辉和罗树杰,2017)[⑥]。在民族传统文化作用更加重要的前提下,民族旅游已经成为国家与民族形象建设和传播的重要手段,随着全球一体化趋势的加深,我国民族旅游的发展不仅是对少数民族传统文化的传承,也是建设我国少数民族与国家形象的重要途径(吴其付,2011)[⑦]。

第二,民族旅游文化效应研究。我国西南地区拥有丰富的少数民族文化资源与优美的自然风光,由于少数民族旅游资源的广泛性与多元性,该地区的少数民族旅游发展起步较早,以云南、贵州为主要代表(冯学钢等,2009)[⑧]。虽然民族旅游的快速发展为当地带来了直接经济效应,但少数民族传统文化的保护面临挑战,少数民族社区的生态环境污染、文化商品化、庸俗化是突出的问题(周丽洁,2010)[⑨]。因此,民族地区发展旅游更应该重视生态效应,对当地文化、生产、旅游以及制度的完善是形成旅游发展内生动力的保障,是实现旅游产业协调发展的重要基础(王汉祥,2017)[⑩]。近些年民族传统文化受到主流文化冲击,民族旅游中居民与旅游者之间的互动模式的核心是跨文化的人际互动过程,居民与旅游者的交往

[①] 李忠斌,文晓国. 对民族旅游概念的再认识[J]. 广西民族研究,2012,28(4):177-184.
[②] 田敏,撒露莎,邓小艳. 民族旅游开发与民族村寨文化保护及传承比较研究——基于贵州、湖北两省三个民族村寨的田野调查[J]. 广西民族大学学报(哲学社会科学版),2012,34(5):88-94.
[③] 钟洁. 中国民族旅游与少数民族女性问题研究进展[J]. 妇女研究论丛,2010,19(2):83-87.
[④] 张补宏,徐施. 民族旅游真实性研究及保护模式探讨[J]. 地理与地理信息科学,2010,26(3):105-108.
[⑤] 王学基,孙九霞. 民族旅游地的文化展示与"旅游域"构建——以三亚槟榔谷为例[J]. 旅游论坛,2015,8(2):23-30.
[⑥] 谭日辉,罗树杰. 民族旅游展示和阐释中的科学性问题刍议——以广西宜州市刘三姐故里旅游区为例[J]. 广西民族研究,2017,33(4):132-137.
[⑦] 吴其付. 民族旅游文献中的文化认同研究[J]. 广西民族研究,2011,26(1):191-198.
[⑧] 冯学钢,王晓云,杨昇. 西南民族旅游目的地发展潜力研究[J]. 旅游论坛,2009,2(1):62-66,81.
[⑨] 周丽洁. 民族旅游对非物质文化遗产保护与传承的影响——基于湖南省湘西地区的调查与思考[J]. 中州学刊,2010,32(4):131-133.
[⑩] 王汉祥. 中国北疆民族地区旅游茶叶生态化发展研究[D]. 呼和浩特:内蒙古大学,2017:85-93.

依赖于对彼此文化相互地解读,其本质就是对不同文化符号的了解过程(张机和徐红罡,2012)①。因此,我国民族村落的传统文化开发要有先保护、后开发的理念,促进旅游对民族传统文化的传承作用,突出对民族传统文化符号的现代解读(孙永龙和王生鹏,2015)②。同时,促进旅游者与居民的文化认同感,使主客了解相互的价值观与道德操守、生活方式与状态、宗教信仰、民俗民风、旅游发展态度等,以此来消除文化冲突并使主客双方适应旅游所带来的社会文化变迁的影响(王鹏辉,2006)③。

第三,民族旅游文化保护研究。我国拥有丰富的少数民族文化资源,民族旅游愈发受到重视,整合民族旅游产业链的发展机制能够有效地对传统文化进行保护(李红伟,2013)④。然而,我国少数民族旅游地较低水平的基础设施与人才队伍建设水平无法保障民族旅游的良性发展,并且现代文化的冲击阻碍了对民族传统文化的保护与传承(邓开民,2011)⑤。在民族旅游发展中传统文化的保护和传承是重点,应该在重视政府和居民行为的基础上强调企业的社会责任,利用监管机制来规范企业的保护性开发行为,减少对当地文化环境的破坏(秦兆祥,2017)⑥。由于全国各地提倡发展民族旅游业,少数民族传统文化向现代文化的变迁趋势使当地民族旅游产品的文化内涵降低,不利于民族文化的保护(梁自玉,2007)⑦。民族旅游目的地传统文化资源并没有转化为文化资本,有些地方不仅忽略了对少数民族传统文化的挖掘,更忽略了对少数民族传统文化的保护,进而导致民族聚居地的社会经济发展受限(姚伟钧和霍晓丽,2015)⑧。胡晓和王飞霞(2010)⑨利用文化传播框架来研究民族旅游中各利益相关者之间的跨文化冲突与跨文化整合,提出了"理解—沟通—适应"的发展途径来维护多元文化的良好互动。赵巧艳(2011)⑩则利用布迪厄实践理论探讨少数民族文化符号的变化,提出利用旅游收益进行民族文化保护等策略。

(二)国内民族旅游开发研究综述

第一,民族旅游发展特点研究。位于边远地区的民族村落往往拥有较好的自然生态环境与传统少数民族文化习俗,这是我国民族旅游发展的特色与核心资源,因此,研究民族旅游应该从文化与自然两个角度进行(胡冀珍,2012)⑪。杨建翠(2012)⑫认为,民族旅游发展的特点所带来的经济发展、产业聚集、文化水平提升、重视环境保护、监管意识提高等都有利

---

① 张机,徐红罡. 民族旅游中的主客互动研究:基于符号互动论视角[J]. 思想战线,2012,38(3):116-119.
② 孙永龙,王生鹏. 民族村落文化的旅游价值及开发利用[J]. 资源开发与市场,2015,31(3):375-377.
③ 王鹏辉. 新疆民族旅游的社会文化影响研究[J]. 北京第二外国语学院学报,2006,28(7):67-74.
④ 李红伟. 民族文化创新与产业链研究——以广西龙州金龙布傣族群"天琴文化"为例[D]. 北京:中央民族大学,2013:45-58.
⑤ 邓开民. 云南少数民族传统体育旅游资源开发利用研究[D]. 北京:北京体育大学,2011:65-77.
⑥ 秦兆祥. 内蒙古民族传统文化旅游资源的保护性开发[J]. 贵州民族研究,2017,38(11):181-184.
⑦ 梁自玉. 文化变迁与旅游业发展研究——以湘西凤凰县为例[D]. 北京:中央民族大学,2007:63-78.
⑧ 姚伟钧,霍晓丽. 文化产业视域下民族旅游文化产业的发展——以湘西捞车古村寨为例[J]. 中国海洋大学学报(社会科学版),2015,28(1):98-102.
⑨ 胡晓,王飞霞. 民族旅游中跨文化传播与和谐社会建构[J]. 中南民族大学学报(人文社会科学版),2010,30(4):62-66.
⑩ 赵巧艳. 布迪厄实践理论视角下民族旅游与社会性别的互动:以龙胜金坑红瑶为例[J]. 人文地理,2011,26(6):67-71.
⑪ 胡冀珍. 云南典型少数民族村落生态旅游可持续发展研究:以沧源翁丁佤寨为例[D]. 北京:中国林业科学研究院,2012:65-80.
⑫ 杨建翠. 川西民族地区旅游业推进城镇化研究:以九寨沟县为例[D]. 成都:西南民族大学,2012:87-129.

于当地的城镇化建设。然而我国民族旅游目的地保护与开发进程中出现的模式套用现象,使可持续发展理念失去了其理论的指导意义,更使民族旅游发展进入瓶颈(李宏和李伟2010)①。刘超祥(2012)②主张在发展少数民族村寨旅游的过程中更多地提倡文化、审美、价值等观念,一味地强调传统与现代文化之间的抗争将影响民族旅游的可持续发展。我国民族旅游应该注重民族文化本质特点,应该扮演当地社区发展的关键力量的角色,一方面满足旅游者的旅游需求;另一方面保护民族传统文化的本真,维持当地社区的和谐发展(尹立军,2013)③。我国民族社区对包括旅游发展在内的社区事务的治理滞后的根源就是居民参与不足,居民的生活和福祉没有受到应有的保障,社会网络的改变亟须对居民参与的重视和重塑(孔瑞,2017)④。

第二,民族旅游产业结构研究。我国民族旅游发展对社会、经济、环境等方面的影响,成为影响我国西部少数民族地区社会经济发展的重要因素,也是改变传统农村产业结构的动力(陈晓红,2012)⑤。民族旅游发展产生了"去农化"趋势,使民族地区由发展农业转向旅游业和服务业,同时女性居民广泛参与、文化再造、结构转变、产业联合、区域联动等趋势促使民族旅游产业化发展(李强,2012)⑥。我国民族旅游产业化进程不仅是国家宏观政策的导向,也是当地少数民族社会经济发展的诉求,然而在具体的发展过程中仍然存在观念守旧、开发模式单一、文化与环境受到破坏等现实问题(黄海珠,2007)⑦。因此,应该突出民族旅游的产业带动性以及产业结构调整能力,有效地促使少数民族地区在生态、社会、经济等方面的可持续发展,实现少数民族农村地区的产业结构升级(黄燕玲,2008)⑧。同时,要重视利用民族地区旅游资源的文化符号属性,实现旅游产业与文化创意产业的融合,实现有效的旅游文化资源配置(谢菲,2017)⑨。民族旅游的产业化发展对民族社区建设具有推动作用,民族旅游产业应该建立在对少数民族文化的传承与保护、尊重少数民族居民的生活习惯、完善少数民族社区等基础之上(邓永进,2010)⑩。

第三,民族旅游持续发展路径研究。少数民族传统文化的主动转型、经济利益与文化保护的博弈、生活质量提高与传统生活习俗的保持、民族旅游资源开发与生态环境保护的合理性、少数民族文化自觉与民族自豪感决定我国民族旅游的可持续性(崔玉范,2009)⑪。然而我国民族旅游标准化建设水平滞后形成了对民族旅游可持续发展的挑战,旅游发展的封闭

---

① 李宏,李伟.论民族旅游地的可持续发展[J].云南师范大学学报(哲学社会科学版),2010,42(1):130-136.
② 刘超祥.民族旅游村寨的人口迁移与文化变迁:以湘西德夯村为例[D].北京:中央民族大学,2012:91-105.
③ 尹立军.基于原真性认识的民族旅游目的地演化与重构[J].湖北社会科学,2013,27(11):94-96.
④ 孔瑞.权力变迁中的"苗":基于渝东南一个民族杂居村落的田野调查[D].兰州:兰州大学,2017:149-159.
⑤ 陈晓红.社会资本视角下的民族旅游社区妇女精英化研究:以互助县小村庄为例[T].西安:陕西师范大学,2012:50-74.
⑥ 李强.新农民:民族村寨旅游对农民的影响研究:以云南曼听村与贵州西江村为例[D].兰州:兰州大学,2012:206-226.
⑦ 黄海珠.民族旅游村寨建设研究[D].北京:中央民族大学,2007:140-160.
⑧ 黄燕玲.基于旅游感知的西南少数民族地区农业旅游发展模式研究[D].南京:南京师范大学,2008:123-145.
⑨ 谢菲.民族地区特色文化旅游景观生产、市场感知及其发展路径:以广西三江侗族自治县为例[J].西南边疆民族研究,2017,22(1):165-173.
⑩ 邓永进.论民族旅游可持续发展的战略重点与主要措施[J].云南民族大学学报(哲学社会科学版),2010,27(2):62-66.
⑪ 崔玉范.赫哲族传统文化与民族旅游可持续发展研究——以同江市民族旅游为例[D].济南:山东大学,2009:195-222.

性、旅游开发匮乏专业性、民族地区特色不鲜明成了形成标准的阻碍(吴忠军等,2015)[1]。阻碍我国民族村寨旅游持续健康发展的一个重要因素,是社区中没有清楚地明确利益相关者的责任关系,导致社区冲突的产生,不仅破坏了当地居民关系,更破坏了良好的游览氛围(李湮,2015a)[2]。不仅如此,民族旅游发展的可持续性应该被系统地认识,包括政策制定、产品创新、旅游营销、人力资源建设等多个层面(邓凌怡等,2017)[3]。王超和杨春宇(2015)[4]从文化软实力的角度研究贵州民族旅游发展,并且利用SWOT分析总结出不同旅游发展阶段的发展战略。赵钧(2012)[5]则将幸福感认定为评价旅游发展对少数民族社区建设贡献的核心指标,将幸福感理论用于旅游发展研究不仅能够扩展旅游研究的广度与深度,更能够为研究我国西部少数民族旅游发展的可持续性提供学术性强的研究依据。

(三)国内民族旅游市场研究综述

第一,民族旅游市场效应研究。虽然民族旅游本身是旅游业的一个细分市场,然而仍需根据其受众将民族旅游市场进行进一步地细分,从而达到提升民族旅游发展水平、获得更大经济和社会效应的目的(邓永进和谯丹,2010)[6]。将少数民族旅游特需商品转化为具有经济价值、文化价值、应用价值的旅游购物品将具有重要的理论以及实践的意义(王润球,2012)[7]。我国民族旅游产品存在三个缺陷:一是过于注重民族旅游产品的艺术性而忽略产品的市场化;二是民族旅游产品同质化明显、不具有独特的设计理念;三是民族旅游产品质量较低、得不到旅游者的认可(陈攀,2013)[8]。让利于消费者、创新管理模式、增强旅游企业竞争力、科学细分市场、形成混合营销渠道、合理选择促销模式等战略与手段,将在一定程度上解决民族旅游产品市场化程度不高、旅游资源开发不合理等问题(缪祥如,2013)[9]。客源市场构成、旅游产品创新、景点可到达性、游客满意度、游客停留时间是影响民族旅游市场空间与时间结构的重要因素,对于游客行为及其对旅游因素的感知研究,是了解和掌握民族旅游市场特征的有效途径(鹿梦思,2016)[10]。

第二,民族旅游需求市场研究。亢琳(2011)[11]利用理念识别系统、视觉识别系统、行为识别系统研究发现,我国民族旅游形象设计、塑造、推广处于滞后阶段。同时,我国民族旅游形象定位不准确,缺乏立体性与文化内涵,使民族旅游产品的市场竞争力不强(窦开龙,2008)[12]。现阶段,民族旅游目的地的客源市场竞争激烈,当地的生态环境脆弱等问题成为制

---

[1] 吴忠军,韦俊峰,王佳果.民族旅游标准化建设探讨[J].标准科学,2015,52(3):20-24.
[2] 李湮.民族村寨旅游社区主要利益相关者的利责探究[J].产业与科技论坛,2015,14(2):46-48.
[3] 邓凌怡,李越,成俊涛,等.浅谈少数民族地区文化旅游的可持续发展[J].市场研究,2017,65(3):32-33.
[4] 王超,杨春宇.文化软实力视角下贵州民族旅游发展战略研究——以态势分析方法为工具[J].吉林师范大学学报(人文社会科学版),2015,37(3):101-105.
[5] 赵钧.少数民族旅游社区居民社会幸福感研究——以甘南州郎木村为例[D].西安:陕西师范大学,2012:40-61.
[6] 邓永进,谯丹.我国民族旅游细分市场特征分析[J].学术探索,2010,18(6):30-34.
[7] 王润球.中国少数民族特许商品旅游购物市场开发研究[D].北京:中央民族大学,2012:156-185.
[8] 陈攀.情感价值在民族旅游产品设计中的实践探索[D].呼和浩特:内蒙古师范大学,2013:1-15.
[9] 缪祥如.民族传统体育旅游营销模式研究[D].济南:山东大学,2012:15-18.
[10] 王兆峰,鹿梦思.民族地区旅游市场结构、游客行为与感知分析:以湘西州为例[J].西南民族大学学报(人文社科版),2016,42(12):148-153.
[11] 亢琳.民族旅游形象设计研究:以桂林宛田瑶族为例[J].广西民族大学学报(哲学社会科学版),2011,33(5):118-121.
[12] 窦开龙.新疆民族旅游产品开发研究[D].兰州:兰州大学,2008:78-98.

约少数地区民族旅游发展的因素,单纯推销民族旅游产品并不能适应民族旅游市场化的主流趋势(杨玲玲,2010)①。尤其是从旅游者行为理论角度来看,旅游者的游前、游中、游后的行为,旅游者满意度,旅游目的地形象识别,旅游者文化响应等因素是准确把握需求市场的重要因素(魏宝祥,2013)②。因此,建立利益相关者合作机制,实现民族旅游结构调整、市场化、理念创新、环境建设、区域合作与产业链,能够有效提升旅游地竞争力与知名度(薛寒冰,2010)③。重视民族节庆旅游的发展,通过对当地旅游资源、品牌形象、旅游产品的推广与宣传,能有效地促进当地旅游资源的美誉度与知名度(罗中玺和袁凤琴,2010)④。对需求市场的把握也需要结合技术手段的革新,可以利用虚拟社交平台以及在线营销模式,实现游客对旅游产品的口碑效应(潘琦,2016)⑤。

第三,民族旅游产品宣传研究。民族旅游目的地的产品宣传离不开整合性营销策略、多元化渠道建设、创新性产品开发与目标市场锁定等工作的有效执行(徐刚,2014)⑥。我国民族旅游缺乏有效的营销绩效评估体系,使民族旅游产品宣传和推广仍处于较为初级的阶段,影响民族旅游的营销管理效率(张培和喇明清,2015)⑦。针对旅游者需求对区域进行网络化打造,运用品牌理论挖掘文化符号,加大宣传建立品牌形象,提升服务水平与完善基础设施,出台法规等综合性市场化发展途径具有重要的意义(罗宇,2013)⑧。同时,要重视市场吸引力对提升民族村寨市场竞争力的作用,在构建吸引力评价体系时应该同时注重主客双方的感知(罗敏,2015)⑨,并且在产品宣传和渠道建立时要注重民族旅游产品的观赏性、体验性、异质性、新奇性,使旅游产品能够满足旅游者的各式需求,更为贴近旅游者的日常生活(刘海洋和许丽萍,2017)⑩。旅游企业应该重视"互联网+"的发展趋势,利用大数据进行旅游需求的预测,使民族旅游地的传统文化、景观以及旅游形象能够准确、及时地传递到需求市场(张璟等,2015)⑪。将民族旅游村寨中的住宿与民族特色建筑、餐饮与民族文化、产品与服务质量等利用网络进行发展创新,能够使旅游者感受到旅游地生活与其日常生活的差异性,进而形成客观的旅游出行意愿和决策(潘立新,2015)⑫。

---

① 杨玲玲.民族地区旅游客源地建设研究[D].北京:中央民族大学,2010:148-178.
② 魏宝祥.民族地区旅游者行为与文化响应研究:以临夏回族自治州为例[D].兰州:兰州大学,2013:23-42.
③ 薛寒冰.中国少数民族地区旅游业跨越式发展研究[D].北京:中央民族大学,2010:94-136.
④ 罗中玺,袁凤琴.区域民族旅游节庆策略研究:以贵州省铜仁地区节庆为例[J].贵州民族研究,2010,32(4):75-79.
⑤ 潘琦.基于购买意愿的民族手工艺旅游商品微营销模式研究:以贵州为例[D].贵阳:贵州师范大学,2016:46-62.
⑥ 徐刚.基于隐私分析的民族地区旅游目的地营销战略研究——以贵州省黔东南为例[J].贵州民族研究,2014,35(7):150-153.
⑦ 张培,喇明清.民族地区旅游目的地营销绩效评估研究[J].西南民族大学学报(人文社会科学版),2015,41(3):135-139.
⑧ 罗宇.民族地区文化旅游业发展研究[D].北京:中央民族大学,2013:38-52.
⑨ 罗敏.民族村寨旅游市场吸引力评价体系构建及实证检验[J].中央民族大学学报(自然科学版),2015,23(2):30-34.
⑩ 刘海洋,许丽萍.基于RMP的边疆民族地区民俗旅游产品开发研究——以延边朝鲜族自治州为例[J].黑龙江民族丛刊,2017,33(5):38-43.
⑪ 张璟,王永贵,刘文霞.互联网+模式下民族旅游服务营销的民族展示策略[J].贵州民族研究,2015,36(10):164-167.
⑫ 潘立新.消费需求:民族地区旅游管理提升的逻辑起点[J].贵州民族研究,2015,36(4):140-143.

三、国外民族旅游前沿理论研究综述

(一) 国外民族旅游文化研究综述

第一,民族旅游文化传承研究。土著旅游是一种由土著直接提供的旅游产品,同时也指由非土著开展的基于土著传统文化的旅游产品(Bricker等,2012)[1],其核心就是土著及其文化的参与(Wall 和 Yang,2014)[2]。民族文化原真性不仅是对过去的尊重与现实的接受,更是复兴和传承民族传统文化的核心(Theodossopoulos,2013)[3]。Yang等(2006)[4]从文化传承与现代性、经济发展与文化保护、原真性与文化商品化等方面分析政府控制与民族旅游之间的关系,认为以经济发展与旅游者偏好为主旨的旅游规划会对传统文化传承形成阻碍。因此,突出土著传统文化传承是重要的措施,利用土著旅游产品对传统文化的宣传,使土著旅游发展获得原真性强的文化支撑,将提升旅游的文化传承效应(Chang等,2012)[5]。同时,需要认清民族旅游发展中少数民族文化和传统形成的特色价值观与世界观的重要性,尤其是对具有较强民族特色的文化的解读,并将其与现代旅游发展理念结合,这是实现社会公平发展与土地合理利用的基础(Sidali等,2016)[6]。

第二,民族旅游文化变迁研究。居民的迁徙会对民族传统文化造成影响,文化的认同感、文化原真性的正面感知以及社区居民参与旅游的程度对民族文化在民族旅游发展中的表现具有重要的作用(Xie,2010)[7]。现阶段对土著旅游文化原真性的研究往往都是基于欧美旅游发展的经验,忽视对边远地区少数民族社区特点和传统文化的关注(Cole,2007)[8]。Yang等(2013)[9]同样指出,当今民族旅游研究受到西方价值观的影响。受到民族旅游发展后的文化变迁的影响,少数民族社区文化和社区认同感都处在动态变化中,各利益相关者的诉求、利益相关者之间的沟通与妥协影响文化认同感的塑造,对传统文化具有一定冲击(Yang,2013)[10]。同时,由于民族社区文化多元化趋势显著,民族旅游发展应该考虑不同文化群体的利益,尤其是要使旅游发展得到各个民族群体的支持,并以此来实现文化的互动与

---

[1] Bricker K, Black R, Cottrell S. Sustainable tourism & the millennium development goals: effecting positive change[M]. Burlington: Jones & Bartlett Learning, 2012: 58-60.

[2] Wall G, Yang L. Planning for Ethnic Tourism[M]. Surrey: Ashgate, 2014: 2-4.

[3] Theodossopoulos D. Emberá indigenous tourism and the trap of authenticity: beyond inauthenticity and invention[J]. Anthropological Quarterly, 2013, 86(2): 397-425.

[4] Yang L, Wall G, Smith S L J. Ethnic tourism development: Chinese government perspectives[J]. Annals of Tourism Research, 2006, 35(3): 751-771.

[5] Chang J, Wall G, Hung J. Tourists' perception of aboriginal heritage souvenirs[J]. Asia Pacific Journal of Tourism Research, 2012, 17(6): 684-700.

[6] Sidali K L, Morocho P Y, Garrido-Pérez E I. Food tourism in indigenous settings as a strategy of sustainable development: the case of Ilex Guayas Loes. in the Ecuadorian Amazon[J]. Sustainability, 2016, 8(10): 967-984.

[7] Xie P F. Developing ethnic tourism in a diaspora community: the Indonesian Village on Hainan Island, China[J]. Asia Pacific Journal of Tourism Research, 2010, 15(3): 367-382.

[8] Cole S. Beyond authenticity and commodification[J]. Annals of Tourism Research, 2007, 34(4): 943-960.

[9] Yang J, Ryan C, Zhang L. Ethnic minority tourism in China-Han perspectives of Tuva figures in a landscape[J]. Tourism Management, 2013, 36(1): 45-56.

[10] Yang L. Ethnic tourism and minority identity: Lugu Lake, Yunnan, China[J]. Asia Pacific Journal of Tourism Research, 2013, 18(7): 712-730.

共融(Maruyama等,2017)①。因此,要重视民族旅游的价值,使旅游发展能够应对文化变迁所带来的结果,并促进少数民族居民的文化觉醒(Drew,2011)②。

第三,民族旅游文化效应研究。民族旅游文化效应的研究不仅能够促进民族地区文化的发展,更能够成为外界了解民族文化的重要途径(d'Hauteserre,2010)③。从旅游文化表征的角度来看,民族旅游发展的本质就是多元主观性网络的互动,可旅游文化效应的推广和宣传还是注重对土著整体的关注,旅游发展政策制定者在旅游推广进程中忽略了对土著个体文化效应的关注,使居民的个体文化效应感知程度较低(Hunter,2011)④。对于不同文化的解读在发展土著旅游中具有重要作用,所以文化中间人的旅游文化效应发展模式值得借鉴,鼓励既了解土著文化又通晓主流文化的文化中间人参与旅游决策、规划、具体行业工作,能够促进当地社区成员更好地发展土著旅游,突出旅游作为文化良好互动平台的作用(Guisela和Gary,2015)⑤。在民族地区建立能够展现当地文化的主题公园不仅能够扩大民族文化的旅游效应,也能够将商业化和原真性区分,在满足游客需求的同时也能促进文化的传承(Massing,2018)⑥。

(二) 国外民族旅游开发研究综述

第一,民族旅游开发特点研究。民族旅游资源的开发应该重视对自然资本、实物资本、财务资本、制度资本、社会资本、文化资本以及人力资本的整体性评估,并且应该从固定资产的角度出发,构建旅游影响社区发展的模型框架,突出旅游开发对社区基础设施建设的促进作用(Bennett等,2012)⑦。然而民族旅游业的发展导致居民社区出现的劳动力迁移,这对民族旅游开发形成一定的挑战,并且成为影响当地社会结构变迁的重要因素,使当地居民的社区归属感存在差异,影响居民对旅游开发的支持程度(White,2010)⑧。从列斐伏尔的"空间三一论"角度来看,将社会空间无形性与有形性的结合,能够综合地理解旅游发展对民族社区地理空间感的影响,也能够促进民族旅游开发在空间上的合理规划,提升居民对民族旅游开发的认可程度(Buzinde和Manuel-Navarrete,2013)⑨。同时,很多民族旅游开发计划的制订过程忽略了当地居民的参与,使旅游开发计划的落实情况不佳,所以,应该杜绝这种一

---

① Maruyama N U, Woosnam K M, Boley B B. Who is ethnic neighborhood tourism for anyway? considering perspectives of the dominant cultural group[J]. International Journal of Tourism Research, 2017, 19(6): 727-735.

② Drew E M. Strategies for antiracist representation: ethnic tourism guides in Chicago[J]. Journal of Tourism and Cultural Change, 2011, 9(2): 55-69.

③ d'Hauteserre A. Government policies and indigenous tourism in New Caledonia[J]. Asia Pacific Journal of Tourism Research, 2010, 15(3): 285-303.

④ Hunter W C. Rukai indigenous tourism: representations, cultural identity and Q method[J]. Tourism Management, 2011,32(2): 335-348.

⑤ Guisela S C O, Gary B. A case study on cultural brokers and their role in tourism management in the indigenous community of Taquila Island in Puno, Peru[J]. International Journal of Tourism Research, 2015, 17(4): 347-355.

⑥ Massing K. Safeguarding intangible cultural heritage in an ethnic theme park setting: the case of Binglanggu in Hainan Province, China[J]. International Journal of Heritage Studies, 2017, 24(1): 66-82.

⑦ Bennett N, Lemelin R, Koster R, et al. A capital assets framework for appraising and building capacity for tourism development in aboriginal protected area gateway communities[J]. Tourism Management, 2012, 33(4): 752-766.

⑧ White S D. The political economy of ethnicity in Yunnan's Lijiang Basin[J]. The Asia Pacific Journal of Anthropology, 2010, 11(2): 142-158.

⑨ Buzinde C N, Manuel-Navarrete D. The social production of space in tourism enclaves: Mayan children's perceptions of tourism boundaries[J]. Annals of Tourism Research, 2013, 43(4): 482-505.

厢情愿的民族旅游开发计划制订模式,并建立居民参与旅游开发的渠道,使旅游开发能够符合当地居民的切身利益(Buultjens 和 Gale,2013)[①]。旅游地旅游发展利益相关者的支持力度是决定当地旅游增权效应的重要因素,应从社会经济、文化保护以及环境资源等方面增加居民的参与权利(Mendoza-Ramos 和 Prideaux,2018)[②]。

第二,民族旅游目的地效应研究。Yang 和 Wall(2009a)[③]认为,民族旅游发展能够在给民族地区带来经济收益的同时,复兴当地传统民族文化,使旅游能够体现积极的目的地效应,同时居民的广泛参与对旅游发展具有重要影响。Ishii(2012)[④]运用将民族划分、性别、合法地位联系在一起的嵌套式发展模型,分析民族旅游发展的直接经济效应,发现年轻人与女性能够在旅游工作中获得更多经济收入,突出了民族旅游发展对社区居民公平参与社区事务的促进。民族旅游发展目的地效应的重要部分就是土著在旅游中的参与,在为当地居民提升生活质量的同时能够有效促进对当地文化与自然原真性的保护,形成文化复兴(Hipwell,2007)[⑤]。少数民族居民广泛参与旅游与居民话语权、传统文化的复兴、社会经济良好发展具有密不可分的关系,并且旅游参与能够提升居民的自信心与自豪感,有利于平等的主客交流平台的建立(Dyer 等,2003)[⑥]。民族地区旅游效应的体现离不开对旅游目的地的形象宣传,Mahadevan(2018)[⑦]通过对旅游者的研究发现,民族地区的自然环境、民族特性以及当地的多元动植物资源,对旅游者具有很大的吸引力,并且民族地区旅游形象的建立也需要突出当地的特质。旅游发展在边远民族社区中的扶贫作用同样是旅游目的地效应的重要体现,尤其是"自下而上"的社区旅游发展模式能够使旅游发挥扶贫作用,使居民决定自身的发展命运;然而,各利益相关者应该在接受角色转变的前提下,重视旅游发展带来的社会文化转变问题对旅游目的地效应的影响(Theerapappisit,2009)[⑧]。

第三,民族旅游发展可行性研究。土著旅游发展中的经济、环境、社会、文化的可持续发展离不开当地社区自治权的提高与居民参与程度的加深,社区与居民的投入与正面支持态度决定土著旅游良性发展的可行性(Weaver,2010)[⑨]。一方面,民族旅游地的社会、经济、文化、政策、健康程度与旅游者行程中的安全性成为影响民族旅游发展的重要因素,也能左右

---

① Buultjens J, Gale D. Facilitating the development of Australian indigenous tourism enterprises: the business ready program for indigenous tourism[J]. Tourism Management Perspectives, 2013, 2(1): 41-50.
② Mendoza-Ramos A, Prideaux B. Assessing ecotourism in an Indigenous community: using, testing and proving the wheel of empowerment framework as a measurement tool[J]. Journal of Sustainable Tourism, 2018, 26(2): 277-291.
③ Yang L, Wall G. Ethnic tourism: a framework and an application[J]. Tourism Management, 2009, 30(4): 559-570.
④ Ishii K. The impact of ethnic tourism on hill tribes in Thailand[J]. Annals of Tourism Research, 2012, 39(1): 290-310.
⑤ Hipwell W T. Taiwan aboriginal ecotourism: Yanayiku Natural Ecology Park[J]. Annals of Tourism Research, 2007, 34(4): 876-897.
⑥ Dyer P, Aberdeen L, Schuler S. Tourism impacts on an Australian indigenous community: a Djabugay case study[J]. Tourism Management, 2003, 24(1): 83-95.
⑦ Mahadevan R. Examining domestic and international visits in Australia's Aboriginal tourism[J]. Tourism Economics, 2018, 24(1): 127-134.
⑧ Theerapappisit P. Pro-poor ethnic tourism in the Mekong: a study of three approaches in Northern Thailand[J]. Asia Pacific Journal of Tourism Research, 2009, 14(2): 201-221.
⑨ Weaver D. Indigenous tourism stages and their implications for sustainability[J]. Journal of Sustainable Tourism, 2010, 18(1): 43-60.

旅游者旅游动机与决策（Bauer，2008）①；另一方面，对土著旅游发展是否成功的评价需要结合有形与无形的指标来进行，尤其是通过由公平、增权、能力构建等层面，结合土著社区的经济、规划、领导力、社区以及法律规范等指标评价（Lemelin 等，2015）②。民族旅游发展可行性与社区各利益相关者的支持度相关，因此，应该在注重经济利益的基础上将社会、文化以及宗教因素一并考虑，使支持民族旅游发展的层面和力度得到提升（Gilli 与 Sonia，2018）③。Spencer（2010）④认为，名义群体决策技术对于研究旅游规划中的公众参与程度具有理想的效果，能够为旅游发展提供丰富与符合当地实际情况的参考意见，为旅游部门提供旅游发展可行性研究报告提供支撑。同时，Blangy 等（2012）⑤引入地理合作实验室技术，结合地理可视化理论进行土著旅游研究，发现该技术的成功使用能增加土著社区内外部的联系，为当地旅游发展提供可行性意见与建议，此举不仅能够促进居民的旅游参与，更能够维护居民的旅游发展自主权。

（三）国外民族旅游市场研究综述

第一，民族旅游形象设计研究。Tolkach 等（2016）⑥指出，将民族旅游作为国家形象的一部分进行推广，既是提升国内外旅游者对旅游地认知水平的途径，又是保存独特景色、文化、原真性以及实现更高效率的旅游地管理的重要举措。不同民族旅游营销管理参与者的合作参与，是保障营销与形象建设的重要动力。然而旅游者对少数民族旅游目的地形象的感知与认同受到不同族群、不同文化、不同地区等社会背景因素影响，尤其是既定印象会影响旅游者对当地旅游形象与民族文化的感知（Buzinde 等，2006）⑦。从需求市场来看，民族旅游地当地特色民族文化与西方主流文化的互动与碰撞是旅游者对当地产生兴趣的重要基础，旅游者的旅游兴趣受到其居住的地区与目的地的差异程度的影响，并且越具有异质性的旅游目的地形象越能够受到需求市场的青睐（Wong 等，2016）⑧。同时，也不能忽视旅游纪念品对旅游形象建立的作用，因为土著旅游纪念品的设计、材质、独创性、原真性必须源自当地的社会文化以及自然地理环境，从而吸引更多的旅游者购买，并且能够形成符合当地实际情况的旅游目的地形象内涵（Xie 等，2012）⑨。虽然各个民族旅游地皆重视旅游形象的建

---

① Bauer I. The health impact of tourism on local and indigenous populations in resource-poor countries[J]. Travel Medicine and Infectious Disease，2008，6(5)：276-291.

② Lemelin R H，Koster R，Youroukos N. Tangible and intangible indicators of successful aboriginal tourism initiatives：a case study of two successful aboriginal tourism lodges in Northern Canada[J]. Tourism Management，2015，47(1)：318-328.

③ Gilli M，Sonia F. Tourism in multi-ethnic districts：the case of Porta Palazzo market in Torino[J]. Leisure Studies，2018，37(2)：146-157.

④ Spencer D M. Facilitating public participation in tourism planning on American Indian reservations：a case study involving the Nominal Group Technique[J].Tourism Management，2010，31(5)：684-690.

⑤ Blangy S，Donohoe H M，Mitchell S. Current issues in method and practice：developing a geocollaboratory for Indigenous tourism research[J].Current Issues in Tourism，2012，15(7)：693-706.

⑥ Tolkach D，King B，Whitelaw P A. Creating Australia's national landscapes：issues of collaborative destination management[J]. Journal of Destination Marketing & Management，2016，5(2)：117-132.

⑦ Buzinde C N，Santos C A，Smith S L J. Ethnic representations：destination Imagery[J]. Annals of Tourism Research，2006，33(3)：707-728.

⑧ Wong I A，Mckercher Bob，Li X. East meets west：tourist interest in hybrid culture at postcolonial destination [J]. Journal of Travel Research，2016，55(5)：628-642.

⑨ Xie P F，Wu T，Hsieh H. Tourists' perception of authenticity in indigenous souvenirs in Taiwan[J].Journal of Travel & Tourism Marketing，2012，29(5)：485-500.

立，但许多对土著文化的错误解读会形成旅游营销与形象建设方面的阻碍，结合现代语言精粹并运用命名法则能够恰当地形成具有民族文化特色的口碑营销，从而建立准确的土著旅游形象(Clark,2009)[1]。

第二，民族旅游产业市场研究。Buultjens 等(2010a)[2]认为，土著发展旅游是解决就业与收入问题的重要途径，然而缺乏政策支撑却使土著旅游发展与市场化受到影响；而生态旅游与土著旅游拥有良好的协作发展空间，因为两者之间能够产生价值增值效应，从而提升民族旅游的市场竞争力(Buultjens 等,2010b)[3]。从文化层面来看，旅游者对土著旅游的看法是识别旅游者对产品需求的重要因素，同时旅游者对东道主文化的欣赏程度也是鉴别旅游发展是否有利于东道主与旅游者的重要参考(McIntosh,2004)[4]。然而绝大多数的土著旅游发展政策的执行仅仅停留在初级程度，缺乏保障实施效果的检测与相关法律的支持，导致土著旅游发展受限，并直接影响旅游者对旅游地的感知，阻碍土著旅游的产业化发展(Whitford 和 Ruhanen,2010)[5]。不应简单地把土著传统文化的复兴看作行政命令，还应该把它看作令土著拾回民族自尊心与自豪感以及吸引旅游者到访的重要途径，实现旅游供需市场的良性互动(Yang,2011)[6]。同时，政府应该重视旅游者对民族旅游发展的反馈，提升旅游部门理解旅游者需求的程度，尤其是旅游者在总结旅游经历时对民族旅游的原真性的理解，能够真实地反映旅游者对于当地主客关系、文化互动、旅游产品体验的感知，此举是当地旅游发展机构进行精准旅游营销的前提条件(Walter,2016)[7]。

第三，民族旅游细分市场研究。Lynch 等(2011)[8]认为，对土著旅游市场进行精确的细分，并对各细分市场制订有针对性的营销计划对土著旅游发展具有重要作用，不仅能够提前传递土著文化信号到需求市场，更能够使游客对目的地文化有所了解。发展较早的民族旅游地往往不可避免地会进入旅游发展的停滞或衰落期，如果将当地的少数民族居民在旅游地内部的短途旅行或出行也当作一个重要的细分市场方向，会再一次形成促进旅游发展的动力，同时当地民族居民的移动同样能够产生经济效应，解决旅游的发展停滞问题(Taylor 等,2015)[9]。居民与旅游者对土著传统文化的解读对旅游市场的细分具有影

---

[1] Clark I D. Naming sites: names as management tools in indigenous tourism sites: an Australian case study[J]. Tourism Management, 2009, 30(1): 109-111.

[2] Buultjens J, Brereton D, Mennott P, et al. The mining sector and indigenous tourism development in Weipa, Queensland[J]. Tourism Management, 2010, 31(5): 597-606.

[3] Buultjens J, Gale D, White N E. Synergies between Australian indigenous tourism and ecotourism: possibilities and problems for future development[J]. Journal of Sustainable Tourism, 2010, 18(4): 497-513.

[4] McIntosh A J. Tourists' appreciation of Maori culture in New Zealand[J]. Tourism Management, 2004, 25(1): 1-15.

[5] Whitford M M, Ruhanen L M. Australian indigenous tourism policy: practical and sustainable policies[J]. Journal of Sustainable Tourism, 2010, 18(4): 475-496.

[6] Yang S. Cultural performance and the reconstruction of tradition among the Bunun of Taiwan[J]. Oceania, 2011, 31(3): 316-330.

[7] Walter P G. Travelers' experiences of authenticity in "hill tribe" tourism in Northern Thailand[J]. Tourist Studies, 2016, 16(2): 213-230.

[8] Lynch M, Duinker P N, Sheehan L R, et al. The demand for Mi'kmaw cultural tourism: tourist perspectives[J]. Tourism Management, 2011, 32(5): 977-986.

[9] Taylor A, Carson D B, Carson D A, et al. "Walkabout" tourism: the indigenous tourism market for Outback Australia[J]. Journal of Hospitality Tourism Management. 2015, 24(1): 9-17.

响,旅游部门应该利用居民与旅游者对文化理解的差异来进行有针对性的细分市场营销(Hunter,2014)[1]。在现阶段的土著旅游市场研究中,由于缺乏土著研究人员,很多研究具有"白人成见",并且研究成果并不能对土著旅游产生实质的帮助(Russell-Mundine,2012)[2]。由栖息地、遗产、历史、手工艺品组成的土著旅游4H理论能够丰富土著旅游市场细分研究的框架(Pratt等,2013)[3]。同时,应在民族旅游细分市场研究中重点对游客的相对需求、旅游动机、旅游偏好、旅游体验等进行分析,以此来形成具有市场数据支撑的民旅游市场营销方案(Ruhanen等,2015)[4]。对以民族特色餐饮为代表的民族文化资源的挖掘同样应该重视旅游细分市场的需求差异,通过对不同旅游需求的把控能够在满足旅游者偏好的基础上,推动旅游者对少数民族文化的接受(Bondzi-Simpson和Ayeh,2017)[5]。

四、国内外民族旅游前沿理论研究对比

(一) 国内外民族旅游研究的内容对比

首先,国内外民族旅游研究内容的相同点主要体现在以下方面。第一,国内外对民族旅游的研究关注基本一致,国内外文献都注重民族旅游对当地的经济、文化、环境的影响的研究,否定了只强调经济效应的旅游发展模式,其中民族旅游的可持续发展、对社会文化的影响、文化原真性的重要性、民族旅游的市场推广是重点。第二,国内外对民族旅游的研究领域基本一致,研究主要涉及社会学、管理学、旅游学、文化学、民族学、营销学等学科和领域,其中民族文化与旅游活动的结合、民族旅游对社会与文化变迁的作用、民族旅游文化的形成、民族旅游资源的合理保护开发成为多学科交叉研究重点关注的方面。第三,国内外对影响民族旅游发展的因素都较为关注,研究主要关注民族社区的参与程度、民族居民对自身文化的认知程度、民族社区发展水平、民族社区组织权力等因素。

其次,国内外民族旅游研究内容的不同点主要体现在以下方面。第一,国内外对民族旅游的研究深度较为不同。国内文献较为注重对宏观与供给市场的研究。国外文献注重对民族旅游的社会、经济、文化效应的分析和研究,而且注重对民族旅游产业形成的内在机理以及所受的外在影响进行探讨,同时结合供需市场的信息进行具体的分析。第二,国内外对民族旅游的研究广度较为不同。国内文献较为注重民族旅游的表现及其形式,尤其是在"互联网+"的背景下民族旅游面对的机遇与挑战。不少国外文献结合心理学来讨论少数民族居民在旅游发展中的心理状态,以此来突出民族旅游中个体心理状态对整体发展的作用与影响。同时,国外研究更为注重基于不同文化的旅游营销,在结合宏观研究成果的基础上,着重对微观力量与宏观环境共同作用的研究。第三,国内外对民族旅游资源配置的关注不同。

---

[1] Hunter W C. Performing culture at indigenous culture parks in Taiwan: using Q method to identify the performers' subjectivities[J]. Tourism Management, 2014, 42(1): 294-304.

[2] Russell-Mundine G. Reflexivity in indigenous research: reframing and decolonizing research[J]. Journal of Hospitality and Tourism Management, 2012, 19(1): 85-90.

[3] Pratt Stephen, Gibson D, Movono A. Tribe tourism in Fiji: an application and extension of Smith's 4Hs of indigenous tourism[J]. Asia Pacific Journal of Tourism Research, 2013, 18(8): 894-912.

[4] Ruhannen L, Whitford M, McLennan C. Exploring Chinese visitor demand for Australia's indigenous tourism experiences[J]. Journal of Hospitality and Tourism Management, 2015, 24(1): 25-34.

[5] Bondzi-Simpson A, Ayeh J K. Serving indigenous dishes in hotels: an inquiry into the conative response of menu decision makers[J]. International Journal of Hospitality Management, 2017, 67(1): 115-124.

我国拥有多元的少数民族文化和地区,并且这些地区多数处于贫困省份,因此,国内研究更多关注旅游对当地的扶贫效应;而国外研究在研究民族旅游扶贫效应的基础上,更加注重对旅游作为民族和国家形象推广载体的研究。

(二) 国内外民族旅游研究的方法对比

首先,国内外民族旅游研究方法的相同点主要体现在以下方面。第一,国内外对民族旅游的研究注重定性与定量研究方法,尤其是对于访谈法、实地调研法、扎根理论以及案例研究等方法的重视,其中针对民族文化与原真性的描述性研究和理论分析研究成为研究的主流。国内外研究文献也通过运用相关经济学指数模型、数学模型分析,突出旅游发展对民族地区社会发展的重要性。第二,国内外对民族旅游的研究都重视理论与实践,国内外对民族旅游的研究涉及文化理论、变迁理论、原真性理论、管理学理论、社会关系理论、营销学理论、社会网络理论等。同时,国内外民族旅游研究也注重将相关理论与具体的少数民族旅游的实践结合,一方面验证理论的适用性与普遍性;另一方面也为民族旅游的开展寻找理论的支持与指导。第三,国内外民族旅游研究越来越强调定性与定量的结合,利用定性研究理论性强的特点,结合定量研究数据直观化的特色,将民族旅游研究方法进行创新和拓展。

其次,国内外民族旅游研究方法的不同点主要体现在以下方面。第一,国内外对民族旅游研究的方法选择存在一定差异。国内研究较常采用相对传统的研究方法进行,国外对民族旅游的研究采用多元方法,具体有内容分析法、照片引谈法、名义群体决策分析、地理合作实验室法等。第二,国内外对民族旅游研究的研究范式存在一定差异。国内民族旅游研究多采用解释性研究范式来进行分析,从民族旅游的现象、发展等方面来研究其发展的轨迹与表现的形式。国外对于民族旅游的研究采用多种范式的结合,尤其是结合解释性、构建性、实证性的研究来分析民族旅游及其发展的本质与内涵,包括对民族志、日志等的定性研究,以及建立不同数学模型和算法进行影响研究。

第二节 国内外民族社区研究前沿理论文献综述

一、国内外民族社区前沿理论研究进展

(一) 国内外民族社区研究发展趋势分析

1. 国内民族社区研究发展趋势分析

本研究通过中国知网(CNKI)检索主题词民族社区、少数民族社区、土著社区,提取出2 092条文献记录,涉及的主要研究领域包括行政学及国家行政管理659条、旅游学441条、中国政治与国际政治学212条、社会学及统计学176条、民族学130条、文化学112条、体育103条、成人教育与特殊教育90条、医疗卫生方针政策与法律法规研究39条、宏观经济管理与可持续发展39条等。从文献发表的时间来看,1991年以前国内学术界对民族社区的研究力度明显不够,直到1999年研究文献数量才开始逐年提升,而从2009年至今针对民族社区的研究快速发展,研究数量也有较大幅度增加(图2-3)。《贵州民族研究》(81篇)、《西南民

族大学学报》(53篇)、《中国民族》(53篇)、《中南民族大学学报》(42篇)、《民族大家庭》(40篇)成为民族社区研究的主要来源刊物。

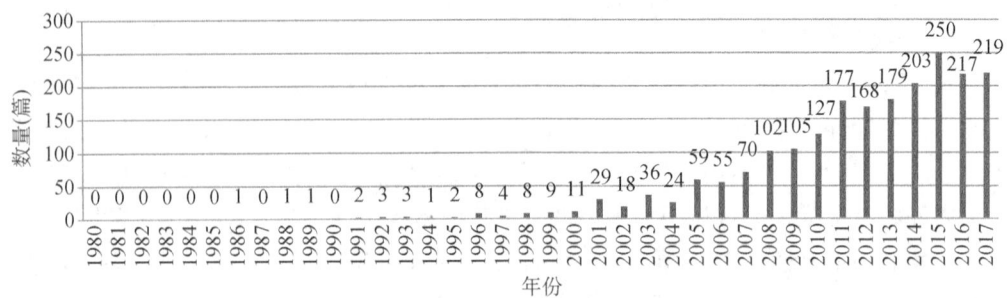

图2-3　国内民族社区研究文献发表数量-年度分布

2. 国外民族社区研究发展趋势分析

本研究主要从Web of Science核心数据库通过检索aboriginal community、ethnic community、indigenous community、minority community，提取2 338条文献记录，其中主要研究领域包括Public Environmental Occupational Health（公共环境职业保健学）531条、Medicine General Internal（普通内科医学）142条、Sociology（社会学）111条、Environmental Sciences（环境科学）107条、Environmental Studies（环境研究学）97条、Anthropology（人类学）94条、Health Policy Services（卫生政策服务）94条、Educational Research（教育学研究）86条、Health Care Sciences Services（卫生保障科学服务）83条、Social Work（社会工作）77条、Ecology（生态学）72条、Psychiatry（精神病学）69条等。从文献发表时间来看，1980年国外学术界开始出现针对民族社区的学术研究，且之后呈现一定的上升趋势，2006年以后文献数量进一步增多。从2008年开始，学术界更为重视民族社区的相关研究（图2-4）。国外民族社区研究来源刊物分布较广，医学健康、公共卫生方面的刊物最为集中，澳大利亚医疗杂志（*Medical Journal of Australia*）（68篇）、澳大利亚与新西兰公共卫生杂志（*Australian and New Zealand Journal of Public Health*）（63篇）刊登文章较多。生态学、社会学的刊物也是重要的组成部分，如民族与种族研究杂志（*Ethnic and Racial Studies*）（15篇）、人类生态杂志（*Human Ecology*）（12篇）。

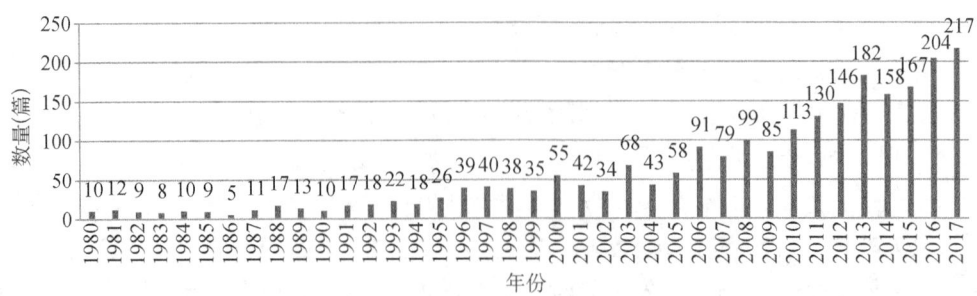

图2-4　国外民族社区研究文献发表数量-年度分布

(二) 国内外民族社区研究关键词频度分析

1. 国内民族社区研究关键词频度分布

由表2-4可知,国内民族社区研究中"民族"的出现频次最高,为172次,"民族地区"(169次)、"少数民族"(160次)、"权力主体"(142次)、"社区"(89次)、"社区参与"(87次)、"民族社区"(85次)、"民族村寨"(67次)、"少数民族流动人口"(62次)、"少数民族地区"(49次)、"旅游开发"(49次)、"民族文化"(48次)、"民族团结"(46次)、"城市社区"(42次)、"民族关系"(41次)、"社区建设"(39次)、"旅游"(39次)、"多民族社区"(37次)、"民族旅游"(37次)、"民族传统体育"(35次)等高频词汇排序分列第2~20位。国内民族社区研究高频词汇中出现较早的是"民族社区""少数民族地区""社区教育""民族地区"等,近些年的研究高频词汇包括"民族村寨""和谐社区""社区建设"等。

表2-4 国内外民族社区研究文献高频词汇前20位汇总

国内研究文献高频词	频次	初现年	国外研究文献高频词	频次	初现年
民族	172	1992	Health	168	1992
民族地区	169	1994	Indigenous	135	2000
少数民族	160	2001	Population	118	1998
权力主体	142	1992	Children	104	1993
社区	89	2004	Prevalence	102	1995
社区参与	87	2005	Australia	97	1995
民族社区	85	1986	Aboriginal	86	1997
民族村寨	67	2006	United States	86	1991
少数民族流动人口	62	2005	Disease	85	1996
少数民族地区	49	1994	Care	81	1992
旅游开发	49	2004	Canada	68	1993
民族文化	48	1997	Management	68	2003
民族团结	46	2000	Risk Factor	68	1994
城市社区	42	2003	Intervention	68	2000
民族关系	41	2007	Risk	67	2000
社区建设	39	2004	Ethnicity	64	1993
旅游	39	2008	Women	63	1995
多民族社区	37	2009	Prevention	62	1995
民族旅游	37	2007	African American	62	2000
民族传统体育	35	2005	Diversity	61	1993

2. 国外民族社区研究关键词频度分布

由表2-4可知，国外民族社区研究高频词汇中"Health（健康）"出现的频次最高，为168次，"本土的（Indigenous）"（135次）、"人口（Population）"（118次）、"儿童（Children）"（104次）、"流行性（Prevalence）"（102次）、"澳大利亚（Australia）"（97次）、"土著的（Aboriginal）"（86次）、"美国（United States）"（86次）、"疾病（Disease）"（85次）、"关怀（Care）"（81次）、"加拿大（Canada）"（68次）、"管理（Management）"（68次）、"风险因素（Risk Factor）"（68次）、"干预（Intervention）"（68次）"风险（Risk）"（67次）、"种族性（Ethnicity）"（64次）、"女性（Women）"（63次）、"预防（Prevention）"（62次）、"非洲裔美国人（African American）"（62次）、"多样性（Diversity）"（61次）等关键词也有较高的出现频率。国外民族社区研究高频词汇中出现较早的是"美国（United States）""护理（Care）""健康（Health）"等，近些年的研究高频词汇包括"风险（Risk）""干预（Intervention）""管理（Management）"等。

（三）国内外民族社区研究共词可视化分析

1. 国内民族社区研究共词可视化分析

可视化分析结果显示，"民族"与"民族地区"是国内民族社区研究文献中出现频次最高的两个词汇，说明我国民族社区的研究主要集中在少数民族居住较为集中、人口基数较大的地区，并且研究的对象主要就是民族地区中的少数民族村寨和社区。同时，"少数民族""权力主体""社区""社区参与""民族社区""民族村寨""少数民族流动人口""少数民族地区""旅游开发""民族文化""民族团结""民族关系"等关键词也有较高的出现频次，说明这一时期国内学术界对民族社区的研究主要包括民族社区居民对社区事务的参与程度、民族工作的开展对社区的影响、民族社区发展与民族关系的相互影响、民族社区发展的有效途径等方面。"伊斯兰""乌鲁木齐""土家族""克拉玛依""云南""额尔古纳"等词汇的出现，说明我国民族社区研究的区域主要集中于西部少数民族地区。

2. 国外民族社区研究共词可视化分析

可视化分析结果显示，"健康（Health）""本土的（Indigenous）""人口（Population）""儿童（Children）""流行性（Epidemiology）""澳大利亚（Australia）""土著的（Aboriginal）"等是国外民族社区研究文献中出现频次较高的关键词。国外学术界对民族社区主要关注的热点为土著社区自身的发展状况，尤其是土著社区及其居民的医疗卫生保障与当地疾病预防和控制、土著社区人口以及社会发展进程与改革、在边远地理条件下土著儿童的健康与发展、流行性疾病对土著社区发展的影响。可以看出，国外民族社区研究中较为关注土著社区居民的生活质量和民生、福祉等的保障。同时，国外学术界也相当关注土著社区儿童的生活状态以及成长情况。从研究的地域来看，"澳大利亚（Australia）""美国（United States）"与"加拿大（Canada）"等关键词的频次较高，说明国外学术界对这些地区民族社区发展相关事务研究的深入，同时也证明了上述地区对其民族社区发展的关注。

（四）国内外民族社区研究共词聚类可视化分析

1. 国内民族社区研究共词聚类可视化分析

为了进一步了解国内民族社区研究的具体类别，本研究利用CiteSpace对国内民族社区共词分析结果进行基于 $tf*idf$ 词频逆向文本频率权重（Term Frequency-Inverse Document Frequency）与 LLR 对数极大似然率（Log-Likelihood Ratio）的聚类。聚类结果显示，国内民族社区研究文献共词聚类的结果较多，主要是因为国内学术界对民族社区研究的涉及领域较广，因此，本研究根据各个聚类结果的样本量（Size）较大、相似性（Silhouette）近似为1的标准进行筛选（见表2-5）。

表2-5 国内民族社区研究文献共词聚类

编号	类别标签	样本量	相似性	所含高频词
1	社区旅游参与	121	0.821	民族村寨、社区参与、民族村、旅游、参与
2	民族宗教影响	95	0.791	宗教、民族交往、民族政策、民族知识、民族因素
3	教育传承作用	76	0.940	乡土教材、民族社区、传统文化精髓、民族传承、历史文脉
4	文化生活建设	66	0.952	中国少数民族、广西、社区文化建设、村民小组、文化生活
5	民族协同效应	64	0.874	移民社区、多民族社区、协同治理、流动人口、人口特征
6	伊斯兰独特性	64	0.911	伊斯兰文化、自然村落、治理、中国伊斯兰教史、经堂教育
7	医疗卫生护理	59	0.911	家庭护理、预防保健服务、社区护理、急症患者、医疗保健需求
8	社会结构变迁	48	0.997	兴衰存亡、性别研究、少数民族妇女、家庭收入、社会性别
9	社会研究探索	48	0.969	社会学、社区研究、人口布局、城市人口、城市化道路

2. 国内民族社区研究聚类类别分析

经过筛选，本研究总结出国内民族社区研究共词分析的9个聚类，具体如下。

第一，类别1为"社区旅游参与"聚类。主要关键词有"民族村寨、社区参与、民族村、旅游、参与"等，相关文献主要研究内容包括：①我国民族村寨的发展历史与现状，少数民族社区事务的发展情况，我国民族村寨发展的历史与文化特点；②少数民族村寨与社区发展的内部动力与外部影响因素，社区开展旅游活动对社区发展的影响，民族社区旅游发展的特点与现状，民族社区发展旅游后对少数民族居民的影响；③旅游作为新的发展途径对民族村寨中居民对社区事务参与的影响，民族社区少数民族居民对社区旅游工作的参与程度，影响民族社区居民参与旅游发展的因素等。

第二，类别2为"民族宗教影响"聚类。主要关键词有"宗教、民族交往、民族政策、民族知识、民族因素"等，相关文献主要研究内容包括：①我国少数民族地区宗教发展历史，少数民族宗教信仰与民族地区发展的关系，少数民族社区发展对民族宗教传承的影响；②少数民族在与汉族交往过程中的特点及表现，少数民族相关知识的积累对跨民族交流效率及避免文化冲突的作用，少数民族在民族交往中的平等性；③少数民族地区社会经济发展对我国综合发展的影响，国家及地方的相关民族政策的制定意义及落实情况，实施民族政策对我国少数民族居民生活的影响等。

第三，类别3为"教育传承作用"聚类。主要关键词有"乡土教材、民族社区、传统文化精髓、民族传承、历史文脉"等，相关文献主要研究内容包括：①少数民族地区的教育水平及教育政策的实施情况,我国少数民族地区教育发展的意义及特点,少数民族地区教育发展程度与其生活质量的关系;②针对少数民族地区实施的教育政策的特点与现状,少数民族教育中教材的特点,少数民族教育背景与其对本民族传统文化的认知;③我国少数民族传统文化的独特性与现实意义,少数民族历史文化、风俗习惯的传承与变迁,少数民族传统文化传承与维护对民族地区发展的现实意义等。

第四,类别4为"文化生活建设"聚类。主要关键词有"中国少数民族、广西、社区文化建设、村民小组、文化生活"等,相关文献主要研究内容包括:①我国广西少数民族社区发展现状及问题探讨,针对以广西为代表的少数民族聚集地的社会发展案例研究;②民族社区文化的形成及其历史与现实意义,民族社区文化建设对我国精神文明建设及社会发展的影响,社区文化工作的有效开展对避免文化及民族冲突的作用;③民族社区文化建设中的具体组织架构,村民小组在民族社区文化工作中的具体作用,社区文化建设对少数民族居民业余文化生活的提升等。

第五,类别5为"民族协同效应"聚类,主要关键词有"移民社区、多民族社区、协同治理、流动人口、人口特征"等,相关文献主要研究内容包括:①少数民族社区传统社会结构变化的具体表现及其影响因素,社会发展所形成的少数民族社区间的交流与交往,频繁的互动与交往所形成的新兴移民型民族社区;②移民型或多民族型社区与传统民族社区的差别及其特点,多民族社区发展建设过程中的协同治理与成效,动态变化的多民族社区社会结构对民族政策的影响;③流动人口增多对民族社区有效管理的挑战,多民族社区人口特征的探索,人员交往与流动对民族社区传统文化的影响等。

第六,类别6为"伊斯兰独特性"聚类。主要关键词有"伊斯兰文化、自然村落、治理、中国伊斯兰教史、经堂教育"等,相关文献主要研究内容包括:①我国新疆民族社会发展的现状与历史脉络,新疆民族社区发展对我国整体发展的意义;②世界伊斯兰教的发展与我国伊斯兰教的发展现状,伊斯兰教的宗教教义对民族社会发展的影响,伊斯兰传统文化的继承与维护,伊斯兰教所形成的传统文化与其他文化之间的互动;③伊斯兰传统教育模式与现代教育模式的协同及其对伊斯兰民族地区教育事业的推动,伊斯兰民族社区的可持续与和谐发展对地区社会经济发展的贡献等。

第七,类别7为"医疗卫生护理"聚类。主要关键词有"家庭护理、预防保健服务、社区护理、急症患者、医疗保健需求"等,相关文献主要研究内容包括:①我国西部地区少数民族社区医疗水平与医疗设施的配给与发展,医疗卫生程度的提高对少数民族社区发展的影响;②以少数民族社区为单位的医疗社区护理对居民健康的促进作用,我国民族社区医疗保障服务的实施水平,我国少数民族社区医疗护理有效实施的影响因素;③我国少数民族社区对医疗服务需求的特点与预测,我国少数民族地区常见的遗传疾病与预防,少数民族社区居民对医疗卫生服务的了解与参与程度等。

第八,类别8为"社会结构变迁"聚类。主要关键词有"兴衰存亡、性别研究、少数民族妇女、家庭收入、社会性别"等,相关文献主要研究内容包括:①少数民族社区受到现代文化及其衍生物挑战的具体表现,少数民族社区传统道德与价值观对居民不良行为产生的约束力下降趋势,现代社会的毒瘤对少数民族传统社区的影响;②少数民族社区发展后其社会人口背景的特征,性别结构的变化与家庭收入间的关系,社会结构的转变对少数民族社区发展的影响;③少数民族妇女在社区发展后的地位与收入提升的原因,女性更多参与少数民族社区发展事务的积极作用等。

第九,类别9为"社会研究探索"聚类。主要关键词有"社会学、社区研究、人口布局、城市人口、城市化道路"等,相关文献主要研究内容包括:①基于社会学范式对我国民族社区形成历史与发展的理解,民族社区研究与非民族社区研究的异同,民族社区社会发展对当地社会经济发展的影响;②我国少数民族人口的主要分布区域及其历史地理因素,民族地区居民与城市地区居民社会学人口背景的差异及影响,少数民族社区居民社会文化发展的历史轨迹;③少数民族社区发展的障碍及解决措施,少数民族社区城市化发展的道路,少数民族地区城镇化进程的影响等。

3. 国外民族社区研究共词聚类可视化分析

为了进一步了解国外学术界对民族社区研究的具体类别,本研究利用CiteSpace对上述共词分析结果进行基于 $tf*idf$ 词频逆向文本频率权重(Term Frequency-Inverse Document Frequency)与LLR对数极大似然率(Log-Likelihood Ratio)的聚类。聚类结果显示,CiteSpace对国外民族社区研究文献关键词所进行的聚类分析类别结果较多,主要是因为国外学术界研究所涉及的学科领域较多。为了能够更清晰地对聚类结果进行精炼,本研究根据各个聚类结果的样本量(Size)较大、相似性(Silhouette)近似为1的标准进行筛选(见表2-6)。

表2-6 国外民族社区研究文献共词聚类

编号	类别标签	样本量	相似性	所含高频词
1	土著病症表现	105	0.775	Australoid Race, Blood Pressure, Hyperinsulinaemia, Blood lipid, Obesity
2	生态风险影响	98	0.867	Hazard Assessment, Microorganism, Community, Ecosystem
3	气候变化作用	94	0.783	Climate Change, Coffee, Improved Fallow, Maize, Reduced Deforestation
4	问题规避原则	89	0.737	Aod availability, Advertising, Minority Group, Racial Group, Violence
5	民族居民特点	82	0.692	Indigenous, Health Status, Community Development, Partnership, Evaluation
6	心理承受能力	75	0.733	Stigma, Latino, Social Integration, Mental Health
7	疾病预防措施	67	0.809	Rheumatic Fever, Vaccine, Chagas Disease
8	道德引导作用	62	0.707	Ethical Guideline, Indigenous People, Aboriginal, Sustainable Rural Development
9	健康发展规划	62	0.713	Health Insurance, Minority Group, Socioeconomic Factor, Market, Demand

4. 国外民族社区研究聚类类别分析

经过筛选后,本研究精炼出国外民族社区研究关键词的9个聚类。

第一,类别1为"土著病症表现"(Performances of Race Disease)聚类,主要关键词有"澳大利亚土著种族(Australoid Race)、血压(Blood Pressure)、高胰岛素血症(Hyperinsulinaemia)、血脂(Blood lipid)、肥胖症(Obesity)"等,相关文献主要研究内容包括:①澳大利亚土著的种族及其遗传,土著生活习惯及其易得的病症;②土著在边远地理区域生活中所形成的慢性疾病,造成土著血管疾病的重要因素;③土著生活及饮食习惯对其健康造成的影响,土著肾病发病率高于非土著的具体原因等。

第二,类别2为"生态风险影响"(Impacts of Ecological Risk)聚类。主要关键词有"灾害评估(Hazard Assessment)、微生物(Microorganism)、社区(Community)、生态系统(Ecosystem)"等,相关文献主要研究内容包括:①土著地区农业生产特点及其影响评估,土著地区农作物类别及其特性;②土著传统饮食习惯所形成的微生物及其影响,如何利用土著生活习惯所产生的微生物进行环境维护;③土著社区生态系统的建设,土著社区影响生态系统良性发展的主要因素,土著社区居民对生态环境的认识等。

第三,类别3为"气候变化作用"(Functions of Climate Change)聚类。主要关键词有"气候变化(Climate Change)、咖啡(Coffee)、改良的休耕(Improved Fallow)、玉米(Maize)、减少的砍伐(Reduced Deforestation)"等,相关文献主要研究内容包括:①气候的变迁对土著地区社会经济发展的影响,土著应对气候变化的措施及策略;②土著耕种技术的变迁及发展,土著生态保护意识提升对土著社区的影响;③土著耕种技术提高产生的社会影响,女性地位提升对土著社区的影响,女性健康等。

第四,类别4为"问题规避原则"(Rules of Problem Avoidance)聚类。主要关键词有"规避有效性(Aod availability)、广告宣传(Advertising)、少数民族群体(Minority Group)、种族群体(Racial Group)、暴力(Violence)"等,相关文献主要研究内容包括:①如何对民众进行反种族主义的正面宣传,土著与非土著对彼此的认知与态度,交往中不同文化冲突的规避与求同存异;②不同人类社会学背景下对种族划分与民族性的认识,少数民族群体是否得到公正待遇,民族的多元化对社区及国家层面的影响;③民族多元化与种族对立对产生暴力事件的影响,如何规避种族间的暴力与引导和平等。

第五,类别5为"民族居民特点"(Features of Ethnic Residents)聚类。主要关键词有"土著的(Indigenous)、健康状况(Health Status)、社区发展(Community Development)、合作关系(Partnership)、评估(Evaluation)"等,相关文献主要研究内容包括:①政府针对土著健康状况实施的卫生政策的落实情况,土著社区居民及医疗人员对居民及社区卫生状况的认识;②土著居民身体健康状况与社区发展之间的关系,社区发展中医疗卫生条件改善产生的具体影响,政府、社区、医疗机构、医疗人员在土著健康水平提升中的合作关系;③土著的吸烟概率、自杀率、患病概率高于非土著的具体原因及干预措施等。

第六,类别6为"心理承受能力"(Ability of Psychological Endurance)聚类。主要关键词有"污名(Stigma)、拉丁美洲人(Latino)、社会融合(Social Integration)、心理健康(Mental Health)"等,相关文献主要研究内容包括:①非土著对土著的既定印象,土著所承受的歧视与偏见,土著心理承受能力;②种族多元化与社会融合的实现,种族歧视对社会和谐的影响;③土著心理健康对其生活质量的影响,土著患心理疾病后所产生的负面行为等。

第七,类别7为"疾病预防措施"(Measures of Disease Prevention)聚类。主要关键词有"风湿热(Rheumatic Fever)、疫苗(Vaccine)、美洲锥虫病(Chagas Disease)"等,相关文献主要研究内容包括:①土著所处的边远地区产生各类疾病的原因,如何从不同层面应对土著地区特有的疾病;②对疾病的干预对于土著身体健康的重要性,探讨疫苗开发对土著身体健康的重要性,土著疫苗接种率;③如何形成有效的疾病预防机制、治疗机制,如何提高土著身体健康水平与疾病就诊积极性等。

第八,类别8为"道德引导作用"(Functions of Ethical Guideline)聚类。主要关键词有"道德指导(Ethical Guideline)、土著居民(Aboriginal)、可持续乡村发展(Sustainable Rural Development)"等,相关文献主要研究内容包括:①如何认识土著特有的生活习惯及其共享多年的价值观,如何从客观的角度审视土著所处的社会经济状态;②土著居民对社会主流道德与价值观的认知,相关部门与人员对土著道德价值的引导;③如何可持续地进行土著乡村建设,有道德地对自然资源进行开发等。

第九,类别9为"健康发展规划"(Plans of Health Development)聚类。主要关键词有"健康保险(Health Insurance)、少数群体(Minority Group)、社会经济因素(Socioeconomic Factor)、市场(Market)、需求(Demand)"等,相关文献主要研究内容包括:①影响土著地区平稳发展的因素,土著群体对地区发展的诉求,土著身体健康程度对地区发展的促进作用;②土著地区社会经济发展水平低下的因素,社会经济发展程度提高对地区发展与土著生活质量提高的促进作用;③土著地区社会发展途径探讨,如何在保护土著独特性及其地区生态环境的同时发展土著地区等。

(五)国内外民族社区研究共词时间节点可视化分析

1. 国内民族社区研究共词时间节点可视化分析

为了进一步了解我国民族社区研究进展以及学术界的研究热点,本研究对国内民族社区共词聚类结果进行时间线与时区的可视化分析。

可视化分析结果显示,作为1980—2017年国内民族社区研究中出现频次最高的关键词"民族"与"民族地区"最初出现在1994年的研究文献中,并且此后一直都是国内学术界的研究重点,说明我国民族地区的发展与事务是备受关注的话题,同时也表明我国学术界对民族社区的研究在持续地进行。在1980—1989年,"民族社区""文化心理""社会学概念""文化构成""社区研究""社会共同体""族际关系"等关键词出现频次较高,说明我国学者在对民族社区的概念与构成进行分析和探讨,这一时期民族文化与民族间的相互向往也得到了国内学术界的重视。在1990—1999年,"人口迁移""社会文化变迁""自我教育""文化生活""经济发展""民族关系""少数民族妇女""社区教育""社区体育""公益事业""社区安全""社区参与""社区服务""社区文化建设""民族政策""卫生服务""生活治疗"等关键词出现频次较高,表明国内民族社区研究在领域与内容上的深入,同时可以看到社区发展的社会属性、社区参与对社区发展的影响、文化教育对传统文化的维护、民族传统文化的特色、医疗卫生等社区服务对社区居民的意义、居民生活质量提升的诉求等是这一时期国内学术界的研究热点。

2000—2009年,"社会进步""少数民族""可持续发展""全民健身""民族文化""民族旅游""民族工作""农村社区""社区卫生服务""社区旅游""社区建设""社区文化建设""乡村旅游""和谐社区""旅游发展""旅游开发""民族村寨""社区发展""社区居民""社区矫正""多民族社区"等关键词出现频次较高,说明这一时期国内学术界的研究重点包括民族社区居民生活质量、医疗保障、体育文化、和谐发展等与民生、福祉相关的内容,同时也包括民族旅游发展、民族旅游开发、社区旅游与乡村旅游发展等旅游领域的内容。而近些年,"社区管理""社区治理""旅游社区""社会资本""移民社区""中国梦""民族旅游社区""社会结构""基础设施建设"等关键词出现频次较高,说明我国学术界最新的研究重点包括社会学方面的民族社区社会资本研究、社会结构研究、社区治理研究等,旅游学方面的社区旅游发展、少数民族旅游社区建设、旅游基础设施建设等,也包括民族社区发展对实现中国梦与中华民族伟大复兴的意义等。

对国内民族社区研究进行共词时间线与时区分析后可以得出以下结论:第一,国内民族社区研究起步较早,对民族社区的研究主要集中于社会学、文化学、管理学、行政学、民族学、旅游学等学科,并且也出现了大量的具有较高科研水平的研究文献,为我国民族社区的理论研究、研究方法、研究内容的发展创造了良好的学术环境;第二,旅游发展作为民族社区发展的重要途径,受到了学术界的重视,尤其是旅游发展与民族社区之间在文化、经济、社会、环境等方面的互动成为民族社区旅游研究的重点,同时也体现了我国民族社区普遍开展旅游业的客观事实,为后续的民族社区旅游研究提供了支持。

2. 国外民族社区研究共词时间节点可视化分析

为了能够进一步展现国外民族社区研究的发展与时代变迁的关系,本研究针对总结的聚类结果进行时间线(Timeline)与时区(Timezone)的分析,目的不仅是明确相关研究的热点与重点问题,更重要的是厘清国外民族社区研究所涉及的领域与发展的脉络。

可视化结果显示,国外民族社区研究文献最重要的关键词"健康"出现于1992年,并且与之相关的"关怀(Care)""死亡率(Mortality)""社区(Community)"等都出现于该年。同时,这类关键词时至今日一直是学术界关注的热点;在1993—1999年,"民族性(Ethnicity)""女性(Women)""心理卫生(Mental Health)""预防(Prevention)""干预(Intervention)""文化(Culture)""土著社区(Indigenous Community)""行为(Behavior)""教育(Education)""移民(Immigrant)"等关键词的出现频次较高,说明这一时间段内,国外学术界对民族社区的研究内容与视角更为广泛;2000年以后的国外民族社区研究视角更加多样化,出现了"知识(Knowledge)""管理(Management)""心理活动(Mental Activity)""通讯(Communicate)""交流(Communication)""支持(Support)""生态(Ecology)""环境(Environmental)"等关键词;而从2010年至今,国外民族社区研究则更为关注民族社区发展的内外部动力,也出现了更具成效的研究方法。"社会经济(Social Economics)""经济发展(Economic Development)""管理(Management)""权力(Power)""社区自治(Community Autonomy)""政策(Policy)""组织(Organization)""参与(Participation)""志愿者(Volunteer)"等关键词说明国外民族社区的研究进入了新的阶段。

从国外民族社区研究文献共词时间线与时区分布情况可以得出以下两个结论:第一,国外民族社区研究所涉及的学科较多,在早期主要是医疗卫生,学者们较为关注土著社区中居民的生活状态和健康情况,尤其是边远社区的疾病控制和医疗水平提升等方面,此后国外学者们在此基础上研究了社会学、心理学、管理学、民族学、经济学、生态环境学等不同领域,开始较为综合地进行研究,包括社区发展和居民自身发展的各个方面;第二,国外民族社区研究所涉及的旅游领域较少,在初期几乎没有针对民族社区旅游发展的研究,而在近期则开始出现了基于社区发展、社区参与、社区权力享有的民族社区旅游研究,表明在国外发展民族旅游也开始成为民族社区发展的新方向,并且是民族社区居民脱贫致富的新途径。

二、国内民族社区前沿理论研究综述

(一) 国内民族社区内涵研究综述

第一,民族社区概念本质研究。李亚娟等(2013)[1]指出,"社区"一词由费孝通(1999)首次引入中国,此后"社区"便有了中国文化与社会特色,成为各个领域研究的着眼点;而民族社区在我国主要指西部的少数民族地区具有民族性、社会性的村寨或地域综合体。地域性的特征、居民的少数民族背景、社会关系与居民之间的相互交往、共同的文化以及规范认识等是界定民族社区与一般社区的重要标准(高永久和朱军,2010)[2]。在城镇化进程中,民族关系是民族社区管理工作中的重点,民族关系由传统的相对独立的状态开始向开放性与互动性转变(禹紫灵,2016)[3]。我国对民族社区社会文化在旅游发展背景下的转变研究仍处于初级阶段,其中社区中的社会关系、社区的公私或群体与个体的观念、传统价值观与规范的影响、社区传统秩序的维护与变化成为研究的几个重点内容(刘旺和蒋敬,2011)[4]。然而,单纯地通过民族社区来理解少数民族村寨可能并不能够把握其复杂的本质,应该以转型民族社区的概念作为基础,突出农村民族社区向城市社区转型这一过程中的社区发展阶段的特色(唐梅,2011)[5]。当今我国民族社区研究的重点应该是多民族文化和习俗共融的互嵌式发展,尤其是在精神和空间两个层面的互嵌;社区事务公共性不仅关系社区治理成效,更是实现和谐民族关系的基础(王世靓和王伯承,2017)[6]。

第二,民族社区文化变迁研究。何乃柱(2013)[7]认为,在新时期的城市化进程以及社会转型的背景下,我国民族社区中的社会工作面临着多民族、多文化、多宗教、多习俗的客观事实,对于不同民族文化的理解、跨文化的沟通、地域的阻碍成为社区社会工作的挑战。由"事实性网络"与"信息补贴"两个概念所构成的"补偿网络"与"权力的媒介网络"研究框架能够发现少数民族社区在接受由大众媒体传播的主流文化的条件下,社区的文化、居民的自我认同、民族认同开始转变(郭建斌,2003)[8]。现阶段,少数民族文化在与主流文化的交往中,本

---

[1] 李亚娟,陈田,王开泳,等. 国内外民族社区研究综述[J]. 地理科学进展,2013,32(10):1520-1534.
[2] 高永久,朱军. 试析民族社区的内涵[J]. 北方民族大学学报(哲学社会科学版),2010,22(1):5-11.
[3] 禹紫灵. 多民族社区和谐民族关系建设研究——以云南为例[J]. 学术探索,2016,24(10):75-80.
[4] 刘旺,蒋敬. 旅游发展对民族社区社会文化影响的乡土视野研究框架[J]. 经济地理,2011,31(6):1025-1030.
[5] 唐梅. 城市化进程中转制民族社区建设研究——"常营模式"及其实践[D]. 北京:中央民族大学,2011:110-123.
[6] 王世靓,王伯承. 公共性视野下的民族互嵌型社区探析[J]. 西南民族大学学报(人文社会科学版),2017,39(12):49-54.
[7] 何乃柱. 民族社区社会工作研究:本土实践与理论建构[D]. 兰州:兰州大学,2013:189-222.
[8] 郭建斌. 电视下乡:社会转型期大众传媒与少数民族社区——独龙江个案的民族志阐释[D]. 上海:复旦大学,2003:169-182.

质和结构等可能发生变化,然而在变化过程中对少数民族传统文化的保护是民族社区发展不可忽视的内容(薛熙明和叶文,2011)①。我国多民族聚集地中少数民族社区多处于环境脆弱、经济发展较为落后的边远地区,而民族社区发展中却容易忽视民族、宗教、原真、历史、文化等因素,使民族社区发展模式不适应文化与社会结构的转型(王文棣,2010)②。多民族互嵌式发展模式成为少数民族社区发展的主要模式,不同文化、社会结构的碰撞与共荣是这一模式的特点,避免冲突成为民族社区发展的重要保障措施(华热·多杰和达哇才让,2017)③。随着时间的推移,我国民族社区社会结构发生变化,出现了民族互嵌型的新兴社区,并且互嵌型社区能够有效解决平行社会带来的民族矛盾(郝亚明,2015)④。虽然边疆多民族社区存在治理不力的现象,尤其是缺乏对社区中社会资本的全面理解与积累,但从结构、关系、认识层面来推动社会资本对民族社区的治理,对于我国民族社区的发展具有重要的意义(周立军,2015)⑤。

(二) 国内民族社区发展研究综述

第一,民族社区发展现状研究。马晓玲(2016)⑥指出,我国民族社区发展至今已经进入了多民族、互嵌式的发展态势,各民族在社区间的互动与联系是社区发展与政府引导工作中的重点。在多民族互嵌式社区中,人口流动是增加社区多民族互动的重要方式,但资源分配与文化认知的不匹配造成了当今民族社区发展的障碍(吴良平,2016)⑦。由于民族社区发展受当地基础设施建设的影响,资源征用、发展补偿、建设安置的不确定性造成民族社区居民的不安全感,尤其是在发展进程中对居民承受能力与适应能力的忽视容易造成居民对社区发展的负面感知(邹海霞和杨文健,2014)⑧。对于我国传统的少数民族地区的社区而言,外部的制度性阻碍以及内部的社区组织匮乏是社区治理不能适应社区发展的主因,制度化与规范化的政府与社会组织关系是现代化治理的重点(张志泽和高永久,2016)⑨。现阶段,我国民族社区发展建设亟须民族工作志愿组织的参与,然而经济发展落后、认知思想滞后等因素造成社区志愿者服务效率低下,故应该重视脱贫致富、文化普及、人才培养的系统工作对建设民族社区志愿者队伍的重要性(胡显强和胡月,2016)⑩。因此,为了能够刺激民族地区的社会经济发展,综合性利用博物馆建设、民族文化村建设、景区规

---

① 薛熙明,叶文. 旅游影响下滇西北民族社区传统生态文化变迁机制研究[J]. 贵州民族研究,2011,32(5):108-114.
② 王文棣. 河西走廊民族社区协调发展研究[D]. 兰州:兰州大学,2010:115-137.
③ 华热·多杰,达哇才让. 互嵌式居住模式在构建和谐民族社区中的积极作用——基于青海农牧区多民族互嵌式居住状况的调研[J]. 青海大学学报(哲学社会科学版),2017,39(2):25-33.
④ 郝亚明. 民族互嵌型社区社会结构和社区环境的理论分析[J]. 新疆师范大学学报(哲学社会科学版),2015,36(4):14-20.
⑤ 周立军. 社会资本视域下西北边疆地区多民族社区治理创新研究[J]. 新疆社科论坛,2015,27(4):106-110.
⑥ 马晓玲. 关于城市"民族互嵌式"社区的内涵思考[J]. 中南民族大学学报(人文社会科学版),2016,36(1):15-19.
⑦ 吴良平. 流动人口与新疆嵌入式民族社会结构构件——以新疆石河子市明珠社区汉族流动人口春节族际互动网络为例[J]. 西南民族大学学报(人文社会科学版),2016,42(2):31-36.
⑧ 邹海霞,杨文健. 重大基础设施项目对少数民族社区发展影响的实证研究——以桂中水南高速项目中的兴科村为例[J]. 中央民族大学学报(哲学社会科学版),2014,41(6):46-52.
⑨ 张志泽,高永久. 传统民族社区治理现代化视域下的社会组织发展[J]. 贵州民族研究,2016,37(8):27-34.
⑩ 胡显强,胡月. 贫困民族地区社区教育志愿者队伍建设可持续发展策略[J]. 科学咨询(教育科研),2016,17(5):5-7.

划、旅游营销等来带动民族社区的旅游业发展,有助于适应互嵌式的民族社区发展(崔海洋等,2015)①。

第二,民族社区转型治理研究。陈丽坤(2011)②认为,民族旅游的发展对当地少数民族社区的影响不仅表现在经济方面,更表现在当地民族传统文化和社会结构转型等方面。对于我国民族社区传统文化在社区发展框架下的核心地位和影响的把握,是深入了解少数民族社区、理解少数民族旅游业的重要途径,也是适应民族社区转型发展的有效途径(方世巧等,2013)③。从工具理性与价值理性的角度来看,以价值理性的发展模式来传承和保护当地社区民族传统文化,并以此来完善民族社区旅游的发展机制与增强发展效果,能够加强少数民族传统文化适应多元文化互动的发展背景(王三北和高亚芳,2008)④。在我国少数民族社区或村寨培养文化精英,利用名人效应与精英群体的影响能够重塑社区的规范性与文化认同,保护少数民族传统文化的原真性(吴其付,2013)⑤。在民族社区转型过程中,对当地社区的经济、环境以及社会文化三个层面的理解和把握,是提高居民对社区结构转型认知以及支持社区互嵌式发展的重要基础,进而能够提升以旅游业为代表的社区公共事务发展的有效性(张娟娟,2012)⑥。在社区事务发展过程中,少数民族社区秩序与交往和谐程度具有决定性作用,为了确保不受主流文化的冲击,生态式的开发模式与平衡所得利益的社区发展模式是互嵌式民族社区发展可以参考的有效模式(李文哲,2012)⑦。在民族社区治理工作中应该注重政府职能转变、促进民族和谐关系、鼓励多方参与协商、维护基层发展权利,并建立社区治理保障制度(胡洁,2017)⑧。同时,现阶段我国民族地区村寨和社区是扶贫的重点,社区保障制度和扶贫效果评价体系的建立是村寨和社区实现就业、养老、医疗、教育共同提升的基础(李政忙,2018)⑨。

第三,民族社区旅游发展研究。胡北明和雷蓉(2014)⑩认为,地方政府相关部门应该适当地尊重当地居民和社区的旅游发展自主性与权力,利用政府的引导能力来创建具有当地特色的社区居民参与机制是我国民族社区旅游发展的工作重点。民族地区旅游发展也是精准扶贫的重要措施,尤其是在"一带一路"倡议的支撑下,民族社区的脱贫致富成为新时期旅

---

① 崔海洋,睦莉婷,虞虎. 西南民族文化生态社区的发展模式与影响因素研究[J]. 贵州民族研究, 2015, 36(11):53-58.
② 陈丽坤. 离析现代化与旅游对民族社区的文化影响——西双版纳三个傣族的比较研究[J]. 旅游学刊, 2011, 26(11):58-64.
③ 方世巧,马耀峰,马泓宇. 旅游对少数民族社区文化影响的国内研究述评[J]. 旅游研究, 2013, 5(4):26-31.
④ 王三北,高亚芳. 价值理性的回归:民族社区旅游发展中文化传承功能的升级演进——以红柳湾和官鹅沟为例[J]. 民族研究, 2008, 51(3):31-40.
⑤ 吴其付. 旅游开发下民族社区精英成长与文化认同——以北川羌族自治县五龙寨为例[J]. 重庆文理学院学报(社会科学版), 2013, 32(4):17-21.
⑥ 张娟娟. 少数民族社区居民旅游影响认知研究——以西安市回坊为例[D]. 西安:陕西师范大学, 2012:47-50.
⑦ 李文哲. 旅游开发语境下的少数民族社区失序问题研究——以丹巴甲居藏寨为例[J]. 旅游纵览(行业版), 2012, 2(5):86.
⑧ 胡洁. 多中心治理视域下民族社区治理模式的优化[J]. 青海社会科学, 2017, 38(5):128-134.
⑨ 李政忙. 民族地区农村扶贫项目对农村社区发展的影响研究[J]. 现代营销(下旬刊), 2018, 16(1):194-195.
⑩ 胡北明,雷蓉. 民族社区旅游利益诉求认知差异研究——以九寨沟自然保护区为例[J]. 贵州民族研究, 2014, 35(6):101-104.

游发展的重要任务(杨艳,2018)①。当前少数民族旅游发展对社区的影响具有两面性,正面效应主要表现为促进传统文化复兴和传播、重视生态环境保护和提升居民生活质量,而负面的影响主要表现为对传统文化与规范的冲击、当地民族风情的同质化与商业化、文化表征的缺失等(田敏,2003)②。少数民族社区中以发展旅游业为代表的社区发展模式,必须建立在突出当地少数民族社区文化特色,鼓励利益相关者对社区的文化、环境、经济利益的保护的基础上(罗永常,2009)③。然而,民族旅游的蓬勃发展给少数民族社区居民带来直接的经济效益的同时,也使社区的矛盾和问题激增,尤其是利益分配、参与机会不均等问题较为严重(高文智,2014)④。我国少数民族社区由于缺乏旅游发展决策参与机制,居民利益常常被忽视,导致居民参与旅游发展的热情不高,对社区旅游发展的态度差异化明显(李航和李伟,2010)⑤。民族社区内部关系与居民旅游感知、居民对旅游的支持态度之间呈现正相关关系,故对于社区关系的关注能够促进包括旅游在内的社区事务的良性发展与激发居民的参与热情(李秋成等,2015)⑥。在民族旅游发展中提高居民的自治权、社会发展认知程度、教育学历背景、旅游从业能力,以及缩小由旅游带来的贫富差距、保护传统文化不受冲击等,是改善我国民族社区发展边缘化状况,提升居民旅游参与程度的重要因素(祝霞等,2015)⑦。

三、国外民族社区前沿理论研究综述

(一) 国外民族社区本质研究综述

第一,民族社区文化特点研究。Fisher 等(2012)⑧认为,定义土著社区不能脱离土著的语境,其中服务提供方式、社区居民的关系、政府组织的领导与自治、土著传统文化保护传承是判断土著社区与普通社区的重要因素。土著社区与非土著社区存在着很大的不同,尤其是土著的生活经历、社区中的关系枢纽、社区对事物的普遍认识等造就了土著社区在文化教育、传承、保护上的特点,也会对社区居民的行为形成约束(Stock 等,2012)⑨。对土著社区的文化本质的理解离不开对社区内外部环境的把握,一方面,由群体社会经济优势、互相支持的程度、社会信任与资源共享形成的民族社区资源维度代表的社区内部环境对文化保护具有动力;另一方面,由当地劳动力市场的条件、居民对外部事务的理解、社会距离以及民族

---

① 杨艳. "一带一路"语境下滇西北边境少数民族旅游扶贫研究[J]. 中央民族大学学报(哲学社会科学版),2018,45(2):65-74.
② 田敏. 民族社区社会文化变迁的旅游效应再认识[J]. 中南民族大学学报(人文社会科学版),2003,23(5):40-44.
③ 罗永常. 浅谈原生态少数民族社区文化旅游的适度开发——以贵州黔东南为例[J]. 贵州民族研究,2009,29(5):98-102.
④ 高文智. 少数民族社区旅游开发中社区居民利益分配问题研究[J]. 赤峰学院学报(自然科学版),2014,30(7):67-68.
⑤ 李航,李伟. 民族社区参与旅游发展问题的研究——以西双版纳民族社区为例[J]. 旅游研究,2010,2(2):46-50.
⑥ 李秋成,周玲强,范莉娜. 社区人际关系、人地关系对居民旅游支持度的影响——基于两个民族旅游村寨样本的实证研究[J]. 商业经济与管理,2015,35(3):75-84.
⑦ 祝霞,王强,邹莹. 社区居民视角下少数民族旅游村寨社区边缘化研究——以贵州西江千户苗寨为例[J]. 时代农机,2015,42(10):75-76.
⑧ Fisher A T, Sonn C C, Bishop B J. Psychological sense of community: research, applications and implications[M]. New York: Springer, 2012: 245-246.
⑨ Stock C, Mares S, Robinson G. Telling and re-telling stories: the use of narrative and drawing in a group intervention with parents and children in a remote aboriginal community[J]. The Australian and New Zealand Journal of Family Therapy, 2012, 33(2): 157-170.

间的竞争形成的社区的外部条件,是发扬民族文化的重要宏观环境(Levanon,2014)[1]。因此,在世界盛行的新自由主义经济行为和活动侵犯了土著的领地的情况下,功利地开发民族社区资源只具有短期效应,而重视从历史观与发展观的辩证角度来看待土著社区与经济发展之间的关系才能对社区文化起到保护作用(Camacho,2012)[2]。在此基础上应该强调社会组织对传统文化的保护,充分尊重土著社区的文化,理解其制度架构和管理能力,利用社会组织对土著社区传统文化与现代文化都熟悉的特点,促进土著社区对现代文明的适应程度(Harrison 等,2013)[3]。由于开展旅游对民族社区在经济、文化、社会等方面具有提升效应,旅游影响社区文化的发展模式,并且成为影响社区居民认知自己文化和身份的因素,如何避免在旅游发展中形成不同民族的对立与紧张感是民族社区发展面临的问题(Cassel,2017)[4]。

第二,民族社区认同感知研究。对民族社区的认同感、对当地社区社会文化的适应程度是决定社区居民是否能够融入当地社区生活的重要因素(Tsai,2006)[5]。Campbell 和 McLean(2002)[6]认为,各民族对其他民族的既定印象成为影响居民参与社区事务的重要因素,严重的种族之间的隔离会造成多民族社区的不稳定因素,也影响居民相处和制度建设。全球化发展使民族社区多元化趋势明显,移民的出现使社区交往关系变复杂,民族多元性越强的社区可能产生越多正面与负面的交往关系,社区认同感成为社区稳定的保障(Laurence,2018)[7]。Inoue 等(2012)[8]的研究发现,有工作的居民对社会经济状态、饮食质量以及生活质量具有较强的感知,但是土著社区居民仍然处于一个工作机会不均的状态中,影响了土著社区居民对自身生活质量的评判,也使土著社区居民的不安全感增加,对形成民族社区认同感形成阻碍。Yoon 等(2012)[9]在对比分析主流社会关联性量表与民族社区社会关联性量表时发现,文化适应性、文化互动性、民族身份以及对于其他民族的看法是形成多民族社区认同感差异的重要因素。从对社区事务共同理解程度的层面来看,能够与当地民族社区保持紧密联系,对社区民族传统文化与规范充满深刻认识的移民能够获得更多的社区居民帮助,从而能够与当地居民形成良好和谐的关系,进而有可能形成社区归属感和认同

---

[1] Levanon A. Who succeeds as an immigrant? effects of ethnic community resources and external conditions on earnings attainment[J]. Research in Social Stratification and Mobility, 2014, 36(1): 13-29.

[2] Camacho F M. Competing rationalities in water conflict: mining and the indigenous community in Chiu Chiu, El Loa Province, northern Chile[J]. Singapore Journal of Tropical Geography, 2012, 33(1): 93-107.

[3] Harrison N, Page S, Finneran M. Generative methodology: an inquiry into how a university can acknowledge a commitment to its aboriginal community[J]. Australian Educational Researcher, 2013, 40(3): 339-351.

[4] Cassel S. Performing identity and culture in Indigenous tourism: a study of Indigenous communities in Québec, Canada[J]. Journal of Tourism and Cultural Change, 2017, 15(1): 1-14.

[5] Tsai J H. Xenophobia, ethnic community, and immigrant youths' friendship network formation[J]. Adolescence, 2006, 41(162): 285-298.

[6] Campbell C, McLean C. Representations of ethnicity in people's accounts of local community participation in a multi-ethnic community in England[J]. Journal of Community & Applied Psychology, 2002, 12(1): 13-29.

[7] Laurence J. Countervailing contact: Community ethnic diversity, anti-immigrant attitudes and mediating pathways of positive and negative inter-ethnic contact in European societies[J]. Social Science Research, 2018, 69(1): 83-110.

[8] Inoue Y, Umezaki M, Watanabe C. Emergence of income inequality and its impact on subjective quality of life in an ethnic minority community in Hainan Island, China[J]. Anthropological Science, 2012, 120(1): 51-60.

[9] Yoon E, Felix-Mora M, Jung K R, et al. Validation of social connectedness in mainstream society and the ethnic community scales[J]. Cultural Diversity and Ethnic Minority Psychology, 2012, 18(1): 64-73.

感(Zhu等,2014)①。

(二)国外民族社区社会发展研究综述

第一,民族社区发展模式研究。Booth和Skelton(2011)②指出,很多土著社区较早参与将当地自然资源转化为商品的发展模式,然而传统与现代价值观之间的碰撞,不同利益相关者关于开发与保护的矛盾导致土著地区自然资源遭受严重破坏与经济提升的短期效应明显。土著社区并没能真正地享受到以旅游业为代表的产业发展所带来的经济与社会效应,缺乏沟通机制以及殖民主义残留思想阻碍了社区居民的增权,降低了土著对社区发展的支持程度(Dyer等,2003)③。因此,对于当地的认知、家庭的认知以及多民族聚集性的认知不同是造成居民对社区发展持有不同态度的根源,利用多民族主义及文化多元主义对民族社区的传统文化进行保护及促进多文化共荣是实现土著社区在多元文化背景下和谐发展的根本保障(Cover,2013)④。在此过程中,土著所在地区的政府对于当地历史、自然以及文化资源的尊重是决定其政策是否优异的重要的因素,保护性发展模式能够使国家包容性与民族文化共生性得到彰显(Limerick,2009)⑤。近些年,土著社区发展通过手工艺品和民族用品的商业化获得经济利益,社区中女性地位的提升较为明显,这种市场化运作能够促进对当地文化的保护与传承(Ku,2011)⑥。然而土著对社区发展支持的态度并不是由所获得的利益与经济资本决定的,却与社会资本联系紧密,社会资本与民族社区发展间存在重要关系,社会资本的积累是民族社区发展内部动力的重要组成部分(Brown等,2013)⑦。由于民族社区地处生态和自然环境较好地区,保护性开发的社区发展模式的重要性不言而喻,并且当地少数民族的民族特性也成为多元文化背景下社区发展的重要影响因素(Cuni-Sanchez等,2016)⑧。

第二,民族社区权力资本研究。土著社区居民政治话语权是决定土著社区文化、自然、经济发展的核心,土著社区知识性族群与习惯法族群的区别能够决定居民权力的获取渠道(Afiff和Lowe,2007)⑨。Biddle(2014)⑩对土著社区居民的幸福感进行定量研究,发现边远

---

① Zhu P, Liu C Y, Painter G. Does residence in an ethnic community help immigrants in a recession[J]. Regional Science and Urban Economics, 2014, 47(1): 112-127.

② Booth A L, Skelton N W. "There's a conflict right there": integrating indigenous community values into commercial forestry in the Tl'azt'en First Nation[J]. Society & Natural Resources, 2011, 24(4): 368-383.

③ Dyer P, Aberdeen L, Schuler S. Tourism impacts on an Australian indigenous community: a Djabugay case study[J]. Tourism Management, 24(1): 83-95.

④ Cover R. Community print media: perceiving minority community in multicultural South Australia[J]. Journal of Media & Cultural Studies, 2013, 27(1): 110-123.

⑤ Limerick M. What makes an aboriginal council successful? case studies of aboriginal community government performance in far north Queensland[J]. Australia Journal of Public Administration, 2009, 68(4): 414-428.

⑥ Ku B H. Happiness being like a blooming flower: an action research of rural social work in an ethnic minority community of Yunnan Province, PRC[J]. Action Research, 2011, 9(4): 344-369.

⑦ Brown J, Fraehlich C, Debassige A. Benefits of working in the aboriginal community: perspectives of staff in urban aboriginal family service organizations[J]. The British Journal of Social Work, 2013, 43(6): 1130-1149.

⑧ Cuni-Sanchez A, Pfeifer M, Marchant R, Burgess N D. Ethnic and locational differences in ecosystem service values: insights from the communities in forest islands in the desert[J]. Ecosystem Service, 2016, 19(1): 42-50.

⑨ Afiff S, Lowe C. Claiming indigenous community: political discourse and natural resource rights in Indonesia[J]. Alternatives, 2007, 32(1):73-98.

⑩ Biddle N. The relationship between community and individual measures of wellbeing: comparisons by remoteness for indigenous Australians [J].Australian Geographer, 2014, 45(1): 53-69.

地区和城市地区的土著社区居民对幸福感的理解不同,故在研究土著社区发展时社区的地理位置是需要考虑的重要因素。现阶段,民族居民对社区发展政策的理解需要在社区自治与居民增权的基础上完成,尤其对于身处边远地区的少数民族而言,当地社区的增权不仅是社区事务发展的成果,更是各界对全体少数民族居民权利的重视(Farrelly,2011)①。由于民族社区的特殊性关系,社区事务发展和建设进程中应该把握三个原则,即自我决定权利维护、增权效应维护、共存共荣维护(Mazel,2016)②。少数民族社区中居民之间的关系和相处模式、社区结构形式以及既有的制度、社区居民对事物的认知、价值观以及共同规范等方面,应该与工会运作模式结合,形成具有特色的民族社区自身的管理模式(Perrett 和 Lucio, 2009)③。在社区发展中应该重视突出社区中的关系网络和结构,并将社区作为一个组织或集体来对待,社区自身的主观能动性以及公平的司法制度能够保障社区平稳快速地发展(Ryan 等,2006)④。同时,过分强调在保护与开发方面的等级会逐渐破坏集体行动的可能,应该通过以保护促进发展的方式进行具体工作,此举能够有效地促进土著社区内部的社会资本建设和积累(Tai,2007)⑤。在高新技术手段不断革新的背景下,利用移动技术等高科技手段来促进土著社区建设可能会在形式上以及方法上有所突破,并寻找出维护居民权利的发展模式(Auld 等,2012)⑥。

　　第三,民族社区旅游发展研究。Coria 和 Calfucura(2012)⑦认为,民族社区旅游开发不仅有利于对当地自然环境的保护,更能够刺激当地社会经济的发展,然而人力与物力、经济与社会资本的投入不够、发展机制的缺失以及没有公平分配旅游收入对民族旅游良性发展造成了挑战。虽然民族社区所处环境的观赏性能够引起各方兴趣,但如果忽略社区中居民与自然的共生关系,民族社区旅游发展也只能成为获取资本的经济手段(Craven,2016)⑧。土著社区旅游中的独有文化受到旅游者文化的影响而产生动态变化,而旅游者对民族文化的欣赏并不完全与当地文化的原真性呈正比,这也造成了地方政府和旅游机构对文化原真性的忽视,从而更多地追寻能够创造更多吸引力的旅游产品,对土著传统文化造成破坏(Yang 等,2016)⑨。然而,旅游者对民族社区旅游发展的理解受主流文化对民族群体解读的

---

① Farrelly T A. Indigenous and democratic decision-making: issues from community-based ecotourism in the Bouma National Heritage Park, Fiji[J]. Journal of Sustainable Tourism, 2011, 19(7): 817-835.
② Mazel O. Self-determination and the right to Health: Australian aboriginal community controlled health services [J]. Human Rights Law Review, 2016, 16(2): 323-355.
③ Perrett R, Lucio M M. Trade unions and relations with black and minority-ethnic community groups in the united kingdom: the development of new alliances[J]. Journal of Ethnic and Migration Studies, 2009, 35(8): 1295-1314.
④ Ryan N, Head B, Keast R, Brown K. Engaging indigenous communities: towards a policy framework for indigenous community justice program[J].Social Policy & Administration, 2006, 40(3): 304-321.
⑤ Tai H. Development through conservation: an institutional analysis of indigenous community-based conservation in Taiwan[J]. World Development, 2007, 35(7): 1186-1203.
⑥ Auld G, Snyder I, Henderson M. Using mobile phones as placed resources for literacy learning in a remote indigenous community in Australia[J].Language and Education, 2012, 26(4): 279-296.
⑦ Coria J, Calfucura E. Ecotourism and the development of indigenous communities: the good, the bad, and the ugly[J].Ecological Economics, 2012, 73(1): 47-55.
⑧ Craven C E. Refusing to be toured: work, tourism, and the productivity of "life" in the Colombian Amazon[J]. Antipode, 2016, 48(3): 544-562.
⑨ Yang J, Ryan C, Zhang L. Impersonation in ethnic tourism-the presentation of culture by other ethnic groups[J]. Annals of Tourism Research, 2016, 56(1): 16-31.

影响,并且旅游者与民族社区居民的社会距离同样影响旅游发展。居民的年龄、在社区的居住时间与其支持民族旅游发展的态度呈反比,受教育程度则与支持态度呈正比(Maruyama 和 Woosnam,2015)①。民族地区旅游文化交互的动态性受到当地社区民族文化的延续性以及对旅游者所带来的外来文化的适应性的影响,这种具有互动性的旅游文化会对民族社区产生正面与负面的影响,因此,利用旅游文化的影响力也是一种促进民族社区旅游发展的有效途径(Canavan,2016)②。

四、国内外对民族社区前沿理论研究的对比

(一) 国内外对民族社区研究的内容对比

首先,国内外对民族社区研究内容的相同点主要体现在以下方面。第一,国内外对民族社区的研究重点基本相同,国内外对民族社区的研究文献都较为注重对民族社区文化的研究,尤其是主流文化与少数民族文化之间的互动与交流。同时,国内外文献都关注对民族社区的发展机制研究,尤其体现在对于发展框架、利益分配、参与机会、社区矛盾、人与自然的关系等方面。第二,国内外对民族社区的研究深度基本相同,国内外的民族社区研究文献都有一定深度,尤其体现为将民族社区发展的本质及其对现实社会的影响作为研究重点,不仅重视民族社区的外在表现,更注重对社区本质、社区内外部影响等方面的研究。第三,国内外民族社区研究的目的较为一致,主要体现在国内外民族社区研究的主要愿景大都是推动民族社区的可持续发展,尤其是提升民族社区居民的生活质量、促进民族社区居民与主流社会的融合、对民族传统的保护传承等。

其次,国内外对民族社区研究内容的不同点主要体现在以下方面。第一,国内外对民族社区的研究背景较为不同,国内研究主要注重我国少数民族传统历史文化与社会变迁等方面,突出了具有我国特色的民族社区概念,同时基于旅游背景的民族社区研究较多;而国外研究则注重殖民主义、移民文化等对民族社区的影响。第二,国内外对民族社区的研究角度较为不同,国内研究重视对民族社区概念及其形成过程的分析,突出对民族社区的历史发展轨迹以及相关现象的阐述,也强调志愿者组织对民族社区发展的重要性;国外研究则更多地从可持续发展的角度来进行民族社区研究,包括教育机构、司法政策、社会工作、第三方组织、新技术手段对社区发展可持续性的影响。第三,国内外民族社区研究涉及的学科具有一定差异,主要体现为国内研究涉及民族学、政治学、管理学、旅游学、社会学等;而国外研究则在重视上述学科的基础上,同样重视对民族社区医疗卫生、心理学、生理卫生、教育学等方面的研究。

(二) 国内外对民族社区研究的方法对比

首先,国内外对民族社区研究方法的相同点主要体现在以下方面。第一,国内外对民族社区的研究都注重定性与定量结合,国内外文献都重视结合定性与定量的方法来研究民族

---

① Maruyama N,Woosnam K M. Residents' ethnic attitudes and support for ethnic neighborhood tourism: the case of a Brazilian town in Japan[J]. Tourism Management,2015,50(1):225-237.
② Canavan B. Tourism culture: nexus, characteristics, context and sustainability[J]. Tourism Management, 2016, 53(1):229-243.

社区。访谈法、二手数据分析法、频度分析、描述性统计分析、方差分析、因子分析等定性与定量的方法受到研究者的青睐。第二，国内外对民族社区的研究都注重纵向、横向对比研究：一方面利用纵向对比方法来研究民族社区的形成原因及其表现；另一方面则利用独立样本 t 检验以及方差分析来对比不同案例地之间的民族社区发展以及所受到的影响，形成了横向对比的研究视角。第三，国内外民族社区研究中扎根理论和民族志研究方法受到重视，体现了民族社区研究中所包含的多元内涵，以及对不同方法的综合使用。

其次，国内外对民族社区研究方法的不同点主要体现在以下方面。第一，国内外对民族社区的研究的定性方法选择不同，国内定性的研究多数属于描述性研究，如对于国内外民族社区研究文献的对比与评述、传统与现代社区组织的对比；国外文献则更多地运用扎根理论的研究方法来对民族社区可持续发展与社区发展机制进行理论框架的建构，形成了较为严密的民族社区研究理论体系。同时，在深度访谈方面，国外更多依靠编码与内容分析法进行系统研究。第二，国内外对民族社区的研究的定量方法的量化程度不同，国内研究在定量方法的选择上主要是因子分析、描述性统计分析、方差分析、回归分析；国外研究则更多地使用结构方程模型，研究社会、经济、文化、环境以及个人心理层面自变量以及中介变量对参与机制的作用，综合性地考虑不同因素对民族社区发展机制的影响。

第三节 国内外旅游社区参与研究前沿理论文献综述

一、国内外旅游社区参与研究前沿理论研究进展

（一）国内外旅游社区参与研究发展趋势分析

1. 国内旅游社区参与研究发展趋势分析

本研究通过中国知网（CNKI）检索主题词旅游社区参与后，提取1 349条文献记录，涉及的学科领域包括旅游1 268条、农业经济135条、宏观经济管理与可持续发展85条、中国政治与国际政治78条、文化学49条、社会学及统计学37条、资源科学30条、环境科学与资源再利用22条、政党及群众组织21条、林业学12条等。从图2-5所示的文献发表时间分布来看，2000年之前国内学术界几乎没有对旅游社区参与进行研究，直到2006年相关研究文献开始激增，学术文献出版数量在2014年达到顶峰，基本维持至今（图2-5）。《旅游纵览》（57篇）、《旅游学刊》（50篇）、《旅游论坛》（43篇）、《安徽农业科学》（29篇）是国内旅游社区参与研究文献的主要来源刊物。

2. 国外旅游社区参与研究发展趋势分析

本研究主要从Web of Science核心数据库通过主题词检索Tourism Community Participation、Tourism Community Involvement后，提取748条文献记录，主要涉及的研究领域包括酒店休闲体育旅游（Hospitality Leisure Sport Tourism）352条、环境研究学（Environmental Studies）154条、绿色可持续科学技术（Green Sustainable Science Technology）109条、管理学（Management）103条、环境科学（Environmental Sciences）

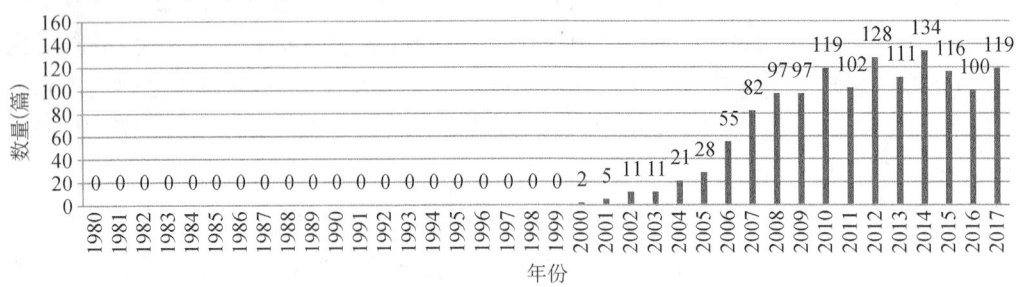

图 2-5　国内旅游社区参与研究文献发表数量-年度分布

101 条、社会学（Sociology）80 条、生态学（Ecology）37 条、规划发展（Planning Development）35 条、跨学科社会科学（Social Sciences Interdisciplinary）29 条、地理学（Geography）26 条、生物多样性保护（Biodiversity Conservation）23 条、水资源学（Water Resources）22 条、经济学（Economics）18 条等。从文献发表时间来看，国外学术界直到 1990 年后才开始对旅游社区参与进行系统的学术研究，从 2009 年开始相关文献的发表数量出现显著提升，尤其是 2014 年以后出现更多的研究（见图 2-6）。可持续旅游杂志（*Journal of Sustainable Tourism*）(72 篇)、旅游管理杂志（*Tourism Management*）(71 篇)、旅游研究年刊（*Annals of Tourism Research*）(41 篇)、海洋海岸管理（*Ocean Coastal Management*）(17 篇)是国外学者研究旅游社区参与发表文章的主要刊物。

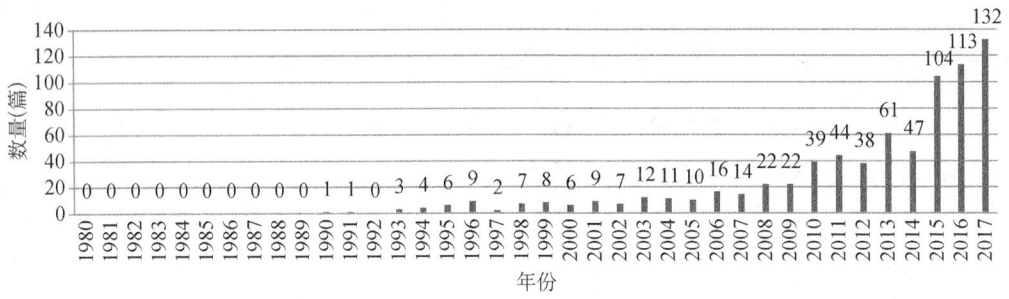

图 2-6　国外旅游社区参与研究文献发表数量-年度分布

（二）国内外旅游社区参与研究关键词频度分析

1. 国内旅游社区参与研究关键词频度分布

由表 2-7 可知，"社区参与"是国内旅游社区参与研究中最重要的关键词，其出现频次为 546 次，"生态旅游"（208 次）、"乡村旅游"（193 次）、"可持续发展"（110 次）、"旅游开发"（85 次）、"旅游发展"（55 次）、"旅游扶贫"（55 次）、"社区旅游"（54 次）、"社区居民"（47 次）、"民族村寨"（36 次）、"自然保护区"（36 次）、"利益相关者"（36 次）、"旅游社区"（30 次）、"开发模式"（28 次）、"民族地区"（27 次）、"社区参与旅游"（23 次）、"旅游资源"（22 次）、"发展模式"（21 次）、"旅游规划"（20 次）、"当地社区"（19 次）等关键词位列第 2 至第 20 位。国内旅游社区参与研究高频词汇出现较早的是"社区参与""生态旅游""当地社区""自然保护区"，近些年国内研究的高频词汇包括"社区居民""民族村寨""发展模式"等。

表 2-7 国内外旅游社区参与研究文献高频词汇前 20 位汇总

国内研究文献高频词	频次	初现年	国外研究文献高频词	频次	初现年
社区参与	546	1997	Tourism	120	1993
生态旅游	208	1997	Community	99	1994
乡村旅游	193	2002	Participation	98	1996
可持续发展	110	2002	Management	84	1993
旅游开发	85	2003	Community Participation	77	1996
旅游发展	55	2003	Ecotourism	71	1996
旅游扶贫	55	2003	Conservation	69	2000
社区旅游	54	2002	Attitude	63	1994
社区居民	47	2008	Perception	57	1994
民族村寨	36	2006	Sustainable Tourism	48	1998
自然保护区	36	1999	Impact	46	1995
利益相关者	36	2004	Protected Area	42	1994
旅游社区	30	2003	Governance	36	1999
开发模式	28	2000	Sustainability	35	2005
民族地区	27	2003	Tourism Development	32	2005
社区参与旅游	23	2004	Perspective	31	2008
旅游资源	22	2002	Policy	29	1993
发展模式	21	2007	China	29	2002
旅游规划	20	2003	National Park	28	2001
当地社区	19	1997	Model	24	2009

2. 国外旅游社区参与研究关键词分布

由表 2-7 可知，国外旅游社区参与研究文献中，"旅游（Tourism）"这一关键词出现的频次最高，为 120 次，"社区（Community）"（99 次）、"参与（Participation）"（98 次）、"管理（Management）"（84 次）、"社区参与（Community Participation）"（77 次）、"生态旅游（Ecotourism）"（71 次）、"保护（Conservation）"（69 次）、"态度（Attitude）"（63 次）、"感知（Perception）"（57 次）、"可持续性旅游（Sustainable Tourism）"（48 次）、"影响（Impact）"（46 次）、"保护区（Protected Area）"（42 次）、"治理（Governance）"（36 次）、"可持续性（Sustainability）"（35 次）、"旅游发展（Tourism Development）"（32 次）、"观点（Perspective）"（31 次）、"方针政策（Policy）"（29 次）、"中国（China）"（29 次）、"国家公园（National Park）"（28 次）、"模型（Model）"（24 次）等关键词出现频率排名第 2 至第 20 位。国外旅游社区参与研究高频词汇出现较早的是"管理（Management）""旅游（Tourism）""政策（Policy）"等，近些年国外研究的高频词汇包括"模型（Model）""观点（Perspective）""可持

续性(Sustainability)"等。

(三) 国内外旅游社区参与研究共词可视化分析

1. 国内旅游社区参与研究共词可视化分析

可视化分析结果显示,"社区参与"是国内旅游社区参与研究中出现频次最高的关键词,说明国内学术界的研究重点是旅游发展中社区参与效率、模式、问题及其影响因素。"生态旅游""乡村旅游""可持续发展""旅游开发""旅游发展""旅游扶贫""社区旅游""社区居民""民族村寨"等关键词出现频次较高,说明国内学术界同样也重视旅游社区参与中不同形式的旅游产品与旅游资源的开发与创新、旅游发展对社区社会经济发展的影响、社区居民与旅游发展之间的关系等方面的问题。从文献研究的地域来看,"喀纳斯""丹霞山""武夷山""云南省""边疆民族地区""五台山"等关键词的出现频次较高,说明针对旅游社区参与的研究主要集中于人文自然遗产地、国家公园、乡村地区、民族村寨等集中的区域。

2. 国外旅游社区参与研究共词可视化分析

可视化分析结果显示,"旅游(Tourism)""社区(Community)""参与(Participation)""管理(Management)""社区参与(Community Participation)""生态旅游(Ecotourism)""保护(Protection)""态度(Attitude)""感知(Perception)"等关键词成为国外学术界的研究重点。这说明在国外旅游社区参与研究中,旅游发展与社区建设之间的相互影响关系、社区及其居民对旅游的支持程度、参与意愿、社区居民对当地旅游发展的感知、各个利益相关者在社区旅游发展中的管理职能、社区旅游资源的开发与保护、社区旅游发展后的利益分配等是研究的热点。从研究的地域分布来看,"中国(China)""澳大利亚(Australia)""非洲(Africa)""土耳其(Turkey)""印度尼西亚(Indonesia)""墨西哥(Mexico)"等关键词出现频次较高,这一方面说明了这些地区对社区旅游发展研究的重视,另一方面也说明了更多发展中国家的社区,特别是边远的、少数民族的社区在通过旅游发展进行社区建设。

(四) 国内外旅游社区参与研究共词聚类可视化分析

1. 国内旅游社区参与研究共词聚类可视化分析

为了进一步了解国内旅游社区参与研究的具体类别,本研究利用 CiteSpace 对国内民族社区共词分析结果进行基于 $tf*idf$ 词频逆向文本频率权重(Term Frequency-Inverse Document Frequency)与 LLR 对数极大似然率(Log-Likelihood Ratio)的聚类。可视化分析结果显示,对 1980—2016 年国内旅游社区参与研究文献共词聚类的结果较多,主要是因为国内学术界在研究国内旅游社区参与时所涉及的领域较多、学科分布也较广,因此,本研究根据各个聚类结果的样本量(Size)较大、相似性(Silhouette)近似为 1 的标准进行筛选,如表 2-8 所示。

表 2-8　国内旅游社区参与研究文献共词聚类

编号	类别标签	样本量	相似性	所含高频词
1	乡村旅游参与	76	0.902	乡村体验旅游、乡村旅游、体验经济、农村居民点整治、协调政策、结构方程模型
2	旅游参与特点	72	0.908	旅游场域、社会资本、社区参与、合作机制、社区响应、实践逻辑、吸引物权

(续表)

编号	类别标签	样本量	相似性	所含高频词
3	草原旅游参与	59	0.955	草原旅游、开发模式研究、生态安全、草原生态系统、旅游景区、激励机制
4	民族旅游参与	54	0.894	边疆民族地区、民族文化、优势转化、创意旅游、民族村寨、社会认知
5	生态旅游参与	54	0.857	南洞庭湖、自然保护区、生态旅游、旅游资源开发、开发模式、社区参与
6	参与影响因素	53	0.835	社区主导型、参与旅游发展、社区居民、体制性影响因素、旅游影响、因子分析
7	旅游参与发展	52	0.938	自然保护区、社区管理、发展平衡型、循环经济、冲突竞争型、发展失衡型
8	参与规划意义	50	0.869	生态旅游开发、锡林郭勒草原、景观价值、旅游发展规划、生态环境规划、旅游资源
9	旅游营销参与	48	0.874	旅游节庆、产品策划、市场导向、形象定位、产品项目、社区旅游

2. 国内旅游社区参与研究聚类类别分析

经过筛选,本研究总结出国内民族社区研究共词分析的9个聚类,具体如下。

第一,类别1为"乡村旅游参与"聚类。主要关键词有"乡村体验旅游、乡村旅游、体验经济、农村居民点整治、协调政策、结构方程模型"等。相关文献主要研究内容包括:①体验经济时代下乡村旅游发展的适应性,乡村体验旅游产品对传统乡村观光旅游产品的取代;②对乡村旅游发展工作进行政策引导的重要性,乡村旅游发展中问题的协调机制与政策支持,居民在旅游发展中的定位与角色的互动、协调,农村居民点整治效果对乡村旅游展的影响;③针对乡村旅游社区参与的研究方法的探讨与实施,使用结构方程模型探索影响乡村旅游发展及其参与模式的因素等。

第二,类别2为"旅游参与特点"聚类。主要关键词有"旅游场域、社会资本、社区参与、合作机制、社区响应、实践逻辑、吸引物权"等。相关文献主要研究内容包括:①旅游者与旅游地利益相关者在旅游活动中的互动与影响,旅游发展后的利益分配,旅游成为一种资本的趋势;②社会资本的不同维度的分析及其对社区旅游参与的影响,社会资本、人力资本与经济资本等对社区旅游发展的影响;③我国旅游社区参与的常态与凸显的问题、合作机制的建立对提升居民参与旅游热情的作用,社区对旅游发展的态度与响应,旅游吸引物权的"一物一权"特点等。

第三,类别3为"草原旅游参与"聚类。主要关键词有"草原旅游、开发模式研究、生态安全、草原生态系统、旅游景区、激励机制"等。相关文献主要研究内容包括:①草原旅游的自身发展特色与发展情况,草原旅游景区在开发过程中所面临的挑战,以内蒙古为代表的草原旅游发展模式探讨;②草原旅游发展对当地生态环境的依赖,草原旅游生态系统的脆弱性与旅游发展的诉求,草原生态环境的保护与旅游发展中对资源的合理利用;③草原旅游发展过程中的人员队伍建设、草原旅游发展对当地社区建设的影响和促进作用,草原旅游发展中的激励机制对当地社区参与意愿的影响等。

第四,类别4为"民族旅游参与"聚类。主要关键词有"边疆民族地区、民族文化、优势转化、创意旅游、民族村寨、社会认知"等。相关文献主要研究内容包括:①边疆民族地区开展旅游的特殊性与需求,边疆独特的民族文化传统、生活习惯、文化符号等对旅游者的吸引力,民族文化的传承对民族旅游社区参与的影响;②根据客源市场的不同需求对民族旅游产品的创新与升级,民族旅游地优势旅游资源的合理利用与规划;③民族村寨在旅游发展后的建设情况,民族村寨居民对当地旅游发展的态度与认知,民族地区居民对旅游及其相关因素的认知对其参与旅游发展意愿的影响等。

第五,类别5为"生态旅游参与"聚类。主要关键词有"南洞庭湖、自然保护区、生态旅游、旅游资源开发、开发模式、社区参与"等。相关文献主要研究内容包括:①生态旅游发展对当地社区发展的影响和作用,生态旅游资源、产品、开发、规划等方面的特殊性;②自然保护区中的社区及居民的生态环境保护态度对当地生态旅游发展的影响,自然保护区内物种多样性与生态环境稳定性对生态旅游发展的影响;③生态旅游资源开发的特殊性,旅游发展对生态环境的影响,社区参与对生态旅游资源开发模式和过程的影响程度,生态旅游社区参与模式的探讨和分析等。

第六,类别6为"参与影响因素"聚类。主要关键词有"社区主导型、参与旅游发展、社区居民、体制性影响因素、旅游影响、因子分析"等。相关文献主要研究内容包括:①我国旅游社区参与的基本情况与现状;②旅游社区参与的类型及其作用范围,社区组织架构与社区参与模式的互动关系,旅游社区参与对旅游发展的影响;③社区居民对当地社区旅游发展的认知与态度,社区参与模式对社区参与效率与意愿的影响程度,从不同理论维度对社区参与旅游行为与途径的解释等。

第七,类别7为"旅游参与发展"聚类。主要关键词有"自然保护区、社区管理、发展平衡型、循环经济、冲突竞争型、发展失衡型"等。相关文献研究内容包括:①基于社区的旅游发展对社区管理与政策引导的需求,社区对旅游事务的参与程度对当地旅游发展的影响,旅游发展的社区参与对社区综合事务发展的影响;②旅游系统内人、自然、环境、技术等因素之间的关系与相互作用,社区参与旅游发展后由资源消耗型经济发展模式向生态依靠型的循环经济发展模式的转变,旅游的低碳、节能特点对当地经济结构转型的影响;③旅游参与的模式对比,社区参与模式的挖掘等。

第八,类别8为"参与规划意义"聚类。主要关键词有"生态旅游开发、锡林郭勒草原、景观价值、旅游发展规划、生态环境规划、旅游资源"等。相关文献研究内容包括:①合理的旅游发展规划对资源环境的尊重与对发展方向的确定,旅游规划过程中当地社区参与的缺失性与必要性;②社区对旅游资源的重视与利用,旅游资源开发与利用过程中的保护性原则,社区及居民的保护性参与旅游意识对当地旅游的可持续发展的作用;③旅游景观对当地旅游发展的功效性、吸引性等价值,社区参与旅游景观的维护与开发对居民的景观保护意识提升的作用等。

第九,类别9为"旅游营销参与"聚类。主要关键词有"旅游节庆、产品策划、市场导向、形象定位、产品项目、社区旅游"等。相关文献研究内容包括：①基于社区的旅游产品开发与市场需求的匹配程度，旅游社区中旅游产品的同质化现象，旅游产品的创新与当地软实力融合对旅游吸引力的打造；②旅游产品的策划与设计过程中社区参与的重要性，针对旅游市场的分析对社区旅游发展合理性的提升作用，当地社区的旅游形象及定位与旅游者对当地旅游感知间的关系；③节庆旅游开发中的社区参与影响，社区及居民在旅游产品和服务提供过程中的定位与角色，旅游社区参与意愿对旅游发展的影响等。

3. 国外旅游社区参与研究共词聚类可视化分析

为了进一步了解国外学术界在对旅游社区参与研究的具体类别，本研究利用 CiteSpace 对上述共词分析结果进行基于 $tf*idf$ 词频逆向文本频率权重（Term Frequency-Inverse Document Frequency）与 LLR 对数极大似然率（Log-Likelihood Ratio）聚类。聚类结果显示，聚类结果较多，主要由于国外旅游社区参与研究领域较广，涉及的内容与层面较多，尤其是针对旅游发展与社区参与、社区发展与旅游社区参与之间的关系与互动的研究较多。本研究根据各个聚类结果的样本量（Size）较大、相似性（Silhouette）近似为1的标准进行筛选（见表2-9）。

表2-9 国外旅游社区参与研究文献共词聚类

编号	类别标签	样本量	相似性	所含高频词
1	社会介入能力	70	0.792	Agrotourism, Agrotourism Area, Tourists Attraction, Community Involvement, Activity
2	合作、共识、发展	66	0.817	Policy making, Collaborative Planning, Consensus building, Stakeholders
3	开发保护理念	65	0.806	Biodiversity, Community Based, Conservation, Damage, Wildlife, Protected Area
4	组织结构变化	63	0.871	Middle-east, Jordan, Displacement, Tourism, NGO, Participatory Development, Civil Society
5	海岸旅游特征	59	0.851	Coral Reef Management, Policy Evaluation, Multiple Objective, Participation, Coastal Zone Management
6	价值创造提升	58	0.838	Community, Creation, Heritage, Customer Participation, Value Creation, Aesthetics
7	居民态度影响	55	0.815	Residents' Attitude, Hosts' Perception, Benefit, Cooperative, Local Participation, Nature Based
8	增权扶贫效应	48	0.825	National Park, Costa Rica, Ecotourism, Environmental Values and Attitude, Integrated Conservation and Development
9	网络时代作用	47	0.855	Iran, Tourism, Consumer Behavior, Electronic Word of Mouth, Theory of Planned Behavior, Internet, Online

4. 国外旅游社区参与研究聚类类别分析

经过筛选后,本研究精炼出9个国外旅游社区参与研究关键词聚类。

第一,类别1为"社区介入能力"(Community Involvement Ability)聚类。主要关键词有"农业旅游(Agrotourism)、农业旅游区(Agrotourism Area)、旅游者吸引力(Tourists Attraction)、社区介入(Community Involvement)、活动(Activity)"等。相关文献主要研究内容包括:①针对农业旅游特性的旅游发展措施,对农业旅游区域的整体开发与保护,社区农业旅游的合理性发展;②基于社区的旅游产品与服务的开发对旅游者的吸引力,旅游者对社区居民在旅游交往中的态度;③社区及居民在旅游规划与决策过程中的介入程度,有效的社区旅游规划必须重视社区及居民的利益与对旅游发展的看法等。

第二,类别2为"合作、共识、发展"(Cooperation, Consensus, Development)聚类。主要关键词有"政策制定(Policy Making)、合作性规划(Collaborative Planning)、建立共识(Consensus Building)、利益相关者(Stakeholders)"等。相关文献的主要研究内容包括:①判定合理政策对社区旅游业成功的作用,方针政策的有效实施对社区居民生活质量及收入的提升作用,缺乏政策引导对社区旅游发展的阻碍;②社区旅游发展中居民、政府、旅游发展机构间合作规划的重要性,生态环境、管理架构、社区居民系统、居民与政府的共识对社区旅游的影响;③利益相关者对社区旅游的参与程度与利益分配,利益相关者对社区旅游发展资本投入的因素等。

第三,类别3为"开发保护理念"(Ideas of Exploitation and Protection)聚类。主要关键词有"生物多样性(Biodiversity)、基于社区的(Community Based)、保护(Conservation)、破坏(Damage)、野生动植物(Wildlife)、保护区(Protected Area)"等。相关文献的主要研究内容包括:①社区旅游发展对生物多样性与野生动物的保护与破坏,社区旅游中生物多样性对旅游者形成的吸引力;②社区旅游发展带来的经济效应提升对当地生态环境的影响,社区居民参与旅游发展后收入提升的诉求与人文及自然旅游资源开发之间的博弈,社区旅游发展对居民环保意识的影响;③建立生态保护区对社区旅游发展的影响,生态保护区建设动机与标准,生态保护区形成后社区居民以及到访旅游者在其中的行为等。

第四,类别4为"组织结构变化"(Change of Organizational Structure)聚类。主要关键词有"中东(Middle-east)、约旦(Jordan)、取代(Displacement)、旅游(Tourism)、非政府组织(NGO)、参与式发展(Participatory Development)、民间团体(Civil Society)"等。相关文献的主要研究内容包括:①中东地区社区旅游发展情况,宗教信仰对社区居民认识旅游发展的影响;②社区旅游中各个利益相关者之间的竞合关系,基于社区层面成立的旅游企业对当地社会经济发展的作用,社区旅游发展中各利益相关的投入与回报分配;③非政府组织在社区旅游发展中的角色及定位,民间团体与非政府组织作为利益相关者对社区旅游发展的影响,社区旅游发展中志愿者组织参与情况及其对居民参与旅游热情的影响等。

第五,类别5为"海岸旅游特征"(Coastal Tourism Characteristics)聚类。主要关键词有"珊瑚礁管理(Coral Reef Management)、政策评估(Policy Evaluation)、多重目标(Multiple Objective)、参与(Participation)、海岸地区管理(Coastal Zone Management)"等。相关文献主要研究内容包括:①社区旅游发展对海岸地区生物的破坏影响,社区对海岸生物的保护对旅游发展的作用,潜水旅游对海岸线管理效率的具体诉求,旅游及其他经济活动对海岸生态环境的影响;②自上而下的旅游政策对社区旅游发展的阻碍,由社区自治、社区增权而形成的自下而上的社区旅游发展政策对自上而下政策的取代趋势;③海岸旅游管理中涉及的利益相关者的特点,以海岸生物为代表的非人类利益相关者在社区旅游发展过程中的作用等。

第六,类别6为"价值创造提升"(Improvement of Value Creation)聚类。主要关键词有"社区(Community)、创造力(Creation)、遗产(Heritage)、顾客参与(Customer Participation)、价值产生(Value Creation)、美学(Aesthetics)"等。相关文献主要研究内容包括:①社区旅游发展对当地社区经济与基础设施等方面的提升,社区旅游发展所应有的自然、社会、文化、经济等方面的创造力;②社区旅游资源的美学定位,社区人文资源形成的遗产,利益相关者对遗产资源的态度对社区旅游发展的影响;③旅游者对目的地社区旅游发展参与的本质,社区旅游发展后对社区经济社会发展及美誉度的提升,旅游发展体现的社区及其居民的特点等。

第七,类别7为"居民态度影响"(Impacts of Residents' Attitude)聚类。主要关键词有"居民态度(Residents' Attitude)、东道主感知(Hosts' Perception)、利益(Benefit)、合作性的(Cooperative)、本地参与(Local Participation)、基于自然的(Nature Based)"等。相关文献主要研究内容包括:①居民对旅游发展的态度受其精神层面、经济独立性、社区类别等因素影响,旅游发展政策的落实对居民态度的影响;②旅游收入等利益的合理分配是与居民建立合作关系要考虑的重要因素,居民对社区旅游产生不满主要源自利益分配的不均;③居民对于社区自然环境的认识,人口背景以及基于背景形成的既定印象的影响,社区旅游开发时对当地自然环境的尊重影响居民对旅游发展的看法及其参与意愿等。

第八,类别8为"增权扶贫效应"(Effect of Empowerment on Poverty Alleviation)聚类。主要关键词有"国家公园(National Park)、哥斯达黎加(Costa Rica)、生态旅游(Ecotourism)、环境价值与态度(Environmental Values and Attitude)、综合保护与发展(Integrated Conservation and Development)"等。相关文献主要研究内容包括:①哥斯达黎加国家公园建设与当地社区旅游发展的关系,国家公园建设对当地社区居民旅游发展后收入的影响;②基于社区的生态旅游发展是否对旅游扶贫措施具有实际意义,扶贫旅游措施的实施对居民收入与生活质量提升的具体意义;③增权既是社区旅游发展的结果,更是旅游发展过程的一部分,旅游发展不仅可以提升居民收入,更可以对居民的生活质量、健康卫生、心理安慰等各个方面实现增权等。

第九,类别9为"网络时代作用"(Function of Network Times)聚类。主要关键词有"伊朗(Iran)、旅游(Tourism)、消费者行为(Consumer Behavior)、电子化口碑(Electronic Word of Mouth)、计划行为理论(Theory of Planned Behavior)、互联网(Internet)、在线(Online)"等。相关文献主要研究内容包括:①旅游者过往旅游经历对其选择旅游目的地的影响,旅游者在社区旅游中的行为表现及其影响因素;②互联网时代的到来会为发展旅游的社区快速带来的口碑效应,社区旅游发展部门能够及时通过电子化手段获得旅游者对社区旅游各方面的评价,互联网上快速的旅游信息分享对旅游者决策与游览体验的影响;③研究社区旅游中旅游者行为的主要理论有理性行为理论、计划行为理论等。

（五）国内外旅游社区参与研究共词时间节点可视化分析

1. 国内旅游社区参与研究共词时间节点可视化分析

为了进一步了解我国旅游社区参与研究进展与热点变化，本研究对国内旅游社区参与共词聚类结果进行时间线（Timeline）与时区（Timezone）的可视化分析。

可视化分析结果显示，作为国内旅游社区参与研究文献中最重要的关键词，"社区参与"最初出现于1997年，并且一直都是国内学术界的研究重点，说明社区参与对旅游发展的重要性与必要性。1997—1999年，"生态旅游""当地社区""国家公园""自然保护区""旅游产品""社区文化""文化变迁""生物多样性"等关键词出现频次较高，说明这一时期国内学术界的研究重点包括旅游发展对当地社区文化的影响、社区的文化变迁对旅游发展的作用、生态旅游产品开发的社区参与情况、处于国家公园与自然保护区的社区对旅游发展的参与等方面。同时，也可以看出生态旅游的社区参与情况是这一时期的主要研究热点。2000—2009年，"开发模式""旅游可持续发展""旅游发展模式""民族社区""乡村旅游""社区旅游""旅游资源""社会资本""旅游开发""旅游扶贫""旅游社区""民族文化""居民参与""利益相关者""社区发展""古村落""民族村寨""旅游影响""生态环境""参与模式""社区居民""民族旅游"等关键词出现频次较高，说明这一时期国内学术界的研究重点包括旅游发展对社区发展的影响、基于社区的旅游资源开发与发展模式的转变、影响居民参与社区旅游发展的因素、居民对旅游发展的感知与态度等方面。同时，也可以看到民族旅游与乡村旅游的社区参与模式研究是这一时期国内学术界的研究热点。2010—2017年，"农业文化遗址""社区增权""民俗旅游""非物质文化遗产""旅游管理""结构模型方程""社区归属感""游客感知""文化传承""居民态度""生活方式""管理体制""生态文明""治理模式""因子分析""参与行为"等关键词出现频次较高，说明这一时期国内学术界关注的研究重点包括居民与旅游者对旅游发展与社区参与的感知与态度、社区增权与社区归属感以及社会资本对旅游社区参与的影响、居民态度对其旅游参与行为的影响等方面。同时，也能够看出这一时期的国内研究更多地开始选择定量的研究方法，如利用结构方程模型与因子分析来找出影响居民旅游参与的因素及其影响程度。

根据国内旅游社区参与研究文献共词的时间线与时区分析的结果可以得出以下结论。第一，研究视角从宏观到微观、从供给到需求的转变。在早期的研究中，关于旅游社区参与的概念、社区文化的转变、基于社区的旅游产品开发的研究文献较多，同时也有针对居民和当地社区的参与形式和模式的研究；而近些年的研究中，关于社区居民的参与行为、旅游者对社区参与旅游发展的感知、社区旅游发展对居民的增权、社会资本对居民参与行为的影响因素等研究文献较多，体现了研究范围和内容的多元化与深入。第二，研究方法从论述到分析、从定性到定量的转变。早期针对国内旅游社区参与的研究文献大多是对社区参与情况的展现、对相关理论的原理和实际意义的论述、对国外成功的旅游社区参与经验的总结等，研究的深度不够，但也为后续的研究奠定了基础；近些年的研究更多的是针对旅游社区参与对旅游发展的影响因素、社区居民参与旅游意愿与行为的影响因素、相关理论形成的变量维度对社区参与的影响程度等，研究使用的方法包括结构方程模型、回归分析、因子分析、耦合分析等，研究拥有数据的支撑。

2. 国外旅游社区参与研究共词时间节点可视化分析

为了进一步展现国外旅游社区参与研究的发展与研究中的热点问题与近期研究方向，本研究对所形成的聚类进行基于时间线（Timeline）与时区（Timezone）分布的可视化分析。

1980—2017 年国外旅游社区参与研究文献中最重要的关键词"旅游"出现于 1993 年，同一时间出现的关键词还有"管理（Management）""政策（Policy）"，说明在研究初期国外学术界注重旅游社区参与背景下的各方管理问题与成效以及相关发展方针政策的制定与落实，并且上述关键词至今都是国外学术界关注的重点。在 1994—1999 年，"社区（Community）""参与（Participation）""社区参与（Community Participation）""态度（Attitude）""感知（Perception）""保护区（Protected Area）""影响（Impact）""可持续性旅游（Sustainable Tourism）""利益相关者（Stakeholders）""遗产（Heritage）""合作（Cooperation）""治理（Governance）""旅游规划（Tourism Planning）"等关键词出现频次较高，说明国外学术界在重视社区旅游参与的基础上，从各个利益相关者的角度出发，对竞争与合作、治理与开发、心理与行为等方面进行了卓有成效的研究。

2000 年以后，"保护（Conservation）""可持续性（Sustainability）""旅游发展（Tourism Development）""中国（China）""生物多样性（Biodiversity）""基于社区层面的旅游发展（Community Based Tourism Development）""原真性（Authenticity）""利益（Benefits）""网络（Network）""居民态度（Residents' Attitude）""文化（Culture）""增权（Empowerment）""模型（Model）"等关键词出现频次较高，说明这一时期国外学术界开始重视针对中国的旅游社区参与的研究、对旅游发展后居民态度与居民所获权力的研究、对旅游资源的开发保护中文化原真性的研究。同时，可以看到越来越多的研究开始使用变量模型进行；2010 年至今，"生计（Livelihood）""语境（Context）""非政府组织（NGO）""志愿者（Volunteer）""社会资本（Social Capital）""社交网络（Social Network）""挑战（Challenge）""土著旅游（Indigenous Tourism）""策略（Strategy）""心理（Psychology）""指数（Index）""框架（Framework）"等关键词出现频次较高，说明当今国外学术界不仅结合新媒体、新技术的革新进行研究，同时也细化了旅游社区参与的利益相关者及其个体心理层面的研究，并且有理论框架支撑的研究开始增多。

对国外民族社区研究文献共词时间线与时区分布情况的分析可以得出以下两个结论：第一，旅游中社区参与的本质、含义、作用、意义一直是学术界关注的重点。同时，随着时间的推移，研究进入了更深、更广的层面，从个体心理到整体影响、从政策研究到社区事务分析、从利益相关到社区结构、从普通社区到土著社区的多元化研究推动了学术界的发展。第二，研究越来越注重对社区的福利以及旅游发展的影响等层面的研究，尤其体现在旅游发展后居民的参与意愿研究、增权研究、生活质量研究、社会资本研究等方面。

二、国内旅游社区参与研究前沿理论研究综述

（一）国内旅游社区参与意义研究综述

第一，旅游社区参与概念本质研究。付兵（2012）[①]从居民权利的角度来对社区参与的本

---

① 付兵. 培育社区居民参与意识的意义及对策[J]. 广西社会主义学院学报，2012，23(5)：96-99，105.

质进行阐释,认为居民的主动性以及对社区公共事务的认知程度是社区参与概念的本质,有效的社区参与具有提升社区自治能力、民主发展水平、社区管理效率、改革创新能力的现实意义。叶至诚(2010)[1]则从旅游社区参与集体性与服务性的角度来进行探讨,将社区参与定义为社区居民自发进行的,在政府主导下以社区成员与组织为基础,合理运用相关资源来实现共同目的的具有公平性的活动,其目的就是服务社区的集体。保继刚和孙九霞(2006)[2]从旅游社区参与的整个过程的角度来探讨旅游社区参与的含义,他们将社区参与旅游发展定义为:"社区参与旅游发展是指在旅游的决策、开发、规划、管理、监督等旅游发展过程中,充分考虑社区意见与需要,并将其作为开发主体和参与主体,以保证旅游可持续发展和社区发展。"侯国林(2006)[3]从旅游社区增权的角度探讨了旅游社区参与的本质,认为旅游社区参与是指"社区主体利用被赋予的权利,通过多种形式参与社区的各种事务,自主地表达意愿,贡献才智,并承担相应的责任,分享发展成果的行为及其过程",并提出了针对居民参与行为的研究模型(图2-7)。左冰(2012)[4]在对比了中西方语境下的旅游社区参与后提出,虽然中国语境下的旅游社区参与包含了更多的参与主体以及参与方式,但不可否认的是,旅游社区参与和社区公共事务、社区居民全体权益联系紧密,其本质就是集体性与公共性。刘曙霞(2017)[5]认为,旅游社区参与是挖掘地区旅游资源的基础,同时也是促进当地社会经济发展的创新模式,旅游社区参与机制的形成能够保障居民在旅游发展中的收益。

第二,旅游社区参与原则研究。颜庭干和雷天来(2013)[6]认为,在旅游社区参与中社区

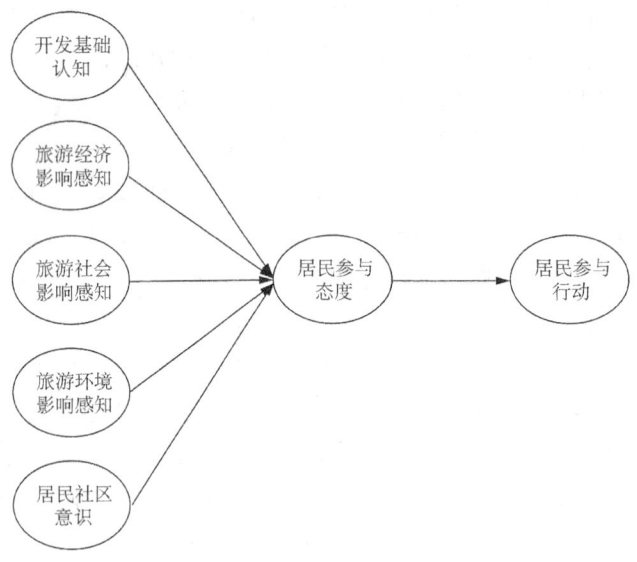

图 2-7 社区居民参与旅游开发的结构方程概念模型

---

[1] 叶至诚. 社区工作与社区发展[M]. 台北:秀威出版社,2010:193-195.
[2] 保继刚,孙九霞. 社区参与旅游发展的中西差异[J]. 地理学报,2006,61(4):401-413.
[3] 侯国林. 基于社区参与的湿地生态旅游可持续开发模式研究——以盐城海滨湿地国家级自然保护区为例[D]. 南京:南京师范大学,2006:14-26,105.
[4] 左冰. 社区参与:内涵、本质与研究路向[J]. 旅游论坛,2012,5(5):1-6.
[5] 刘曙霞. 新媒体视角下乡村旅游社区参与机制研究[J]. 吉首大学学报(社会科学版),2017,38(12):19-22.
[6] 颜庭干,雷天来. 村落旅游社区参与的实证研究——以江西省婺源县长溪村为例[J]. 安徽农业科学,2013,41(4):1592-1594,1600.

是主体,其需求应该得到重视和满足,在社区中发展旅游的目的就是实现旅游与社区的共同发展与和谐发展。我国的旅游社区参与研究开始于2004年,相较于西方研究旅游社区参与的时间较晚。自2007年以来,旅游社区参与成为学术界共同的热点,我国学者大量研究旅游社区参与,其根源主要是民族地区社会发展以及保护传统文化的诉求(王奇,2013)[1]。我国旅游社区参与得到国家大力发展旅游扶贫以及精准扶贫政策的支持,针对社区参与的研究凸显旅游发展的增权、公平等原则(彭建和王剑,2012)[2]。同时,民族旅游的可持续发展与民族社区城镇化的建设程度离不开对各个利益相关者的系统研究,并且可持续性以及城镇化发展是民族旅游社区参与的主要原则(肖琼,2009)[3]。杨洋等(2016)[4]针对旅游地的参与主体——居民进行基于态度与满意度指数的研究,发现居民的社区旅游参与程度直接影响居民对当地旅游发展的满意度,通过对居民旅游影响感知的正向作用,间接影响居民对旅游发展的态度。居民在旅游发展中所感知到的公平是研究旅游社区参与主体参与动力的重要方面,居民感知到的公平对其社区参与程度、对当地社区的认同具有显著的正向影响,故公平性原则是实现旅游社区参与有效发展的重要因素(胥兴安等,2015)[5],特别是旅游收益分配中的公平原则与透明原则,是提升居民社区旅游参与积极性的重要保障(张耀一,2017)[6]。

第三,旅游社区参与效应及途径研究。近年来,我国学者对旅游社区参与的研究主要集中于社区参与的本质、生态旅游的概念、社区参与生态旅游的开发和利益分配、社区参与生态旅游的动力与保障机制、社区参与机制效果评价等方面(杨主泉和白鹭,2013)[7]。由于我国民族社区发展模式与西方特定的社会模式不同,且在社区发展中缺乏第三方组织的参与,我国的旅游社区参与研究应该在参照西方研究成果的基础上,更多地注重我国以及旅游目的地的实际发展情况(廖军华,2015)[8]。然而,现阶段我国旅游社区参与程度与旅游发展的水平不符,尤其是学术界缺乏对旅游社区参与的实证研究,使当前社区参与模式不具备解决社区与旅游业共同发展问题的能力,从而也导致我国社区旅游参与效率较低(郭丽丹和刘云,2015)[9]。全域旅游概念的提出突出了旅游社区参与的重要性,将旅游社区参与的联动性和产业带动作用运用于旅游发展,能够保障以旅游为代表的社区事务集体性与公平性原则(劳惠燕,2017)[10]。高小茹(2015)[11]认为,旅游社区参与应该存在于旅游的整体发展中,尤其在进行旅游规划、旅游政策制定时更应该倡导社区居民广泛参与,以此来推动旅游发展与当地社区的紧密联系,促进居民形成对旅游发展的正面支持态度。同时,在旅游发展中需要明

---

[1] 王奇. 近十年来国内乡村旅游社区参与研究综述[J]. 旅游纵览(下半月), 2013, 3(9): 71-72.
[2] 彭建, 王剑. 中外社区参与旅游研究的脉络和进展[J]. 中央民族大学学报(哲学社会科学版), 2012, 39(3): 133-141.
[3] 肖琼. 基于利益相关者的民族旅游城镇可持续发展研究[J]. 城市发展研究, 2009, 16(10): 102-105.
[4] 杨洋, 朱正斌, 蔡溢, 等. 乡村旅游地居民社区参与满意度结构关系研究——基于贵州镇远铁溪乡村旅游地居民旅游影响感知分析[J]. 贵州师范大学学报(自然科学版), 2016, 34(3): 25-31, 84.
[5] 胥兴安, 孙凤芝, 王立磊. 居民感知公平对社区参与旅游发展的影响研究——基于社区认同的角度[J]. 中国人口·资源与环境, 2015, 25(12): 113-120.
[6] 张耀一. 乡村旅游社区参与开发模式与利益分配机制研究[J]. 农业经济, 2017, 37(3): 65-66.
[7] 杨主泉, 白鹭. 国内社区参与生态旅游研究进展述评[J]. 旅游纵览(下半月), 2013, 3(4): 182-185.
[8] 廖军华. 国内外社区参与旅游研究综述[J]. 贵州民族大学学报(哲学社会科学版), 2015, 35(1): 34-39.
[9] 郭丽丹, 刘云. 我国社区参与旅游发展研究综述[J]. 旅游纵览(下半月), 2015, 29(7): 34-36.
[10] 劳惠燕. 基于全域旅游视角下社区参与旅游发展的思考[J]. 中外企业家, 2017, 34(11): 192, 197.
[11] 高小茹. 谈旅游规划中的社区参与问题[J]. 旅游纵览(下半月), 2015, 29(2): 22.

确当地居民作为旅游社区参与的主体,增加居民广泛参与社区旅游的途径是体现社区特色文化的重要保障,更是实现旅游可持续发展的重要基础(张婷婷,2015)①。明确少数民族居民在旅游发展中的生产者与传承者的角色不仅决定旅游的可持续性,更能够提高居民参与积极性。鼓励发展民间组织以及完善相关法律法规是实现少数民族文化权的有效途径(刘旺和王汝辉,2008)②。

(二)国内旅游社区参与机制研究综述

第一,旅游社区参与发展程度研究。我国民族旅游社区参与的程度较低,居民参与热情不高而影响社区旅游发展的效率。修新田(2015)③从政治、组织、经济、教育、信息、制度等方面探讨我国参与式旅游发展仍处于初级阶段的原因,认为地方政府的放权与居民的自身增权是提高参与式旅游发展的核心。然而,当前我国民族旅游各利益相关者的利益分配不均、居民旅游参与机制不完善、传统文化受到冲击成为影响民族旅游社区参与程度的重要因素。这些因素也影响旅游业对社区发展贡献,是民族社区居民对旅游产生消极态度的主要原因(肖琼,2009)④。我国民族旅游社区参与程度较低还体现在居民参与热情不高、参与程度不深、参与机会不多、教育培训不力、资金投入较少、保障体系不全等方面(杨素,2015)⑤。旅游社区参与模式的选择应该结合当地旅游发展的实际情况,并且不同的旅游项目的参与模式应该也有所区别,不能一味地复制某种参与模式(李颖婵,2017)⑥。因此,鼓励社区参与旅游需要注重社区的相关制度与发展过程,应对社区外部与内部的增权效应进行区别,了解旅游社区增权过程的社会性与政治性是提高居民参与意识和权利意识的保障,更是促进居民旅游参与积极性的权利基础(刘英明,2015)⑦。同时,杜宗斌和苏勤(2011)⑧发现旅游社区参与对居民社区归属感有正向影响,并通过居民的旅游感知的中介作用对社区归属感产生影响,不难看出,鼓励社区参与及建立社区参与机制对形成社区归属感具有重要的作用(图2-8)。

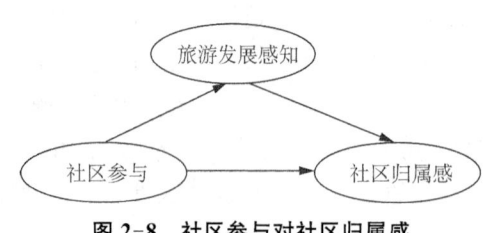

图2-8 社区参与对社区归属感影响的理论模型

第二,旅游社区参与影响因素研究。黄芸玛等(2014)⑨发现现阶段我国民族社区缺乏对于社区参与的投入,当地社区居民并不了解如何参与旅游,并且游客数量少会使社区居民参

---

① 张婷婷.基于文化视角下的社区参与民族地区旅游开发研究[J].南方论坛,2015,27(2):89-90.
② 刘旺,王汝辉.文化权理论在少数民族社区旅游发展中的应用研究——以四川省理县桃坪羌寨为例[J].旅游科学,2008,22(2):63-68.
③ 修新田.参与式森林旅游发展中的社区增权机制和路径研究[D].福州:福建农林大学,2015:131-156.
④ 肖琼.基于利益相关者的民族旅游城镇可持续发展研究[J].城市发展研究,2009,16(10):102-105.
⑤ 杨素.基于社区参与的旅游景区管理[J].旅游纵览(下半月),2015,29(5):61.
⑥ 李颖婵.自然保护区生态旅游社区参与模式研究——以锡林郭勒草原自然保护区为例[J].环境保护与循环经济,2017,37(9):64-67.
⑦ 刘英明.基于扎根理论的乡村旅游社区参与的障碍因素探究——以淄博中郝峪村为例[D].济南:山东大学,2015:42-47.
⑧ 杜宗斌,苏勤.乡村旅游的社区参与、居民旅游影响感知与社区归属感的关系研究——以浙江安吉乡村旅游地为例[J].旅游学刊,2011,26(11):65-70.
⑨ 黄芸玛,骆桂花,陈蓉.基于游客感知的社区居民参与旅游实证研究——以玉树称多县为例[J].青海民族研究,2014,25(1):84-89.

与情绪较低。社区旅游参与模式可分为直接参与与间接参与,居民直接参与旅游发展具有更重要的作用,且政府引导能够提高社区居民对参与旅游(佟敏,2005)[①]。同时,社区内部利益分配保障制度与社区外部利益分配保障制度之间应该具有耦合效应,当社区内外部利益能够得到平等保障时,社区参与旅游才能体现出应有的作用(李湮,2015b)[②]。影响少数民族居民的社区旅游参与意愿的因素还包括居民受教育程度、旅游管理者角色、参与前后幸福感对比等(邱新艳和李伟,2013)[③]。社区居民对旅游发展的正面感知、支持态度以及表达出的旅游参与意愿是影响社区旅游参与行为的重要因素,同时也是维护居民参与权利的保障因素(周学军和李勇汉,2017)[④]。地方政府应该重视对景区自身的管理模式、旅游政策制定透明度、社区居民参与旅游发展的意愿与支持等方面的创新,并对社区居民进行旅游从业技能的培训,此举能够有效提升居民对旅游发展的认知与参与意愿(郭迪,2015)[⑤]。重视旅游利益在社区的分配也能够提升居民参与的热情,在初次分配过程中应重视对社区公益事业的促进,在再分配过程中应突出改善居民生活质量、基础设施建设、弥补居民损失等方面(黄莹莹,2016)[⑥]。由于少数民族社区关系、血缘、历史、宗教信仰等特点,发展民族社区旅游应该在正式参与制度的基础上,更多发挥非正式参与制度的作用来实现旅游社区参与的途径多元化(郭凌和王志章,2014)[⑦]。

第三,旅游社区参与模式机制研究。笪玲(2012)[⑧]通过PSR模型(压力—状态—响应)研究社区旅游发展对旅游需求状态的响应,发现旅游业的开展需要得到旅游者需求认同及当地居民的发展认同。王兆峰和向秋霜(2017)[⑨]利用MOA模型(动机—机会—能力)研究旅游社区参与,发现对居民的激励和鼓励是影响居民旅游参与的重要因素,故建立公平的利益分配制度具有重要意义。虽然"自下而上"的旅游社区参与制度能够保障居民参与旅游发展的整个过程,但有的地方由于旅游发展中的利益与机会分配不均,造成参与者之间的矛盾增加,并没有形成社会增权效应(王华等,2015)[⑩]。同时,制度嵌入性的差异是导致不同社区居民旅游参与程度差异的重要因素,尤其是社区内的非正式组织的制度嵌入性差异是影响居民参与意愿、决策的主要因素(王华和郑艳芬,2016)[⑪]。居民对社区的精神依恋能够

[①] 佟敏. 基于社区参与的我国生态旅游研究[D]. 哈尔滨:东北林业大学,2005:98-105.
[②] 李湮. 谈民族村寨旅游社区利益保障制度系统的研究结构[J]. 旅游纵览(下半月),2015,29(2):47-48,50.
[③] 邱新艳,李伟. 西双版纳民族社区居民参与旅游后的归属感研究[J]. 旅游纵览(下半月),2013,3(2):81-84.
[④] 周学军,李勇汉. 社区居民的扶贫旅游参与意愿研究——基于旅游影响感知、态度的视角[J]. 技术经济与管理研究,2017,38(7):26-30.
[⑤] 郭迪. 基于利益相关者理论的自然保护区生态旅游社区参与研究——以海棠山自然保护区为例[D]. 锦州:渤海大学,2015:39-52.
[⑥] 黄莹莹. 社区参与视角下乡村旅游利益分配机制研究[J]. 中南林业科技大学学报(社会科学版),2016,10(5):67-71,77.
[⑦] 郭凌,王志章. 制度嵌入性与民族旅游社区参与——基于对泸沽湖民族旅游社区的案例研究[J]. 旅游科学,2014,28(2):12-22,48.
[⑧] 笪玲. 基于PSR模型的都市近郊乡村旅游社区参与模式研究——以重庆市璧山县为例[J]. 南方农业学报,2012,49(1):120-123.
[⑨] 王兆峰,向秋霜. 基于MOA模型的武林山区社区居民参与旅游扶贫研究[J]. 中央民族大学学报(哲学社会科学版),2017,44(6):94-102.
[⑩] 王华,龙慧,郑艳芬. 断石村社区旅游:契约主导型社区参与及其增权意义[J]. 人文地理,2015,30(5):106-110.
[⑪] 王华,郑艳芬. 遗产地农村社区参与旅游发展的制度嵌入性——丹霞山瑶塘村与断石村比较研究[J]. 地理研究,2016,35(6):1164-1176.

直接对其参与旅游的意愿形成正向影响,物质依恋间接对居民参与旅游的意愿形成正向影响(胡波,2014)①(见图2-9)。我国虽然颁布了相关发展社区旅游的政策,然而缺乏法律保障使居民并没有获得充分的与旅游发展的相关权利,结合自我增权进行具体的旅游社区参与模式的构建迫在眉睫(王亚娟,2012)②。朱元秀(2014)③对"社区居民主导""政府主导、居民参与"以及"政府、居民和开发商参与"三种旅游社区参与模式进行对比,提出政府职能向服务型转变,非政府组织向规范化转变、社区居民向专业化转变的提升途径。明确要求以政府、居民、旅游机构、景区、非政府组织为代表的参与主体在旅游发展中对市场需求的研究并作出引导,是形成永续的旅游社区参与机制的重要途径(梁婧媛,2015)⑤。

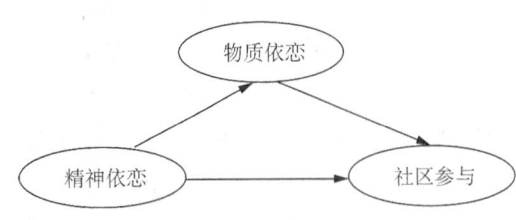

图 2-9 地方依恋对社区参与影响的理论模型
资料来源:胡波(2014)④。

三、国外旅游社区参与研究前沿理论研究综述

(一) 国外旅游社区参与意义研究综述

第一,旅游社区参与本质的影响研究。Murphy(1988)⑥是学术界第一个探讨在旅游规划语境下社区参与的学者。他通过研究发现,在对资源的开发与保护中,居民参与旅游发展对社区意识的提升具有一定作用,社区参与能够通过合作与发展伙伴关系的模式产生社区凝聚力,进而促进社区各个方面的发展。社区居民参与旅游本质就是社区旅游产品的生产者与缔造者形成角色定位的过程,使参与成为社区发展与旅游开发之间的纽带,并且社区居民在参与旅游后获得一定的收益时,同样也有责任与其他居民一道承担由旅游带来的成本损耗,进而突出社区旅游参与的权利、责任、义务(Taylor,1995)⑦。旅游社区参与的本质就是落实社区自下而上的发展政策,社区中不同利益相关者的旅游共同参与能够在促进旅游可持续的基础上带来旅游产品的社会创新动力(Martini,2017)⑧。由于旅游产业的强大联动作用,社区旅游通过不同的机制与当地社区的几乎每一件事情都联系在一起,尤其是社区的旅游参与涉及人力资源分布、物力投入、自然资本使用及当地社区对旅游发展的态度等各种因素,故旅游社区参与的本质较为复杂(Zinda 等,2014)⑨。因此,要了解社区居民并不是

---

① 胡波. 旅游社区原住民地方依恋对社区参与的影响研究[D]. 长沙:湖南大学,2014:30-55.
② 王亚娟. 社区参与旅游的制度性增权研究[J]. 旅游科学,2012,26(3):18-26,94.
③ 朱元秀. 生态旅游发展中的社区参与典型模式比较与分析[J]. 商业时代,2015,34(35):137-139.
④ 胡波. 旅游社区原住民地方依恋对社区参与的影响研究[D]. 长沙:湖南大学,2014:30-55.
⑤ 梁婧媛. 基于社区参与的乡村旅游发展模式研究——以武夷山市五夫镇兴贤村为例[D]. 福州:福建师范大学,2015:33-44.
⑥ Murphy P E. Community driven tourism planning[J]. Tourism Management, 1988, 9(2):96-104.
⑦ Taylor G. The community approach:does it really work[J]. Tourism Management, 1995, 16(7):487-489.
⑧ Martini U, Buffa F, Notaro S. Community participation, natural resource management and the creation of innovative tourism products: evidence from Italian Networks of Reserves in the Alps[J]. Sustainability, 2017, 9(12):1-16.
⑨ Zinda J A, Yang J, Xue X, Cheng H. Varying impacts of tourism participation on natural resource use in communities in southwest China[J]. Human Ecology, 2014, 42(5):739-751.

简单的社区事务接受者这一发展事实,认清居民自身的利益与社区发展间冲突的客观存在这一事实,利用这些冲突的存在形成更为辩证的对旅游社区参与的认识,进而用批判性的眼光审视社区的发展(Holman,2015)[1]。同时,可以利用排他性、政治性以及宗教性来审视旅游业在当地社区发展中的角色,以此来避免社区居民在从事旅游时因经济利益追求和对抗传统文化与宗教而产生矛盾感(Joseph 和 Kavoori,2001)[2]。

第二,旅游社区参与阻碍因素研究。Sekhar(2003)[3]认为,虽然多数社区居民支持社区中的旅游发展,但旅游收入分配成为阻碍居民广泛参与的主要因素。从社区旅游决策角度来看,政策制定与组织参与维度、旅游发展中的问题维度、不在计划内的发展维度、动机维度对旅游社区参与的影响较大,并形成了不同层面的阻碍因素(Reid 等,2004)[4]。Tosun(2006)[5]从社区的内部环境与外部环境角度阐述了影响社区参与的阻碍因素,以经济状况、企业家精神、当地文化为代表的内部因素会造成社区居民对旅游发展的态度差异,同时以旅游市场与规划政策为代表的外部因素会造成对居民权利与社区发展的忽略,从而影响社区参与的效率。此外,居民关于旅游对当地社区的影响感知、对民族旅游产品质量的感知、对未来旅游发展的态度等因素,是影响民族旅游社区参与途径建立的重点(Yang 和 Wall,2009b)[6]。旅游对当地社区的经济效应受到地理位置、居民参与意愿以及旅游发展障碍等方面的影响,社区的文化以及传统会受到非社区居民进入本社区从事旅游相关行业的影响,从而造成社区居民对旅游参与意愿的显著差异(Daldeniz 和 Hampton,2013)[7]。对于多民族的社区而言,对文化、习俗、传统和生活方式的理解是造成社区冲突的根源,也是导致居民关系复杂化的重要因素,而这些也形成了少数民族社区居民参与旅游的障碍(Yang 等,2013)[8]。Jaafar 等(2017)[9]研究发现,居民对旅游社会文化影响的感知成为决定其参与社区旅游的重要因素,并且居民的社会人口背景也具有一定的影响力。

第三,旅游社区参与途径研究。Fallon 和 Kriwoken(2003)[10]提出要形成一种支持和咨询的体系来促进旅游社区参与途径的有效性,此举不仅能够团结更多的社会和民间的力量

---

[1] Holman D V. The relational bent of community participation: the challenge social network analysis and Simmel offer to top-down prescriptions of 'community'[J]. Community Development Journal, 2015, 50(3): 418-432.

[2] Joseph C A, Kavoori A P. Mediated resistance: tourism and the host community[J]. Annals of Tourism Research, 2001, 28(4): 998-1009.

[3] Sekhar N U. Local people's attitudes towards conservation and wildlife tourism around Sariska tiger reserve, India[J]. Journal of Environment Management, 2003, 69(4): 339-347.

[4] Reid D G, Heather M, George W. Community tourism planning: a self-assessment instrument[J]. Annals of Tourism Research, 2004, 31(3): 623-639.

[5] Tosun C. Expected nature of community participation in tourism development[J]. Tourism Management, 2006, 27(3): 493-504.

[6] Yang L, Wall G. Minorities and tourism: community perspectives from Yunnan, China[J]. Journal of Tourism and Cultural Change, 2009, 7(2): 77-98.

[7] Daldeniz B, Hamton M P. Dive tourism and local communities: active participation or subject to impacts? case studies from Malaysia[J]. International Journal of Tourism Research, 2013, 15(5): 507-520.

[8] Yang J, Ryan C, Zhang L. Social conflict in communities impacted by tourism[J]. Tourism Management, 2013, 35(1): 82-93.

[9] Jaafar M, Rasoolimanesh S M, Ismail S. Perceived sociocultural impacts of tourism and community participation: a case study of Langkawi Island[J]. Tourism and Hospitality Research, 2017, 17(2): 123-134.

[10] Fallon L D, Kriwoken L K. Community involvement in tourism infrastructure—the case of the Strahan visitor center, Tasmania[J]. Tourism Management, 2003, 24(3): 289-308.

以促进当地旅游基础设施的建设,而且能够为当地社区居民提供参与本地旅游发展的机会。同时,需要认清政策是旅游社区参与的核心基础,并了解社区旅游参与的三个阶段性途径对社区发展的具体意义:一是引起政府重视来自内外环境的旅游发展压力;二是重构社区旅游参与的监管与操作系统;三是增加社区在旅游发展中的事务管理权限(Tosun,2005)[1]。从社区居民旅游参与权利角度来看,旅游发展专用权利是决定社区旅游参与深度和广度的重要因素,进而在平衡各个利益相关者利益分配和角色定位的基础上,决定当地社区参与的形式(Ying和Zhou,2007)[2]。与此同时,提高社区旅游参与对文化旅游发展促进作用的核心是当地社区的自治权限,社区自身的创造力与文化意识形态的重构,是旅游与节事有效发展的核心力量(Lee,2015)[3]。由于社区参与旅游发展受到居民之间联系的紧密性、资源共享、居民在社区中所扮演的角色与受到的社会压力等因素的影响,引导居民个体行为影响旅游发展是激发居民共同参与及增加旅游发展活力的重要途径(Hwang等,2016)[4]。

(二)国外旅游社区参与机制的研究综述

第一,旅游社区参与客观矛盾研究。Jamal和Getz(1995)[5]认为,社区旅游发展中的难点就是缺乏合作与凝聚力,因此,鼓励各方积极参与,对合作参与中的竞争、阻碍、挑战、威胁的考虑也必不可少,此举有益于社区旅游的可持续发展与建立社区居民参与旅游的自信。受政治体制以及民主发展程度的影响,发展中国家的社区在旅游的发展规划、旅游市场的决策、旅游社区的建设等问题上参与权较小,主要体现在经营、制度以及文化限制上,使旅游社区参与的程度无法适应旅游发展的程度(Tosun,2000)[6]。Waheduzzaman和As-Saber(2015)[7]同样认为,发展中国家的社区旅游参与处于起步阶段,缺乏可行的制度保障是阻碍旅游社区参与的重要因素。因此,发展中国家应该认清旅游社区参与的制度性阻碍因素,应该提升对旅行社人员的培训力度,鼓励国家与社区合作创立旅行社,此举能够有效促进社区共同参与旅游的发展(Saufi等,2014)[8]。在具体的实证研究中,Rasoolimanesh等(2017)[9]利用MOA(动机—机会—能力)模型对旅游社区参与进行分析,发现动机对旅游参与程度较低的社区具有最大的影响,而机会则对旅游参与程度较高的社

---

[1] Tosun C. Stages in the emergence of a participatory tourism development approach in the developing world[J]. Geoforum, 2005, 36(3): 333-352.

[2] Ying T, Zhou Y. Community, governments and external capitals in China's rural cultural tourism: a comparative study of two adjacent villages[J]. Tourism Management, 2007, 28(1): 96-107.

[3] Lee H. Interactive design and community participation: the case of Mullae art village [J]. International Journal of Arts Management, 2015, 18(1): 1-13.

[4] Hwang D, Chi S, Lee B. Collective action that influences tourism: social structural approach to community involvement[J]. Journal of Hospitality and Tourism Research, 2016, 40(4): 497-515.

[5] Jamal T B, Getz D. Collaboration theory and community tourism planning[J]. Annals of Tourism Research, 1995, 22(1): 186-204.

[6] Tosun C. Limits to community participation in the tourism development process in developing countries[J]. Tourism Management, 2000, 21(6): 613-633.

[7] Waheduzzaman W, As-Saber S. Community participation and local governance in Bangladesh [J]. Australian Journal of Political Science, 2015, 50(1): 128-147.

[8] Saufi A, O'Brien D, Wilkins H. Inhibitors to host community participation in sustainable tourism development in developing countries[J]. Journal of Sustainable Tourism, 2014, 22(5): 801-820.

[9] Rasoolimanesh S M, Jaafar M, Ahmad A G, et al. Community participation in world heritage site conservation and tourism development[J]. Tourism Management, 2017, 58(1): 142-153.

区具有最大影响。同时,居民的知识背景以及对旅游的认知也会影响社区旅游参与机制的建立,因此,利用动机与机会因素提升居民参与热情,增加教育投入以提升居民认知能够有效缓解旅游发展对社区关系的影响。

第二,旅游社区参与模式建构研究。Tosun(2006)[1]通过研究总结出三种旅游社区参与模式:一是自愿参与模式,表现为自下而上的、非正式的、直接的主动参与,尤其是参与决策;二是诱发参与模式,表现为自上而下的、现象形式的参与,尤其是对于利益分配的参与;三是强制参与,表现为自上而下的、被动的且具有象征性和形式主义特性的参与模式。然而,现阶段针对旅游社区参与模式的研究往往过于注重经济影响方面,忽视了环境、社会、文化习俗对社区居民参与行为的影响(Su和Wall,2014)[2]。不同社区在管理运作理念、组织制度架构以及文化传统等方面的差异,是限制旅游社区参与效率的主要因素,也是影响建立社区居民有效旅游参与模式的主要因素(Niekerk,2014)[3]。扶贫旅游刺激参与模式过于注重贫困因素与经济效应,使当地社区旅游遇到扩大发展规模的瓶颈,而旅游价值链模式只强调旅游上下游市场,将两者结合能够使社区参与定位在整个旅游价值链开发的过程中(Ndivo和Cantoni,2016)[4]。Mak等(2017)[5]利用市民参与阶梯框架研究了旅游社区参与通过提高社区居民的环保知识、对旅游资源的认知程度进而形成支持生态旅游发展的态度具有正向的影响,并且支持的态度通过居民对于旅游景观的认知,直接或间接地影响其参与旅游发展的意愿,因此,积极的环保观是形成有效的旅游社区参与模式的基础(Zhang和Lei,2012)[6](图2-10)。

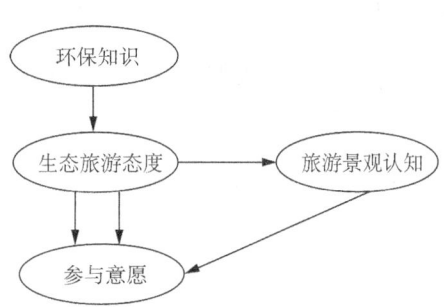

图 2-10　生态旅游发展居民参与意愿结构
资料来源:Zhang和Lei(2012)。

第三,旅游社区参与权利反馈研究。Rodriguez-Martinez(2008)[7]认为,找准角色定位、开展征询制度、建立沟通机制、明确分配机制是提高社区旅游管理协作性与整体性,赋予社区居民主人翁精神,提高其参与积极性的重要措施。现阶段社区参与旅游发展的核心就是中央政府对地方政府和社区的权力下放,尤其是政府在旅游管理过程中的角色向服务型政

---

[1] Tosun C. Expected nature of community participation in tourism development[J]. Tourism Management,2006,27(3):493-504.

[2] Su M M, Wall G. Community participation in tourism at a world heritage site: Mutianyu Great Wall, Beijing, China[J]. International Journal of Tourism Research, 2014, 16(2):146-156.

[3] Niekerk M V. Advocating community participation and integrated tourism development planning in local destinations: the case of South Africa[J]. Journal of Destination Marketing & Management, 2014, 3(2):82-84.

[4] Ndivo R M, Cantoni L. Rethinking local community involvement in tourism development[J]. Annals of Tourism Research, 2016, 57(1):234-278.

[5] Mak B K L, Cheung L T O, Hui D L H. Community participation in the decision-making process for sustainable tourism development in rural areas of Hong Kong, China[J]. Sustainability, 2017, 9(10):1-13.

[6] Zhang H, Lei S L. A structural model of residents' intention to participate in ecotourism: the case of a wetland community[J]. Tourism Management, 2012, 33(4):916-925.

[7] Rodriguez-Martinez R E. Community involvement in marine protected areas: the case of Puerto Morelos reef, Mexico[J]. Journal of Environment Management, 2008, 88(4):1151-1160.

府的转变,能够促进旅游规划一开始就能够全面考虑社区发展,并且为社区参与创造透明的途径,能够通过旅游的发展来维护社区居民参与社区公共事务的权利(Niekerk,2014)①。因此,对于居民旅游社区参与权利、责任、义务的研究成为西方学者的研究重点;Li 和 Hunter (2015)②将研究社区参与的视角定位到组织层面,发现社区旅游发展相关的组织应该建立社区利益集团来促进社区对旅游的参与,同时也需要旅游组织与当地社区形成良性的权力架构来促进旅游发展的社区增权效应,并且利用增权所创造的网络实现有效的旅游社区参与,提升居民对自身参与权利的认识与合理应用程度。居民旅游社区参与增权的体现不应仅是旅游为社区带来的就业和经济收益,更应该是居民自己对社区的责任义务,以及其社会地位和职业发展能力的提高(Butler,2017)③。从国家、地方政府、社区组织的政治权限的角度来看,社区发展权限的大小决定社区参与的被接受程度以及居民参与旅游发展的热情(Rolfe,2016)④。由于游客人数增多没有为社区居民带来更多的收入,因此,建立社区居民与企业的联络制度、公开旅游的全面信息、增加对当地居民的旅游职业培训能够鼓励更多社区参与行为,并体现居民的旅游参与权利(Stone 和 Stone,2011)⑤。

四、国内外旅游社区参与研究前沿理论研究对比

(一)国内外旅游社区参与研究的内容对比

首先,国内外旅游社区参与研究内容的相同点主要体现在以下几个方面:第一,研究广度较为一致,国内外对旅游社区的发展历史、社区的参与意愿以及社区的参与机制等方面的研究较为全面,既有对于协作发展的分析也有针对不同利益相关者共同参与机制的研究,体现了国内外对旅游社区参与影响因素的全面关注。第二,研究视角较为类似,国内外对旅游社区参与的研究大都集中于旅游以及休闲产业的视角,对边远民族或乡村社区的组织与居民参与旅游及休闲产业发展的积极性与参与机制的分析,突出了社区参与旅游发展对于社区建设的重要作用。第三,研究目的较为相近,国内外旅游社区参与研究一方面注重对阻碍社区和居民参与旅游因素的研究;另一方面也通过理论和实证相结合探讨旅游社区参与模式和机制的构建。

其次,国内外旅游社区参与研究内容的不同点主要体现在以下方面:第一,研究深度较为不同,国内对于旅游社区参与的研究主要集中于对制度以及行政政策等宏观层面的分析和探讨,着重于对宏观环境以及外部力量的研究,明确社区参与的核心动力,社区参与和居民权利之间的关系等;国外则更为注重对社区居民及其心理因素的分析,体现出对微观层面的重视,体现在市场营销策略对旅游参与的影响、文化保护与旅游推广的关系等方面。第

---

① Niekerk M V. Advocating community participation and integrated tourism development planning in local destinations: the case of South Africa[J]. Journal of Destination Marketing & Management, 2014, 3(2): 82-84.

② Li Y, Hunter C. Community involvement for sustainable heritage tourism: a conceptual model[J]. Journal of Cultural Heritage Management and Sustainable Development, 2015, 5(3): 248-262.

③ Butler G. Fostering community empowerment and capacity building through tourism: perspectives from Dullstroom, South Africa[J]. Journal of Tourism and Cultural Change, 2017, 15(3): 199-212.

④ Rolfe S. Divergence in community participation policy: analyzing localism and community empowerment using a theory of change approach[J]. Local Government Studies, 2016, 42(1): 97-118.

⑤ Stone L S, Stone T M. Community-based tourism enterprises: challenges and prospects for community participation: Khama Rhino Sanctuary Trust, Botswana[J]. Journal of Sustainable Tourism, 2011, 19(1): 97-114.

二,研究成果较为不同,国内对于旅游社区参与的研究主要关注基于供给市场的成果,为政府和当地有关部门提供发展旅游社区参与机制的对策与建议;而国外对于旅游社区参与的研究则结合供给与需求市场的角度,不仅为政府提供可行性的对策分析,更为社区居民提供形成自我参与意识的途径。第三,研究热点较为不同,国内旅游社区参与研究更多注重旅游社区参与途径的建构与提供对策,国外文献则更多地从权利、责任、义务的角度来展开旅游社区参与的研究。

(二)国内外旅游社区参与研究的方法对比

首先,国内外旅游社区参与研究方法的相同点主要体现在以下方面:第一,采用案例实证研究的方法,国内外对社区参与的研究多数运用实证研究的范式,利用对案例的实证分析来具体展现旅游社区参与在模式与机制上的重要影响因素,对参与意愿与参与的程度进行具体的研究和分析。第二,质性与量化研究结合,国内外文献同样注重定性方法与定量方法的结合,不仅对旅游社区参与的模式进行基于理论基础的框架探讨,更利用定量的研究方法来收集居民对旅游社区参与的意愿和感知,为相关的旅游社区参与提供具有数据支持的研究成果,在一定程度上提高了研究成果的应用性与可操作性。

其次,国内外旅游社区参与研究方法的不同点主要体现在以下方面:第一,文献分析内容不同,国内研究文献主要对国内外旅游社区参与的研究发展进行综述,其目的是展现旅游社区参与研究的发展轨迹与研究成果;国外研究在文献分析时除了注重旅游社区发展轨迹以外,更倾向于对旅游社区参与研究的理论前沿与相关学科发展方向进行探讨。第二,量化分析层次不同,国内文献在对社区参与意愿和机制的定量研究中较多地采用描述性统计分析与频率分析,旨在对居民的参与态度进行对比;国外文献的定量研究分析更为多元,不仅有描述性的量化分析,还有回归分析与结构方程模型分析。第三,质性分析深度不同,国内旅游社区参与文献在进行质性研究时往往采取较为简单的理论分析和对比分析,国外旅游社区参与文献则会更多地结合深度访谈、座谈会、编码等方法,使质性研究的结果更容易形成创新和符合实际的观点。

第三章 民族旅游社区参与机制理论基础

第一节 民族旅游社区参与机制的行动者网络理论基础

一、民族旅游社区参与机制的行动者网络理论研究综述

(一) 行动者网络理论的理论根源

第一,行动者网络理论的内涵基础。Bruno Latour(2005)[1]作为社会分工理论拥护者,用行动者网络理论解释了复杂现实世界中社会的真谛,行动者网络理论在强调行动者、异质性网络、转译三个部分相互影响的前提下,将网络置于不同任务组合与重组的动态中。网络是基于行动者关系变化的非永久性结构。诸如科学技术等非人的因素具有重要影响能力,转译者的非中介性影响网络的变化以及相关任务的实现。行动者(Actor)指的是那些能够以自身创造出其他元素并且能够用自己的语言转译这些因素的客观事物(Callon 和 Latour,1981)[2],这样的定义将非人因素提升到了与人类因素平等的状态。转译(Translation)指的是行动者联合起来形成连接点并产生具有排序性影响的过程(Fenwick 和 Edwards,2010)[3]。异质性网络(Heterogeneous Network)则是行动者、利益及价值观经过转译与集结的结果(Law,1992)[4]。行动者网络理论构成要素及其概念定义见表3-1。

表3-1 行动者网络理论构成要素及其概念定义

	构成要素	概念及定义
行动者网络理论 (Actor-Network Theory)	行动者(Actor)	一切客观的人或非人因素
	转译(Translation)	行动者形成的连接点及排序性影响
	异质性网络(Heterogeneous Network)	行动者及其利益的转译结果汇总节点

---

[1] Latour Bruno. Reassembling the social: an introduction to actor-network-theory[M]. Oxford: Oxford University Press, 2005: 25-300.
[2] Callon M, Latour B. Unscrewing the big leviathan: how actors macrostructure reality and how sociologists help them to do so[M]. In: Knorr-cetina K C V. Advances in social theory and methodology: towards an integration of micro- and macro-Sociologies[M]. Boston: Routledge & Kegan Paul, 1981: 277-303.
[3] Fenwick T, Edwards R. Actor-network theory in education[M]. Abingdon: Routledge, 2010: 39-56.
[4] Law J. Notes on the theory of the actor netwok: ordering, strategy and heterogeneity [J]. System Practice, 1992, 5(4): 379-393.

（续表）

构成要素	概念及定义
广义对称性原则（Principle of Generalized Symmetry）	人与非人因素的平等状态，打破以人为中心的对立，具有唯物主义精神
问题呈现化（Problematization）	不同行动者关注共同问题，形成网络
强制通行点（Obligatory Points of Passage）	异质性网络中促使行动者共同行动的节点
利益赋予（Interestement）	对行动者的角色赋予
征召（Enrollment）	接受角色并明确核心利益
动员（Mobilization）	核心成员维护网络稳定，消除异议

（表格左侧合并单元格：行动者网络理论（Actor-Network Theory））

资料来源：Bruno Latour(2005)①，Fenwick 和 Edwards(2010)②。

第二，行动者网络理论的基本准则。有别于爱丁堡学派的科学知识社会与默顿的审视社会，行动者网络理论将以人为中心的社会学研究提升到了人与物平等的角度，即该理论的核心为广义对称性原则（Principle of Generalized Symmetry）(郭明哲，2008)③。广义对称性原则揭示，人与非人因素所形成的关系网络构成了我们所生活的社会的本质，并且使运用行动者网络理论的研究能够在认识论与本体论的立场上显示出客观性(Pauknerova 等，2014)④。对于本体论的关注促使行动者网络理论注重对具体现实的创造与支持，同时该理论所强调的广义对称性原则在很大程度上就是平衡概念的具体体现(Bonner 等，2009)⑤。然而从现实的情况来看，人与非人因素的对称性并不显著，非人因素往往还是在一定程度上受到人的影响，而这样的影响往往不可避免，因此，应该将广义对称性原则转变为弱不对称性原则，即承认人与非人因素的不同，但是强调应该平等对待两者作为行动者的重要影响作用(贺建芹，2011)⑥。Sayes(2014)⑦认为，非人因素行动者在网络中往往需要通过代理参与事务，并且起着连接社会与自然因素的桥梁作用。

（二）行动者网络理论的概念机理

第一，行动者网络理论的运行过程。行动者以转译者的角色出现在网络中，其行为与利益感知决定网络稳定的程度，转译由"问题呈现、利益赋予、征召、动员"四个核心构成，强调不同行动者对问题的关注且形成网络联盟，行动者成为网络联盟的成员后，"强制通行点"使

---

① Latour Bruno. Reassembling the social: an introduction to actor-network-theory[M]. Oxford: Oxford University Press, 2005: 25-300.
② Fenwick T, Edwards R. Actor-Network theory in education[M]. Abingdon: Routledge, 2010: 39-56.
③ 郭明哲. 行动者网络理论(ANT)——布鲁诺·拉图尔科学哲学研究[D]. 上海：复旦大学，2008：76-100.
④ Pauknerova K, Stella M, Gibas P. Non-Humans in social science: ontologies, theories and case studies[M]. Cerveny Kostelec: Pavel Mervart, 2014: 38-40.
⑤ Bonner B, Chiasson M, Gopal A. Restoring balance: how history tilts the scales against privacy: an actor-network theory investigation[J]. Information and Organization, 2009, 19(2): 84-102.
⑥ 贺建芹. 行动者的能动性观念及其适当性反思——拉图尔行动者网络理论研究[D]. 济南：山东大学，2011：77-96.
⑦ Sayes E. Actor-network theory and methodology: just what does it mean to say that nonhumans have agency[J]. Social Studies of Science, 2014, 44(1): 134-149.

其他成员共同关注核心成员的问题,使该成员成为代言人,并且通过权力赋予维持网络的稳定并对抗异质化现象的出现(刘宣和王小依 2013)①。问题呈现(Problematization)发生于核心成员指出问题与提出解决办法时;强制通行点(Obligatory Points of Passage)指的是在网络中能够促使行动者真正履行其义务与活动的节点组合(Law 和 Hassard,1999)②;利益赋予(Interestement)是核心成员说服其他成员将利益与创新的社会关系相联系的过程,在此过程中成员们会接受新的角色并且相互之间的隔阂消除;征召(Enrollment)发生在行动者接受其在新的行动者网络中的角色时,行动者往往会因为共同利益的驱使而将核心成员的问题视作共同问题;动员(Mobilization)则是指行动者网络中行动者间产生不忠诚或发生背叛时核心成员以形式权力维护网络稳定(Tatnall,2010)③。

第二,行动者网络理论的运行保证。转译过程并不会因为所有环节的成功而成功,其受到各种各样因素的制约。很多学者认为行动者网络理论应该更多地被理解为一种方法论,当然理论需要经过大量的验证与实践(孙启贵,2009)④。在行动者网络理论的灵活性框架中,非人类的因素被公平、公正地对待,"拟客体"概念的出现则更为完美地诠释了介于主体与客体之间的灰色地带中所存在的一切事物,尤其是行动者网络理论对其行动者的追踪和其行为的详尽描述使从微观方面理解社会的方式得以成功,行动者网络理论描述社会生活的方法得益于对于民族志的继承和发展(王增鹏,2012)⑤。行动者网络理论可以被视作一种理论研究方法,强制通行点是决定整个转译过程是否成功的重要因素,异质性网络的存在保障研究中考虑多种因素的可能(Luscombe 和 Walby,2017)⑥。Sheehan(2011)⑦认为,不同行动者在转译过程中通过不同节点时所反映出来的对结果的反馈能力,通过网络理论中的各个节点、行动者和异质性网络的相互作用产生反射性。国内学者提出的行动者网络理论的转译过程如图 3-1 所示。

(三)实践过程中的行动者网络理论应用

第一,行动者网络理论在关系治理中的应用。马海涛等(2009)⑧结合行动者网络理论为区域经济地理学研究创造出两种网络,即强调地理邻近的地方内部网络、强调区域和国际的外部网络,同时行动者被分配到内外部网络的不同节点,通过转译实现区域经济发展的求同存异。刘闻达(2013)⑨指出,经济地理学研究的本质就是想弄清人与自然的关系,行动者网络理论的广义对称性原则提供了具有过程思维与关系思维的理解路径。赵强(2011)⑩认为,

---

① 刘宣,王小依. 行动者网络理论在人文地理领域应用研究述评[J]. 地理科学进展,2013,32(7):1139-1147.
② Law J, Hassard J. Actor Network Theory and After[M]. New York:Wiley,1999:15-25.
③ Tatnall A. Actor-Network-Theory and Technology Innovation:Advancements and New Concepts[M]. Hershey:Information Science Reference,2010:148-150.
④ 孙启贵. 技术与社会的创新及其协同演化[D]. 合肥:中国科学技术大学,2009:52-70.
⑤ 王增鹏. 巴黎学派的行动者网络理论解析[J]. 科学与社会,2012,32(4):28-43.
⑥ Luscombe A, Walby K. Theorizing freedom of information:the live archive, obfuscation, and actor-network theory[J]. Government Information quarterly,2017,34(3):379-387.
⑦ Sheehan R.Actor-network theory as a reflexive tool:(inter) personal relations and relationships in the research process[J]. Area,2011,43(3):336-342.
⑧ 马海涛,苗长虹,高军波.行动者网络理论视角下的产业集群学习网络构建[J]. 经济地理,2009,29(8):1327-1331.
⑨ 刘闻达. 行动者网络理论的经济地理学哲学思考[J]. 文教资料,2013,56(3):79-80.
⑩ 赵强. 城市治理动力机制:行动者网络理论视角[J]. 行政论坛,2011,18(1):74-77.

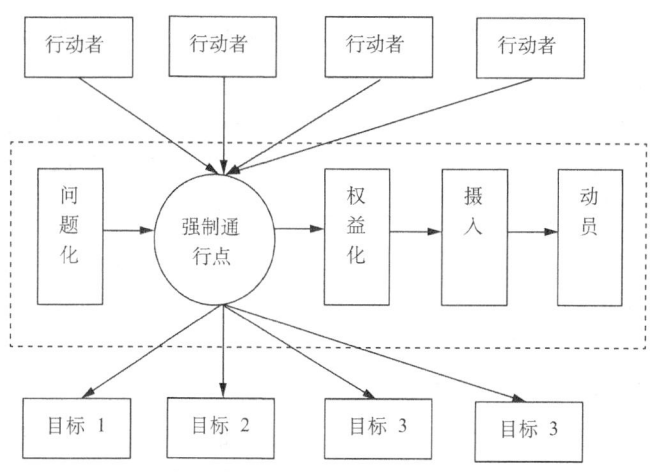

图 3-1　行动者网络理论的转译过程

资料来源：郑明远（2012）①。

城市治理过程中个体和组织形成利益相关者，并且由于其相互的联系构成了无形网络，因此，利用行动者网络理论的异质网络与转译过程能够全面地了解城市治理的实际情况。王艳丽（2012）②利用行动者网络理论的相关维度研究城市中不同社区的治理情况，从主要矛盾、沟通机制、关系建立、利益分配、参与情况、参与模式、代言人能力、求同存异等方面对转译过程进行了具体分析。Allen（2011）③认为，行动者网络理论对景观具有三方面的意义，即转译功能、关联功能、调节功能，并且将景观、人、自然和社会这些原本独立的因素连接成一片具有意义的网络，使人文地理研究能够获得更广阔的视野。Iskandarova（2017）④运用行动者网络理论研究政治决定的影响，其创新点就是运用广义对称性原则将政策本身作为行动者来分析，发现科技进步与政策制定之间的关系。

第二，行动者网络理论的管理创新应用。Steen（2010）⑤认为，行动者网络中对于行动者的界定打破了传统的社会与自然的对立，更削弱了人类在某种程度上的优越感，进而在一定程度上促进人类更好地理解战略管理中的资源及其分配。Holifield（2009）⑥利用行动者网络理论研究在美国环境保护署的监管下企业如何进行风险评估，将风险评估、污染排放、传统的生活方式、相关法律政策、学术领域研究等因素与人类公平地对待，形成注重环境正义的唯物性。Pollack 等（2013）⑦指出，行动者网络理论具有探索更深层次的项目管理知识的

---

① 郑明远. 轨道交通与城市空间整合规划方法论研究——行动者网络理论的应用[D]. 北京：北京交通大学，2012：79-98.
② 王艳丽. 城市社区协同治理动力机制研究[D]. 长春：吉林大学，2012：61-77.
③ Allen C D. On Actor-Network Theory and landscape[J]. Area, 2011, 43(3)：274-280.
④ Iskandarova M. From the idea of scale to the idea of agency：an actor-network theory perspective on policy development for renewable energy[J]. Science and Public Policy, 2017, 44(4)：476-485.
⑤ Steen J. Actor-network theory and the dilemma of the resource concept in strategic management[J]. Scandinavian Journal of Management, 2010, 26(3)：324-331.
⑥ Holifield R. Actor-network theory as a critical approach to environmental justice：a case against synthesis with urban political ecology[J]. Antipode, 2009, 41(4)：637-657.
⑦ Pollack J, Costello K, Sankaran S. Applying actor—network theory as a sensemaking framework for complex organizational change programs[J]. International Journal of Project Management, 2013, 31(8)：1118-1128.

潜力,通过转译过程明确项目管理信息系统开发与运用上的工作内容、发展策略,并形成共同的影响。龚光明(2014)[①]认为,行动者网络理论能够将地理学上的自然与社会要素对称性对待,在对少数民族环境与科技创新的研究中作者将少数民族生产生活方式看作社会与自然要素间的和谐统一体。汪洁和王洪亮(2014)[②]将创新系统分为内部环境与外部环境,提出通过问题化形成创新生态系统核心目标的强制通行点,利用权益化明确功能与定位,结合征召与动员形成代言人并运用其权力来维护网络稳定,最终达到生态系统的创新目标。Murdock 和 Varnes(2018)[③]运用行动者网络理论研究创新过程中的人类与非人类影响因素,发现转译过程中的网络变化是影响创新过程的主要因素。

(四)旅游领域中的行动者网络理论应用

第一,行动者网络理论的旅游研究创新。Cohen 和 Cohen(2012)[④]认为,社会的变迁趋势以及特定的历史事件的影响,使旅游领域中的社会学研究开始向三种理论化的方向发生转变:一是移动性的范式,二是表现性的方法,三是行动者网络理论。Van der Duim(2007)[⑤]认为,行动者网络理论的引入能够帮助研究者开辟审视旅游的新视角,深层次地探寻旅游及其系统的运作模式、表现形式、空间生产等问题,进而更新旅游研究范式,扩大旅游研究领域。Ren(2011)[⑥]将研究的重点集中在行动者网络理论中非人类行动者对旅游发展的影响以及从本体论的角度讨论旅游学领域中的研究创新。李立华等(2014)[⑦]认为,利用行动者网络理论研究旅游经济、旅游目的地、旅游系统,能够形成批判性研究成果,但并没有基于该理论的定量研究文献发表。任瀚(2012)[⑧]将居民与旅游者、文化、风情、地理环境、空间分布、旅游企业、政府、从业人员、交通、住宿、协会、金融机构组成行动者,将旅游企业作为行动者中的有力代表者,将创新发展的问题具体化、旅游供需利益化,通过转译过程实现可持续民族旅游发展。Jorgensen(2017)[⑨]运用行动者网络理论研究旅游目的地旅游景点和资源布局,发现旅游布局应该重视人类行动者和非人类行动者的协同,旅游发展的整个过程中不仅应该重视利益相关者的参与,更应该重视共同行动者对整个过程的影响。

第二,行动者网络理论的旅游系统分析。Arnaboldi 和 Spiller(2011)[⑩]认为,利益相关者

---

① 龚光明. 从哈尼族传统生产生活方式看地理环境与人类社会的关系——以"行动者网络理论"为视角[J]. 大连民族学院学报,2014,16(2):108-112.

② 汪洁,王洪亮. 基于行动者网络理论的创新生态系统模型构建[J]. 商业时代,2014,33(12):36-38.

③ Murdock K A, Varnes C J. Beyond effectuation analyzing the transformation of business ideas into ventures using actor-network theory[J]. International Journal of Entrepreneurial Behavior & Research, 2018, 24(1):256-272.

④ Cohen E, Cohen S A. Current sociological theories and issues in tourism[J]. Annals of Tourism Research, 2012, 39(4):2177-2202.

⑤ Van der Duim R. Tourismscapes:an actor-network perspective[J]. Annals of Tourism Research, 2007, 34(4):961-976.

⑥ Ren C. Non-human agency, radical ontology and tourism realities[J]. Annals of Tourism Research, 2011, 38(3):858-881.

⑦ 李立华,付涤非,刘睿. 旅游研究的空间转向——行动者网络理论视角的旅游研究述评[J]. 旅游学刊,2014,29(3):107-115.

⑧ 任瀚. 基于行动者网络理论的区域旅游创新发展研究[J]. 开放导报,2012,21(6):87-90.

⑨ Jorgensen M T. Reframing tourism distribution-activity theory and actor-network theory[J]. Tourism Management, 2017, 62(1):312-321.

⑩ Arnaboldi M, Spiller N. Actor-network theory and stakeholder collaboration:the case of Cultural Districts[J]. Tourism Management, 2011, 32(3):641-664.

理论缺乏对非人事物的考虑,而行动者网络理论能够从更微观的层面研究文化与旅游联动发展中所有利益相关者的合作问题。朱峰等(2012)[①]认为,行动者网络理论的应对称性原则成为解决旅游研究领域中"二元对立"的有效工具,提倡公平对待旅游景观中的人(旅游者、居民)、空间、时间、关系(人或非人的社会与自然关系)、技术(保护与开发)、景观(产品与规划)等维度的共同作用。周标(2013)[②]将行动者网络理论与少数民族旅游文化结合,认为打破内外界限、人物隔阂、重视社会与自然的关系,实现对世界事物平等研究的行动者网络理论能够成为民族旅游研究中探讨主客关系的重要理论与方法。Rodger等(2009)[③]利用行动者网络理论研究野外旅游发展中动植物间的互动关系,将科研、开发、参与者、自然环境、管理者等不同的行动者连接形成网络,进行行动者权力释放的分析(转译过程见图3-2)。Paget等(2010)[④]肯定行动者网络理论惊人的连接性与涵盖能力,发现行动者网络理论是研究休闲旅游发展的创新方法,它能够将休闲旅游地的利益相关者进行重新排列组合并形成新的网络,为休闲旅游产品的创新提供动力。Dedeke(2017)[⑤]认为,旅游的可持续性离不开任何非人因素的共同努力,行动者网络理论能够利用网络节点来使行动者学习新事物和适应新变化,并以此来扩展网络。郑辽吉(2009)[⑥]运用文献综述与理论分析的方法形成基于行

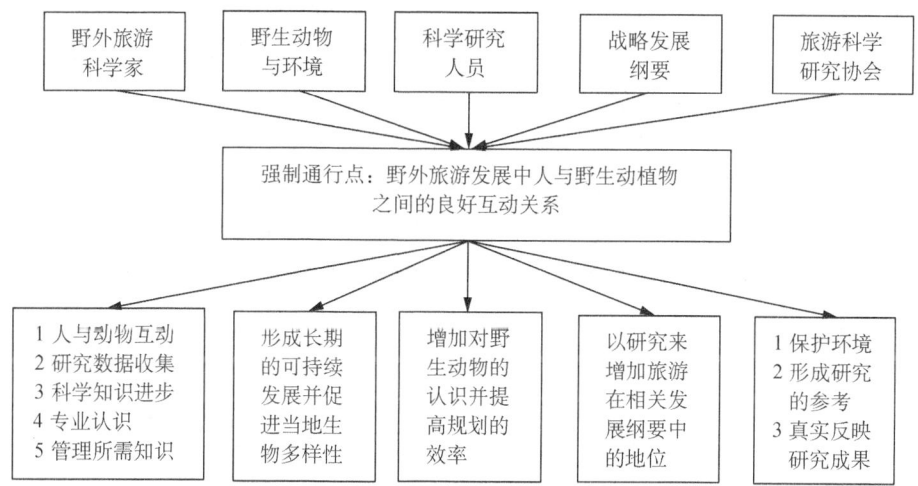

图3-2 野生动物旅游的行动者网络理论转译过程

资料来源:Rodger等(2009)[⑦]。

[①] 朱峰,保继刚,项怡娴.行动者网络理论与旅游研究方式创新[J].旅游学刊,2012,27(11):24-31.
[②] 周标.行动者网络理论与西南少数民族旅游文化翻译[J].贵州民族研究,2013,34(3):67-70.
[③] Rodger K, Moore S A, Newsome D. Wildlife tourism, science and actor network theory[J]. Annals of Tourism Research, 2009, 36(4): 645-666.
[④] Paget E, Dimanche F, Mounet J. A tourism innovation case: an actor-network approach[J]. Annals of Tourism Research, 2010, 37(3): 828-847.
[⑤] Dedeke A. Creating sustainable tourism ventures in protected areas: an actor-network theory analysis[J]. Tourism Management, 2017, 61(1): 161-172.
[⑥] 郑辽吉.丹东边境旅游产品创新与联合开发——基于行动者网络理论观点[J].世界地理研究,2009,18(2):128-134.
[⑦] Rodger K, Moore S A, Newsome D. Wildlife tourism, science and actor network theory[J]. Annals of Tourism Research, 2009, 36(4): 645-666.

动者网络理论的入境旅游理论研究框架,利用广义对称性原则综合分析旅游发展在社会、经济、环境等方面的问题,利用转译过程凸显旅游地利益相关者的交往模式。

二、本研究中行动者网络理论的意义

第一,本研究的广义对称性原则与异质性网络。本研究主要研究我国西南少数民族地区社区参与旅游发展的机制,行动者网络理论的广义对称性原则能帮助我们更全面地审视影响少数民族居民参与旅游发展意愿的因素。首先,本研究的行动者包括:一是由居民、游客、旅游从业者、管理者等组成的人类因素;二是由居民对旅游发展的感知、对旅游发展的态度所组成的心理因素;三是由自然环境、整洁程度、环境治理等组成的自然因素;四是由社会发展、社会结构、社会等级组成的社会因素;五是由民族、宗教、历史、传统文化组成的文化因素;六是由旅游带来的就业、经济收益、收入分配等组成的经济因素;七是由政策制定、法律保障、教育培训等组成的政治因素。其次,本研究通过社会资本理论与增权理论所形成的研究框架将上述行动者有机结合,形成具有动态性与连接节点的异质性网络,从而将影响民族旅游社区参与的影响因素包含其中。

第二,本研究的强制通行点与转译过程。由于行动者网络理论中的强制通行点是行动者确认共同利益后组成的节点,本研究将利用上述行动者组成的节点,通过该节点达到研究目的,形成研究结果。首先,本研究探索少数民族地区社区参与旅游的目的明确,即通过对社区参与旅游机制的研究,形成具有操作性的社区参与模式,以此实现旅游与社区健康和谐发展的愿景,因此,本研究的强制通行点为:具有良性互动关系的民族社区与旅游的和谐发展。其次,通过行动者网络转译过程的问题化获得民族社区共同关心的旅游发展问题;通过利益赋予重新定位行动者的角色排序;通过征召与动员形成网络中的权力代表者,即由居民、旅游企业、政府共同组成的行动者代表。行动者网络理论研究概念框架详见图3-3。

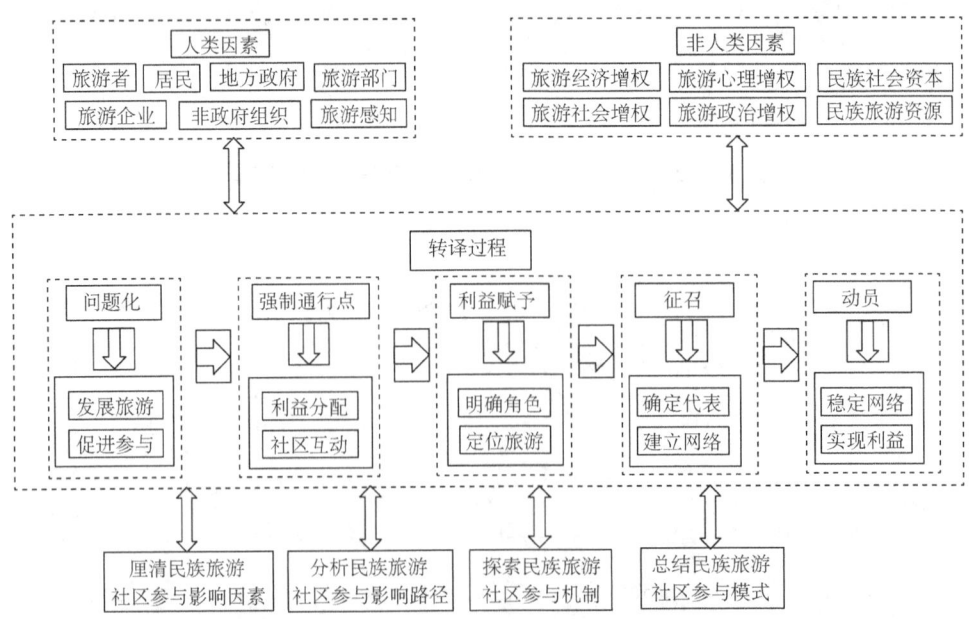

图 3-3　本研究行动者网络理论研究概念框架

第二节 民族旅游社区参与机制的社会资本理论基础

一、民族旅游社区参与机制的社会资本理论研究综述

(一) 社会资本理论的理论根源

第一,社会资本理论的发展历史。Lewis 等[1]认为 Tocqueville(1840)是最早观察到社会资本的学者,他在研究美国民主的过程中发现居民会尽可能聚集所有资源来进行国家层面的民主参与,虽然在当时他并未为这样的"社会参与"下一个准确的定义。Hanifan(1916)[2]是最早使用"社会资本"一词来研究乡村社区学校的社会凝聚力以及个人投资的,他认为在以公共娱乐为主的社区聚会中,人们能够通过与他人的社会交往获得相应的社会资本积累,并且最终通过巧妙的领导力来直接实现社区福利的全面发展。Jacobs(1961)[3]将社会资本与社会网络的概念联系起来分析大城市中社区与居民的生存现状。Loury(1977)[4]批评了当时较为盛行的新古典主义经济学理论在研究个体收入时往往过于注重人力资本与物质资本的重要性,忽视由社会结构属性所形成的社会资本的影响力。Salisbury(1969)[5]通过研究组织者与成员之间的利益问题,认为社会资本是能够影响利益集团形成和发展的重要无形资本。Littleton(1979)[6]和 Smart(1993)[7]运用社会资本一词研究社会结构、资源与社会人类学等问题,但是缺乏系统的阐述和分析,并且仅运用了社会资本的说法,并没有真正揭示社会资本的本质。

第二,社会资本理论的定义与内涵。根据多年对社会人类学以及资本的研究,Bourdieu(1986)[8]对社会资本进行了定义:社会资本是社会中实际资源与潜在资源的集合,并且某一社会群体中的成员资格是获得社会资本的重要基础。Coleman(1988)[9]将经济理性引入对社会资本概念的分析后认为,社会资本存在于各种不同的实体中,这些不同的实体包括社会结构的某些方面,并且能够在社会中促进行动者的特定行动,社会资本能够同时产生经济性与非经济性

---

[1] Lewis V A, MacGregor C A, Putnam R D. Religion, networks, and neighborliness: the impact of religious social networks on civic engagement[J]. Social Science Research, 2013, 42(2): 331-346.

[2] Hanifan L J. The rural school community center[J]. Annals of the American Academy of Political and Social Science, 1916, 67(1): 130-138.

[3] Jacobs J. The death and life of great American cities[M]. New York: Random House, 1961: 137-140.

[4] Loury G C. A dynamic theory of racial income differences//In: Wallace P A and LaMond A M. Women, minorities, and employment discrimination[M]. Lexington: Lexington Books, 1977: 153-186.

[5] Salisbury R H. An exchange theory of interest groups[J]. Midwest Journal of Political Science, 1969, 13(1): 1-32.

[6] Littleton S. Review on outline of a Theory of Practice[J]. American Anthropologist, New Series, 1979, 81(1): 181-182.

[7] Smart A, Gifts B. Guanxi: a reconsideration of Bourdieu's Social Capital[J]. Cultural Anthropology, 1993, 8(3): 388-408.

[8] Bourdieu P. The forms of capital. in handbook of theory and research for the sociology of education[M]. New York: Greenwood Press, 1986: 241-259.

[9] Coleman J S. Social capital in the creation of human capital[J]. American Journal of Sociology, 1988, 94(S): 95-120.

的成果。Wellman 和 Wortley(1990)[1]认为,社会资本往往会受到社区中朋友与亲属所提供的社会支持强度的影响,能够促进社区成员追寻机会并降低不确定性。Adler 和 Kwon(2002)[2]认为,社会资本的本质就是将拥有不同利益与目标的个体或组织联系起来形成新型的社会结构。娄缤元和夏建中(2013)[3]认为,在社会资本理论的发展过程中,"集体主义"特征的出现与增强是社会资本理论研究的一个重要转变,更是使相关学者将社会作为社会资本研究核心的根本原因。Rodríguez-Pos 和 Berlepsch(2014)[4]认为,社会资本通常被宏观地描述为个人或者群体之间的交往关系。Nenadovic 和 Epstein(2016)[5]将社会资本定义为连接社会行动者与其他个体或组织的社会交往网络,并且该社会交往以规范性与相互信任为特征,同时将交往关系很亲近的社会资本定义为粘附式社会资本,将不是亲近关系但居住在同一个地方的交往关系(社会资本)定义为桥接式社会资本,将处于不同地方的交往关系定义为连接式社会资本。

(二) 社会资本理论的概念机理

第一,社会资本的要素构成。Putnam(1993)[6]认为,社会资本的特质就是社会组织中的信任(Trust)、规范(Norm)以及网络(Network)。其中,信任是成员从相互承认的规范与道德行为出发形成的共同价值观的体现(Fukuyama,1995)[7];规范是道德、社会契约精神以及政治的具体表现,并且主要体现为成员间的互惠互利的规范(Coleman,1988)[8];网络是社会组织中的成员通过互惠互利、相互作用而形成的一种社会网络(Putnam,2000)[9]。Lin(2002)[10]认为,社会资本是通过对镶嵌在社会关系中的资源代表即网络成员的信任进行积累与投资,进而利用规范实现相互之间的利益,所以更为强调"资源、社会结构和个体行动"(娄缤元和夏建中,2013)[11]。赵雪雁(2012)[12]认为网络、规范、信任从社会角色联系、道德规范约束、信任程度影响等三个方面影响社会资本的积累和发展,并且三者之间具有逻辑相关性。Roggeveen 和 Meeteren(2013)[13]认为,社会资本所强调的信任、规范、人际网络在特定语境中

---

[1] Wellman B, Wortley S.Different strokes from different Folks: community ties and social support[J]. American Journal of Sociology, 1990, 96(3): 558-588.
[2] Adler P S,Kwon S. Social capital: prospects for a new concept[J]. Academy of Management Review, 2002, 27(1): 17-40.
[3] 娄缤元,夏建中. 从个人到社会:社会资本理论研究取向的转变[J]. 新视野, 2013, 30(5):103-106.
[4] Rodríguez-Pose A, Berlepsch V. Social capital and individual happiness in Europe[J]. Journal of Happiness Studies, 2014, 15(2): 357-386.
[5] Nenadovic M, Epstein G. The relationship of social capital and fishers' participation in multi-level governance arrangements[J]. Environmental Science & Policy, 2016, 61(1): 77-89.
[6] Putnam R D. Making democracy work: civic traditions in modern Italy[M]. Princeton: Princeton University Press, 1993:167.
[7] Fukuyama F. Social capital and the global economy[J]. Foreign Affairs, 1995, 74(5): 89-103.
[8] Colman J S. Social capital in the creation of human capital[J]. American Journal of Sociology, 1988, 94 (Supp. 1): 95-120.
[9] Putnam R D. Bowling alone: revival of american community[M]. New York: Simon & Schuster Paperbacks, 2000:20-21.
[10] Lin N. Social capital: a theory of social structure and action[M]. New York: Cambridge University Press, 2002: 19-25.
[11] 娄缤元,夏建中. 从个人到社会:社会资本理论研究取向的转变[J]. 新视野, 2013, 30(5):103-106.
[12] 赵雪雁. 社会资本测量研究综述[J]. 中国人口·资源与环境, 2012, 22(7):127-133.
[13] Roggeveen S, Meeteren M V.Beyond community: an analysis of social capital and the social networks of Brazilian migrants in Amsterdam[J]. Current Sociology, 2013, 61(7): 1078-1096.

的表现比较独特,尤其受到不同文化背景、价值观、宗教等因素的影响。Qi(2013)[①]认为,关系在东方文化中是重要的社会资本的实际体现,其影响的范围甚至超出了社会资本的范畴。王辉(2013)[②]认为,我国特有的历史文化与社会发展状况与西方不同,不能简单地套用西方的研究方法,此举会降低研究的信度与效度,要结合具有中国特色的哲学观。社会资本的组成、分类及相关概念如表3-2所示。

表3-2 社会资本理论的组成、分类及相关概念

	项目		概念
社会资本(Social Capital)	定义(Definition)		社会资本是社会中实际资源与潜在资源的集合,是成员对稳定网络的拥有程度,通过社会群体资格的获取能够累计社会资本
	组成	信任(Trust)	成员从相互承认的规范与道德行为出发,形成的共同价值观的体现
		规范(Norm)	包括道德、社会契约精神以及政治的具体表现,互惠互利的规范
		网络(Network)	通过相互作用的互惠规范,提升相互信任的社会网络
	分类	粘附式(Bonding)	同类属性组织中群体之间的强烈联系
		桥接式(Bridging)	较远关系属性的群体间的联系
		链接式(Linking)	群体与个人之间的联系,网络成员来自不同的社会资本网络
社会资本(Social Capital)	维度	结构(Structural)	网络结构与联系的存在和影响程度
		关系(Relational)	社会关系的质量与强度的关系
		认知(Cognitive)	不同组织中的代表性、解释性与系统性意义

资料来源:Putnam(1993)[③];Lin(2002)[④];Talbot 和 Verrinder(2010)[⑤]。

第二,社会资本的分类形式。郑艾林(2011)[⑥]指出,社会资本可以划分为具有紧密关系网络的粘附式社会资本(Bonding Social Capital)以及具有疏松性关系网络的桥接式社会资本(Bridging Social Capital)。Talbot 和 Verrinder(2010)[⑤]则提出了链接式社会资本(Linking Social Capital)。链接式社会资本指的是不同阶层的群体与个人之间的联系,即网络成员来自不同的社会资本网络,如个人与社会、政府与第三方组织等。Numerato 和

---

① Qi X. Guanxi, social capital theory and beyond: toward a globalized social science[J]. The British Journal of Sociology, 2013, 64(2): 308-324.
② 王辉. 社区老年人社会资本测量指标的研究[D]. 合肥:安徽医科大学, 2013: 18-45.
③ Putnam R D. Making democracy work: civic traditions in modern Italy[M]. Princeton: Princeton University Press, 1993: 167.
④ Lin N. Social capital: a theory of social structure and action[M]. New York: Cambridge University Press, 2002: 19-25.
⑤ Talbot L, Verrinder G. Promoting health: the primary health care approach[M]. Chatswood: Elsevier, 2010: 60-62.
⑥ 郑艾林. 社会资本形成及其变迁的因素分析[D]. 武汉:华中科技大学, 2011: 18-47.

Baglioni(2011)[①]强调滥用社会资本及其阴暗面,一方面在粘附式社会资本维度上能够产生社会排斥、反社会行为;另一方面在桥接式社会资本维度上往往产生霸权主义。李华香(2013)[②]指出,社会资本还能在一定程度上运用网络、规范、交往、信任与消费者进行桥接式与粘附式的互动。Wise 和 Driskell(2017)[③]在关于互嵌式社区包容性的研究中运用社会资本作为研究基础,发现社会资本积累越多的居民越具有包容属性,越能够形成对不同文化、宗教、习俗的尊重。

(三) 社会资本理论的维度测量

第一,社会资本理论的研究维度。陈淑新(2013)[④]在将社区定义为居民组成的"社会生活共同体"的基础上,总结出社会资本理论的三个维度,即社会信任、社会规范与公民参与。田雯(2011)[⑤]认为,社交网络服务的社会资本存在结构维度、联系维度与认知维度,这些维度对个人关系与社会关系存在影响。根据 Nahapiet 和 Ghoshal(1998)[⑥]对社会资本的定义,社会资本被分为三个维度:一是关注整体社会关系网络的结构维度,着重关注网络结构与联系的存在和影响程度;二是注重社会关系的质量与强度的关系维度,涉及关系的持续性、情感亲密性与互惠的频率;三是强调不同组织中具有代表性、解释性与系统性意义的认知维度,包括价值观、态度、信仰、视野等因素。唐为和陆云航(2011)[⑦]将社会资本分为由礼品支出、人际关系所组成的社会关系网络,由亲友信任、社会性信任所组成的信任,由村民关系的和谐、村级组织与居民间的和谐所组成的和谐维度,并且选择物质资本和人力资本的地理因素(郊区或城区)作为控制变量,具体如图3-4所示。Arezzo 和 Giudici(2017)[⑧]将社会资本分为认知和结构维度进行个体疾病控制研究,强调网络中结构型社会资本对人们的健康意识和认知具有正面促进作用。

第二,社会资本理论的测量要素。周娟(2010)[⑨]通过概念层次的测量法来测量个体与网络结构,用构成要素测量法测量规范与行为,用综合性测量法测量信任与集体行动。曹永辉(2013)[⑩]认为,诚信与准则、邻居的关系、亲朋的联系、工作的联系、安全感、幸福感也成为各国学者更加重视的社会资本测量维度。Onyx 和 Bullen(2000)[⑪]对社区参与、社区活动、

[①] Numerato D, Baglioni S. The dark side of social capital: an ethnography of sport governance[J]. International Review for the Sociology of Sport, 2011, 47(5): 594-611.
[②] 李华香. 社会资本理论与文化产业发展的关联性研究[J]. 山东师范大学学报(人文社会科学版), 2013, 58(4): 149-154.
[③] Wise J, Driskell R. Tolerance within community: does social capital affect tolerance[J]. Social Indicators Research, 2017, 134(2): 607-629.
[④] 陈淑新. 社会资本理论视角下城市社区建设问题研究——以赤峰市敖汉旗为例[D]. 沈阳:辽宁大学, 2013: 5-20.
[⑤] 田雯. 通过激活社会资本在虚拟社区中实现知识共享:来自中国在线社交网络的发现[D]. 合肥:中国科学技术大学, 2011: 45-58.
[⑥] Nahapiet J, Ghoshal S. Social capital, intellectual capital, and the organization advantage[J]. Academy of Management Review, 1998, 23(2): 242-266.
[⑦] 唐为, 陆云航. 社会资本影响农民收入水平吗——基于关系网络、信任与和谐视角的实证分析[J]. 经济学家, 2011, 23(9): 77-85.
[⑧] Arezzo M F, Giudici C. The effect of social capital on health among European older adults: aninstrumental variable approach[J]. Social Indicators Research, 2017, 134(1): 153-166.
[⑨] 周娟. 社会资本概念与测量的理论研究综述[J]. 改革与开放, 2010, 25(20): 80-81.
[⑩] 曹永辉. 社会资本理论及其发展脉络[J]. 中国流通经济, 2013, 27(6): 62-67.
[⑪] Onyx J, Bullen P. Measuring social capital in five communities[J]. Journal of Applied Behavioral Science, 2000, 36(1): 23-42.

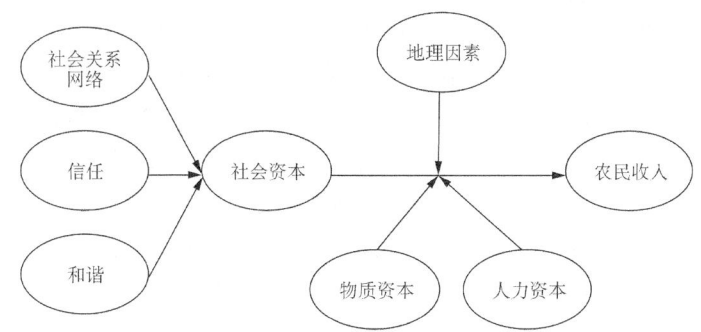

图 3-4 社会资本对农民收入的影响研究模型

资料来源：唐为和陆云航(2011)①。

信任与安全、邻里联系、亲朋联系、差异忍受度、生活价值、工作联系等社会资本的 8 个方面进行了测量。陈静(2007)②对知识服务产业的社会资本研究主要测量了"共享价值观""文化传统""行业规范""关系""品牌"等几个指标。李坚飞和黄福华(2013)③利用对"政策水平、经济环境、融资方式、竞争态势、社会信用"的认知程度来测量中小企业的社会认知，利用与"供应商、与竞争对手、与合作伙伴、与政府、与顾客"的关系来测量中小企业的关系网络，利用"企业资产投入规模、管理水平、资金管理能力、业务营销能力、设施建设水平"等来测量中小企业的技术结构，利用"技术实施、运作、管理、信息"的共同化程度来测量中小企业的物流共同化程度与稳定性(图 3-5)。Engbers 等(2017)④通过对社会资本概念和维度的梳理，对运用社会资本理论的研究进行总结分析发现，社会资本测量应该注重五个方面，即信任、正式成员身份与参与、利他主义和行政参与、非正式互动以及共同规范等。

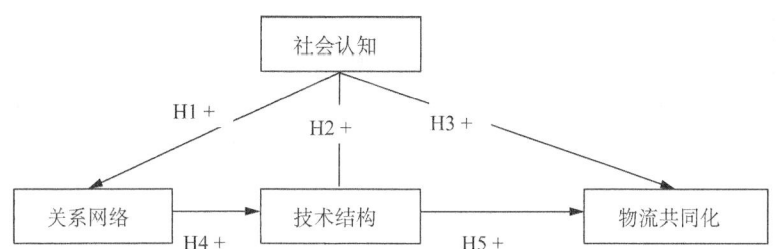

图 3-5 共同物流服务稳定性的社会资本研究模型

注：H1+：社会认知与关系网络正向相关；H2+：社会认知与技术结构正向相关；H3+：社会认知与物流共同化正向相关；H4+：关系网络与技术结构正向相关；H5+：技术结构与物流共同化正向相关。

资料来源：李坚飞和黄福华(2013)。

---

① 唐为，陆云航. 社会资本影响农民收入水平吗——基于关系网络、信任与和谐视角的实证分析[J]. 经济学家，2011，23(9)：77-85.
② 陈静. 知识服务产业社会资本理论与实证研究[D]. 上海：复旦大学，2007：113-142.
③ 李坚飞，黄福华. 中小企业共同物流服务稳定性的影响机理——基于社会资本理论的结构解析与实证检验[J]. 系统工程，2013，31(7)：52-58.
④ Engbers T A, Thompson M F, Slaper T F. Theory and measurement in social capital research[J]. Social Indicators Research，2017，132(2)：537-558.

Kwon等(2013)[①]对社会资本的测量主要基于社会信任与社区的第三方组织:利用居民之间的信任、公平性、互助性等指标来测量社会信任,运用第三方组织中的成员数、成员的参与意识等来测量社会网络。乐后明和武博(2011)[②]研究社会资本维度时则通过"同事信任""管理者信任""互动强度""交往密度""既往关系认同度""情感承诺水平"等六个方面,因子分析与结构方程模型分析显示,其所开发的量表具有较高的信度与效度(见图3-6)。Portela等(2013)[③]通过对制度的信任、社会的信任、公民社会参与、政治网络、社会网络进行测度,研究发现通过社会网络、对社会的信任以及对制度的信任能够测度一个人的主观幸福感。Li和Choi(2014)[④]将教师对学校社会资本的认知、教师感知到的职业发展影响、教师对科技教学方式的接受度、教师感知到的教学手段革新、教师感知到的学生学习情况以及学校因素作为社会资本的研究变量。

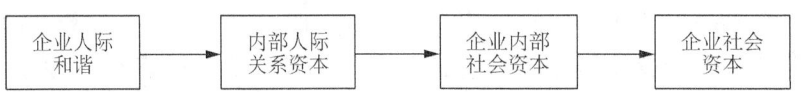

图3-6 企业人际和谐对企业社会资本的影响结构

资料来源:乐后明和武博(2011)[⑤]。

(四)实践过程中的社会资本理论应用

第一,社会资本理论的管理创新研究。李朝婷(2012)[⑥]在公共管理研究中引入了社会资本理论,发现通过鼓励社区居民与组织的自由交往,将形成具有社区特色的认同感与行为规范,并将有效地加强居民与居民之间的信任与人际交往的发展,从而将社区治理推向新格局。张文明等(2010)[⑦]通过多元线性回归方程发现社会资本、劳动力、管理者的能力对于农民的支付意愿具有显著影响。王霄和胡军(2005)[⑧]认为,结构式与认知式的社会资本对企业创新的作用明显,并且认知性社会资本直接地作用于企业的创新行为,同时也通过结构式社会资本间接地影响相关创新活动。Afandi等(2017)[⑨]研究社会资本与个体创业参与之间的关系,发现组织中的正式成员身份能够使个人更了解创业相关信息,但牢固的社会网络会在

---

① Kwon S, Heflin C, Ruef M. Community social capital and entrepreneurship[J]. American Sociology Review, 2013, 78(6): 980-1008.
② 乐后明,武博. 企业人际和谐量表构建与信效度检验——基于社会资本理论的视角[C]. 第六届(2011)中国管理学年会——组织行为与人力资源管理分会场论文集, 2011: 233-341.
③ Portela M, Neira I, Salinas-Jimenez M D M. Social capital and subjective wellbeing in Europe: a new approach on social capital[J]. Social Indicators Research, 2013, 114(2): 493-511.
④ Li S C, Choi T H. Does social capital matter? a quantitative approach to examining technology infusion in schools [J]. Journal of Computer Assisted Learning, 2014, 30(1): 1-16.
⑤ 乐后明,武博. 企业人际和谐量表构建与信效度检验——基于社会资本理论的视角[C]. 第六届(2011)中国管理学年会——组织行为与人力资源管理分会场论文集, 2011: 233-341.
⑥ 李朝婷. 帕特南社会资本理论视角下的社区治理问题研究——以D社区为例[D]. 沈阳:辽宁大学, 2012: 12-33.
⑦ 张文明,陈丹,朱根,等. 基于社会资本理论的农民灌溉水价支付意愿影响因素分析模型[J]. 水利经济, 2010, 28(2): 36-40.
⑧ 王霄,胡军. 社会资本结构与中小企业创新——一项基于结构方程模型的实证研究[J]. 管理世界, 2005, 21(7): 116-122, 171.
⑨ Afandi E, Kermani M, Mammadov F. Social capital and entrepreneurial process [J]. International Entrepreneurship and Management Journal, 2017, 13(3): 685-716.

一定程度上阻碍早期的创业行为。Horn 等(2014)[①]主要研究企业一体化在企业和不同国际组织成功进行全球采购合作之间的联系,为了能够更为详尽地了解两者之间的关系,作者以社会资本理论为基础来研究购买方企业内部与外部的一体化及其与供应者之间的关系。Zheng 等(2014)[②]认为,社会资本被嵌于社会的各个层面,而企业的社会资本及其包含的一切资源都嵌入由企业所组成的社会网络中,社会资本的三个维度对于中美两国的企业集资具有同样重要的影响,而在中国,社会资本及其三个维度对集资的影响程度比美国更大(图 3-7)。

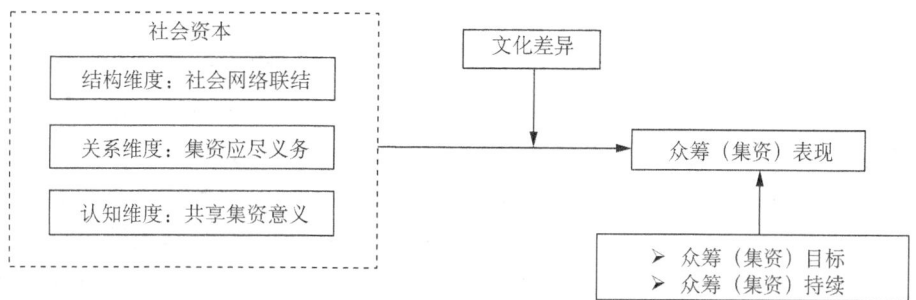

图 3-7　社会资本对企业集资表象的影响结构

资料来源:Zheng 等(2014)[②]。

第二,社会资本理论的社会影响研究。Ghazinoory 和 Hajishirzi(2012)[③]研究发现,虽然认知科学中的人工智能技术与信息技术有着重要的联系,但是认知科学与信息技术本身的联系却显得很薄弱。周涛和鲁耀斌(2008)[④]利用社会资本理论研究数字化社区的发展,发现"信任""互惠规则""认同"对于用户参与具有重要的意义,而认知维度与结构维度对于社区用户获取信息具有重要的作用。Brooks 等(2014)[⑤]研究社会结构与 Facebook 中社会资本之间的联系及运作模式后发现,粘附式的社会资本对于本地区内的 Facebook 用户群组的作用并不明显,而全球范围内的社交网络联结却更多地受到粘附式社会资本的影响。Wu 等(2014)[⑥]对流动人口子女教育的研究发现,家庭的社会支持影响农民工孩子的学习努力程度与辍学,社区社会资本却在一定程度上影响孩子的辍学。胡建华(2014)[⑦]运用社会资本理论

---

① Horn P, Scheffler P, Schiele H. Internal integration as a pre-condition for external integration in global sourcing: a social capital perspective[J]. International Journal of Production Economics, 2014, 158(7): 54-65.
② Zheng H, Li D, Wu J, et al. The role of multidimensional social capital in crowdfunding: a comparative study in China and US[J]. Information & Management, 2014, 51(4): 488-496.
③ Ghazinoory S, Hajishirzi R. Using Actor-Network Theory to identify the role of IT in cognitive science in Iran[J]. Social and Behavioral Sciences, 2012, 32(1): 153-162.
④ 周涛,鲁耀斌. 基于社会资本理论的移动社区用户参与行为研究[J]. 管理科学, 2008, 21(3): 43-50.
⑤ Books B, Hogan B, Elison N, et al. Assessing structural correlates to social capital in Facebook ego networks[J]. Social Networks, 2014, 38(1): 1-15.
⑥ Wu Q, Tsang B, Ming H. Social capital, family support, resilience and educational outcomes of Chinese migrant children[J]. British Journal of Social Work, 2014, 44(3): 636-656.
⑦ 胡建华. 论社会资本理论视域下民族地区新农村社区建设的完善——以渝东南民族地区为例[J]. 重庆工商大学学报(社会科学版), 2014, 31(2): 53-60.

研究我国少数民族地区的新农村建设问题,发现重视自治能力、鼓励社区中组织建立、推行教育、建立参与制度等措施能够将传统与现代的社会资本联系起来。Laurence(2017)[1]发现社区多元化特质与社区信任之间呈负相关关系,多元化越强,社会资本的网络的隔离越明显,进而越可能破坏社区的社会凝聚力。

(五)旅游领域中的社会资本理论应用

第一,社会资本理论的旅游管理研究。Gibson等(2014)[2]通过研究发现,并不是所有的重大节庆事件都会对当地的社会资本累计产生巨大的影响,因此,影响社会资本的重点还是社区长久以来形成的文化与传统。郭凌等(2015)[3]从社会资本的角度对民族旅游社区治理进行研究,发现社会资本在规范、信任方面的累计作用,能够让民族社区形成具有共同利益的社会网络,并通过此网络中的行动者来实现民族旅游社区层面的良好发展局面。Attanasi等(2013)[4]从社会资本的角度研究节庆事件旅游中陌生人之间的信任关系,发现人们的受教育程度与即时信任存在显著的负相关,这与以往的研究不同,因为临时性节庆事件往往包含着一些局部的、未知的心理和生理危险因素。Ooi等(2015)[5]利用社会资本理论研究亚洲旅游企业中董事会的角色,发现董事会社会资本的多元化与企业在经济衰退环境中的表现呈现正向联系,然而旅游企业董事会社会资本过度的多元化同样会形成企业业绩方面的阻碍。Nunkoo(2017)[6]认为,政府的治理能力和旅游的可持续性之间关系紧密,从社会资本的层面来看,社会交往中的信任往往被特权损害,并造成旅游管理上的障碍。Hoarau和Kline(2014)发现[7],在科学家与当地旅游企业共享知识的过程中,信任、交际网络、共同利益、相关组织是社会资本的范畴,因此,社会资本理论对于解释创新中的知识共享具有重要作用,社会资本理论不仅可以运用到社区层面,同样也能运用到企业的旅游管理与战略创新的层面。

第二,社会资本理论下的旅游参与研究。Van Ingen 和 Van Eijck(2009)[8]从社会资本的角度来研究休闲产业公司的类型及其经营活动,居民参与产业的本质与社会资本存在紧

---

[1] Laurence J. Wider-community segregation and the effect of neighborhood ethnic diversity on social capital: an investigation into intra-neighborhood trust in Great Britain and London[J]. Sociology-The Journal of The British Sociological Association, 2017, 51(5): 1011-1033.

[2] Gibson H J, Walker M, Thapa B, et al. Psychic income and social capital among host nation residents: a pre—post analysis of the 2010 FIFA World Cup in South Africa[J]. Tourism Management, 2014, 44(5): 113-122.

[3] 郭凌,王志章,朱天助.社会资本与民族旅游社区治理——基于对泸沽湖旅游社区的实证研究[J].四川师范大学学报(社会科学版), 2015, 42(1): 62-69.

[4] Attanasi C, Casoria F, Centorrino S, et al. Cultural investment, local development and instantaneous social capital: a case study of a gathering festival in the South of Italy[J]. The Journal of Socio-Economics, 2013, 47(6): 228-247.

[5] Ooi C, Hooy C, Som A P M. Diversity in human and social capital: empirical evidence from Asian tourism firms in corporate board composition[J]. Tourism Management, 2015, 48(1): 139-153.

[6] Nunkoo R. Governance and sustainable tourism: what is the role of trust, power and social capital[J]. Journal of Destination Marketing & Management, 2017, 6(4): 277-285.

[7] Hoarau H, Kline C. Science and industry: sharing knowledge for innovation[J]. Annals of Tourism Research, 2014, 46(3): 44-61.

[8] Van Ingen E, Van Ejick K. Leisure and social capital: an analysis of types of company and activities[J]. Leisure Sciences, 2009, 31(2): 192-206.

密的联系,尤其表现在制度、关系以及对事物的认知层面。时少华(2015)[①]认为,当前我国旅游研究没有注重社会资本对社区参与的影响分析,因此,对北京什刹海社区旅游社区参与与社会资本之间的关系进行结构方程建模研究,发现居民对于社会资本、参与意识的感知能够正面影响居民的参与行为。Park等(2012)[②]发现,居住时间越长的居民越有可能对社会资本具有较低认知和感受,旅游参与在一定程度上会提高居民对社会资本的感知,使他们更可能成为对社会资本具有较强感知的群体成员。Zhao等(2011)[③]运用社会资本理论研究中国广西旅游企业发展的状况,强调当前对创业精神的研究主要集中在两个层面:一是个人,二是环境;同时,社会资本对当地旅游发展的社区参与效果与程度具有重要的影响。Moscardo等(2017)[④]运用社会资本研究旅游目的地社区福利后发现,社区居民在旅游规划中的参与、社区旅游发展中强有力的领导能力、寻求各组织关系的创新发展模式是影响旅游发展的重要因素。Liu等(2014)[⑤]从社会资本的结构与认知维度研究社区居民在旅游发展中的亲环境行为,发现社区中居民之间的信任、互惠互助、社区中的行为规范、社区事务的参与制度与居民的参与热情、社区组织及其成员资格标准等是社会资本在旅游社区参与中的具体表现(图3-8)。

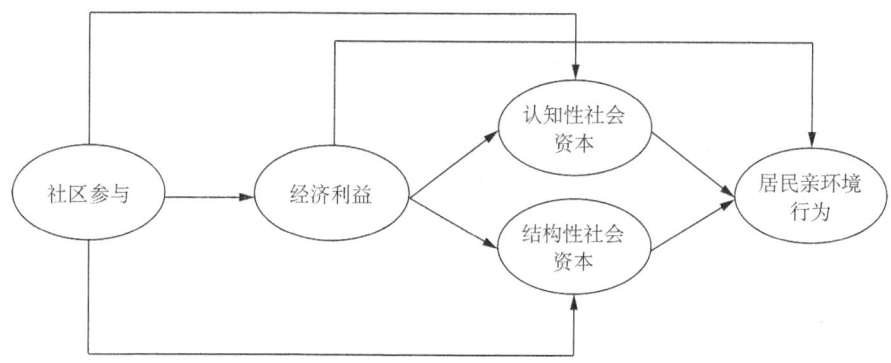

图3-8 社会资本对旅游目的地社区居民亲环境行为的影响

资料来源:Liu等(2014)[⑤]。

二、本研究中社会资本理论的意义

第一,提升研究层次与完善研究框架。民族旅游发展能够为少数民族社区带来经济、文化、社会等效应,然而基于社会资本理论研究少数民族旅游社区参与的文献却较少,且研究

---

① 时少华. 社会资本、旅游参与意识对居民参与旅游的影响效应分析——以北京什刹海社区为例[J]. 地理研究与开发, 2015, 34(3): 101-106.

② Park D, Lee K, Choi H, et al. Factors influencing social capital in rural tourism communities in South Korea[J]. Tourism Management, 2012, 33(6): 1511-1520.

③ Zhao W, Ritchie J R B, Echtner C M. Social capital and tourism entrepreneurship[J]. Annals of Tourism Research, 2011, 38(4): 1570-1593.

④ Moscardo G, Konovalov E, Murphy L. Linking tourism to social capital in destination communities[J]. Journal of Destination Marketing & Management, 2017, 6(4): 286-295.

⑤ Liu J, Qu H, Huang D, et al. The role of social capital in encouraging residents' pro-environmental behaviors in community-based ecotourism[J]. Tourism Management, 2014, 41(4): 190-201.

也不够深入。本研究运用社会资本理论研究民族旅游社区参与机制具有下列意义：首先，本研究将利用深度访谈与问卷调查的形式，探究发展民族旅游后少数民族社区社会资本积累的情况，同时也将探究社会资本对民族旅游社区参与的影响；其次，本研究所使用的增权理论中的社会增权维度在本质上就是社区居民的社会资本自主性积累过程，因此，本研究在研究民族社区社会资本积累的基础上，完善和发展了增权理论的研究框架；最后，由于社会资本积累不仅能够影响旅游发展以及社区居民对民族旅游的支持程度，而且是影响民族社区良性发展的重要因素，因此，本研究也将从社会资本的角度出发，探讨民族旅游发展与少数民族社区发展之间的关系。

第二，突出社区社会资本特色构成与探究社区社会资本类型变化。虽然少数民族社区或村寨往往处于社会经济发展较为落后的边远地区，但这也在一定程度上避免了主流文化对少数民族传统的影响，因此，民族社区中的社会资本也会具有自身的特色。本研究利用社会资本理论研究少数民族社区参与民族旅游发展的意义：首先，少数民族社区中的社会资本构成因素与普通城市社区具有本质上的区别，尤其体现为少数民族社区中的传统文化、宗教信仰、血缘关系等对社会资本认知、关系、结构的影响，因此，本研究在研究民族社区参与民族旅游的基础上，同样会突出民族社区社会资本的特殊性；其次，由于民族旅游的发展引起的民族社区中人力资本流动及社会结构变革，社区居民外出打工、非本社区居民的迁入屡见不鲜，这样的转变会对当地社会资本的形式产生影响，因此，本研究也将对民族社区原本的粘附式社会资本向桥接式社会资本转变的过程进行分析；最后，民族旅游发展离不开各个集体的共同努力，地方政府、旅游企业、旅游从业人员开始影响社区，此状况也将形成对民族社区粘附式社会资本的影响，因此，本研究也将分析链接式社会资本在民族社区中的表现。本研究的社会资本理论框架详见图3-9。

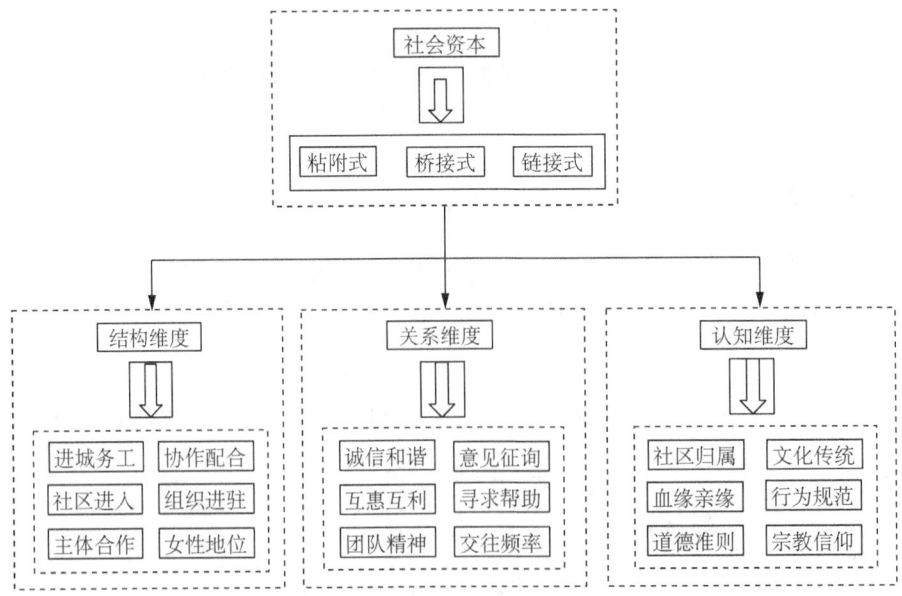

图3-9　本研究的社会资本理论框架

第三节　民族旅游社区参与机制的增权理论基础

一、民族旅游社区参与机制的增权理论研究综述

（一）增权理论的理论根源

第一，增权理论的历史发展。Solomon(1976)[1]在研究美国不同种族社区发展中首次提出了增权(Empowerment)的概念，并认为增权就是针对那些外部影响所造成的各种各样的空缺进行弥补的过程。Simon(1990)[2]指出，增权是一种具有反射性的活动，是那些追求权力与自我决定权的人争取其权力的过程。该定义也指出了增权的主动性原则，即权力是人们靠主动争取得到的，而非被动地被赋予（因此，翻译为"增权"，而非"赋权"）。权力就是一种资源，并且群体通过向下分配权力的方式促进群体成员更多形式的参与，以此来改变个人和群体的现状，权力可以包括知识、经历、技术等多方面的因素（Ginnodo, 1994)[3]。失权就是个体不能控制由其行为所产生的结果的状态，并且会受到主观与客观因素的共同影响，因此，失权状态下人们会对权力的获取表现出极大的期望情绪(Rappaport 等，2013)[4]。压迫源自权力的自上而下的分配态势导致的具有支配权的特定团体的出现，这些团体将社会关系进行重新排序，以此来形成特定的结构，同时也利用压迫过程来剥夺和限制那些具有较少权力的团体和个人的机会(Mullender 等，2013)[5]。Meade 等(2016)[6]认为，增权与社区发展具有密不可分的关系，尤其是社区层面的增权，其本质就是对重塑社区权力关系的明确承诺，其根本的目的就是解决个体和组织的失权感问题。

第二，增权理论的内涵。Mancoske 和 Hunzeker(1989)[7]认为，增权即运用那些能够使与我们具有联系的人在互动中更加具有控制力的措施，并且能影响人们的生活空间与利益。因此，从增权的核心来看，增权就是使个体拥有控制其生活的权力，并以此来影响个体所在的环境进而获得必需的资源。Narayan(2002)[8]认为，增权是弱势群体执行、交涉、控制其自身生活的能力，增权的寻求者及对象就是那些在社会交往中行动与资源获取受到某种限制的弱势群体。Basford 和 Slevin(2003)[9]认为，增权既是一个状态，也是一个过程，因为增权

---

[1] Solomon B. Black empowerment: social work in oppressed communities[M]. New York: Cambridge University Press, 1976: 20-21.
[2] Simon B L. Rethinking empowerment[J]. Journal of Progressive Human Services, 1990, 1(1): 27-39.
[3] Ginnodo B. The power of empowerment: what the experts say and 16 actionable case studies[M]. Arlington Heights: Pride Publications, 1994: 15-17.
[4] Rappaport J, Swift C, Hess R. studies in empowerment: steps toward understanding and action[M]. New York: Routledge, 2013: 15-16.
[5] Mullender A, Ward D, Fleming J. empowerment in action: self-directed groupwork[M]. Basingstoke: Palgrave Macmillan, 2013: 25-27.
[6] Meade R, Shaw M, Sarah B. politics, power and community development[M]. Bristol: Policy Press, 2016: 10-15.
[7] Mancoske R J, Hunzeker J M. Empowerment based generalist practice: direct services with individuals[M]. New York: Cummings and Hathaway, 1989: 14-15.
[8] Narayan D P. Empowerment and poverty reduction: a sourcebook[M]. Washington DC: The World Bank, 2002: 14.
[9] Basford L, Slevin O. Theory and practice of nursing: an integrated approach to caring practice[M]. London: Campion Press, 2003: 69-73.

可以称为人们在社会生活中获得权力的客观事实,同样也是个人或社区通过知识与技能影响和控制日常活动的实际过程。袁荣珊(2008)①将增权定义为,"在现有框架范围内,针对社会中的失权群体,社会工作者运用工作技巧来扩展其能力和资源,以加强其对影响个人利益所属系统的影响力,同时,社会工作者致力于改变失权群体对权力的认知,目的是减少或消除失权群体的消极感"。Rappaport和Seidman(2000)②从社区层面对增权进行定义,认为增权指的社区提升生活质量的集体行动,然而社区增权并不等于组织与个体层面获得权力的集合。宋惠芳(2017)③认为,增权理论是社区社会工作的指导理论,社区居民的话语权、参与社区事务的意愿等都是社会工作增权能够保障的要素,社会增权的本质就是改变原本处于弱势地位居民的无助状态。

(二) 增权理论的实现过程

第一,增权理论的基础假设。Kinlaw(1995)④认为,增权的途径应该包含正式与非正式的途径,然而研究发现,增权的实现与维持不仅需要非正式途径的措施,更需要具有结构性与稳定性的正式途径,并且增权的实现通过个体对增权途径的理解、各个层面对增权的支持以及形成具有反馈功能的系统与子系统。正式的增权途径往往受国家、市场、社会以及国际社会等正式体制因素的影响,而非正式途径则受到社会排他性、剥削关系以及贪污腐败的影响(Narayan,2005)⑤。增权过程并不是外部的因素所能完全控制和决定的,如果外部因素的影响过大会导致失权,从而导致增权无法实现(OECD,2012)⑥。李飞虎和孙秀莉(2013)⑦认为,社区增权是一个动态的过程,在该过程中外部与内部资源共同对社区产生作用,同时增权是社区主动恢复或获取权力的过程,并不是被动获得权力。弱势群体在自身发展中的无力感是增权理论的重要假设(朱盼玲,2017)⑧,对于增权理论的认识要结合"权力、无权和去权"等概念理解,增权理论的基本假设为:一是个体无力感导致个体无法实现自我,二是环境的障碍造成个体无法实现自我,三是通过交往实现个人权能,四是个体是有价值的人,五是个体具有伙伴关系(唐咏,2009)⑨。Teater(2014)⑩认为,自尊、自我效能、无助感、控制点、内外部影响是个体增权需求的基础,并且增权理论是建立在以下几个假设基础上的:一是无助感是影响个体和社区的结构性基础现象,二是个体与社区拥有解决问题的能力和资源,三是增权注重个体及其生存环境,四是增权既是过程又是结果。

---

① 袁荣珊. 增权理论的内容及其产生的政治思想基础[J]. 法制与社会, 2008, 3(17): 234.
② Rappaport J, Seidman E. Handbook of Community Psychology[M]. Berlin: Springer, 2000: 44.
③ 宋惠芳. 社区增权:中国基层社会管理新视角[J]. 北京科技大学学报(社会科学版), 2017, 33(6): 81-86, 94.
④ Kinlaw D C. The practice of empowerment: making the most of human competence[M]. Aldershot: Gower, 1995: 105-106.
⑤ Narayan D P. Measuring empowerment: cross-disciplinary perspectives[M]. Washington DC: The World Bank, 2005: 310-312.
⑥ Organization for Economic Co-operation and Development. Poverty reduction and pro-poor growth: the role of empowerment[M]. Sydney: OECD, 2012: 18.
⑦ 李飞虎, 孙秀莉. 论增权理论在社会工作实务中的运用——以"我爱我家"社区康乐活动为例[J]. 重庆城市管理职业学院学报, 2013, 13(3): 1-5.
⑧ 朱盼玲. 从"帮扶"到"增权":学校社会工作介入贫困生就业的策略转变[J]. 当代青年研究, 2017, 37(6): 24-28.
⑨ 唐咏. 中国增权理论研究述评[J]. 社会科学家, 2009, 24(1): 18-20.
⑩ Teater B. An intruduction to applying social work theories and methods[M]. Maidenhead: Open University Press, 2014: 57-60.

第二,增权理论的运行过程。付佳荣和高云娇(2008)[①]认为,无助感是社会增权体系中的重要内容,是弱势群体关于无法获得权力的经验积累,而通过增权获得的主观感受能够提升弱势群体的自信及其社会地位,体现社会公平。Zimmerman(1990)[②]认为,个体层面的增权包括参与的行为、控制的能动性、有效性的感知以及控制本身,组织层面的增权则包括共享的领导权、提升技能的机会、拓展以及积极的影响,而社区层面的增权则更为注重居民对社区事务的参与以及社区对其意见的采纳。Carr(2003)[③]认为,增权过程主要包括增强自我功效、拓展自我批判性意识、增强反应力与行动力、与其他人一同参与,即开始于对自身无权感的判断、对争取自身应有权力的概念感知、对内外部资源的重新审视,然后寻找同具无权感的失权主体联盟,最后进行具有集体性质的权力增加行为。由于增权往往与正面的情绪与刺激等含义相关,增权网络中的领导者应该通过多种途径来增加网络成员对增权的感知(Wright 等,2006)[④]。Morgan-Trimmer(2014)[⑤]认为,社区居民中的正式与非正式的网络使居民成为网络成员,成员的身份决定其是否能够参与社区发展的政策制定及获得话语权,增权对于社区居民的意义更为重要的是话语权。Barnes(2016)[⑥]认为,增权与居民社区参与的关系紧密,尤其是鼓励社区居民参与社区事务时,移情性和情感关注是增权过程中重要的催化剂,也是形成社区居民参与意愿的重要基础。部分学者总结的增权理论构成要素、分类及概念定义如表3-3所示。

表3-3 增权理论构成要素、分类及概念定义

	项目		概念
增权理论 (Empowerment)	定义(Definition)		个体在社会生活中获得权力的状态及控制其生活的权力,并以此来影响个体所在的环境进而获得必需的资源的过程
	核心	权力(Power)	一种资源形式,包括知识、经历、技术等多方面的因素
		失权(Powerlessness)	个体对其行为结果不具备控制力,导致其形成对权力的强烈追求
		压迫(Oppression)	具有支配权团体的出现,限制他人的机会
	维度	经济(Economic)	社区事务发展的经济收益及其贡献(就业、基础设施、收入等)
		心理(Psychological)	对自身能力的认可与对成果的预期(自豪感、自尊心、培训等)
		社会(Social)	获得权力后对社会生活的改变,为心理增权基础(社会资本)
		政治(Political)	服务人民的政治架构与制度,保障公平性(人民参与施政)

资料来源:Stromquist(1993)[⑦];Scheyvens(1999)[⑧]。

---

① 付佳荣,高云娇.社会工作增权理论视野中的环境保护意识[J].社会工作下半月(理论),2008,21(10):24-26.
② Zimmerman M.Taking aim on empowerment research: on the distinction between individual and psychological conceptions[J]. American Journal of Community Psychology,1990,18(1):169-177.
③ Carr E S.Rethinking empowerment theory using a feminist lens: the importance of process[J]. Affilia-Journal of Women and Social Work,2003,18(1):8-20.
④ Wright L T,Newman A,Dennis C. Enhancing consumer empowerment[J]. European Journal of Marketing,2006,40(9):925-935.
⑤ Morgan-Trimmer S. It's who you know: community empowerment through network brokers[J]. Community Development Journal,2014,49(3):458-472.
⑥ Barnes R. Exploring emotionality, and civic empowerment and engagement in online participation: a case study of community reporting website Homicide Watch DC[J]. Media International Australia,2017,158(1):112-123.
⑦ Stromquist S.Solidarity and Survival: An Oral History of Iowa Labor in The Twentieth Century[M]. Iowa City: University of Iowa Press,1993:33-34.
⑧ Scheyvens R.Ecotourism and the empowerment of local communities[J]. Tourism Management,1999,20(2):245-249.

(三) 增权理论的结构维度

第一，增权理论的维度定义。为了提升在性别方面的公平性与为女性增权，Stromquist(1993)[①]提炼出增权的四个维度，即认知性增权、心理性增权、经济性增权、政治性增权。Peters(1998)[②]认为，增权应该被分为不同的维度来对应现实生活从宏观到微观的不同方面，因此，提出了增权的四个维度，即具有追求自由属性的政治增权、具有社会主义属性的经济增权、具有激进思想的社会增权、具有社会交往属性的个人增权。郑元凯(2017)[③]在总结国内学者的增权研究后提出不同层次的维度划分，即强调个体属性及心理的个体增权、强调社会关系网络的人际增权、强调平等公平的参与增权。在对增权理论的不同维度进行总结分析后，Scheyvens(1999)[④]将增权理论引入旅游领域，研究基于社区的生态旅游发展，认为旅游社区增权由四个维度组成：一是经济增权(Economic)，即社区能够享有持续增长的经济收益，包括就业、基础设施提升；二是心理增权(Psychological)，即居民自我对当地独特生态文化资源的认知，对发展旅游所需的教育、培训等机会的认识及对保护传统文化的认识；三是社会增权(Social)，即旅游的发展保证并维护了当地社区中的社会平等；四是政治增权(Political)，即当地社区中保障居民公平参与旅游发展机会的组织架构、制度等。Peterson(2014)[⑤]认为，增权理论是一个具有高层级和多维度的理论框架，由于相关研究对增权理论的高层级和多维度本质的把握不够，增权理论失去了一定的效度，增权理论包括政治、经济、心理、社会等方面，同时每个方面都具有独特的属性。

第二，增权理论的维度运用。经济增权主要源自社区内正式与非正式部门共同参与的活动而产生的直接经济效应，尤其是这些直接经济效应的延展性(Singh 等，2003)[⑥]；因此，在社区旅游发展中的经济增权就是由旅游发展为社区带来的经济收益及其对社区各方面建设的贡献。心理增权主要通过个体或组织发现其参与事务的意义、在参与中表现出的能力受到认可、自身决定成果是否符合其期望、实现期望成果后对更多事务的影响等方面来表现(Spreitzer，1992)[⑦]。虽然心理增权的评判指标较为抽象，但通过展现人们属于成功或失败的归属性原则、判断人们是否成功的评估性原则、对于活动成功或失败的预见性原则能够具体化心理增权(Potterfield，1999)[⑧]。因此，社区旅游发展中心理增权就是参与者对自身参与旅游发展的认识、社区旅游发展后的自豪感等方面。社会增权就是人们通过获得机会与资

---

① Stromquest S. Solidarity and survival: an oral history of Iowa labor in the twentieth century[M]. Iowa City: University of Iowa Press, 1993:33-34.
② Peters B J. The head start mother: low-income mothers' empowerment through participation[M]. London: Garland Publishing, 1998:28.
③ 郑元凯. 校园分层视域下高校特殊学生群体"增权"路径[J]. 重庆交通大学学报(社会科学版), 2017, 17(4):138-141.
④ Scheyvens R. Ecotourism and the empowerment of local communities[J]. Tourism Management, 1999, 20(2):245-249.
⑤ Peterson N A. Empowerment Theory: clarifying the nature of higher-order multidimensional constructs[J]. American Journal of Community Psychology, 2014, 53(1-2):96-108.
⑥ Singh S, Timothy D J, Dowling R K. tourism in destination communities[M]. Wallingford: CABI Publishing, 2003:234.
⑦ Spreitzer G M. When Organizations Dare: The Dynamics of Individual Empowerment in The Workplace[D]. Ann Arbor: Doctoral dissertation of the University of Michigan, 1992: 6-26.
⑧ Potterfield T A. The business of employee empowerment: democracy and ideology in the workplace[M]. London: Quorum Books, 1999:50-51.

源来对其生活的社会环境进行改变与维持的过程,并且社会增权是心理增权的基础(Kirst-Ashman,2008)[①]。因此,在社区旅游发展过程中,社会增权体现为发展旅游后社会凝聚力、社区归属感、社区认知等方面的改变。政治增权可以理解为人们对立法、行政、司法等政治过程的直接参与,也即人民组成服务人民的政府及施政的过程(Behrouzi,2006)[②]。因此,发展旅游后社区居民的政治增权往往包括人们对旅游发展整个过程的参与权以及参与途径得到保障。张河清等(2017)[③]利用增权理论的心理、政治、社会、经济等维度建立增权体系,强调保障机制建立对旅游增权效应的维护。

(四) 旅游领域中的增权理论应用

第一,基于增权理论的旅游参与研究发展。社工、女性、社区、教育、健康等领域的学者较多使用增权理论进行研究,并且也取得了丰硕成果,因此,增权理论也渐渐被旅游领域的研究者引入有关旅游目的地的研究中。Akama(1996)[④]在对肯尼亚野生动物观光旅游的研究中认为当地居民对于环境的感知与价值观受到了失权的影响,因此,提出运用增权理论研究旅游提供者的研究视角,Akama也是旅游领域中第一个运用增权理论的研究者。左冰和保继刚(2008)[⑤]认为,研究旅游社区参与不能忽视对权力的探讨,增权理论与旅游目的地或旅游社区的可持续发展之间存在紧密的联系,通过增权社区居民能够改变参与态度,使旅游发展中的集体主义与自下而上的模式得以形成。

图3-10是Boley提出的增权对居民关于旅游态度的假设模型。

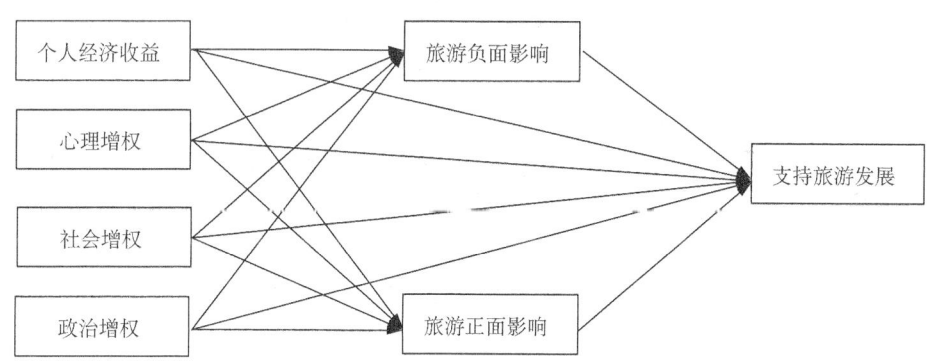

图3-10 增权理论对居民关于旅游态度的假设模型

资料来源:Boley等(2014)。

---

① Kirst-Ashman K K. Human behavior, communities, organizations, and groups in the macro social environment: an empowerment approach[M]. Belmont: Thomson, 2008:266.

② Behrouzi M.Democracy as the political empowerment of the people: the betrayal of an ideal[M]. New York: Lexington Books, 2006:67-70.

③ 张河清,廖碧芯,陈韵,等. 滨海旅游社区增权的指标体系与实证研究——以广东阳江海陵岛为例[J]. 陕西师范大学学报(自然科学版), 2017, 45(3): 94-99.

④ Akama J S. Western environment values and nature-based tourism in Kenya[J]. Tourism Management, 1996, 17(8): 567-574.

⑤ 左冰,保继刚. 从"社区参与"走向"社区增权"——西方"旅游增权"理论研究述评[J]. 旅游学刊, 2008, 23(4): 58-63.

王亚娟(2012)[①]认为,由于我国特定的发展背景,旅游发展过程中产权界定较为模糊,从增权理论的视角来看,制度性的权力缺失是导致我国社区旅游发展出现瓶颈的重要问题。潘植强等(2014)[②]指出,旅游发展过程的社区增权就是促进社区参与层面形成稳定参与制度的过程,并保证社区居民在旅游发展中的收益公平化与透明化。Movono 和 Dahles(2017)[③]发现,旅游发展后民族地区女性不仅收入得到提升,更能够在社会、心理、政治等方面增权,女性的地位在社区中获得全面提升,进而促进了社区在性别和旅游创业方面的发展。Boley 等(2014)[④]针对旅游态度模型进行拓展,将态度分为支持与反对的态度,并且将居民的个人经济收益、心理层面的增权、社会层面的增权、政治层面的增权作为自变量,开发出了新的居民对旅游态度的研究框架(图 3-10),研究发现,居民的心理层面增权以及经济利益直接并正向地影响其对当地旅游发展的支持态度。

第二,基于增权理论的旅游研究量表发展。Boley 和 McGehee(2014)[⑤]对旅游增权量表进行测试后认为:旅游心理增权是旅游者表现出对当地独特性的欣赏给居民带来的骄傲与自尊,是使社区重新重视其文化和环境资源的重要途径;旅游社会增权是指旅游使居民与社区联系更加紧密,是社区凝聚力以及合作与协作的基础;旅游政治增权表现为居民对社区事务的掌握与掌控力,在旅游中表现为居民能够平等地表达其对于旅游事务的关注以及参与事务。王会战等(2015)[⑥]从中国的语境对文化遗产地社区居民旅游增权进行量表开发,并将增权分为政治、经济、社会、心理等四个维度进行验证性因子分析,为我国的旅游社区增权定量研究提供了参考。陈娟等(2012)[⑦]对海岛社区旅游的社区参与及机制的研究主要运用经济、心理、社会增权的维度,研究发现,社区增权能够在调动居民能动性与强调居民重要性的基础上,结合权力分享和赋予的政治过程推动富有法律保障、政策指引的社区参与旅游发展的新模式的形式。李嘉莹(2017)[⑧]通过对增权理论的综述和梳理,对政治、经济、心理、社会、文化等五个方面的增权量表进行开发,结合案例进行了民族旅游增权路径的研究。张彦(2012)[⑨]发现,历史文化风貌社区增权需得到各利益者的支持,虽然外部环境对旅游社区增权极具影响(图 3-11),但居民自身潜力及社区资源能够提供充足的内部增权动力。

第三,基于增权理论的旅游发展权力维护。郭华(2012)[⑩]提出在旅游领域运用增权理论

---

① 王亚娟. 社区参与旅游的制度性增权研究[J]. 旅游科学, 2012, 26(3): 18-26, 94.
② 潘植强, 梁保尔, 吴玉海, 等. 社区增权:实现社区参与旅游发展的有效途径[J]. 旅游论坛, 2014, 7(6): 43-49.
③ Movono A, Dahles H. Female empowerment and tourism: a focus on businesses in a Fijian village[J]. Asia Pacific Journal of Tourism Research, 2017, 22(6): 681-692.
④ Boley B B, McGehee N G, Perdue R R, Long P. Empowerment and resident attitudes toward tourism: Strengthening the theoretical foundation through a Weberian lens[J]. Annals of Tourism Research, 2014, 49(5): 33-50.
⑤ Boley B B, McGehee N G.Measuring empowerment: developing and validating the resident empowerment through tourism scale (RETS)[J]. Tourism Management, 2014, 45(1): 85-94.
⑥ 王会战, 李树民, 李梦. 文化遗产地社区居民旅游增权测度研究[J]. 北京第二外国语学院学报, 2015, 37(5): 56-63.
⑦ 陈娟, 刘阳, 车慧颖. 增权理论视域下海岛社区参与旅游研究——以青岛市海岛社区为例[J]. 中国渔业经济, 2012, 31(4): 110-117.
⑧ 李嘉莹. 民族地区社区参与旅游增权研究——以天山大峡谷景区为例[D]. 乌鲁木齐:新疆大学, 2017: 22-36.
⑨ 张彦. 社区旅游增权研究——基于山东三个历史街区的探讨[D]. 济南:山东大学, 2012: 105-125.
⑩ 郭华. 增权理论视角下的乡村旅游社区发展——以江西婺源李坑村为例[J]. 农村经济, 2012, 30(3): 47-51.

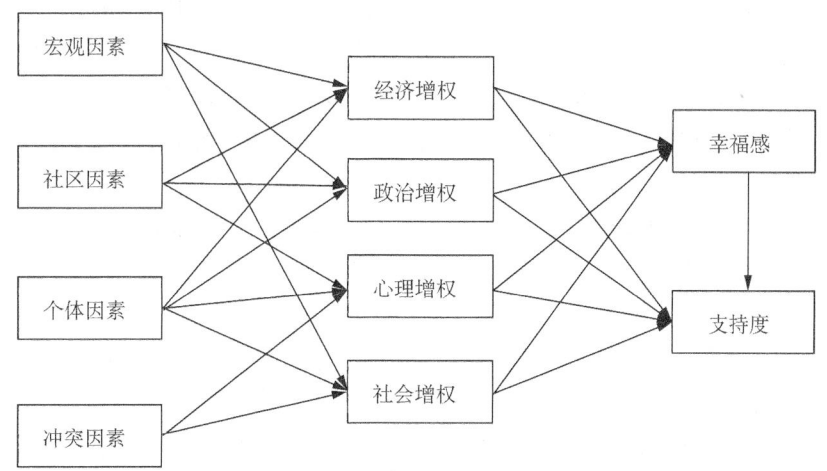

图 3-11　社区旅游增权定量分析框架

资料来源:张彦(2012)。

应该更多地关注弱势群体,将研究重点放在分析弱势群体资源与能力上,从权力的内涵着手来研究旅游发展对社区各个方面的增权效应。McMillan 等(2011)[①]发现,女性在住宿业中的广泛参与使这一群体获得了各个方面的增权,同时,获得增权后的女性能够对自己的后代形成增权效应。伍百军(2014)[②]的研究同样强调了社区旅游发展中女性增权的重要性,强调对女性增权的外部动力与内部动力进行综合分析。Lin 等(2017)[③]在旅游企业中运用增权理论研究服务质量后发现,在具有强烈增权氛围的企业,员工感受到的心理增权效应较高,从而能够增加对工作的自信与提升服务质量。吕淑芳(2015)[④]运用社会、经济、文化、环境、政治等增权维度研究女性参与农业旅游的态度后发现,经济与社会增权对女性参与农业旅游的态度具有重要影响。Sutawa(2012)[⑤]通过运用增权理论对当地社区居民参与旅游发展进行研究后发现,社区居民的参与积极性与实际增权感知具有紧密的联系,良好的社区参与机制能够促进当地的旅游业可持续发展。王华等(2015)[⑥]指出,基于契约精神的自下而上的旅游增权机制能够保障社区居民参与旅游发展,同时也是实现广泛社区旅游参与的重要基础。

二、本研究中使用增权理论的意义

第一,探究社区居民对旅游增权的感知。少数民族地区的旅游发展通常被认为具有文化传承、经济扶贫、环境保护、社会进步等效应。我国少数民族地区地理区位边远,社会经济

---

① McMillan C L, O'Gorman K D, MacLaren A C. Commercial hospitality a vehicle for the sustainable empowerment of Nepali women[J]. International Journal of Contemporary Hospitality Management,2011,23(2):189-208.
② 伍百军. 增权:女性参与农业旅游的模式选择——以广东罗定连州镇为例[J]. 旅游研究,2014,6(3):14-19.
③ Lin M, Wu X, Ling Q. Assessing the effectiveness of empowerment on service quality: a multi-level study of Chinese tourism firms[J]. Tourism Management,2017,61(1):411-425.
④ 吕淑芳."增权"视域下女性参与生态农业旅游动机的实证研究[J]. 云南农业大学学报,2015,9(5):28-32,41.
⑤ Sutawa G K. Issues on Bali Tourism development and community empowerment to support sustainable tourism development[J]. Economics and Finance,2012,4(1):413-422.
⑥ 王华,龙慧,郑艳芬. 断石村社区旅游:契约主导型社区参与及其增权意义[J]. 人文地理,2015,30(5):106-110.

发展较为落后的客观事实,使少数民族社区及其居民成为"弱势群体"。因此,本研究运用增权理论分析少数民族社区居民对权力的感知具有以下意义:首先,本研究将对案例地少数民族居民进行有关旅游发展后社区增权的访谈与问卷调查,以此来明确当地居民最为关心的旅游增权问题及其失权的状态,为探明居民对旅游增权的感知与态度奠定基础;其次,本研究将结合增权理论的四个维度对旅游发展后的社区增权进行度量,此举将有利于对民族旅游的社区增权进行排序,进而辩证性地结合案例地的实际情况对旅游增权进行评估;最后,本研究将在分析案例地旅游发展后社区增权过程的基础上,提出阻碍旅游发展过程中社区增权的因素,为少数民族社区旅游的可持续发展提供参考,进而形成有效的增权模式。

第二,梳理旅游增权对旅游参与的影响。针对社区参与旅游发展的研究众多,然而由于缺乏对社会心理层面的考虑以及过于注重旅游发展的经济效应,不少研究成果的运用受到限制。本研究运用增权理论研究民族社区参与旅游发展的意义为:首先,增权理论包含社会、政治、经济、心理四个不同维度,能够从宏观、中观、微观的不同层面对民族社区参与旅游发展进行整体性的研究,将内部环境与外部环境的影响嵌入旅游增权中,形成综合性的增权研究成果;其次,民族旅游的快速发展是社区发展的重要组成部分,旅游发展对居民权力的影响力正逐渐加大,本研究利用增权理论进行研究将有利于探明旅游发展后经过重塑的社区社会结构与权力关系,为少数民族社区的全面发展提供参考;最后,增权理论在本质上就是使弱势群体获得权力的状态与过程,最具代表性的途径就是居民获得对社区事务计划、决策、实施、反馈的参与权,居民参与旅游发展的途径与渠道是决定当地民族旅游发展成败的重要因素,因而本研究将重点通过结构方程建模来分析旅游增权对旅游参与意愿的影响路径与影响程度。本研究的增权理论框架详见图3-12。

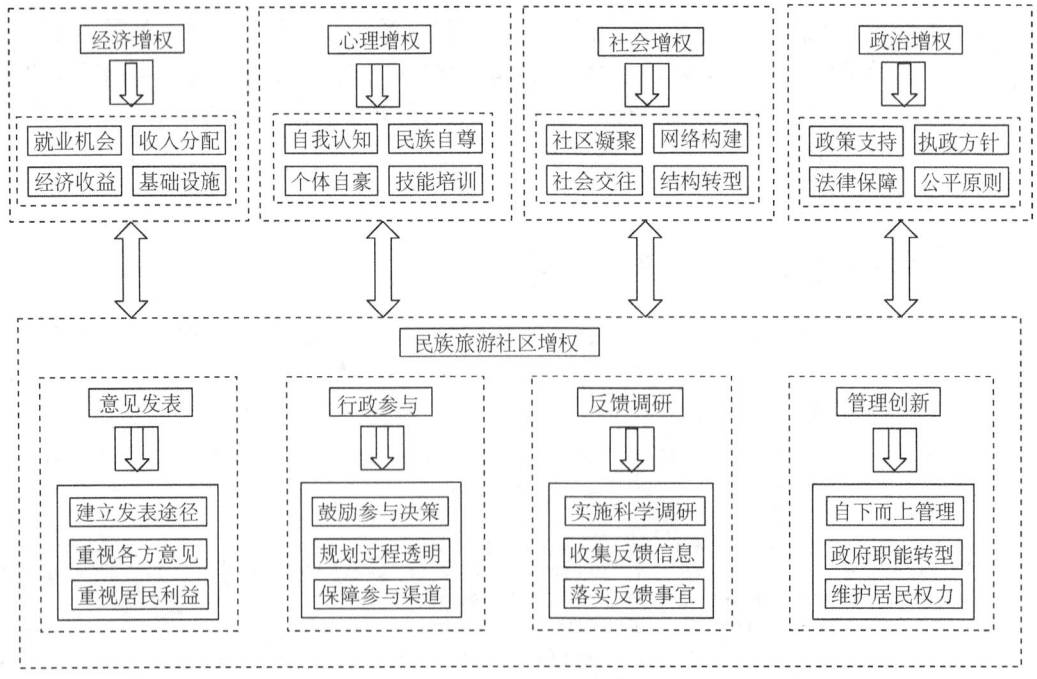

图 3-12　本研究的增权理论研究框架

第四章 民族旅游社区参与机制研究设计

第一节 民族旅游社区参与机制研究思路与理念

一、民族旅游社区参与机制的研究思路

本研究拟采取跨学科、多领域的研究思路进行研究,研究思路涉及旅游学、营销学、社会学、心理学等社会科学领域,研究模型与变量涉及行动者网络理论、社会资本理论、增权理论的理论基础及其不同维度,对我国少数民族地区民族旅游社区参与机制进行综合性的研究,旨在通过理论基础扎实、参考数据真实的研究,结合学术界对旅游社区参与机制和模式的讨论与研究,为形成具有我国少数民族特色的民族旅游社区及居民有效参与机制提供政策建议。

本研究以贵州省黔东南自治州黎平县肇兴侗寨为案例进行具体研究,在案例地进行的实地调研主要进行资料与数据收集,其中包括增加研究问卷信度与效度的预调研,以及涉及深度访谈、观察和问卷调查的正式调研。本研究通过预调研与正式调研了解肇兴侗寨民族旅游社区参与的实际情况,并找出存在的问题,主要包括肇兴侗寨民族旅游中的主要参与者政府、旅游企业、社区居民的旅游参与现状与合作发展模式。本研究对肇兴侗寨社区居民进行重点研究,旨在获得居民对本社区民族旅游发展影响的感知、对旅游发展后增权效应的感知、对旅游发展后社会资本积累的感知、参与本社区民族旅游发展的意愿等方面的数据,并结合旅游者对上述方面的认知进行对比研究。本研究从供、需市场两个角度来探讨重视居民地位与作用的、旅游者期望与认可的民族旅游社区参与模式的建立与作用机制。

二、民族旅游社区参与机制的研究理念

实证主义范式(Positivism)与解释主义范式(Interpretivism)是认识论的两个重要研究范式(McCulloch,2014)[①],其中实证主义是一种极具经验主义的范式,强调研究者能够通过严谨的科学测量数据了解社会因素的本质,而解释主义则强调对社会因素本质以及个体经历的解释。实证主义主导的实证研究注重利用量化的数据,对研究对象的客观性、必然性和

---

① Patel N V.Critical system analysis and design: a personal framework approach[M]. Abingdon: Routledge, 2014: 31-35.

普遍性具有较高的要求,并且对研究的方法和过程有明确的要求和步骤,尤其是需要研究者排除主观因素对研究的影响,以保证实证研究结果的公平性与客观性(Pasque 等,2006)[①]。由于本研究中民族旅游是客观存在的对象,涉及不同的利益相关者,受到内部和外部环境的影响,表现出了普遍性,少数民族社区居民对旅游发展的感知、态度和对增权与社会资本的认识是影响旅游社区参与的必然因素,并且本研究利用量化研究中的统计方法和模型来探寻各影响因素之间的关系,因此,实证主义范式是本研究重要的哲学基础。

第二节 民族旅游社区参与机制的研究方法

一、民族旅游社区参与机制的定性研究

(一)文献资料与调研数据的收集

首先,二手资料收集。本研究将"民族旅游""民族社区""社区参与"作为关键词,利用中国知网、Web of Science 对相关文献进行搜索和下载。通过对国内外相关文献的综述与对比后,找出对民族旅游社区参与研究的空白:在参与机制研究中社会因素对社区参与意愿的影响往往被忽略,且针对社会性影响因素的研究量化程度不高。同时,从文献综述中总结出重要的研究理论及框架,并结合本研究的研究目的与理念,确定行动者网络理论、社会资本理论与增权理论作为本研究的主要理论基础。另外,本研究利用二手资料收集法整理重要理论基础的理论根源、相关定义、相关维度、相关度量以及在旅游领域的具体运用。本研究也利用二手资料收集法对我国少数民族分布与人口、侗族在全国特别是在贵州省(地级单位、县级单位)的人口分布、肇兴侗寨背景及旅游发展的相关数据进行收集,从而为本研究提供更为详尽的研究背景。

其次,一手资料收集。通过二手资料的收集与分析,本研究初步确定了研究少数民族旅游社区参与机制的研究思路,并结合文献综述总结出的影响旅游社区参与机制的因素形成访谈与座谈会的问题内容提纲,在预调研与正式调研中利用访谈与座谈会的形式收集一手数据资料。预调研与正式调研阶段各举办座谈会一次,主要收集旅游发展各利益相关者对当地民族旅游社区参与的意见与看法;预调研与正式调研阶段分别对 6 名和 20 名受访者进行了半结构式深度访谈,在肇兴村对 9 位受访者进行了访谈、在肇兴中寨村对 8 位受访者进行了访谈、在肇兴上寨村对 9 位受访者进行了访谈,受访者包括居民、旅游者、旅游企业从业人员、政府官员、政府旅游机构人员、专家学者等。通过对受访者回答中高频词和关键词的整理与分析,结合理论综述与相关研究量表,确定本研究中定量研究的潜变量与观测变量,利用问卷调查的形式在案例地收集一手量化数据,为后续的量化研究做准备。为了能够更准确地展现案例地的背景,本研究也利用在案例地实地调研的时间,从当地相关部门与机构收集一手数据,此举也在一定程度上对二手资料的不足进行了弥补,也能够检验二手数据的

---

① Pasque P, Carducci R, Kuntz A, et al. Qualitative inquiry for equity in higher education: methodological innovations, implications, and interventions[J]. ASHE Higher Education Report, 2012, 37(6):21-23.

（二）前导性与正式的实地调研

本研究团队在肇兴侗寨进行两次实地调研：一是在当地进行为期8天的预调研，一方面对案例地的民族旅游发展状况与社区参与的模式进行初步的了解，主要利用观察法对当地居民的日常生活、旅游参与状况、旅游对当地的综合影响、居民对当地旅游发展的态度等方面进行观察与记录；另一方面也通过访谈与座谈会等形式对案例地居民、村委会、旅游企业等旅游重要参与者对当地民族旅游发展与社区参与情况的认识与理解进行调研，也依据问卷设计的初稿进行试调研，并根据试调研问卷的结果进行信度、效度检验与探索性因子分析，结果显示，在剔除可信性与因子载荷较低的几个题项后，试调研问卷具有较高的可靠性与可行性，因而本研究确定了用于正式调研的问卷题项，以待正式调研之用。二是在当地进行为期25天的正式调研，正式调研阶段主要在当地进行问卷调查与深度访谈。正式问卷发放数量为1 800份，其中对当地居民与旅游者分别发放900份问卷，收回居民有效问卷835份、旅游者有效问卷828份，问卷有效率分别为92.78%、92.00%。

（三）对利益相关者的半结构式访谈

本研究在肇兴侗寨进行的深度访谈涉及政府官员及旅游景区管理者、景区旅游企业与机构从业人员、当地居民等当地参与旅游发展的主体，访谈提纲与内容由半结构式问题组成，包括对旅游发展后当地社区在经济、心理、社会与政治层面权力与话语权改变的看法，对社区内居民间、居民与社区中正式与非正式组织间的信任、互惠关系，对社区规范、网络等重塑与构建的看法，对旅游发展对社区及个人层面影响的看法，对在本社区内开展旅游活动的态度等方面。

本研究还针对在当地社区进行旅游的游客（旅游者）进行访谈调查，希望能够通过旅游者在不同民族社区或非民族社区旅游时的经验与意见，获得基于需求市场的反馈并与从案例地社区所获得的数据进行对比。为了能够全面地了解少数民族社区增权、社会资本、行动者网络等方面的特性，本研究还对民族学、文化学、民族旅游学等领域的专家学者进行访谈，此举不仅为本研究增加了理论性与逻辑性的指导，而且能够帮助本研究的研究团队在了解侗族文化特性的基础上，避免调研中出现由于疏忽与文化冲突所产生的道德问题。

二、民族旅游社区参与机制的定量研究

（一）侗族人口地理信息系统分析

本研究运用地理信息系统软件 ArcGIS10.2 对收集的有关我国少数民族人口统计指标以及旅游统计指标进行可视化数字分析。其中主要利用《中国统计年鉴》（中华人民共和国国家统计局，2002—2017）[1]、《中国民族年鉴》（《中国民族年鉴》编辑部，2002—2017）[2]、《中国旅游统计年鉴》（中华人民共和国国家旅游局，2002—2017）[3]、《贵州统计年鉴》（贵州省统

---

[1] 参见中华人民共和国国家统计局编写的中国统计年鉴2002—2017年各年的版本，均由中国统计出版社出版。
[2] 参见中国民族年鉴编委会编写的中国民族年鉴2002—2017年各年的版本，均由中国民族年鉴编辑部出版。
[3] 参见中华人民共和国国家旅游局编写的中国旅游统计年鉴2002—2017年各年的版本，均由中国旅游出版社出版。

计局,2002—2017)①、《贵州年鉴》(《贵州年鉴》编辑部,2002—2017)②、《黔东南州统计年鉴》(黔东南统计局,2002—2017)③等中有关民族人口以及旅游发展的统计指标。本研究完成的数字化可视图主要包括基于2010年第六次全国人口普查数据的我国以省(自治区、直辖市)为单位的少数民族人口分布统计图、全国少数民族人口分布统计图、贵州省少数民族人口分布统计图、黔东南(州)少数民族人口统计图。同时,本研究也利用地理信息系统制作全国以省、直辖市、自治区为单位,贵州以地级市(州)为单位,黔东南(黔东南苗族侗族自治州,简称黔东南)以县级行政区域为单位的国内旅游人数市场分布图。运用地理信息系统进行数字可视化分析的主要目的是清晰且全面地掌握我国少数民族分布地区的地理特点与社会发展特征,并结合少数民族地区相关的旅游人数与分布情况进行分析,此举有利于从宏观、中观、微观角度综合性地把握以侗族为代表的少数民族聚集情况以及相关旅游发展背景。

（二）各维度观测变量量表的调查

本研究主要通过问卷调查的形式针对肇兴侗寨景区内当地居民与旅游者,在旅游发展后社会资本、增权、旅游影响以及民族旅游社区参与意愿的感知程度方面进行数据收集。本研究主要借鉴在旅游领域及旅游相关领域的研究中所使用的量表和问卷进行,其中通过社会资本理论、增权理论、社区参与、旅游对社区影响等方面量表的分析与对比,开发出一套适用于本研究的量表。同时,通过行动者网络理论将影响民族旅游社区参与意愿的重要人和非人因素结合量表题项进行调整,题项涉及本研究重要的社会资本变量、旅游增权变量、旅游的正负面影响变量、居民参与民族旅游意愿变量,通过实地问卷发放来进行数据的收集。本研究所开发的问卷包括下列两个部分。

第一,民族旅游社区参与意愿及其影响因素调查部分。本部分主要针对当地居民与旅游者对肇兴侗寨旅游开发后认知性社会资本、结构性社会资本、关系性社会资本、经济增权、心理增权、社会增权、政治增权、旅游的正面影响、旅游的负面影响、民族旅游社区参与意愿等方面的感知进行数据收集。本部分主要结合李克特五级量表法,请被调查对象对每个变量的题项表述内容的同意程度进行评分,1分代表极不同意、2分代表不同意、3分代表一般、4分代表同意、5分代表极为同意。

第二,被调查对象人口背景及属性调查部分。居民调查问卷的第二部分由民族、性别、受教育程度、婚姻状况、年龄、个人月收入、职业、家庭收入来源、在当地居住时间、是否参与本地旅游发展以及对旅游发展的意见与建议等开放性问题组成;游客调查问卷的第二部分由现居住地、性别、婚姻状况、年龄、受教育程度、个人月收入、职业、此次旅游的伴侣、是否来过此地旅游、是否从事与旅游相关的工作以及对本地民族旅游发展的意见与建议等开放性问题组成。

（三）受访者背景变量统计学分析

本研究主要运用频度分析对参与问卷调查的受访者的性别、年龄、家庭收入、受教育程度、与旅游相关性等人口社会学背景信息进行统计分析,其目的主要是反映受访样本各种属

---

① 参见贵州省统计局和国家统计局贵州调查总队编写的贵州统计年鉴2002—2017年各年的版本,均由中国统计出版社出版。
② 参见《贵州年鉴》编辑部出版的贵州年鉴2002—2017年各年的版本。
③ 参见黔东南州统计局或黔东统计局和国家统计局黔东南州调查队编写的黔东南统计年鉴2002—2017年各年的版本。

性的比例构成,并以此来对样本进行初步分类,为接下来的定量分析研究奠定基础。

对当地居民性别与教育背景的频度分析的目的在于,分析不同人口统计属性的受访者对相关问题感知的差异以及旅游发展对这些属性的影响;对当地居民直接或间接参与当地旅游发展的频度分析主要是为了以此来判断当地社区的民族旅游发展对当地社会结构与产业结构的改变;对当地居民少数民族族群的频度分析的主要目的在于,研究自古以来为侗族聚集地的社区在发展旅游后,其民族结构以及社区居民构成的多元化;对当地居民家庭收入来源的频度分析的主要目的在于,反映旅游发展后居民参与旅游的基本情况及其收入结构的转变;对居民在案例地居住时间长短的频度分析的目的是,分析旅游发展后非社区成员进入社区对当地社区社会组成以及文化演变所造成的影响。

(四)主成分法因子提取验证分析

首先,探索性因子分析。本研究通过对旅游领域与相关领域社会资本理论及增权理论相关文献的综述,结合少数民族社区的民族旅游特点形成问卷题项。在案例地完成问卷的发放工作后,本研究利用 SPSS 20.0 软件对所收集的数据进行探索性因子分析。经过对因子的旋转与重新排序,初步提取出社会资本、增权、旅游影响、旅游参与意愿等变量的公因子及其所包含的可观测变量,目的在于对问卷题项的重新归类与简化,确定各因子组成题项的载荷与解释能力,并为之后的验证性因子分析奠定基础。

其次,验证性因子分析。本研究利用验证性因子分析对探索性因子分析的结果进行进一步研究,通过利用 IBM AMOS 21.0 结构方程模型分析软件对拟合指数标准取值与本研究所收集数据的验证性因子分析相关取值的对比分析,将组成潜变量的可观测变量删除,为下一步建构结构方程模型的拟合分析提供参考,并为整个研究模型的最优化提供保障。同时,本研究也利用验证性因子分析对数据进行信度与效度的测量,以此来提升模型的可行性与可信性。

(五)高阶递归模型路径拟合分析

首先,进行模型路径分析。本研究在确定主体定量研究理论框架后,通过对民族旅游社区参与研究模型的总结,结合案例地的实际情况,构建研究模型。通过对国内外研究旅游社区参与和社区事务参与文献的汇总分析,提出本研究中连接各个潜变量的因果关系,由此构成具有逻辑联系的路径,并通过标准化与未标准化的路径分析,找出各个潜变量之间以及民族旅游社区参与意愿变量的路径系数,在确定各条因果关系路径的基础上,反映每条路径的影响系数,并进行最终的影响力排行,找出影响民族旅游社区参与的影响因素,为探讨民族旅游社区参与机制以及完善相关管理提供数据参考。

其次,进行模型拟合分析。本研究在分析研究模型路径系数及其影响力的基础上将对初始模型进行模型拟合度分析,主要涉及的指标有卡方自由度比、拟合优度指数、比较拟合指数、近似误差均方根、赤池信息标准、规范拟合指数以及自治拟合指数等,通过将初始模型的拟合指数数据与取值标准进行对比,对模型中潜变量所涉及的可观测变量进行删除、进行残差项修正等,进而获得具有最好拟合指数的最终模型。利用最优模型的分析,找出反映居民民族旅游参与意愿的综合性影响模型,为形成具有实践性的民族旅游社区参与机制提供支撑,也为在实际管理中发现问题与找出解决方案提供依据。

第三节　民族旅游社区参与机制的研究假设与模型建构

一、民族旅游社区参与意愿感知题项与假设

从社区参与的文献综述中可以总结出民族旅游社区参与的定义,即在社区层面利用拥有的一切资源充分进行旅游开发,在明确社区及居民为参与主体的基础上,通过对社区与居民需求与意见的征询,使其能够对旅游发展的整个过程进行参与,保障少数民族社区旅游发展的可持续性。少数民族居民参与旅游发展的整个过程包括树立旅游的可持续发展意识、参与当地旅游决策、参与和旅游直接或间接相关的工作、参与从事旅游业的职业技能培训、参与当地旅游的保护与开发等(卢小丽,2012)[①]。侯国林(2006)[②]同样也将社区参与研究的重点放在了居民在旅游决策过程、工作机会、环境保护、规划开发等方面的参与。为了能够区分社区旅游参与程度与动机之间的关系,Rasoolimanesh 等(2017)[③]将决策的话语权和改变权、与政府旅游机构的协商权、社区旅游的宣传权等方面的参与行为分为不同层面,对不同层面的参与行为进行突出研究。同时,随着社会结构与参与形式的不断更新,旅游目的地社区参与中的第三方组织或旅游志愿者组织的影响力越发巨大,所以居民通过参加非政府组织以获得旅游参与途径的现象同样应该受到重视(Zhang 和 Lei,2012)[④]。本研究提出的民族旅游社区参与意愿包含居民对参与肇兴侗寨旅游发展的各个方面的意愿,表 4-1 为根据相关研究的总结所开发的关于民族旅游社区参与意愿的题项内容。

表 4-1　民族旅游社区参与意愿题项内容及文献来源

变量	题项	文献来源
民族旅游社区参与意愿	居民应(我愿意)参与社区旅游资源的保护与开发行动	侯国林(2006)[②] 卢小丽(2012)[①] 陈娟等(2012)[⑤]
	居民应(我愿意)树立"先保护、后开发"的旅游环保理念	
	居民应(我愿意)发表对社区旅游规划工作的意见、建议	
	居民应(我愿意)接受从事旅游业工作的相关学习、培训	
	居民应(我愿意)获得相关旅游专家、学者的意见与指导	
	居民应(我愿意)主动承担旅游发展中的责任与义务	

---

① 卢小丽. 居民旅游影响感知、态度与参与行为研究[J]. 科研管理,2012,33(10):138-144.
② 侯国林. 基于社区参与的湿地生态旅游可持续开发模式研究——以盐城海滨湿地国家级自然好湖区为例[D]. 南京:南京师范大学,2006:91-104.
③ Rasoolimanesh S M,Jaafar M,Ahmad A G,et al.Community participation in World Heritage Site conservation and tourism development[J]. Tourism Management,2017,58(1):142-153.
④ Zhang H,Lei S L. A structural model of residents' intention to participate in ecotourism:The case of a wetland community[J]. Tourism Management,2012,33(4):916-925.
⑤ 陈娟,刘阳,车慧颖. 增权理论视域下海岛社区参与旅游研究——以青岛市海岛社区为例[J]. 中国渔业经济,2012,31(4):110-117.

(续表)

变量	题项	文献来源
民族旅游社区参与意愿	居民应(我愿意)参与社区旅游发展的决策与决议过程	Zhang 和 Lei(2012)[①] Rasoolimanesh 等(2017)[②] Zhu 和 Fu(2017)[③]
	居民应(我愿意)对旅游者展现出热情好客的民族传统	
	居民应(我愿意)鼓励亲朋好友一起参与社区旅游发展	
	居民应(我愿意)积极加入社区层面的旅游志愿者组织	
	居民应(我愿意)从事民族特色旅游纪念品制作与销售	
	居民应(我愿意)从事社区中的客栈、民宿等旅游接待业	
	居民应(我愿意)参加社区中的少数民族传统文化表演	本研究
	居民应(我愿意)成为专业导游,介绍社区传统风土人情	
	居民应(我愿意)从政府、企业了解到更多旅游发展信息	

注:括号内为居民问卷题项表述。

二、民族旅游影响感知题项与假设

基于社区的旅游发展会影响社区建设的各个方面,社区居民是受旅游发展影响的主体,因此,对社区居民旅游影响感知的研究有利于探明居民对旅游发展的支持程度以及参与旅游发展的意愿。通常旅游影响被分为正面影响和负面影响,这在一定程度上会决定居民参与本社区旅游发展的意愿和行为(Daldeniz 和 Hampton,2013)[④]。贾衍菊和王德刚(2015)[⑤]的研究证明了旅游正面影响对居民态度与参与的积极推动,也发现了旅游负面影响对居民参与旅游的消极作用。冯晓华等(2015)[⑥]的研究同样证明了居民对旅游影响的感知与旅游参与之间的正向关系,并且指出居民的正面旅游影响感知具有更强的影响能力。Eshliki 和 Kaboudi(2011)[⑦]认为,学者们通常将旅游影响分为环境、社会文化、经济等三个方面,通过研究发现,正面的旅游影响能够极大地提升社区在旅游事业上的参与意愿,但负面的旅游影响的消极作用却对旅游社区参与造成很大影响。张娟娟(2012)[⑧]将旅游影响划分为经济、环境、社会文化、对旅游业态度、旅游者行为等五个类别,居民对旅游的影响感知与

---

① Zhang H,Lei S L. A structural model of residents' intention to participate in ecotourism: The case of a wetland community[J]. Tourism Management,2012,33(4):916-925.

② Rasoolimanesh S M,Jaafar M,Ahmad A G,et al.Community participation in World Heritage Site conservation and tourism development[J]. Tourism Management,2017,58(1):142-153

③ Zhu Y,Fu Q. Deciphering the civic virtue of communal space:neighborhood attachment,social capital,and neighborhood participation in urban China[J]. Environment and Behavior,2017,49(2):161-191.

④ Daldeniz B,Hamton M P. Dive tourism and local communities:active participation or subject to impacts? Case studies from Malaysia[J]. The International Journal of Tourism Research,2013,15(5):507-520.

⑤ 贾衍菊,王德刚. 社区居民旅游影响感知和态度的动态变化[J]. 旅游学刊,2015,30(5):65-73.

⑥ 冯晓华,汪锦,虞敬峰. 天山天池景区居民旅游影响感知及旅游参与[J]. 干旱区资源与环境,2015,29(12):227-232.

⑦ Eshliki S A,Kaboudi M.Community perception of tourism impacts and their participation in tourism planning:a case study of Ramsar,Iran[R]. ASEAN Conference on Environment-Behavior Studies,2011:333-341.

⑧ 张娟娟. 少数民族社区居民旅游影响认知研究——以西安市回坊为例[D]. 西安:陕西师范大学,2012:23-50.

其对旅游的支持态度正相关,影响居民的旅游参与主动性。Su 和 Wall(2014)[①]通过研究也发现了旅游影响与社区居民参与旅游之间的正向关系,即居民对经济、社会、文化、环境旅游影响的正面感知直接促进居民对旅游的参与热情与程度。Jaffar 等(2017)[②]也发现了正面旅游影响感知对居民旅游社区参与有正向影响,旅游负面影响感知对旅游参与有负向影响。因此,本研究在借鉴相关研究的基础上提出下列假设:

H1a,居民旅游积极影响感知对旅游参与意愿具有正向影响;

H1b,居民旅游消极影响感知对旅游参与意愿具有负向影响。

本研究设定的居民对旅游影响的感知分为正负两方面的影响,并且都包含了民族旅游发展对当地社区在经济、环境以及社会文化等方面的影响,表 4-2 为根据相关研究所开发的关于居民对旅游影响感知的题项内容。

表 4-2　民族旅游影响感知题项内容及文献来源

变量	题项	文献来源
民族社区居民对旅游积极影响的感知	旅游发展提升社区的旅游景观风貌	杜宗斌和苏勤(2011)[③] 卢小丽(2012)[④] 张娟娟(2012)[①] 江增光和郭文(2015)[⑤] Su 和 Wall(2014)[①] Boley 等(2014)[⑥]
	旅游发展促进社区的公共设施建设	
	旅游发展促使社区的生活用品变得丰富	
	旅游发展为居民(我)提供休闲娱乐机会	
	旅游发展促进传统文化保护与传承	
	旅游发展促进历史文物保护与修复	
	旅游发展提升餐饮、购物、娱乐产业	
	旅游发展提升社区居民(我)的经济收入	
	旅游发展为社区居民(我)创造更多就业机会	
	旅游发展提升社区居民(我)的生活质量	
	游客人数的增加促进社区经济发展	
	旅游发展促进社区对自然环境的保护	

---

① Su M M, Wall G. Community participation in tourism at a world heritage site: Mutianyu Great Wall, Beijing, China[J]. International Journal of Tourism Research, 2014, 16(2): 146-156.

② Jaafar M, Rasoolimanesh S M, Ismail S. Perceived sociocultural impacts of tourism and community participation: a case study of Langkawi Island[J]. Tourism and Hospitality Research, 2017, 17(2): 123-134.

③ 杜宗斌, 苏勤. 乡村旅游的社区参与、居民旅游影响感知与社区归属感的关系研究——以浙江安吉乡村旅游地为例[J]. 旅游学刊, 2011, 26(11): 65-70.

④ 卢小丽. 居民旅游影响感知、态度与参与行为研究[J]. 科研管理, 2012, 33(10): 138-144.

⑤ 江增光, 郭文. 旅游地居民空间全能感知、旅游影响感知及开发态度的关系——以江南古镇同里为例[J]. 商业经济研究, 2016, 35(1): 188-191.

⑥ Boley B B, McGehee N G, Perdue R R, et al. Empowerment and resident attitudes toward tourism: strengthening the theoretical foundation through a Weberian lens[J]. Annals of Tourism Research, 2014, 49(5): 33-50.

(续表)

变量	题项	文献来源
民族社区居民对旅游积极影响的感知	旅游发展促使居民(我)的思想更加开放	Kunasekaran 等(2017)①
	旅游发展促使居民(我)学习了解外来文化	Kim 等(2013)②
民族社区居民对旅游消极影响的感知	旅游发展导致社区内部越来越拥挤	杜宗斌和苏勤(2011)③ 卢小丽(2012)④ 张娟娟(2012)⑤ 江增光和郭文(2015)⑥ Su 和 Wall(2014)⑦ Boley 等(2014)⑧ Kunasekaran 等(2017)⑨ Kim 等(2013)⑩ Jaffar 等(2017)⑪
	旅游发展导致社区的物价水平升高	
	旅游发展导致社区中的犯罪率上升	
	旅游发展导致社区更多的交通拥堵	
	旅游发展导致社区中产生大量垃圾	
	旅游发展破坏社区宁静的生活氛围	
	旅游发展破坏社区良好的自然环境	
	旅游发展破坏社区的历史文化遗迹	
	旅游发展导致社区的道德水平降低	
	旅游发展使传统民族文化受到冲击	
	旅游发展扰乱社区居民(我)的日常生活	
	旅游发展导致社区过度商业化的氛围	本研究
	旅游发展导致社区居民(我们)收入两极化	
	旅游发展导致社区中邻里关系紧张	
	旅游发展侵占了社区居民(我的)生活空间	

注：()括号内为针对居民的问卷题项表述。

---

① Kunasekaran P, Gill S S, Ramachandran S, et al. Measuring sustainable indigenous tourism indicators: a case of Mah Meri ethnic group in Carey Island, Malaysia[J]. Sustainability, 2017, 9(7): 1-20.
② Kim K, Uysal M, Sirgy M J. How does tourism in a community impact the quality of life of community residents [J]. Tourism Management, 2013, 36(1): 527-540.
③ 杜宗斌, 苏勤. 乡村旅游的社区参与、居民旅游影响感知与社区归属感的关系研究——以浙江安吉乡村旅游地为例[J]. 旅游学刊, 2011, 26(11): 65-70.
④ 卢小丽. 居民旅游影响感知、态度与参与行为研究[J]. 科研管理, 2012, 33(10): 138-144.
⑤ 张娟娟. 少数民族社区居民旅游影响认知研究——以西安市回坊为例[D]. 西安: 陕西师范大学, 2012: 23-50.
⑥ 江增光, 郭文. 旅游地居民空间全能感知、旅游影响感知及开发态度的关系——以江南古镇同里为例[J]. 商业经济研究, 2016, 35(1): 188-191.
⑦ Su M M, Wall G. Community participation in tourism at a world heritage site: Mutianyu Great Wall, Beijing, China[J]. International Journal of Tourism Research, 2014, 16(2): 146-156.
⑧ Boley B B, McGehee N G, Perdue R R, et al. Empowerment and resident attitudes toward tourism: strengthening the theoretical foundation through a Weberian lens[J]. Annals of Tourism Research, 2014, 49(5): 33-50.
⑨ Kunasekaran P, Gill S S, Ramachandran S, Shuib A, Baum T, Afandi S H M. Measuring sustainable indigenous tourism indicators: a case of Mah Meri ethnic group in Carey Island, Malaysia[J]. Sustainability, 2017, 9(7): 1-20.
⑩ Kim K, Uysal M, Sirgy M J. How does tourism in a community impact the quality of life of community residents [J]. Tourism Management, 2013, 36(1): 527-540.
⑪ Jaafar M, Rasoolimanesh S M, Ismail S. Perceived sociocultural impacts of tourism and community participation: a case study of Langkawi Island[J]. Tourism and Hospitality Research, 2017, 17(2): 123-134.

三、民族旅游增权感知题项与假设

从第三章对增权理论以及旅游增权的论述中可以看出,学者们通常将增权分为经济、心理、社会、政治等四个维度进行研究,因此,本研究也将根据增权的四个维度提出假设并进行模型的构建。

(一) 社区居民民族旅游经济增权感知假设

在基于社区层面的民族旅游发展中,经济收益是直接能够得到数据反映的指标,旅游的经济收益在很大程度上是少数民族社区进行传统文化保护、环境资源保护、历史遗迹保护以及提升居民收入和生活质量的重要基础。由于少数民族社区所处区位经济发展较为落后,因此,通过旅游发展而达到的经济增权对当地的社区建设与三农问题具有重要的影响。旅游经济增权包括居民收入、就业状况、旅游收益分配等方面(Scheyvens,1999)[①]。Boley 等(2014)[②]运用旅游经济增权研究居民旅游态度与参与行为时提出,经济增权源自经济学上的理性行为理论,并且经济增权对旅游正面影响感知产生正向作用,同时,由于经济增权后居民幸福感获得提升,从而降低了对旅游的负面感知。旅游经济增权能够让社区居民看到旅游发展后的经济利益提升,在一定程度上能够刺激居民参与当地社区旅游的意愿(马东艳,2015)[③]。虽然社区居民并不能够真正共享旅游带来的经济效应,但社区中从业机会与经济收益的增加是居民能够真实体会到的改变,定能增加居民参与旅游发展的热情(陈韵,2015)[④]。旅游经济增权的效应最为明显,社区居民能够从收入提升以及社区建设等方面感知到经济增权效应,并且旅游经济增权是刺激居民参与旅游发展、从事旅游工作的重要因素(吕莹,2015)[⑤]。因此,本研究在借鉴相关研究的基础上提出下列假设:

H2a,居民旅游经济增权感知对旅游消极影响感知具有负向影响;

H2b,居民旅游经济增权感知对旅游积极影响感知具有正向影响;

H2c,居民旅游经济增权感知对旅游参与意愿具有正向影响。

(二) 社区居民民族旅游心理增权感知假设

心理增权包括个体对工作价值的认识、对自身胜任工作能力的认可、对工作自主权的认知、对工作效果的影响等四个方面,是个体从工作中获得动力与有价值的经验以及对自身进行评判的重要途径(Thomas 和 Velthouse,1990)[⑥]。Woosnam 等(2009)[⑦]通过研究发现,居民的心理增权很大程度上来自旅游者与居民对本地文化、历史、景色的认知程度。同

---

① Scheyvens R. Ecotourism and the empowerment of local communities[J]. Tourism Management, 1999, 20(2): 245-249.
② Boley B B, McGehee N G, Perdue R R, et al. Empowerment and resident attitudes toward tourism: strengthening the theoretical foundation through a Weberian lens[J]. Annals of Tourism Research, 2014, 49(5): 33-50.
③ 马冬艳. 旅游增权、社区参与和公平感知的关系研究——以四川理县桃坪羌寨为例[J]. 中央民族大学学报(哲学社会科学版), 2015, 42(4): 104-111.
④ 陈韵. 广东滨海旅游发展的权利困境与社区增权研究——以阳江海陵岛为例[D]. 广州:广州大学, 2015: 36-58.
⑤ 吕莹. 崂山风景区内社区增权研究[D]. 青岛:青岛大学, 2015: 1-63.
⑥ Thomas K W, Velthouse B A. Cognitive elements of empowerment: an "interpretive" model of intrinsic task motivation[J]. The Academy of Management Review, 1990, 15(4): 666-681.
⑦ Woosnam K M, Norman W C, Ying T. Exploring the theoretical framework of emotional solidarity between residents and tourists[J]. Journal of Travel Research, 2009, 48(2): 245-258.

时,心理增权也包括社区居民对旅游发展持有的态度,尤其是当获得自尊心与自豪感后,居民会对旅游持有更正面的态度,从而感知到更多的旅游正面影响。旅游领域中的心理增权可以理解为旅游发展后游客对社区独特的景观、文化等方面的推崇,促使居民获得自尊心与自豪感,也包括相关的教育培训使居民在从事旅游工作中更有信心,并且形成对旅游发展影响的正面感知(吕秋琳,2012)[1]。Fan 等(2016)[2]在进行工作环境感知、心理增权与工作参与的研究中发现,员工心理增权感知程度越高,越能够激发他们工作的积极性,进而提升员工对其工作的成就感。郑永君(2017)[3]在研究社区青年矫正增权机制时发现,心理因素是提升青年居民自我权力的重要因素,且心理层面的增权能够促进矫正青年群体在社区交往的互动频率以及参与社区事务的程度。同时,居民在旅游发展后所形成的心理增权会在一定程度上降低其对于旅游发展的负面影响感知(Boley 等,2014)[4],并且居民在旅游发展后获得心理上的自尊心与自豪感也能够促进其参与旅游发展的意愿(修新田和陈秋华,2014)[5]。张静静(2014)[6]在研究心理增权与员工工作行为的分析中指出,较高程度的员工心理增权感知能够正向地影响其工作行为和参与工作的积极性。吴小云(2010)[7]从领导风格与提升员工自主控制工作能力的角度来进行工作效率的研究,发现领导给予员工更多权力能够提升员工心理增权,并激发员工参与集体工作的意愿。Li(2016)[8]将心理增权划分为个人心理增权与相互交往增权,通过研究发现,心理增权与主动使用社交媒体行为间具有显著的正向关系。因此,本研究在借鉴相关研究的基础上提出下列假设:

H3a,居民旅游心理增权感知对旅游消极影响感知具有负向影响;

H3b,居民旅游心理增权感知对旅游积极影响感知具有正向影响;

H3c,居民旅游心理增权感知对旅游参与意愿具有正向影响。

(三) 社区居民民族旅游社会增权感知假设

社会增权是社会环境中的条件,人们可以利用这样的条件取得机会且有效地利用资源来完成个人的选择,并维持对环境的掌控。个体增权与社会增权是紧密联系的,当个人形成社会增权时也能够通过个人的选择达到个体增权,而社区层面的社会增权往往由不同的居民个体增权所组成,因此,在社区层面研究社会增权的主要途径就是对社区中的居民及其他

---

[1] 吕秋琳. 增权理论视角下社区参与乡村旅游可持续发展研究[D]. 济南:山东大学,2012:33-52.

[2] Fan Y, Zheng Q, Liu S, et al. Construction of a new model of job engagement, psychological empowerment and perceived work environment among Chinese registered nurses at four large university hospitals: implications for nurse managers seeking to enhance nursing retention and quality of care[J]. Journal of Nursing Management, 2016, 24(5): 646-655.

[3] 郑永君. 青少年社区矫正对象的社会支持及其增权机制[J]. 青年探索, 2017, 35(2): 36-44.

[4] Boley B B, McGehee N G, Perdue R R, et al. Empowerment and resident attitudes toward tourism: strengthening the theoretical foundation through a Weberian lens[J]. Annals of Tourism Research, 2014, 49(5): 33-50.

[5] 修新田,陈秋华. 山村社区参与森林旅游发展的增权路径研究[J]. 林业经济,2014,36(3):96-101,107.

[6] 张静静. 服务业员工心理授权与组织公民行为关系实证研究——基于反馈的调节作用[D]. 重庆:重庆大学,2014:55-64.

[7] 吴小云. 变革型领导影响下属满意度和组织承诺的路径研究[D]. 上海:复旦大学,2010:111-145.

[8] Li Z. Psychological empowerment on social media: who are the empowered users[J]. Public Relations Review, 2016, 42(1): 49-59.

成员的个体增权进行系统分析（Kirst-Ashman，2007）[①]。袁文（2014）[②]认为，旅游社区中的社会增权会对原本较为闭塞的传统社区造成社会结构与社会形态上的影响，社会增权提倡的公平性原则能够加强社区成员间的紧密联系，同时也能够为居民在旅游发展中的参与提供能量。Boley等（2014）[③]指出，社会增权带来的社区建设的凝聚力、居民对社区的归属感与居民之间的合作精神能够影响居民对旅游影响的反馈，尤其是社会增权与居民旅游影响感知之间存在着正向关系，社会增权也会因为影响居民对于旅游发展的感知，进而影响居民对社区层面旅游发展的态度及行为，也会在一定程度上影响居民参与旅游发展的积极性。

Scheyvens（1999）[④]在探讨旅游领域中不同增权维度及定义的研究中也明确指出，社会增权维度中对社区凝聚力、社区居民认知、社区关系网络以及社会结构的关注与社会资本理论对认知、关系、结构的探讨具有一脉相承的关系。社会资本注重的网络成员掌握的资源及运用资源的能力受到增权效应的影响，尤其是社会增权效应改变了社区内部个体与组织之间的角色地位与交往关系，使社会资本网络发展获得新的动力（曾小溪，2014）[⑤]。Stanton-Salazar（2011）[⑥]通过研究发现，个体通过社会资本积累所形成的能力与个体的增权具有正向关系，尤其是作用于个体层面的社会增权感知对社会资本的积累与网络的建立与维护具有正面的作用。增权所强调的权力及对权力关系的维护对社会资本具有重要的影响，尤其是社区增权所形成的权力网络结构对当地社会资本的关系网络具有影响，主要体现为当地居民在道德、信任、规范等方面的改变（潘炳韬和周林刚，2011）[⑦]。Ansari等（2012）[⑧]认为，社区居民的增权效应感知对社会资本的形成具有正面的影响作用，社区层面的增权感知对居民的社会交往、关系维护、社区归属感等方面均具有正面的影响。曹伟等（2017）[⑨]通过研究证明了权力关系的改变对社会资本投入与积累的正向影响，当地方社会政治权力开始更迭时，企业就会加大对社会资本关系网络的投入力度，以此来适应权力改变对社会交往关系的影响。McGehee等（2010）[⑩]在研究基于旅游发展的社会资本对其他形式资本影响的研究中发现，社会资本与增权理论中的社会增权维度具有极为紧密的关系，两者涉及的研究内容具有共通性，而社会资本又是社会增权维度在社区层面的具体体现，因此，在研究中应该充分

[①] Kirst-Ashman K K. Human Behavior, Communities, Organizations, and Groups in the Macro Social Environment: An Empowerment Approach[M]. Belmont: Thomson, 2007.266-267.

[②] 袁文. 湘西凤凰古城社区参与旅游发展的增权路径研究[D]. 武汉：华中师范大学，2014：20-35.

[③] Boley B B, McGehee N G, Perdue R R, et al. Empowerment and resident attitudes toward tourism: Strengthening the theoretical foundation through a Weberian lens[J]. Annals of Tourism Research, 2014, 49(5): 33-50.

[④] Scheyvens R. Ecotourism and the empowerment of local communities[J]. Tourism Management, 1999, 20(2): 245-249.

[⑤] 曾小溪. 专业社工机构培育社区社会组织路径探析——以来年自助学堂为例[D]. 北京：中国青年政治学院，2014：28-48.

[⑥] Stantaon-Salazar R D. Study of institutional agents and their role in the empowerment of low-status students and youth[J]. Youth & Society, 2011, 43(3): 1066-1109.

[⑦] 潘炳韬，周林刚. 助残公益组织完善增权机制探讨——基于社会资本理论的分析[J]. 残疾人研究，2011，1(3)：57-62.

[⑧] Ansari S, Munir K, Gregg T. Impact at the 'bottom of the pyramid': the role of social capital in capability development and community empowerment[J]. Journal of Management Studies, 2012, 49(4): 813-842.

[⑨] 曹伟，杨德明，赵璨，等. 地方政治权力转移与企业社会资本投资周期——基于政企关系重构的动态研究[J]. 财经研究，2017，43(1)：4-16.

[⑩] McGehee N G, Lee S, O'Bannon T L, et al. Tourism-related social capital and its relationship with other forms of capital: an exploratory study[J]. Journal of Travel Research, 2010, 49(4): 486-500.

考虑社会增权对社会资本的影响。Boley和McGehee(2014)[①]在旅游增权的量化研究以及旅游增权量表开发的研究中对旅游社会增权维度的探讨表明,社会增权维度的测量题项与社会资本的测量题项具有相似性与包容性,并且社会资本积累与社会增权感知之间存在联系。

因此,本研究在借鉴相关研究的基础上提出下列假设:

H4a,居民旅游社会增权感知对旅游消极影响感知具有负向影响;

H4b,居民旅游社会增权感知对旅游积极影响感知具有正向影响;

H4c,居民旅游社会增权感知对社会资本感知具有正向影响;

H4d,居民旅游社会增权感知对旅游参与意愿具有正向影响。

(四)社区居民民族旅游政治增权感知假设

关于旅游发展的社区层面的政治增权过程需要通过能够代表社区集体利益的旅游发展机构来实现,其中供居民参与旅游发展决策的平台具有举足轻重的作用:一方面能够确保居民参与的长效途径;另一方面能够为交流旅游事务提供机会(保继刚和孙九霞,2008)[②]。旅游政治增权是社区居民均享旅游发展机会的制度保障,其中最重要的一环就是使居民能够获得对旅游决策的话语权,同时由制度保障旅游决策参与机制形成,确保居民的旅游参与热情与机会(王纯阳和黄福才,2013)[③]。政治增权对于个人的创业精神、参与社区公共事务的积极性具有很大的影响,尤其是对政府颁布的法律和法规的支持态度(Goltz等,2015)[④]。增权与保障体系、法律法规、政治结构等的结合是社区居民在旅游发展中得到权力并且使用权力的根本,基于此产生的社区自治才是确保居民参与的基础(左冰和保继刚,2012)[⑤]。由此可以看出,旅游政治增权能够提升社区居民参与社区旅游发展的意愿。政治增权能够使社区居民参与旅游发展决策,并能够影响居民对旅游影响的正面态度,进而能够在很大程度上提升居民对旅游发展的支持,所以相较于其他三个维度的增权,政治增权是与居民旅游发展感知与权力获得具有最紧密关系的因素(Bolcy,2014)[⑥]。因此,本研究在借鉴相关研究的基础上提出下列假设:

H5a,居民旅游政治增权感知对旅游消极影响感知具有负向影响;

H5b,居民旅游政治增权感知对旅游积极影响感知具有正向影响;

H5c,居民旅游政治增权感知对旅游参与意愿具有正向影响。

为了能够更科学、系统地将案例地居民对旅游增权感知进行分类,本研究将增权理论四个维度题项进行随机排列,之后在数据分析中利用探索性因子分析并结合实际填写的情况进行归类与排序,表4-3为总结相关旅游增权研究的问卷与量表后设计的问卷题项内容。

---

① Boley B B, McGehee N G. Measuring empowerment: developing and validating the Resident Empowerment through Tourism Scale (RETS)[J]. Tourism Management, 2014, 45(1): 85-94.
② 保继刚,孙九霞. 雨棚社区旅游:社区参与方式及其增权意义[J]. 旅游论坛, 2008, 1(1): 58-65.
③ 王纯阳,黄福才. 从"社区参与"走向"社区增权"——开平碉楼与村落为例[J]. 人文地理, 2013, 28(1): 141-149.
④ Goltz S, Buche M W, Pathak S. Political empowerment, rule of law and women's entry into entrepreneurship[J]. Journal of Small Business Management, 2015, 53(3): 605-626.
⑤ 左冰,保继刚. 制度增权:社区参与旅游发展之土地权利变革[J]. 旅游学刊, 2012, 27(2): 23-31.
⑥ Boley B B, McGehee N G, Perdue R R, et al. Empowerment and resident attitudes toward tourism: Strengthening the theoretical foundation through a Weberian lens[J]. Annals of Tourism Research, 2014, 49(5): 33-50.

表4-3 民族旅游增权感知题项内容及文献来源

变量	题项	文献来源
民族社区居民旅游增权感知	旅游发展使居民(我)对自己社区成员身份感到骄傲	陈娟等(2012)① 张彦(2012)② 吕秋琳(2012)③ 刘云(2016)④ Scheyvens(1999)⑤ Boley等(2014)⑥ Boley和McGehee(2014)⑦ Lee和Nie(2017)⑧
	旅游发展让居民(我)愿意与他人分享(我)在旅游中的贡献	
	看到旅游者欣赏本社区的独特魅力使居民(我)感到自豪	
	旅游发展使居民(我)愿意与旅游者分享社区独特文化	
	旅游发展让居民(我)愿意为本社区的独特魅力而努力	
	旅游发展让居民(我)觉得与社区联系紧密	
	旅游发展让居民(我)产生奉献社区的精神	
	旅游发展扩展了居民(我)参与社区事务的途径	
	旅游发展为居民(我)提供了从事旅游业的学习培训	
	旅游发展得到了相关法律和政策的保障	
	居民(我)在旅游发展决策中有话语权	
	居民(我)能够参与社区旅游决策	
	居民(我)对旅游发展的建议具有影响力	
	居民(我)能够表达对旅游发展的意见	
	社区间拥有明确的旅游发展收益分配方式	
	旅游发展的收益能够解决居民(我)的生活负担问题	
	居民(我)的一部分收入来自本社区的旅游发展	
	居民(我)希望能够从旅游发展中获得更多的经济利益	本研究
	居民(我)未来的家庭收入将更加倚重社区的旅游发展	

注：括号内为针对居民的问卷题项表述。

四、民族旅游社会资本感知题项与假设

Saegert和Winkel(2004)⑨认为,处于积累阶段的社会资本对社区参与具有强烈并且持

---

① 陈娟,刘阳,车慧颖.增权理论视域下海岛社区参与旅游研究——以青岛市海岛社区为例[J].中国渔业经济,2012,31(4):110-117.
② 张彦.社区旅游增权研究——基于山东三个历史街区的探讨[D].济南:山东大学,2012:23-91.
③ 吕秋琳.增权理论视角下社区参与乡村旅游可持续发展研究[D].济南:山东大学,2012:33-61.
④ 刘云.组织创新气氛对员工创新行为的影响过程研究——基于心理授权与激励偏好的实证分析[D].上海:上海交通大学博士学位论文,2016:80-127.
⑤ Scheyvens R. Ecotourism and the empowerment of local communities[J]. Tourism Management, 1999, 20(2): 245-249.
⑥ Boley B B, McGehee N G, Perdue R R, et al. Empowerment and resident attitudes toward tourism: Strengthening the theoretical foundation through a Weberian lens[J]. Annals of Tourism Research, 2014, 49(5): 33-50.
⑦ Boley B B, McGehee N G. Measuring empowerment: Developing and validating the Resident Empowerment through Tourism Scale (RETS)[J]. Tourism Management, 2014, 45(1): 85-94.
⑧ Lee N A, Nie Y. Teachers' perception of school leaders' empowering behaviors and psychological empowerment: evidence from a Singapore sample[J]. Educational Management Administration & Leadership, 2017, 45(2): 260-283.
⑨ Saegert S, Winkel G. Crime, social capital, and community participation[J]. American Journal of Community Psychology, 2004, 34(3/4): 219-233.

久的影响力,能够间接通过社区增权以及直接促进社区居民参与公共事务的热情与意愿。吴梦颖(2015)①在研究在线旅游产品营销参与的论文中得出结论,社会资本对居民参与意愿具有正向影响,其中关系维度社会资本的影响最为显著,其所包含的用户之间的互惠互利程度具有重要的路径效应。Palmer 等(2011)②在研究中国城镇化进程中农民工进入城市社区参与社区事务的问题后发现,组织层面的社会资本以及社区邻里之间的互动交往对不同的社区参与形式具有重要且持久的影响。同时,更高程度的社会资本积累与居民对社区事务的参与程度之间具有紧密的关系,家庭、朋友、同事间形成的社交网络能够促进桥接式与粘附式社会资本的积累(Araten-Bergman 和 Stein,2014)③。董茜(2016)④利用社会资本的共享、规范、行为、信任等四个维度来探讨地质公园建设中的参与行为,发现社会资本的积累和改变对社区参与的意愿与行为均有正向且显著的影响。Zhao 等(2012)⑤通过研究发现,虚拟社区中成员分享知识与经验的互动参与行为,受到代表成员亲密程度的结构维度、代表成员相似程度的认知维度、代表成员相互信任的认知维度社会资本的正向影响。陈成(2015)⑥通过研究发现,社会资本对大学生公共事务参与意愿具有积极的影响作用。Zhu 和 Fu(2017)⑦发现,城市居民共享空间受到社会资本的影响,其中规范、网络联系的紧密程度、身份的认同能够提升居民对共享空间的认知,进而影响个体参与公共事务的行为。吴玉峰(2012)⑧研究了社会资本对经济参与行为的影响,发现社会资本的认知、互动、交往规范等组织与个体层面的维度对农民参与保险的决策行为具有正向影响作用。Diep 等(2016)⑨在研究网络成人教育参与时发现,社会资本中的社群归属感、成员互惠互利的规范和频率对网络成人教育参与程度具有重要的影响。黄永春(2010)⑩从社会资本的角度研究顾客参与和服务创新之间的关系,发现社会资本的不同维度对顾客参与具有重要影响,进而促进服务与产品的开放性创新。Nenadovic 和 Epstein(2016)⑪在研究渔民管理参与时发现,社会资本结构维度与认知维度的粘附性、桥接性、连接性对居民之间的关系和居民的行政参与具有正面的影响。

---

① 吴梦颖. 在线度假旅游"云营销"参与者参与意向与行为的影响研究——基于社会资本的视角[D]. 广州:暨南大学,2015:32-57.
② Palmer N A, Perkins D D, Xu Q. Social capital and community participation among migrant workers in China[J]. Journal of Community Psychology,2011,39(1):89-105.
③ Araten-Bergman T, Stein M A. Employment, social capital and community participation among Israelis with disabilities[J]. Work,2014,48(3):381-390.
④ 董茜. 社会资本视角下地质公园社区参与研究——以湖北神农架世界地质公园为例[D]. 武汉:中国地质大学 2016:83-101.
⑤ Zhao L, Lu Y, Wang B, et al. Cultivating the sense of belonging and motivating user participation in virtual communities:a social capital perspective[J]. International Journal of Information Management,2012,32(6):574-588.
⑥ 陈成. 社会资本视角下的大学生校园公共参与研究——以上海市六所高校为例[D]. 上海:上海交通大学,2015:67-111.
⑦ Zhu Y, Fu Q. Deciphering the civic virtue of communal space:neighborhood attachment, social capital, and neighborhood participation in urban China[J]. Environment and Behavior,2017,49(2):161-191.
⑧ 吴玉峰. 农村社会资本与参保决策研究——基于对 3 066 个农民的调查[D]. 武汉:华中科技大学,2012:97-168.
⑨ Diep N A, Cocquyt C, Zhu C, et al. Predicting adult learners' online participation:effects of altruism, performance expectancy, and social capital[J]. Computers & Education,2016,101(1):84-101.
⑩ 黄永春. 顾客参与新服务开发及其对绩效的影响:社会资本视角[D]. 南京:南京大学,2010:65-88.
⑪ Nenadovic M, Epstein G. The relationship of social capital and fishers' participation in multi-level governance arrangements[J]. Environmental Science & Policy,2016,61(1):77-89.

本研究在综合社会资本的认知、关系、结构三个维度并对相关研究的梳理与总结后,提出下列假设:

H6,居民社会资本感知对旅游参与意愿具有正向影响。

本文在问卷中没有按照社会资本的三个维度将测量题项进行分类,旨在结合案例地居民对旅游发展后社会资本积累的感知,通过探索性因子分析为三个维度的社会资本题项进行归类与排序。表4-4为根据社会资本相关研究及问卷与量表设计的问卷的测量内容。

表4-4 民族旅游社会资本感知题项内容及文献来源

变量	题项	文献来源
民族旅游社区居民社会资本感知	社区居民(我)的归属感	周涛和鲁耀斌(2008)① 刘静艳等(2011)② 李菁(2012)③ 李坚飞和黄福华(2013)④ 吴梦颖(2015)⑤ Zhao等(2012)⑥ Liu等(2014)⑦ Wu等(2014)⑧ Zheng等(2014)⑨
	社区居民(我和邻居)的和谐关系	
	社区居民(我)的诚信程度	
	社区居民(我)的团队合作精神	
	社区居民(我)的道德规范	
	社区居民(我)对管理机构的信任	
	社区居民(我)在旅游事务中承担的责任与义务	
	与亲朋分享社区旅游发展信息	
	向亲朋征询从事旅游业的意见	
	社区女性居民社会地位的提升	
	社区相关旅游组织的成立	
	旅游志愿者组织进入本社区	
	社区旅游组织、居民、政府、政府旅游机构的紧密合作	

---

① 周涛,鲁耀斌. 基于社会资本理论的移动社区用户参与行为研究[J]. 管理科学,2008,21(3):43-50.
② 刘静艳,陈阁芝,肖悦. 社会资本对生态旅游收益与居民环保意识关系的调节效应[J]. 旅游学刊,2011,26(8):80-86.
③ 李菁. 云南鹤庆新华村社会资本参与乡村旅游发展研究[J]. 旅游论坛,2012,5(3):80-86.
④ 李坚飞,黄福华. 中小企业共同物流服务稳定性的影响机理——基于社会资本理论的结构解析与实证检验[J]. 系统工程,2013,31(7):52-58.
⑤ 吴梦颖. 在线度假旅游"云营销"参与者参与意向与行为的影响研究——基于社会资本的视角[D]. 广州:暨南大学,2015:32-60.
⑥ Zhao L, Lu Y, Wang B, et al. Cultivating the sense of belonging and motivating user participation in virtual communities: a social capital perspective[J]. International Journal of Information Management, 2012, 32(6): 574-588.
⑦ Liu J, Qu H, Huang D, et al. The role of social capital in encouraging residents' pro-environmental behaviors in community-based ecotourism[J]. Tourism Management, 2014, 41(4): 190-201.
⑧ Wu Q, Tsang B, Ming H. Social capital, family support, resilience and educational outcomes of Chinese migrant children[J]. British Journal of Social Work, 2014, 44(3): 636-656.
⑨ Zheng H, Li D, Wu J, et al. The role of multidimensional social capital in crowdfunding: a comparative study in China and US[J]. Information & Management, 2014, 51(4): 488-496.

(续表)

变量	题项	文献来源
民族旅游社区居民社会资本感知	从事社区旅游业居民间的互惠互利	本研究
	政府、政府旅游机构等正式组织对社区旅游的引导与监管	
	基于养老、血缘形成的非正式组织对社区旅游的支持与配合	

注：括号内为针对居民的问卷题项表述。

根据对居民旅游发展社会资本感知、旅游增权、旅游社区参与意愿、旅游影响等维度的阐述与对相关研究量表的总结与开发，结合提出的假设，本研究在行动者网络理论版框架下构建出基于相关理论的假设模型，如图4-1所示，将居民对当地旅游发展后政治、经济、心理、社会增权的感知与旅游发展后的影响感知作为人类因素对待。将当地具有少数民族传统特色的社会资本，包括道德准则、信任、互惠互利等因素作为非人类因素对待，并将居民对旅游参与的认知程度和参与意愿作为人类与非人类因素的结合，综合性地考虑民族旅游社区参与机制的影响因素与机理。

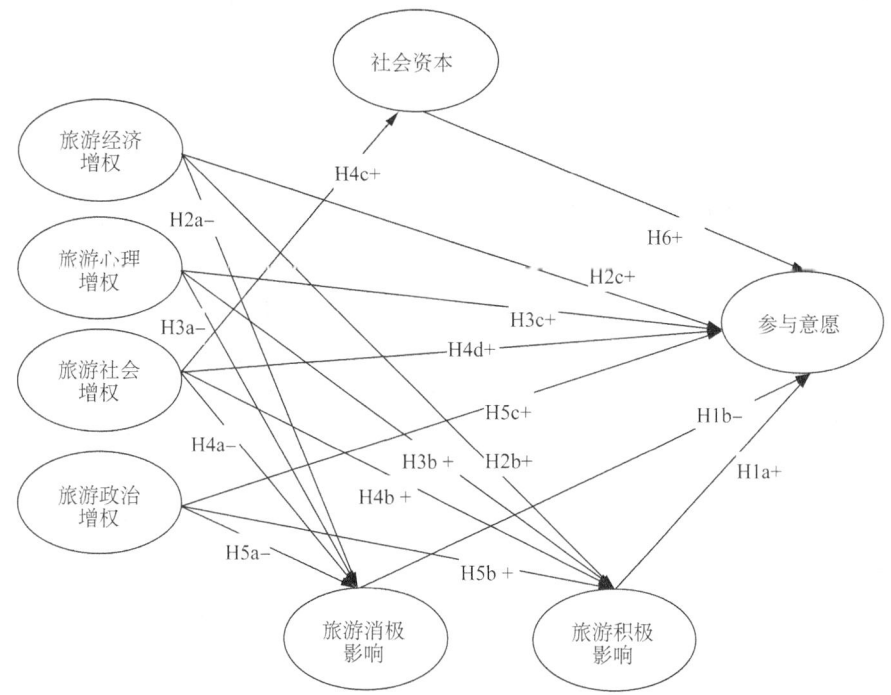

图4-1 民族旅游社区参与意愿实证研究假设模型

注：+表示正相关，−表示负相关。

第五章 民族旅游社区参与机制模型分析及检验

第一节 肇兴侗寨民族旅游发展相关背景

一、案例地区位背景

（一）贵州省黔东南的区位背景

贵州省位于中国西南部，与四川省、湖南省、云南省、广西壮族自治区、重庆市接壤，面积17.62万平方千米，全省92%以上的面积为丘陵和山地(贵州年鉴编辑部，2017)[①]。随着省内交通基础设施的改善，贵州成为西南地区的交通枢纽，尤其在我国高铁路网及车站建设日趋完善的今天，贵州省已经成为我国重要的高铁枢纽之一。

贵州省是我国著名的民族旅游目的地和山地旅游大省，也是国家首个大数据综合试验区、国家生态文明试验区和内陆开放型经济试验区，下辖6个地级市、3个民族自治州。贵州省的旅游资源非常丰富，以安顺市黄果树龙宫景区和黔西南布依族苗族自治州马岭河峡谷等为代表的自然旅游资源、以遵义市遵义会议会址与四渡赤水遗址等为代表的红色旅游资源、以黔东南苗族侗族自治州各苗乡侗寨为代表的少数民族旅游资源使贵州愈发旅游者和市场的青睐(赵芸，2017)[②]。2017年，贵州省旅游总收入为7 116.81亿元，截至2017年年底，全省拥有5个5A级景区、95个4A级景区(黔讯网，2018)[③]。贵州省是我国少数民族人口数量分布大省，拥有17个世居少数民族，其中苗族、侗族、布依族、土家族、彝族、水族、回族、仡佬族等是典型代表。近些年，随着人口流动和迁移，贵州全省的民族成分为56种，包含我国所有的少数民族族群(杨军昌，2017)[④]。

黔东南苗族侗族自治州(简称黔东南州)位于贵州省东南部，与湖南省以及广西壮族自治区接壤，全州属于亚热带季风气候区，面积3.03万平方千米。全州下辖1市、15县，是贵州少数民族人口分布最多的州(黔东南年鉴编纂委员会，2017)[⑤]。同时，全州境内拥有33个

[①] 贵州年鉴编辑部. 2017贵州年鉴[M]. 贵阳：贵州年鉴出版社，2017：51-52.
[②] 赵芸. 基于智慧旅游的贵州旅游业发展策略研究[J]. 宏观经济管理，2017,33(S)：8-9.
[③] 黔讯网. 2017年贵州接待海内外游客7.44亿人次，总收入7 116亿[EB/OL]. (2018-02-07)[2020-12-11]. http://news.sina.com.cn/c/2018-02-07/doc-ifyrkrva4467568.shtml.
[④] 杨军昌. 贵州民族人口数量的变动历程与分析[J]. 人口·社会·法制研究2015—2016年卷，2017，8(1)：3-17.
[⑤] 黔东南年鉴编纂委员会. 2017黔东南年鉴[M]. 昆明：云南科技出版社，2017：74-76.

民族成分,其中苗族、侗族、汉族、布依族和水族为主要的民族人口群体(黔东南州统计局,2016)①。2017年,黔东南州旅游收入为837亿元,旅游总收入占全州GDP比例已超过60%,旅游业已经成为州主导型产业(黔东南微报,2017)②。随着路网基础设施的完善,黔东南州产业布局与升级力度加大,高科技工业园区的建设将医药、信息、加工、农业等不同产业有机结合,同时也在高铁沿线进行旅游景区打造,其中肇兴侗寨景区的发展获得了前所未有的动力(许勇等,2017)③。

黔东南苗族侗族自治州境内旅游资源丰富,包括26个核心旅游资源和目的地,不仅拥有国家级地质、森林公园与重点文物保护单位,还拥有"黎平侗族大歌"这一著名的世界非物质文化遗产(王焕茹等,2018)④。

(二)案例地的区位背景

黔东南苗族侗族自治州是贵州省少数民族人口分布最多的州,在全国第六次人口普查中,黔东南苗族侗族自治州少数民族总人口为272.53万人,占全州总人口的78.19%。其中,凯里市(35.74万人)、黎平县(33.88万人)、榕江县(27.22万人)、天柱县(25.74万人)、从江县(23.16万人),五个县、市的少数民族人口相加总数为145.74万人,占全州少数民族人口总数的53.58%。黔东南苗族侗族自治州所属区县中,黎平县的侗族人口最多,黎平县也是全省侗族人口分布最多的县,侗族人口为268 665人,占黔东南州侗族人口的74.4%,占全省侗族人口的18.8%。据研究人员在案例地肇兴侗寨景区派出所户籍管理部门调研所获信息,调研时,景区内有1 134户居民,共3 965人,其中2 044人为男性、1 982人为女性,18岁以下为929人、18~35岁为971人、35~60岁为1 407人、60岁以上为658人,人均国内生产总值(GDP)为9 700元。

案例地肇兴侗寨景区位于贵州省黔东南苗族侗族自治州黎平县东南部,占地面积18万平方米,是全国规模最大的侗族村寨之一。黎平县位于黔东南苗族侗族自治州南部,南与广西三江侗族自治县相邻,东与湖南靖州苗族自治县、侗族自治县相邻,西与贵州从江县、榕江县相邻,北与贵州锦屏县、剑河县相邻,是贵州东入湖南与湖北、南下广西与广东的门户,形成了较好的初级旅游客源市场。肇兴侗寨景区距县城约70千米。黎平机场、高铁从江站以及贵阳至黎平的高速公路是游客抵达肇兴侗寨景区的主要交通方式,尤其是在贵阳至广州、贵阳至桂林的高铁投入运营后,乘高铁从贵阳到黎平仅需1个小时,从广州到黎平只需3个多小时,从桂林到黎平也只需要50多分钟,这从时间上拉近了肇兴侗寨景区与周边几个重要客源市场的距离,并且舒适、安全的高铁近些年也受到游客的青睐,因此,肇兴侗寨景区的区位发展优势不断扩大,客源市场得到进一步地拓展(宜平,2017)⑤。2017年,黎平县创造

---

① 黔东南州统计局. 2016黔东南统计年鉴[M].北京:中国文史出版社,2016:54-56.
② 黔东南微报.大美黔东南魅力耀四方:2017黔东南旅游发展综述[EB/OL]. (2017-12-14)[2020-12-11].http://www.sohu.com/a/212 454080_654922.
③ 许勇,江婷婷,方亚丽. 黔东南:"三大战略"助推跨越发展[J]. 当代贵州,2017,23(15):46-47.
④ 王焕茹,罗永常,尚海龙,等. 全域旅游视角下民族地区旅游业发展的策略研究——以黔东南州为例[J]. 中国市场,2018,24(2):238-240.
⑤ 宜平. 贵州肇兴侗寨旅游发展分析[J]. 旅游纵览(下半月),2017,27(12):91-92.

旅游收入38亿元,成为黔东南苗族侗族自治州旅游收入增幅较大的县(杨理显,2018)[①],黎平全县内最为著名的旅游景点就是肇兴侗寨景区,可见肇兴侗寨景区对当地的旅游收入提升具有较大的促进作用。

二、肇兴侗寨景区资源背景

(一) 肇兴侗寨景区的文化资源

侗族原本是百越族的一个分支,分布于东南沿海,随着民族的发展,逐步地往西南山区迁徙。侗族的文化资源有着与其他民族的不同的特点,侗族人生产方式、生活方式、意识形态上的独特性,造就了其文化的特殊性与多样性。从侗族文化的历史发展角度来看,贵州的侗族随着时间的推移逐步演变成了"南侗"与"北侗"两个分支,"南侗"比"北侗"更多地接受和保存了特色的建筑、生活方式、宗教信仰,并且由于文化传承程度的不同,两个侗族分支在语音、语调等方面也产生了差异(贵州省民族事务委员会,2016)[②]。侗族建筑以杉木为主料并常选址在依山傍水之地;饮食则以酸食为主且以蒸煮为主要烹饪方式;服饰以女装最为华丽并配之以较重的银饰,有着50余种穿戴方式;礼仪与节庆均尊崇历史传统;崇拜龟婆(侗族雌性祖先)、萨玛(远古女神)、丈妹(繁衍人类之神),更相信掌管世间万物的不同神灵;歌舞则是侗族传承历史与习俗的重要载体,并且是当今侗族最为重要的形象符号;侗族人倡导的人人平等、和谐生存、安逸稳定的价值观成为重要的行为准则,作为"南侗"分支代表村寨的肇兴侗寨景区的侗族居民,其文化也具有更加纯朴与原生态的特质(傅安辉,2013)[③]。因此,肇兴侗寨景区中的侗族居民的传统文化注重集体主义、创新精神、心灵手巧、民本理念、内敛克己、道德为上等,这些特点在现代文化影响下,作用于肇兴侗寨各个方面的发展。

(二) 肇兴侗寨景区的自然资源

肇兴侗寨景区依山傍水,建立于大山包围之中的盆地,海拔410米。受亚热带季风气候的影响,侗寨时常被云雾笼罩,形成了独特的自然风光。寨中有一条提供寨民生产、生活用水的主要河流,也为肇兴侗寨景区增添了几分秀美与隽永。肇兴侗寨景区年最高气温为摄氏31℃、最低气温为-5℃,年平均湿度为68%,年平均降雨量为1 100 mm,绿化率为80%,年空气质量优良率为95%,景区气候宜人、适宜居住(吴志培,2016)[④]。肇兴侗寨景区周围山体资源十分丰富,为当地提供了丰富的木材资源,木材多用于寨中的建筑修缮。同时,山体中的动植物多样性,也为当地居民的饮食与农耕工具的制作带来便利。侗族长期传承下来的林耕技术在很大程度上也促进了当地林业资源的可持续利用与保护。依山而筑的梯田在增添肇兴侗寨景区自然景观的同时,也充分体现了侗族居民极强的环境适应能力与坚韧的生存能力。肇兴侗寨的耕地以水田为主,由侗族居民总结并创新的"稻鱼鸭共生系统"是侗族农耕技艺的具体体现,也因为其对生态系统与当地自然环境的保护作用,而成为"全球

---

① 杨理显. 黎平县2017年旅游收入达38亿[EB/OL].[2018-01-17]. http://www.qdnrbs.cn/news/content/2018-01/17/102_11023.html.
② 贵州省民族事务委员会. 侗族文化大观[M]. 贵阳:贵州民族出版社,2016:1-14.
③ 傅安辉. 侗族文化多样性简论[J]. 凯里学院学报,2013,31(2):1-7.
④ 吴志培. "公益捐步"给黎平县肇兴景区带来的微妙变化[EB/OL].[2016-05-31]. http://www.qdnwm.gov.cn/index.php?m=content&c=index&a=show&catid=23&id=16982.

重要农业文化遗产"保护试点。该农耕方法尊重与保护当地自然资源,能够控制病虫灾害、增加田地土壤活力、增加水资源的储存,在一定程度上也是对当地的生物多样性进行保护(石敏,2016)[①]。侗族对于自然万物的崇敬也使当地居民具备一定的自然环境保护意识,尤其是侗族居民对山神、水神、土地神、树木神、稻谷神的敬畏,为当地在经历上百年的发展后还能保持良好的自然生态环境奠定了基础。由于肇兴侗寨景区拥有良好的自然生态环境,肇兴镇政府与相关部门以"公益捐步"的形式来宣传自然环境对人类生存的重要性,并以此为契机将当地自然资源与公益事业、旅游事业进行结合。

(三) 肇兴侗寨景区的旅游资源

肇兴侗寨景区素有"中国第一侗寨"之称,也有"侗乡第一寨"的美誉,是国家AAAA级旅游景区。景区由三个村组成,分别为肇兴村、肇兴中寨村、肇兴上寨村。景区内最重要的旅游资源分别为以鼓楼为代表的历史人文建筑资源以及以侗族歌舞为代表的非物质文化艺术资源。景区内有五座以"智、仁、义、礼、信"为名的鼓楼建筑群,鼓楼群不仅是侗族人民生活、节庆的重要载体,也是侗族民间工匠技艺的具体展现(萧跃,2017)[②]。同时,坐落于河流不同区域的花桥、水车、戏台、祭祀台、吊脚楼,同样体现了侗族人民心灵手巧与独特的建筑艺术。鼓楼、花轿、戏台、祭祀台、水车、吊脚楼的交相辉映,在白天阳光与夜晚灯光的照射下展现出肇兴侗寨的独特人文建筑景观,成为当地重要的旅游吸引物与宣传形象(曾钰诚和杨帆,2017)[③]。当地与挪威政府合建的侗族生态博物馆、侗族文化展示中心是侗族生态文化的重要展示窗口,也是促进旅游者了解侗族传统文化与生活方式的重要途径。2009年被列为世界非物质文化遗产的侗族大歌不仅是侗族人民独特艺术的具体展现,也是侗族人民传承文化、记录历史的主要方式,其无伴奏、多声部、无指挥的美妙声音,配以身穿侗族自制民族服饰的舞者,是视觉与听觉的盛宴(冯耘,2016)[④]。肇兴侗寨每晚的侗族文艺演出所展示的侗族歌舞也是吸引旅游者驻足欣赏的重要资源。侗族独特的节庆及相应风俗也是肇兴侗寨重要的旅游资源,如村寨间相互拜访的"月也"风俗、盛大庄严的"萨岁"祭拜仪式、大年庆祝的春节、小年庆祝的侗年、体育盛会斗牛节、农耕盛事播种节、尝新节、采桑节、艺术盛会赶歌会、对歌节等。

三、肇兴侗寨景区旅游发展背景

(一) 肇兴侗寨景区国内旅游人数状况

2001年黔东南苗族侗族自治州国内旅游人次为125.95万,其中,施秉县、凯里市、镇远县、黎平县吸引的国内旅游者数量较高;岑巩县、台江县、三穗县吸引的国内旅游者人数较少。2004年黔东南苗族侗族自治州吸引的国内旅游人次为238.84万,其中,凯里市、施秉县、镇远县、黎平县吸引的国内旅游者数量较高;台江县、岑巩县、三穗县吸引的国内旅游者

[①] 石敏. 从"稻鱼鸭共生系统"看侗族的原生饮食——以贵州从江县稻鱼鸭共生系统为例[J]. 中国农业大学学报(社会科学版), 2016, 33(3): 76-82.
[②] 萧跃. "侗乡第一寨"肇兴[J]. 中国地名, 2017, 34(4): 54-55.
[③] 曾钰诚, 杨帆. 从建筑现象看民族传统村落文化的迷失与"回归"——以贵州肇兴侗寨为例[J]. 石河子大学学报(哲学社会科学版), 2017, 31(4): 92-99.
[④] 冯耘. 传承与发展:肇兴侗寨乡村旅游发展研究[J]. 旅游纵览, 2016, 26(5): 127.

人数较少。2007年黔东南苗族侗族自治州吸引的国内旅游人次为874.13万,其中,凯里市、施秉县、黎平县、镇远县吸引的国内旅游者数量较高;岑巩县、台江县、锦屏县吸引的国内旅游人数较少。2010年黔东南苗族侗族自治州吸引的国内旅游人次为1 502.78万,其中,凯里市、雷山县、镇远县、剑河县吸引的国内旅游者数量较高;台江县、天柱县、锦屏县吸引的国内旅游者人数较少。2013年黔东南苗族侗族自治州吸引的国内旅游人次为3 035万,其中,凯里市、镇远县、雷山县、榕江县吸引的国内旅游者数量较高;岑巩县、丹寨县、天柱县吸引的国内旅游者人数较少。2016年黔东南吸引的国内旅游人次为6 672.87万,其中,凯里市、雷山县、镇远县、榕江县吸引的国内旅游者数量较高;岑巩县、丹寨县、黄平县吸引的国内旅游者数量较少。

2001—2016年,作为黔东南苗族侗族自治州州府的凯里市吸引的国内旅游者人数的基数和增幅均处于领先地位,说明凯里市是黔东南苗族侗族自治州的旅游集散地;镇远县的人文旅游资源、施秉县和剑河县的自然旅游资源丰富,到访国内旅游者人数不断增加;黎平、从江、榕江、雷山等县拥有丰富的民族文化资源,到访国内旅游者人数增幅较大;岑巩、丹寨、天柱等县吸引的国内旅游者人数较少,但近些年发展势头良好。

肇兴侗寨景区作为黔东南苗族侗族自治州黎平县最为著名的旅游景区之一,旅游发展的速度也越来越快,接待国内旅游者的人数也逐年扩大。尤其是作为中国最大的侗寨,其吸引了越来越多的国内外旅游者的到访,近些年肇兴侗寨景区声名远扬。

(二)肇兴侗寨旅游发展阶段

肇兴侗寨景区的发展经历了不同的阶段,每个阶段的发展也对肇兴侗寨景区形成了不同的影响。为了能够清晰展现肇兴侗寨景区旅游发展的历史进程,本研究将结合旅游地生命周期的框架来阐述肇兴侗寨景区旅游发展背景。

第一,探查阶段(1982—1997年)。肇兴侗寨在这一时期并没有形成景区,仅有一些国外的记者与学者造访侗寨,但随着美国《国家地理》杂志对原生态保持完好的肇兴进行报道之后,国内外的学者与媒体记者开始更多地关注与到访这个还未被开发的古朴侗寨。处于探查阶段的肇兴侗寨并没有任何的旅游基础设施,也几乎没有任何旅游的接待能力,但却保持了肇兴侗寨最具原汁原味的侗族文化特色与良好生态环境,这也成为肇兴侗寨后来发展民族旅游与生态旅游的重要保障。

第二,参与阶段(1998—2001年)。随着知名度的不断攀升,肇兴侗寨的侗族文化得到了大力的宣传,尤其是肇兴侗族的歌舞表演成为这一时期的重点推介产品,肇兴侗寨建成了第一个涉外宾馆。当地政府提出的发展旅游的战略成为支撑肇兴侗寨发展旅游、发展经济的重要政策支撑。同时,肇兴侗寨承办的侗族鼓楼文化节也将肇兴的人文旅游资源推向市场,鼓楼建筑成为肇兴侗寨的重要形象符号。在参与阶段,肇兴侗寨开始重视旅游基础设施建设与市场的宣传,因此,慕名而来的旅游者开始增多,为当地创造了一定的经济效益。

第三,发展阶段(2002—2009年)。随着旅游经济效应的不断扩大,黎平县政府与相关旅游机构更加重视对肇兴侗寨的旅游投入,针对景区内的基础设施、接待能力、旅游宣传等方面进行了发展和升级。景区内客栈、餐馆、纪念品店的数量不断增加。景区于2002年被列入"世界吉尼斯纪录",2005年被《中国国家地理》评为"中国最美的六大乡村古镇",2007年被《国家地理旅行者》杂志评选为"全球最具诱惑力的33个旅游目的地"之一(贺能坤,2009)[①],直接提升了肇兴侗寨的美誉度与知名度,使越来越多的游客到访。

第四,停滞阶段(2010—2013年)。受修建高速公路的影响,原本定在肇兴举办的旅游发展大会与相关活动未能举办,在一定程度上影响了景区的继续发展。由于到访游客数量的锐减,景区内的客栈、餐馆、纪念品店的发展受到了严重的冲击,使当地居民对旅游发展支持程度降低。由于投入不能持续,停滞的建设与违章建筑严重影响了景区的景观,也使景区发展受阻(吴家贤,2012)[②]。

第五,复苏阶段(2014年至今)。2014年贵阳至桂林的高铁、贵阳至广州的高铁开始进入调试运营,紧邻高铁从江站的肇兴侗寨的旅游发展又获新机。高速公路的修建使肇兴侗寨到贵阳、到凯里市的路程与时间缩短,使肇兴侗寨成为黔东南民族旅游线路上重要的旅游景点。交通的改善,使肇兴侗寨的旅游发展呈现明显的反弹。2017年有学者统计,景区内有200多家客栈、5 000多个床位、30多家餐馆、60多家旅游纪念品商店;从事餐饮的有28户53人,从事民宿的有18户49人,从事纪念品商店的有18户47人,从事文艺表演的有110户256人,总参与旅游的人数为433,占社区总人口11%,表现出参与程度低、参与面狭窄的特点(薛瑞,2017)[③]。2015年全年肇兴侗寨景区共接待游客263.3万人,同比增幅为23.1%,实现旅游综合收入16.7亿元,同比增幅为23.9%,居民全年人均收入达9 700元(白洋,2016)[④]。

四、肇兴侗寨景区管理背景

肇兴侗寨景区的旅游发展主要由黎平县委及县政府、县旅游局等相关政府职能部门进行统一规划与安排。贵州省黎平县肇兴旅游发展有限责任公司系黎平县政府下属的独有国资企业,主要负责景区内的旅游基础设施建设、景区经营与旅行社业务。肇兴侗寨景区管理委员会主要负责当地人文、民族景观的管理与修缮工作。同时,景区内还有一家私企——贵州省黎平县万顺龙旅游服务有限责任公司,它主要负责经营旅游车队以及肇兴侗寨与周边其他侗寨之间的交通运输业务。肇兴侗寨的居民参与旅游发展的方式往往仅停留在较为初级的阶段,即从事导游、餐饮、住宿、表演等服务性行业。虽然2008年肇兴侗寨开始收取门票,但由于监管措施不力,门票制度未能真正实施。2013年国庆黄金周肇兴侗寨景区开始建立门禁系统,收取门票,并收取自驾游停车费、景区内观光车乘坐费等,这一系列举动可以被看作是景区市场化发展的标志。本研究调研时,肇兴侗寨景区门票价格分为100元/人次的成人票与50元/人次的学生优惠票,而黎平县的居民则可享受免票待遇。肇兴侗寨景区门票收入的80%用于景区的发展与资源维护,20%则归景区内村民共享。肇兴侗寨景区内3个村的村民全部姓陆,并且相互之间的联系紧密,关系也较为融洽,主要从事农业活动维

---

① 贺能坤. 旅游开发中民族文化变迁的三个层次及其反思——基于贵州省黎平县肇兴侗寨的田野调查[J]. 广西民族研究,2009,32(3):172-177.
② 吴家贤. 肇兴旅游开发思考[EB/OL]. [2012-04-10]. http://wenku.baidu.com/link? url = JNq3mbFWni8MPqGtH4U6uv_LzVDoa89XjjJEzjrx6gCGeMfMGHXWij7oJBCde2kl0Bsb4UeDN54T34fmRSsr_7PCsS_411Yndt1wYpFLA3a.
③ 薛瑞. 肇兴侗寨村寨旅游文化开发存在的问题及其对策[J]. 旅游纵览(下半月),2017,27(1):122-123.
④ 白洋. 代表委员聚焦贵州旅游——树"品牌"才能促发展[N]. 贵阳晚报,2016-01-28(A11).

持生计,但由于旅游发展所展现的经济效应,现在景区内的居民越来越多地由从事传统农业向从事旅游业、服务业转型。同时,也有越来越多的非当地居民进入景区从事与旅游相关的行业。可以说,现在的肇兴侗寨的人口结构正在发生转变,并且文化的多元性与冲突也在悄然发生,对景区的管理、旅游的发展有一定程度的影响。

第二节 民族旅游社区参与机制的问卷信度与效度检验

一、民族旅游社区参与机制的问卷结构

用于在案例地预调研的居民与游客问卷分别发放100份,其中居民问卷回收100份,问卷有效率达100%,游客问卷回收99份,问卷有效率达99%。本研究预调研问卷调查的主要目的:一是检测问卷的信度与效度,二是便于对题项进行修改与精炼。本研究预调研的问卷包括两个部分。

(一)民族旅游社区参与机制问卷的第一部分

第一部分是被调查居民和游客对肇兴侗寨旅游发展与参与的态度与感知调查,要求被调查者对当地旅游发展后社区增权的感知、影响社区旅游发展因素的感知、社区旅游的积极影响感知、社区旅游的消极影响感知、参与社区旅游意愿的感知,分别表明自己的态度。居民与游客问卷的第一部分结构相同,但题项的叙述方式有所差异,游客问卷的第一部分主要是请游客根据自身的旅游经验与人生经历对相关题项作出回答,其结果主要用于与居民的问卷结果的对比分析。问卷第一部分包含题项共计79项,其中潜变量社区增权同意程度感知包含19个可观测变量,潜变量影响社区旅游发展因素的重要程度感知包含16个可观测变量,潜变量社区旅游的积极影响感知包含14个可观测变量、社区旅游的消极影响感知包括15个可观测变量、参与社区旅游意愿的感知包括15个可观测变量。

问卷第一部分采用李克特(Likert)5分等距量表法则对题项进行测量,其中1分表示"极不同意",5分表示"极同意",在1~5分区间,被调查者选择的分数越高,即代表其越同意该题项的表达。

(二)民族旅游社区参与机制问卷的第二部分

民族旅游社区参与机制问卷第二部分构成如表5-1所示。

居民问卷与游客问卷的第二部分主要是调查受访者的社会人口统计学特征与旅游相关属性,但两份问卷的题项有所不同。居民问卷的社会人口统计学特征包括民族、性别、婚姻状况、年龄、受教育程度、个人月收入、职业、在当地居住时间等八个方面;旅游相关属性包括家庭收入来源、是否参与旅游等。

居民问卷第二部分主要包括如下构成。

第一,居民受访者民族归属变量:以不同少数民族与汉族分类,侗族赋值为1,苗族赋值为2,水族赋值为3,布依族赋值为4,土家族赋值为5,壮族赋值为6,仫佬族赋值为7,瑶族赋值为8,汉族赋值为9,其他民族赋值为10。

表 5-1 民族旅游社区参与机制问卷第二部分构成

统计项	构成及赋值	统计项	构成及赋值
民族	1＝侗族	职业	1＝国企职员
	2＝苗族		2＝私企职员
	3＝水族		3＝个体商人
	4＝布依族		4＝公务员
	5＝土家族		5＝服务人员
	6＝壮族		6＝专业技术人员
	7＝仫佬族		7＝教师
	8＝瑶族		8＝学生
	9＝汉族		9＝退休人员
	10＝其他民族		10＝家庭主妇
年龄(岁)	1＝18 岁及以下		11＝工人
	2＝19～29 岁		12＝事业单位职员
	3＝30～45 岁		13＝农民/渔民
	4＝46～59 岁	个人月收入(元)	1＝1 000 元及以下
	5＝60 岁及以上		2＝1 001～2 000 元
受教育程度	1＝小学及以下		3＝2 001～3 000 元
	2＝初中		4＝3 001～4 000 元
	3＝高中/中专/技校		5＝4 001～5 000 元
	4＝大学本科/大专		6＝5 001 元及以上
	5＝硕士及以上		
性别	1＝男	婚姻状况	1＝单身
	2＝女		2＝已婚
家庭收入来源	＝1 全部来自旅游业	当地居住时间(年)	＝1≤1
	＝2 一半以上来自旅游业		＝2 1～3
	＝3 一半以下来自旅游业		＝3 4～6
	＝4 来自非旅游业		＝4 7～9
是否参与旅游	1＝是		＝5≥10
	2＝否		
是否来过该景区(游客)	1＝是	此次旅游的游伴(游客)	1＝独自
	2＝否		2＝家人
是否从事过旅游业(游客)	1＝是		3＝朋友
	2＝否		4＝同事/同学
			5＝其他

第二,居民受访者性别分类变量:以性别分类,男性赋值为1,女性赋值为2。

第三,居民受访者婚姻状况变量:以是否有配偶分类,单身赋值为1,已婚赋值为2。

第四,居民受访者年龄分类变量:以实际年龄分类,18岁及以下赋值为1,19～29岁赋值为2,30～45岁赋值为3,46～59岁赋值为4,60岁及以上赋值为5。

第五,居民受访者文化背景变量:以所获最高学历分类,小学及以下赋值为1,初中赋值为2,高中/中专/技校赋值为3,大学本科/大专赋值为4,硕士及以上赋值为5。

第六,居民受访者个人收入变量:以每月收入人民币分类,1 000元以下赋值为1,1 001～2 000元赋值为2,2 001～3 000元赋值为3,3 001～4 000元赋值为4,4 001～5 000元赋值为5,5 001元及以上赋值为6。

第七,居民受访者从事职业变量:根据中华人民共和国职业分类大典分类,国企职员赋值为1,私企职员赋值为2,个体商人赋值为3,公务员赋值为4,服务人员赋值为5,专业技术人员赋值为6,教师赋值为7,学生赋值为8,退休人员赋值为9,家庭主妇赋值为10,工人赋值为11,事业单位职员赋值为12,农民/渔民赋值为13。

第八,居民受访者旅游收入变量:以是否来自旅游业分类,全部来自旅游业赋值为1,一半及以上来自旅游业赋值为2,一半以下来自旅游业赋值为3,来自非旅游业赋值为4。

第九,居民受访者居住时间变量:以在当地居住年限分类,1年及以下赋值为1,1～3年赋值为2,4～6年赋值为3,7～9年赋值为4,10年及以上赋值为5。

第十,居民受访者从事旅游变量:以是否参与旅游工作分类,是赋值为1,否赋值为2。

第十一,居民受访者意见建议变量:该题项为开放题,需受访居民填写,旨在收集居民受访者对当地旅游发展的意见与建议。

游客问卷第二部分主要包括如下方面。

第一,游客受访者居住地域变量:该题项为开放题,由被调查游客填写。

第二,游客受访者性别分类变量:以性别分类,男性赋值为1,女性赋值为2。

第三,游客受访者婚姻状况变量:以是否有配偶分类,单身赋值为1,已婚赋值为2。

第四,游客受访者年龄分类变量:以实际年龄分类,18岁及以下赋值为1,19～29岁赋值为2,30～45岁赋值为3,46～59岁赋值为4,60岁及以上赋值为5。

第五,游客受访者文化背景变量:以所获最高学历分类,小学及以下赋值为1,初中赋值为2,高中/中专/技校赋值为3,大学本科/专科赋值为4,硕士及以上赋值为5。

第六,游客受访者个人收入变量:以每月收入人民币分类,1 000元以下赋值为1,1 001～2 000元赋值为2,2 001～3 000元赋值为3,3 001～4 000元赋值为4,4 001～5 000元赋值为5,5 001元及以上赋值为6。

第七,游客受访者从事职业变量:根据中华人民共和国职业分类大典分类,国企职员赋值为1,私企职员赋值为2,个体商人赋值为3,公务员赋值为4,服务人员赋值为5,专业技术人员赋值为6,教师赋值为7,学生赋值为8,退休人员赋值为9,家庭主妇赋值为10,工人赋值为11,事业单位职员赋值为12,农民/渔民赋值为13。

第八,游客受访者旅游伴侣变量:以受访者与游伴的关系分类,独自赋值为1,家人赋值为2,朋友赋值为3,同事(学)赋值为4,其他人员赋值为5。

第九,游客受访者景区重游变量:以是否之前来过该景区分类,是赋值为1,否赋值为2。

第十,游客受访者从业经历变量:以是否从事过与旅游相关的职业分类,是赋值为1,否赋值为2。

第十一,游客受访者意见建议变量:该题项为开放题,需受访游客填写,旨在收集游客受访者对当地旅游发展的意见与建议。

二、民族旅游社区参与机制问卷效度与信度

研究的效度往往被分为注重研究正确性与真实性的内在效度与注重研究成果推广性的外部效度,同时效度还可以被分为三种类型,即内容效度、准则效度、结构效度等。信度衡量的是问卷所获得结果的稳定性与一致性,信度越大代表测量工的误差越小。本研究利用SPSS 20.0对问卷第一部分所包含的五个维度进行效度与信度的测试,旨在分析问卷是否适合进行因子分析,以及测试题项的增减与alpha(α)系数的关系,以此来对问卷题项进行筛选和精炼。

判定问卷题项效度的方法主要是通过对比较变量间简单相关系数(Kaiser-Meyer-Olkin measure of sampling adequacy,KMO)、Bartlett球形检验的近似卡方分布值(Approx. Chi-Squar)、显著性(P值)、提取公因子后的累积因子载荷率等来综合判定。其中,KMO值大于0.60便可判定为可进行因子分析,大于0.70可判定为较为适合进行因子分析,大于0.80可判定为很适合进行因子分析,大于0.90可判定为极适合进行因子分析(Kaiser,1974)[1]。根据Bartlett球形检验,P值小于0.05,表示统计量间的相关性非常显著且净相关矩阵为单元矩阵的假设成立,因此,可以考虑做因子分析(余佳霖,2010)[2]。所提取的公因子旋转后的累积因子解释率大于60%且因子载荷大于0.60,则证明问卷题项具有较好的结构效度。判定问卷信度最常用的方法就是Cronbach的α系数,其计算公式为:

$$\alpha = \frac{K}{K-1}\left(1 - \frac{\sum S_i^2}{S^2}\right) \quad \text{(公式5-1)}$$

其中,K为量表的总题项;$\sum S_i^2$为题项方差总和;S^2为题项方差总和。

α系数的取值在0~1,当α系数的值在0.70以上表示具有一定信度,在0.80以上表示具有很好的信度,达到0.90以上则表示极高的信度(吴明隆,2016)[3]。

(一)民族旅游社区参与机制旅游增权维度信度与效度测试

民族旅游社区参与机制旅游社区增权维度的效度测试结果如表5-2所示。

本研究通过主成分分析法和利用正交旋转选择特征值大于1.00、因子载荷大于0.40的参数设定进行预调研民族旅游社区参与机制旅游社区增权维度部分数据的公因子提取。由表5-2可知,民族旅游增权维度的KMO值为0.858,Bartlett球形检验的近似卡方为

---

[1] Kaiser H F, John R. Little Jiffy, Mark IV[J]. Journal of Educational and Psychological Measurement, 1974, 34(1): 111-117.
[2] 余佳霖. 结构方程式模型:专题分析[M]. 台北:秀威资讯科技股份有限公司,2010:269-273.
[3] 吴明隆. 问卷统计分析实务:SPSS操作与应用[M]. 重庆:重庆大学出版社,2016:237-238.

1 062.434,自由度为 171,显著性为 0.000,旋转后的累积方差贡献率为 65.588%,代表总体相关矩阵有公因子存在,适合作因子分析,并具有较好的结构效度。

表 5-2　民族旅游社区参与机制旅游社区增权维度的效度测试结果

类别	数值
KMO 值	0.858
Bartlett 球形检验近似卡方	1 062.434
自由度	171
显著性	0.000
旋转后的累积方差贡献率	65.588%

民族旅游社区增权维度 19 个题项的 Cronbach α 系数如表 5-3 所示,具有极为理想的内部一致性。

表 5-3　民族旅游社区参与机制旅游增权维度的项目总计统计量

代码	题项	题项已删除的刻度均值	题项已删除的刻度方差	校正的题项总计相关性	多相关性的平方	题项已删除的 α 值
CE1	旅游发展使居民(我)对自己社区成员身份感到骄傲	66.95	147.220	0.455	0.645	0.911
CE2	旅游发展让居民(我)愿意与他人分享(我)在旅游中的贡献	66.69	156.337	0.198	0.420	0.915
CE3	看到旅游者欣赏本社区的独特魅力使居民(我)感到自豪	66.70	156.030	0.213	0.470	0.915
CE4	旅游发展使居民(我)愿意与旅游者分享社区独特文化	66.58	151.155	0.457	0.413	0.910
CE5	旅游发展让居民(我)愿意为本社区的独特魅力而努力	66.64	154.192	0.360	0.432	0.912
CE6	旅游发展让居民(我)觉得与社区联系紧密	66.84	145.287	0.638	0.551	0.906
CE7	旅游发展让居民(我)产生奉献社的精神	66.95	144.311	0.653	0.575	0.906
CE8	旅游发展扩展了居民(我)参与社区事务的途径	67.33	143.637	0.643	0.594	0.906
CE9	旅游发展为居民(我)提供了从事旅游业的学习培训	67.09	152.285	0.372	0.338	0.912
CE10	旅游发展得到了相关法律和政策的保障	67.07	153.379	0.302	0.327	0.914
CE11	居民(我)在旅游发展决策中有话语权	67.73	139.027	0.708	0.694	0.904
CE12	居民(我)能够参与社区旅游决策	67.80	138.465	0.720	0.769	0.903
CE13	居民(我)对旅游发展的建议具有影响力	67.73	141.674	0.699	0.649	0.905
CE14	居民(我)能够表达对旅游发展的意见	67.66	138.429	0.730	0.674	0.903
CE15	社区间拥有明确的旅游发展收益分配方式	67.61	140.624	0.722	0.627	0.903

(续表)

代码	题项	题项已删除的刻度均值	题项已删除的刻度方差	校正的题项总计相关性	多相关性的平方	题项已删除的α值
CE16	旅游发展的收益能够解决居民(我)的生活负担问题	67.53	138.454	0.768	0.733	0.902
CE17	居民(我)的一部分收入来自本社区的旅游发展	67.45	140.008	0.689	0.744	0.904
CE18	居民(我)希望能够从旅游发展中获得更多的经济利益	67.06	144.522	0.579	0.656	0.907
CE19	居民(我)未来的家庭收入将更加倚重社区的旅游发展	67.15	139.785	0.684	0.724	0.904

(二)民族旅游社区参与机制旅游社区社会资本维度信度与效度测试

民族旅游社区参与机制旅游社区社会资本维度的效度测试结果如表5-4所示。

表5-4 民族旅游社区参与机制旅游社区社会资本维度的效度测试结果

类别	数值
KMO值	0.897
Bartlett球形检验近似卡方	5 204.835
自由度	120
显著性	0.000
旋转后的累积方差贡献率	61.196%

本研究通过主成分法和利用正交旋转选择特征值大于1.00、因子载荷大于0.40的参数设定进行预调研数据社会资本维度部分的公因子提取。由表5-4可知，民族旅游社会资本维度的KMO值为0.897，Bartlett球形检验的近似卡方为5 204.835，自由度为120，显著性为0.000，旋转后的累积方差贡献率为61.196%，代表总体相关矩阵有公因子存在，适合作因子分析，并具有较好的结构效度。

社会资本维度16个题项的Cronbach α系数如表5-5所示，具有非常理想的内部一致性。

表5-5 民族旅游社区参与机制旅游社区社会资本维度的项目总计统计量

代码	题项	题项已删除的刻度均值	题项已删除的刻度方差	校正的题项总计相关性	多相关性的平方	题项已删除的α值
SC1	社区居民(我)的归属感	58.30	59.642	0.571	0.450	0.880
SC2	社区居民(我和邻居)的和谐关系	58.14	60.554	0.555	0.532	0.880
SC3	社区居民(我)的诚信程度	58.21	60.708	0.558	0.516	0.880
SC4	社区居民(我)的团队合作精神	58.18	60.790	0.541	0.482	0.881

(续表)

代码	题项	题项已删除的刻度均值	题项已删除的刻度方差	校正的题项总计相关性	多相关性的平方	题项已删除的α值
SC5	社区居民(我)的道德规范	58.17	61.411	0.507	0.424	0.882
SC6	社区居民(我)对管理机构的信任	58.37	59.397	0.571	0.374	0.880
SC7	社区居民(我)在旅游事务中承担的责任与义务	58.32	60.788	0.534	0.301	0.881
SC8	与亲朋分享社区旅游发展信息	58.30	60.809	0.532	0.419	0.881
SC9	向亲朋征询从事旅游业的意见	58.42	59.737	0.581	0.503	0.879
SC10	社区女性居民社会地位的提升	58.39	59.672	0.578	0.437	0.879
SC11	社区相关旅游组织的成立	58.37	59.972	0.558	0.439	0.880
SC12	旅游志愿者组织进入本社区	58.37	60.418	0.521	0.406	0.882
SC13	社区旅游组织、居民、政府、政府旅游机构的紧密合作	58.25	61.051	0.504	0.358	0.882
SC14	从事社区旅游业居民间的互惠互利	58.24	60.805	0.539	0.464	0.881
SC15	政府、政府旅游机构等正式组织对社区旅游的引导与监管	58.19	60.415	0.543	0.501	0.881
SC16	基于养老、血缘形成的非正式组织对社区旅游的支持与配合	58.12	61.538	0.442	0.371	0.885

(三) 民族旅游社区参与机制旅游积极影响维度信度与效度测试

民族旅游社区参与机制旅游积极影响维度的效度测试结果如表5-6所示。

表5-6 民族旅游社区参与机制旅游积极影响维度的效度测试结果

类别	数值
KMO值	0.884
Bartlett球形检验近似卡方	4 616.584
自由度	91
显著性	0.000
旋转后的累积方差贡献率	65.572%

本研究通过主成分分析法和利用正交旋转选择特征值大于1.00、因子载荷大于0.40的参数设定进行预调研数据旅游积极影响部分的公因子提取。由表5-6可知,民族旅游积极影响维度的KMO值为0.884,Bartlett球形检验的近似卡方为4 616.584,自由度为91,显著性为0.000,旋转后的累积方差贡献率为65.572%,代表总体相关矩阵有公因子存在,适合作因子分析,并具有较好的结构效度。

民族旅游积极影响维度14个题项的Cronbach α系数如表5-7所示,具有非常理想的内部一致性。

表 5-7　民族旅游社区参与机制旅游积极影响维度的项目总计统计量

代码	题项	题项已删除的刻度均值	题项已删除的刻度方差	校正的题项总计相关性	多相关性的平方	题项已删除的 α 值
PI1	旅游发展提升社区的旅游景观风貌	52.76	44.211	0.558	0.517	0.879
PI2	旅游发展促进社区的公共设施建设	52.84	43.630	0.593	0.583	0.877
PI3	旅游发展促使社区的生活用品变得丰富	52.98	44.057	0.573	0.485	0.878
PI4	旅游发展为居民(我)提供休闲娱乐机会	52.98	44.138	0.561	0.434	0.879
PI5	旅游发展促进传统文化保护与传承	52.96	43.841	0.571	0.479	0.878
PI6	旅游发展促进历史文物保护与修复	52.94	43.973	0.562	0.462	0.878
PI7	旅游发展提升餐饮、购物、娱乐产业	52.89	44.324	0.553	0.357	0.879
PI8	旅游发展提升社区居民(我)的经济收入	53.03	43.948	0.559	0.426	0.879
PI9	旅游发展为社区居民(我)创造更多就业机会	52.98	44.143	0.551	0.441	0.879
PI10	旅游发展提升社区居民(我)的生活质量	53.04	44.173	0.560	0.436	0.879
PI11	游客人数的增加促进社区经济发展	52.92	44.358	0.550	0.377	0.879
PI12	旅游发展促进社区对自然环境的保护	53.06	44.328	0.524	0.346	0.880
PI13	旅游发展促使居民(我)的思想更加开放	52.95	44.038	0.606	0.492	0.877
PI14	旅游发展促使居民(我)学习了解外来文化	52.89	44.857	0.528	0.385	0.880

(四) 民族旅游社区参与机制旅游消极影响维度信度与效度测试

民族旅游社区参与机制旅游消极影响维度的效度测试结果如表 5-8 所示。

表 5-8　民族旅游社区参与机制旅游消极影响维度的效度测试结果

类别	数值
KMO 值	0.923
Bartlett 球形检验近似卡方	5 946.228
自由度	105
显著性	0.000
旋转后的累积方差贡献率	62.068%

本研究通过主成分分析法和利用正交旋转选择特征值大于 1.00、因子载荷大于 0.40 的参数设定进行预调研数据民族旅游消极影响部分的公因子提取。从表 5-8 可知，民族旅游消极影响维度的 KMO 值为 0.923，Bartlett 球形检验的近似卡方为 5 946.228，自由度为 105，显著性为 0.000，旋转后的累积方差贡献率为 62.068%，代表总体相关矩阵有公因子存在，适合作因子分析，并具有较好的结构效度。

民族旅游消极影响维度 15 个题项的 Cronbach α 系数如表 5-9 所示，具有极理想的内部一致性。

表 5-9 民族旅游社区参与机制旅游消极影响维度的项目总计统计量

代码	题项	题项已删除的刻度均值	题项已删除的刻度方差	校正的题项总计相关性	多相关性的平方	题项已删除的 α 值
NI1	旅游发展导致社区内部越来越拥挤	46.10	113.530	0.510	0.382	0.910
NI2	旅游发展导致社区的物价水平升高	45.57	113.701	0.504	0.364	0.911
NI3	旅游发展导致社区中的犯罪率上升	46.28	111.451	0.612	0.475	0.907
NI4	旅游发展导致社区更多的交通拥堵	46.03	110.770	0.637	0.538	0.906
NI5	旅游发展导致社区中产生大量垃圾	45.76	110.143	0.630	0.533	0.906
NI6	旅游发展破坏社区宁静的生活氛围	45.94	109.986	0.688	0.556	0.904
NI7	旅游发展破坏社区良好的自然环境	45.92	110.912	0.674	0.533	0.905
NI8	旅游发展破坏社区的历史文化遗迹	45.98	112.496	0.607	0.453	0.907
NI9	旅游发展导致社区的道德水平降低	46.16	111.150	0.650	0.543	0.905
NI10	旅游发展使传统民族文化受到冲击	45.99	112.115	0.643	0.482	0.906
NI11	旅游发展扰乱社区居民(我)的日常生活	45.99	111.529	0.649	0.492	0.905
NI12	旅游发展导致社区过度商业化氛围	45.81	113.049	0.606	0.452	0.907
NI13	旅游发展导致社区居民(我们)收入两极化	45.76	113.869	0.536	0.441	0.909
NI14	旅游发展导致社区中邻里关系紧张	46.01	112.529	0.584	0.529	0.908
NI15	旅游发展侵占了社区居民(我的)生活空间	45.91	111.252	0.635	0.532	0.906

(五)民族旅游社区参与机制旅游参与意愿维度信度与效度测试

民族旅游社区参与机制旅游参与意愿维度的效度测试结果如表 5-10 所示。

表 5-10 民族旅游社区参与机制旅游参与意愿维度的效度测试结果

类别	数值
KMO 值	0.912
Bartlett 球形检验近似卡方	4 752.129
自由度	91
显著性	0.000
旋转后的累积方差贡献率	61.784%

本研究通过主成分分析法和利用正交旋转选择特征值大于 1.00、因子载荷大于 0.40 的参数设定进行预调研数据民族旅游参与意愿部分的公因子提取。由表 5-10 可知,旅游参与意愿维度的 KMO 值为 0.912,Bartlett 球形检验的近似卡方为 4 752.129,自由度为 91,显著性为 0.000,旋转后的累积方差贡献率为 1.784%,代表总体相关矩阵有公因子存在,适合作因子分析,并具有较好的结构效度。

表 5-11　民族旅游社区参与机制旅游参与意愿维度的项目总计统计量

代码	题项	题项已删除的刻度均值	题项已删除的刻度方差	校正的题项总计相关性	多相关性的平方	题项已删除的 α 值
TP1	居民应（我愿意）参与社区旅游资源的保护与开发行动	56.80	52.701	0.545	0.463	0.891
TP2	居民应（我愿意）树立"先保护、后开发"的旅游环保理念	56.76	52.864	0.558	0.508	0.890
TP3	居民应（我愿意）发表对社区旅游规划工作的意见、建议	56.95	52.613	0.578	0.414	0.890
TP4	居民应（我愿意）接受从事旅游业工作的相关学习、培训	57.01	52.098	0.615	0.453	0.888
TP5	居民应（我愿意）获得相关旅游专家、学者的意见与指导	57.01	52.468	0.596	0.445	0.889
TP6	居民应（我愿意）主动承担旅游发展中的责任与义务	57.07	52.235	0.579	0.419	0.889
TP7	居民应（我愿意）参与社区旅游发展的决策与决议过程	57.06	51.630	0.635	0.456	0.887
TP8	居民应（我愿意）对旅游者展现出热情好客的民族传统	56.79	53.530	0.497	0.354	0.893
TP9	居民应（我愿意）鼓励亲朋好友一起参与社区旅游发展	56.90	52.007	0.604	0.459	0.888
TP10	居民应（我愿意）积极加入社区层面的旅游志愿者组织	57.06	52.362	0.565	0.378	0.890
TP11	居民应（我愿意）从事民族特色旅游纪念品制作与销售	56.98	53.008	0.522	0.334	0.892
TP12	居民应（我愿意）从事社区中的客栈、民宿等旅游接待业	56.97	52.682	0.558	0.401	0.890
TP13	居民应（我愿意）参加社区中的少数民族传统文化表演	56.97	52.884	0.553	0.420	0.890
TP14	居民应（我愿意）成为专业导游，介绍社区传统风土人情	56.75	53.374	0.542	0.402	0.891
TP15	居民应（我愿意）从政府、企业了解到更多旅游发展信息	56.83	52.508	0.594	0.402	0.889

从表 5-11 可知，民族旅游参与意愿维度 15 个题项的 Cronbach α 系数为 0.896，具有非常理想的内部一致性，民族旅游参与意愿维度所属的相关题项已删除，α 值并没有基于标准化的 α 值高，说明不需要对该维度的题项进行删除。

综合上述对预调研问卷信度与效度的分析可以看出，本研究设计的调研问卷具有较好的真实性、推广性、可靠性与稳定性。这说明在进行问卷设计时，对国内外相关研究文献量表的总结具有较好的成效，同时利用半结构式深度访谈与座谈会的相关信息进行问卷题项的编写与调整具有一定的意义。本研究的预调研为后续的正式调研奠定了可行性的基础，也为接下来的量化研究提供了保障。

第三节 民族旅游社区参与机制的市场需求分析

一、民族旅游社区参与机制受访者描述性统计分析

本研究首先对接受问卷调查的居民与旅游者进行描述性统计分析,相关的变量涉及民族、性别、婚姻状况、年龄、受教育程度、个人月收入、职业、家庭收入来源(居民)、居住时间(居民)、是否参与旅游(居民)、此次旅游的游伴(旅游者)、是否来过景区(游客)、是否从事过旅游职业(游客)等。

(一) 民族旅游社区参与机制居民受访者描述性统计分析

民族旅游社区参与机制居民受访者社会人口统计学分析如表5-12所示。

表5-12 民族旅游社区参与机制居民受访者社会人口统计学分析

变量	类别	所占比例	变量	类别	所占比例
民族	侗族	85.6%	职业	国企职员	8.9%
	苗族	5.3%		私企职员	4.5%
	水族	0.4%		个体商人	29.2%
	布依族	0.2%		公务员	4.6%
	土家族	0.5%		服务人员	9.1%
	壮族	0.1%		专业技术人员	2.4%
	仫佬族	0.1%		教师	2.0%
	瑶族	0.1%		学生	5.1%
	汉族	7.7%		退休人员	0.1%
年龄(岁)	≤18	8.6%		家庭主妇	3.4%
	19~29	42.2%		工人	4.1%
	30~45	37.2%		事业单位职员	3.8%
	46~59	9.7%		农民/渔民	22.8%
	≥60	2.3%	个人月收入(元)	≤1 000	24.2%
受教育程度	≤小学	14.7%		1 001~2 000	23.1%
	初中	41.9%		2 001~3 000	23.2%
	高中/中专/技校	26.3%		3 001~4 000	16.3%
	大学本科/大专	16.5%		4 001~5 000	8.6%
	≥硕士	0.6%		≥5 001	4.6%

(续表)

变量	类别	所占比例	变量	类别	所占比例
性别	男	51.6%	婚姻状况	单身	39.2%
	女	48.4%		已婚	60.8%
家庭收入来源	全部来自旅游业	9.7%	当地居住时间（年）	≤1	8.9%
	一半以上来自旅游业	25.2%		1～3	11.9%
	一半以下来自旅游业	25.6%		4～6	5.4%
	来自非旅游业	39.5%		7～9	3.1%
是否参与旅游	是	58.7%		≥10	70.7%
	否	41.3%			

从表5-12可知，居民问卷受访者中侗族人口比率最高，为85.6%，其次为汉族(7.7%)与苗族(5.3%)，其他少数民族所占比例较少，总和仅占总调研数的1.4%；在当地居住时间10年以上的受访居民所占比例最高，为70.7%，其后依次为1～3年(11.9%)、不足1年(8.9%)、4～6年(5.4%)、7～9年(3.1%)。这说明原本只有侗族居民的肇兴侗寨，由于旅游的发展形成了人口的流动，社会结构具有一定变迁，形成了互嵌式的民族社区。男性受访居民所占比例为51.6%，女性居民所占比例为48.4%，单身居民所占比例为39.2%，已婚居民所占比例为60.8%，说明受访居民男女比例较平衡，已婚居民在肇兴侗寨中人数较多。受访居民年龄中所占比例最高的为19～29岁(42.2%)和30～45岁(37.2%)的群体；初中文化程度的受访居民所占比例最高，为41.9%，其后依次为高中/中专/技校(26.3)、大学本科/大专(16.5%)、小学及以下(14.7%)、硕士及以上(0.6%)；从受访居民的职业来看，个体商人与农民/渔民的所占比例最高，分别为29.2%与22.8%，其他职业所占比例依次为服务人员(9.1%)、国企职员(8.9%)、学生(5.1%)、公务员(4.6%)、私企职员(4.5%)、工人(4.1%)、事业单位职员(3.8%)、家庭主妇(3.4%)、专业技术人员(2.4%)；受访居民个人月收入所占比例最高的前三位分别为1 000元及以下(24.2%)、2 001～3 000元(23.2%)、1 001～2 000元(23.2%)，收入较高的3 001～4 000元、4 001～5 000元以及5 001元以上的群体所占比例较少，分别为16.3%、8.6%、4.6%。这说明肇兴侗寨中的居民受教育程度相对较低，在一定程度上也导致了大部分居民收入较低。同时可以看到，由于旅游业的兴起，肇兴侗寨居民开始从农业生产转向旅游服务业，表现为国企职员、私企职员、个体商人、服务人员的所占比例较高。受访居民中参与当地旅游发展的比例为58.7%，没有参与的比例为41.3%。家庭收入来源与旅游有直接或间接关系的受访居民所占比例较高，为60.5%，其中，家庭收入全部来自旅游业的受访居民所占比例为9.7%、一半及以上来自旅游业的为25.2%、一半及以下来自旅游业的为25.6%，说明肇兴侗寨居民开始更多地直接或间接参与旅游发展，并且旅游发展也为当地居民创造了经济收益。

（二）民族旅游社区参与机制游客受访者描述性统计分析

民族旅游社区参与机制游客受访者社会人口统计学分析如表5-13所示。

表 5-13　民族旅游社区参与机制游客受访者社会人口统计学分析

变量	类别	所占比例	变量	类别	所占比例
性别	男	51.8%		国企职员	15.1%
	女	48.2%		私企职员	13.6%
婚姻状况	单身	58.2%		个体商人	11.7%
	已婚	41.8%		政府公务员	6.3%
年龄(岁)	≤18	4.2%		服务人员	2.7%
	19~29	53.7%		专业技术人员	6.4%
	30~45	32.6%	职业	教师	4.3%
	46~59	7.2%		学生	29.6%
	≥60	2.3%		退休人员	2.3%
教育程度	≤小学	1.2%		家庭主妇	1.3%
	初中	4.5%		军人	0.5%
	高中/中专/技校	10.0%		工人	1.3%
	大学本科/大专	76.0%		事业单位职员	4.2%
	≥硕士	8.3%		农民/渔民	0.7%
个人月收入(元)	≤1 000	25.4%	游伴	独自	7.7%
	1 001~2 000	7.4%		家人	17.8%
	2 001~3 000	9.3%		朋友	33.8%
	3 001~4 000	11.5%		同事(学)	40.7%
	4 001~5 000	15.2%	是否从事过旅游业	是	15.3%
	≥5 001	31.2%		否	84.7%
是否来过景区	是	26.0%			
	否	74.0%			

由表 5-13 可知,受访旅游者性别比例分布较平衡,男性为 51.8%、女性为 48.2%,单身的受访旅游者所占比例较高,为 58.2%,已婚的受访旅游者所占比例为 41.8%,说明肇兴侗寨同时受到男性与女性旅游者的青睐,并且在能够满足单身旅游者求新、求异的旅游需求基础上,满足已婚旅游者的家庭游、亲子游的旅游需求。受访旅游者年龄分布最多的群体为 19~29 岁(53.7%),其后依次为 30~45 岁(32.6%)、46~59 岁(7.2%)、18 岁及以下(4.2%)、60 岁及以上(2.3%);受教育程度所占比例最高的为大学本科/大专群体(76%),而硕士及以上(8.3%)、高中/中专/技校(10%)、初中(4.5%)、小学及以下(1.2%)群体也具有一定比例;从职业的角度来看,受访旅游者中所占比例最大的是学生群体,为 29.6%,国企职员(15.1%)、私企职员(13.6%)、个体商人(11.7%)、专业技术人员(6.4%)、公务员(6.3%)等群体也具有一定比例;与同事或同学结伴旅游的受访旅游者所占比例最高,为 40.7%,其后依次为与朋友结伴(33.8%)、与家人结伴(17.8%)、独自

(7.7%)等群体;从个人月收入来看,收入在 5 001 元及以上的受访旅游者所占比例最高,为 31.2%,少于 1 000 元(25.4%)与 4 001~5 000 元(15.2%)的群体分别位列第二、第三。这说明肇兴侗寨最受到学生群体的青睐,因为它能够为学生群体提供寓学于乐、艺术鉴赏、求知探索的机会。同时,也可以看出受访旅游者的收入普遍比受访居民高,但由于学生群体的比例最高,因此,结果显示一部分受访旅游者收入较低。重游肇兴侗寨的受访旅游者所占比例为 26%,说明该景区具有一定的重游率,但多数旅游者仍是第一次到访。从事过与旅游相关工作的受访旅游者所占比例为 15.3%,说明有一定数量的受访旅游者对肇兴侗寨旅游发展的看法更具专业性。

二、民族旅游社区参与机制的市场需求探索性因子

因子分析的主要目的在于探寻问卷的构念效度,提取公因子的主要理念是以较少的构念来改变现问卷中原本存在的数据结构。本研究利用主成分分析法与最大方差法对旅游社区增权感知、社会资本感知、旅游影响感知、旅游参与意愿感知的相关题项提取特征值大于 1 的新组合。由于在量表的预调研中本研究已经对 KMO 值、Bartlett 球形检验相关值进行了分析,结果表明本研究问卷中的相关维度非常适合进行因子分析,因此,本研究将直接进行不同维度的公因子提取。

(一)居民受访者旅游增权感知的市场需求公因子提取

居民受访者旅游增权感知的公因子提取结果如表 5-14 所示。

表 5-14 居民受访者旅游增权感知的公因子提取

公因子	题项①	因子载荷	特征值	方差贡献率	累积方差贡献率
政治增权感知	我有参与当地旅游决策过程的明确途径	0.852	3.834	20.181%	20.181%
	相关部门非常重视我对旅游发展的建议	0.832			
	政府鼓励我对旅游发展发表自己的意见	0.829			
	我在本社区的旅游决策过程中有话语权	0.808			
	相关部门明确旅游发展收益的分配方式	0.622			
心理增权感知	社区旅游受游客欣赏青睐使我感到自豪	0.794	2.964	15.601%	35.782%
	旅游发展使我对社区成员身份感到骄傲	0.782			
	旅游发展让我更多分享在旅游中的贡献	0.759			
	旅游发展使我更加认同本民族独特文化	0.709			
	旅游发展使我为社区独特的魅力而努力	0.593			

① 限于篇幅,此处的题项有所精炼,后面的公因子提取亦如此。

(续表)

公因子	题项①	因子载荷	特征值	方差贡献率	累积方差贡献率
社会增权感知	旅游发展拓展了我参与社区事务的途径	0.710	2.588	13.620%	49.402%
	相关部门向我提供旅游培训与学习机会	0.697			
	旅游发展让我觉得与社区联系更为紧密	0.638			
	旅游发展让我产生奉献社区发展的精神	0.634			
	旅游发展得到了相关法律和政策的保障	0.577			
经济增权感知	未来家庭收入将更加倚重社区旅游发展	0.817	2.466	12.979%	62.381%
	我能够从社区旅游中获得更多经济利益	0.801			
	旅游发展收益日渐成为我重要经济来源	0.724			
	旅游发展的收益能够解决我的生活负担	0.565			

由表 5-14 可知,对旅游社区增权感知相关题项经过旋转后提取出 4 个公因子,本研究根据增权理论的 4 个维度对公因子进行命名。公因子 1"政治增权感知"包含"我有参与当地旅游决策过程的明确途径""相关部门非常重视我对旅游发展的建议""政府鼓励我对旅游发展发表自己的意见""我在本社区的旅游决策过程中有话语权""相关部门明确旅游发展收益的分配方式"5 个可观测变量,其特征值为 3.834,能够解释 20.181% 的变量。公因子 2"心理增权感知"包含"社区旅游受游客欣赏青睐使我感到自豪""旅游发展使我对社区成员身份感到骄傲""旅游发展让我更多分享在旅游中的贡献""旅游发展使我更加认同本民族独特文化""旅游发展使我为社区独特的魅力而努力"5 个可观测变量,其特征值为 2.964,能够解释 15.601% 的变量。公因子 3"社会增权感知"包含"旅游发展拓展了我参与社区事务的途径""相关部门向我提供旅游培训与学习机会""旅游发展让我觉得与社区联系更为紧密""旅游发展让我产生奉献社区发展的精神""旅游发展得到了相关法律和政策的保障"5 个可观测变量,其特征值为 2.588,能够解释 13.620% 的变量。公因子 4"经济增权感知"包含"未来家庭收入将更加倚重社区旅游发展""我能够从社区旅游中获得更多经济利益""旅游发展收益日渐成为我重要经济来源""旅游发展的收益能够解决我的生活负担"4 个可观测变量,其特征值为 2.466,能够解释 12.979% 的变量。旅游社区增权感知 4 个公因子累积能够解释总变量的 62.381%。

居民受访者旅游增权感知的因子均值比较如表 5-15 所示。

表 5-15 居民受访者旅游增权感知的因子均值比较

公因子	最小值	最大值	均值	标准差	Cronbach's α
政治增权感知	1	5	2.90	1.185	0.882
心理增权感知	1	5	4.01	0.907	0.811
社会增权感知	1	5	3.59	1.020	0.754
经济增权感知	1	5	3.39	1.184	0.810

由表 5-15 可知,旅游社区增权感知的 4 个公因子的 Cronbach 的 α 系数均大于 0.70,说明每个公因子中所包含的题项具有较高的内部一致性,具有较好的信度。同时,从每个公因子题项评分的均值来看,获得最高评分的是心理增权感知(4.01),居民受访者对社会增权感知(3.59)与经济增权感知(3.39)的评分均高于 3 分的中立态度,居民受访者对政治增权感知的评分最低(2.90),低于 3 分的中立态度。形成居民受访者对旅游增权感知 4 个公因子评分均值差异的原因如下。

第一,文化认同感与收入提升之后的自信提升。肇兴侗寨发展旅游后,侗族文化受到理解和认同、旅游产品获得游客青睐和推荐、社区美景受到外界赞誉和夸奖,使社区居民的自尊心与自豪感提升,旅游心理增权效应最为明显;同时,新居民的进入、旅游企业的成立、旅游者的到访形成的新型旅游社会交往网络较为稳定,并且旅游业不仅为当地社区发展提供资金投入,也提升了当地居民的个人收入和生活质量,旅游社会增权效应、旅游经济增权效应较为明显。

第二,居民参与旅游决策权利的不足。肇兴侗寨旅游发展后,当地居民在政治和制度的权利没有相应增加,尤其体现为社区居民对旅游发展没有充分决策权利,居民无法自主地决定旅游发展的方向,并且也缺乏有关旅游市场的信息,无法有效适应需求市场的变动。同时,当地居民对政治权利认知程度较低,并不能够理解自身旅游政治增权对当地旅游发展的促进作用,可以看出当地旅游政治增权效应不显著。

据此,相应的基于旅游增权的精准营销管理策略如下。

第一,重视信心建立,保护侗族文化策略。肇兴侗寨旅游发展使外界对肇兴侗寨所代表的侗族传统文化、侗族居民生活状态有了一定的了解,因此,当地政府各部门尤其是旅游部门应该利用旅游发展后居民开始建立起的信心,鼓励他们更多地了解旅游发展对当地社会、经济、文化等方面的正面促进作用,并且更应该让社区居民了解当地侗族文化原真性、独特性、完整性对旅游发展的作用,促进全体社区居民积极承担保护侗族文化的责任与义务。

第二,提升居民对增权认知,完善增权途径策略。提升肇兴侗寨居民对旅游政治增权的认知以及完善增权途径,是当地政府和旅游部门面临的重要工作,一方面,政府各部门尤其是旅游部门应该首先对其职能从观念上与实务上进行转变,从原来主导性决策制定者的角色转变为引导性政策参与者角色,为社区居民参与旅游决策提供机会;另一方面,当地政府和旅游部门也应当重视对旅游决策参与制度的完善,保障居民具有参与决策的途径,使居民在旅游发展中获得更多话语权。

(二)居民受访者旅游社会资本感知的市场需求公因子提取

居民受访者旅游社会资本感知的公因子提取结果如表 5-16 所示。

表 5-16 居民受访者旅游社会资本感知的公因子提取

公因子	题项	因子载荷	特征值	方差贡献率	累积方差贡献率
认知型感知	我展现出诚信程度	0.805	3.357	21.980%	21.980%
	我和邻居的关系和谐	0.771			
	我的团队合作精神	0.761			

(续表)

公因子	题项	因子载荷	特征值	方差贡献率	累积方差贡献率
认知型感知	我表现出道德规范	0.730	3.357	21.980%	21.980%
	我们的社区归属感	0.584			
	我对社区管理机构的信任	0.522			
结构型感知	向亲朋征询从事旅游工作的意见	0.755	3.148	19.895%	41.875%
	社区中女性居民社会地位的提升	0.730			
	相关旅游志愿者组织进入本社区	0.704			
	社区层面的相关旅游组织的成立	0.700			
	与亲朋分享社区旅游发展的信息	0.677			
	我在旅游发展中有明确的责任义务	0.436			
关系型感知	政府、旅游机构等正式组织对从事旅游的引导与监管	0.813	2.621	18.647%	60.522%
	从事与社区旅游发展相关工作的居民之间的互惠互利	0.760			
	寨老、侗款制度非正式组织对从事旅游的支持与配合	0.748			
	社区旅游组织、居民、政府、旅游机构之间的紧密合作	0.672			

由表5-16可知,经过旋转后提取的旅游社会资本感知公因子数目为3个,公因子1"认知型感知"包含"我展现出诚信程度""我和邻居的关系和谐""我的团队合作精神""我表现出道德规范""我们的社区归属感""我对社区管理机构的信任"6个可观测变量,其特征值为3.357,能够解释21.980%的总变量。公因子2"结构型感知"包含"向亲朋征询从事旅游工作的意见""社区中女性居民社会地位的提升""相关旅游志愿者组织进入本社区""社区层面的相关旅游组织的成立""与亲朋分享社区旅游发展的信息""我在旅游发展中有明确的责任义务"6个可观测变量,其特征值为3.148,能够解释19.895%的总变量。公因子3"关系型感知"包含"政府、旅游机构等正式组织对从事旅游的引导与监管""从事与社区旅游发展相关工作的居民之间的互惠互利""寨老、侗款制度非正式组织对从事旅游的支持与配合""社区旅游组织、居民、政府、旅游机构之间的紧密合作"4个可观测变量,其特征值为2.621,能够解释18.657%的总变量。旅游社会资本感知的3个公因子累积能够解释总变量的60.522%。

居民受访者旅游社会资本感知的因子均值比较如表5-17所示。

表 5-17　居民受访者旅游社会资本感知的因子均值比较

公因子	最小值	最大值	均值	标准差	Cronbach's α
认知型感知	1	5	3.93	0.838	0.835
结构型感知	1	5	3.80	0.857	0.819
关系型感知	1	5	3.96	0.840	0.796

由表 5-17 可知,旅游社会资本感知 3 个公因子的 Cronbach 的 α 系数均大于 0.70,说明每个公因子中所包含的题项具有较高的内部一致性,提取后的公因子信度较高。从居民受访者对民族旅游社会资本 3 个公因子的评分均值来看,社会资本关系型感知的公因子均值最高,为 3.96,位列第一,居民受访者对社会资本认知型感知的均值(3.93)位列第二,虽然居民受访者对社会资本结构型感知的评分均值(3.80)位列第三,但评分也超过了表示中立态度的 3 分,原因如下。

第一,关系网络与道德认知的促进作用。肇兴侗寨居民受访者较为认同居民之间的互惠互利、社交关系的稳定性与持续性、居民与社区管理机构和旅游机构之间的关系强度对当地民族旅游发展具有重要的作用。同时,社区居民也认同侗族传统的道德观、价值观、信仰、行为准则对当地民族旅游发展作用明显,显示了侗族传统文化在当地旅游发展中的核心地位,尤其是侗族传统文化中对大自然的崇敬、对居民和谐关系的维护等都对旅游发展具有促进作用。

第二,社会结构与旅游交往的互动作用。肇兴侗寨居民认同互嵌式社区发展的客观事实,尤其是在当地旅游发展后,侗族居民开始从农业转向旅游业,新进居民开始进入社区从事旅游相关工作,旅游者到访带来新的文化与生活方式,这些改变都促进社区人口、组织、制度等方面的转变,使旅游发展与居民生活关系紧密,在发挥了旅游发展的联动性作用的同时,也显示了旅游发展形成的新型网络对居民广泛积累社会资本的积极作用。

据此,相应的基于旅游社会资本的精准营销管理策略如下。

第一,鼓励旅游机构建立信息共享策略。肇兴侗寨旅游发展为社区居民创造了从事旅游相关工作的机会与平台,社区居民与旅游者的交往也更为频繁。因此,当地政府各部门尤其是旅游部门不仅需要对居民进行旅游从业技能培训,提升社区居民的旅游服务意识和对游客的旅游服务质量,为游客获得良好旅游经历奠定基础,更需要建立旅游需求市场信息分享渠道,使社区居民能够及时了解旅游行业的信息动态以及游客对旅游需求的变化趋势,更好地服务于旅游者。

第二,增进文化互动,促进民族共融策略。肇兴侗寨旅游发展使当地社区结构发生转变,也形成了多文化互动、多种社会关系的重叠。因此,当地政府各部门尤其是旅游部门应该利用社区文化多元来提升旅游利益相关者的和谐互动。一方面,引导社区居民了解外来文化,学习其中的精髓,用于现代化的家庭生活;另一方面,利用旅游发展带来的侗族居民与其他居民之间的联系,增强多民族之间的文化尊重与理解,突出旅游发展民族文化共融的正面效应。

(三)居民受访者旅游积极影响感知的市场需求公因子提取

居民受访者旅游积极影响感知的公因子提取结果如表 5-18 所示。

表 5-18　居民受访者旅游积极影响感知的公因子提取

公因子	题项	因子载荷	特征值	方差贡献率	累积方差贡献率
生活设施提升感知	旅游发展促进社区公共设施建设	0.819	3.046	21.756%	21.756%
	旅游发展促使社区生活用品丰富	0.736			
	旅游发展提升社区旅游景观风貌	0.726			
	旅游发展为我提供休闲娱乐机会	0.678			
	旅游发展促进传统文化保护传承	0.523			
经济产业促进感知	旅游发展为我创造更多就业机会	0.768	2.685%	19.975%	41.731%
	旅游发展显著提升我的生活质量	0.742			
	旅游发展显著提升我的经济收入	0.736			
	游客人数增加促进社区经济发展	0.630			
	旅游发展提升餐饮购物娱乐产业	0.486			
文化环境加强感知	旅游发展使我思想意识更加开放	0.764	2.426%	18.784%	60.515%
	旅游发展使我学习了解外来文化	0.729			
	旅游发展促进社区自然环境保护	0.700			
	旅游发展促进历史文物保护修复	0.505			

由表 5-18 可知,经过旋转后提取的旅游积极影响感知的公因子有 3 个,公因子 1"生活设施提升感知"包含"旅游发展促进社区公共设施建设""旅游发展促使社区生活用品丰富""旅游发展提升社区旅游景观风貌""旅游发展为我提供休闲娱乐机会""旅游发展促进传统文化保护传承"5 个可观测变量,其特征值为 3.046,能够解释 21.756% 的总变量。公因子 2"经济产业促进感知"包含"旅游发展为我创造更多就业机会""旅游发展显著提升我的生活质量""旅游发展显著提升我的经济收入""游客人数增加促进社区经济发展""旅游发展提升餐饮购物娱乐产业"5 个可观测变量,其特征值为 2.685,能够解释 19.975% 的总变量。公因子 3"文化环境加强感知"包含"旅游发展使我思想意识更加开放""旅游发展使我学习了解外来文化""旅游发展促进社区自然环境保护""旅游发展促进历史文物保护修复"4 个可观测变量,其特征值为 2.426,能够解释 18.784% 的总变量。旅游积极影响感知的 3 个公因子累积能够解释总变量的 60.515%。

居民受访者旅游积极影响感知的因子均值比较如表 5-19 所示。

表 5-19　居民受访者旅游积极影响感知的因子均值比较

公因子	最小值	最大值	均值	标准差	Cronbach's α
生活设施提升感知	1	5	4.11	0.808	0.815
经济产业促进感知	1	5	4.05	0.803	0.795
文化环境加强感知	1	5	4.06	0.789	0.746

由表 5-19 可知，旅游积极影响感知的 3 个公因子 Cronbach 的 α 系数均大于 0.70，说明 3 个公因子所包含的题项具有较高的内部一致性，也证明了公因子提取的可信度。从居民受访者对 3 个公因子的评分均值来看，3 个公因子的均值均超过 4 分，居民受访者对生活设施提升感知公因子的评分均值最高，为 4.11，位列第一；居民受访者对文化环境加强感知公因子的评分均值位列第二，为 4.06；居民受访者对经济产业促进感知公因子的评分均值位列第三，为 4.05。形成居民受访者对民族旅游积极影响感知评分均值较高的原因如下。

第一，旅游发展对居民生活与社区建设的促进。肇兴侗寨旅游发展对当地居民生活水平以及社区建设的促进作用明显，从社区层面来看，旅游发展使社区基础设施建设水平提升、社区风貌规划水平提升，促进了旅游景区的旅游接待能力，体现了旅游对社区的正面影响；从居民层面来看，居民受访者对旅游发展创造就业机会、提升居民收入、提升居民生活质量等方面具有较高的认知，体现了旅游对居民生活水平提高的正面作用。

第二，旅游开发中对自然环境与文化资源的保护。肇兴侗寨旅游发展中的重点是对当地优美的自然风光、传统的侗族文化进行保护性地开发，以旅游发展所获得的经济收益作为保护旅游资源的投入。居民受访者对相关题项的评分均值较高，说明居民对旅游发展在促进居民接触和了解外来文化、思想开放、接受新事物、保护自然环境、保护历史资源等方面的作用非常认可，体现了旅游对侗族文化和社区环境的正面影响。

据此，相应的基于旅游积极影响的精准营销管理策略如下。

第一，改善居民生活，落实旅游扶贫策略。现阶段肇兴侗寨旅游发展使一部分从事旅游工作的社区居民个人收入得到增加、生活质量获得提升，然而社区中仍有很大一部分居民未获得旅游带来的直接利益，因此，政府各部门尤其是旅游部门应该落实旅游精准扶贫政策，一方面加大与旅游企业的联系，为社区居民创造更多旅游就业机会；另一方面应该对景区进行再次旅游规划，扩大景区中的旅游线路覆盖面，为居住较为偏远的社区居民提供从事旅游业的机会。

第二，保护侗族文化，创新旅游产品策略。肇兴侗寨旅游发展突出了当地侗族文化以及具有特色的建筑风格，受到游客的青睐，但纯观光旅游不仅不能增加游客的停留时间，也不能适应旅游需求的改变。因此，政府各部门尤其是旅游部门应该对景区的旅游产品进行创新，尤其应增加互动性、体验性强的旅游活动，如增加旅游者能够直接参与的、与社区居民生活和节庆息息相关的旅游内容，尽可能地在保护侗族传统文化的基础上增加旅游产品的丰富性。

（四）居民受访者旅游消极影响感知的市场需求公因子提取

居民受访者旅游消极影响感知的公因子提取结果如表 5-20 所示。

表 5-20　居民受访者旅游消极影响感知的公因子提取

公因子	题项	因子载荷	特征值	方差贡献率	累积方差贡献率
文化传统冲击感知	旅游发展导致社区的道德水平降低	0.789	3.150	20.997%	20.997%
	旅游发展破坏社区的历史文化遗迹	0.706			
	旅游发展导致社区中的犯罪率上升	0.610			
	旅游发展使传统民族文化受到冲击	0.582			
	旅游发展扰乱了我原本的日常生活	0.538			

(续表)

公因子	题项	因子载荷	特征值	方差贡献率	累积方差贡献率
环境设施破坏感知	旅游发展导致社区中产生大量垃圾	0.757	3.115	20.765%	41.762%
	旅游发展导致社区更多的交通拥堵	0.737			
	旅游发展导致社区的物价水平升高	0.675			
	旅游发展导致社区内部越来越拥挤	0.636			
	旅游发展破坏社区宁静的生活氛围	0.596			
	旅游发展破坏社区良好的自然环境	0.520			
生活关系紧张感知	旅游发展导致社区居民收入两极化	0.795	3.046	20.306%	62.068%
	旅游发展侵占了我原本的生活空间	0.734			
	旅游发展导致社区中邻里关系紧张	0.671			
	旅游发展导致社区过度商业化氛围	0.659			

由表5-20可知，经过旋转后提取的旅游消极影响感知公因子有3个，公因子1"文化传统冲击感知"包含"旅游发展导致社区的道德水平降低""旅游发展破坏社区的历史文化遗迹""旅游发展导致社区中的犯罪率上升""旅游发展使传统民族文化受到冲击""旅游发展扰乱了我原本的日常生活"5个可观测变量，其特征值为3.150，能够解释20.997%的总变量。公因子2"环境设施破坏感知"包含"旅游发展导致社区中产生大量垃圾""旅游发展导致社区更多的交通拥堵""旅游发展导致社区的物价水平升高""旅游发展导致社区内部越来越拥挤""旅游发展破坏社区宁静的生活氛围""旅游发展破坏社区良好的自然环境"6个可观测变量，其特征值为3.115，能够解释20.765%的总变量。公因子3"生活关系紧张感知"包含"旅游发展导致社区居民收入两极化""旅游发展导致社区中邻里关系紧张""旅游发展侵占了我原本的生活空间""旅游发展导致社区过度商业化氛围"等4个可观测变量，其特征值为3.046，能够解释20.306%的总变量。旅游消极影响感知的3个公因子累积能够解释总变量的62.068%。

居民受访者旅游消极影响感知的因子均值比较如表5-21所示。

表5-21 居民受访者旅游消极影响感知的因子均值比较

公因子	最小值	最大值	均值	标准差	Cronbach's α
文化传统冲击感知	1	5	3.15	1.100	0.828
环境设施破坏感知	1	5	3.34	1.158	0.843
生活关系紧张感知	1	5	3.36	1.099	0.810

由表5-21可知，民族旅游消极影响感知的3个公因子Cronbach的α系数均大于0.80，说明公因子所包含的题项具有很高的内部一致性，也证明了公因子的提取具有很高的可信度。居民受访者对生活关系紧张感知公因子的评分均值最高，为3.36，位列第一；居民受访者对环境设施破坏感知公因子评分均值位列第二，为3.34；居民受访者对文化传统冲击感知

公因子评分位列第三,为 3.15,较为接近表示中立态度的 3 分。居民受访者对民族旅游消极影响感知评分均值较为中立的原因如下。

第一,生活空间与正常生活受到影响。肇兴侗寨旅游发展在为当地社区带来经济利益与文化宣传的同时,也对当地居民的正常生活造成了一定的影响,主要表现为游客大量地涌入,使当地居民的生活空间受到影响,并且发展旅游后产生的生活垃圾较多,使社区卫生环境受到破坏。同时,居民的宁静生活也受到旅游的影响,尤其是社区被规划为景区后,居民传统的节庆、节事会吸引更多的旅游者到访,造成景区内的拥堵。

第二,收入两极化显现与社交关系受到冲击。肇兴侗寨旅游发展后由于游客的大量涌入,社区内的物价开始上升,居民在可自由支配收入上与旅游者的差距使他们出现对旅游者的反感,一部分居民并不希望游客前来。同时,旅游所带来的人口、社会、文化等方面的结构性转变,对侗族传统社交关系形成冲击,社区过度商业化、旅游利益引起的社区居民关系紧张与矛盾开始显现,在一定程度上也造成了居民关系的对立。

据此,相应的基于旅游消极影响的精准营销管理策略如下。

第一,政府积极作为,稳定社区物价策略。肇兴侗寨旅游发展后社区物价的上升不仅影响当地居民的日常生活,也使旅游者形成景区过度商业化的认知,因此,政府各部门尤其是旅游部门应该对物价进行调控,一方面政府应该重视利用现在肇兴侗寨周边交通运输设施水平的提升,帮助社区降低日常生活用品的运输成本,并且联合工商部门进行不定期的调研与排查;另一方面,旅游部门应该重视景区中个体商户的恶意价格竞争,想办法维持同行居民的和谐关系。

第二,重视旅游承载,调控旅游容量策略。肇兴侗寨旅游发展后,尤其是在侗族重大节庆节事之际,社区中人头攒动,既影响了当地居民的正常生活,也影响了游客的旅游体验,因此,当地政府和旅游部门应该重视利用旅游承载力来保障主客双方的权益,一方面在满足旅游者具有良好旅游体验的同时要注重对社区空间、文化、环境等的保护;另一方面要在满足居民正常生活的同时,注重提升游客对侗族文化的了解,使其以尊重和平等的心态与居民互动。

(五)居民受访者旅游参与意愿感知的市场需求公因子提取

居民受访者旅游参与意愿感知的公因子提取结果如表 5-22 所示。

表 5-22 居民受访者旅游参与意愿感知的公因子提取

公因子	题项	因子载荷	特征值	方差贡献率	累积方差贡献率
发展决策参与感知	我愿意鼓励亲朋好友一起参与社区旅游发展	0.687	3.475	23.166%	23.166%
	我愿意参与社区旅游发展的决策与决议过程	0.686			
	我愿意主动承担旅游发展中相关责任与义务	0.683			
	我愿意获得相关旅游专家、学者意见与指导	0.664			
	我愿意积极加入社区层面的旅游志愿者组织	0.622			
	我愿意接受从事旅游业工作的相关学习培训	0.597			
	我愿意对旅游者展现出热情好客的民族传统	0.547			

(续表)

公因子	题项	因子载荷	特征值	方差贡献率	累积方差贡献率
行业工作参与感知	我愿意参加社区中的少数民族传统文化表演	0.791	2.779	21.657%	44.823%
	我愿意成为专业导游介绍社区传统风土人情	0.688			
	我愿意从事社区中客栈、民宿等旅游接待业	0.679			
	我愿意从政府、企业了解更多旅游发展信息	0.636			
	我愿意从事民族特色旅游纪念品制作与销售	0.578			
开发规划参与感知	我愿意树立"先保护、后开发"旅游环保理念	0.841	2.185	16.567%	61.390%
	我愿意参与社区旅游资源的保护与开发行动	0.797			
	我愿意发表对社区旅游规划工作的意见建议	0.627			

由表 5-22 可知，经过旋转后提取的旅游参与意愿感知公因子有 3 个，其中公因子 1"发展决策参与感知"包含"我愿意鼓励亲朋好友一起参与社区旅游发展""我愿意参与社区旅游发展的决策与决议过程""我愿意主动承担旅游发展中的责任与义务""我愿意获得相关旅游专家、学者的意见与指导""我愿意积极加入社区层面的旅游志愿者组织""我愿意接受从事旅游业工作的相关学习培训""我愿意对旅游者展现出热情好客的民族传统"7 个可观测变量，其特征值为 3.475，能够解释 23.166% 的总变量。公因子 2"行业工作参与感知"包含"我愿意参加社区中的少数民族传统文化表演""我愿意成为专业导游介绍社区传统风土人情""我愿意从事社区中的客栈民宿等旅游接待业""我愿意从政府、企业了解到更多旅游发展信息""我愿意从事民族特色旅游纪念品制作与销售"5 个可观测变量，其特征值为 2.779，能够解释 21.657% 的总变量。公因子 3"开发规划参与感知"包含"我愿意树立'先保护、后开发'的旅游环保理念""我愿意参与社区旅游资源的保护与开发行动""我愿意发表对社区旅游规划工作的意见建议"3 个可观测变量，其特征值为 2.185，能够解释 16.567% 的总变量。旅游参与意愿感知的 3 个公因子累积能够解释总变量的 61.390%。

居民受访者旅游参与意愿感知的因子均值比较如表 5-23 所示。

表 5-23　居民受访者旅游参与意愿感知的因子均值比较

公因子	最小值	最大值	均值	标准差	Cronbach's α
发展决策参与感知	1	5	4.01	0.816	0.836
行业工作参与感知	1	5	4.09	0.796	0.790
开发规划参与感知	1	5	4.16	0.807	0.778

由表 5-23 可知，民族旅游参与意愿感知的 3 个公因子 Cronbach 的 α 系数均大于 0.70，说明公因子所包含的题项具有较高的内部一致性，也证明了公因子的提取具有较高的可信度。居民受访者对民族旅游参与意愿感知的 3 个公因子评分均值均大于 4 分，居民受访者对开发规划参与感知公因子的评分均值最高，为 4.16，位列第一；居民受访者对行业工作参与感知公因子评分均值位列第二，为 4.09；居民受访者对发展决策参与感知评分均值位列第三，为 4.01。居民受访者对参与意愿感知评分均值较高的原因如下。

第一,旅游开发与旅游决策受到重视。居民受访者对旅游发展决策参与感知与旅游开发规划参与感知评分均值较高,说明居民受访者非常赞同保护性开发的旅游理念,并且非常愿意将旅游资源保护付诸行动,也愿意分享对旅游规划的意见。同时,居民受访者在参与旅游发展决策过程、获得专家学者的指导、获得旅游从业技能的培训、参与非政府组织工作等方面具有强烈的愿望,表明社区居民重视对旅游开发和决策过程的参与。

第二,参与旅游工作和信息共享的需求。居民受访者对旅游工作参与感知评分均值较高,说明居民受访者非常愿意实际参与旅游行业的发展,不仅旅游相关性较高的工作受到居民青睐,居民自身在旅游发展中创业也是居民参与旅游的重要方式。同时,社区居民愿意获得更多的旅游发展信息,尤其是与旅游需求市场相关的行业信息,获得相关信息能够促进居民的旅游工作效率提升,这也充分体现了居民参与旅游工作的强烈热情。

据此,相应的基于旅游参与意愿的精准营销管理策略如下。

第一,建立参与途径,提升参与热情策略。肇兴侗寨居民参与旅游的途径缺失是抑制居民旅游参与热情的重要因素,因此,政府各部门尤其是旅游部门应该重视对旅游参与途径的建立和完善,一方面,在旅游规划和决策过程中,邀请从事旅游工作与未从事旅游工作的居民代表参加,获得更为全面的居民意见与建议;另一方面,重视社区居民对旅游发展的信息反馈,为居民在旅游业中的发展提供帮助,以此来提升居民对于旅游参与的认知与积极性。

第二,鼓励旅游创业,增加工作机会策略。肇兴侗寨旅游发展为当地居民创造了在旅游领域就业的机会,然而现实情况是工作机会的供给不能满足居民的需求,因此,政府各部门尤其是旅游部门应该在与旅游企业共同拓展旅游相关就业机会的基础上,鼓励社区居民在旅游领域中进行创业,利用旅游发展收入成立居民创业帮扶基金,通过与科研机构和行业精英的合作培养居民在旅游创业方面的技能以及企业家精神,使居民自身具有一定的旅游就业、创造能力。

三、民族旅游社区参与机制的市场需求验证性因子分析

(一)居民受访者旅游增权感知的市场需求验证性因子分析

1. 居民受访者旅游增权感知模型拟合分析

旅游增权感知由4个公因子代表,由于旅游发展后居民在政治、心理、社会、经济等不同方面的感知之间存在着联系,本研究将着重分析不同方面的增权对肇兴侗寨旅游影响感知、旅游参与意愿感知的影响及影响程度。因此,本研究对旅游增权的4个公因子通过多因素斜交模型进行一阶验证性因子分析。根据样本量,本研究主要利用最大似然法(Maximum Likelihood)进行验证性因子分析,并参照吴明隆(2016)[①]提出的卡方检验的卡方自由度比(X^2/df)小于2、适合度指数中的拟合优度指数(GFI)大于0.9、修正拟合优度指数(AGFI)大于0.9、替代性指数中的比较拟合指数(CFI)大于0.9、Akaike信息指数(AIC)小于饱和模型取值、近似误差均方根指数(RMSEA)小于0.08、残差分析的残差均方根指数(RMR)小于0.05以及显著水平(P)大于0.05对模型的拟合度进行综合评判。相关指数的取值标准如表5-24所示。

---

① 吴明隆. 结构方程模型——AMOS 的操作与应用[M]. 重庆:重庆大学出版社,2016:236-237.

表 5-24 居民受访者民族旅游增权感知拟合指数计算结果汇总

拟合指数	X^2/df	GFI	AGFI	CFI	AIC	RMSEA	RMR	P
取值标准	<2	>0.9	>0.9	>0.9	<饱和	<0.08	<0.05	>0.05
初始模型	6.897	0.884	0.849	0.874	1 094.980	0.084	0.089	0.000
修正模型	1.334	0.991	0.983	0.997	90.688	0.020	0.037	0.108

由表 5-24 可知，旅游增权感知初始验证性因子分析的相关拟合指数除 RMSEA（0.084）、PGFI（0.679）外，其他拟合数值均未能达标，因此，本研究对模型进行修正，从结果（未列出，后同）中可以看到，表 5-3 中可观测变量 CE15 "相关部门制定了明确的旅游收益分配方式"、CE11 "居民在社区旅游决策过程中有话语权"、CE5 "旅游发展使居民愿意为社区独特魅力而努力"、CE1 "旅游发展使居民对自身社区身份感到骄傲"、CE9 "相关部门向居民提供旅游培训与学习机会"、CE10 "相关部门制定法律政策保障社区旅游发展"、CE8 "居民参与旅游是参与社区事务的重要途径"、CE16 "旅游发展收益多用于解决居民的生活负担"、CE18 "旅游发展为居民带来了更多经济利益" 的修正指标值较大，且均大于 5，将上述变量删除以减少卡方值来增加模型的拟合度。从模型修正后的结果来看，拟合指数均达到取值标准，尤其是 P 值为 0.108>0.05，表明虚无假设成立，理论模型与数据契合度高，AIC 值小于饱和模型数值，表明模型修正可接受（图 5-1）。

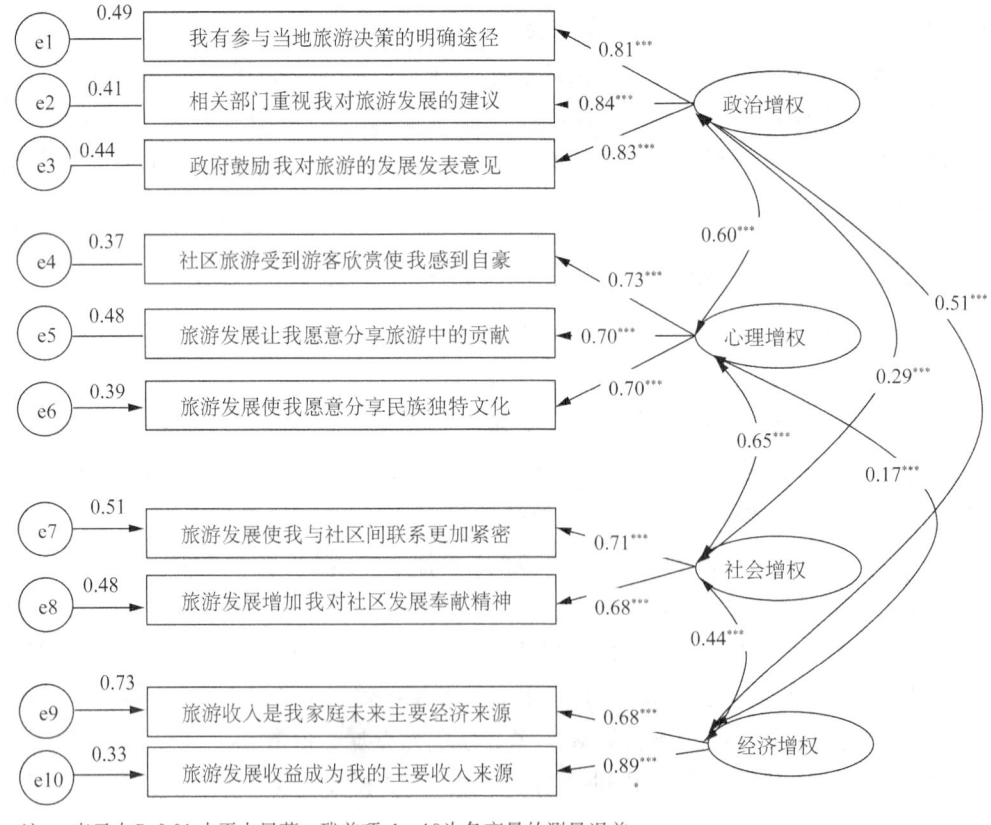

注：***表示在 $P<0.01$ 水平上显著；残差项 e1~e10 为各变量的测量误差。

图 5-1 居民受访者旅游增权感知因子系数标准化模型

2. 居民受访者旅游增权感知模型路径分析

居民受访者民族旅游增权感知模型路径分析结果如表5-25所示。

表5-25 居民受访者民族旅游增权感知模型路径分析

可观测变量	路径	潜变量	非标准化路径系数	S.E.	C.R.	P
我有参与当地旅游决策过程的明确途径	←	政治增权感知	1			
相关部门非常重视我对旅游发展的建议	←	政治增权感知	0.998	0.039	25.302	***
政府鼓励我对旅游发展发表自己的意见	←	政治增权感知	1.022	0.041	25.221	***
社区旅游受游客欣赏青睐使我感到自豪	←	心理增权感知	1			
旅游发展使我对社区成员身份感到骄傲	←	心理增权感知	0.908	0.063	14.463	***
旅游发展让我更多分享在旅游中的贡献	←	心理增权感知	0.951	0.063	15.046	***
旅游发展让我觉得与社区联系更为紧密	←	社会增权感知	1			
旅游发展让我产生奉献社区发展的精神	←	社会增权感知	0.897	0.070	12.895	***
未来家庭收入将更加倚重社区旅游发展	←	经济增权感知	1			
旅游发展收益日渐成为我重要经济来源	←	经济增权感知	1.389	0.107	13.025	***

注：*** 表示 $P<0.01$，显著，临界比绝对值>1.96。

由表5-25可知，政治增权感知→我有参与当地旅游决策过程的明确途径、心理增权感知→社区旅游受游客欣赏青睐使我感到自豪、社会增权感知→旅游发展让我觉得与社区联系更为紧密、经济增权感知→未来家庭收入将更加倚重社区旅游发展的未标准化路径系数为固定值1，其标准误（S.E.）、临界比（C.R.）以及显著性（P）的值为空白。政治增权感知→相关部门非常重视我对旅游发展的建议（25.302）、政治增权感知→政府鼓励我对旅游发展发表自己的意见（25.221）、心理增权感知→旅游发展使我对社区成员身份感到骄傲（14.463）、心理增权感知→旅游发展让我更多分享在旅游中的贡献（15.046）、社会增权感知→旅游发展让我产生奉献社区发展的精神（12.895）、经济增权感知→旅游发展收益日渐成为我重要经济来源（13.025）的非标准化路径的临界比绝对值均大于1.96，且系数具有显著性，说明居民受访者对民族旅游社区参与机制旅游增权感知的路径分析的显著性概率值均呈现显著，各观测变量与潜变量之间的关系紧密且稳定，能够较好地解释观测变量所归属的潜变量，验证性因子分析模型较为稳定。

3. 居民受访者旅游增权感知模型区别效度检验

表5-26 居民受访者民族旅游增权感知的区别效度检验

配对潜变量	模型统计量	受限制模型（相关系数固定为1）		未受限制模型（相关系数为自由估计）		卡方值差异量	自由度差异量
		df	x^2	df	x^2	Δx^2	Δdf
政治增权←→心理增权		9	365.736	8	10.808	354.928***	1
政治增权←→社会增权		5	192.538	4	0.704	191.834***	1

(续表)

配对潜变量＼模型统计量	受限制模型（相关系数固定为1）		未受限制模型（相关系数为自由估计）		卡方值差异量	自由度差异量
	df	x^2	df	x^2	Δx^2	Δdf
政治增权 ⟷ 经济增权	5	111.955	4	2.581	109.374***	1
心理增权 ⟷ 社会增权	5	215.413	4	10.498	204.915***	1
心理增权 ⟷ 经济增权	5	271.516	4	6.998	264.518***	1
社会增权 ⟷ 经济增权	2	143.161	1	0.722	142.439***	1

注：* 表示受限制与未受限制模型卡方值差异＞3.841，表示 $P<0.05$；*** 表示受限制与未受限制模型卡方值差异＞10.827，表示 $P<0.001$。

本研究对民族旅游社区参与机制旅游增权各个潜变量进行区别效度的检验，主要通过控制两个潜变量间的相关系数，使相关变量之间的协方差与相关系数均为1，使其成为受限制模型，并将未受限制模型与受限制模型的卡方值（x^2）进行比较，若受限制模型的卡方值减去未受限制模型的卡方值（Δx^2）大于3.841，则模型效度检验达到0.05显著性水平；若卡方值差大于10.827，则模型效度检验达到0.001显著性水平，可判定验证性因子分析模型具有良好的区别效度，说明潜变量之间的关联度较低，可观测变量对潜变量的解释率较高（吴明隆，2013）[①]。由表5-26可知，政治增权感知与心理增权感知的卡方值差异为354.928、政治增权感知与社会增权感知的卡方差异为191.834、政治增权感知与经济增权感知的卡方值差异为109.374、心理增权感知与社会增权感知的卡方值差异为204.915、心理增权感知与经济增权感知的卡方值差异为264.518、社会增权感知与经济增权感知的卡方差异为142.439，6对潜变量的受限制模型与非受限制模型的卡方值差异均大于10.827，且 $P<0.001$，说明居民受访者对民族旅游社区参与机制旅游增权感知的因子模型具有上佳的区别效度，旅游增权公因子潜变量包含的可观测变量之间具有独立性，且与所属潜变量联系紧密。

4. 居民受访者旅游增权感知模型收敛效度检验

居民受访者民族旅游增权感知的收敛效度检验结果如表5-27所示。

表5-27 居民受访者民族旅游增权感知的收敛效度检验

潜变量	可观测变量	标准化因子载荷	均值	标准差	CR	AVE
政治增权感知	我有参与当地旅游决策过程的明确途径	0.813	2.78	1.205	0.867	0.686
	相关部门非常重视我对旅游发展的建议	0.838	2.76	1.167		
	政府鼓励我对旅游发展发表自己的意见	0.834	2.92	1.201		
心理增权感知	社区旅游受游客欣赏青睐使我感到自豪	0.726	4.08	0.885	0.753	0.504
	旅游发展使我对社区成员身份感到骄傲	0.703	3.97	0.907		
	旅游发展让我更多分享在旅游中的贡献	0.701	4.09	0.872		

---

① 吴明隆. 结构方程模型——AMOS实务进阶[M]. 重庆：重庆大学出版社，2013：87-91.

(续表)

潜变量	可观测变量	标准化因子载荷	均值	标准差	CR	AVE
社会增权感知	旅游发展让我觉得与社区联系更为紧密	0.706	3.69	1.012	0.647	0.479
	旅游发展让我产生奉献社区发展的精神	0.678	3.71	0.946		
经济增权感知	未来家庭收入将更加倚重社区旅游发展	0.679	3.57	1.166	0.766	0.625
	旅游发展收益日渐成为我重要经济来源	0.888	3.17	1.239		

由表 5-27 可知,居民受访者对民族旅游社区参与机制旅游增权感知的各可观测变量的标准化因子载荷均在 0.5~0.95 的取值标准范围,表明旅游增权感知验证性因子模型具有良好的适配度,说明指标变量的构念解释率较高。组合信度(CR)、平均方差提取量(AVE)的取值均符合检验标准。$CR>0.60$ 表示组合信度可接受,$CR<0.60$ 则表示多于一半的可观测变量的随机误差明显(黄芳铭)[1]。AVE 需大于 0.50(O'Rourke 和 Hatcher,2013)[2]。虽然旅游社会增权感知的平均方差提取量小于 0.50,但 $AVE=0.479$ 很接近于 0.50 的经验性取值,故从模型的整体层面来看,该因子模型具有可接受的收敛效度。同时,从可观测变量的评分均值来看,政治增权感知潜变量所包含的可观测变量评分最低,均值在 2.78~2.92;心理增权感知所包含的潜变量评分最高,均值在 3.97~4.09;社会增权感知潜变量所包含的可观测变量评分较高,均值在 3.79~3.71;经济增权感知所包含的可观测变量评分均值较为中立,均值在 3.17~3.57。原因如下。

第一,政府对居民参与旅游决策权利的忽视。州、县、乡等各级政府以及旅游部门主要负责肇兴侗寨旅游发展的决策、规划、市场营销、开发保护、景区建设等旅游管理的相关工作,其在旅游管理工作中处于主导地位,在很大程度上忽视了居民在旅游发展中的参与权利,大多数受访居民也表示自己并没有获得充足的参与途径,因而对旅游政治增权的认知与感知程度较低。

第二,旅游对居民精神与物质生活水平的提升。一方面,旅游发展促使景区内部与外部的基础设施等的提升,提高了景区的旅游接待能力,由旅游发展创造的就业机会使一部分居民能够获得经济收入,提升了居民的生活质量和经济增权感知;另一方面,受访居民认为游客到访景区后对侗族文化和景区景观的赞美提升了居民作为社区成员的自豪感,并由此形成了主客双方的旅游互动,使居民在心理层面与社会层面获得增权。

据此,相应的基于旅游增权感知的精准营销管理策略如下。

第一,通过立法保障居民参与权利策略。肇兴侗寨旅游资源的缔造者与所有者是全体社区居民,民族旅游发展不能牺牲当地居民的权利与利益,因此,各级地方政府和旅游部门应该积极维护社区居民在旅游发展中的权利与利益,具体通过与各级人民代表大会常务委员会进行沟通,尽快通过立法来保障居民参与旅游发展的权利,使相关法律法规成为支持居

---

[1] 黄芳铭. 结构方程模式理论与应用[M]. 北京:中国税务出版社,2005:260-279.
[2] O'Rourke N, Hatcher L. A Step-by-Step Approach to Using SAS for Factor Analysis and Structural Equational Modeling[M]. Cary:SAS Institute Inc.,2013:250.

民旅游参与权利的合理工具，使政府职能尽快向服务型职能转变。

第二，维持居民生活质量策略。肇兴侗寨旅游发展使社区内直接或间接从事旅游工作的居民获得更多收入，其生活质量也获得显著提升，因此，各级地方政府和旅游部门应该重视利用旅游经济增权效应来提升尚未从事旅游工作居民的积极性，并突出旅游对侗族传统文化的宣传与推广作用，提升居民对本民族文化的自豪感。同时，鼓励居民与游客进行互动，展现热情好客的侗族特性，通过经济、社会、心理增权效应来共同提升居民物质、精神生活质量。

（二）居民受访者旅游社会资本感知的验证性因子分析

社会资本感知由认知型社会资本、结构型社会资本、关系型社会资本3个公因子代表，由于社会资本感知3个维度的公因子具有高度的关联性，并且本研究主要分析社会资本感知对旅游参与意愿以及旅游社会增权等变量的影响，因此，使用二阶验证性因子分析模型进行具体分析。

1. 居民受访者旅游社会资本感知模型拟合分析

居民受访者旅游社会资本感知拟合指数计算结果汇总如表5-28所示。

表5-28　居民受访者旅游社会资本感知拟合指数计算结果汇总

拟合指数	X^2/df	GFI	AGFI	CFI	AIC	RMSEA	RMR	P
取值标准	<2	>0.9	>0.9	>0.9	<饱和	<0.08	<0.05	>0.05
初始模型	6.114	0.913	0.882	0.899	687.549	0.078	0.043	0.000
修正模型	1.374	0.997	0.989	0.998	38.242	0.021	0.010	0.221

由表5-28可知，社会资本感知初始验证性因子分析模型的$RMSEA(0.078)$、$GFI(0.913)$、$AGFI(0.678)$等拟合指数符合取值标准，但其他几个指标数值仍不够理想，因此，本研究对模型进行修正。从修正指数结果来看，表5-5中SC2"居民和邻居关系和谐"、SC1"居民的社区归属感"、SC3"居民展现的诚信程度"、SC6"居民对社区管理机构的信任"、SC9"向亲朋征询从事旅游工作的意见"、SC12"相关旅游志愿者组织进入本社区"、SC7"居民对旅游发展的责任义务"SC8"与亲朋分享社区旅游发展的信息"、SC16"寨老、侗款制度非正式组织对从事旅游的支持与配合"、SC13"社区旅游组织、居民、政府、旅游机构间的紧密合作"的修正指数大于5，且具有较大的卡方值占有率，因此，将上述可观测变量删除，为了能够进一步保持模型的简洁性，在保证指标达标的情况下，将模型进行进一步精炼。修正后的模型拟合指数均能达到标准，尤其是P值为0.221>0.05，说明修正后在接受虚无假设的基础上，理论模型与数据契合程度高，并且AIC值小于饱和模型取值。居民受访者旅游社会资本感知因子系数标准化模型如图5-2所示，因此，接受模型修正。

2. 居民受访者旅游社会资本感知模型路径分析

由表5-29可知，由于居民受访者对民族旅游社区参与社会资本感知的验证性因子分析模型为二阶因子分析模型，因此，从模型整体的角度出发，将认知型社会资本感知、结构型社会资本感知、关系型社会资本感知视作社会资本感知的可观测变量，来分析二阶验证性因子分析模型的稳定性。社会资本→认知型社会资本感知、认知型社会资本感知→我的团队合作

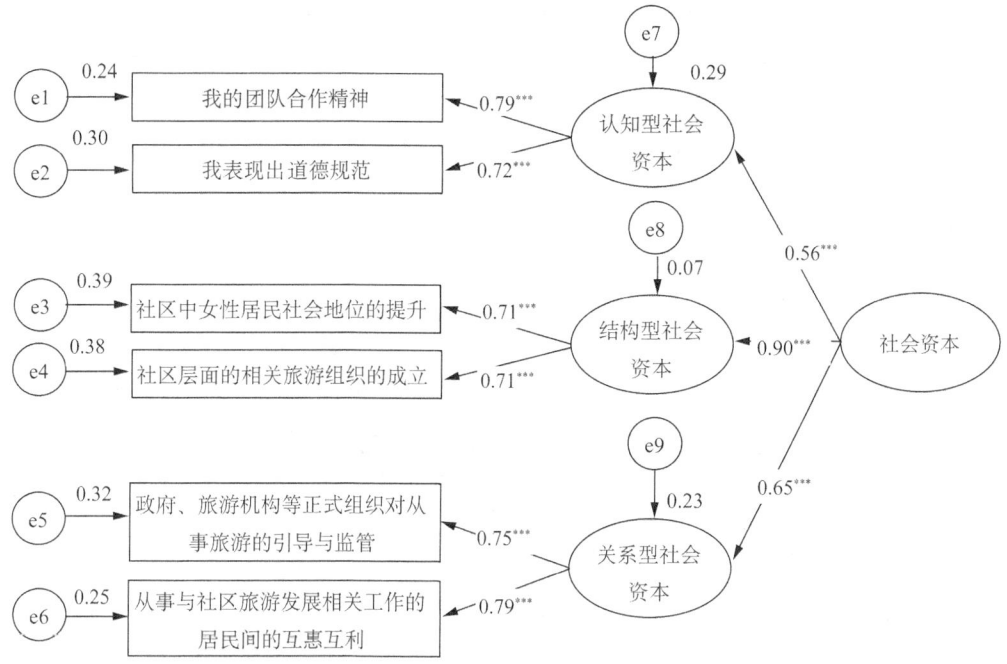

图 5-2 居民受访者旅游社会资本感知因子系数标准化模型

表 5-29 居民受访者旅游社会资本感知模型路径分析

可观测变量	路径	潜变量	非标准化路径系数	S.E.	C.R.	P
认知型感知	←	社会资本感知	1			
结构型感知	←		1.560	0.216	7.186	***
关系型感知	←		1.036	0.146	7.897	***
我的团队合作精神	←	认知型感知	1			
我表现出道德规范	←		0.880	0.086	10.240	***
相关旅游志愿者组织进入本社区	←	结构型感知	1			
与亲朋分享社区旅游发展的信息	←		0.995	0.083	11.968	***
政府、旅游机构等正式组织对从事旅游的引导与监管	←	关系型感知	1			
从事与社区旅游发展相关工作的居民间的互惠互利	←		1.011	0.083	12.160	***

注：*** 表示在 $P<0.01$ 水平上显著，临界比绝对值 >1.96。

精神、结构型社会资本感知→相关旅游志愿者组织进入本社区、关系型社会资本感知→政府、旅游机构等正式组织对从事旅游的引导与监管的未标准化路径系数的固定值为1，标准误、临界比、显著性均为空白。社会资本感知→结构型社会资本感知(7.186)、社会资本→关系型社会资本感知(7.897)、认知型社会资本感知→我表现出道德规范(10.240)、结构型社会资本感知→与亲朋分享社区旅游发展的信息(11.968)、关系型社会资本感知→从事与社区旅游发展相关工作的居民间的互惠互利(12.160)的非标准化路径系数临界比绝对值大于1.96,呈现显著性。说明居民受访者对民族旅游社区参与机制社会资本感知的路径分析具有显著性,各潜变量所包括的可观测变量具有较好的解释能力,故该验证性因子分析模型较为稳定。

3. 居民受访者旅游社会资本感知模型区别效度检验

居民受访者旅游社会资本感知的区别效度检验结果如表5-30所示。

表5-30 居民受访者旅游社会资本感知的区别效度检验

配对潜变量	模型统计量	受限制模型 (相关系数固定为1)		未受限制模型 (相关系数为自由估计)		卡方值 差异量	自由度 差异量
		df	x^2	df	x^2	Δx^2	Δdf
认知型感知↔结构型感知		2	294.859	1	0.250	294.609***	1
认知型感知↔关系型感知		2	350.504	1	1.639	348.865***	1
结构型感知↔关系性感知		2	289.689	1	0.388	289.301***	1

注:*表示受限制与未受限制模型卡方值差异＞3.841,表示$P<0.05$。***表示受限制与未受限制模型卡方值差异＞10.827,表示$P<0.001$。

本研究对民族旅游社区参与机制社会资本感知的公因子潜变量进行区别效度检验,主要将认知型社会资本感知与结构型社会资本感知、认知型社会资本感知与关系型社会资本感知、结构型社会资本感知与关系型社会资本感知之间的相关系数设置为1,由于潜变量两两之间的协方差系数也为1,因此,形成潜变量两两之间的受限制模型,根据受限制模型与未受限制模型之间的卡方差异值是否大于3.841或10.827来判断本研究社会资本感知因子模型的区别效度。由表5-30所示,认知型社会资本感知与结构型社会资本感知的受限与未受限模型卡方差异值为294.609,认知型社会资本感知与关系型社会资本感知的受限与未受限模型卡方差异值为348.865,结构型社会资本感知与关系型社会资本感知的受限与未受限模型卡方差异值为289.301,三对潜变量受限制模型与非受限制模型的卡方差异值均大于10.827,且达到0.001的显著性水平,说明居民受访者对民族旅游社区参与机制社会资本感知的验证性因子模型具有良好的区别效度,旅游社会资本公因子潜变量包含的可观测变量之间具有独立性,且与所属潜变量联系紧密。

4. 居民受访者旅游社会资本感知模型收敛效度检验

居民受访者旅游社会资本感知的收敛效度检验结果如表5-31所示。

表5-31 居民受访者旅游社会资本感知的收敛效度检验

潜变量	可观测变量	标准化 因子载荷	均值	标准差	CR	AVE
社会资本	认知型感知	0.557	3.98	0.801	0.752	0.513
	结构型感知	0.897	3.83	0.850		
	关系型感知	0.652	3.94	0.831		

（续表）

潜变量	可观测变量	标准化因子载荷	均值	标准差	CR	AVE
认知型感知	我的团队合作精神	0.794	3.98	0.812	0.729	0.574
	我表现出道德规范	0.719	3.98	0.789		
结构型感知	相关旅游志愿者组织进入本社区	0.705	3.77	0.878	0.665	0.500
	与亲朋分享社区旅游发展的信息	0.706	3.89	0.822		
关系型感知	政府、旅游机构等正式组织对从事旅游的引导与监管	0.745	3.96	0.849	0.740	0.586
	从事与社区旅游发展相关工作的居民间的互惠互利	0.786	3.91	0.813		

由表5-31可知，居民受访者对民族旅游社区参与机制社会资本感知的各可观测变量，包括二阶因子模型中的公因子潜变量的标准化因子载荷在0.5~0.95的标准范围内，说明社会资本感知的验证性因子模型具有很好的适配度，可观测变量能够较好地对潜变量进行解释。从居民受访者对民族旅游社区参与机制社会资本感知二阶验证性因子模型的组合信度、平均方差提取量的角度来看，社会资本感知的$CR=0.752$、$AVE=0.513$；认知型社会资本感知的$CR=0.729$、$AVE=0.574$；结构型社会资本感知的$CR=0.665$、$AVE=0.50$，关系型社会资本感知的$CR=0.740$、$AVE=0.586$，均符合组合信度大于0.60、平均方差提取量大于0.50的标准，说明该二阶因子模型具有良好的收敛效度，社会资本感知各潜变量能够被其所属之可观测变量良好地反映。从可观测变量的居民受访者评分均值来看，3个公因子潜变量的评分均值皆高于3.80，认知型社会资本感知评分均值皆高于3.98，结构型社会资本感知评分均值皆高于3.77，关系型社会资本感知评分均值皆高于3.91，说明居民受访者均较为认可社会资本对肇兴侗寨旅游发展的重要作用。原因如下。

第一，侗族道德规范对居民行为的影响。在访谈中受访居民表示侗寨中侗族的道德规范对社区居民，尤其是侗族居民的行为操守具有重要的影响。侗族道德和价值观中对自然资源的尊重和对人地关系平等的态度，对社区居民的环保意识、旅游发展认知均有重要的作用。虽然肇兴侗寨开始出现互嵌式的社区发展特点，新进居民使当地文化与人口结构产生变化，但侗族传统文化及其道德观和价值观仍是旅游发展的重要支撑，处于主导地位。

第二，新型居民关系对旅游发展的影响。肇兴侗寨旅游发展使越来越多的游客进入社区。同时，由于当地的旅游发展创造了就业机会，越来越多的非侗族居民进入社区从事旅游工作，由此产生的社区文化和人口结构变迁对当地侗族居民的社会交往关系形成冲击。访谈中侗族居民大多表示传统文化中提倡的居民互相帮助、家庭关系和谐、社会关系稳定等特点受到一定影响，居民表示原来单纯的交往关系变得复杂了。

据此，相应的基于旅游社会资本的精准营销管理策略如下。

第一，重视侗族传统，维护核心旅游资源策略。肇兴侗寨旅游发展的核心是当地原真性强、原生态的侗族传统文化资源及其在现代文化背景下的表现形式，因此，各级地方政府和旅游部门应该重视对侗族传统文化的传承和保护，利用旅游市场化、商业化的经济收入效应,为侗族传统文化保护与传承提供财力支持。同时,需要明确社区侗族传统文化的核心地位,鼓励新进居民与游客深入了解侗族,从不同利益者的角度来加强对侗族文化的保护。

第二,维护居民关系,创造良好旅游氛围策略。肇兴侗寨旅游发展使当地的居民关系出现变化,由于社区中出现了新型的主客互动关系,形成了基于旅游发展的社区互动,因此,各级地方政府和旅游部门应该重视平衡各方的利益关系,使侗族居民与新进居民能够共享旅游发展带来的经济效应,也应该重视与突出侗族传统文化中对和谐关系的重视,促进居民与游客之间形成相互理解和尊重的和谐关系,进而形成良好的旅游氛围。

(三) 居民受访者旅游积极影响感知的验证性因子分析

1. 居民受访者旅游积极影响感知模型拟合分析

旅游积极影响感知以生活设施提升、经济产业促进、文化环境加强3个公因子为代表。旅游的基础设施建设效应、经济收入提升效应、文化环境保护效应之间具有较强的相关性,本研究将研究旅游积极影响潜变量对旅游参与意愿潜变量的影响和程度,因此,使用二阶验证性因子分析模型来进行具体分析。

由表5-32可知,旅游积极影响感知验证性因子初始模型除RMR值外,其他各个拟合指标均未能达到取值标准,尤其是初始模型的P值$0.000<0.05$,拒绝了虚无假设,表示理论模型与样本数据匹配不佳,并且AIC大于饱和模型参考值。从模型修正指数中可以看到,表5-7中PI3"旅游发展促使社区生活用品丰富"、PI4"旅游发展为居民提供了休闲娱乐机会"、PI5"旅游发展促进传统文化保护传承"、PI9"旅游发展为居民创造了更多就业机会"、PI12"旅游发展促进社区对自然环境的保护"、PI8"旅游发展显著提升居民的经济收入"、PI7"旅游发展提升餐饮、购物、娱乐产业"、PI6"旅游发展促进历史文物保护与修复"的修正指数大于5,删除相关可观测变量能够降低卡方比,也能够提升其他的拟合指数。模型修正后所有拟合指数均达到取值标准,证明对旅游积极影响感知验证性因子模型的修正具有效果。图5-3显示了因子系数标准化模型。

表5-32 居民受访者旅游积极影响感知拟合指数计算结果汇总

拟合指数	X^2/df	GFI	AGFI	CFI	AIC	RMSEA	RMR	P
取值标准	<2	>0.9	>0.9	>0.9	<饱和	<0.08	<0.05	>0.05
初始模型	9.821	0.891	0.846	0.857	788.719	0.103	0.047	0.000
修正模型	1.323	0.997	0.989	0.999	37.936	0.020	0.007	0.243

2. 居民受访者旅游积极影响感知模型路径分析

由于居民受访者对民族旅游社区参与机制旅游积极影响感知的验证性因子模型为二阶因子模型,从整体模型的角度出发,将生活设施提升感知、经济产业促进感知、文化环境加强感知视作旅游积极影响的可观测变量,以此来探寻整体模型的稳定性。由表5-33可知,旅游积极影响→生活设施提升感知、生活设施提升感知→旅游发展促使社区的生活用品丰富、经济产业促进感知→旅游发展显著提升了我的生活质量、文化环境加强感知→旅游发展使我的思想意识更加开放的未标准化路径系数1为固定值,故相关的标准误值、临界比、显著性概率值均为空白。旅游积极影响→经济产业促进感知(9.340)、旅游积极影响→文化环境

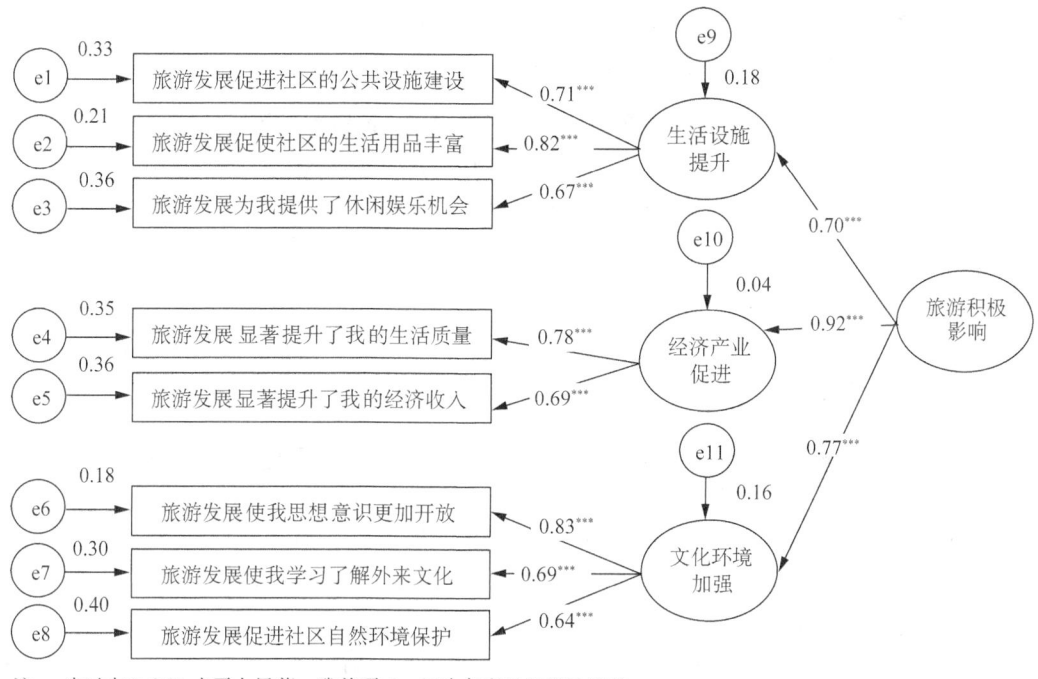

图 5-3　居民受访者旅游积极影响感知因子系数标准化模型

加强感知(9.585)、生活设施提升感知→旅游发展促进社区的公共设施建设(14.741)、经济产业促进感知→游客人数的增加促进社区经济发展(13.196)、文化环境加强感知→旅游发展使我学习了解外来文化(14.657)的非标准化路径系数的临界比绝对值大于1.96,且路径具有显著性,说明居民受访者对民族旅游社区参与机制旅游积极影响感知的路径分析具有显著性,各个可观测变量能够较好地解释其所属之潜变量,因此,该验证性因子分析模型具有较高的稳定性。

表 5-33　居民受访者旅游积极影响感知模型路径分析

可观测变量	路径	潜变量	非标准化路径系数	S.E.	C.R.	P
生活设施提升感知	←	旅游积极影响	1			
经济产业促进感知	←	旅游积极影响	1.135	0.121	9.340	***
文化环境加强感知	←		1.286	0.134	9.585	***
旅游发展促使社区的生活用品丰富	←	生活设施提升感知	1			
旅游发展促进社区的公共设施建设	←		1.008	0.068	14.741	***
旅游发展显著提升了我的生活质量	←	经济产业促进感知	1			
游客人数的增加促进社区经济发展	←		1.016	0.077	13.196	***
旅游发展使我思想意识更加开放	←	文化环境加强感知	1			
旅游发展使我学习了解外来文化	←		0.857	0.058	14.657	***

注：*** 表示在 $P<0.01$ 水平上显著,临界比绝对值>1.96。

3. 居民受访者旅游积极影响感知模型区别效度检验

居民受访者旅游积极影响感知的区别效度检验如表 5-34 所示。

表 5-34 居民受访者旅游积极影响感知的区别效度检验

配对潜变量	模型统计量	受限制模型（相关系数固定为1）		未受限制模型（相关系数为自由估计）		卡方值差异量	自由度差异量
		df	x^2	df	x^2	Δx^2	Δdf
生活设施提升⟷经济产业促进		2	342.021	1	1.877	340.144***	1
生活设施提升⟷文化环境加强		2	349.141	1	1.196	347.945***	1
经济产业促进⟷文化环境加强		2	319.487	1	1.146	318.341***	1

注：* 表示受限制与未受限制模型卡方值差异＞3.841，表示 $P<0.05$；*** 表示受限制与未受限制模型卡方值差异＞10.827，表示 $P<0.001$。

本研究对民族旅游社区参与机制中旅游积极影响感知的公因子潜变量进行区别效度检验，主要对旅游积极影响感知的 3 个公因子模型进行限制，即将生活设施提升感知与经济产业促进感知、生活设施提升感知与文化环境加强感知、经济产业促进感知与文化产业加强感知间的相关系数设置为 1，且相关潜变量之间的协方差系数也为 1。如表 5-34 所示，生活设施提升感知与经济产业促进感知验证性因子模型间的卡方差异值为 340.144，生活设施提升感知与文化环境加强感知验证性因子模型间的卡法差异值为 347.945，经济产业促进感知与文化环境加强感知验证性因子模型间的卡方差异值为 318.341，三对潜变量间的卡方差异值均大于 3.841 与 10.827 的判断值，并且均达到 0.05 显著性水平，说明居民受访者对民族旅游社区参与机制旅游积极影响的验证性因子模型具有良好的区别效度，旅游积极影响公因子潜变量包含的可观测变量之间具有独立性，且与其所属潜变量联系紧密。

4. 居民受访者旅游积极影响感知模型收敛效度检验

居民受访者旅游积极影响感知的收敛效度检验结果如表 5-35 所示。

表 5-35 居民受访者旅游积极影响感知的收敛效度检验

潜变量	可观测变量	标准化因子载荷	均值	标准差	CR	AVE
旅游积极影响感知	生活设施提升感知	0.602	4.22	0.810	0.794	0.568
	经济产业促进感知	0.808	4.04	0.793		
	文化环境加强感知	0.829	4.10	0.756		
生活设施提升感知	旅游发展促使社区的生活用品丰富	0.813	4.17	0.823	0.816	0.689
	旅游发展促进社区的公共设施建设	0.847	4.26	0.796		
经济产业促进感知	旅游发展显著提升了我的生活质量	0.708	3.98	0.798	0.681	0.516
	旅游发展显著提升了我的经济收入	0.729	4.10	0.788		
文化环境加强感知	旅游发展使我的思想意识更加开放	0.820	4.06	0.762	0.740	0.589
	旅游发展促使我学习了解外来文化	0.711	4.13	0.753		

由表 5-35 可知，居民受访者对民族旅游社区参与机制旅游积极影响感知的各可观测变量，包括二阶因子模型中的公因子潜变量的标准化因子载荷符合 0.5~0.95 的标准，说明旅游积极影响感知的验证性因子模型中的潜变量与可观测变量的适配度较好，可观测变量能够较好地对其所属的潜变量进行解释。从居民受访者对民族旅游社区参与机制的验证性因子模型的组合信度、平均方差提取量的角度来看，旅游积极影响感知的 $CR=0.794$、$AVE=0.568$，生活设施提升感知的 $CR=0.816$、$AVE=0.689$，经济产业促进感知的 $CR=0.681$、$AVE=0.516$，文化环境加强感知的 $CR=0.740$、$AVE=0.589$，可以判定民族旅游社区参与机制旅游积极影响感知的验证性因子模型具有较好的收敛效度，说明旅游积极影响所含的相关潜变量的可观测变量具有较好的解释能力。从旅游积极影响所包含的可观测变量来看，旅游积极影响感知的可观测变量居民受访者评分均值超过 3.99，最高为 4.08，生活设施提升感知所包含的可观测变量居民受访者评分均值超过 4.17，最高值为 4.26，经济产业促进感知所包含的可观测变量居民受访者评分均值超过 3.98，最高为 4.10，文化环境加强感知所包含的可观测变量居民受访者评分均值超过 4.06，最高为 4.13，说明居民受访者对肇兴侗寨民族旅游发展后的积极影响具有较高且正面的感知。原因如下。

第一，旅游发展对社区基础设施水平的提升作用明显。肇兴侗寨旅游发展为当地社区的基础设施建设和升级作出了较大贡献。在访谈中，政府官员表示，地方政府和旅游部门为了能够获得较高的旅游景区质量评级，提高景区的旅游接待能力，对社区中的厕所、街道、建筑物、广场、河流、森林等的维护进行了大力投入，使肇兴侗寨的居民见证了社区公共设施的改善，旅游发展也为当地居民带来了丰富的生活和娱乐的机会。

第二，旅游发展对社区民族文化的推广作用显著。肇兴侗寨旅游发展离不开当地特色鲜明的侗族传统文化资源。随着肇兴侗寨旅游业的不断深入发展，当地政府和旅游部门在打造旅游产品和线路时更加注重对侗族传统文化的宣传和推广，受访的旅游机构人员强调，当地通过具有侗族特色的节事、节庆对民族旅游产品进行升级，使侗族传统文化受到外界的重视，也通过举办旅游发展大会等会展形式，宣传侗族传统文化。

据此，相应的基于旅游积极影响的精准营销管理策略如下。

第一，挖掘旅游资源，维护居民切身利益策略。肇兴侗寨旅游发展对当地经济产业的促进作用明显，为社区居民提供了参与旅游工作的机会，在一定程度上提升了居民的生活质量，因此，当地政府和旅游部门应该重视对民族旅游发展经济效应的利用，在深挖当地自然与人文旅游资源的基础上，利用旅游发展收益的分配与再分配过程，为增进居民的福利进行投入，并且落实旅游精准扶贫政策，使社区居民都能够获得旅游发展的利益，增强居民支持旅游的态度。

第二，优化旅游营销，突出侗族文化效应策略。肇兴侗寨民族旅游发展的市场营销渠道和策略需要更新和升级，尤其是要对肇兴侗寨这块愈发出名的民族旅游品牌进行侗族传统文化内涵方面的投入。因此，当地政府和旅游部门应该在结合当下移动设备使用率高、虚拟社区口碑传播效应广等技术革新背景，对当地旅游市场营销的渠道进行优化。同时，在旅游品牌标识的设计上也应突出侗族服饰、大歌、节庆等传统文化符号，提升肇兴侗寨旅游品牌的辨识度。

（四）居民受访者旅游消极影响感知的验证性因子分析

1. 居民受访者旅游消极影响感知模型拟合分析

旅游消极影响感知由行为道德降低、环境设施破坏、文化生活冲击感知 3 个公因子代表,3个公因子作为验证性因子分析中的潜变量,具有较强的相关性。本研究也将整体地考虑旅游消极影响对旅游参与意愿的影响程度,进而对相关的假设进行验证,故使用二阶验证性因子分析模型对旅游消极影响进行全面分析。

由表5-36可知,旅游消极影响感知的验证性因子分析初始模型的拟合指数中,拟合指数均未能达标,故考虑对因子模型进行修正。初始模型的P值为0.000<0.05,虚无假设不成立,表明理论模型与数据匹配度不佳。AIC值大于饱和模型数值。根据模型修正输出结果可知,表5-9中NI9"旅游发展导致社区的道德水平降低"、NI3"旅游发展导致社区中的犯罪率上升"、NI5"旅游发展导致社区中产生大量垃圾"、NI4"旅游发展导致社区更多的交通拥堵"、NI2"旅游发展导致社区的物价水平升高"、NI12"旅游发展导致社区过度商业化氛围"、NI7"旅游发展破坏社区良好的自然环境"等可观测变量的修正指数大于5,考虑将其删除以增加因子模型的拟合度。旅游消极影响感知的验证性因子分析修正模型的各个拟合指数取值均符合取值标准,基于简单准则的原则,本研究将修正模型视为最佳因子模型(拟合性见图5-4)。

表5-36 居民受访者旅游消极影响感知拟合指数计算结果汇总

拟合指数	X^2/df	GFI	AGFI	CFI	AIC	RMSEA	RMR	P
取值标准	<2	>0.9	>0.9	>0.9	<饱和	<0.08	<0.05	>0.05
初始模型	8.313	0.892	0.852	0.892	789.249	0.094	0.072	0.000
修正模型	1.482	0.992	0.984	0.996	63.195	0.024	0.022	0.090

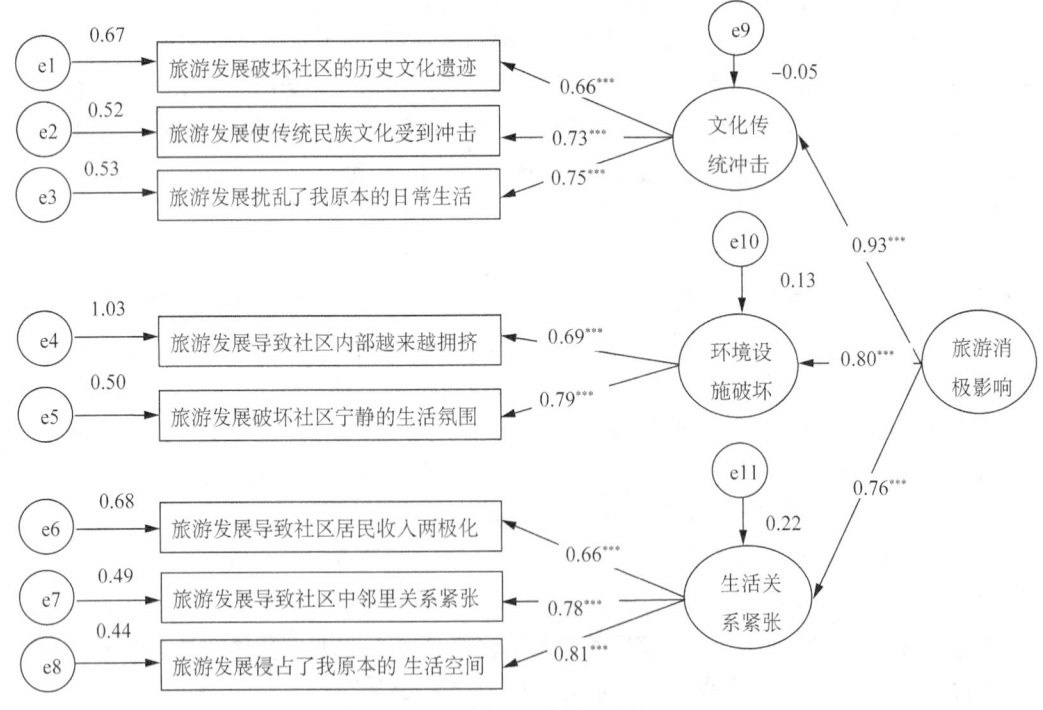

注:*** 表示在 $P<0.01$ 水平上显著;残差项e1~e11为各变量的测量误差。

图5-4 居民受访者旅游消极影响感知因子系数标准化模型

2. 居民受访者旅游消极影响感知模型路径分析

居民受访者对民族社区旅游参与机制旅游消极影响感知模型为二阶验证性因子模型，为了从模型整体来分析其稳定性，将文化传统冲击感知、环境设施破坏感知、生活关系紧张感知3个公因子潜变量视为旅游消极影响感知的可观测变量。由表5-37可知，旅游消极影响感知→文化环境冲击感知、文化传统冲击感知→旅游发展破坏社区的历史文化遗迹、环境设施破坏感知→旅游发展导致社区内部越来越拥挤、生活关系紧张感知→旅游发展导致社区居民收入两极化的非标准化路径系数固定为1，其标准误值、临界比值、显著性均为空白。旅游消极影响感知→环境设施破坏感知(9.570)、旅游消极影响感知→生活关系紧张感知(11.919)、文化传统冲击感知→旅游发展使传统民族文化受到冲击(17.127)、文化传统冲击感知→旅游发展扰乱了我原本的日常生活(17.333)、环境设施破坏感知→旅游发展破坏社区宁静的生活氛围(11.299)、生活关系紧张感知→旅游发展导致社区中邻里关系紧张(17.921)、生活关系紧张感知→旅游发展侵占了我原本的生活空间(18.278)的非标准化路径系数的临界比绝对值大于1.96，并且路径系数具有显著性，说明居民受访者对民族旅游社区参与机制旅游消极影响感知的路径具有显著性，因此，各个潜变量所包含的可观测变量具有较高的解释率，该验证性因子模型具有较高的稳定性。

表5-37 居民受访者对民族旅游消极影响感知模型路径分析

可观测变量	路径	潜变量	非标准化路径系数	S.E.	C.R.	P
文化传统冲击感知	←	旅游消极影响感知	1			
环境设施破坏感知	←		0.633	0.066	9.570	***
生活关系紧张感知	←		0.738	0.062	11.919	***
旅游发展破坏社区的历史文化遗迹	←	文化传统冲击感知	1			
旅游发展使传统民族文化受到冲击	←		1.090	0.064	17.127	***
旅游发展扰乱了我原本的日常生活	←		1.142	0.066	17.333	***
旅游发展导致社区内部越来越拥挤	←	环境设施破坏感知	1			
旅游发展破坏社区宁静的生活氛围	←		1.510	0.134	11.299	***
旅游发展导致社区居民收入两极化	←	生活关系紧张感知	1			
旅游发展导致社区中邻里关系紧张	←		1.203	0.067	17.921	***
旅游发展侵占了我原本的生活空间	←		1.265	0.069	18.278	***

注：*** 表示在 $P<0.01$ 水平上显著，临界比绝对值>1.96。

3. 居民受访者旅游消极影响感知模型区别效度检验

居民受访者旅游消极影响感知的区别效度检验结果如表5-38所示。

本研究针对居民受访者对民族旅游社区参与机制旅游消极影响感知的公因子潜变量进行区别效度检验，主要将文化传统冲击感知与环境设施破坏感知、文化传统冲击感知与生活关系紧张感知、环境设施破坏感知与生活关系紧张感知间建立相关系数为1的双向相关关系，使潜变量两两之间受到关系限制，并且已知相关潜变量间的协方差系数也为1，故形成受

表 5-38 居民受访者旅游消极影响感知的区别效度检验

配对潜变量	模型统计量	受限制模型(相关系数固定为1)		未受限制模型(相关系数为自由估计)		卡方值差异量	自由度差异量
		df	x^2	df	x^2	Δx^2	Δdf
文化传统冲击⟷环境设施破坏		5	127.024	4	6.837	120.187***	1
文化传统冲击⟷生活关系紧张		9	134.170	8	8.947	125.223***	1
环境设施破坏⟷生活关系紧张		5	176.855	4	5.123	171.732***	1

注:*表示受限制与未受限制模型卡方值差异>3.841,表示$P<0.05$;***表示受限制与未受限制模型卡方值差异>10.827,表示$P<0.001$。

限制模型;将各受限制模型的卡方值与未受限制模型的卡方值相减,得出卡方差异值来判断区别效度,具体为卡方差异值大于3.841达到0.05显著性水平,大于10.827达到0.001显著水平。由表5-38可知,文化传统冲击感知与环境设施破坏感知的因子模型卡方差异值为120.187,文化传统冲击感知与生活关系紧张感知的因子模型卡方差异值为125.223,环境设施破坏感知与生活关系紧张感知的因子模型卡方差异值为176.855,这3对公因子潜变量的受限制模型与未受限制模型间的卡方差异值均大于10.827,且具有显著差异,说明居民受访者对民族旅游社区参与机制旅游消极影响感知的验证性因子模型具有很好的区别效度,旅游消极影响公因子潜变量包含的可观测变量之间具有独立性,且与所属潜变量联系紧密。

4. 居民受访者旅游消极影响感知模型收敛效度检验

居民受访者旅游消极影响感知的收敛效度检验结果如表5-39所示。

表 5-39 居民受访者旅游消极影响感知的收敛效度检验

潜变量	可观测变量	标准化因子载荷	均值	标准差	CR	AVE
旅游消极影响感知	文化传统冲击感知	0.931	3.24	1.078	0.871	0.695
	环境设施破坏感知	0.800	3.21	1.155		
	生活关系紧张感知	0.760	3.34	1.116		
文化传统冲击感知	旅游发展破坏社区的历史文化遗迹	0.655	3.25	1.085	0.754	0.507
	旅游发展使传统民族文化受到冲击	0.732	3.24	1.058		
	旅游发展扰乱了我原本的日常生活	0.745	3.24	1.090		
环境设施破坏感知	旅游发展导致社区内部越来越拥挤	0.693	3.13	1.174	0.707	0.548
	旅游发展破坏社区宁静的生活氛围	0.785	3.29	1.136		
生活关系紧张感知	旅游发展导致社区居民收入两极化	0.659	3.47	1.099	0.795	0.566
	旅游发展导致社区中邻里关系紧张	0.779	3.22	1.120		
	旅游发展侵占了我原本的生活空间	0.811	3.32	1.130		

由表5-39可知,居民受访者对民族旅游社区参与机制旅游消极影响的观测变量,以及二阶因子模型中的3个公因子潜变量的标准化因子载荷在0.655~0.931,符合0.5~0.95的

取值标准,说明旅游消极影响验证性因子模型中的可观测变量能够对其所属之潜变量进行较好地解释,变量之间具有较好的适配度。从因子模型收敛效度所注重的平均方差提取量、组合信度的角度来看,旅游消极影响的 $CR=0.871$、$AVE=0.695$,文化传统冲击感知的 $CR=0.754$、$AVE=0.507$,环境设施破坏感知的 $CR=0.707$、$AVE=0.548$,生活关系紧张感知的 $CR=0.795$、$AVE=0.566$,符合 CR 大于 0.70、AVE 大于 0.50 的标准取值,说明居民受访者对民族旅游社区参与机制旅游消极影响感知的二阶验证性因子模型具有良好的收敛效度,旅游消极影响所包含的可观测变量在具有区别的同时,对其所属之潜变量具有较好的解释能力。从居民受访者对旅游消极影响所包含的可观测变量的评分均值角度来看,居民受访者对旅游消极影响的评分均值超过 3.21,最高为 3.24,对文化传统冲击感知的评分均值超过 3.24,最高为 3.25,对环境设施破坏感知的评分均值超过 3.13,最高为 3.29,对生活关系紧张感知的评分均值超过 3.22,最高为 3.47,说明居民受访者对民族旅游社区参与机制旅游消极影响感知较为中立,但对旅游发展引起的收入两极化差异以及侵占居民生活空间具有较强的感知。原因如下。

第一,居民从事旅游工作的经济收入存在差异。肇兴侗寨旅游发展为当地居民创造了更多从事旅游工作的机会。同时,访谈中有政府官员表示,民族旅游品牌效应吸引了当地侗族居民以及外来居民进入社区进行旅游创业。社区中从事旅游工作和进行旅游创业较早的居民获得了更多的旅游收益,与社区中仍从事农业生产的居民在收入上形成较大差异,导致肇兴侗寨中居民收入的两极化趋势明显,也成了影响当地居民和谐关系的阻碍因素。

第二,游客大量进入景区的旅游承载影响。肇兴侗寨民族旅游的发展,吸引越来越多的游客到访,访谈中受访旅游机构人员表示在重大节事、节庆时,以及长假、黄金周等时段,肇兴侗寨中出现了游客人满为患的态势,在很大程度上影响了当地居民的正常生活,导致居民的公共生活空间受到侵占,也影响了游客的旅游体验。同时,游客的大量涌入也形成了对当地文物古迹保护、自然资源保护等工作的挑战,使居民对旅游的支持度降低。

据此,相应的基于旅游消极影响的精准营销管理策略如下。

第一,创新旅游产品,突出旅游产业联动策略。肇兴侗寨旅游发展虽然为当地居民创造了丰富的旅游产业就业机会,但外来居民涌入、本地居民缺乏相关技能,使就业机会不能满足全体社区居民,因此,当地政府和旅游部门应该利用旅游的联动性对旅游产品进行创新,不仅将当地农业、手工业、餐饮业与旅游业结合,形成游客体验感较强的旅游产品,而且应该针对侗寨的景区作长远规划,使景区旅游线路能够更为丰富,增加居民收入与旅游发展的相关性。

第二,重视旅游体验,维持居民正常生活策略。肇兴侗寨旅游不断发展,游客被当地特殊的文化传统、优美自然风光、独特建筑风格等资源吸引,选择到当地进行旅游。因此,当地政府和旅游部门应该重视游客体验以及维持居民正常生活。一方面,利用门票杠杆、环境承载力调研等方式来应对游客人数的井喷,提升游客的正面旅游体验感;另一方面,重视对游客行为的宣导与管控,使其在景区中能够尊重侗族居民和文化,维持居民的正常生活。

(五)居民受访者旅游参与意愿感知的验证性因子分析

1. 居民受访者旅游参与意愿感知模型拟合分析

居民受访者旅游参与意愿感知拟合指数计算结果汇总如表 5-40 所示。

表 5-40 居民受访者旅游参与意愿感知拟合指数计算结果汇总

拟合指数	X^2/df	GFI	AGFI	CFI	AIC	RMSEA	RMR	P
取值标准	<2	>0.9	>0.9	>0.9	<饱和	<0.08	<0.05	>0.05
初始模型	5.514	0.928	0.901	0.916	545.747	0.074	0.031	0.000
修正模型	0.955	0.996	0.991	1.000	44.505	0.000	0.007	0.486

旅游参与感知潜变量由发展决策参与感知、行业工作参与感知、开发规划参与感知3个公因子代表，在旅游参与感知验证性因子分析模型中，3个公因子之间相互联系并且也互相影响。本研究将旅游参与的整体感知视作概念模型中重要的内生变量，认为它受到社会资本感知、旅游影响感知、4个增权维度感知的具体影响，希望通过路径分析验证它所受到的影响及验证所提出的假设。因此，针对旅游参与感知本研究将采用二阶验证性因子分析模型来进行拟合。

由表5-40可知，旅游参与感知二阶验证性因子分析的初始模型的大多数拟合指数已经达标，但是卡方比的数值却过大，说明模型的估计参数数目较多，自由度较小，拟合度较差。同时，初始模型P值为$0.000<0.05$，虚无假设不成立，说明理论模型与数据匹配度不佳。AIC值也大于饱和模型取值。另外，根据模型输出修正结果，表5-11中TP9"我愿意鼓励亲朋好友一起参与社区旅游发展"、TP5"我愿意获得相关旅游专家、学者的意见与指导"、TP10"我愿意积极加入社区层面的旅游志愿者组织"、TP4"我愿意接受从事旅游业工作的相关学习培训"、TP14"我愿意成为专业导游介绍社区传统风土人情"、TP12"我愿意从事社区中的客栈、民宿等旅游接待业"、TP8"我愿意对旅游者展现出热情好客的民族传统"、TP3"我愿意发表对社区旅游规划工作的意见建议"的修正指数均大于5，具有删除的必要，以增加模型的拟合度。在删除相关潜变量后，相关拟合指数在初始达标的基础上取值更为理想，同时卡方比的数值、AIC值均符合标准，且模型较为简化，因此，修正后的模型具有较好的拟合性（如图5-5所示）。

2.居民受访者旅游参与意愿感知模型路径分析

居民受访者对民族旅游社区参与机制旅游参与意愿感知的模型为二阶验证性因子模型，为了能够从整体考虑模型的稳定性，本研究将发展决策参与感知、行业工作参与感知、开发规划参与感知3个公因子潜变量视为旅游参与意愿感知的3个可观测变量来探讨其临界比和显著性。由表5-41可知，旅游参与意愿感知→发展决策参与感知、发展决策参与感知→我愿意参与社区旅游发展的决策与决议过程、行业工作参与感知→我愿意参加社区中的少数民族传统文化表演、开发规划参与感知→我愿意树立"先保护、后开发"的旅游环保理念的非标准化路径系数为1，相关的临界比值、标准误值、显著性均为空白。旅游参与意愿感知→行业工作参与感知、旅游参与意愿感知→开发规划参与感知、发展决策参与感知→愿意主动承担旅游发展中的责任与义务、行业工作参与感知→我愿意从政府、企业了解到更多旅游发展信息、行业工作参与感知→我愿意从事民族特色旅游纪念品制作与销售、开发规划参与感知→我愿意参与社区旅游资源的保护与开发行动的非标准化路径临界比均大于1.96，且相关路径系数具有显著性，说明居民受访者对民族旅游参与机制旅游参与意愿的验证性因子模型具有较高的稳定性；同时，可观测变量对潜变量具有较高的解释率。

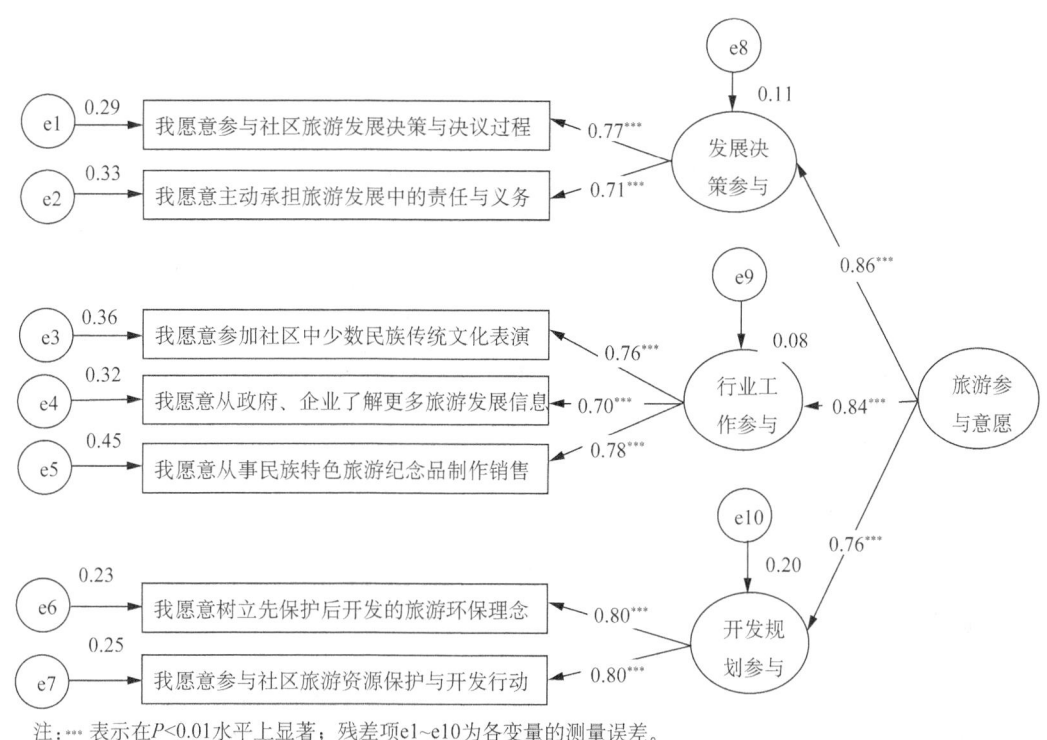

图 5-5　居民受访者旅游参与意愿感知因子系数标准化模型

表 5-41　居民受访者旅游参与意愿感知模型路径分析

可观测变量	路径	潜变量	非标准化路径系数	S.E.	C.R.	P
发展决策参与感知	←	旅游参与意愿感知	1			
行业工作参与感知	←	旅游参与意愿感知	0.803	0.075	10.660	***
开发规划参与感知	←	旅游参与意愿感知	0.818	0.074	11.118	***
我愿意参与社区旅游发展的决策与决议过程	←	发展决策参与感知	1			
我愿意主动承担旅游发展过程中责任与义务	←	发展决策参与感知	0.905	0.061	14.762	***
我愿意参加社区中的少数民族传统文化表演	←	行业工作参与感知	1			
我愿意从政府、企业了解更多旅游发展信息	←	行业工作参与感知	1.058	0.075	14.120	***
我愿意从事民族特色旅游纪念品制作与销售	←	行业工作参与感知	0.910	0.072	12.692	***
我愿意树立"先保护、后开发"旅游环保理念	←	开发规划参与感知	1			
我愿意参与社区旅游资源的保护与开发行动	←	开发规划参与感知	1.045	0.067	15.654	***

注：*** 表示在 $P<0.01$ 水平上显著，临界比绝对值 >1.96。

3. 居民受访者旅游参与意愿感知模型区别效度检验

本研究针对居民受访者民族旅游社区参与机制旅游参与意愿感知的因子模型进行区别

效度检验,通过将发展决策参与感知与行业工作参与感知、发展决策参与感知与开发规划参与感知、行业工作参与感知与开发规划参与感知间建立相关关系,并且将它们之间的相关系数控制为1。同时,已知公因子潜变量之间的协方差系数也为1,故形成3个受限制模型。利用受限制模型的卡方值与未受限制模型的卡方值之间的差异值来进行区别效度的判断,当卡方差异值大于3.841时达到0.05的显著性水平,当卡方差异值大于10.827时达到0.001的显著性水平,且模型具有良好的区别效度。

表5-42 居民受访者旅游参与意愿感知的区别效度检验

模型统计量 配对潜变量	受限制模型 (相关系数固定为1)		未受限制模型 (相关系数为自由估计)		卡方值 差异量	自由度 差异量
	df	x^2	df	x^2	Δx^2	Δdf
发展决策参与←→行业工作参与	5	304.807	4	1.132	303.675***	1
发展决策参与←→开发规划参与	2	303.423	1	7.144	296.279***	1
行业工作参与←→开发规划参与	5	361.946	4	2.474	359.472***	1

注:＊表示受限制与未受限制模型卡方值差异>3.841,表示$P<0.05$;＊＊＊表示受限制与未受限制模型卡方值差异>10.827,表示$P<0.001$。

由表5-42可知,发展决策参与感知与行业工作参与感知受限制模型与未受限制模型的卡方差异值为303.675,文化传统冲击感知与生活关系紧张感知的受限制模型与未受限制模型的卡方差异值为296.279,行业工作参与感知与开发规划参与感知的受限制模型与未受限制模型的卡方差异值为359.472,3对公因子潜变量的卡方差异值均大于10.827,差异显著,说明居民受访者对民族旅游社区参与机制旅游参与意愿感知的验证性因子模型具有良好的区别效度,旅游参与意愿公因子潜变量包含的可观测变量之间具有独立性,且与所属潜变量联系紧密。

4.居民受访者旅游参与意愿感知模型收敛效度检验

居民受访者旅游参与意愿感知的收敛效度检验结果如表5-43所示。

表5-43 居民受访者旅游参与意愿感知的收敛效度检验

潜变量	可观测变量	标准化 因子载荷	均值	标准差	CR	AVE
旅游参与 意愿感知	发展决策参与感知	0.855	3.93	0.825	0.843	0.643
	行业工作参与感知	0.838	4.07	0.803		
	开发规划参与感知	0.703	4.22	0.811		
发展决策 参与感知	我愿意参与社区旅游发展的决策与决议过程	0.765	3.93	0.834	0.703	0.543
	我愿意主动承担旅游发展中相关责任与义务	0.707	3.93	0.815		
行业工作 参与感知	我愿意参加社区中向少数民族传统文化表演	0.756	4.03	0.798	0.790	0.556
	我愿意从政府、企业了解更多旅游发展信息	0.700	4.17	0.790		
	我愿意从事民族特色旅游纪念品制作与销售	0.779	4.01	0.822		

（续表）

潜变量	可观测变量	标准化因子载荷	均值	标准差	CR	AVE
开发规划参与感知	我愿意树立"先保护、后开发"旅游环保理念	0.800	4.23	0.794	0.781	0.641
	我愿意参与社区旅游资源的保护与开发行动	0.801	4.20	0.828		

由表 5-43 可知，居民受访者对民族旅游社区参与机制旅游参与意愿感知的公因子潜变量及各潜变量所属之可观测变量标准化因子载荷最低为 0.700、最高为 0.855，符合 0.5~0.95 的取值标准，说明旅游参与意愿感知验证性因子模型的可观测变量对 3 个公因子潜变量具有良好的解释力，3 个公因子对二阶旅游参与意愿感知潜变量同样具有良好的解释能力，并且相关变量之间具有较好的适配度。为了能够更好地分析居民受访者对民族旅游社区参与机制旅游参与意愿感知二阶因子模型的收敛效度，本研究针对模型的组合信度与平均方差提取量进行分析。旅游参与意愿感知的 $CR=0.843$、$AVE=0.643$，发展决策参与感知的 $CR=0.703$、$AVE=0.543$，行业工作参与感知的 $CR=0.790$、$AVE=0.556$，开发规划参与感知的 $CR=0.781$、$AVE=0.641$，均符合 CR 大于 0.70、AVE 大于 0.50 的取值标准，说明该二阶验证性因子模型具有良好的收敛效度，故旅游参与意愿感知所包含的可观测变量不但具有良好的区别性，也具备可观测变量归属的潜变量共同的特征。从居民受访者对民族旅游社区参与机制旅游参与意愿感知的可观测变量评分均值来看，居民受访者对旅游参与意愿感知的评分均值为 3.93、4.07、4.22，对发展决策参与感知的评分均值为 3.93、3.93，对行业工作参与感知的评分均值为 4.03、4.17、4.01，对开发规划参与感知的评分均值为 4.23、4.20，说明居民受访者对参与社区旅游具有较为强烈的愿望，且对参与开发规划的参与意愿最为强烈。原因如下。

第一，旅游发展导致社区整体环境质量降低。肇兴侗寨发展旅游对当地的自然资源、人文资源的依赖程度不断加大，尤其是当地的侗族传统文化资源是肇兴侗寨发展民族旅游的核心保障，但随着旅游发展程度的深入、游客的不断涌入，当地的社会、经济、文化、自然等各方面环境受到冲击，不仅威胁了传统文化的原真性，在一定程度上也破坏了自然环境。同时，由于旅游经济效益的分配不均导致的收入两极化以及社会结构的改变，使肇兴侗寨面临挑战。

第二，参与途径缺乏导致居民旅游参与程度偏低。肇兴侗寨居民旅游参与程度较低是客观事实，社区居民参与社区旅游发展的途径仍停留在从事旅游工作等初级阶段，并且从事旅游工作的途径也因居民的旅游从业技能等因素没有获得普及。同时，当地政府和旅游部门在制定旅游决策和旅游规划的工作中并没有重视社区居民的意见与建议，在一定程度上也导致了社区居民参与旅游发展的程度偏低。

据此，相应的基于旅游参与意愿的精准营销管理策略如下。

第一，重视居民环保意愿，促进旅游亲环境行为。肇兴侗寨居民受访者对参与当地旅游规划工作表现出强烈的意愿，尤其是对于"先保护、后开发"的理念具有较为深入的理解，因此，当地政府和旅游部门应该重视对侗族传统文化中崇尚人地和谐、崇敬自然等价值观的宣导，使全体社区居民拥有良好的环境保护观念。同时，应该积极对游客进行当地旅游资源稀缺性与脆弱性的宣传，使游客能够尊重当地文化，展现出亲环境行为。

第二,重视居民旅游参与权利,维护居民主人公地位。肇兴侗寨发展旅游不仅需要利用其就业创造能力来维护居民从事旅游工作的权利,更应该维护社区居民在旅游发展中的主人公地位,因此,当地政府和旅游部门应该重视职能转变,建立社区居民能够有效参与旅游规划与决策的途径,使居民能够对旅游发展情况、旅游决策执行、旅游规划制定发表意见,在保障居民旅游行政管理话语权的同时,维护居民参与旅游发展的权利。

四、民族旅游社区参与机制的市场需求整体递归模型分析

(一)民族旅游社区参与机制整体递归模型的拟合分析

1. 民族旅游社区参与机制整体递归模型拟合分析

民族旅游参与机制整体递归模型拟合分析结果如表 5-44 所示。

表 5-44 民族旅游社区参与机制整体递归模型拟合分析

统计检验量	指数	取值参考	初始模型结果	修正模型结果	适配判断
绝对适配指数	P	>0.5	0.000	0.132	是
	RMR	<0.05	0.042	0.025	是
	RMSEA	<0.08	0.031	0.010	是
	GFI	≥0.9	0.927	0.968	是
	AGFI	≥0.9	0.915	0.958	是
增值适配指数	NFI	>0.9	0.894	0.949	是
	RFI	>0.9	0.883	0.937	是
	IFI	>0.9	0.950	0.996	是
	TLI	>0.9	0.944	0.995	是
	CFI	>0.9	0.949	0.996	是
简约适配指数	PGFI	>0.5	0.799	0.737	是
	PNFI	>0.5	0.811	0.767	是
	PCFI	>0.5	0.860	0.806	是
	X^2/df	<2	1.817	1.077	是
	AIC	<饱和	1 510.289	727.821	是
	CAIC	<饱和	2 157.488	1 495.297	是

由表 5-44 可知,民族旅游社区参与机制初始整体递归模型的拟合指数基本上符合取值标准,但 P 值 0.000<0.05,说明拒绝虚无假设,即研究所提出的理论模型与所得数据不匹配。同时,增值适配指数中的 NFI(基准化适配指数)、RFI(相对化适配指数)未达到相应的指数取值标准,需要对模型进行修正。修正模型时应针对各变量残差项间的相关关系、模型修正指数较大的可观测变量与潜变量的精简、临界比绝对值与路径显著性等方面进行操作。从模型修正指数来看,旅游社会增权中的 CE7"旅游发展增加我对社区发展奉献精神"、

CE6"旅游发展使我与社区之间联系更加紧密"之间的修正指数非常大,说明两个可观测变量均对旅游社会增权感知具有较为相似的意义;旅游政治增权中的CE12"我有参与当地旅游决策的明确途径"、旅游心理增权中的CE3"社区旅游受游客的欣赏使我感到自豪"、旅游消极影响二阶模型中的NI8"旅游发展破坏社区的历史文化遗迹"、旅游积极影响二阶模型中的PI14"旅游发展促使居民学习了解外来文化"等可观测变量同样具有较大的模型修正值,删去它们后能够增加数据与理论模型的拟合度;旅游消极影响二阶模型中的潜变量"生活设施提升"的模型修正指数在所有二阶模型的潜变量中最高,将其删除后能够大幅度增加数据与模型的契合度。修正后的模型拟合指数均能够达到取值标准,说明模型具有较好的拟合度,原本没有达标的 P 值在修正后变为 $0.132>0.05$,且 NFI 与 RFI 的取值均符合标准,说明修正后的模型与数据具有较高的契合度。

2. 民族旅游社区参与机制整体递归模型收敛效度与信度检验

民族旅游社区参与机制整体递归模型收敛效度检验与信度检验结果如表 5-45 所示。

表 5-45 民族旅游社区参与机制整体递归模型收敛效度检验与信度检验

潜变量	R^2	Cronbach α 系数	CR	AVE
经济增权	0.644	0.751	0.762	0.619
社会增权	0.502	0.730	0.768	0.524
心理增权	0.585	0.647	0.711	0.553
政治增权	0.868	0.867	0.868	0.687
社会资本	0.532	0.764	0.744	0.592
旅游消极影响	0.546	0.808	0.899	0.817
旅游积极影响	0.642	0.748	0.820	0.701
旅游参与意愿	0.575	0.802	0.833	0.714

由表 5-45 可知,民族旅游社区参与机制整体递归模型的多元相关系数平方(R^2)的取值分别为:经济增权(0.644)、社会增权(0.502)、心理增权(0.585)、政治增权(0.868)、社会资本(0.532)、旅游消极影响(0.546)、旅游积极影响(0.642)、旅游参与意愿(0.575),均超过 0.50,说明潜变量的各可观测变量的误差值均小于 50%。Cronbach α 系数分别为:经济增权(0.751)、社会增权(0.730)、心理增权(0.647)、政治增权(0.867)、社会资本(0.764)、旅游消极影响(0.808)、旅游积极影响(0.748)、旅游参与意愿(0.802),均在可接受范围内,虽然心理增权 α 系数较小,但仍大于 0.60 的最低取值标准,说明各潜变量的可观测变量具有较好的可靠性。民族旅游社区参与机制整体递归模型的经济增权 $CR=0.762$、$AVE=0.619$,社会增权 $CR=0.768$、$AVE=0.524$,心理增权 $CR=0.711$、$AVE=0.553$,政治增权 $CR=0.868$、$AVE=0.687$,社会资本 $CR=0.744$、$AVE=0.592$,旅游消极影响 $CR=0.899$、$AVE=0.817$,旅游积极影响 $CR=0.820$、$AVE=0.701$,旅游参与意愿 $CR=0.833$、$AVE=0.714$,相关取值均符合 CR 大于 0.70、AVE 大于 0.50 的取值标准,说明民族旅游社区参与机制整体递归模型具有良好的收敛效度,故相关潜变量所包含的可观测变量不但具有良好的区别性,也具有可观测变量归属的潜变量的共同特征。

3. 民族旅游社区参与机制整体递归模型区别效度检验

民族旅游社区参与机制整体递归模型区别效度检验如表5-46所示。

表5-46 民族旅游社区参与机制整体递归模型区别效度检验

配对潜变量	模型统计量					
	受限制模型（相关系数固定为1）		未受限制模型（相关系数为自由估计）		卡方值差异量	自由度差异量
	df	x^2	df	x^2	Δx^2	Δdf
政治增权⟷旅游参与意愿	32	419.726	31	95.104	324.622***	1
心理增权⟷旅游参与意愿	32	392.430	31	39.861	352.569***	1
社会增权⟷旅游参与意愿	24	306.253	23	25.944	280.309***	1
经济增权⟷旅游参与意愿	24	308.541	23	40.739	267.802***	1
旅游消极影响⟷旅游参与意愿	84	542.382	83	127.006	415.376***	1
旅游积极影响⟷旅游参与意愿	84	535.115	83	140.662	394.453***	1
旅游消极影响⟷旅游积极影响	98	700.276	97	170.983	529.293***	1
社会资本⟷旅游参与意愿	71	490.848	70	76.535	414.313***	1
社会资本⟷旅游消极影响	84	586.618	83	111.074	475.544***	1
社会资本⟷旅游积极影响	84	574.499	83	135.683	438.816***	1
政治增权⟷旅游消极影响	41	351.420	40	83.426	267.994***	1
心理增权⟷旅游消极影响	41	486.426	40	56.131	430.295***	1
社会增权⟷旅游消极影响	32	392.753	31	83.641	309.112***	1
经济增权⟷旅游消极影响	32	308.110	31	60.342	247.768***	1
政治增权⟷旅游积极影响	41	398.041	40	78.597	319.444***	1
心理增权⟷旅游积极影响	41	507.414	40	66.596	440.818***	1
社会增权⟷旅游积极影响	32	383.584	31	44.077	339.507***	1
经济增权⟷旅游积极影响	32	375.939	31	51.346	324.593***	1
政治增权⟷社会资本	32	420.140	31	56.250	363.890***	1
心理增权⟷社会资本	32	456.632	31	52.213	404.419***	1
社会增权⟷社会资本	24	376.788	23	32.829	343.959***	1
经济增权⟷社会资本	24	323.152	23	29.524	293.628***	1

注：*表示受限制与未受限制模型卡方值差异>3.841，表示$P<0.05$。***表示受限制与未受限制模型卡方值差异>10.827，表示$P<0.001$。

本研究针对居民受访者民族旅游社区参与机制整体递归模型的政治增权、心理增权、社会增权、经济增权、社会资本、旅游消极影响、旅游积极影响、旅游参与意愿等潜变量建立相关关系，将各潜变量组成的相关模型进行相关系数的控制，以此来进行区别效度的判定。由于各潜变量组成的相关模型间的协方差系数为1，当潜变量受控制相关模型与未受控制相关模型的卡方差异值大于 3.841 时,表示模型在显著性水平 0.05 上具有良好区别效度,当卡方差异值为 10.827 时,表示模型在显著性水平 0.001 上具有尚佳的区别效度。由表 5-46 可知,政治增权与旅游参与意愿方面受限制与未受限制模型的卡方差异值为 324.622,心理增权与旅游参与意愿方面受限制与未受限制模型的卡方差异值为 352.569,社会增权与旅游参与意愿方面受限制与未受限制模型卡方差异值为 280.309,经济增权与旅游参与意愿方面受限制与未受限制模型卡方差异值为 267.802,旅游消极影响与旅游参与意愿方面受限制与未受限制模型卡方差异值为 415.376,旅游积极影响与旅游参与意愿方面受限制与未受限制模型卡方差异值为 394.453,旅游消极影响与旅游积极影响方面受限制与未受限制模型卡方差异值为 529.293,社会资本与旅游参与意愿方面受限制与未受限制模型卡方差异值为 414.313,社会资本与旅游消极影响方面受限制与未受限制模型卡方差异值为 475.544,社会资本与旅游积极影响方面受限制与未受限制模型卡方差异值为 438.816,政治增权与旅游消极影响方面受限制与未受限制模型卡方差异值为 267.944,心理增权与旅游消极影响方面受限制与未受限制模型卡方差异值为 430.295,社会增权与旅游消极影响方面受限制与未受限制模型卡方差异值为 309.112,经济增权与旅游消极影响方面受限制与未受限制模型卡方差异值为 247.768,政治增权与旅游积极影响方面受限制与未受限制模型卡方差异值为 319.444,心理增权与旅游积极影响方面受限制与未受限制模型卡方差异值为 440.818,社会增权与旅游积极影响方面受限制与未受限制模型卡方差异值为 339.507,经济增权与旅游积极影响方面受限制与未受限制模型卡方差异值为 324.593,政治增权与社会资本方面受限制与未受限制模型卡方差异值为 363.890,心理增权与社会资本方面受限制与未受限制模型卡方差异值为 404.419,社会增权与社会资本方面受限制与未受限制模型卡方差异值为 343.959,经济增权与社会资本方面受限制与未受限制模型卡方差异值为 293.628。居民受访者民族旅游社区参与机制整体递归模型中,各潜变量组成的受限制与未受限制相关模型卡方差异值均大于 10.827,说明整体递归模型具有良好的区别效度,各潜变量所包含的可观测变量间具有独立性,并且与所属潜变量间具有紧密联系。

(二) 民族旅游社区参与机制整体递归修正模型变量分析

民族旅游参与机制整体递归修正模型最终变量如表 5-47 所示。

表 5-47　民族旅游参与机制整体递归修正模型最终变量表

二阶潜变量	一阶潜变量	可观测变量
旅游增权感知	政治增权	CE13 我在本社区的旅游决策过程中有话语权
		CE14 相关部门非常重视我对旅游发展的建议
	心理增权	CE2 旅游发展让我更多分享在旅游中的贡献
		CE4 旅游发展使我更加认同本民族独特文化
	社会增权	CE6 旅游发展让我觉得与社区联系更为紧密
		CE7 旅游发展让我产生奉献社区发展的精神
	经济增权	CE19 未来家庭收入将更加倚重社区旅游发展
		CE17 旅游发展收益日渐成为我重要经济来源

(续表)

二阶潜变量	一阶潜变量	可观测变量
社会资本感知	认知型社会资本	SC4 我的团队合作精神
		SC5 我表现出道德规范
社会资本感知	结构型社会资本	SC10 社区中女性居民社会地位的提升
		SC13 相关旅游志愿者组织进入本社区
		SC8 与亲朋分享社区旅游发展的信息
	关系型社会资本	SC15 政府、旅游机构等正式组织对从事旅游的引导与监管
		SC14 从事与社区旅游发展相关工作的居民之间的互惠互利
旅游积极影响	经济产业促进	PI8 旅游发展显著提升了我的生活质量
		PI9 旅游发展显著提升了我的经济收入
	文化环境加强	PI13 旅游发展使我的思想意识更加开放
		PI12 旅游发展促进社区对自然环境的保护
旅游消极影响	文化传统冲击	NI10 旅游发展使传统民族文化受到冲击
		NI11 旅游发展扰乱了我原本的日常生活
	环境设施破坏	NI1 旅游发展导致社区更多的交通拥堵
		NI6 旅游发展破坏社区宁静的生活氛围
	生活关系紧张	NI13 旅游发展导致社区居民收入两极化
		NI14 旅游发展导致社区邻里关系紧张
		NI15 旅游发展侵占了我原本的生活空间
旅游参与意愿	发展决策参与	TP7 我愿意参与社区旅游发展的决策与决议过程
		TP6 我愿意主动承担旅游发展中相关责任与义务
	行业工作参与	TP13 我愿意参加社区中的少数民族传统文化表演
		TP15 我愿意从政府、企业了解更多旅游发展信息
		TP11 我愿意从事民族特色旅游纪念品制作与销售
	开发规划参与	TP1 我愿意参与社区旅游资源的保护与开发行动
		TP2 我愿意树立"先保护、后开发"旅游环保理念

为了增加旅游参与意愿整体递归模型的拟合度及其与数据的匹配程度，本研究在秉持简化原则的基础上，针对模型中的观测变量与一阶潜变量进行了精炼。

第一，作为旅游增权感知4个维度代表的一阶外因变量分别为：①政治增权感知包括"我在社区旅游决策的过程中有话语权（CE13）""相关部门非常重视我对社区旅游发展的意见（CE14）"2个可观测变量，说明话语权与反馈通路是政治增权的重要方面；②心理增权感知包括"旅游发展让我更多分享在旅游中的贡献（CE2）""社区旅游发展使我更加认同本民族独特文化（CE4）"2个可观测变量，表明分享成功经验与社区独特文化所带来的心理自豪感的重要性；③社会增权感知包括"旅游发展让我觉得与社区联系紧密（CE6）""旅游发展让我产生奉献社区的精神（CE7）"2个可观测变量，证明社区与居民之间的关系以及居民对社区的归属感是社会增权积累的重要因素；④经济增权感知包括"旅游发展收益日渐成为我重要经济来源（CE17）""未来家庭收入将更加倚重社区旅游发展（CE19）"2个可观测变量，体现居民收入以及旅游发展经济效应对经济增权的重要作用。

第二，二阶内因变量社会资本感知由3个维度的一阶外因变量代表：①认知型社会资本感知包括"我的团队精神（SC4）""我呈现出道德规范（SC5）"2个可观测变量，表明社区居民的整体性与文化道德传统约束力在认知型社会资本中的重要性；②结构性社会资本感知包括"与亲朋分享社区旅游发展信息（SC8）""社区中女性居民社会地位的提升（SC10）""相关旅游志愿者组织进入本社区（SC12）"3个可观测变量，说明两性地位平等、共享发展信息的新型社会网络、旅游发展组织的结构调整是当地社区社会结构变化的重要方面；③关系型社会资本感知包括"从事社区旅游发展相关工作居民之间的互惠互利（SC14）""政府、旅游机构等正式组织对从事旅游的引导与监管（SC15）"2个可观测变量，体现了居民互惠关系频率对旅游发展的促进作用，以及旅游相关组织与居民之间的关系对旅游发展的重要推动作用。

第三，二阶内因变量旅游积极影响感知由2个维度的一阶外因变量代表：①经济产业促进感知包括"旅游发展显著提升了我的生活质量（PI8）""旅游发展显著提升了我的经济收入（PI9）"2个可观测变量，表明个人收入增加与生活质量提升等微观经济层面是旅游积极影响的重要方面；②文化环境加强感知包括"旅游发展促进社区对自然环境的保护（PI12）""社区旅游发展促使我的思想意识更加开放（PI13）"2个可观测变量，体现当地社区倡导保护性旅游开发的重要性，以及不同文化互动对当地互嵌式发展的推动作用。

第四，二阶内因变量旅游消极影响感知由3个维度的一阶外因变量代表：①文化传统冲击感知包括"旅游发展使传统民族文化受到冲击（NI10）""旅游发展扰乱了我原本的日常生活（NI11）"2个可观测变量，说明旅游发展对当地传统文化道德与居民传统生活的冲击是旅游消极影响的重要方面；②环境设施破坏感知包括"旅游发展导致社区更多的交通拥堵（NI1）""社区旅游发展破坏社区宁静的生活氛围（NI6）"2个可观测变量，体现旅游发展后的目的地承载能力以及旅游发展对居民纯朴生活的影响的重要性；③生活关系紧张感知包括"旅游发展导致社区居民收入两极化（NI13）""旅游发展导致社区邻里关系紧张（NI14）""社区旅游发展侵占了我原本的生活空间（NI15）"3个可观测变量，表明旅游发展后居民收入的不同造成居民之间关系紧张，以及居民的生活空间与旅游景观间的不明确关系使旅游影响负面效应凸显。

第五，二阶效标变量旅游参与意愿感知由3个维度的一阶外因变量代表：①发展决策参与意愿感知包括"我愿意主动承担旅游发展中责任与义务（TP6）""我愿意参与社区旅游发展中的决策与决议过程（TP7）"2个可观测变量，表明受访居民对旅游决策参与的强烈愿望，以及对自身权利、责任、义务的清晰认知；②行业工作参与意愿感知包括"我愿意从事民族特色旅游纪念品的制作与销售（TP11）""我愿意参加社区中的少数民族传统文化表演（TP13）""我愿意从政府、企业了解更多旅游发展信息（TP15）"3个可观测变量，体现居民受访者更愿意参与能够体现当地民族文化特色的旅游工作，并且愿意接受与旅游发展相关的信息来推动自身的旅游参与程度；③开发规划参与意愿感知包括"我愿意参与社区旅游资源的保护与开发行动（TP1）""我愿意树立'先保护、后开发'旅游环保理念（TP2）"2个可观测变量，一方面体现了居民受访者对保护性开发理念的支持;另一方面更体现了他们希望参与旅游决策前的开发规划过程。

(三) 民族旅游社区参与机制整体递归修正模型路径分析

表5-48　民族旅游社区参与机制整体递归修正模型路径系数估计结果

路径	标准化路径系数	S.E.	C.R.	P
旅游积极影响←心理增权	0.407	0.103	3.253	0.001
旅游积极影响←社会增权	0.916	0.107	7.179	***
旅游积极影响←经济增权	0.228	0.261	3.305	0.002
旅游积极影响←政治增权	−0.094	0.033	−1.533	0.125
旅游消极影响←社会增权	−0.524	0.127	−4.921	***
旅游消极影响←心理增权	−0.354	0.138	−3.136	0.002
旅游消极影响←经济增权	−0.053	0.077	−0.652	0.514
旅游消极影响←政治增权	0.031	0.044	0.539	0.590
社会资本←社会增权	0.747	0.054	9.054	***
旅游参与意愿←旅游积极影响	0.277	0.061	4.136	***
旅游参与意愿←旅游消极影响	0.058	0.027	1.409	0.159
旅游参与意愿←社会资本	0.408	0.118	3.452	***
旅游参与意愿←心理增权	0.297	0.112	2.289	0.032
旅游参与意愿←社会增权	0.339	0.120	4.389	***
旅游参与意愿←经济增权	0.305	0.116	3.658	0.028
旅游参与意愿←政治增权	0.017	0.026	0.336	0.737

注:*** 表示在 $P<0.01$ 水平上显著,临界比绝对值>1.96。

路径分析中判断变量之间是否具有显著性关系的重要指标是临界比的绝对值>1.96,即|C.R.|>1.96,显著性<0.05,即 P 值<0.05。因此,由表5-48可知,"心理增权感知对旅游积极影响""社会增权感知对旅游积极影响""社会增权感知对旅游消极影响""经济增权感知对旅游积极影响""社会增权感知对旅游消极影响""心理增权感知对旅游消极影响""社会增权感知对旅游社会资本感知""积极影响对旅游参与意愿""社会资本感知对旅游参与意愿""心理增权感知对旅游参与意愿""社会增权感知对旅游参与意愿""经济增权感知对旅游参与意愿"等假设的临界比绝对值均大于1.96,且路径均具有显著性。本研究针对整体递归模型提出的16条路径假设中,共有11条成立,相关成立的假设如表5-49所示。

表5-49　民族旅游社区参与机制整体递归修正模型假设结果汇总

编号	假设	是否成立
H1a	居民旅游积极影响感知对旅游参与意愿具有正向影响	是
H1b	居民旅游消极影响感知对旅游参与意愿具有负向影响	否

(续表)

编号	假设	是否成立
H2a	居民旅游经济增权感知对旅游消极影响感知具有负向影响	否
H2b	居民旅游经济增权感知对旅游积极影响感知具有正向影响	是
H2c	居民旅游经济增权感知对旅游参与意愿具有正向影响	是
H3a	居民旅游心理增权感知对旅游消极影响感知具有负向影响	是
H3b	居民旅游心理增权感知对旅游积极影响感知具有正向影响	是
H3c	居民旅游心理增权感知对旅游参与意愿具有正向影响	是
H4a	居民旅游社会增权感知对旅游消极影响感知具有负向影响	是
H4b	居民旅游社会增权感知对旅游积极影响感知具有正向影响	是
H4c	居民旅游社会增权感知对旅游社会资本感知具有正向影响	是
H4d	居民旅游社会增权感知对旅游参与意愿具有正向影响	是
H5a	居民旅游政治增权感知对旅游消极影响感知具有负向影响	否
H5b	居民旅游政治增权感知对旅游积极影响感知具有正向影响	否
H5c	居民旅游政治增权感知对旅游参与意愿具有正向影响	否
H6a	居民旅游社会资本感知对旅游参与意愿具有正向影响	是

1. 居民旅游积极影响感知对旅游参与意愿的路径假设检验

假设 H1a"居民旅游积极影响感知对旅游参与意愿具有正向影响"标准化路径系数为 0.277，$C.R.$ 值为 4.136，P 值为 0.000，具有显著性，表示假设 H1a 成立。这说明在社区旅游参与机制中，居民对于旅游发展的积极影响感知具有重要的影响力，即社区居民对于旅游发展对当地与自身的乐观感知越强烈，越有可能产生参与旅游工作和决策的热情与愿望。

假设成立的原因如下。

第一，旅游发展对当地社区建设的促进作用。肇兴侗寨旅游发展对当地的社区建设促进和支持作用明显，政府官员在访谈中指出在侗寨被规划为景区之后，当地政府和财政部门对肇兴的投入力度增加，使当地旅游接待能力和社区规划得到益处。同时，旅游发展在增加当地国内生产总值的基础上，也带动了当地的产业调整，促进当地形成了以旅游为主导的绿色产业发展模式，对当地的文化、生态都有一定促进作用，使居民意识到了旅游对社区和当地的积极影响。

第二，旅游发展对社区居民生活水平的提升作用。访谈中居民受访者都表示肇兴侗寨的旅游发展使他们越来越多地获得与外界接触的机会。旅游者的到访不仅能够增加居民收入，而且能够使更多的人了解侗族传统和文化。同时，由于社区居民居住在景区内，成了重要的旅游资源缔造者和拥有者，旅游发展得越好，居民的生活水平就越有可能得到提升。交流机会的增多也使居民对现代事物更加了解，也在一定程度上提升了居民生产生活的便利性。

据此，相应的基于居民旅游参与意愿的供给侧结构改革策略如下。

第一，基于当地社区发展的旅游规划策略。肇兴侗寨未来的旅游规划制定需要更加贴近当地社区的发展实情,党的十九大提出"打造共建共治共享的社会治理格局",因此,地方政府和旅游相关部门应该重视建立旅游发展协作共治的体系,使旅游成为社区居民能够参与决策的治理内容,使旅游发展治理的中心向社区和居民移动,为形成良好的居民支持局面打造基础,更促进旅游为社区的发展提供动力。

第二,基于提升居民生活质量的旅游参与激励策略。肇兴侗寨旅游发展后居民整体的生活质量获得提升,居民也开始形成参与旅游的热情,因此,当地政府和旅游部门不仅应该重视基于旅游就业机会创造和提高居民生活质量的能力,更应该利用居民对旅游发展的正面感知培育居民对旅游行业的熟悉度,为从事和尚未从事旅游工作的居民提供信息沟通平台和技能培训平台,使居民真正看到从事旅游的正确途径,实现居民参与旅游发展的愿望。

2. 居民旅游消极影响感知对旅游参与意愿的路径假设检验

假设 H1b"居民旅游消极影响感知对旅游参与意愿具有负向影响"的标准化路径系数为 0.058,$C.R.$ 值为 1.498,P 值为 0.159,不具显著性,表明假设 H1b 不成立。这说明居民对旅游发展消极影响感知的强弱并不是影响居民旅游参与意愿的主要因素。同时,该假设的标准化路径系数不为负数,说明当地居民对旅游发展的消极感知不强烈,居民对旅游发展的正面感知占据比重更大。

假设不成立的原因如下。

第一,居民对肇兴侗寨旅游发展的正面认知更具影响力。肇兴侗寨旅游发展不仅为当地的产业结构转型奠定了坚实基础,更使社区居民的生活质量获得提升,居民在访谈中表示旅游发展使他们的生活更加丰富,为游客到访打造的餐厅、酒吧、咖啡厅、KTV 等,居民们在日常生活中也能够享受,并且社区内的百货商品也更加齐全,使居民的生活质量得到很大提升,故从居民的角度来看肇兴旅游发展的积极作用更加显著,从而形成了正面的感知。

第二,环境保护问题和物价飙升的现实情况仍然存在。虽然居民旅游发展消极影响感知对居民旅游参与意感感知的影响不大,且居民对肇兴侗寨的旅游发展持有更为正面的感知,但在访谈中居民也表示出对当地环境保护问题和生活成本问题的关注,旅游发展后当地的环境受到一定破坏,尤其是当地的河流和生态受到一定的破坏。同时,由于社区规划为旅游景区后,居民的生活成本增加,游客和居民的消费能力差异较大,也是影响居民旅游支持度的重要因素。

据此,相应的基于居民旅游参与意愿的供给侧结构改革策略如下。

第一,通过旅游丰富社区居民业余文化生活策略。旅游发展使肇兴侗寨居民拥有更多丰富业余文化生活的机会,当地政府和相关部门应该重视对居民业余文化生活的引导,不仅要确保社区居民与旅游者共同享受社区内的文化娱乐场所,更应该支持和引导居民把旅游作为其丰富业余文化生活的途径,使社区居民也能够走出侗寨,以旅游的方式增长见闻和丰富知识,在主客身份的互换过程中对旅游有更加深入的认知和了解。

第二,政府突出社区旅游发展的绿色特点策略。肇兴侗寨旅游发展获得的正面评价更多,但环境保护仍然是旅游规划和开发的重点,尤其要在旅游决策中突出绿色旅游产业的重要角色,使旅游发展能够更好地促进侗寨的环境和文化保护。同时,当地政府和物价部门也应该重视由旅游发展造成的物价飙升问题,要在丰富物资、物品运输和获取渠道的基础上,依法依规对社区内的物价进行常态化监管,避免因物价引起居民对旅游的负面情绪。

3. 居民旅游经济增权感知对旅游消极影响感知的路径假设检验

假设 H2a"居民旅游经济增权感知对旅游消极影响感知具有负向影响"的标准化路径系数为 -0.053,$C.R.$ 值为 -0.652,P 值为 0.514,不具显著性,故假设 H2a 不成立。这说明居民旅游经济增权感知强,对居民的旅游消极感知具有较小的减弱作用,但显著性不强且影响力不大,没有能够成为具有重要影响力的因素。

假设不成立的原因如下。

第一,社区旅游发展的产业经济效应明显。肇兴侗寨旅游发展使当地的产业经济结构得到重组和调整。访谈中有旅游机构受访者表示,随着近些年高铁和高速公路的开通与完善,与旅游相关的产业均获得了发展动力,尤其是交通运输业、餐饮娱乐、购物、文化表演等相关行业得到了较大提升,居民能够以不同的途径和方式参加旅游活动,这些行业也丰富了居民的工作和生活的相关内容,故居民对旅游的评价还是偏积极和乐观。

第二,社区旅游发展使居民从业收入提升。肇兴侗寨旅游发展为居民创造了与旅游相关的就业工作,访谈中有政府官员表示,餐饮、民俗客栈、酒吧、咖啡厅、导游、纪念品制作和销售、景区内外的交通司机、民俗文化表演、旅游企业是侗寨社区居民从事较为广泛的职业或选择较多的工作场所,不论是自主经营的居民,还是受聘于个体商户或旅游企业的居民,提供旅游服务已成为其主业,并且居民个人收入也比从事农业耕种时提升不少,故居民对旅游发展的消极影响感知不强。

据此,相应的基于居民旅游经济增权的供给侧结构改革策略如下。

第一,重视旅游产业融合,升级旅游产品策略。肇兴侗寨的旅游产品现阶段需要创新升级,旅游者的旅游需求开始向体验性和互动性方向发展。因此,旅游部门应该重视利用当地的特色资源进行旅游产品的创新升级,一方面结合当地特色的农业节气祭祀和传统庆祝方式进行体验式旅游产品打造,满足旅游者的深层次的体验式旅游;另一方面将骑木马、舞龙头、踩芦笙等传统的侗族体育活动与旅游结合,在满足旅游者互动需求的同时引导他们增加在侗寨的停留时间。

第二,加强旅游区域协作,完善精品线路策略。贵州侗寨旅游发展同质化和商业化趋势较为严重,各个侗寨的旅游资源相似、旅游产品雷同,替代效应明显。因此,当地政府和旅游部门应该重视区域化的旅游协作发展模式,可以将具有交通优势的肇兴侗寨作为侗族文化旅游的发起点和集散地,联动周边的堂安侗寨、从江县占里侗寨、榕江县大利和宰荡侗寨,从文化传统、歌舞表演、生态共荣、节事节庆、传统体育等不同方面协作展现侗族之美。

4. 居民旅游经济增权感知对旅游积极影响感知的路径假设检验

假设 H2b"居民旅游经济增权感知对旅游积极影响感知具有正向影响"的标准化路径系数为 0.228,$C.R.$ 值为 3.305,P 值为 0.002,具有显著性,故假设 H2b 成立。这说明居民旅游经济增权感知越强,其对旅游积极影响的感知越强,对当地旅游的发展越具有正面客观的态度,会形成对当地旅游发展的较强支持力度。同时,可以看出肇兴侗寨居民的经济增权效应明显,是影响居民对待旅游发展态度的重要因素。

假设成立的原因如下。

第一,旅游精准扶贫政策对居民的正面影响。旅游精准扶贫是近些年贵州省民族地区脱贫致富的重要战略方针,对于肇兴侗寨这种具有丰富旅游资源的民族社区而言,利用旅游发展带动产业和居民生活质量提升是绿色和可持续的,有受访旅游机构人员表示,肇兴侗寨中有不少旅游扶贫示范户正参与旅游发展,旅游成了广大社区居民家庭生活改善和个人职业发展进步的重要方式,故居民对于旅游发展的经济提升作用具有较为正面的感知。

第二,社区旅游发展对当地环境的保护作用。肇兴侗寨的旅游发展对当地的环境虽产生了一定的破坏,但环境保护的发展理念却得到地方政府和居民的共同重视与支持。访谈中,有受访政府官员表示,肇兴侗寨的旅游收益每年都有一定的比例被投入当地的环境保护和生态治理工作,尤其是每年旅游总收入的不断增加,使当地政府和社区更加重视对自然资源和民族文化资源的保护,故居民能够感受到政府发展旅游的同时对环境保护的投入,进而形成较为乐观的态度。

据此,相应的基于居民旅游经济增权的供给侧结构改革策略如下。

第一,利用旅游经济增权效应,实现全面小康策略。贵州省民族地区是2020年全面实现小康社会的重点和难点,民族地区居民生活质量和收入提升更需引起重视。因此,当地政府和旅游机构应利用政策和相关规定保障居民的旅游经济收益分享权利,尤其是要在当地的旅游就业工作中适当向当地居民倾斜,并展开有关旅游工作技能的培训,在消化旅游发展后社区的闲置劳动力的基础上,使全社区居民能够共享旅游发展收益,落实旅游精准扶贫战略。

第二,利用旅游经济收益,实现长效发展策略。当地政府和旅游部门应该重视肇兴侗寨旅游发展的长效性和永续性,不能因短期的利益破坏当地的自然和人文环境,在人文资源方面应该积极编纂侗族百科全书和当地的地方志、民族志,使侗族文化传统拥有传承和保护的载体;在自然资源方面应该重视对已被破坏的生态环境进行修复治理,聘请专业的环境治理团队对当地的环境进行评估和修复规划,使当地的旅游发展实现可持续性。

5. 居民旅游经济增权感知对旅游参与意愿感知的路径假设检验

假设H2c"居民旅游经济增权感知对旅游参与意愿具有正向影响"的标准化路径系数为0.305,$C.R.$值为3.658,P值为0.028,具有显著性,故假设H2c成立。这说明居民旅游经济增权感知是影响居民旅游参与意愿的重要因素,居民的旅游经济增权感知越强,即居民在当地旅游发展中获得的个人收入与对地方整体经济发展水平的评价越高,居民就越有可能参与当地的旅游发展。

假设成立的原因如下。

第一,居民个人收入提升对其旅游参与意愿的积极影响。肇兴侗寨旅游发展在促进当地整体社会经济发展的同时,也为当地居民创造了提升个人收入的机会。访谈中,有从事旅游工作的居民认为旅游发展使他们的收入和生活质量提升,也更希望能够继续参与旅游发展来维持现阶段较好的个人发展和经济收入。没有从事旅游工作的居民虽然分享到的旅游受益较少,但看到别的居民收入提升,也表现出希望参与旅游的愿望,故经济收入对参与意愿具有重要的影响。

第二,居民家庭旅游联动对其旅游参与认知的影响。肇兴侗寨居民从事旅游工作具有一定自发性,由于侗族居民的亲戚朋友多数都居住在同一个社区,家庭成员中从事旅游工作的比例较高,在访谈中有居民表示虽然自己没有从事与旅游相关的工作,但由于自己亲戚开客栈因而经常能够获得与旅游相关的信息。可以说大多数肇兴侗寨家庭或多或少与旅游发展相关,也正因此形成了与旅游发展的紧密关系,促进居民形成初步的旅游参与认知。

据此,相应的基于居民旅游参与意愿感知的供给侧结构改革策略如下。

第一,利用旅游经济收入,创新旅游参与反馈平台策略。肇兴侗寨居民旅游参与途径较为封闭,居民时常表示社区没有反馈途径,因此,当地政府和旅游部门应该利用旅游发展的经济收入来建立和创新旅游参与意见与建议反馈渠道,应该在建立常态化的会议参与反馈途径的基础上,利用互联网和手机移动终端建立如互动社区等线上平台,使居民参与旅游规划、决策以及反馈能够更具效率与时效性,并且利用信息保存手段为后续的政策制定提供数据支持。

第二,建立多维旅游参与机制策略。肇兴侗寨居民因从事旅游工作获得收入提升,但整体旅游参与度偏低却很明显,因此,当地政府和旅游部门应该分层次地对居民参与旅游进行引导和规划,应利用旅游的经济效应吸引那些没有从事旅游工作的居民参与旅游工作,同时更应该鼓励那些已经开始从事旅游工作的居民更深层次地参与旅游,如旅游决策、规划过程,实现分层次、多维度的旅游参与机制。

6. 居民旅游心理增权感知对旅游消极影响感知的路径假设检验

假设 H3a"居民旅游心理增权感知对旅游消极影响感知具有负向影响"的标准化路径系数为 -0.354,$C.R.$ 值为 -3.136,P 值为 0.002,具有显著性,故判断假设 H3a 成立。这说明居民旅游心理增权感知与居民旅游消极影响具有强烈负相关关系,即居民在旅游发展中收获的自尊心与自豪感越强,越能够更加积极正面地看待旅游发展,在消除负面情绪的状况下能够增加对当地发展旅游的支持度。

假设成立的原因如下。

第一,外界赞赏缓解居民对旅游的负面情绪。肇兴侗寨作为旅游目的地在起步阶段就受到国外媒体的推崇,原生态的侗族村落吸引了西方学者和探险家,随着侗寨旅游接待能力逐步提升,到访的旅游者开始增加,他们对侗族的传统文化、生活习俗、服饰建筑等均具有较高评价。在访谈中,居民受访者也表示游客的赞赏使他们对社区成员的身份越来越感到自豪,居民普遍持乐观积极的态度审视旅游,起到了消除负面情绪的作用。

第二,居民自豪感增强居民对旅游的支持态度。肇兴侗寨旅游发展在为居民创造就业机会的同时,也为当地侗族的传统文化和习俗提供了对外宣传的平台。在访谈中,有受访政府官员表示侗族文化从原来不被人了解,到受到旅游者和媒体的青睐和推崇,使每一个寨中的居民倍感骄傲,尤其是旅游者越了解侗族传统文化和生活习惯,越能够在旅游中尊重侗族居民而获得热情的招待,越能使居民感受到旅游发展对其心理层面的促进作用。

据此,相应的基于居民旅游心理增权的供给侧结构改革策略如下。

第一,建立居民文化自信,推动游客对地方依恋策略。肇兴侗寨旅游发展使当地居民的自尊心与自豪感得到建立和提升,因此,当地政府和旅游部门应该重视通过居民心理层面的正面感知提升来进行侗族文化的保护与传承,同时鼓励居民在日常生活和工作中注重对侗族原真性文化的表现，避免商业化对传统文化的侵蚀，使旅游者能够在旅游的同时体验当地的文化特色与相关旅游产品，真正能够爱上美丽的侗乡，形成肇兴侗寨良好的口碑效应。

第二，培养居民民族自豪感，创新旅游对外宣传策略。在访谈中，有旅游机构人员指出，贵州不缺乏优秀的旅游资源，最缺乏的就是符合当地特色的旅游市场营销策略，因此，地方政府和旅游部门应该创新肇兴侗寨的旅游宣传途径，不仅需要在传统媒体层面突出原真性的侗族文化，更应该结合旅游会展、综艺节目、打卡分享等新兴的方式，增加肇兴侗寨旅游宣传的影响力、娱乐性，使旅游宣传能够被更多不同细分市场的游客接受，进而提升旅游营销效率。

7. 居民旅游心理增权感知对旅游积极影响感知的路径假设检验

假设 H3b"居民旅游心理增权感知对旅游积极影响感知具有正向影响"的标准化路径系数为 0.407，C.R. 值为 3.253，P 值为 0.001，具有显著性，故判断假设 H3b 成立。这说明居民旅游心理增权感知在居民对旅游发展的积极影响感知方面具有较为重要的影响力，即当居民从旅游发展中感受到的自尊心与自豪感越强烈，其对当地旅游发展的感知越积极和正面，是形成居民旅游支持度的重要因素。

假设成立的原因如下。

第一，侗寨旅游发展使侗族居民受到外界关注。肇兴侗寨旅游业的发展提升了侗寨的名气，也增加了外界对侗寨的关注度。在访谈中，有居民表示，发展旅游之前自己一直觉得在边远民族村落生活，收入和文化水平都不高，到外面去很容易被别人排挤，但发展旅游后肇兴侗寨受到越来越多的外界关注和重视，特别是在肇兴侗寨被规划为旅游景区之后，慕名而来的旅游者人数增多，到访采风、调研、学习、工作的人流也开始增多，促使居民变得自信并对旅游持有积极态度。

第二，侗寨旅游发展使侗族居民提升了自我认知水平。肇兴侗寨旅游的发展使极具特点的侗族文化成为吸引游客的重要资源。在访谈中，有受访政府官员表示原本游离于主流文化之外的侗族文化开始进入人们的视野，旅游规划和产品开发在突出侗族文化的同时促进了当地旅游品牌核心竞争力的形成，使当地的侗族居民开始重新认识本民族的文化及其影响力，形成了挖掘文化、保护文化、宣传文化、运用文化的良好机制，使居民对旅游持有正面的态度。

据此，相应的基于居民旅游心理增权的供给侧结构改革策略如下。

第一，利用居民旅游心理增权，回馈旅游发展策略。肇兴侗寨旅游发展后居民的心理增权感知效应明显，尤其是参与旅游工作的居民在提升家庭收入的同时也收获到了来自外界的尊重，因此，当地政府和旅游部门应该鼓励这些在旅游就业、创业等方面取得成功的居民分享其在旅游中的贡献，一方面，使他们通过分享贡献获得其他居民的认可并进一步增强自尊心和自豪感；另一方面，也使其他居民增添从事旅游工作的自信，实现居民共助旅游发展。

第二，利用居民文化自信，增添旅游动力策略。肇兴侗寨旅游发展使居民开始转变对本民族文化的长期以来的认知，因此，当地政府和旅游部门要对居民形成的侗族文化自信进行引导，不仅需要使居民了解在旅游中自身的表现与当地文化符号的信息传递息息相关，是决定旅游者满意度的重要方式，同时也应该重视居民从事旅游工作的积极性和自主性，鼓励居民参与旅游产品的开发和线路制定,使原真性的文化不被破坏,且能够更具吸引力。

8. 居民旅游心理增权感知对旅游参与意愿感知的路径假设检验

假设H3c"居民旅游心理增权感知对旅游参与意愿具有正向影响"的标准化路径系数为0.297,$C.R.$值为2.298,P值为0.032,具有显著性,故判断假设H3c成立。这说明居民旅游心理增权感知是影响居民旅游参与意愿的重要因素,即当居民在旅游发展后感知到来自游客和外界的赞赏,进而形成自尊心、自豪感以及愿意为社区旅游努力的程度越高,越有可能形成参与社区旅游发展的愿望,越能够自主积极地对当地旅游发展提出意见与建议等反馈。

假设成立的原因如下。

第一,游客对社区旅游文化的认同激发了居民自信。肇兴侗寨旅游发展的核心是当地具有特色的侗族传统文化及其对旅游产品赋予的价值,来自其他地方的旅游者并没有轻视侗族文化和居民生活习惯,在访谈中,有居民受访者表示大部分来旅游的游客对当地居民都比较尊重,也非常愿意在旅游中亲身体验侗族文化的特色,使社区居民的自信得到很大提升,对于当地的旅游发展也充满信心,增加了社区居民与旅游发展之间的亲近程度。

第二,居民的自豪感增加了其旅游参与愿望。侗族传统文化在肇兴侗寨旅游发展后受到外界的关注和青睐,在互联网和手机使用更为普及的侗寨,居民不仅能够很快地获得旅游者对当地旅游和服务的评价,而且能够很快获取线上和线下媒体对肇兴旅游资源和社区发展的评价。有居民受访者在访谈中表示,每当看到那些对社区旅游作出客观评价和鼓励的信息时,尤其是旅游者亲口说出赞赏的语句时,他们都会产生为社区旅游发展奉献的愿望。

据此,相应的基于居民旅游参与意愿感知的供给侧结构改革策略如下。

第一,结合居民心理与经济增权,实现居民旅游幸福感策略。肇兴侗寨发展旅游后居民心理与经济增权方面的感知较为强烈,当地政府和旅游部门需要将心理层面感知的提升与经济收入的增加相结合来增加社区居民的幸福感,一方面对外界反馈的旅游信息进行汇总分析并传递给居民,使他们能够在精神上获得满足,实现心理幸福;另一方面则应该更加注重对社区内弱势群体在旅游收益上的公平分配,使社区内人人都有参与旅游发展的机会,实现物质幸福。

第二,协调旅游业与社区发展,增强居民主人公意识策略。旅游发展使肇兴侗寨中一部分居民生活质量率先获得提升,然而旅游作为社区公共事务却没有能够表现出足够的公平性,因此,当地政府和旅游部门应该秉持使居民公平享受旅游发展成果的初心,在政策上和旅游收益分配上对社区内弱势群体适当倾斜,维护居民普遍参与旅游发展的权利,使居民能够对参与社区旅游发展充满信心。

9. 居民旅游社会增权感知对旅游消极影响感知的路径假设检验

假设H4a"居民旅游社会增权感知对旅游消极影响感知具有负向影响"的标准化路径系数为-0.524,$C.R.$值为-4.921,P值为0.000,具有显著性,故判断假设H4a成立。这说明居民旅游社会增权感知与居民旅游消极影响感知具有显著的负相关关系,即当居民对旅游发展后获得的社会关系资源、交往和谐程度、社区凝聚力、被公平对待的感知越强,越能够削弱对旅游发展的负面感知,从而形成对旅游的正面认知。

假设成立的原因如下。

第一,旅游发展拓宽了居民的社交网络。肇兴侗寨旅游发展使当地社区原本封闭的社交网络开始变得开放,旅游者的到访增强了社区中的主客互动。同时,非本地居民进入社区从事旅游发展也使原本以亲缘、血缘为基础的社交网络发生变化,社区中以旅游为核心的网络开始初步形成。在访谈中,有居民受访者表示虽然需要对新型的社交网络进行适应和了解,但旅游使不同网络开始结合,也增加了居民和外界的联系与互动。

第二,旅游发展丰富了居民的社会资源。旅游发展对肇兴侗寨在经济、文化、社会、环境等方面的促进作用,奠定了旅游产业在社区中的核心地位,也在一定程度上使原本以农业为业的社区居民开始丰富个人和组织的社会资源。在访谈中,居民受访者表示自从旅游发展后,自己能够在当地的旅游活动和主客交往中认识更多的朋友,不仅能够相互学习所长,更能够获得比原来更多的信息从而推动自身发展,积累丰富的社会资源。

据此,相应的基于居民旅游社会增权的供给侧结构改革策略如下。

第一,增加主客相互了解,营造和谐旅游氛围策略。现阶段随着交通设施的完善,肇兴侗寨旅游宣传开始收获效果,吸引了越来越多的旅游者,主客互动的效率成为影响游客和居民旅游认知的重要因素,因此,当地政府和旅游部门应该在引导居民自信地进行主客交流的前提下,在宣传中增加对当地习俗和民风的介绍,使居民和游客能够有一定的相互了解,避免在交流中出现误会,以此来创造和谐的旅游氛围,增加游客的满意度。

第二,引导不同文化互动,创建平等社区策略。肇兴侗寨旅游发展吸引了社区侗族居民从事旅游业,也吸引了外来人员进入社区从事旅游,不同文化的碰撞会影响社区的平等交往,因此,当地政府和旅游部门应该秉持公平和透明原则,不仅要帮助侗族居民更好地适应旅游职业和提升服务质量,也要重视新进居民的社区归属感,为他们的事业发展和社区生活保驾护航,使全体社区居民均能够感受到旅游发展的公平性。

10. 居民旅游社会增权感知对旅游积极影响感知的路径假设检验

假设 H4b "居民旅游社会增权感知对居民旅游积极影响感知具有正向影响"的标准化路径系数为 0.916,C.R. 值为 7.179,P 值为 0.000,具有显著性,故可以判断假设 H4b 成立。这说明居民旅游社会增权感知是实现居民旅游积极影响感知的重要因素,即当居民在旅游发展后感受到社交公平、社区凝聚力、社区归属感、社区共荣的程度越高,他们对社区旅游发展的感知越正面,进而越能够支持当地的旅游发展。

假设成立的原因如下。

第一,旅游引发的互动交流使居民重视思想开放。肇兴侗寨的民族旅游吸引了外界的关注,旅游者的到访增加了居民认识新事物的机会。从笔者的调研情况来看,学生群体、企业员工、公务员、个体商人、事业单位职员和专业技术人员是游客的主要成份,他们到访侗寨的动机表现为求知、猎奇、休闲、调研等,居民在和游客的交流中能够了解旅游可以满足人们不同需求的事实,特别是能帮助人们拓宽视野,互动交流能够使居民思想开放、增长见识。

第二,旅游引发的互动交流使居民重视生活质量。旅游者的进入在增加肇兴侗寨旅游收益的同时,也为当地的居民增加了解外界生活方式和生活理念的机会。访谈中,有居民受访者表示一开始只觉得旅游者很有钱,但随着接触和互动的深入,居民们对旅游者注重生活质量的动机有所了解,居民明白了生活质量不仅跟收入提升相关,更与个人的精神满足有联系,居民普遍表示认同,认可在获得经济利益的同时要懂得个人精神财富的积累,增加生活幸福感。

据此,相应的基于居民旅游社会增权的供给侧结构改革策略如下。

第一,引导居民正确认识新事物的策略。肇兴侗寨旅游发展使居民与外界的交流逐渐增多,居民越来越了解外界的新鲜事物和生活方式,因此,当地政府和旅游部门应该重视居民对新事物的认知,鼓励居民勇于了解和接受新鲜事物,尤其应该鼓励居民更多地关注旅游市场的相关信息,重视旅游发展可能带来的诸如犯罪、道德水准降低等负面因素,在学习新型理念的基础上坚持民族传统来发展旅游。

第二,重视居民精神上客观需求的策略。肇兴侗寨旅游发展后游客的到访使居民的生活观发生了改变,居民越来越了解旅游对于游客日常生活的重要性,居民也开始增加对精神生活的追求,因此,当地政府和旅游部门要在重视社区精神文化建设的基础上,鼓励居民开始自己的旅游规划,尤其是可以组织从事旅游工作经验丰富的居民到其他的旅游目的地进行考察访问,一方面可以使他们学习先进的旅游发展模式;另一方面也能满足他们对精神文化的需求。

11. 居民旅游社会增权感知对旅游社会资本感知的路径假设检验

假设 H4c"居民旅游社会增权感知对旅游社会资本感知具有正向影响"的标准化路径系数为 0.747,$C.R.$ 值为 9.054,P 值为 0.000,具有显著性,故可以判断假设 H4c 成立。这说明旅游社会增权感知对居民社会资本感知具有重要的影响作用,即居民所感受到的社区凝聚力、社会交往公平性、交往和谐程度、社会资源掌握程度越高,其对社区的关系型、认知型、结构型社会资本感知越强,越能够形成对自己社区成员身份的认同。

假设成立的原因如下。

第一,旅游社会增权与社会资本积累的关系紧密。肇兴侗寨居民对旅游社会增权的感知效应明显,基于关系网络的架构、社会资源的掌握与分配、对成员身份与民族文化的认同所形成的社区归属感与社会资本的核心内容联系紧密。访谈中,有居民受访者表示旅游发展需要良好的居民关系、信任、互惠互利。同时,社区传统的侗族社会资本也重视互相帮助、和谐邻里关系对村寨的稳定作用,社会增权与社会资本核心内容一致,两者的联系紧密。

第二,新兴旅游网络与传统关系网络的协作共融。旅游业在肇兴侗寨中编织了复杂而庞大的社会网络,不仅包含旅游业内部的关系网络,也将相关部门纳入了其中;在访谈中,有政府官员表示侗寨内部的道德准则和行为操守仍受到传统侗族文化的影响,尤其是居民基于亲缘和血缘的社会网络与基于旅游创新的网络在发展中具有一定程度的协作与融合,虽网络结构不同,但都对旅游发展作出了贡献。

据此,相应的基于居民社会资本的供给侧结构改革策略如下。

第一,以旅游为目标,实现跨民族的网络合作策略。肇兴侗寨从原本纯粹的侗族居民社区变化为多民族共融的民族旅游社区,在此情况下,当地政府和旅游部门应该重视多民族社区的互嵌式发展特点,通过对全体社区居民的引导,以旅游为共同发展目标来实现多民族的和谐共存,尤其是要挖掘不同民族在交往和社会资源方面的优势,联合社区每一个群体来共同支持旅游发展,使旅游为全体社区居民的福祉建设添加新的动力。

第二,以旅游为载体,实现跨文化的协作治理策略。新进居民进入社区从事旅游发展使肇兴侗寨文化的多元化发展得以深入,对于跨文化交往的正确引导有助于旅游发展,因此,当地政府和旅游部门在树立侗族文化在旅游发展中核心地位的同时,应该鼓励社区居民之间的频繁沟通与联系,使来自不同文化的居民能够相互了解和尊重,在征询旅游发展意见时关注来自不同文化群体的反馈,实现协作式的社区治理的创新。

12. 居民旅游社会增权感知对旅游参与意愿感知的路径假设检验

假设 H4d"居民旅游社会增权感知对旅游参与意愿具有正向影响"的标准化路径系数为 0.339,$C.R.$ 值为 4.389,P 值为 0.000,具有显著性,故可以判断建设 H4d 成立。这说明居民旅游社会增权感知对居民旅游参与意愿感知具有重要的影响能力,即当居民在旅游发展后感受到的社会凝聚力、交往公平性、社区和谐性、身份认同感越强,居民越有可能积极参与当地的旅游发展,从而肇兴侗寨居民旅游参与的范围和程度越大。

假设成立的原因如下。

第一,旅游工作使居民视旅游参与为共同需求。肇兴侗寨社区旅游发展吸引了侗族居民与外来居民一起从事旅游工作。访谈中,有受访居民表示虽然刚来社区不久,对侗族的风俗习惯和文化还在适应和了解的过程中,但工作中的接触使不同民族的居民开始相互沟通和交流,只强调个体存在的旅游工作是不可能成功的。参与旅游工作或者进行旅游发展的意见反馈是全体社区居民的共同需求,旅游使不同民族的居民联系更加紧密。

第二,身份认同促使居民视发展旅游为共同任务。肇兴侗寨旅游发展后社区互嵌式的发展趋势形成,多民族的居民聚集于此共同参与旅游发展,侗族居民长期居住于此,是民族旅游资源的创造者和拥有者,但新进居民在访谈中也表示虽然自己并不是这些资源的拥有者,但为了能够更好地发展旅游,提升自己的生活水平,他们与侗族居民都应该扮演好东道主的角色,为到访的游客提供热情贴心的服务,从本质上讲大家都是依赖旅游的社区居民。

据此,相应的基于居民旅游参与意愿感知的供给侧结构改革策略如下。

第一,鼓励分享旅游信息,扩大旅游参与范围策略。肇兴侗寨旅游发展使越来越多的居民开始从事旅游业,但是由于个人的背景情况有差异,还有一部分居民没有机会参与旅游业,因此,当地政府和旅游部门应该重视对发展和旅游参与相关信息的分享,使全体社区居民能够了解到参与旅游的途径和措施,尤其是增加从事和未从事旅游工作居民间的交流,使居民看到参与旅游的益处和机会,为社区的产业转型提供基础,并形成以参与旅游为主的和谐交往体系。

第二,协调政府与居民关系,加深旅游参与程度。旅游社会增权不仅强调社区居民之间的和谐交往,同样也注重居民和地方政府、旅游部门等上级管理机构的和谐关系,因此,当地政府和旅游部门应该重视在旅游发展中与社区居民建立合作关系,使居民和政府在以旅游为主要内容的交往中能够发表真实的意见和看法,以方便居民为前提建立参与旅游的不同途径,在增加全体居民旅游工作机会的同时,更需引导居民全面参与旅游决策和规划过程。

13. 居民旅游政治增权感知对旅游消极影响感知的路径假设检验

假设 H5a"居民旅游政治增权感知对旅游消极影响感知具有负向影响"的标准路径系数为 0.031,$C.R.$ 值为 $0.053\,9$,P 值为 0.590,不具有显著性,故判断建设 H5a 不成立。这说明居民旅游政治增权感知与居民旅游消极影响感知之间的负相关关系不显著,即居民所感知到的在旅游发展中的权利和政府对居民权利的维护不是影响旅游消极感知的重要因素,该假设不成立也与肇兴侗寨当地的旅游增权实际情况相关。

假设不成立的原因如下。

第一,社区旅游利益分配制度不够透明。访谈中,有旅游机构受访人员表示,肇兴侗寨景区门票收入中有20％会分配给社区居民,但从居民的访谈中并没有得到相关的佐证,说明社区的旅游利益分配制度不够透明,该情况并不能说明当地政府和旅游部门没有将旅游门票收益分配给居民。可突出的问题是,当地的旅游收益分配制度不够透明,居民无法了解当地政府和旅游部门的相关工作。同时,仅将部分门票收入向居民进行分配也忽略了利用旅游收益保证民生的作用。

第二,居民反馈旅游发展意见的渠道不畅通。访谈中,有受访居民表示,政府为了使当地的新修建筑符合当地的传统建筑风格,规定新修的建筑必须也要以木质结构为主,但居民表示新修的建筑只一味地模仿古迹,没有突出创新和发展,一方面使肇兴侗寨景区内火灾隐患增加,另一方面木板隔音效果不好致使很多游客都不愿选择住在当地,但由于反馈无门,居民也只好眼看着游客的流失,这表明当地居民反馈渠道不畅通。

据此,相应的基于居民旅游政治增权的供给侧结构改革策略如下。

第一,明确旅游利益分配机制,保障社区民生策略。肇兴侗寨缺乏明确的旅游收益分配机制,在造成居民对政府和旅游机构不满的同时,也破坏了旅游业在居民心中的形象,因此,建立透明和公平的旅游收益分配机制势在必行,一方面要扩大旅游收益分配的来源,不仅需要继续对门票收益进行分配,更需要从旅游税收收入和财政投入着手进行公平分配;另一方面要注重对民生方面的投入,从科教文卫入手来保障全体居民的利益。

第二,建立旅游意见反馈渠道,实现科学发展策略。肇兴侗寨居民对旅游发展的看法和意见缺乏明确反馈途径,可能使居民对当地政府和旅游部门产生负面的看法,因此,当地政府和旅游部门应该重视建立多层次的居民反馈途径,利用座谈会、恳谈会、第三方组织、市场调研等手段并结合互联网和移动终端,使居民能够随时随地发表对旅游发展的意见和建议。同时,在旅游决策中应该重视居民的意见反馈,使旅游发展能够符合居民的期望。

14. 居民旅游政治增权感知对旅游积极影响感知的路径假设检验

假设 H5b"居民旅游政治增权感知对旅游积极影响感知具有正向影响"的标准化路径系数为-0.094,$C.R.$值为-1.533,P 值为 0.125,不具有显著性,故可以判断假设 H5b 不成立。这说明居民旅游政治增权感知对居民旅游积极影响感知的影响力不大,两者呈现出负相关系更表明旅游发展后肇兴侗寨居民的政治增权感知较低,其参与旅游发展权利的不足在很大程度上引起了居民对旅游发展的负面认知,从而对旅游发展的支持度降低。

假设不成立的原因如下。

第一,居民在旅游发展中的话语权不足。作为肇兴侗寨旅游资源创造者和拥有者的居民在旅游发展中并没有获得足够的话语权。访谈中,有居民受访者表示居民对旅游发展的意见和建议往往憋在心里,一方面是没有获得相应的反馈渠道导致居民无从表达意见和建议;另一方面是居民并不太敢对当地旅游发展发表真实的意见,害怕一旦反映真实情况,自身会受到影响,尤其是对旅游决策中失当的方面,居民更不敢向决策部门反馈。

第二,当地政府在旅游决策中的主导性地位。当地政府和旅游部门的旅游决策和规划使近些年肇兴侗寨旅游发展迅速,社区居民生活水平也获得一定提升,从现阶段情况来看,当地政府和旅游部门仍然在决策中占据主导的地位,访谈中有居民受访者表示自己并不了解政府和旅游部门是如何制定决策和规划的,可以说在某种程度上居民和旅游从业人员只有对当地政府和旅游部门决策的执行权,当地政府在一定程度上忽视了倾听来自基层和居民的意见。

据此,相应的基于居民旅游政治增权的供给侧结构改革策略如下。

第一,鼓励社会组织发挥监督作用策略。肇兴侗寨居民在旅游发展中话语权的不足是不容忽视的重要问题,因此,当地政府和旅游部门应该积极重视对社会组织的发展和培育,以旅游协会、旅游发展联盟等为代表的旅游社会组织能够在监督政府和旅游部门工作的同时,为社区居民谋求应有的旅游发展话语权,使社区居民的旅游发展政治权利获得保障和维护,也能够在很大程度上增强居民在旅游发展中的主人翁意识。

第二,政府机构转变旅游发展中的角色策略。肇兴侗寨旅游发展需要重点突出共建共享的治理理念,使居民和社区都能够获得参与社区旅游发展的权利,因此,当地政府和旅游部门应该尽快转变职能,避免旅游发展中忽视居民意见的现象,尤其是当地政府和旅游部门应该向服务型转变,一方面为社区居民提供从事旅游工作所需的信息和培训支持;另一方面为居民解决在旅游发展中所遇到的问题,使居民更有信心参与社区旅游发展。

15. 居民旅游政治增权感知对旅游参与意愿感知的路径假设检验

假设 H5c"居民旅游政治增权感知对旅游参与意愿具有正向影响"的标准化路径系数为 0.017,$C.R.$ 值为 0.336,P 值为 0.737,不具有显著性,故可以判断假设 H5c 不成立。这说明居民旅游政治增权感知没有对居民旅游参与意愿感知产生重要的影响,即旅游发展后居民所感知到的自身在旅游发展中的话语权、政府重视程度、发表意见途径、利益分配方式等因素,并不影响居民积极参与社区旅游发展。

假设不成立的原因如下。

第一,居民对旅游发展中的政治权利认知不强。肇兴侗寨居民旅游增权感知中评分最低的就是居民旅游政治增权感知,评分较低的原因不仅是当地政府和旅游部门对居民的建议和意见的忽视,还有社区居民对旅游政治增权不甚了解,尤其是政治增权包含了哪些方面和因素,这也是居民现阶段缺乏权利意识的根源,在访谈中,很多居民表示相对于应尽的义务而言,自己并不了解自己在旅游发展中的权利。

第二,维护旅游发展参与权利不力。肇兴侗寨居民在民族旅游中的参与程度较低,从事旅游相关工作是居民参与旅游的主要方面,而旅游规划、旅游决策等工作却鲜有居民参与。一方面是由于居民自身对旅游参与权利的认知程度不高,并不了解参与旅游决策和规划的重要性;另一方面则可能是由于当地政府对居民旅游参与权利的维护工作不到位。在访谈中,有居民表示未曾听说过政府作出旅游相关决策时需要居民发表意见。

据此,相应的基于居民旅游参与意愿的供给侧结构改革策略如下。

第一,重视技能培训,提高居民旅游参与认知策略。现阶段肇兴侗寨旅游服务质量亟须提升,当地政府和旅游部门应该联合企业和培训机构对居民进行旅游相关的业务培训,使居民具备从事旅游相关工作的能力,同时更应该重点提高居民对参与社区旅游发展重要性的认识,使居民能够将参与旅游作为提升家庭生活水平、完善人生规划的有效途径,让居民能够自主地决定社区旅游的发展方向,使旅游成为社区居民的共同事业,激起居民对旅游业负责的态度。

第二,实施科学调研,维护居民旅游参与权利策略。有居民表示不敢表达对旅游发展的真实意见和建议;当地政府和旅游部门应该重视联合社会组织和科研机构对居民的参与顾虑进行调研,一方面使居民能够对非政府组织和机构真实地表达意见和建议;另一方面也能够通过科学系统的调研发现当地政府和旅游部门在维护居民旅游参与权利方面的问题,使今后的旅游决策和规划过程更加科学、严谨、民主。

16. 居民社会资本感知对旅游参与意愿感知的路径假设检验

假设H6a"居民社会资本感知对旅游参与意愿具有正向影响"的标准化路径系数为0.408,$C.R.$值为3.452,P值为0.000,具有显著性,故可以判断建设H6a成立。这说明居民的社会资本感知与居民旅游参与意愿间具有显著的正相关关系,即当地具有侗族特色的和谐交往关系、居民日常的相互帮助与照应、侗族传统道德的规范等越完美,越能够使居民与当地的旅游发展关系紧密,进而越能够激发居民参与社区旅游发展的意愿。

假设成立的原因如下。

第一,社区居民相互信任的和谐关系对居民参与旅游的作用。肇兴侗寨旅游发展后,社区关系变得复杂,社区居民与新进居民之间的关系、社区居民与旅游企业之间的关系、社区居民与政府之间的关系、社区居民与旅游者之间的关系都是原来社区中未曾出现的关系。在旅游服务提供中当地居民和外来居民与企业之间的关系决定供给层面的和谐,当地居民与旅游者主客交往时表现出来的热情好客与相互理解是居民正确认识旅游发展的前提,更是形成居民参与旅游发展意愿的重要保障。

第二,社区传统组织机构对居民参与旅游的影响。肇兴侗寨旅游发展后,与旅游相关的组织开始出现,居民中的个体商人、家庭组织、旅游企业组织、第三方组织等对旅游发展具有重要影响。同时,由于肇兴侗寨中的寨老制度和侗款制度仍具有一定的影响力,其组织中的成员也会受到组织代表者和领导看法的影响。有政府官员在访谈中表示旅游促使不同民族居民的交往更加和谐,侗寨内的传统组织机构是影响居民是否参与旅游的重要载体。

据此,相应的基于居民旅游参与意愿的供给侧结构改革策略如下。

第一,建立信任关系,扩大旅游参与程度策略。由于旅游发展后肇兴侗寨中的社会关系网络变得复杂,建立不同关系网络间的信任是促进居民参与旅游的重要途径,因此,当地政府和旅游部门应该积极对旅游利益相关者关系进行梳理,尤其是需要对各关系网络掌控的有利于旅游发展的资源进行整合,为当地的旅游参与路径建设出谋划策,并且从不同层面和角度增加居民对旅游参与的认知,从而扩大整个社区参与旅游的人数与参与程度,形成有效发展。

第二,协同相关组织,引导居民参与旅游策略。肇兴侗寨旅游发展离不开政府旅游部门、旅游企业与当地传统管理组织的共同协作,因此,第三方组织的作用应该受到重视,尤其是社会组织,它能够扮演连接社会资本的角色,把不同组织的社会资本和社会资源连接到一起形成鼓励居民参与旅游的综合动力,一方面能够保障居民从事旅游工作所需要的信息和资源;另一方面更能够创新居民在旅游决策、旅游规划等工作中的参与途径和方式。

五、民族旅游社区参与机制的市场需求模型中介效应检验

民族旅游社区参与意愿整体递归模型分析的重要目的就是探寻旅游发展后,居民增权感知对社区居民旅游参与意愿的影响。由于本模型中中介变量的数量并不单一,因此,使用SPSS中的过程拓展分析包(Process)来进行中介效应的验证和检验,主要利用偏差校正的非参数百分位(Bootstrap)来进行中介效应检验,其具有精确度高、稳定性强、结果较为准确的特点,已成为中介效应检验的主流方法(温忠麟等,2012)[①]。本研究在对相关变量进行中心化后,依据大小排序中的第2.5百分位与第97.5位百分位点的95%置信区间,对旅游增权4个维度感知与社区旅游参与意愿感知间的中介变量进行分析,若置信区间上下限中不包括0,则可以说明中介效应明显且成立。本研究选择5 000次的样本重新抽取次数对中介效应进行估计,并明确模型中的间接效应和直接效应。

(一) 民族旅游社会增权感知与旅游参与意愿感知间的中介效应检验

民族旅游社会增权感知与旅游参与意愿感知的中介模型概况如表5-50所示。

表5-50　民族旅游社会增权感知与旅游参与意愿感知的中介模型概况

模型	R	R^2	均方误差	F	$df1$	$df2$	P
M1	0.416	0.173	0.250	174.122	1	833	0.000***
M2	0.188	0.036	0.968	10.195	3	831	0.000***
M3	0.555	0.308	0.693	185.542 5	2	832	0.000***
M4	0.362	0.131	0.244	125.691 8	1	833	0.000***
M5	0.602	0.363	0.193	118.152 4	4	830	0.000***

注:* 表示 $P<0.05$,** 表示 $P<0.01$,表示 *** $P<0.001$。

民族旅游积极影响在旅游社会增权与旅游参与意愿间的中介效应汇总如表5-51所示。

表5-51　民族旅游积极影响在旅游社会增权与旅游参与意愿间的中介效应汇总

效应	效应路径	估计值	标准差	置信下限	置信上限	占比量
间接效应	社会增权→积极影响→参与意愿	0.072 5***	0.011 3	0.062 3	0.098 1	48.75%
	社会增权→消极影响→参与意愿	0.007 0	0.002 7	0.000 6	0.011 4	
	社会增权→社会资本→参与意愿	0.052 6***	0.006 9	0.017 9	0.045 8	
直接效应	社会增权→参与意愿	0.139 0***	0.019 9	0.099 8	0.178 1	51.25%
总效应	社会增权→积极影响/消极影响/社会资本→参与意愿	0.271 2***	0.020 5	0.230 8	0.311 5	100%

注:* 表示 $P<0.05$,** 表示 $P<0.01$,*** 表示 $P<0.001$。

[①] 温忠麟,刘红云,侯杰泰. 调节效应和中介效应分析[M]. 北京:教育科学出版社,2012:70-81.

由表 5-50 可知,5 个由中介变量、自变量、因变量构成的模型均表现出显著性,说明旅游社会增权与旅游参与意愿之间存在着中介效应。同时,从表 5-51 中可以看到,居民旅游社会增权感知与旅游参与意愿感知间的 3 个中介变量中,社会资本与旅游发展积极影响感知具有部分中介效应,其中旅游社会增权感知与旅游参与意愿感知的 95% 置信区间内的数值不为 0,且平均间接效应在置信区间内,故这 2 个中介变量间接效应明显。同时,由于旅游社会增权对旅游消极影响感知影响非常小,因此,可考虑消极影响变量具有完全中介效应。

社会资本感知与积极影响在旅游社会增权感知与旅游参与意愿感知间存在中介效应,其原因如下。

第一,旅游互动交往凸显旅游参与需求。肇兴侗寨旅游发展后社区内部的交往关系变得多样、复杂。在访谈中,有受访居民表示旅游者的旅游行为与新进社区居民从事旅游工作改变了原来侗寨封闭的交往方式,社会资本积累途径的拓宽改变了居民对事物的认知、交流方式和社区组织架构,使他们与旅游的联系更加紧密,居民在主客互动、居民互动中能够获得参与旅游的信息。因此,参与旅游互动获得生活质量的提升成为社区居民的重要需求。

第二,居民旅游正面感知提升旅游参与愿望。我们在访谈中发现,肇兴侗寨居民受访者对当地民族旅游发展表示的积极感知更多,他们指出"能挣钱""旅游也没有多大破坏性""旅游还对原来老建筑进行维修"等内容,说明肇兴侗寨旅游发展的积极影响得到了多数居民的认可,他们产生了对继续大力发展社区民族旅游的支持态度,进而居民会更加希望参与旅游发展,因此,旅游正面感知是居民形成参与热情的重要因素。

据此,相应的基于旅游社会资本与积极影响的精准营销管理策略如下。

第一,基于旅游互动交流提升居民旅游意识的策略。旅游发展为肇兴侗寨带来了接触外界的机会,旅游者和外来居民的进入能够在一定程度上提升当地居民的旅游意识。因此,当地政府和旅游部门应该鼓励社区居民多与外界互动,在交流中学习和借鉴主流文化的基础上,提升对本地的发展旅游的相关意识,明确旅游业是社区共同事务,并创造出热情、友好的旅游氛围,进而保障和谐主客关系对旅游发展的促进作用。

第二,基于旅游积极影响的获得居民认可策略。旅游发展对肇兴侗寨居民生活、当地环境、民族文化保护等方面的积极影响是居民支持认可发展旅游业的前提。因此,当地政府和旅游部门应该再次强调当地民族旅游的保护性开发原则。一方面,鼓励居民参与旅游开发和保护,使他们能够在坚持环保理念的同时得到旅游参与途径;另一方面,要针对游客和外来居民进行尊重当地文化、爱护社区环境的宣导,在形成环保聚力的同时获得更多的居民支持。

(二) 民族旅游心理增权感知与旅游参与意愿感知间的中介效应检验

民族旅游心理增权感知与旅游参与意愿感知的中介模型概况如表 5-52 所示。

表 5-52 民族旅游心理增权感知与旅游参与意愿感知的中介模型概况

模型	R	R^2	均方误差	F	$df1$	$df2$	P
M1	0.375 1	0.140 7	0.259 3	136.420 0	1	833	0.000***
M2	0.285 8	0.081 7	0.258 3	74.073 2	1	833	0.000***

（续表）

模型	R	R^2	均方误差	F	$df1$	$df2$	P
M3	0.124 7	0.015 5	0.986 8	6.569 7	2	832	0.000***
M4	0.573 1	0.328 5	0.203 2	135.498 5	3	831	0.000***

注：* 表示 $P<0.05$，** 表示 $P<0.01$，*** 表示 $P<0.001$。

表5-53　民族旅游积极影响在旅游心理增权与旅游参与意愿间的中介效应汇总

效应	效应路径	估计值	标准差	置信下限	置信上限	占比量
间接效应	心理增权→积极影响→参与意愿	0.066 8***	0.010 6	0.048 3	0.089 7	34.66%
	心理增权→消极影响→参与意愿	0.004 4	0.003 4	0.002 1	0.004 2	
直接效应	社会增权→参与意愿	0.134 8***	0.016 3	0.102 8	0.166 8	65.44%
总效应	心理增权→积极影响/消极影响→参与意愿	0.206 0***	0.017 6	0.171 3	0.240 6	100%

注：* 表示 $P<0.05$，** 表示 $P<0.01$，*** 表示 $P<0.001$。

由表5-52可知，由旅游心理增权感知、旅游积极影响感知、旅游消极影响感知、旅游参与意愿感知构造的4个模型的影响显著，其中旅游积极影响和旅游消极影响作为中介变量表现出中介作用。同时，从表5-53中可以看到，旅游积极影响感知在旅游心理增权感知与旅游参与意愿感知间具有部分中介效应，相关变量在95%置信区间内的数值不为0，且平均间接效应在置信区间内，故中介效应明显。由于旅游消极影响感知在旅游心理增权感知与旅游参与意愿感知间的中介作用不显著，因此，考虑完全中介效应的存在。

旅游积极影响在旅游心理增权感知与旅游参与意愿感知间存在中介效应，其原因如下。

第一，民族自豪感提升居民对旅游的支持度。肇兴侗寨旅游发展后受到媒体、学者以及旅游者的青睐，越来越多的旅游者到访使肇兴侗寨旅游发展蓬勃。同时，媒体的宣传以及互联网时代旅游信息传递效率的增加，使肇兴侗寨成为我国对外宣传侗族文化的窗口，也使侗寨成为中国最大的侗族村落。肇兴侗寨在旅游和民族文化领域的影响力逐步提升。访谈中，有居民表示出作为侗寨成员的自豪心态，积极的心理状态使当地旅游发展得到大多数居民支持。

第二，旅游亲近感使居民旅游参与自信心提升。肇兴侗寨旅游发展对社区基础设施、文化、环境、民俗民风等方面的促进和保护作用得到大多数居民的认同。同时，有居民在访谈中也明确提到参加旅游工作对家庭生活质量的积极作用，在此基础上侗寨居民与旅游发展间的关系愈发密切，旅游也与居民日常生活更为相关，居民在见证当地旅游发展带来的积极影响后，参与旅游工作与决策的愿望也开始增加，并在自豪感提升的同时提升了参与旅游的自信心。

据此，相应的基于旅游积极影响的精准营销管理策略如下。

第一，重视旅游心理激励效应，实现文化自信策略。肇兴侗寨旅游发展使当地居民得到了外界的赞赏，居民的自尊心与自豪感油然而生，因此，利用旅游发展对居民心理层面的激励具有重要意义，相关部门应该鼓励居民在社区中更加自信地生活与工作，尤其应该突出侗族文化与居民原生态的民俗民风，在利用旅游资源原真性吸引游客到访、媒体关注的基础上，使当地居民能够更加认同侗族文化，从而实现对传统文化的保护和传承，实现文化自信。

第二,提升居民旅游亲近感,提高居民参与积极性策略。肇兴侗寨旅游发展中表现出明显的行业与部门的联动作用,越来越多的居民从事的职业与旅游具有直接或间接的联系,因此,利用旅游发展的联动作用提升居民对旅游业的亲近感能够增加居民对旅游的认识,尤其应注重旅游发展对居民生活水平和社区建设的促进作用,使居民在支持当地发展旅游的同时提高参与旅游业的热情,实现居民参与旅游,旅游促进社区发展,社区回报居民的良好循环。

(三) 民族旅游经济增权感知与旅游参与意愿感知间的中介效应检验

民族旅游经济增权感知与旅游参与意愿感知的中介模型概况如表5-54所示。

表5-54　民族旅游经济增权感知与旅游参与意愿感知的中介模型汇总

模型	R	R^2	均方误差	F	$df1$	$df2$	P
M1	0.265 1	0.070 3	0.261 5	62.958 5	1	833	0.000***
M2	0.152 4	0.023 2	0.977 9	19.811 8	1	833	0.000***
M3	0.237 8	0.056 6	0.284 7	49.937 3	1	833	0.000***
M4	0.530 8	0.281 8	0.217 3	108.669 8	3	831	0.000***

注:* 表示 $P<0.05$,** 表示 $P<0.01$,*** 表示 $P<0.001$。

表5-55　民族旅游积极影响在旅游经济增权与旅游参与意愿间的中介效应汇总

效应	效应路径	估计值	标准差	置信下限	置信上限	占比量
间接效应	经济增权→积极影响→参与意愿	0.068 4***	0.011 9	0.046 0	0.092 7	59.42%
	经济增权→消极影响→参与意愿	0.009 1	0.003 5	0.003 6	0.017 6	
直接效应	经济增权→参与意愿	0.053 0**	0.016 9	0.019 9	0.086 1	40.58%
总效应	经济增权→积极影响/消极影响→参与意愿	0.130 6***	0.018 5	0.094 3	0.166 8	100%

注:* 表示 $P<0.05$,** 表示 $P<0.01$,*** 表示 $P<0.001$。

由表5-54可知,由旅游经济增权感知、旅游积极影响感知、旅游消极影响感知、旅游参与意愿感知构成的4个模型均具有显著性,旅游积极影响感知与消极影响感知在各个模型中均表现出中介作用。由表5-55可知,旅游积极影响的中介效应明显,且旅游经济增权感知的直接效应也显著,故旅游积极影响表现出部分中介效应。同时,由于旅游消极影响感知的影响力较小,因此,其中介作用不大,相关变量在95%置信区间内的数值不为0,且平均间接效应在置信区间内,表明旅游积极影响感知与消极影响感知具有中介作用。

旅游积极影响感知在旅游经济增权感知与旅游参与意愿感知间的中介效应,其原因如下。

第一,经济收入增加影响居民对旅游发展的正面感知。肇兴侗寨旅游发展促使当地社会经济建设加快,有受访政府官员表示旅游发展使侗寨的基础设施得到提升,尤其是旅游接待设施获得大力投入,社区的面貌焕然一新。同时,在旅游为当地居民创造就业的同时,当地政府也将景区门票收入等旅游收益分享给社区居民,并且旅游发展也使社区中的物资更加丰富,居民的生产生活更加便捷,因此,社区大多数居民由于生活质量提升而对旅游发展产生正面感知。

第二，旅游经济效应对居民旅游参与的激励作用。肇兴侗寨旅游发展的经济效应明显，一方面，旅游促进了当地产业经济的结构调整，使旅游成为支柱性产业，旅游业与农业和特色侗族文化一起形成更具创新精神的新型服务业，扩大了社区居民参与旅游相关行业的途径并丰富了居民参与内容；另一方面，从事旅游工作的居民受访者表示旅游的确给他们带来了更多的收入，越来越多的社区居民开始或继续参与旅游发展，形成了旅游发展的良好氛围。

据此，相应的基于旅游积极影响的精准营销管理策略如下。

第一，共享旅游发展收益，获得社区居民认可策略。肇兴侗寨旅游收入的主体部分就是景区门票收入和相关的旅游业税收，在接下来的发展中旅游部门应该重视旅游收入的社区共享，不仅需要继续从门票收入中抽取一定比例分发给社区居民，而且应该在保证旅游正常发展所需资金的前提下对当地科教文卫事业进行支持，使尚未参与旅游发展的社区居民也能够获得旅游业带来的利益，从而获得社区内更多居民的支持，为今后的发展奠定民意基础。

第二，突出旅游创新效应，扩大居民参与途径策略。肇兴侗寨旅游发展使越来越多的行业联系紧密，这也成为当地旅游产品创新发展的重要基础，一方面，应该深挖发展旅游的就业创造能力，为社区居民以工作的方式参与旅游发展提供保障；另一方面，应该结合当地具有侗族传统特色的农耕生活和节庆活动开发旅游，使当地农业旅游、乡村旅游、节庆旅游产品丰富多彩，为游客提供体验性更强的旅游服务，同时也扩大旅游发展的参与面。

（四）民族旅游政治增权感知与旅游参与意愿感知间的中介效应检验

民族旅游政治增权感知与旅游参与意愿感知的中介模型概况如表5-56所示。

表5-56 民族旅游政治增权感知与旅游参与意愿感知的中介模型概况

模型	R	R^2	均方误差	F	$df1$	$df2$	P
M1	0.143 1	0.020 5	0.295 6	17.420 7	1	833	0.000***
M2	0.129 7	0.016 8	0.276 5	14.260 7	1	833	0.002**
M3	0.163 2	0.026 6	0.975 7	11.387 6	2	832	0.000***
M4	0.526 7	0.277 4	0.218 6	106.343 8	3	831	0.000***

注：* 表示 $P<0.05$，** 表示 $P<0.01$，*** 表示 $P<0.001$。

民族旅游积极影响在旅游政治增权与旅游参与意愿间的中介效应汇总如表5-57所示。

表5-57 民族旅游积极影响在旅游政治增权与旅游参与意愿间的中介效应汇总

效应	效应路径	估计值	标准差	置信下限	置信上限	占比量
间接效应	政治增权→积极影响→参与意愿	0.034 7***	0.010 6	0.014 7	0.056 8	54.2%
	政治增权→消极影响→参与意愿	0.007 9	0.003 5	0.002 5	0.016 3	
直接效应	政治增权→参与意愿	0.036 0*	0.016 4	0.003 7	0.068 2	45.8%
总效应	政治增权→积极影响/消极影响→参与意愿	0.078 6***	0.018 8	0.041 6	0.115 5	100%

注：* 表示 $P<0.05$，** 表示 $P<0.01$，*** 表示 $P<0.001$。

由表 5-54 可知,由旅游政治增权感知、旅游积极影响感知、旅游消极影响感知、旅游参与意愿感知所构成的 4 个模型均具有显著性,旅游积极影响与消极影响作为中介变量均有一定的中介作用。由表 5-55 可知,虽然旅游政治增权感知对旅游参与意愿的总效应不高,表明政治增权效应不明显,居民对旅游政治增权感知的评分与认知程度较低,但旅游积极影响的中介效应明显,且占总效应的比例较高,故此中介变量具有部分中介效应。同时,由于旅游消极影响的中介作用较小,因此可以判断旅游政治增权感知对旅游参与意愿感知的直接效应更为明显,相关变量在 95% 置信区间内的数值不为 0,且平均间接效应在置信区间内,表明旅游积极与消极影响感知具有中介作用。

旅游积极影响在旅游政治增权感知与旅游参与意愿感知间存在中介效应,其原因如下。

第一,旅游积极影响对政治增权的补充。肇兴侗寨旅游增权中居民的政治增权感知评分最低,虽然当地政府和旅游部门受访者在访谈中表示相关部门鼓励居民对旅游发展发表意见和建议,但居民受访者在访谈中表现出对政治增权认知不足的特点,他们表示社区没有建立相关的反馈渠道,居民不得不接受自上而下的旅游决策制定过程,但旅游积极影响通过社区建设、环境保护等方式使居民感受到政府的投入和重视,故其中介效应较为显著。

第二,旅游积极影响对居民参与的号召。当地政府和旅游部门为肇兴侗寨旅游发展进行了有针对性地投入,有政府官员在访谈中表示,为了申请国家级景区和非物质文化遗产,当地政府和旅游部门每年都重视对肇兴侗寨进行人力与物力的投入,居民生活的社区环境与条件得到改善,居民生活质量也有所提升。同时,旅游发展为当地居民带来的从事旅游工作的机会,使更多居民参与旅游发展,虽然参与的程度不高,但旅游积极影响使居民对旅游参与的重视程度不断加深。

据此,相应的基于旅游积极影响的精准营销管理策略如下。

第一,重视旅游政治增权,建立常态参与渠道策略。肇兴侗寨居民旅游参与程度较低的主要问题是居民没有参与旅游决策的渠道,因此,当地政府和旅游部门应该重视对居民参与旅游决策渠道的建立,一方面,利用居民代表恳谈会等形式来倾听居民对旅游发展的意见和建议,利用此反馈机制来增加社区对旅游决策的接受程度;另一方面,应该创新参与旅游决策的途径,利用互联网社区、手机社交平台方便居民参与决策,使居民能够积极参与旅游决策的整个过程。

第二,转变政府职能,发挥社会组织作用策略。肇兴侗寨旅游决策制定"自上而下"的特点鲜明,使一部分旅游决策得不到居民和社区的积极支持,因此,当地政府应该重视社区旅游工作的相关制度建设,同时也应该转变政府职能并重视引导政府部门向服务型转型,为旅游发展奠定基础。此外,还应该重视鼓励居民在社区中成立旅游协会等社会组织,使社会组织在实现调节当地政府与居民关系职能的前提下增加居民自治互动,为保障居民旅游参与权利发挥重要作用。

图 5-6 为民族旅游参与意愿整体递归最优模型。

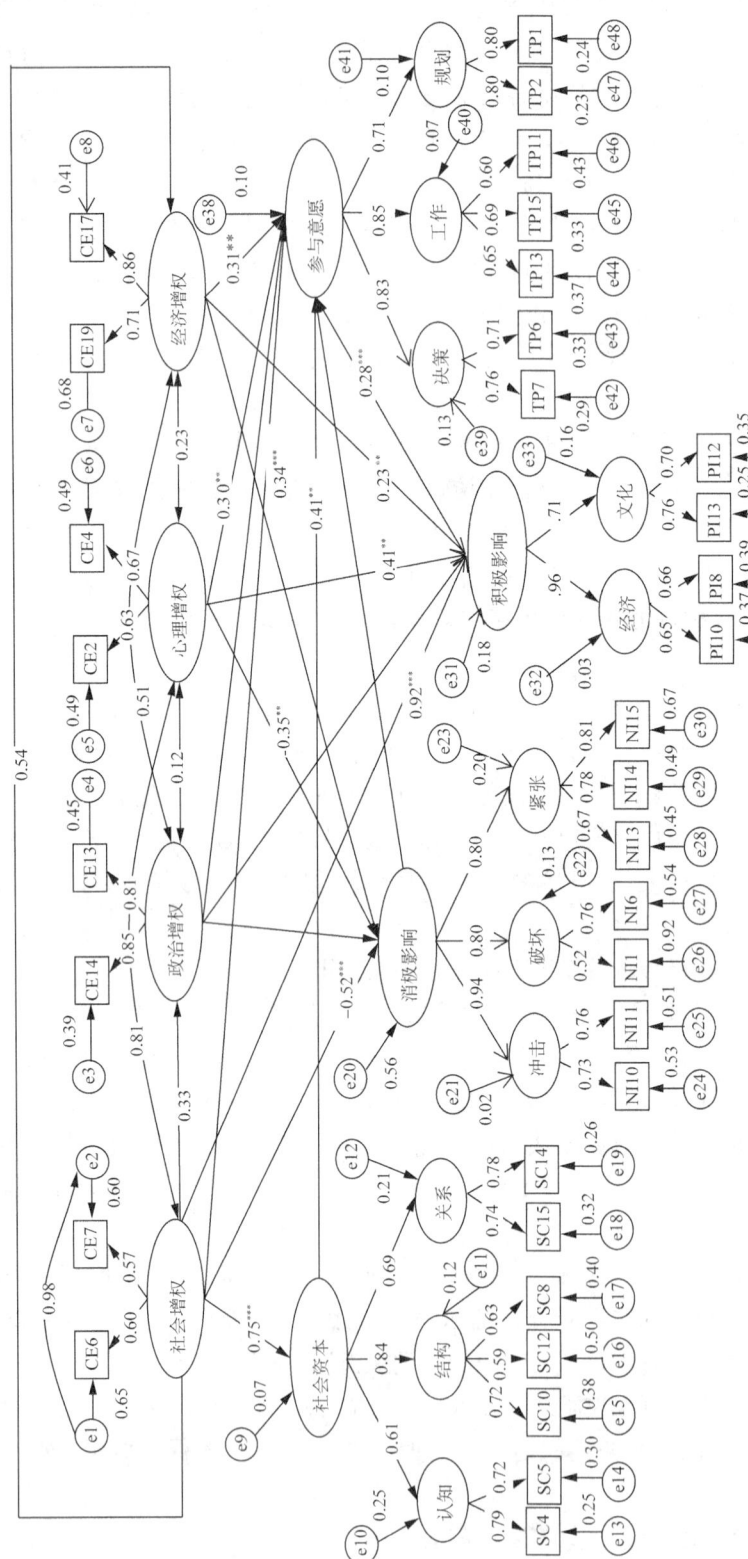

图 5-6 民族旅游参与意愿整体递归最优模型

注：***表示P<0.01，**表示P<0.05，残差项e1—e48为各变量的测量误差。

第六章 民族旅游社区参与机制感知的需求差异与精准营销

第一节 居民与游客对民族旅游参与机制感知的需求差异比较与精准营销

为了能够从供需市场两个角度全面理解民族旅游社区参与机制感知的差异,本研究对居民与旅游者在旅游社区增权、社会资本、旅游影响、旅游参与意愿等方面的感知进行独立样本 t 检验。在进行 t 检验前,首先对居民组别与旅游者组别对于同一问题感知的离散程度进行检验,即检验是否符合 $H_0:\sigma_{X1}^2 = \sigma_{X2}^2$（公式 5-2）的假设,当 Levene 检验的结果不具备显著性时,则应接受假设,并判定两个组别对该题项的理解相同;反之,则接受对立假设,并判定两组间具有差异性。

一、居民与游客对民族旅游增权感知的需求差异与精准营销

居民与游客对民族旅游增权感知的组别统计量如表 6-1 所示。

表 6-1 居民与游客对民族旅游增权感知的组别统计量

代码	题项	组别	样本量	均值	标准差	均值的标准误	Cronbach's α	
							居民	游客
CE1	旅游发展使居民（我）对自身社区身份感到骄傲	居民	835	3.94	0.956	0.033	0.875	0.903
		游客	828	3.96	0.887	0.031		
CE2	旅游发展让居民（我）愿意分享在旅游中的贡献	居民	835	3.97	0.907	0.031		
		游客	828	3.94	0.875	0.030		
CE3	社区旅游受到游客的欣赏使居民（我）感到自豪	居民	835	4.08	0.885	0.031		
		游客	828	4.01	0.877	0.030		
CE4	旅游发展使居民（我）愿意分享民族独特的文化	居民	835	4.09	0.872	0.030		
		游客	828	4.07	0.854	0.030		
CE5	旅游发展使居民（我）愿意为社区独特魅力而努力	居民	835	3.96	0.916	0.032		
		游客	828	4.05	0.853	0.030		

(续表)

代码	题项	组别	样本量	均值	标准差	均值的标准误	Cronbach's α 居民	Cronbach's α 游客
CE6	旅游发展使居民(我)与社区之间联系更加紧密	居民	835	3.69	1.012	0.035		
		游客	828	3.02	0.841	0.029		
CE7	旅游发展增加居民(我)对社区发展的奉献精神	居民	835	3.71	0.946	0.033		
		游客	828	3.88	0.897	0.031		
CE8	居民(我)参与旅游是参与社区事务的重要途径	居民	835	3.50	1.000	0.035		
		游客	828	3.86	0.894	0.031		
CE9	相关部门向居民(我)提供旅游培训与学习机会	居民	835	3.57	1.090	0.038		
		游客	828	4.17	0.868	0.030		
CE10	相关部门制定法律政策保障社区旅游发展	居民	835	3.47	1.050	0.036		
		游客	828	4.27	0.827	0.029		
CE11	社区居民(我)在社区旅游决策过程中有话语权	居民	835	2.91	1.198	0.041		
		游客	828	4.14	0.906	0.031		
CE12	社区居民(我)有参与当地旅游决策的明确途径	居民	835	2.78	1.205	0.042	0.875	0.903
		游客	828	4.14	0.857	0.030		
CE13	相关部门重视社区居民(我)对旅游发展的建议	居民	835	2.76	1.167	0.040		
		游客	828	4.22	0.820	0.028		
CE14	政府鼓励社区居民(我)对旅游的发展发表意见	居民	835	2.92	1.201	0.042		
		游客	828	4.21	0.844	0.029		
CE15	相关部门制定了明确的旅游收益分配方式	居民	835	3.12	1.151	0.040		
		游客	828	4.16	0.842	0.029		
CE16	旅游发展收益多用于解决居民(我)的生活负担	居民	835	3.09	1.205	0.042		
		游客	828	4.13	0.869	0.030		
CE17	旅游发展收益成为社区居民(我)主要收入来源	居民	835	3.17	1.239	0.043		
		游客	828	4.00	0.869	0.033		
CE18	旅游发展为社区居民(我)带来了更多经济利益	居民	835	3.74	1.124	0.039		
		游客	828	4.18	0.837	0.029		
CE19	旅游收入是居民(我)家庭未来主要的经济来源	居民	835	3.57	1.166	0.040		
		游客	828	3.82	0.995	0.035		

注：括号内为居民问卷题项表述。

居民与游客对民族旅游增权感知的独立样本检验结果如表6-2所示。

表 6-2　居民与游客对民族旅游增权感知的独立样本检验

代码	方差同质性检验	方差方程的 Levene 检验		均值方程的 t 检验					差分的95%置信区间	
		F	Sig	t	df	Sig（双侧）	均值差值	标准误差值	下限	上限
CE1	假设方差相等	2.892	0.089	-0.337	1 661	0.736	-0.015	0.045	-0.104	0.073
	假设方差不相等			-0.337	1 653.687	0.736	-0.015	0.045	-0.104	0.073
CE2	假设方差相等	0.016	0.898	0.834	1 661	0.404	0.036	0.044	-0.049	0.122
	假设方差不相等			0.834	1 660.759	0.404	0.036	0.044	-0.049	0.122
CE3	假设方差相等	0.220	0.639	1.495	1 661	0.135	0.065	0.043	-0.020	0.149
	假设方差不相等			1.495	1 660.999	0.135	0.065	0.043	-0.020	0.149
CE4	假设方差相等	0.829	0.363	0.609	1 661	0.543	0.026	0.042	-0.057	0.109
	假设方差不相等			0.609	1 660.761	0.543	0.026	0.042	-0.057	0.109
CE5	假设方差相等	0.752	0.386	-2.078	1 661	0.038*	-0.090	0.043	-0.175	-0.005
	假设方差不相等			-2.078	1 654.638	0.038*	-0.090	0.043	-0.175	-0.005
CE6	假设方差相等	45.600	0.000***	-7.270	1 661	0.000***	-0.332	0.046	-0.421	-0.242
	假设方差不相等			-7.276	1 612.137	0.000***	-0.332	0.046	-0.421	-0.242
CE7	假设方差相等	6.123	0.013*	-3.845	1 661	0.000***	-0.174	0.045	-0.263	-0.085
	假设方差不相等			-3.846	1 657.717	0.000***	-0.174	0.045	-0.263	-0.085
CE8	假设方差相等	25.070	0.000***	-7.825	1 661	0.000***	-0.364	0.047	-0.455	-0.273
	假设方差不相等			-7.829	1 643.176	0.000***	-0.364	0.047	-0.455	-0.273
CE9	假设方差相等	54.854	0.000***	-12.437	1 661	0.000***	-0.601	0.048	-0.696	-0.507
	假设方差不相等			-12.449	1 587.408	0.000***	-0.601	0.048	-0.696	-0.507
CE10	假设方差相等	52.950	0.000***	-17.223	1 661	0.000***	-0.799	0.046	-0.890	-0.708
	假设方差不相等			-17.240	1 579.637	0.000***	-0.799	0.046	-0.890	-0.708
CE11	假设方差相等	61.443	0.000***	-23.666	1 661	0.000***	-1.234	0.052	-1.336	-1.131
	假设方差不相等			-23.694	1 552.358	0.000***	-1.234	0.052	-1.336	-1.131
CE12	假设方差相等	115.635	0.000***	-26.506	1 661	0.000***	-1.360	0.051	-1.461	-1.260
	假设方差不相等			-26.542	1 506.605	0.000***	-1.360	0.051	-1.461	-1.260
CE13	假设方差相等	125.484	0.000***	-29.576	1 661	0.000***	-1.464	0.050	-1.561	-1.367
	假设方差不相等			-29.619	1 496.425	0.000***	-1.464	0.049	-1.561	-1.367
CE14	假设方差相等	84.846	0.000***	-25.373	1 661	0.000***	-1.293	0.051	-1.393	-1.193
	假设方差不相等			-25.409	1 497.213	0.000***	-1.293	0.051	-1.393	-1.193
CE15	假设方差相等	64.168	0.000***	-20.984	1 661	0.000***	-1.038	0.049	-1.136	-0.941
	假设方差不相等			-21.011	1 527.557	0.000***	-1.038	0.049	-1.135	-0.942
CE16	假设方差相等	70.261	0.000***	-20.114	1 661	0.000***	-1.037	0.052	-1.138	-0.936
	假设方差不相等			-20.141	1 517.239	0.000***	-1.037	0.051	-1.138	-0.936
CE17	假设方差相等	97.909	0.000***	-15.493	1 661	0.000***	-0.835	0.054	-0.940	-0.729
	假设方差不相等			-15.511	1 551.523	0.000***	-0.835	0.054	-0.940	-0.729

(续表)

代码	方差同质性检验	方差方程的 Levene 检验		均值方程的 t 检验					差分的 95% 置信区间	
		F	Sig	t	df	Sig（双侧）	均值差值	标准误差值	下限	上限
CE18	假设方差相等	73.071	0.000***	−8.919	1 661	0.000***	−0.434	0.049	−0.529	−0.338
	假设方差不相等			−8.929	1 541.437	0.000***	−0.434	0.049	−0.529	−0.339
CE19	假设方差相等	30.240	0.000***	−4.656	1 661	0.000***	−0.248	0.053	−0.352	−0.143
	假设方差不相等			−4.659	1 624.948	0.000***	−0.248	0.053	−0.352	−0.143

注：* 表示 $P<0.05$，** 表示 $P<0.01$，*** 表示 $P<0.001$。

首先，由表 6-1、表 6-2 可知，居民与旅游受访者对"旅游发展使居民（我）对自身社区身份感到骄傲""旅游发展让居民（我）愿意分享在旅游中的贡献""社区旅游受到游客的欣赏使居民（我）感到自豪""旅游发展使居民（我）愿意分享民族独特文化"等方面的感知并不存在显著性差异，并且居民与游客对题项的评分均值相近，几乎都在 4 分以上，表明两个组别均比较认同题项的叙述，其原因如下。

① 游客认同居民在旅游中的角色。旅游者对不同的目的地进行访问后，在积累了丰富旅游经验与经历的同时，对旅游目的地居民在旅游发展中的角色和作用拥有更为深入的认识，尤其是当地居民对旅游发展的支持、与旅游者的良好互动等都成为增加旅游者正面旅游体验的重要原因。同时，旅游者对当地的赞赏也会成为居民心理自豪感提升的重要基础。因此，旅游者与居民的互动越良好、越深入，居民所感知到的心理层面的提升就越多。

② 居民认可文化在旅游中的价值。肇兴侗寨在旅游发展中形成了推广和宣传当地独特侗族文化的重要平台，旅游者对肇兴侗寨的文化、生活习俗、传统民风、自然环境产生较强烈的向往。同时，旅游发展也为当地居民重新认识侗族传统文化价值提供了良好途径，当居民们看到本民族独特文化受到旅游者青睐和主流媒体重视时，其自尊心与自豪感油然而生。因此，居民对上述 4 个题项的评分均较高。

据此，相应的基于旅游增权的精准营销管理策略如下。

① 提升居民对侗族文化认知策略。肇兴侗寨旅游发展的核心要素是侗族独特文化及其在旅游产品中的价值体现，一方面，当地政府和旅游部门应该更加重视在旅游营销和推介中体现肇兴侗寨原真性强的侗族文化，使游客能够对侗族文化产生兴趣和加深了解；另一方面，也应该加强对社区居民在旅游发展背景下的民族文化和民族身份的认知教育，在增加侗族传统文化传承保护动力的基础上，使居民意识到本民族文化在旅游和社区发展中的价值。

② 增强主客良好互动体验策略。肇兴侗寨居民自豪感与自尊心的提升受到旅游者对当地旅游评价的影响，获得旅游者良好的评价不仅需要通过旅游产品的创新来实现，更需要通过良好的主客互动关系的维护与氛围的创造来形成持续性。因此，当地政府和旅游部门应该引导居民与旅游者在不同文化互动中的相互理解与尊重，尤其是居民对主流文化的接受与学习是维持良好主客互动关系的重要因素。

其次，居民与游客受访者对"旅游发展使居民（我）愿意为社区独特魅力而努力""旅游发展使居民（我）与社区之间联系更加紧密""旅游发展增加居民（我）对社区发展的奉献精神""居民（我）参与旅游是参与社区事务的重要途径""相关部门向居民（我）提供旅游培训与学习机会""相关部门制定法律政策保障社区旅游发展""社区居民（我）在社区旅游决策过程中有话语权""社区居民（我）有参与当地旅游决策的明确途径""相关部门重视社区居民（我）对旅游发展的建议""政府鼓励社区居民（我）对旅游的发展发表意见""相关部门制定了明确的旅游收益分配方式""旅游发展收益多用于解决居民（我）的生活负担""旅游发展收益成为社区居民（我）主要收入来源""旅游发展为社区居民（我）带来了更多经济利益""旅游收入是居民（我）家庭未来主要的经济来源"等方面的感知存在显著性差异，并且旅游者对题项的评分均高于居民的评分，其原因如下。

① 旅游者对经济增权认知相对深入。当今中国的社区建设和治理较为注重对社区居民权利的维护，旅游者在主流文化背景下生活和工作，对权利以及社区增权的理解更为深入，特别是旅游者在拥有不同的旅游经历、到访过不同的旅游目的地后，能够通过对旅游经历的对比形成对旅游增权更为全面的认识。同时，旅游者也认为旅游发展后能够从多方面提升社区居民的权利，让居民能够得到更多旅游发展的实惠。

② 案例地旅游增权效应有待提升。在肇兴侗寨的旅游发展中，居民参与旅游发展的途径不明确，体现在培训与学习的机会较少、对发展旅游的意见得不到应有的重视、保障居民参与的政策法规不透明。同时，当地发展旅游所获的经济收益并没有使居民产生充分获得感，体现为分配方式的不确定、旅游收益情况的不透明等。所以，肇兴侗寨旅游发展对当地居民在经济、政治以及社会方面的增权并未落到实处。

据此，相应的基于旅游经济增权的精准营销管理策略如下。

① 将旅游定位为社区公共事务策略。调动居民参与旅游发展的积极性与主动性、培养他们为旅游发展的奉献精神，真正落实旅游发展在社会层面的增权效应，需要当地政府与旅游部门增强居民对旅游发展的理解。其中，教育培训机构和社区层面对旅游作为社区公共事务的定位需要更加明确，需要让社区居民更加了解旅游发展对整个社区建设与发展的重要性，并且强调对社区旅游发展的支持与参与是维护社区广大居民共同利益的基础。

② 利益分配与意见表达透明化策略。一方面，肇兴侗寨旅游收益分配方式并不完善，相对较为明确的是景区门票收入的分配方式，然而其他与旅游相关的收入却没有明确和透明的分配方式，因此，当地政府对于整体旅游收入的详细分配方式以及费用去向明细需要向居民公开，提升经济增权；另一方面，社区居民对于旅游的意见和建议没有获得应有的重视，对旅游发展没有相应的话语权。因此，建立完善的居民意见反馈渠道，提升居民政治增权效应的工作刻不容缓。

二、居民与游客对民族旅游社会资本感知的需求差异与精准营销

居民与游客对民族旅游社会资本感知的组别统计量如表6-3所示。

表 6-3 居民与游客对民族旅游社会资本感知的组别统计量

代码	题项	组别	样本量	均值	标准差	均值的标准误	Cronbach's α	
							居民	游客
SC1	社区居民(我)的社区归属感	居民	835	3.86	0.892	0.031		
		游客	828	3.96	0.844	0.029		
SC2	社区居民间(我和其他居民)的和谐关系	居民	835	4.01	0.819	0.028		
		游客	828	4.08	0.815	0.028		
SC3	社区居民(我)展现诚信程度	居民	835	3.94	0.800	0.028		
		游客	828	4.19	0.786	0.027		
SC4	社区居民(我)的团队合作精神	居民	835	3.98	0.812	0.028		
		游客	828	4.12	0.803	0.028		
SC5	社区居民(我)表现道德规范	居民	835	3.98	0.789	0.027		
		游客	828	4.14	0.816	0.028		
SC6	社区居民(我)对社区管理机构的信任	居民	835	3.78	0.917	0.032		
		游客	828	4.08	0.849	0.030		
SC7	社区居民(我)对旅游发展的责任义务	居民	835	3.84	0.822	0.028		
		游客	828	4.07	0.856	0.030		
SC8	与亲朋分享社区旅游发展的信息	居民	835	3.85	0.822	0.028	0.888	0.907
		游客	828	4.06	0.800	0.028		
SC9	向亲朋征询从事旅游工作的意见	居民	835	3.74	0.869	0.030		
		游客	828	3.96	0.829	0.029		
SC10	社区中女性居民社会地位的提升	居民	835	3.77	0.880	0.030		
		游客	828	4.00	0.879	0.031		
SC11	社区层面的相关旅游组织的成立	居民	835	3.79	0.875	0.030		
		游客	828	4.04	0.818	0.028		
SC12	相关旅游志愿者组织进入本社区	居民	835	3.79	0.878	0.030		
		游客	828	3.98	0.835	0.029		
SC13	社区旅游组织、居民、政府、旅游机构间的紧密合作	居民	835	3.91	0.832	0.029		
		游客	828	4.07	0.833	0.029		
SC14	从事与社区旅游发展相关工作的居民间的互惠互利	居民	835	3.91	0.813	0.028		
		游客	828	4.00	0.824	0.029		
SC15	政府、旅游部门等正式组织对从事旅游的引导与监管	居民	835	3.96	0.849	0.029		
		游客	828	4.14	0.791	0.027		
SC16	寨老、侗款制度非正式组织对从事旅游的支持与配合	居民	835	4.04	0.867	0.030		
		游客	828	4.16	0.790	0.027		

注:括号内为居民问卷题项表述。

居民与游客对民族旅游社会资本感知的独立样本检验结果如表 6-4 所示。

表 6-4　居民与游客对民族旅游社会资本感知的独立样本检验

代码	方差同质性检验	方差方程的 Levene 检验		均值方程的 t 检验					差分的 95% 置信区间	
		F	Sig	t	df	Sig（双侧）	均值差值	标准误差值	下限	上限
SC1	假设方差相等	13.416	0.000**	−2.325	1 661	0.020*	−0.099	0.043	−0.183	−0.016
	假设方差不相等			−2.326	1 657.221	0.020*	−0.099	0.043	−0.183	−0.016
SC2	假设方差相等	0.530	0.467	−1.660	1 661	0.097	−0.067	0.040	−0.145	0.012
	假设方差不相等			−1.660	1 660.981	0.097	−0.067	0.040	−0.145	0.012
SC3	假设方差相等	7.578	0.006**	−6.447	1 661	0.000***	−0.251	0.039	−0.327	−0.174
	假设方差不相等			−6.448	1 660.878	0.000***	−0.251	0.039	−0.327	−0.174
SC4	假设方差相等	6.073	0.014*	−3.565	1 661	0.000***	−0.141	0.040	−0.219	−0.063
	假设方差不相等			−3.565	1 660.984	0.000***	−0.141	0.040	−0.219	−0.063
SC5	假设方差相等	10.894	0.001**	−3.895	1 661	0.000***	−0.153	0.039	−0.230	−0.076
	假设方差不相等			−3.894	1 658.061	0.000***	−0.153	0.039	−0.230	−0.076
SC6	假设方差相等	9.009	0.003**	−6.867	1 661	0.000***	−0.298	0.043	−0.383	−0.213
	假设方差不相等			−6.870	1 653.319	0.000***	−0.298	0.043	−0.383	−0.213
SC7	假设方差相等	0.255	0.613	−5.691	1 661	0.000***	−0.234	0.041	−0.315	−0.153
	假设方差不相等			−5.690	1 657.027	0.000***	−0.234	0.041	−0.315	−0.153
SC8	假设方差相等	4.515	0.034*	−5.101	1 661	0.000***	−0.203	0.040	−0.281	−0.125
	假设方差不相等			−5.101	1 660.463	0.000***	−0.203	0.040	−0.281	−0.125
SC9	假设方差相等	11.524	0.001**	−5.338	1 661	0.000***	−0.222	0.042	−0.304	−0.141
	假设方差不相等			−5.339	1 658.550	0.000***	−0.222	0.042	−0.304	−0.141
SC10	假设方差相等	3.015	0.083	−5.331	1 661	0.000***	−0.230	0.043	−0.315	−0.145
	假设方差不相等			−5.331	1 660.904	0.000***	−0.230	0.043	−0.315	−0.145
SC11	假设方差相等	13.917	0.000***	−6.032	1 661	0.000***	−0.251	0.042	−0.332	−0.169
	假设方差不相等			−6.034	1 655.420	0.000***	−0.251	0.042	−0.332	−0.169
SC12	假设方差相等	13.208	0.000***	−4.728	1 661	0.000***	−0.199	0.042	−0.281	−0.116
	假设方差不相等			−4.729	1 658.162	0.000***	−0.199	0.042	−0.281	−0.116
SC13	假设方差相等	0.790	0.374	−3.885	1 661	0.000***	−0.159	0.041	−0.239	−0.079
	假设方差不相等			−3.885	1 660.875	0.000***	−0.159	0.041	−0.239	−0.079
SC14	假设方差相等	0.024	0.878	−2.147	1 661	0.032*	−0.086	0.040	−0.165	−0.007
	假设方差不相等			−2.147	1 660.211	0.032*	−0.086	0.040	−0.165	−0.007
SC15	假设方差相等	0.457	0.499	−4.435	1 661	0.000***	−0.178	0.040	−0.257	−0.100
	假设方差不相等			−4.436	1 654.579	0.000***	−0.178	0.040	−0.257	−0.100
SC16	假设方差相等	0.202	0.654	−3.155	1 661	0.002**	−0.128	0.041	−0.208	−0.049
	假设方差不相等			−3.156	1 649.138	0.002**	−0.128	0.041	−0.208	−0.049

注：* 表示 $P<0.05$，** 表示 $P<0.01$，*** 表示 $P<0.001$。

首先,由表6-3、表6-4可知,居民与游客对"社区居民(我)的社区归属感""社区居民(我)展现诚信程度""社区居民(我)的团队合作精神""社区居民(我)表现道德规范""社区居民(我)对社区管理机构的信任""社区居民(我)对旅游发展的责任与义务""与亲朋分享社区旅游发展的信息""向亲朋征询从事旅游工作的意见""社区中女性居民社会地位的提升""社区层面的相关旅游组织的成立""相关旅游志愿者组织进入本社区""社区旅游组织、居民、政府、旅游部门间的紧密合作""从事与社区旅游发展相关工作的居民间的互惠互利""政府、旅游部门等正式组织对从事旅游的引导与监管""寨老、侗款制度非正式组织对从事旅游的支持与配合"等方面的认知存在显著的差异,旅游者的评分均值比居民更高,其原因如下。

① 游客对社会资本的体会更深。旅游者由于自身的旅游经验丰富、受教育程度较高、知识背景较强,对社会资本促进旅游发展的认知明显强于肇兴侗寨的居民。很多领域对社会资本均有详尽的研究与相关资料,旅游者更了解社会资本的概念与其对于社区事务发展的重要性;虽然居民对于社会资本的了解和认知程度相对较低,但对于相关题项的评分均高于中立的3分,也体现出居民认同社会资本对旅游发展的重要性。

② 居民对社会资本革新的适应性有待增强。旅游发展使肇兴侗寨社区社会资本出现了改革与创新,主要体现在社区中结构型社会资本的转型,以女性地位的提升、各旅游组织的进入、人口结构的变化、多元民族文化的碰撞为代表,在变革的背景下,居民需要适应结构型社会资本的创新发展,所以居民对以旅游为动力的社会资本变革的感知与游客会有所不同,但社区居民也开始了应对变革带来的机遇与挑战。

据此,相应的基于旅游社会资本的精准营销管理策略如下。

① 提升居民对社会资本认知策略。居民虽然认同社区中社会资本对旅游发展的重要作用,但调查的结果显示,居民对社会资本的认知不及游客的认知深入,尤其体现为居民对社会资本概念及其在旅游发展中的具体作用不甚明了;因此,当地政府和旅游部门需要在重视旅游发展的社会经济效应的同时,对居民进行有关社会资本认知与实际表现的教育与引导,使居民能够深入认识到社会资本对旅游发展和社会稳定的重要作用。

② 社会资本结构多元改革策略。旅游发展使肇兴侗寨社区的结构型社会资本展现出多元化发展趋势,长期居住于此的侗族居民以及后来迁入社区的新进居民都需要适应社会资本在结构层面的变化。因此,当地政府和旅游部门应该在提升社区居民对多元结构性社会资本适应力的基础上,利用组织结构和社会结构的创新,获得来自不同层面的促进旅游良性发展的动力之源,为肇兴侗寨社区的整体改革发展争取源自不同层面的支持。

其次,居民与游客对"社区居民(我与其他居民)间的和谐关系"的感知不存在显著差异,并且居民与游客对该题项的评分均值较高,且相差无几,其原因如下。

① 游客需要和谐友好的旅游氛围。游客选择到肇兴侗寨旅游不仅是出于对异质文化的追求、对不同生活方式的求知,同时也源于对良好优质旅游氛围的需求。居民之间良好的交往互动关系是维持社区和谐生活的重要保障,更是让旅游者领略侗族独特生活方式的根本,景区内良好的社会关系能够进一步保障旅游者的旅游体验,能够使旅游者建立对景区的忠诚度并形成良好口碑效应。

② 旅游业需要居民之间的良好关系。肇兴侗寨旅游的持续发展离不开居民之间的良

好关系,以及基于此形成的稳定社会关系。在旅游发展后,越来越多的新进居民开始进入原本较为封闭的侗族社区,肇兴侗寨中开始出现以旅游发展为核心的新型社会关系,社区的社交网络也开始出现革新,在这样的情况下,社区居民也尤为注重良好的相处模式和关系,以此来保障肇兴侗寨旅游发展的稳定性。

据此,相应的基于旅游社会资本的精准营销管理策略如下。

① 运用关系型社会资本的策略。肇兴侗寨社区拥有侗族特色鲜明的社会关系网络,侗族的社会关系网络主要基于社区居民之间的血缘、亲缘关系。社区中居民生活、生产之间的联系紧密,使社区中传统的关系网络至今对当地的旅游发展仍具有重要的作用。因此,当地政府和旅游部门应该注重对侗族传统关系型社会资本的理解和挖掘,利用亲缘、血缘等关系架构,缓解社区旅游发展导致的社会关系变化对社区稳定的冲击。

② 创新旅游型关系网络的策略。旅游发展为肇兴侗寨带来经济发展的同时,也在一定程度上改变了侗寨原本完全以侗族居民为主的社会关系网络,当地居民需要面对嵌入式民族社区的发展变革,即多元民族文化和相处模式在肇兴侗寨景区内的共荣与碰撞。因此,当地政府和旅游部门需要在维持民族旅游发展、文化共荣的前提下,利用旅游形成的新型社会关系网络,以旅游发展为前提,促进不同文化和关系的求同存异。

三、居民与游客对民族旅游影响感知的需求差异与精准营销

居民与游客对民族旅游影响感知的组别统计量如表 6-5 所示。

表 6-5 居民与游客对民族旅游影响感知的组别统计量

代码	题项	组别	样本量	均值	标准差	均值的标准误	Cronbach's α 居民	Cronbach's α 游客
PI1	旅游发展提升社区的旅游景观风貌	居民	835	4.26	0.796	0.028	0.886	0.898
		游客	828	4.20	0.801	0.028		
PI2	旅游发展促进社区的公共设施建设	居民	835	4.17	0.823	0.028		
		游客	828	4.24	0.752	0.026		
PI3	旅游发展促使社区的生活用品丰富	居民	835	4.04	0.796	0.028		
		游客	828	4.14	0.788	0.027		
PI4	旅游发展为居民(我)提供休闲娱乐机会	居民	835	4.03	0.802	0.028		
		游客	828	4.13	0.807	0.028		
PI5	旅游发展促进传统文化保护与传承	居民	835	4.06	0.824	0.029		
		游客	828	4.20	0.847	0.029		
PI6	旅游发展促进历史文物保护与修复	居民	835	4.08	0.819	0.028		
		游客	828	4.21	0.840	0.029		
PI7	旅游发展提升餐饮、购物、娱乐产业	居民	835	4.13	0.789	0.027		
		游客	828	4.19	0.782	0.027		

(续表)

代码	题项	组别	样本量	均值	标准差	均值的标准误	Cronbach's α 居民	Cronbach's α 游客
PI8	旅游发展提升社区居民(我)的经济收入	居民	835	3.99	0.826	0.029	0.886	0.898
		游客	828	4.21	0.752	0.026		
PI9	旅游发展为社区居民(我)创造更多就业	居民	835	4.04	0.813	0.028		
		游客	828	4.29	0.729	0.025		
PI10	旅游发展提升社区居民(我)的生活质量	居民	835	3.98	0.798	0.028		
		游客	828	4.20	0.772	0.027		
PI11	游客人数的增加促进社区经济发展	居民	835	4.10	0.788	0.027		
		游客	828	4.22	0.758	0.026		
PI12	旅游发展促进社区对自然环境的保护	居民	835	3.95	0.823	0.028		
		游客	828	4.02	0.953	0.033		
PI13	旅游发展促使居民(我)的思想更加开放	居民	835	4.06	0.762	0.026		
		游客	828	4.17	0.773	0.027		
PI14	旅游发展促使居民(我)学习了解外来文化	居民	835	4.13	0.753	0.026		
		游客	828	4.21	0.778	0.027		
NI1	旅游发展导致社区内部越来越拥挤	居民	835	3.13	1.174	0.041	0.912	0.938
		游客	828	3.61	1.142	0.040		
NI2	旅游发展导致社区的物价水平升高	居民	835	3.66	1.171	0.041		
		游客	828	3.77	1.130	0.039		
NI3	旅游发展导致社区中的犯罪率上升	居民	835	2.95	1.152	0.040		
		游客	828	3.27	1.153	0.040		
NI4	旅游发展导致社区更多的交通拥堵	居民	835	3.20	1.159	0.040		
		游客	828	3.55	1.131	0.039		
NI5	旅游发展导致社区中产生大量垃圾	居民	835	3.47	1.212	0.042		
		游客	828	3.71	1.179	0.041		
NI6	旅游发展破坏社区宁静的生活氛围	居民	835	3.29	1.136	0.039		
		游客	828	3.64	1.133	0.039		
NI7	旅游发展破坏社区良好的自然环境	居民	835	3.31	1.095	0.038		
		游客	828	3.61	1.140	0.040		
NI8	旅游发展破坏社区的历史文化遗迹	居民	835	3.25	1.085	0.038		
		游客	828	3.53	1.150	0.040		

(续表)

代码	题项	组别	样本量	均值	标准差	均值的标准误	Cronbach's α 居民	Cronbach's α 游客
NI9	旅游发展导致社区的道德水平降低	居民	835	3.07	1.113	0.039		
		游客	828	3.28	1.172	0.041		
NI10	旅游发展使传统民族文化受到冲击	居民	835	3.24	1.058	0.037		
		游客	828	3.48	1.123	0.039		
NI11	旅游发展扰乱社区居民(我)的日常生活	居民	835	3.24	1.090	0.038		
		游客	828	3.43	1.078	0.037		
NI12	旅游发展导致社区过度商业化氛围	居民	835	3.42	1.049	0.036	0.912	0.938
		游客	828	3.66	1.114	0.039		
NI13	旅游发展导致社区居民收入两极化	居民	835	3.47	1.099	0.038		
		游客	828	3.41	1.104	0.038		
NI14	旅游发展导致社区中邻里关系紧张	居民	835	3.22	1.120	0.039		
		游客	828	3.23	1.102	0.038		
NI15	旅游发展侵占了社区居民(我)的生活空间	居民	835	3.32	1.130	0.039		
		游客	828	3.38	1.131	0.039		

注:括号内为居民问卷题项表述。

居民与游客对民族旅游影响感知的独立样本检验如表6-6所示。

表6-6 居民与游客对民族旅游影响感知的独立样本检验

代码	方差同质性检验	方差方程的Levene检验		均值方程的t检验					差分的95%置信区间	
		F	Sig	t	df	Sig(双侧)	均值差值	标准误差值	下限	上限
PI1	假设方差相等	0.989	0.320	1.609	1 661	0.108	0.063	0.039	−0.014	0.140
	假设方差不相等			1.609	1 660.636	0.108	0.063	0.039	−0.014	0.140
PI2	假设方差相等	5.573	0.018*	−1.600	1 661	0.110	−0.062	0.039	−0.138	0.014
	假设方差不相等			−1.601	1 650.097	0.110	−0.062	0.039	−0.138	0.014
PI3	假设方差相等	1.659	0.198	−2.744	1 661	0.006**	−0.107	0.039	−0.183	−0.030
	假设方差不相等			−2.744	1 660.990	0.006**	−0.107	0.039	−0.183	−0.030
PI4	假设方差相等	4.343	0.037*	−2.455	1 661	0.014*	−0.097	0.039	−0.174	−0.019
	假设方差不相等			−2.455	1 660.603	0.014*	−0.097	0.039	−0.174	−0.019
PI5	假设方差相等	6.847	0.009**	−3.315	1 661	0.001**	−0.136	0.041	−0.216	−0.055
	假设方差不相等			−3.314	1 658.855	0.001**	−0.136	0.041	−0.216	−0.055
PI6	假设方差相等	9.766	0.002**	−3.311	1 661	0.001**	−0.135	0.041	−0.215	−0.055
	假设方差不相等			−3.311	1 659.114	0.001**	−0.135	0.041	−0.215	−0.055

(续表)

代码	方差同质性检验	方差方程的 Levene 检验		均值方程的 t 检验					差分的 95% 置信区间	
		F	Sig	t	df	Sig(双侧)	均值差值	标准误差值	下限	上限
PI7	假设方差相等	1.302	0.254	−1.658	1 661	0.097	−0.064	0.039	−0.139	0.012
	假设方差不相等			−1.658	1 661.000	0.097	−0.064	0.039	−0.139	0.012
PI8	假设方差相等	0.191	0.662	−5.671	1 661	0.000***	−0.220	0.039	−0.296	−0.144
	假设方差不相等			−5.673	1 649.074	0.000***	−0.220	0.039	−0.296	−0.144
PI9	假设方差相等	0.173	0.678	−6.609	1 661	0.000***	−0.250	0.038	−0.325	−0.176
	假设方差不相等			−6.612	1 644.798	0.000***	−0.250	0.038	−0.325	−0.176
PI10	假设方差相等	1.536	0.215	−5.828	1 661	0.000***	−0.224	0.039	−0.300	−0.149
	假设方差不相等			−5.828	1 659.941	0.000***	−0.224	0.039	−0.300	−0.149
PI11	假设方差相等	0.570	0.450	−3.301	1 661	0.001**	−0.125	0.038	−0.200	−0.051
	假设方差不相等			−3.302	1 659.514	0.001**	−0.125	0.038	−0.200	−0.051
PI12	假设方差相等	21.385	0.000***	−1.623	1 661	0.105	−0.071	0.044	−0.157	0.015
	假设方差不相等			−1.622	1 622.530	0.105	−0.071	0.044	−0.157	0.015
PI13	假设方差相等	5.847	0.016*	−2.773	1 661	0.006**	−0.104	0.038	−0.178	−0.031
	假设方差不相等			−2.773	1 660.147	0.006**	−0.104	0.038	−0.178	−0.031
PI14	假设方差相等	5.047	0.025*	−2.248	1 661	0.025*	−0.084	0.038	−0.158	−0.011
	假设方差不相等			−2.248	1 658.258	0.025*	−0.084	0.038	−0.158	−0.011
NI1	假设方差相等	0.388	0.533	−8.438	1 661	0.000***	−0.479	0.057	−0.591	−0.368
	假设方差不相等			−8.439	1 660.419	0.000***	−0.479	0.057	−0.591	−0.368
NI2	假设方差相等	4.304	0.038*	−2.067	1 661	0.039*	−0.117	0.056	−0.227	−0.006
	假设方差不相等			−2.067	1 659.712	0.039*	−0.117	0.056	−0.227	−0.006
NI3	假设方差相等	1.644	0.200	−5.677	1 661	0.000***	−0.321	0.057	−0.432	−0.210
	假设方差不相等			−5.677	1 660.844	0.000***	−0.321	0.057	−0.432	−0.210
NI4	假设方差相等	0.158	0.691	−6.204	1 661	0.000***	−0.348	0.056	−0.458	−0.238
	假设方差不相等			−6.205	1 660.570	0.000***	−0.348	0.056	−0.458	−0.238
NI5	假设方差相等	2.158	0.142	−4.144	1 661	0.000***	−0.243	0.059	−0.358	−0.128
	假设方差不相等			−4.144	1 660.394	0.000***	−0.243	0.059	−0.358	−0.128
NI6	假设方差相等	0.369	0.543	−6.231	1 661	0.000***	−0.347	0.056	−0.456	−0.238
	假设方差不相等			−6.231	1 660.929	0.000***	−0.347	0.056	−0.456	−0.238
NI7	假设方差相等	4.143	0.042*	−5.445	1 661	0.000***	−0.299	0.055	−0.406	−0.191
	假设方差不相等			−5.444	1 657.049	0.000***	−0.299	0.055	−0.406	−0.191
NI8	假设方差相等	9.107	0.003**	−5.104	1 661	0.000***	−0.280	0.055	−0.387	−0.172
	假设方差不相等			−5.103	1 653.664	0.000***	−0.280	0.055	−0.387	−0.172
NI9	假设方差相等	9.959	0.002**	−3.781	1 661	0.000***	−0.212	0.056	−0.322	−0.102
	假设方差不相等			−3.780	1 655.061	0.000***	−0.212	0.056	−0.322	−0.102

(续表)

代码	方差同质性检验	方差方程的 Levene 检验		均值方程的 t 检验					差分的 95% 置信区间	
		F	Sig	t	df	Sig（双侧）	均值差值	标准误差值	下限	上限
NI10	假设方差相等	9.257	0.002**	−4.418	1 661	0.000***	−0.236	0.054	−0.341	−0.131
	假设方差不相等			−4.417	1 653.464	0.000***	−0.236	0.054	−0.341	−0.131
NI11	假设方差相等	0.253	0.615	−3.695	1 661	0.000***	−0.196	0.053	−0.301	−0.092
	假设方差不相等			−3.695	1 660.991	0.000***	−0.196	0.053	−0.301	−0.092
NI12	假设方差相等	5.037	0.025*	−4.437	1 661	0.000***	−0.235	0.053	−0.340	−0.131
	假设方差不相等			−4.436	1 653.153	0.000***	−0.235	0.053	−0.340	−0.131
NI13	假设方差相等	0.106	0.745	1.066	1 661	0.287	0.058	0.054	−0.048	0.164
	假设方差不相等			1.066	1 660.720	0.287	0.058	0.054	−0.048	0.164
NI14	假设方差相等	0.217	0.641	−0.322	1 661	0.748	−0.018	0.054	−0.124	0.089
	假设方差不相等			−0.322	1 660.907	0.748	−0.018	0.054	−0.124	0.089
NI15	假设方差相等	0.034	0.854	−1.115	1 661	0.265	−0.062	0.055	−0.171	0.047
	假设方差不相等			−1.115	1 660.838	0.265	−0.062	0.055	−0.171	0.047

注：* 表示 $P<0.05$，** 表示 $P<0.01$，*** 表示 $P<0.001$。

首先，由表6-5、表6-6可知，居民与游客受访者对"旅游发展促使社区的生活用品丰富""旅游发展为居民（我）提供休闲娱乐机会""旅游发展促进传统文化保护与传承""旅游发展促进历史文物保护与修复""旅游发展提升社区居民（我）的经济收入""旅游发展为社区居民（我）创造更多就业""旅游发展提升社区居民（我）的生活质量""游客人数的增加促进社区经济发展""旅游发展促使居民（我）的思想更加开放""旅游发展促使居民（我）学习了解外来文化""旅游发展导致社区内部越来越拥挤""旅游发展导致社区的物价水平升高""旅游发展导致社区中的犯罪率上升""旅游发展导致社区更多的交通拥堵""旅游发展导致社区中产生大量垃圾""旅游发展破坏社区宁静的生活氛围""旅游发展破坏社区良好的自然环境""旅游发展破坏社区的历史文化遗迹""旅游发展扰乱社区居民（我）的日常生活""旅游发展导致社区过度商业化氛围"等旅游影响的感知存在显著差异，其原因如下。

① 政策目标与实际效果的不一致。旅游者认为肇兴侗寨的旅游发展能够给当地景区带来经济、文化、社会的良好效应，尤其是旅游能够在增加居民就业与收入的基础上，促进居民与游客的互动；然而，居民对旅游发展的实际影响和效果则表现出不同的看法，居民并没有从当地的旅游发展中获得足够的实惠，表现为居民生活质量、收入以及文化交流并没有得到实质的提升，尤其是那些没有从事与旅游相关工作的居民。

② 旅游发展与社区建设的不协调。游客认为虽然旅游发展为肇兴侗寨的居民带来了更多的经济收入，社区对自然与人文资源保护投入更多，但商业化使寨中侗族文化的原真性受到影响，游客也较为担心旅游发展后人口流动所造成的安全隐患；居民则认为旅游发展促进了侗族文化的传播与传承，但自己的生活受到游客到访的影响，物价飞涨、大兴土木影响居民正常生活，并且资源的消耗也开始增加，景区内的卫生环境受到了破坏。

据此,相应的基于旅游影响的精准营销管理策略如下。

① 加强政策宣导与落实策略。游客认为旅游发展应该为肇兴侗寨带来的良性综合效应,但这并没有得到居民的正面反馈,由此可以看出,政策宣传推广与实际执行落实之间的差距。因此,切实落实旅游发展政策以及增加执行力度是当地政府和旅游部门的重要任务,尤其是在旅游精准扶贫的政策背景下,肇兴侗寨旅游发展的好坏直接与当地的民生建设相关,发展旅游更应该造福于当地居民。

② 促进旅游发展与社区建设互助的策略。旅游发展对肇兴侗寨基础设施建设的推动效应明显,然而缺乏科学与系统的旅游发展观导致发展旅游对当地的负面效应同样突出。因此,当地政府和旅游部门应该重视旅游发展与社区建设之间的相互支持。对游客与居民环保意识的培养、对不同文化和谐交流的引导、对恶性价格竞争的控管、对居民传统生活空间的保护等方面应该成为今后工作的重点,从而维护游客良好游览体验与居民宁静生活氛围。

其次,居民与游客受访者对"旅游发展提升社区的旅游景观风貌""旅游发展促进社区的公共设施建设""旅游发展提升餐饮、购物、娱乐产业""旅游发展促进社区对自然环境的保护""旅游发展导致社区居民收入两极化""旅游发展导致社区邻里关系紧张""旅游发展侵占了社区居民(我)的生活空间"等旅游影响的感知不存在显著的差异,并且两组的评分均值较为接近,其原因如下。

① 居民与游客对旅游宏观正面效应的普遍认可。游客基于自身的旅游经历与社会经验,居民基于肇兴侗寨旅游发展的实际情况对上述题项具有较为接近的认知。从旅游对肇兴侗寨积极的影响方面看,旅游发展为肇兴的基础设施建设提供资金和动力。在为当地与旅游相关的产业注入活力的同时,旅游发展也促进了当地的自然环境保护,尤其体现为当地政府和相关部门对环境保护的宣传。

② 旅游微观负面效应的逐步展现。旅游发展使那些从事旅游相关产业较早的居民享受到了更多旅游带来的实惠,也使当地的居民收入开始出现两极化趋势。收入的不均导致居民之间的关系开始出现变化,甚至出现从事旅游业的居民之间互相恶性竞争的情况,也出现了未从事旅游业的居民与从事旅游业的居民之间关系恶化的情况。由于景区内游客的到访,食、住、行、游、购、娱乐场所的增多,对居民的生活造成影响。

据此,相应的基于旅游影响的精准营销管理策略如下。

① 扩大旅游发展的宏观效应策略。民族旅游发展为肇兴侗寨的社区基础设施建设带来了经济上的支持,尤其是景区内人文景观的修缮、健身步道的铺设、对景区环境的保护宣传、垃圾桶与公厕的完善等都得到了大力支持。因此,当地政府和旅游部门应该在维持旅游宏观发展效应的基础上,扩大其影响的力度,一方面向争取成为5A级景区的目标努力发展;另一方面也通过居民能够见证的基础设施升级获得更多的社区支持与理解。

② 改善社区旅游人地关系策略。一方面,旅游发展后肇兴侗寨居民收入两极化趋势明显,家庭收入的不均使居民间关系出现以利益为前提的改变;另一方面,游客与新进居民的进入确实在一定程度上侵占了居民传统生活空间,居民对旅游发展表现出负面情绪。因此,当地政府和旅游部门应该尽快完善旅游收入分配制度,为广大社区居民创造更多融入旅游发展的机会,同时也应重视旅游目的地的承载力维护,保障游客的旅游体验以及居民的正常生活。

四、居民与游客对民族旅游参与意愿感知的需求差异与精准营销

居民与游客对民族旅游参与意愿感知的组别统计量如表 6-7 所示。

表 6-7　居民与游客对民族旅游参与意愿感知的组别统计量

代码	题项	组别	样本量	均值	标准差	均值的标准误	Cronbach's α 居民	Cronbach's α 游客
TP1	(我愿意)应参与社区旅游资源的保护与开发行动	居民	835	4.20	0.828	0.029	0.896	0.899
TP1		游客	828	4.18	0.845	0.029		
TP2	(我愿意)应树立"先保护、后开发"的旅游环保理念	居民	835	4.23	0.794	0.027		
TP2		游客	828	4.29	0.794	0.028		
TP3	(我愿意)应发表对社区旅游规划工作的意见与建议	居民	835	4.04	0.798	0.028		
TP3		游客	828	4.21	0.780	0.027		
TP4	(我愿意)应接受从事旅游业工作的相关学习培训	居民	835	3.98	0.810	0.028		
TP4		游客	828	4.21	0.779	0.027		
TP5	(我愿意)应获得相关旅游专家、学者的意见与指导	居民	835	3.99	0.792	0.027		
TP5		游客	828	4.17	0.799	0.028		
TP6	(我愿意)应主动承担旅游发展中的责任与义务	居民	835	3.93	0.815	0.028		
TP6		游客	828	4.20	0.788	0.027		
TP7	(我愿意)应参与社区旅游发展的决策与决议过程	居民	835	3.93	0.834	0.029		
TP7		游客	828	4.12	0.803	0.028		
TP8	(我愿意)应对旅游者展现出热情好客的民族传统	居民	835	4.20	0.794	0.027		
TP8		游客	828	4.30	0.758	0.026		
TP9	(我愿意)应鼓励亲朋好友一起参与社区旅游发展	居民	835	4.09	0.831	0.029		
TP9		游客	828	4.09	0.842	0.029		
TP10	(我愿意)应积极加入社区层面的旅游志愿者组织	居民	835	3.94	0.840	0.029		
TP10		游客	828	4.06	0.826	0.029		
TP11	(我愿意)应从事民族特色旅游纪念品制作与销售	居民	835	4.01	0.822	0.028		
TP11		游客	828	4.03	0.866	0.030		
TP12	(我愿意)应从事社区中的客栈、民宿等旅游接待业	居民	835	4.02	0.813	0.028		
TP12		游客	828	3.98	0.849	0.029		
TP13	(我愿意)应参加社区中的少数民族传统文化表演	居民	835	4.03	0.798	0.028		
TP13		游客	828	4.18	0.808	0.028		
TP14	(我愿意)应成为专业导游介绍社区传统风土人情	居民	835	4.24	0.757	0.026		
TP14		游客	828	4.23	0.792	0.028		
TP15	(我愿意)应从政府、企业了解到更多旅游发展信息	居民	835	4.17	0.790	0.027		
TP15		游客	828	4.22	0.789	0.027		

注:括号内为居民问卷题项表述。

居民与游客对民族旅游参与意愿感知的独立样本检验如表 6-8 所示。

表 6-8 居民与游客对民族旅游参与意愿感知的独立样本检验

代码	方差同质性检验	方差方程的 Levene 检验		均值方程的 t 检验					差分的 95% 置信区间	
		F	Sig	t	df	Sig（双侧）	均值差值	标准误差值	下限	上限
TP1	假设方差相等	0.203	0.652	0.489	1 661	0.625	0.020	0.041	−0.060	0.101
	假设方差不相等			0.489	1 659.649	0.625	0.020	0.041	−0.060	0.101
TP2	假设方差相等	0.070	0.791	−1.415	1 661	0.157	−0.055	0.039	−0.131	0.021
	假设方差不相等			−1.415	1 660.900	0.157	−0.055	0.039	−0.131	0.021
TP3	假设方差相等	4.093	0.043*	−4.441	1 661	0.000***	−0.172	0.039	−0.248	−0.096
	假设方差不相等			−4.441	1 660.711	0.000***	−0.172	0.039	−0.248	−0.096
TP4	假设方差相等	2.793	0.095	−5.761	1 661	0.000***	−0.224	0.039	−0.301	−0.148
	假设方差不相等			−5.762	1 659.472	0.000***	−0.224	0.039	−0.301	−0.148
TP5	假设方差相等	6.507	0.011*	−4.642	1 661	0.000***	−0.181	0.039	−0.258	−0.105
	假设方差不相等			−4.642	1 660.508	0.000***	−0.181	0.039	−0.258	−0.105
TP6	假设方差相等	0.991	0.320	−6.865	1 661	0.000***	−0.270	0.039	−0.347	−0.193
	假设方差不相等			−6.866	1 659.845	0.000***	−0.270	0.039	−0.347	−0.193
TP7	假设方差相等	0.183	0.669	−4.769	1 661	0.000***	−0.191	0.040	−0.270	−0.113
	假设方差不相等			−4.770	1 659.519	0.000***	−0.191	0.040	−0.270	−0.113
TP8	假设方差相等	0.866	0.352	−2.457	1 661	0.014*	−0.094	0.038	−0.168	−0.019
	假设方差不相等			−2.457	1 658.625	0.014*	−0.094	0.038	−0.168	−0.019
TP9	假设方差相等	0.002	0.966	0.216	1 661	0.829	0.009	0.041	−0.072	0.089
	假设方差不相等			0.216	1 660.165	0.829	0.009	0.041	−0.072	0.089
TP10	假设方差相等	0.314	0.575	−2.972	1 661	0.003**	−0.121	0.041	−0.202	−0.041
	假设方差不相等			−2.972	1 660.885	0.003**	−0.121	0.041	−0.202	−0.041
TP11	假设方差相等	3.982	0.046*	−0.498	1 661	0.619	−0.021	0.041	−0.102	0.061
	假设方差不相等			−0.498	1 655.007	0.619	−0.021	0.041	−0.102	0.061
TP12	假设方差相等	0.674	0.412	0.885	1 661	0.376	0.036	0.041	−0.044	0.116
	假设方差不相等			0.885	1 656.686	0.376	0.036	0.041	−0.044	0.116
TP13	假设方差相等	5.769	0.016*	−4.024	1 661	0.000***	−0.158	0.039	−0.236	−0.081
	假设方差不相等			−4.023	1 660.223	0.000***	0.158	0.039	−0.236	−0.081
TP14	假设方差相等	0.436	0.509	0.423	1 661	0.673	0.016	0.038	−0.058	0.091
	假设方差不相等			0.423	1 656.097	0.673	0.016	0.038	−0.058	0.091
TP15	假设方差相等	0.013	0.909	−1.315	1 661	0.189	−0.051	0.039	−0.127	0.025
	假设方差不相等			−1.315	1 660.901	0.189	−0.051	0.039	−0.127	0.025

注：* 表示 P＜0.05，** 表示 P＜0.01，*** 表示 P＜0.001。

首先,由表6-7、表6-8可知,居民与旅游者对"(我愿意)应发表对社区旅游规划的意见与建议""(我愿意)应接受从事旅游业工作的相关培训""(我愿意)应获得旅游业领域相关专家的意见与指导""(我愿意)应主动承担旅游发展中的责任与义务""(我愿意)应参与社区旅游的发展决策与决议过程""(我愿意)应展现出热情好客的民族传统""(我愿意)应加入社区旅游志愿者组织""(我愿意)应参加社区中的少数民族传统文化表演"等旅游参与的感知存在显著差异,并且旅游者对相关题项的评分均值高于居民,其原因为如下。

① 游客与居民对参与公共事务的认知程度不同。游客在自身的生活工作中能够接触到更为成熟的社区管理模式,尤其是能够切实体验到以决策与培训为代表的程度较高的社区参与机制。因此,会对肇兴侗寨的旅游决策参与、志愿者组织在社区事务中的作用等问题具有较为深入的认知;当地居民不仅没有获得足够的旅游发展决策话语权,没有充分的旅游决策参与途径,更没有形成主动承担旅游发展相关责任与义务的认知。

② 游客旅游期望与体验存在差距。游客在肇兴侗寨的旅游体验与其接触到的旅游从业人员素质及服务质量相关。在游客满意度降低与需求得不到满足的情况下,游客会认为对居民进行旅游从业技能培训以及聘请专家指导当地旅游发展是现阶段亟须做的工作;由于旅游业从业门槛相对较低,并且居民开始自发地经营与旅游相关的事业,并获得一定经济收益,使居民不太理解学习培训和专家指导的重要性,所以两者对相关问题的认识之间存在显著差异。

据此,相应的基于旅游参与意愿的精准营销管理策略如下。

① 提高参与认知,完善参与途径策略。居民对自身在旅游发展中应主动承担责任与义务的认知程度制约了居民的参与意愿,同时参与旅游决策的途径不明确也造成居民参与需求得不到满足,所以当地政府和旅游部门应该在建立透明的旅游决策参与途径的同时,重点提高居民对旅游参与的认知,尤其要纠正居民参与旅游只注重经济利益的情况,需要明确旅游发展与全体社区居民生活质量提升之间的关系,提高居民对参与决策的重视和承担责任与义务的主动性。

② 以服务为本,开发从业技能策略。旅游服务质量参差不齐、旅游从业人员专业技能不足是肇兴侗寨现阶段面临的阻碍旅游发展的主要因素,所以当地政府和旅游部门应该从旅游企业与专家学者两个方面开展常态性的合作,一方面邀请专家和学者在诊断旅游发展面临的问题的同时,对旅游从业居民进行服务意识与个人发展关系的培训;另一方面也应该与相关的旅游企业合作,努力提高居民从业者的旅游服务技能,展现肇兴侗寨的热情好客以及服务为本的理念。

其次,居民与游客受访者对"(我愿意)应参与社区旅游资源的保护与开发行动""(我愿意)应树立'先保护、后开发'的旅游环保理念""(我愿意)应鼓励亲朋好友一起参与社区旅游发展""(我愿意)应从事民族特色旅游纪念品制作与销售""(我愿意)应从事社区中的客栈、民宿等旅游接待业""(我愿意)应成为专业导游介绍社区传统风土人情""(我愿意)应从政府、企业了解到更多旅游发展信息"等旅游参与的感知不存在差异,且两者对相关题项的评分均值相近,其原因如下。

① 居民和游客对科学系统开发旅游的注重。肇兴侗寨旅游发展离不开对当地人文

环境与自然环境的利用和开发。一方面,良好的自然环境与原汁原味的传统文化是吸引游客到访的重要因素,也是满足游客旅游需求的核心,所以游客认为当地旅游的科学性和保护性开发具有重要意义;另一方面,当地居民在侗族尊重自然的传统文化影响下,以及当地政府和相关部门在发展旅游时对环境保护的大力倡导下,愿意参与环境保护以及秉持环保的理念。

② 居民和游客对旅游行业典型工作的认同。导游、民宿客栈、民族手工业纪念品等,是游客到访肇兴侗寨能够直接接触到的当地旅游元素,这些元素也是游客认为的当地居民参与旅游发展的典型工作;肇兴侗寨居民表达出参与旅游发展的强烈愿望,与参与旅游决策制定、获得旅游从业指导相比,成为导游、从事餐饮和接待服务、制作和销售纪念品门槛较低,并且容易直接获得经济收入,所以游客与居民都表达出较为强烈的认同。

据此,相应的基于旅游参与意愿精准营销管理策略如下。

① 绿色开发自然人文资源策略。肇兴侗寨的旅游业规模在今后会逐步扩大,对侗寨景区的自然旅游资源需要进一步开发和利用,对当地的人文旅游资源也需要更加深入地挖掘。因此,当地政府和旅游部门需要更加重视以绿色为主的开发理念,因为景区日后的发展离不开更专业的规划和开发,社区的社会结构与文化互动也会更加多元化,所以通过绿色开发促进旅游产业升级和对当地的自然、人文旅游资源进行保护是今后旅游发展的重点。

② 引导扶持居民旅游从业策略。导游、接待、纪念品制作与销售是游客在景区内接触最多的旅游工作,这些工作也是居民参与旅游较为直接的代表。因此,当地政府和旅游部门应该更加注重对这些行业的引导与扶持,一方面,利用政府统一的官方旅游推广提高外界对肇兴侗寨旅游行业创新发展的认识;另一方面,让居民能够了解更多的旅游信息,尤其是需求市场的信息,以便能够更好地从事导游、销售、住宿、餐饮服务等相关工作,提高游客满意度。

第二节 居民对民族旅游增权感知的需求差异与精准营销

方差分析是通过对可观测变量的变异分析,利用对自变量的控制,研究可观测变量的变异程度与显著性变化。方差分析是以独立性、正态性、齐性为基础而进行的逻辑分析,要求数据互不相关、符合总体上的正态分布且观测变量总体相等。本研究通过对民族、性别、婚姻状况、年龄、受教育程度、个人月收入、职业、家庭收入来源、居住时间、是否参与旅游业发展(旅游参与)等变量进行控制,研究其对旅游增权感知、社会资本感知、旅游影响感知、旅游参与感知的影响,主要分析标准来源,对显著性、F分布、均方进行比较。

一、居民对民族旅游增权感知的需求差异与精准营销

(一)居民对民族旅游增权感知的民族细分需求差异与精准营销

不同民族居民对民族旅游增权感知的差异性分析结果如表 6-9 所示。

表 6-9　不同民族居民对民族旅游增权感知的差异性分析

公因子	均值									F 值	Sig
	侗族	苗族	水族	布依族	土家族	壮族	仫佬族	瑶族	汉族		
政治增权感知	2.87	3.21	3.53	3.70	3.20	4.00	3.00	3.00	2.88	0.967	0.460
心理增权感知	2.87	3.21	3.53	3.70	3.20	4.00	3.00	3.00	2.88	0.490	0.864
社会增权感知	4.01	4.09	4.27	4.30	4.40	3.60	4.00	4.00	3.92	1.132	0.339
经济增权感知	3.57	3.80	4.13	4.30	3.95	3.40	4.00	2.20	3.61	1.344	0.218

注：* 表示 $P<0.05$，** 表示 $P<0.01$，*** 表示 $P<0.001$。

由表 6-9 可知,不同民族的居民受访者对旅游增权的 4 个公因子($P=0.460,P=0.864$,$P=0.339,P=0.218$)感知并不存在显著性差异,其原因如下。

第一,民族社区互嵌式发展的客观事实。互嵌式发展是我国当今民族社区发展的主要模式,由于文化的不断交融和互动,民族社区产生了从文化到结构,再到居民认知与具体行为的共融式变化;肇兴侗寨的旅游发展促使越来越多的非当地社区的人口流动到景区中,有侗族受访者表示在新的互嵌式社会发展中自己得到了更多"了解外界的机会",不同的文化也在侗寨旅游发展中产生互动和碰撞,因此,不同民族居民对旅游增权没有显著差异的感知。

第二,民族旅游发展在社区的核心地位。肇兴侗寨景区内虽然仍是以侗族居民为主,但是其民族文化的多样性也在逐渐形成,虽然不同民族的文化与历史存在一定差异,但来自不同民族的居民受访者在社区内主要还是从事旅游业与农业的相关工作;居民能亲身感受到旅游发展后社区增权的客观情况,大多数参与旅游业的受访居民都表示侗族文化对当地旅游发展的重要性,因此,对肇兴侗寨的旅游增权感知并不会表现出与游客的显著差异。

据此,相应的基于旅游增权的精准营销管理策略如下。

第一,促进多元共荣,提升居民增权认知策略。肇兴侗寨旅游发展使社区中的文化和结构出现互嵌式的发展趋势,当地政府和旅游部门应该意识到社区多元化给旅游业所带来的机遇与挑战。因此,不仅需要通过旅游发展来实现社区中全体居民的关系和谐与稳定,更需要利用不同文化、背景、知识、认知在社区中的互动,提高居民对旅游增权的整体认识,使居民能够在适应多元化社区发展趋势的情况下,形成良好的社区旅游增权局面。

第二,保障社区旅游增权,维护旅游公平策略。新进居民进入肇兴侗寨就是为了从事旅游业,提高个人收入,也在一定程度上减少了世居于此的侗族居民从事旅游工作的机会,在此背景下,全体居民对旅游增权效应公平性的诉求会更加强烈。因此,一方面,相关部门应该利用社区旅游的公共性,减少不同民族居民之间的矛盾;另一方面,应该鼓励更多社区中的侗族居民提高自身的能力,开始从事旅游,与新进居民一起享受更多的旅游增权。

（二）居民对民族旅游增权感知的性别细分需求差异与精准营销

不同性别居民对民族旅游增权感知的差异性分析如表 6-10 所示。

表 6-10 不同性别居民对民族旅游增权感知的差异性分析

公因子	均值		F 值	Sig
	男	女		
政治增权感知	2.92	2.88	0.307	0.579
心理增权感知	4.01	4.01	0.007	0.934
社会增权感知	3.58	3.60	0.589	0.443
经济增权感知	3.42	3.37	1.020	0.313

注：* 表示 $P<0.05$，** 表示 $P<0.01$，*** 表示 $P<0.001$。

由表 6-10 可知，不同性别的居民受访者对旅游增权 4 个公因子（$P=0.579$，$P=0.934$，$P=0.443$，$P=0.313$）的感知没有显著性差异，其原因如下。

第一，旅游发展促进性别平等。肇兴侗寨景区内越来越多的女性居民开始从事旅游业的工作，由于其更为细心、同理心强等特点，更加适合从事旅游业的相关工作，肇兴侗寨中的接待业、餐饮业、导游团队、表演团队中的女性比例较高，并且女性在相关工作的实践中，获得了对肇兴侗寨旅游发展的独到见解，也更加愿意为社区共同事务添砖加瓦，以此来获得自身更好的发展，女性对旅游的认知不仅不比男性居民低，甚至在某些方面更具优势，因此，性别不同不会导致居民对旅游政治增权感知、社会增权感知上的显著性差异。

第二，旅游发展的两性收入平衡作用。由于旅游发展后女性地位的提升，肇兴侗寨景区内女性居民在从事旅游业的同时，也从旅游发展中获得了更多的收入，所以也开始越来越多地承担和分担原来由男性居民面对的家庭生活经济压力，由原来在经济收入上的失权变为主动的增权并获得心理上的满足；同时，女性在从事旅游工作中与游客的通畅交流与对游客的细致关心，不仅使她们获得游客的尊重与赞赏，也使她们对社区身份拥有深入的认识，因此，不同性别的居民对旅游经济增权感知、心理增权感知没有出现显著性差异。

据此，相应的基于旅游增权的精准营销管理策略如下。

第一，加强旅游服务，提升女性地位策略。在侗族历史上女性承担了很大一部分家庭的生活压力，但其社会地位的提升不明显，而旅游发展却在一定程度上使女性居民得到平等的发展机会。因此，当地政府和旅游部门应该稳定和加强旅游发展后女性社会地位提升的局面，一方面，为女性居民提供旅游从业技能的培训，使女性能够更多地参与社区公共事务发展；另一方面，更应该树立社区旅游女性精英形象，为更多女性参与旅游发展创造信心。

第二，重视旅游发展，注重女性视角策略。肇兴侗寨旅游服务一线从业者中女性居民较多，她们与游客的交流互动较为频繁。因此，当地政府和旅游部门应该重视从女性细心、周到、同理心强等特点出发，收集她们对旅游发展的反馈信息，不仅需要从女性居民从业人员处获得较为真实的游客对旅游产品与服务的反馈，提升服务质量，更需要从女性居民从业者的视角来审视旅游发展的细节，制订出既有宏观性又有实践性的旅游发展规划。

（三）居民对民族旅游增权感知的婚姻状况细分需求差异、精准营销

不同婚姻状况居民对民族旅游增权感知的差异性分析结果如表 6-11 所示。

表 6-11　不同婚姻状况居民对民族旅游增权感知的差异性分析

公因子	均值		F 值	Sig
	单身	已婚		
政治增权感知	2.90	2.90	0.532	0.466
心理增权感知	3.91	4.07	14.094	0.000***
社会增权感知	3.56	3.60	0.221	0.638
经济增权感知	3.32	3.44	5.027	0.025*

注：* 表示 $P<0.05$，** 表示 $P<0.01$，*** 表示 $P<0.001$。

首先，由表 6-11 可知，婚姻状况不同的居民受访者对旅游心理增权（$P=0.000$）、经济增权感知（$P=0.025$）表现出显著性差异，其原因如下。

① 不同人生阶段的心理差异。单身的居民受访者大多都处于较为年轻的年龄阶段，有年轻受访者表示尚未从事工作，也没有机会接触到旅游工作，即使已经开始工作的年轻居民，其所累积的经验也尚浅；已婚居民受访者往往年龄较大，社会阅历的丰富以及工作经验的累积促使他们能够更加深入地体会到旅游发展后，肇兴侗寨居民自尊心与自豪感的提升。因此，婚姻状况的不同会导致居民对旅游心理增权感知的显著性差异。

② 成家立业与否的经济生活需求差异。单身居民的生活成本相对较小。已婚的居民受访者大多表示在生活上所承受的压力更大，尤其是"缺钱、收入太少"等经济方面的压力成为已婚者生活与生存的首要挑战。肇兴侗寨社区中的已婚居民希望能够通过从事与旅游相关的工作来赚取更多的收入，减轻家庭的经济压力，提升生活质量。因此，不同婚姻状况的居民对旅游经济增权感知表现出显著性差异。

据此，相应的基于旅游增权的精准营销管理策略如下。

① 开展旅游交流，促进增权分享策略。婚姻状态的不同造成居民在旅游增权认知与感知方面的差异。因此，当地政府和旅游部门应该在重视全体社区居民对权利认知方面的教育和引导基础上，通过举办分享会、交流会等形式，组织处于不同人生阶段的居民探讨对旅游发展的看法，从增权认知、家庭生活与旅游增权之间的关系、旅游发展与社区基础教育间的联动等方面进行交流。

② 建立旅游基金，推动家庭参与策略。已婚的居民所面对的经济压力更大，对旅游经济增权效应的需求更为强烈，因此，当地政府和旅游部门应该在重视为肇兴侗寨居民创造更多旅游就业机会的同时，鼓励社区居民以家庭为单位自主进行旅游创业。一方面，要利用旅游收入建立旅游创业扶持基金，为居民旅游创业提供资金支持；另一方面，更应该关注家庭生活贫困的居民，使其能够在旅游发展中优先就业或创业。

其次，婚姻状况不同的居民受访者对旅游政治增权感知（$P=0.466$）、社会增权感知（$P=0.638$）不存在显著性差异，其原因如下。

① 社区居民的旅游发展失权感知。单身与已婚从事旅游的居民在访谈中都表现出对旅游发展的意见与建议表达渠道的迫切需求，话语权的缺失使居民产生了失权感知；同时，没有从事旅游相关工作的单身与已婚居民由于没有从旅游中获得相应的利益，感到在利益

分配、参与、决策、环保等方面的失权,对参与旅游表现出需求。因此,可以看出婚姻状况的差异并不会造成居民对旅游政治增权感知的显著性差异。

② 对旅游发展中参与社区事务的共同认知。单身与已婚的社区居民都有机会通过从事旅游相关工作,寻找到更多参与社区事务的途径,虽然有受访居民表示相关部门和机构并没有开展有关旅游的培训与指导工作,但是居民从事旅游工作后能够看到自己参与社区事务的重要性,尤其是以旅游为代表的社区共同事务的良性发展,离不开社区居民的广泛理解、支持以及承担相应的义务。因此,婚姻状况的差异并不会产生居民对旅游社会增权感知的显著性差异。

据此,相应的基于旅游增权的精准营销管理策略如下。

① 根据旅游发展阶段进行增权策略。旅游增权的侧重点应该符合当地的发展阶段,肇兴侗寨现阶段旅游发展迅速,旅游经济增权和心理增权效应较为显著。因此,当地政府和相关部门应该更为注重旅游对居民政治与社会方面的增权,一方面,利用旅游经济收益和部分社区居民收入提高的局面,使旅游成为居民社会生活关系网络建立的核心;另一方面,应该对社区旅游发展决策进行放权,让社区居民能够在更大程度上决定自己与旅游业的发展方向。

② 旅游增权与社区发展互动策略。肇兴侗寨中从事旅游工作的居民在积累工作经验与增加经济收入的同时,也更多地接触到社区事务工作,从中也认识到旅游增权为其参与社区公共事务明确了途径。因此,当地政府和旅游部门应该利用居民在旅游领域中的参与程度开始加强的趋势,鼓励社区居民通过参与旅游发展的各个环节来了解社区公共事务的发展情况,以此来增加居民参与社区事务的兴趣与愿望,为社区形成旅游自治发展模式奠定基础。

(四)居民对民族旅游增权感知的年龄细分需求差异与精准营销

不同年龄的居民对民族旅游增权感知的差异性分析结果如表 6-12 所示。

表 6-12 不同年龄的居民对民族旅游增权感知的差异性分析

公因子	均值					F 值	Sig
	≤18 岁	19～29 岁	30～45 岁	46～59 岁	≥60 岁		
政治增权感知	3.10	2.87	2.94	2.72	2.73	2.398	0.049*
心理增权感知	3.97	3.92	4.07	4.12	4.31	5.293	0.000***
社会增权感知	3.56	3.59	3.63	3.47	3.34	2.750	0.027*
经济增权感知	3.16	3.39	3.48	3.30	3.33	2.937	0.020*

注: * 表示 $P<0.05$, ** 表示 $P<0.01$, *** 表示 $P<0.001$。

由表 6-12 可知,不同年龄的居民受访者对旅游的政治($P=0.049$)、心理($P=0.000$)、社会($P=0.027$)、经济($P=0.020$)增权感知均存在显著差异,其原因如下。

① 居民社会经验的差异。年龄差异代表着社会身份差异,也就意味着对事物认知的不同;对于旅游政治增权的理解不仅需要一定的背景知识作为辅助,而且需要一定的生活和工作经历作为基础,然而由于年龄的不同,居民受访者对旅游政治增权感知存在差异;同样地,

年龄不同也决定了居民对社区旅游参与以及是否应为社区作奉献的认知存在不同,从而造成对旅游社会增权感知的显著差异。

② 居民经济需求的年龄差异。年龄较小的居民由于在经济上尚不独立,对旅游发展带来的收入感知并不强烈,而年龄稍大的居民则更需要增加收入来维系生活,因此,他们在经济增权感知上的差异显著;同时,处于开始独立社会交往年龄段的居民更加需要获得别人的认同,有着较为强烈的自尊心与荣誉感,而尚未能够进行独立社会交往的居民心理的感知需求并不强烈,因此形成了他们对心理增权感知的显著性差异。

据此,相应的基于旅游增权的精准营销管理策略如下。

① 建立增权分享渠道策略。旅游政治增权与社会增权中所强调的公平性受到全体社区居民的共同关注。因此,当地政府和相关部门需要对全体社区居民进行旅游政治与社会增权的教育,应该为那些已经拥有一定生活阅历和权利认知的居民提供交流与反馈旅游增权效应的渠道,让他们为政府今后的旅游发展出谋划策,政府通过此举不但能够了解居民对旅游发展的意见与建议,同时也能为建立有效旅游决策参与制度提供基础。

② 提升全民旅游增权认知策略。当地政府和旅游部门需要重视对年轻人群体的权利认知教育,一方面要加强对在校学生居民群体对旅游发展、旅游增权等方面的认知,为他们今后的工作与生活提供必要的生存能力,使其更能理解旅游增权的意义;另一方面也需要对那些已经参加工作,但对权利认知不足的居民提供教育与培训,尤其是旅游增权对社区整体发展、居民生活水平提高等方面,使他们对自身、社区、旅游具有全面的认识。

(五)居民对民族旅游增权感知的受教育程度细分需求差异与精准营销

不同受教育程度居民对民族旅游增权感知的差异性分析结果如表 6-13 所示。

表 6-13 不同受教育程度居民对民族旅游增权感知的差异性分析

公因子	均值					F 值	Sig
	≤小学	初中	高中/中专/技校	本科/大专	≥硕士		
政治增权感知	2.64	2.95	2.99	2.87	2.32	1.705	0.147
心理增权感知	4.01	3.96	4.06	4.07	3.44	2.113	0.077
社会增权感知	3.29	3.58	3.69	3.73	3.00	7.325	0.000***
经济增权感知	3.05	3.41	3.56	3.39	3.10	3.576	0.007**

注:* 表示 $P<0.05$,** 表示 $P<0.01$,*** 表示 $P<0.001$。

首先,由表 6-13 可知,受教育程度不同的居民受访者在旅游社会增权感知($P=0.000$)、经济增权感知($P=0.007$)方面存在显著性差异,其原因如下。

① 不同文化程度的人对增权理解的差异。肇兴侗寨的居民受访者中,小学与初中文化程度的比例较高,大学本科与研究生以上学历的居民较少,有居民受访者在访谈中对旅游作为社区共同事务的理解不深,尤其表现出不理解旅游发展的好坏会直接影响个人的发展和家庭生活质量的提升。接受过更多教育的居民会对权利和义务有更深层的认知,同时也会愿意接受相关的技能培训,以促进自身的发展,并期待政府出台相关的规定来巩固社区内旅游发展的持续性。

② 教育背景不同导致的薪酬收入差异。教育背景的差异往往是居民今后从事的行业以及事业起点等方面不同的原因;在肇兴侗寨内,受教育程度较高的居民在访谈中表示自己能够较快地适应从农耕到提供旅游服务的转变,其收入也更加依赖旅游业的发展。同时,就业机会的增多更需要知识储备、学历背景与旅游业需要相匹配的旅游发展人才。因此,教育背景的差异会形成居民受访者对经济增权感知上的显著性差异。

据此,相应的基于旅游增权的精准营销管理策略如下。

① 旅游收入助力教育投入力度策略。社区整体文化程度不高导致旅游经济增权效应缺失,因此,当地政府和旅游部门应该利用旅游发展后的经济收入提升加大对社区居民教育的投入力度,一方面应该积极与旅游企业与旅游行业专家学者联系,举办常态化的居民旅游从业技能培训;另一方面更应该利用旅游收入对基础教育进行投入,为学生居民群体提供接受良好教育的机会,并成立助学基金资助他们接受高等教育,通过提升居民文化水平实现旅游经济增权的普及。

② 鼓励居民分享旅游信息,促进交流策略。肇兴侗寨居民教育背景的不同造成居民在个人收入上的差异,也对社区的和谐交往关系形成一定威胁。因此,当地政府和旅游部门应该促进旅游从业人员之间的信息分享和交流,邀请旅游工作成绩卓越的侗族居民以及具有旅游从业经验的新进居民,针对从事旅游工作所必需的知识、技能、经验进行讨论和交流,在建立社区互助精神的同时,使社区居民之间能够互相理解和包容,形成良好的旅游社会增权效应。

其次,受教育程度不同的居民受访者在旅游政治增权感知($P=0.147$)、心理增权感知($P=0.077$)方面不存在显著差异,其原因如下。

① 旅游政治增权是全体居民的诉求。肇兴侗寨在社区居民层面的政治增权确实存在一定的问题,大多数参与访谈的居民表示没有完善的意见反馈渠道、没有透明的旅游收入分配体系,这导致肇兴侗寨在政治方面的增权不足成为社区居民共同面对的问题,加强旅游政治增权成为全社区居民共同的诉求,文化程度的不同可能会造成在对事物理解与表达等方面的差异,但是居民对权利的争取并不会因为文化程度的高低而有显著的差异。

② 社区对侗族传统文化的广泛认同。受教育程度不同的居民对事物的看法会不同,然而肇兴侗寨旅游发展后居民对侗寨文化的认同、身份认同、归属认同及形象认同对教育背景不同的居民来说是一样的,尤其是游客、专家、媒体受访者表现出对肇兴侗寨文化及其符号的推崇与认同,是居民形成共同荣誉感与自豪感的基础,该心理上的认同需求并不会因为文化程度的高低而不同,因为所有的居民都希望肇兴侗寨发展良好。

据此,相应的基于旅游增权的精准营销管理策略如下。

① 增进政治增权,顺应社区民意策略。受访者的旅游政治增权效应感知程度较低是肇兴侗寨现阶段亟须解决的问题,其中当地政府对于旅游发展规划与决策的放权是根本,当地政府和旅游部门不仅应该重视旅游政治增权、居民权利缺失影响旅游发展的客观事实,更应该学习国内外旅游发展社区自治的成功案例,并结合肇兴侗寨的实际情况,为社区居民参与旅游管理创造基础,满足社区居民对旅游政治增权的急切需求。

② 宣传侗族文化,强化旅游营销策略。肇兴侗寨旅游迅猛发展对宣传侗族文化起到了

重要的作用,然而肇兴侗寨的旅游市场营销仍停留在较为初级的阶段,因此,当地政府和相关部门应该顺应"互联网+"的技术革新,通过与高校和相关咨询行业的合作,对旅游营销进行升级,使侗族文化、节庆节事信息能够快速准确地传递到市场,并且基于市场的反馈信息对旅游产品和服务进行革新,更好地实现旅游心理增权。

（六）居民对民族旅游增权感知的个人月收入细分需求差异与精准营销

月收入不同的居民对民族旅游增权感知的差异性分析结果如表6-14所示。

表6-14 不同月收入居民对民族旅游增权感知的差异性分析

公因子	均值						F值	Sig
	≤1 000元	1 001～2 000元	2 001～3 000元	3 001～4 000元	4 001～5 000元	≥5 001元		
政治增权感知	2.88	2.85	3.06	2.89	2.84	2.55	2.287	0.044*
心理增权感知	3.90	4.05	4.07	4.06	4.02	3.85	1.198	0.308
社会增权感知	3.39	3.54	3.73	3.74	3.65	3.48	5.999	0.000***
经济增权感知	3.21	3.31	3.60	3.38	3.43	3.78	5.408	0.000***

注：*表示$P<0.05$,**表示$P<0.01$,***表示$P<0.001$。

首先,由表6-14可知,月收入不同的居民受访者在旅游政治增权感知($P=0.044$)、社会增权感知($P=0.000$)、经济增权感知($P=0.000$)等方面存在显著性差异,其原因如下。

① 居民个人收入的两极趋势差异。肇兴侗寨旅游发展使一部分社区居民获得了旅游发展带来的利益,也使这一部分居民对于旅游的经济增权形成较强的感知;同时,由于肇兴侗寨还有相当一部分居民并没有直接或间接地从事旅游业,仍然以从事农业生产为主,访谈中这类居民表示自身收入与旅游发展关联不大。社区内的收入两极化趋势较为明显,这导致了收入不同的居民受访者对旅游经济增权感知显示出显著差异。

② 收入两极化居民对增权的态度差异。由于肇兴侗寨社区的旅游发展收益分配机制尚不够完善,很大一部分居民仍不能从旅游发展中增加个人收入,因此,这类居民对旅游发展表现出漠不关心,对旅游政治增权感知不强烈,与高收入居民形成差异。同时,从事旅游业的居民在旅游发展中获得了更多收入,越发感受到旅游、社区与其自身间的紧密联系,在访谈中,这类居民也表现出为社区和旅游发展努力与奉献的愿望。因此,两类居民在旅游社会增权感知上存在差异。

据此,相应的基于旅游增权的精准营销管理策略如下。

① 推动农业向旅游业转移策略。当地政府和旅游部门应该抓住肇兴侗寨旅游发展为当地产业结构调整提供动力的时机,推动社区中农业劳动力向旅游业的转移,为社区居民创造更多从事旅游的就业机会。同时,也需要重视社区的土地改革,应当在保障当地和谐发展的基础上,利用旅游开发与规划的相关政策,通过土地流转和股权参与等形式,对社区中从事农业生产的居民予以经济补偿,使其获得源自旅游发展的实惠。

② 促进对旅游公共性进行推广的策略。没有从事肇兴侗寨旅游相关工作的社区居民对旅游增权效应的漠不关心,是因他们对旅游业作为公共事务性质认识不足,因此,当地政

府和旅游部门应该在强调旅游业对社区整体发展促进作用的前提下,突出旅游发展对当地社区居民政治参与权、社会交往公平性、侗族文化推广的积极作用,使全体社区居民能够认识到旅游发展对社区和居民的贡献,并鼓励居民更多地关注旅游发展改善自身生活质量的事实。

其次,月收入不同的居民受访者对旅游心理增权感知($P=0.308$)不存在显著性差异,其原因如下。

① 居民对当地旅游形象的认可与接受。肇兴侗寨在发展旅游后屡获国内外专家和媒体的认可,其原始、神秘的旅游形象通过各类媒体的宣传推广得到有效建立,并且接受访谈的政府官员表示肇兴侗寨已经成为侗族文化和人民生活的展示窗口,只要是居住在肇兴侗寨的居民都能够感受到本社区的文化、历史、景观与民族风情对自己的重要性,居民自尊心与自豪感的普遍提升。因此,收入的高低并不会造成居民旅游心理增权感知的差异。

② 旅游对基础设施的改善。访谈中有旅游机构人员表示,肇兴侗寨在旅游发展中不断强调旅游接待能力的提升、社区旅游景观打造、旅游交通运输力提高、社区基础设施建设更新换代等工作,使肇兴侗寨的社区建设形成较为良好的局面。发展旅游的一部分收益被用于当地社区的基础设施建设,为社区的发展形成动力,社区的发展大家有目共睹,因此,收入的不同并不会造成居民受访者在旅游心理增权方面的感知差异。

据此,相应的基于旅游增权的精准营销管理策略如下。

① 运用心理增权,提升居民自信策略。旅游发展提升了肇兴侗寨居民对本民族文化的自尊心与自豪感,这是建立社区居民自信心的良好契机。因此,当地政府和旅游部门应该抓住这样的机会,使社区居民能够重新审视侗族传统文化的价值,鼓励他们积极参加对本民族文化的传承和保护,并且形成自身从事旅游相关工作的信心。同时,也利用居民自信的提升,扩大旅游增权效应的影响能力,为社区居民的个人发展提供支持。

② 利用旅游发展,推动全面建设策略。旅游发展为当地的基础设施和居民生活硬件的更新换代提供了支持,当地政府和旅游部门应该利用旅游增权效应来加大对社区全面建设的投入,不仅需要持续对公共设施投入,也需要加大对文化保护、环境治理、教育改革、人才培养、社区管理等方面的投入,使社区居民能够真正感受到旅游发展对其追求更好生存权利与更高质量生活的帮助,形成对旅游发展支持态度。

(七) 居民对民族旅游增权感知的职业细分需求差异与精准营销

不同职业居民对民族旅游增权感知的差异性分析结果如表 6-15 所示。

表 6-15 不同职业居民对民族旅游增权感知的差异性分析

公因子	均值												F 值	Sig
	国企	私企	个体	公务员	服务员	技术员	教师	学生	退休	主妇	工人	事业	农民		
政治增权感知	3.13	2.92	3.01	3.13	2.92	2.91	2.42	3.05	3.60	2.89	3.00	2.57	2.65	1.598	0.080
心理增权感知	4.16	3.88	4.03	4.22	3.99	3.68	3.85	3.80	3.80	4.23	3.91	4.10	3.99	1.772	0.043*

(续表)

公因子	均值												F值	Sig
	国企	私企	个体	公务员	服务员	技术员	教师	学生	退休	主妇	工人	事业	农民		
社会增权感知	4.00	3.61	3.63	3.83	3.59	3.48	3.11	3.45	3.40	3.61	3.41	3.61	3.42	3.257	0.000***
经济增权感知	3.72	3.33	3.61	3.38	3.51	3.43	2.60	3.20	4.00	3.39	3.50	2.84	3.14	3.968	0.000***

注：*表示$P<0.05$，**表示$P<0.01$，***表示$P<0.001$。

首先，由表6-15可知，职业不同的居民受访者对旅游心理增权感知（$P=0.043$）、社会增权感知（$P=0.000$）、经济增权感知（$P=0.000$）具有显著性差异，其原因如下。

① 从事不同职业的居民审视旅游的观点差异。居民受访者所属行业各有不同，大部分来自农业与服务业。职业不同的居民对旅游发展具有不同的审视视角与观点，对肇兴侗寨旅游发展后的心理、社会以及经济的增权有着不同的看法。当地政府和旅游部门的受访者大多数从较宏观的立场来看待旅游发展后的自豪感与社区归属感的重构，而来自私有部门的受访者会更多地关注旅游发展带来的经济利益。因此，职业不同的居民会形成对社会、心理、经济增权感知的差异。

② 不同职业居民的旅游关联程度差异。有旅游部门参与访谈的人员表示，旅游发展促使越来越多的职业与侗寨旅游关联更加紧密，景区内外与旅游相关的工作机会增多，使不同职业与旅游的关系展现出不同的联系强度；居民从事与旅游相关性越强的职业，越能够更加直接地享受旅游带来的经济效应，从而为家庭带来更多来自旅游的收入。因此，职业与旅游发展的相关程度也造成居民对旅游增权尤其是旅游经济增权感知的不同。

据此，相应的基于旅游增权的精准营销管理策略如下。

① 建立旅游增权信息分享平台策略。肇兴侗寨中隶属不同行业的居民对旅游增权的看法存在信息不对称、沟通不及时的现象，政府应该建立对旅游发展增权效应感知的沟通机制，令不同行业、不同职业的居民分享旅游增权的相关信息。一方面要重视从事与未从事旅游工作的居民对旅游增权效应的反馈，获得基层群众的意见；另一方面也要鼓励在公有部门工作的居民进行旅游增权意义的宣导，形成良好的社区旅游增权信息分享平台。

② 新增旅游经济增权渠道策略。当地政府和旅游部门应该创新旅游经济增权的渠道，一方面需要利用旅游的联动作用，为社区居民创造更多门槛要求不高的从业机会；另一方面需要完善旅游产业链，不仅鼓励当地旅游企业在同等条件下优先选择当地居民员工，更应该鼓励旅游个体户和企业与未从事旅游工作居民间的合作，实现对社区人力资源综合利用，加强全体社区居民与旅游业的联系，为旅游经济增权效应的公平性提供保障。

其次，不同职业的居民受访者对旅游政治增权感知（$P=0.080$）不存在显著差异，但总体评分较低，其原因如下。

① 自上而下的决策规划模式盛行。肇兴侗寨中的居民从事着不同的职业，在日常的工作中或多或少都会有关于本行业发展的意见与建议要表达，还会有参与决策的程度与频率的问题。有接受访谈的居民表示"自上而下"的决策方式根深蒂固，从事不同职业的居民没

有充分的发表意见的渠道。因此,从事不同职业的居民对旅游的政治增权感知不存在显著差异。

② 旅游发展政治增权的缺失。有受访的政府官员表示,肇兴侗寨在经历了多年的发展后,成了更为专业的景区,旅游业逐渐成了当地的支柱产业,涉及的行业与职业越来越广,对各行各业也起到带动作用。此时更应该从各行各业中获取有利于全面发展的意见与反馈,然而几乎所有来自不同行业的受访者均对有关政治增权的感知题项作出较低的评分,这也反映出肇兴侗寨未来的旅游发展该如何推进亟须"自下而上"地重新审视。

据此,相应的基于旅游增权的精准营销管理策略如下。

① 重视社区旅游政治增权效应策略。当地政府和旅游部门应该重视旅游发展对社区居民的政治增权效应,不仅需要对当地居民进行政治增权的教育与宣导,更应该建立健全居民有效参与旅游行政管理、景区管理、旅游决策、旅游规划等工作的途径,使居民能够在认识自身权利、维护自身权益的基础上,积极为社区的旅游发展出谋划策,实现"自下而上"的旅游发展模式,形成多角度、多层面的旅游管理创新。

② 提升社区旅游增权示范效应策略。旅游业成为肇兴侗寨的支柱型产业,旅游业与其他行业的联系与互动愈发紧密。因此,当地旅游部门应该利用旅游发展对社区居民的增权效应,在实现旅游良性发展的基础上,结合当地旅游业的联动性,为其他行业实现增权效应提供参考,同时当地政府也需要为旅游增权效应的推广与示范保驾护航,形成社区中各个行业对旅游增权的重视,为社区的整体发展提供动力。

(八) 居民对民族旅游增权感知的家庭收入来源细分需求差异与精准营销

家庭收入来源不同的居民对民族旅游增权感知的差异性分析如表 6-16 所示。

表 6-16 家庭收入来源不同的居民对民族旅游增权感知的差异性分析

公因子	均值				F 值	Sig
	全部来自旅游业	一半及以上来自旅游业	一半及以下来自旅游业	来自非旅游业		
政治增权感知	3.16	3.01	3.00	2.70	2.605	0.051
心理增权感知	4.08	4.00	4.13	3.92	1.968	0.117
社会增权感知	3.81	3.74	3.71	3.35	14.334	0.000***
经济增权感知	3.91	3.55	3.60	3.03	21.354	0.000***

注: * 表示 $P<0.05$,** 表示 $P<0.01$,*** 表示 $P<0.001$。

首先,由表 6-16 可知,家庭收入来源不同的居民受访者对旅游社会增权感知($P=0.000$)、经济增权感知($P=0.000$)存在显著性差异,其原因如下。

① 家庭收入的联动作用。家庭收入更多来自肇兴侗寨旅游发展的居民,往往更多地从事旅游业的相关工作,在通过自身努力创造财富的同时,更能够通过参与以旅游为代表的社区共同事务,获得更为丰富的参与社区事务的机会与途径;同时,有居民受访者表示个人与社区发展密不可分,愿意为社区发展作出牺牲奉献。因此,家庭收入与旅游相关性的高低会使居民对旅游社会增权感知产生显著性差异。

② 基于家庭收入的从事旅游工作的愿望不同。家庭收入更多来自旅游业的居民获得的直接旅游经济效应高,他们更愿意为自己的亲朋好友提供从事旅游业的意见与建议,并利用自身成功的经验为其他家庭成员带来更多收入上的提升,以此来推动家庭整体经济收入水平的上升;然而收入较少来自旅游业的居民的旅游增权感知相对较低。因此,家庭收入与旅游业相关性差异可能导致居民对旅游经济增权感知的显著性差异。

据此,相应的基于旅游增权的精准营销管理策略如下。

① 促进旅游与居民生活联动策略。旅游发展使肇兴侗寨居民接触更多外来文化和游客,促进了居民家庭生活与旅游业的紧密联系,当地政府和相关部门应该利用当地旅游发展与居民生活联动的客观事实,一方面提升居民旅游参与途径的广泛性与公平性,使居民能够基于自身的发展经历反馈旅游发展意见;另一方面也应该支持居民提升自己从事旅游工作的潜力和能力,努力使社区居民未来的家庭收入更多来自旅游发展,维护社区的和谐关系。

② 促进旅游业关注弱势群体策略。肇兴侗寨所处位置偏远,社会经济发展落后,当地社区居民弱势群体特点明显,而旅游发展后虽然一部分居民生活质量提升了,但景区内仍有部分居民没有获得旅游发展的经济利益。因此,当地政府和相关部门应该更多关注社区中弱势群体的生活现状,结合旅游工作的灵活度高、就业门槛低的特点,使弱势群体居民能够有机会从事旅游业,以提升其家庭生活质量。

其次,收入来源不同的居民受访者对旅游政治增权感知($P=0.051$)、心理增权感知($P=0.117$)不存在显著性差异,其原因如下。

① 旅游行政管理中权力分配有待完善。家庭收入来源更多依赖旅游发展的社区居民对肇兴侗寨的旅游发展形成了基于自身实践的意见,多数受访者在访谈中表示"社区缺乏参与旅游决策的途径";同时,家庭收入来源较少来自旅游业的社区居民,由于得不到从事旅游发展的机会,表现出对参与旅游的愿望,他们表示"我也想参加旅游工作来赚更多的钱",因此,家庭收入来源不同的居民对旅游政治增权感知不存在显著性差异。

② 对旅游发展的文化心理认同。从访谈结果来看,家庭收入更多来自旅游业的居民表示,受到游客的尊重、社会大众的广泛赞誉使他们很骄傲,进而获得更多的自尊心与自豪感;家庭收入较少来自旅游业的居民因为肇兴侗寨旅游发展而获得了更多来自主流文化的认同,也想更多分享旅游收益,更愿意为旅游发展作出贡献。因此,家庭收入来源不同的居民对旅游心理增权感知不存在显著性差异。

据此,相应的基于旅游增权的精准营销管理策略如下。

① 完善旅游管理中的居民监督策略。肇兴侗寨旅游增权效应中居民对旅游政治增权效应的感知普遍较低,当地政府和旅游部门应该重视对旅游行政管理模式的革新,一方面,应该重视收集在社区中从事旅游相关工作的居民对旅游发展的意见与建议,以旅游从业一线人员的角度来重新审视旅游决策与规划;另一方面,也应该倾听未从事旅游工作的居民关于旅游发展对其生活影响的反馈,保障旅游规划对居民正常生活的维护。

② 促进旅游文化心理认同策略。肇兴侗寨旅游发展使侗族传统文化和民风民俗得到主流社会的了解与认可,当地政府和旅游部门应该更为注重旅游发展中对当地文化的传播与推广,一方面,需要以更为丰富的形式对外界展示侗族文化的历史与魅力,对侗族文化价

值进行深度挖掘与保护;另一方面,也需要将外界对侗族文化的欣赏与正面反馈等信息传递给社区居民,不断提升居民对本民族文化的骄傲感,促进居民参与旅游的热情。

(九)居民对民族旅游增权感知的居住时间细分需求差异与精准营销

居住时间不同的居民对民族旅游增权感知的差异性分析结果如表6-17所示。

表6-17 居住时间不同的居民对民族旅游增权感知的差异性分析

公因子	均值					F值	Sig
	≤1年	1~3年	4~6年	7~9年	≥10年		
政治增权感知	2.87	2.90	3.21	2.90	2.88	1.072	0.369
心理增权感知	3.93	4.04	3.94	3.65	4.03	3.294	0.011*
社会增权感知	3.67	3.62	3.68	3.48	3.57	1.002	0.405
经济增权感知	3.47	3.44	3.47	3.44	3.37	0.256	0.906

注:* 表示 $P<0.05$,** 表示 $P<0.01$,*** 表示 $P<0.001$。

首先,由表6-17可知,在当地居住时间不同的居民受访者对旅游心理增权感知($P=0.011$)方面存在显著性差异,其原因如下。

① 社区居民结构与关系的动态变化。肇兴侗寨旅游发展促进了当地社区的人口流动,导致了社会、文化等方面的变化。长期居住于社区的居民都是侗族居民,且享有共同的姓氏,在社会关系上显得较为单纯。然而有接受访谈的居民表示,由于外来人口的进入,经济利益成了主导社会关系的核心,不仅体现为外来居民与本地居民的文化与生活习俗的碰撞,也体现为本地居民之间由利益引起的冲突,因此,居民时间不同的居民在旅游心理增权感知上的差异显著。

② 对社区身份归属认知的差异。在肇兴侗寨从事旅游工作的外来居民,由于其目的更为明确,往往最为重视自身的经济收益,但他们在访谈中表现出对当地文化、习俗、历史等方面的陌生感,居住时间不长使这类居民的社区归属感较低,并没有真正融入当地社区,也没有为社区成员的身份感到自豪,也不会为社区旅游的发展作出更多牺牲,因此,居住时间的长短对居民旅游心理增权感知造成显著差异。

据此,相应的基于旅游增权的精准营销管理策略如下。

① 倡导文化整合策略。旅游发展在为肇兴侗寨社区居民提供就业机会的同时,也使当地传统的侗族社会结构受到外来文化的冲击和影响。因此,当地政府和旅游部门应该对此引起重视,应利用旅游发展形成良好局面的优势,强调旅游发展对社区全体居民利益提升的客观事实,引导新进居民与侗族居民在旅游发展中相互理解,在保护侗族传统文化的基础上,相互学习各自文化的先进方面,形成社区居民共同促进旅游发展的局面。

② 明确侗族文化旅游表征作用的策略。肇兴侗寨旅游发展的核心资源是当地特色侗族文化在现代化发展背景下的特征符号表现。一方面当地政府和旅游部门应该在社区旅游发展的背景下明确侗族文化的核心地位,尤其是需要引导新进居民对侗族文化的认知与了解,使其在从事旅游相关工作中展现侗族文化;另一方面则应该继续坚持对侗族文化的深度挖掘,把旅游业作为展现侗族文化符号的平台,使侗族文化能够得到更多的理解。

其次，在当地居住时间不同的居民受访者对旅游政治增权（$P=0.369$）、社会增权（$P=0.405$）、经济增权（$P=0.906$）感知方面不存在显著性差异，其原因如下。

① 居民对旅游政治与社会增权效应缺乏的深刻体会。不论在肇兴居住的时间长短，新迁入的居民与本地长期居住的居民都希望旅游能够有良好的发展。然而，在访谈中有居民表示社区自治力薄弱、社区层面的旅游决策忽略来自居民的意见，导致旅游市场化发展程度低，并且没有完善的参与制度，居民没有途径真正展现对旅游发展的奉献精神。因此，在当地居住时间的不同不会形成居民在旅游政治增权感知与社会增权感知上的显著性差异。

② 对旅游发展经济利益的共同需求。肇兴侗寨景区的旅游发展促使社区内从事旅游及旅游相关工作的居民不断增多。访谈中有受访政府官员表示，肇兴侗寨旅游发展的良好前景吸引了更多外来人口到肇兴侗寨从事旅游业，他们与社区中已经开始从事旅游工作的本地居民一起，更加需要获得旅游所带来的经济利益，对旅游经济利益具有共同的需求。因此，居住时间的长短并不会造成居民对旅游经济增权感知的显著性差异。

据此，相应的基于旅游增权的精准营销管理策略如下。

① 建立增权途径，旅游为民策略。在某些方面，肇兴侗寨旅游增权效应的不明显与旅游增权途径缺乏与不透明有直接关系。因此，当地政府和旅游部门应该建立居民追求旅游增权的途径，使侗族居民与新进居民与旅游发展的联系更为紧密，使全体社区居民能够意识到旅游发展的集体性与公共性，提升居民为旅游发展主动承担责任与义务的主动性，使社区居民形成对旅游政治增权与社会增权的信心，实现旅游为民、发展为民的目标。

② 突出经济利益，旅游为公策略。肇兴侗寨旅游发展经济利益的提升不仅关系到旅游从业者的个人收入，更与全体居民生活质量提升以及社区全面发展具有紧密联系。因此，当地政府和旅游部门应该突出旅游发展的经济利益，从最直观的角度来展现对社区居民增权的重视，以旅游经济增权效应来带动旅游的社会、心理、政治增权，真正实现旅游增权效应的公平性与普及性，树立肇兴侗寨和谐发展的良好形象。

（十）居民对民族旅游增权感知的旅游参与细分需求差异与精准营销

旅游参与程度不同的居民对民族旅游增权感知的差异性分析结果如表 6-18 所示。

表 6-18 旅游参与程度不同的居民对民族旅游增权感知的差异性分析

公因子	均值		F 值	Sig
	正参与旅游	未参与旅游		
政治增权感知	3.06	2.67	14.760	0.000***
心理增权感知	4.04	3.96	0.000	0.983
社会增权感知	3.74	3.38	38.155	0.000***
经济增权感知	3.58	3.13	21.720	0.000***

注：* 表示 $P<0.05$，** 表示 $P<0.01$，*** 表示 $P<0.001$。

首先，由表 6-18 可知，参与旅游程度不同的居民受访者对旅游政治增权感知（$P=0.000$）、社会增权感知（$P=0.000$）、经济增权感知（$P=0.000$）存在显著性差异，其原因如下。

① 基于旅游参与程度的行业认知差异。在肇兴侗寨参与旅游发展、从事旅游工作的居

民逐渐增多,他们在很大程度上对当地的旅游发展的阻碍和问题形成了更加深入的理解,尤其需要在旅游决策和规划方面拥有话语权与表达意见的渠道。同时,在访谈中有从事旅游工作的居民展现出对社区旅游发展的积极认知,他们更愿意接受相关的培训和指导。因此,旅游参与程度的高低会导致居民在政治增权与社会增权感知上的显著性差异。

② 基于旅游参与程度的经济收入差异。肇兴侗寨中参与旅游发展程度较高的居民受访者表示,他们能够更多地享受到旅游的经济效应,能更加认识到旅游发展对当地的促进作用,同时也对旅游发展在经济增权问题上所面临的问题具有基于实践的认识。然而仍有一部分居民并没有参与旅游发展,也没有获得旅游所带来的收入和生活质量的提升。旅游参与程度的高低会导致居民对旅游经济增权感知上的显著性差异。

据此,相应的基于旅游增权的精准营销管理策略如下。

① 加强旅游从业居民旅游参与策略。正在从事旅游业的社区居民在自身的工作经历中积累旅游工作经验的同时,也展现出对参与旅游决策的迫切需求。因此,当地政府和旅游部门应该明确居民参与旅游决策的途径,举办旅游发展听证会、研讨会与工作交流会,使居民能够在了解旅游发展信息的同时,发表对旅游的意见;应该重视旅游从业居民表达他们的意见,为他们提供政策上、行政上的帮助与保障,提升居民对政府的信任感。

② 拓展旅游从业渠道策略。如何明确和拓宽参与旅游的渠道是当地政府和旅游部门亟须解决的客观问题。一方面,当地政府和旅游部门应该鼓励居民培养"家门口就业"的意识,通过对居民主人翁意识的培养,提升他们在社区中从事旅游发展的意愿;另一方面,当地政府和旅游部门应该推动居民旅游从业技能的基础培训,结合旅游对食、住、行、游、购、娱等方面的推动作用,加强社区居民从事旅游相关职业的能力。

其次,旅游参与程度不同的居民受访者对旅游心理增权感知($P=0.983$)不存在显著性差异,其原因如下。

① 肇兴侗族文化的广泛推广与宣传。有接受访谈的旅游机构人员表示,肇兴侗寨作为中国最大的侗族村寨,是贵州侗族人民生活和侗族历史演变的重要代表,鼓楼文化、花桥文化、侗族大歌文化、祭祀文化以及节庆文化等都极具吸引力,为肇兴侗寨成为"侗族第一乡"奠定了基础;肇兴侗寨在我国侗族文化推广宣传中的重要地位,对当地居民心理认同的提升产生了重要作用。因此,居民基于民族文化被广泛接纳与欣赏形成的旅游心理增权感知整体较强烈。

② 居民基于真实生活的客观旅游参与。有侗寨中居住离景区主景观街道较远的居民在访谈中表示,没有获得直接参与旅游的机会;然而,肇兴侗寨独特性的最主要体现就是侗族居民文化和生活的原真性,游客与媒体对肇兴侗寨旅游形象的认知也更多地源于寨中的原生态与原真性,那些没有直接从事旅游工作的居民往往更是原真性的代表,也更能吸引游客到访。因此,是否参与旅游并没有造成居民对旅游心理增权感知的显著性差异。

据此,相应的基于旅游增权的精准营销管理策略如下。

① 鼓励居民参与旅游推广策略。肇兴侗寨旅游发展使当地侗族文化特色受到外界更多的关注,侗寨社区居民也因此在心理上获得增权。因此,当地政府和旅游部门应该结合当地居民旅游心理增权效应较高的局面,鼓励居民更多地参肇兴侗寨旅游推广工作,不仅需要

关注居民对现阶段旅游推广的意见与反馈，更应该支持居民利用自身的社会资本与网络关系进行旅游宣传，既拓宽整体旅游推广渠道，又满足居民自主推广需求。

② 维护社区原真性的旅游开发策略。在民族旅游发展的过程中，原真性与商业化的博弈是普遍现象。当地政府和旅游部门应该积极创造原真性与商业化的平衡发展局面，利用肇兴侗寨原真性突出侗族原生态文化的旅游吸引力，使全体社区居民成为侗族文化的具体展示单元，促进旅游市场化。同时，也应该利用商业化的发展模式为旅游发展提供资金支持，对侗族文化原真性进行保护，扩大社区居民的心理增权效应。

二、居民对民族旅游增权感知的需求差异相关性与精准营销

居民民族旅游增权感知的相关性分析结果如表 6-19 所示。

表 6-19　居民民族旅游增权感知的相关性分析

属性	代码	相关性	政治增权感知	心理增权感知	社会增权感知	经济增权感知
职业	R1	相关系数	−0.105**	0.030	−0.153**	−0.151**
	R2	偏相关系数	−0.106**	−0.010	0.005	−0.055
民族	R1	相关系数	0.038	−0.030	0.056	0.084*
	R2	偏相关系数	−0.014	−0.032	−0.044	−0.040
收入	R1	相关系数	−0.047	−0.017	0.140**	0.135**
	R2	偏相关系数	−0.146**	−0.041	0.004	0.011
年龄	R1	相关系数	−0.060	0.147**	−0.028	−0.066
	R2	偏相关系数	−0.035	0.083*	−0.021	0.064
教育程度	R1	相关系数	0.021	−0.014	0.146**	0.097**
	R2	偏相关系数	0.037	0.051	0.092**	0.012
居住时间	R1	相关系数	−0.020	0.077*	−0.045	−0.037
	R2	偏相关系数	−0.010	−0.018	−0.031	−0.001
收入来源	R1	相关系数	0.098**	0.009	0.214**	0.238**
	R2	偏相关系数	0.024	0.001	0.107**	0.162**
是否参与旅游	R1	相关系数	0.104**	0.008	0.213**	0.159**
	R2	偏相关系数	0.088*	0.004	0.105**	0.024
婚姻状况	R1	相关系数	−0.025	0.146**	−0.002	0.071*
	R2	偏相关系数	0.024	0.056	0.000	0.018
性别	R1	相关系数	−0.021	−0.013	0.004	−0.038
	R2	偏相关系数	−0.056	0.008	0.022	−0.030

注：* 表示 $P<0.05$，** 表示 $P<0.01$，*** 表示 $P<0.001$。

为了能够更直观地了解居民受访者人口背景及旅游参与相关属性变量与旅游增权感知

公因子之间的关系,本研究将利用偏相关分析,将其他属性变量控制后,展示该属性变量与各公因子的关系及程度。

首先,由表6-19可知,在控制了其他人口背景、旅游参与背景的属性变量后,性别差异、婚姻状况差异、民族差异、居住时间差异与旅游增权感知的4个公因子均不存在显著性的关系,说明民族的不同、婚姻状况的不同、性别的不同和居住时间的不同并不是影响居民受访者感知旅游增权效应的主要因素,其原因如下。

① 女性地位提升,旅游增权认知提高。性别差异与旅游增权感知之间不存在显著性差异,主要是因为肇兴侗寨旅游行业中女性居民所占比例较高,其中不仅包含当地侗族女性居民,也包含新进社区的女性居民。有游客在访谈中表示女性居民更容易沟通,她们在与游客交往互动过程中有机会与主流文化接触,在对主流文化理解的基础上形成对权利和旅游增权的基本认知,并且在工作中也会发现旅游增权对自身生活质量和社区建设水平的提升作用。

② 不同婚姻状况的人有相同旅游增权需求。婚姻状况差异与旅游增权感知之间不存在显著性差异。接受访谈的居民都表现出在经济、心理、社会、政治等方面的个人发展诉求,一方面肇兴侗寨旅游所创造的就业机会能够满足他们职业生涯规划、收入提升需求;另一方面旅游发展也为他们创造了了解社区公共事务的机会,使他们意识到旅游增权对他们无助感与失权感的缓解作用,提高了他们的心理满足感。

③ 传统侗族文化对旅游增权效应的推动。民族差异与旅游增权感知之间不存在显著性差异,主要是因为肇兴侗寨中仍以侗族居民为主,侗族文化是社区中最重要的民族文化,也是肇兴侗寨旅游发展的核心资源,虽然肇兴侗寨社区互嵌式发展特点明显,人口和社会结构转变,但受访政府官员表示,侗族文化对社区居民具有重要的影响力,在一定程度上形成对旅游增权效应的推动,促进了旅游发展对侗族传统文化的合理保护与开发。

④ 全体社区居民的共同旅游增权诉求。居住时间差异与旅游增权感知之间不存在显著性差异,主要是因为旅游业是肇兴侗寨的支柱产业,为当地社区发展和居民生活质量提升所作出的贡献大家有目共睹,全体社区居民都需要通过旅游发展实现自己收入的增加、自豪感的提升、社区内的稳定交往关系、对社区旅游发展的深度参与。因此,旅游增权的4个维度是肇兴侗寨全体居民的共同诉求,也是政府需要重点推动的旅游工作。

据此,相应的基于旅游增权的精准营销管理策略如下。

① 倡导居民和谐社交,促进旅游增权策略。肇兴侗寨旅游发展后的互嵌式特点不仅使当地社区文化的多元化趋势明显,也在一定程度上破坏了社区原本较为和谐封闭的社交模式,尤其是旅游经济收益分配不公,导致社区居民日常交往发生矛盾。因此,当地政府和旅游部门应该在旅游收益分配中制定向社区中弱势群体倾斜的政策,缓解收入两极化对和谐关系的破坏,更应该利用旅游的联动作用,增加居民在旅游背景下的互动交流,增进居民间的相互了解。

② 明确居民权利,提升旅游增权策略。肇兴侗寨旅游发展使社区居民对权利的认知更为深入,在就业收入、旅游参与、民族自豪感方面的认知累积,即提升旅游增权效应是居民共同诉求。因此,当地政府和旅游部门应该从创造旅游就业机会、建立旅游决策参与途径、旅游收入分配、需求市场信息分享等方面入手,实现旅游发展应有的增权效应,为社区实现旅游自治发展奠定坚实基础。

③ 明确居民职业生涯规划,提升旅游增权策略。旅游发展为肇兴侗寨居民创造就业机会的同时,也为他们提供了较为明确的职业生涯发展方向。因此,当地政府和旅游部门应该提升旅游业促进居民职业生涯规划的功能,利用职业技能培训提升居民旅游从业能力,邀请高校科研机构提升居民旅游发展认知,联系旅游企业关注居民就业情况,建立旅游决策居民参与途径,实现居民与旅游业的全面联系,为其从事旅游增加信心和动力。

其次,在控制了其他人口背景与旅游参与背景变量后,职业、个人月收入、年龄、受教育程度、收入来源、是否参与旅游发展等属性变量对旅游增权感知的公因子显示出了显著的相关关系,其原因如下。

① 职业背景不同的居民的旅游政治增权认知差异。职业差异与旅游政治增权感知之间存在显著的负相关关系($R^2=-1.06$),主要是因为居民处于不同的行业,在政府部门和旅游发展机构工作的居民与其他行业的居民对政治失权的感知存在差异,体现为在访谈中政府部门受访者对当地旅游政治增权表现出乐观态度,而在其他行业工作的受访者表示社区没有保障其参与旅游的权利,没有体会到政治增权。

② 个人月收入不同的居民的旅游政治增权认知差异。收入差异与旅游政治增权感知之间存在显著的负相关关系($R^2=-0.146$),主要是因为肇兴侗寨中居民收入的来源从原来的农业生产转变为旅游发展,相对来说,收入越低的居民所感受到的政治失权感越强,对政治增权的需求越高。在访谈中,受访居民也表示,因为旅游参与权利没有保障,社区内部收入两极化趋势严重,而收入较高的居民则更加注重自身的经济利益。

③ 年龄阅历不同的居民的旅游心理增权认知差异。年龄差异与旅游心理增权感知之间存在显著的正相关关系($R^2=0.083$),主要是因为肇兴侗寨景区内年龄较大的居民往往对本社区的侗族文化、风俗习惯、自然资源、旅游资源有着更加深入的理解和认知。在访谈中,年长的居民表示自己经历了肇兴侗寨从原来默默无闻的小山村蜕变为国内外知名的旅游景点的过程,对自豪感提升感知深切,因而其与年轻居民在心理增权感知上存在差异。

④ 教育背景不同的居民的旅游社会增权认知差异。受教育程度差异与旅游社会增权感知之间存在显著的正相关关系($R^2=0.092$),主要是因为受过良好教育的居民对当地社会的变革具有更加深入的理解,在访谈中,这类居民表现出对旅游参与途径拓宽、奉献精神对旅游的促进、与社区的紧密联系、职业培训的紧迫性等方面具有较为全面的认知能力,其与受教育程度较低的居民在社会增权感知上存在差异。

⑤ 收入来源不同的居民的旅游经济增权认知差异。收入来源差异与旅游社会增权感知($R^2=0.107$)、旅游经济增权感知($R^2=0.162$)之间存在显著的正相关关系,主要是因为家庭收入更多来自旅游业的居民对经济增权的感知更正面,在获得经济利益的基础上对肇兴侗寨经济发展越发有自身的认识,此类受访者居民能够体会到培训、参与、紧密关系以及风险精神对社区旅游发展的正面作用。而收入来源与旅游关系不大的居民则相反。

⑥ 与旅游关联不同的居民的旅游社会政治增权认知差异。是否参与旅游与旅游政治增权($R^2=0.088$)、旅游社会增权($R^2=0.105$)感知之间存在显著的正相关关系,肇兴侗寨中正在参与旅游工作的居民在访谈中表示,他们在工作中更了解旅游发展与社会发展的关系,从中能够更加体会到旅游对社区的促进作用。同时,从事旅游相关的工作本身就是基于个人层面的

旅游参与,因此,参与的程度越高,对社会增权、政治增权感知越高。

据此,相应的基于旅游增权的精准营销管理策略如下。

① 基于社会地位的差异化旅游增权策略。居民受访者在职业、教育背景方面的不同主要体现在社会地位方面的差异。因此,当地政府和旅游部门在进行旅游增权工作时应该重视这方面的差异,一方面利用旅游经济增权来实现对弱势群体居民的补助与就业机会的提供;另一方面利用旅游政治与社会增权实现不同社会地位居民在旅游中不同程度的参与,并基于其知识背景与技能的不同实现多元旅游参与。

② 基于经验阅历的差异化旅游增权策略。居民受访者年龄的不同主要体现为经验阅历的差异。因此,当地政府和旅游部门应该增加以旅游发展为主题的经验阅历交流互动活动,一方面,鼓励在旅游工作中取得成就的居民分享其成功的经验,为其他居民更多参与旅游发展提供心理上的帮助;另一方面,邀请年长居民分享见证旅游发展前后社区变化的阅历,使年轻居民深切理解旅游发展后居民政治、社会、经济增权的提升,进而珍惜现今旅游发展的成果。

③ 基于旅游联系的差异化旅游增权策略。居民受访者个人收入、家庭收入来源、旅游参与程度不同主要体现为与旅游业的联系紧密差异。因此,当地政府和旅游部门应该注重基于居民与旅游联系程度差异来进行旅游社区增权工作,不仅需要重视与旅游联系度高的居民对旅游增权效应的反馈,迅速解决其在旅游发展中遇到的困难,更需要通过强调旅游发展的社区公共事务属性,提高全体社区居民对旅游增权与其生活提升之间关系的认知,落实旅游增权的公平性原则。

三、居民对民族旅游增权感知的需求差异聚类性与精准营销

(一)不同民族旅游增权感知居民聚类的社会学人口统计分析

不同居民聚类群体对民族旅游增权感知的社会人口统计学差异特征如表 6-20 所示。

表 6-20 不同居民聚类群体对民族旅游增权感知的社会人口统计学差异特征

统计项	构成及其对应的赋值	聚类群体 1 负面型($N=347$)			聚类群体 2 正面型($N=488$)		
		频数	频率(%)	均值	频数	频率(%)	均值
民族	1=侗族	307	88.47	1.59	408	83.61	1.81
	2=苗族	16	4.61		28	5.75	
	3=水族	0	0.00		3	0.61	
	4=布依族	0	0.00		2	0.41	
	5=土家族	1	0.29		3	0.61	
	6=壮族	0	0.00		1	0.20	
	7=仫佬族	0	0.00		1	0.20	
	8=瑶族	1	0.29		0	0.00	
	9=汉族	22	6.34		42	8.61	

(续表)

统计项	构成及其对应的赋值	聚类群体1 负面型($N=347$)			聚类群体2 正面型($N=488$)		
		频数	频率(%)	均值	频数	频率(%)	均值
性别	1=男	180	51.87	1.45	251	51.43	1.51
	2=女	167	48.13		237	48.57	
婚姻	1=单身	139	40.06	1.56	188	38.52	1.64
	2=已婚	208	59.94		300	61.48	
年龄	1=18岁及以下	32	9.22	2.50	40	8.20	2.58
	2=19～29岁	143	41.21		209	42.83	
	3=30～45岁	120	34.58		191	39.14	
	4=46～59岁	42	12.11		39	7.99	
	5=60岁及以上	10	2.88		9	1.84	
教育程度	1=小学及以下	74	21.33	2.24	49	10.04	2.62
	2=初中	145	41.79		205	42.01	
	3=高中/中专/技校	74	21.33		146	29.92	
	4=大学本科/大专	51	14.69		86	17.62	
	5=硕士及以上	3	0.86		2	0.41	
月收入	1=1 000元及以下	109	31.41	3.09	93	19.06	2.52
	2=1 001～2 000元	88	25.36		105	21.52	
	3=2 001～3 000元	57	16.43		137	28.07	
	4=3 001～4 000元	54	15.56		82	16.80	
	5=4 001～5 000元	24	6.92		48	9.84	
	6=5 001元及以上	15	4.32		23	4.71	
职业	1=国企职员	18	5.19	7.47	56	11.48	5.99
	2=私企职员	18	5.19		19	3.89	
	3=个体商人	74	21.33		171	35.04	
	4=公务员	14	4.03		24	4.92	
	5=服务人员	30	8.65		46	9.43	
	6=专业技术人员	9	2.59		11	2.25	
	7=教师	10	2.88		7	1.43	
	8=学生	19	5.48		24	4.92	
	9=退休人员	0	0.00		1	0.20	

(续表)

统计项	构成及其对应的赋值	聚类群体1 负面型($N=347$)			聚类群体2 正面型($N=488$)		
		频数	频率(%)	均值	频数	频率(%)	均值
职业	10=家庭主妇	11	3.17	7.47	17	3.49	5.99
	11=工人	14	4.03		20	4.10	
	12=事业单位职员	17	4.90		15	3.07	
	13=农民/渔民	113	32.56		77	15.78	
家庭收入来源	1=全部来自旅游业	15	4.32	2.69	66	13.52	3.14
	2=一半及以上来自旅游业	64	18.44		146	29.92	
	3=一半及以下来自旅游业	71	20.46		143	29.31	
	4=来自非旅游业	197	56.78		133	27.25	
在当地居住时间	1=1年以下	25	7.20	4.39	49	10.04	3.98
	2=1~3年	34	9.80		65	13.33	
	3=4~6年	14	4.03		31	6.35	
	4=7~9年	11	3.17		15	3.07	
	5=10年及以上	263	75.80		328	67.21	
是否参与社区旅游发展	1=是	151	43.52	1.29	339	69.47	1.50
	2=否	196	56.48		149	30.53	

本研究对居民受访者旅游社区增权感知进行聚类分析的结果如表6-20所示,第一类居民受访者为旅游社区增权感知负面型群体,包含了347位居民受访者;第二类为旅游社区增权感知正面型群体,包含488位居民受访者。本研究通过对不同居民受访者聚类群体社会人口统计学变量的均值比较,发现如下特征。

第一,旅游社区增权感知正面型群体的社会人口统计学特征。该类居民受访者群体主要为侗族(88.47%)、汉族(6.34%)和苗族(4.61%)居民,其他民族居民人数较少。男性与女性比例较为平均,分别为51.87%和48.13%,其中已婚的居民所占比例(59.94%)高于单身居民(40.06%),19~20岁(41.21%)、30~45岁(34.58%)、46~59岁(12.11%)是这类居民主要的年龄段。教育背景中初中文化的居民受访者所占比例最高,为41.79%,小学及以下(21.33%)、高中/中专/技校(21.33%)、大学本科/大专(14.69%)分列2~4位。这类群体个人收入普遍不高,主要表现为月收入1 000元以下的居民所占比例最高,为31.41%,其后依次为1 001~2 000元(25.36%)、2 001~3 000元(16.43%)、3 001~4 000元(15.56%)、4 001~5 000元(6.92%)、5 001元以上(4.32%)。农民是这类群体职业分布比例最高的群体,为32.56%,其次为个体商人(21.33%)与服务人员(8.65%),其他职业群体分布较为平均。大多数居民受访者的家庭收入来源与旅游业无关(56.78%),家庭收入全部来自旅游业的居民所占比例最少(4.32%),这类居民中在当地居住10年及以上的所占比例最高,为75.80%,而居住1~3年及1年以下的居民也有一定比例,分别为9.80%、7.20%,其中没有参与社区旅游发展的居民所占比例最高,为56.48%,参与旅游发展的居民所占比例较低,为43.52%。

第二,旅游社区增权感知负面型群体的社会人口统计学特征。这类群体中侗族居民所占比例最高,为83.61%,其次为汉族居民(8.61%)、苗族居民(5.75%),并且其他少数民族均有一定分布。其中男性居民所占比例较高,为51.43%。女性居民所占比例为48.57%。已婚的居民所占比例(61.48%)高于单身居民(38.52%)。19~29岁是这类居民最主要的年龄分布,占比42.83%,其次为30~45岁(39.14%)、18岁以下(8.20%)、46~59岁(7.99%)。初中文化仍是这类居民主要的学历背景,所占比例为42.01%,其次为高中/中专/技校(29.92%)、大学本科/大专(17.62%)、小学及以下(10.04%)。这类居民个人月收入分布为:2 001~3 000元(28.07%)、1 001~2 000元(21.52%)、1 000元及以下(19.06%)、3 001~4 000元(16.80%)、4 001~5 000元(9.84%)、50 001元及以上(4.71%)。个体商人是这类居民主要的职业,所占比例为35.04%,农民所占比例为15.78%、国企职员所占比例为11.48%、服务人员所占比例为9.43%。家庭收入来源一半及以上来自旅游业的居民所占比例最高(29.92%),其次为一半及以下来自旅游业(29.31%)、来自非旅游业(27.25%)、全部来自旅游业(13.52%)。居住时间10年以上的居民所占比例最高,为67.21%,其次为1~3年(13.33%)、1年以下(10.04%)。参与社区旅游发展的居民所占比例最高,为69.47%,没有参与社区旅游发展的居民所占比例为30.53%。

(二) 不同民族旅游增权感知居民的市场需求聚类性与精准营销

不同居民聚类群体对民族旅游增权感知的差异性分析如表6-21所示。

表6-21 不同居民聚类群体对民族旅游增权感知的差异性分析

公因子	聚类群体1 负面感知型	聚类群体2 正面感知型	F值	Sig
政治增权感知	2.21	3.39	212.193	0.000***
心理增权感知	3.91	4.08	0.140	0.709
社会增权感知	3.17	3.88	95.267	0.000***
经济增权感知	2.55	3.99	445.211	0.000***

注:* 表示 $P<0.05$,** 表示 $P<0.01$,*** 表示 $P<0.001$。

首先,由表6-21可知,旅游社区增权负面感知型群体与正面感知型群体对旅游社区增权中的政治增权感知($P=0.000$)、社会增权感知($P=0.000$)、经济增权感知($P=0.000$)存在显著性差异,其原因如下。

① 月收入不同的居民的经济增权感知存在差异。正面感知型居民受访者在旅游社区经济增权方面的感知均值为3.99,负面感知型居民受访者的旅游社区经济增权感知为2.55,主要是由于收入较高的正面感知型群体个人收入较高,同时这类群体的家庭收入来源更多与旅游行业相关,因此,获得的旅游经济增权感知较为强烈,而负面感知型群体由于家庭收入与旅游

联系较少,并且自身的月收入也不高,所以会形成与正面感知型群体在经济增权感知上的显著差异。

② 居住时间不同的居民的社会增权感知存在差异。正面感知型居民受访者的社会增权感知(3.88)高于负面感知型居民受访者的相关感知(3.17),主要是由于负面感知型居民受访者在当地居住时间更长,且多为侗族居民,这类群体对社区中的社会结构转变具有更多的体会。在访谈中,这类居民表示,发展旅游后更多新进居民与游客进入社区,使原本单纯的基于亲缘、血缘的社会交往变得复杂,同时也出现了利益冲突。因此,两个群体在社会增权感知上有显著差异。

③ 职业不同的居民的政治增权感知存在差异。正面感知型居民受访者的政治增权感知(3.39)高于负面感知型居民受访者(2.21),主要是由于正面感知型居民受访者中国企员工、个体商人所占比例较高,能够从当地政府与旅游相关部门获得更多旅游发展信息,并且肇兴侗寨中的国企居民主要就职于景区中的旅游发展公司,对政治增权具有较高认知,而负面感知型居民群体主要为农民,参与旅游程度不深,对政治增权认知较低。因此,形成显著性差异。

④ 旅游参与程度不同的居民的整体增权感知存在差异。正面感知型居民受访者普遍的旅游增权感知均高于负面感知型居民受访者,出现此现象的主要原因是居民受访者与旅游发展之间的联系紧密程度不同,正面感知型居民职业、家庭收入来源、旅游参与程度均异于负面感知型居民,并且正面感知型居民具有高中、大学学历的比例更高,对权利、失权感与公平性认知程度更高。因此,两类居民对肇兴侗寨旅游社区增权的整体效应感知表现出显著性差异。

据此,相应的基于旅游增权的精准营销管理策略如下。

① 注重旅游经济收入的再分配策略。当地政府应该重视肇兴侗寨旅游经济收入在旅游企业、当地政府等进行初次分配后的社区再分配,一方面应该利用旅游发展创造更多就业机会,为参与旅游发展的居民创造直接的经济收入;另一方面则应该从社区居民的民生角度出发,利用对旅游收入的再分配保障居民的医疗、养老以及为居民提供创业投资扶持。

② 鼓励旅游社会交往的跨文化策略。肇兴侗寨旅游发展使社区中文化、人口结构、价值观、道德操守等方面出现多元化发展趋势,当地政府和旅游部门应该重视旅游者、侗族居民以及新进居民之间在旅游发展的背景下的跨文化交流,向不同的文化群体提供了解其他文化的平台,使社区适应多元文化在当地顺畅交流,并以此来降低不同文化群体在互动中的冲突,以旅游发展为共同目标,增强社区中不同群体的和谐交往关系。

③ 促进旅游产业结构的再调整策略。肇兴侗寨旅游发展促进当地的产业结构调整,旅游业开始成为支柱型产业,也促进了一部分当地居民开始从农业向旅游业转移。因此,当地政府和旅游部门应该利用旅游发展在劳动力转移方面的推动力,一方面利用旅游发展间接创造就业的效应,为社区居民创造更多间接就业机会,安置社区中的剩余劳动力;另一方面可以为传统的农业耕作增添旅游属性,形成代表侗族农业文化的旅游产品。

其次,旅游社区增权负面感知型群体与正面感知型群体对旅游社区心理增权感知不存在显著性差异($P=0.709$),其原因如下。

① 基于侗族传统文化受尊重的居民自尊心提升。肇兴侗寨旅游发展在突出以侗族文化

为核心吸引力的基础上,以旅游推广宣传为平台使侗族传统文化被外界更多地了解,加深了外界对侗族文化的认知程度。侗族居民在访谈中表示,本民族文化受到尊重在很大程度上提升了他们的民族自尊心,并且社区中全体居民都享受到了由于侗族文化在旅游领域中传播所带来的心理满足感,形成了较好的基于侗族文化认同的旅游社区心理增权感知。

② 基于社区旅游发展受赞誉的居民自豪感提升。有当地政府官员受访者表示,肇兴侗寨旅游发展后,当地政府和旅游部门对当地的基础设施、社区规划发展等方面进行人力和物力的投入,使景区内的空间与景观在维持原貌的同时,得到进一步的提升和保护,游客在进入景区进行旅游活动时获得了良好的旅游体验,游客对肇兴侗寨景区的较好评价促使全体社区居民对自己社区成员身份感到自豪,尤其是景区美誉度的提升,使居民们形成了对旅游发展的正面认知。

据此,相应的基于旅游增权的精准营销管理策略如下。

① 提升侗族文化资源的创造力策略。通过旅游发展弘扬和保护肇兴侗寨传统民族文化是当地政府和全体居民的共同任务,当地政府和旅游部门应该在维护民族传统文化原真性的同时,对侗族传统文化进行创新,尤其是需要利用旅游发展将侗族文化中受到时代局限性、制度局限性制约而表现得较为陈旧和落后的东西去除,提升居民对侗族传统文化价值的全面认知,利用多元化的解读视角来挖掘当地传统侗族文化,使其能够成为旅游产品创新的原动力。

② 建设侗族文化资源的软实力策略。肇兴侗寨的旅游发展良好符合全体社区居民的利益,对全体社区居民的心理增权具有重要作用。因此,当地政府和旅游部门应该重视对肇兴侗寨景区的软实力建设,从侗族文化的符号诠释、侗族文化的具体表现、侗族文化的历史演变等方面进行传统与现代模式结合的宣传,积极参加旅游业的会展和推介会,以侗族文化符号鲜明的形象获得需求市场的认可,提升景区的知名度与美誉度,形成良好的软实力竞争力。

第三节 居民对民族旅游社会资本感知的需求差异与精准营销

一、居民对民族旅游社会资本感知的细分需求差异与精准营销

(一)居民对民族旅游社会资本感知的民族细分需求差异、精准营销

不同民族居民对民族旅游社会资本感知的差异性分析结果如表6-22所示。

表6-22 不同民族居民对民族旅游社会资本感知的差异性分析

公因子	均值									F值	Sig
	侗族	苗族	水族	布依族	土家族	壮族	仫佬族	瑶族	汉族		
认知型感知	3.92	4.00	4.22	4.33	4.08	4.00	4.83	5.00	3.85	1.181	0.308
结构型感知	3.79	4.03	3.56	4.17	4.00	3.83	3.67	3.50	3.69	1.351	0.215
关系型感知	3.95	4.14	3.50	4.75	4.06	4.00	5.00	3.25	3.87	1.295	0.243

注:* 表示 $P<0.05$,** 表示 $P<0.01$,*** 表示 $P<0.001$。

由表 6-22 可知，不同民族的居民受访者对认知型（$P=0.308$）、结构型（$P=0.215$）、关系型（$P=0.243$）社会资本感知没有表现出显著性差异，其原因如下。

第一，居民对侗族传统社会资本的主流感知。虽然随着旅游的发展，越来越多其他民族的居民开始进入社区，但是侗族的文化、风俗习惯还是肇兴侗寨的主要部分；由于侗族存在着较为传统的以寨老、侗款制度为代表的社会结构，以血缘与亲缘为代表的关系网络，以祭祀与节庆为代表的认知特点，形成了肇兴侗寨中对居民社会资本不同维度的主流感知。因此，由于侗族居民占据多数，居民对社会资本的感知没有表现出显著差异性。

第二，居民对基于侗族文化核心地位的旅游交往。肇兴侗寨景区最受旅游者青睐的就是具有侗族特点的文化、景观、生活展现等方面，由于侗族特色仍是肇兴侗寨社区发展的主题与基调，并且在访谈中有居民受访者表示新进居民在肇兴侗寨还是以从事旅游业为主，所以其他民族的居民不论在主观上还是客观上都需要适应当地的侗族特色，以维护侗寨的主体特色。因此，不同民族的居民受访者对社会资本感知没有表现出显著性差异。

据此，相应的基于旅游社会资本的精准营销管理策略如下。

第一，善用旅游发展民族社会资本策略。肇兴侗寨中具有本民族特色的社会资本网络对居民生活与工作产生影响，对旅游发展也具有影响。因此，当地政府和旅游部门不仅需要深入了解寨老、侗款制度所形成的侗族社会资本的影响能力，更应该善用侗族特色社会资本来推动旅游发展和维护稳定社会关系，使利益相关者认清侗族社会资本的影响，增加各民族居民之间的理解和信任，利用各自的社会网络促进资源共享，推动社区及社区旅游的全面发展。

第二，基于侗族旅游资源的社会资本培育策略。肇兴侗寨旅游发展后，其独特的民族旅游产品受到旅游者的青睐，侗族的文化、生活、风俗等资源是景区核心竞争力。因此，当地政府和旅游部门应该在旅游宣传与推广中突出对侗族文化符号的现代解读，使游客能够对侗族原生态文化与居民生活状况具有一定的了解，同时也应该利用旅游资源开发与保护措施，培育基于旅游发展的新型侗寨社会资本，促进侗族居民、新进居民、游客建立个人层面的社会资本。

（二）居民对民族旅游社会资本感知的性别细分需求差异与精准营销

不同性别居民对民族旅游社会资本感知的差异性分析结果如表 6-23 所示。

表 6-23　不同性别居民对民族旅游社会资本感知的差异性分析

公因子	均值		F 值	Sig
	男	女		
认知型感知	3.91	3.94	0.461	0.497
结构型感知	3.78	3.81	0.208	0.648
关系型感知	3.96	3.95	0.047	0.829

注：* 表示 $P<0.05$，** 表示 $P<0.01$，*** 表示 $P<0.001$。

由表 6-23 可知，不同性别的居民受访者对认知型（$P=0.497$）、结构型（$P=0.648$）、关系型（$P=0.829$）社会资本感知不存在显著性差异，其原因如下。

第一,男女居民同样的侗族文化表征作用。不同性别的居民在肇兴旅游发展中都扮演着重要的角色,他们在肇兴侗寨中本身就具有代表侗族文化特色、风俗习惯的重要作用,并且其日常的生活、着装等都是侗族文化的具体表现。有受访者居民表示,侗族特色文化中传承下来的信任、和谐、规范等因素在创造重要旅游吸引力的同时,对男性与女性居民均具有重要的影响。因此,性别的不同不会对居民的认知型社会资本感知造成显著性差异。

第二,旅游从业使女性社区地位提高。在肇兴侗寨旅游发展后,参与旅游发展的女性比例增加,女性在社区中的地位不断地提升,并由此在社区中产生了基于旅游发展的新型社交关系网络。女性地位的提升使女性居民受到了更加公平的对待,有受访者居民表示在从事旅游工作以及承担旅游发展责任与义务层面女性举足轻重,女性与男性更为平等的网络结构形成后,两性居民对结构型社会资本、关系型社会资本具有同样深入的理解。

据此,相应的基于旅游社会资本的精准营销管理策略如下。

第一,利用两性社会资本促进旅游发展策略。肇兴侗寨不同性别的居民对社会资本促进旅游发展的认知程度较为一致。因此,当地政府和旅游部门应该结合不同性别居民所属社会网络的资源来共同提升旅游发展效率,一方面,利用男性居民有关关注政治、关注决策、关注发展的群体网络资源特点来助力旅游决策和旅游规划;另一方面,利用女性居民有关情感维系、同理心、细致审视等群体网络资源特点来增加旅游产品设计中的感情元素,提升旅游产品质量。

第二,基于女性居民社交网络完善旅游营销策略。肇兴侗寨旅游发展使女性更多地提供旅游相关服务,女性在创造个人价值的同时也提升了在社区中的地位。因此,当地政府和旅游部门应该重视女性居民与游客在旅游服务过程中的良好互动建立的社交关系网络,增加旅游市场营销中的情感关系元素,使游客在了解和接触旅游产品服务的整个过程获得情感和关系交往上的满足,在实现游客拓展交际的基础上,以情感维系来增加游客对景区的忠诚度。

(三)居民对民族旅游社会资本感知的婚姻状况细分需求差异与精准营销

婚姻状况不同的居民对民族旅游社会资本感知的差异性分析结果如表6-24所示。

表6-24 婚姻状况不同的居民对民族旅游社会资本感知的差异性分析

公因子	均值		F值	Sig
	单身	已婚		
认知型感知	3.85	3.98	6.796	0.009**
结构型感知	3.74	3.83	0.784	0.376
关系型感知	3.91	3.99	1.217	0.270

注:* 表示 $P<0.05$,** 表示 $P<0.01$,*** 表示 $P<0.001$。

首先,由表6-24可知,不同婚姻状况的居民受访者对认知型社会资本感知($P=0.009$)表现出显著性差异,其原因如下。

① 家庭生活经验与道德规范差异。已婚居民家庭生活中夫妻双方的相互信任与理解、

和谐关系、家庭归属感与事务的承担、婚姻生活的道德约束、对彼此的尊重与忠诚等因素是形成良好家庭氛围、维护家庭平稳发展的重要基础;在访谈中,已婚居民因家庭生活原因,审视肇兴侗寨旅游发展所需社会资本会与婚姻生活相联系。因此,婚姻状况不同的居民对认知型社会资本感知存在显著性差异。

② 处于不同人生阶段的居民对团队认知的差异。已婚的居民往往在年龄上更大,社会阅历与人生经验更加丰富,他们不仅对本社区、本民族有更加深入的认识,对肇兴侗寨具有更加强烈的归属感,尤其是看到肇兴侗寨旅游发展至今所取得的成绩,已婚受访者愈发认识到居民和谐程度、共享精神、团队合作、行为操守、道德准则对社区旅游发展的重要性。因此,婚姻状况的不同使居民对认知型社会资本感知形成显著性差异。

据此,相应的基于旅游社会资本的精准营销管理策略如下。

① 维护传统道德的约束性策略。肇兴侗寨旅游发展促进当地经济发展。封闭侗寨的对外开放使侗族传统的道德准则与信仰受到主流文化的冲击。因此,当地政府和旅游部门应该重视维护侗族传统道德准则对居民行为的约束,一方面利用旅游的文化保护效应使居民深入了解侗族道德准则对旅游发展原真性的重要作用;另一方面则应该配合社区公安部门对现代文明带来的犯罪行为予以杜绝和打击,创造安全的旅游氛围。

② 强调团队精神,共谋旅游发展策略。社会生活经历越丰富的居民越能够了解团队协作对其工作与家庭生活事务的重要性,因此,当地政府和旅游部门应该重视对社区居民团队精神的培养,不仅需要培养侗族居民与外来居民在旅游发展中的协作关系,平衡主客互动关系,同时也需要培养居民之间的互助精神。在政府引导下,从事旅游行业的居民应该为其他居民创造参与旅游的机会,形成居民互助的旅游产业链,增加全体居民与旅游的联系。

其次,不同婚姻状况的居民受访者对结构型($P=0.376$)、关系型($P=0.270$)社会资本感知没有表现出显著性差异,其原因如下。

① 社区居民都关注社区结构的改变。已婚的居民在工作中能够感受到不同组织成立后对当地旅游发展的影响,同时也看到外来人口迁入对当地居民家庭结构与文化结构的影响。单身的居民虽然年纪较轻,对于社会结构的认知不够深入,但是就其平时的生活而言,有受访者表示年纪轻的居民能够与不同文化背景的居民进行互动,在客观上也体会到肇兴侗寨中的社会结构变迁。因此,不同婚姻状况的居民对结构型社会资本感知没有表现出显著性差异。

② 社区居民共同体验了新型旅游关系。一方面,已婚的居民在旅游发展后能够从自身的职业、阅历、工作单位的不同角度体会到关系亲疏的重要性。在访谈中,有政府官员表示越来越多的居民视旅游为社区的共同事业,旅游的联动性使关系网络互动频率进一步增加;另一方面,单身的居民年纪较轻,对社区内由旅游发展所带来的新型关系互动具有较好的接受能力。因此,婚姻状况不同的居民对认知型社会资本感知不存在显著性差异。

据此,相应的基于旅游社会资本的精准营销管理策略如下。

① 扶持居民家庭整体参与旅游策略。肇兴侗寨旅游发展后当地居民的家庭成员或多或少与旅游具有联系。提升游客在景区内的停留时间也是下一步重要的发展方向。因此,当地政府与旅游部门应该鼓励当地居民以家庭为单位更多地参与旅游发展,不仅使家庭成

员之间具有共同事业,形成良好家庭氛围,更需要利用家庭成员在不同行业的从业经验与社会资本,成为能够满足游客食、住、行、游、购、娱的家庭旅游综合供应商,增加一站式旅游服务。

② 鼓励青年居民创新旅游关系策略。未婚居民比较年轻,能够更快地适应由旅游发展带来的社区结构变化,因此,当地政府和旅游部门应该鼓励年轻居民利用自身学习能力强、适应能力强的特点来建立和积累更具创造性和时代性的社会资本,尤其是鼓励年轻居民利用移动网络和互联网了解游客与潜在游客对景区旅游产品的评价和反馈,与游客之间形成共同建立的基于互联网的长期稳定关系网络,使游客能够在游览中体会到居民的关注和关心。

(四) 居民对民族旅游社会资本感知的年龄细分需求差异、精准营销

不同年龄居民对民族旅游社会资本感知的差异性分析结果如表6-24所示。

表6-25 不同年龄居民对民族旅游社会资本感知的差异性分析

公因子	均值					F值	Sig
	≤18岁	19~29岁	30~45岁	46~59岁	≥60岁		
认知型感知	3.87	3.85	3.97	4.07	4.19	4.015	0.003**
结构型感知	3.66	3.80	3.82	3.85	3.75	1.101	0.355
关系型感知	3.78	3.92	4.01	4.07	3.95	1.876	0.113

注:* 表示 $P<0.05$,** 表示 $P<0.01$,*** 表示 $P<0.001$。

首先,由表6-25可知,不同年龄的居民受访者对认知型社会资本感知($P=0.003$)表现出显著性差异,其原因如下。

① 基于生活经验的社会资本积累差异。年长的居民积累了丰富的生活经验,在侗族文化与习俗的长期熏陶下,往往更加尊重当地已经形成多年的行为准则与道德约束,这类受访居民对社区具有更多的归属感与信任感,长期的生活不仅使他们与社区之间的联系更加紧密,更加深了他们对其他居民的了解,与其他居民彼此之间的相互信任与支持使年龄较大的居民积累了更多社会资本。因此,年龄差异会使居民对认知型社会资本感知表现出显著性差异。

② 基于社区传统的社会资本接受差异。年轻的社区居民往往具有更好的教育背景,他们虽然普遍为初中与高中学历,但是在受过九年义务教育之后,接受了更多的主流文化并受到主流价值观的影响。同时,在访谈中有居民表示,由于互联网、移动终端设备在年轻居民中的普及,他们接触外界更多的新鲜事物,对外面的世界具有更多的憧憬与期望,对社区归属感的感知可能有所不同,因此,年龄不同的居民对认知型社会资本的感知表现出显著性差异。

据此,相应的基于旅游社会资本的精准营销管理策略如下。

① 推动年轻居民积累社会资本策略。社会资本的积累与对社会资本的认识与年龄具有正向关系,年轻居民的社会资本积累较少也造成他们对社会资本认知较低的事实。因此,当地政府和旅游部门应当推动肇兴侗寨中年轻人群体积累社会资本,一方面鼓励年长居民

与年轻居民之间进行交流,分享积累社会资本的经验,增加青年从事旅游的信心;另一方面则应该鼓励青年更多利用网络与社交媒体,从社区外部获得与旅游工作相关的社会资本积累。

② 维护侗族传统道德在旅游发展中的核心策略。认知型社会资本中所强调的规范、道德、态度以及信仰,在肇兴侗寨中具有明显的侗族传统文化烙印。因此,当地政府和旅游部门应该利用旅游发展与侗族特色社会资本之间的互动来维护侗族传统的道德规范与行为准则,对侗族传统文化进行保护与传承,使全体社区居民对侗族传统道德、信仰、价值观加以尊重,并以此来建立基于侗族传统的旅游发展观,为打造原真性强的侗族文化旅游景区作出贡献。

其次,不同年龄的居民受访者对结构型社会资本($P=0.355$)、关系型社会资本($P=0.113$)感知不存在显著性差异,其原因如下。

① 居民对旅游发展后社会网络改变的感知不同。不同年龄的居民在日常的工作与生活中,见证了各式各样的旅游机构进入社区参与旅游发展,也见证了社区内部孕育产生的与旅游服务活动相关的组织。在访谈中,有政府官员表示旅游发展促进了社区与外部的频繁交流,社区开始出现更多外来人口,社区人口结构也出现了变化,社会结构的变化是所有肇兴侗寨居民有目共睹的客观事实。因此,年龄差异不会造成居民对结构型社会资本的感知表现出显著性差异。

② 旅游发展中关系互动的常态化。有受访旅游机构人员表示,肇兴侗寨旅游发展促使各利益相关者开始建立新型关系,主要表现有:当地政府、旅游部门对侗寨旅游发展政策的制定与引导,基于血缘、亲缘关系的非正式组织对旅游发展的支持,居民在旅游发展中的互惠互助等。由于关系网络的重新建立与不同利益主体之间交往的常态化影响,不同年龄层的居民在各自的生活与工作中都能感受到不同利益主体的互动关系。因此,年龄差异并不会使居民对关系型社会资本感知表现出显著性差异。

据此,相应的基于旅游社会资本的精准营销管理策略如下。

① 推进传统社会资本促进旅游发展策略。肇兴侗寨中侗族居民传统的社会资本对社区事务、社区旅游发展仍具有重要的影响力。因此,当地政府和旅游部门应该结合侗族传统社会资本与旅游发展后所形成的新型社会资本,为旅游发展提供动力,一方面需要利用侗款制度来获得侗族居民对旅游发展的认可,获得传统社会资本的支持;另一方面则应该拓展不同社会资本在旅游发展背景下的互动渠道,将旅游作为社区共同事业来发展。

② 提升旅游关系网络互动,促进旅游开放策略。肇兴侗寨中不同年龄的居民形成了不同的社会关系网络,其网络成员所掌握的资源是促进旅游发展的重要源泉,因此,当地政府和旅游部门应该重视不同年龄居民所代表的社会网络掌握的不同资源,不仅需要侗族社会网络成员代表的侗族传统文化、道德规范、价值观等人文资源作为旅游发展的资源保障,而且也需要利用年轻社会网络成员接受新事物、新观念的特点,形成对肇兴侗寨旅游发展和市场营销的创新动力与渠道。

(五)居民对民族旅游社会资本感知的受教育程度细分需求差异与精准营销

受教育程度不同的居民对民族旅游社会资本感知的差异性分析结果如表 6-26 所示。

表 6-26　受教育程度不同的居民对民族旅游社会资本感知的差异性分析

公因子	均值					F 值	Sig
	≤小学	初中	高中/中专/技校	本科/大专	≥硕士		
认知型感知	4.01	3.93	3.95	3.84	3.03	3.201	0.013*
结构型感知	3.81	3.76	3.88	3.76	3.20	2.502	0.041*
关系型感知	3.99	3.94	3.96	3.98	3.40	0.702	0.591

注：* 表示 $P<0.05$，** 表示 $P<0.01$，*** 表示 $P<0.001$。

首先，由表 6-26 可知，具有不同受教育程度的居民受访者对认知型社会资本（$P=0.013$）、结构型社会资本（$P=0.041$）感知存在显著性差异，其原因如下。

① 拥有不同学历背景的居民对社会资本的认知差异。有受访政府官员表示，肇兴侗寨的旅游发展使社区中居民越来越认识到和谐的居民关系、诚信程度、相互信任、道德规范等因素的重要性。然而具有更高学历的居民更能够理解社区居民层面的传统文化、信仰、价值观，这些不仅是形成稳定和谐社区的重要基础，也是形成肇兴侗寨旅游吸引力的重要保障。因此，学历背景的差异会令居民对认知型社会资本感知产生显著性差异。

② 拥有不同学历背景的居民社会资本积累的差异。有受访政府官员表示，肇兴侗寨的嵌入式发展是社区居民日常所能见到的客观变化，然而具有较高学历背景的居民能够更加深入地了解社区结构变化对居民生活、社区发展、社区旅游的影响程度，特别是由社会文化结构变迁所形成的新型社会网络对旅游发展的影响。他们也能够利用自身的学历背景获得不同社会网络结构中的社会资本。因此，教育背景的不同会使居民对结构型社会资本感知表现出显著性差异。

据此，相应的基于旅游社会资本的精准营销管理策略如下。

① 通过教育提升居民社会资本认知策略。教育背景与居民对社会资本的认知联系紧密。因此，当地政府和旅游部门应该重视对社区居民社会资本认知程度的提高，一方面应该在突出强调侗族传统道德观、价值观、信仰为社区核心认知型社会资本的基础上，使全体社区居民了解侗族传统文化及其在旅游发展中的价值；另一方面则应该加强居民对旅游与社会资本互动关系认知的提升，使社区居民能够了解传统侗族社会资本对旅游发展的重要性。

② 通过教育促进居民积累社会资本策略。受教育程度越高，居民的社会资本积累也会越多，也越愿意参与社区旅游发展，对社会资本的认知程度也会越高。因此，当地政府和旅游部门应该积极将旅游发展后的收益投入肇兴侗寨的基础教育，使年轻居民能够尽早形成对社会资本的认知。同时，当地政府应利用旅游收益建立升学金制度，鼓励年轻居民接受更高程度的教育，使他们能够在求学阶段积累不同社会网络的社会资本，用于今后的人生与社区旅游发展。

其次，受教育程度不同的居民受访者对关系型社会资本感知（$P=0.591$）没有表现出显著性差异，其原因如下。

① 居民对稳定旅游关系网络的共同需求。虽然受教育程度不同的居民对社会资本的

认知会存在一定程度的差异,然而对于关系网络,却表现出需求的共同性与相似性,主要表现为不论教育背景如何,居民在肇兴侗寨中的生活与工作都离不开关系网络的建立与维护,这种关系网络不仅跨越了性别、年龄、职业,更跨越了学历背景的差异。有居民受访者在访谈中提到关系网络的社会资源对自身的重要性,可以看出居民对关系网络的共同需求特征。因此,教育程度不同不会使居民对关系型社会资本感知表现出显著性差异。

② 对旅游中和谐关系互动的共同认知。肇兴侗寨旅游发展后将旅游相关者的社会距离拉得更近,使关系互动更为频繁。旅游的发展在带动经济发展的同时,更增加了不同产业和行业的联动,尤其体现在将属于不同层面的交往关系网络的打破和重组,使肇兴侗寨中形成了一张以旅游发展为共同愿景的多层、多维度、多行动者的互嵌式关系网络。因此,处于相同关系网络的居民,不会因为教育背景的不同对关系型社会资本感知产生差异。

据此,相应的基于旅游社会资本的精准营销管理策略如下。

① 倡导居民适应旅游发展中的社会角色转变策略。肇兴侗寨旅游发展使当地学历背景不同的居民的社会角色出现转变,旅游的经济、文化、环境、社会效应是转变的重要因素。因此,当地政府和旅游部门应该对角色转变具有清晰的认识和规划,一方面要减小居民社会角色转变后对侗族社会交往准则的影响,避免侗族居民对旅游发展产生负面情绪;另一方面要利用居民角色转变所形成的旅游社交网络,以此号召具有关系资源、能发挥促进作用的居民从事旅游业。

② 注重应用高学历居民资源的策略。高学历背景的居民社会资本积累程度较深,并且其社会交往的范围也较广,往往在不同领域均有一定的资源。因此,当地政府和旅游部门应该注重高学历居民社会关系资源在旅游发展方面的作用,不仅需要鼓励这类居民更多地参与旅游,对旅游规划、决策以及政策制定发表意见与建议,更需要他们能够利用自身的社会关系资源,为社区居民的就业、生活质量提升、旅游发展提供支持。

(六) 居民对民族旅游社会资本感知的个人月收入细分需求差异与精准营销

个人月收入不同的居民对民族旅游社会资本感知的差异性分析如表 6-27 所示。

表 6-27　个人月收入不同的居民对民族旅游社会资本感知的差异性分析

公因子	均值						F 值	Sig
	≤1 000元	1 001~2 000元	2 001~3 000元	3 001~4 000元	4 001~5 000元	≥5 001元		
认知型感知	3.92	3.86	4.02	3.98	3.88	3.75	1.470	0.197
结构型感知	3.67	3.76	3.93	3.89	3.77	3.65	3.638	0.003**
关系型感知	3.85	3.93	4.03	4.08	3.95	3.83	1.633	0.149

注:* 表示 $P<0.05$,** 表示 $P<0.01$,*** 表示 $P<0.001$。

首先,由表 6-27 可知,个人月收入不同的居民受访者对结构型社会资本感知($P=0.003$)存在显著性差异,其原因如下。

① 个人月收入不同的居民的社会资本结构差异。肇兴侗寨中从事餐饮业、住宿业、纪念品制作与销售业的居民个人收入获得了显著的提升,促使更多的本地居民与外来人口以个人或

组织的形式参与当地的旅游发展,这也在一定程度上导致了社会结构的转变,也形成了社区原来没有的新型网络结构,所以收入较高的人会对结构型社会资本具有较深入的感知。因此,个人月收入不同的居民受访者对结构型社会资本的感知存在显著性差异。

② 个人月收入不同的居民的社会资本积累差异。有受访居民表示,肇兴侗寨社区中的收入两极化趋势较为明显。收入较高的居民成为社区旅游发展中的精英,其成功的经验与工作的经历成为其他居民急需学习的主要内容,收入较高的居民也会更加深入地认识到自身在旅游发展中的责任与义务,尤其是在信息传递与经验分享的过程中。因此,他们与收入较低的居民在结构性社会资本认知上会存在显著性差异。

据此,相应的基于旅游社会资本的精准营销管理策略如下。

① 鼓励不同收入群体的社会网络进行互动策略。肇兴侗寨旅游发展使社区中收入不同的居民群体开始建立不同的社会网络,现阶段不同社会网络在社区中的互动较为缺乏。因此,当地政府和旅游部门应该利用旅游发展对不同社会网络资本的需求,突出旅游作为全体社区居民共同事务的特点,使不同收入群体的社会网络相互了解,利用相互的网络所掌握的资源,在消除收入两极化产生的矛盾的基础上,共同促进旅游发展。

② 促进居民分享旅游创收经验策略。结构型社会资本体现了信息分享对居民收入提升的影响,明显的例子是旅游收入较高的居民能够获得更多不同社会网络的社会资本。因此,当地政府和旅游部门应该重视对肇兴侗寨中收入较低居民的技能培训,树立社区中的旅游创收精英典型,鼓励这类居民分享更多创收和旅游从业的经验与信息,使全体社区居民都能够通过积累不同社会网络中的社会资本,以此来获得更多提升个人收入的渠道。

其次,个人月收入不同的居民受访者对认知型社会资本感知($P=0.197$)、关系型社会资本感知没有表现出显著性差异($P=0.149$),其原因如下。

① 基于信任与和谐的成员身份认同。收入不同的居民受访者都对旅游发展所需要的社会资本因素具有正面的感知,尤其是诚信、道德规范、社区成员身份认同、对侗族独特文化的自豪感等因素,是受访居民重点强调的内容。同时,在旅游业发展进程中,除了居民之间的相互信任与和谐共处,居民对社区管理机构的信任与对社区决策的支持也会影响旅游发展。因此,收入不同的居民受访者对认知型社会资本感知没有表现出显著性差异。

② 旅游交往关系与居民收入提升。肇兴侗寨居民之间的关系、居民与旅游机构和政府部门的关系决定社区旅游未来发展方向,一方面,居民与社区内正式及非正式旅游相关机构的良好关系,能够促进旅游信息的共享;另一方面,由于发展旅游业造成了居民收入差异,居民在访谈中表示收入差异对原来居民间交往关系的改变,并开始对此形成共识,因此,收入差异不会令居民对关系型社会资本感知表现出显著性差异。

据此,相应的基于旅游社会资本的精准营销管理策略如下。

① 建立身份认同,提升个人收入策略。肇兴侗寨旅游发展的核心竞争力是当地社区原真性强的侗族传统文化以及表现形式,社区居民对于其社区身份的认同对提升个人收入具有重要促进作用。因此,当地政府和旅游部门应该利用社区社会、经济、文化、生活环境方面的进步,使全体成员对社区产生归属感,愿意为旅游发展承担义务。同时,应利用旅游发展为全体社区居民提供旅游领域的收入提升途径,形成居民与旅游发展间的良好关系。

② 重构旅游关系，促进共享社会资源策略。肇兴侗寨旅游发展后，社区中收入不同的居民间的社会关系资源相对独立，交往关系的复杂化也使居民在交往中出现矛盾和摩擦。因此，当地政府和旅游部门应该建立基于旅游发展的社会关系资源共享机制，一方面，鼓励收入较高的居民利用自己的能力为其他居民创造就业和分享社会关系资源的机会；另一方面，利用当地政府和旅游部门的外部关系社会资本，使社区内更多的居民能够提升旅游从业的能力，形成多赢局面。

（七）居民对民族旅游社会资本感知的职业细分需求差异与精准营销

职业不同的居民对民族旅游社会资本感知的差异性分析结果如表 6-28 所示。

表 6-28 职业不同的居民对民族旅游社会资本感知的差异性分析

公因子	均值													F 值	Sig
	国企	私企	个体	公务员	服务员	技术员	教师	学生	退休	主妇	工人	事业	农民		
认知型感知	4.08	3.78	3.95	3.94	3.88	3.60	3.82	3.67	3.17	4.07	4.07	3.79	3.97	1.840	0.034*
结构型感知	3.94	3.64	3.85	3.86	3.78	3.98	3.55	3.45	3.50	3.83	3.94	3.72	3.76	2.032	0.016*
关系型感知	4.17	3.96	3.97	4.11	3.97	3.96	3.97	3.61	3.00	3.96	3.97	3.84	3.92	1.483	0.117

注：* 表示 $P<0.05$，** 表示 $P<0.01$，*** 表示 $P<0.001$。

首先，由表 6-28 可知，职业不同的居民受访者对认知型社会资本（$P=0.034$）、关系型社会资本感知（$P=0.016$）存在显著性差异，其原因如下。

① 基于职业归属的社会资本认知差异。在访谈中，当地政府和旅游机构的受访者表示，在工作中实际感受到了认知型社会资本对团队的作用，所以他们对这类社会资本具有较深的感知。就职于私有部门的居民以及个体商人与农民对社会资本的认知存在一定差异，尤其体现在对相关道德规范、信任程度等对旅游的促进作用理解得并不深入。因此，职业不同的居民受访者对认知型社会资本感知具有显著性差异。

② 旅游发展对职业组织的重构。职业不同的居民受访者所构成的社会网络的密度与联系的频度存在着较大差异，所以对旅游发展后自身所在组织内部以及组织之间的结构改变具有差异性的认识；同时，当地政府人员在受访中提到，旅游发展使人口流动频繁、旅游企业进入当地，肇兴侗寨原本较为稳定与封闭的社会组织开始变革和重构，组织之间开始有了新的联系和交往。因此，不同职业的居民受访者对结构性社会资本感知具有显著性差异。

据此，相应的基于旅游社会资本的精准营销管理策略如下。

① 促进居民对社会资本的认知，提升居民职业获得感策略。社会资本的不可渡让性与非转移性的特点，决定了从事不同职业所获得的社会资本具有独特性。因此，当地政府和旅游部门应当在了解社会资本对旅游参与具有深远影响的基础上，解读与旅游业具有紧密联系的行业中的独特社会资本，促进居民形成基于旅游发展视角的社会资本认知，从不同行业的角度推动旅游发展，使居民能够在提高社会资本认知的前提下，共同促进肇兴侗寨旅游发展。

② 推动社会资本结构基于旅游重构的策略。肇兴侗寨旅游发展使当地社区居民在职业方面发生变化，进而形成了新型的社会网络结构。因此，当地政府和旅游部门应当对结构型社会资本重构的动力进行引导，尤其是对在旅游发展中缺乏从事旅游工作经验的居民进行社会

资本结构变革认知的方面教育,使其在利用原来工作中积累的社会网络关系的基础上,在旅游工作中获得更多关系网络的资源与支持,形成广泛接触旅游的动力。

其次,不同职业的居民受访者对关系型社会资本感知($P=0.117$)没有表现出显著性差异,其原因如下。

① 旅游从业对交往关系稳定的需求。不同职业的居民受访者在肇兴侗寨中从事着与旅游相关和不相关的工作维持生计,在日常的工作中已经形成了具有一定特点的关系基础。旅游发展后,居民受访者在访谈中表示越发意识到自己与管理部门、旅游机构、当地政府之间的紧密关系对旅游发展的重要性:一方面能够创造更多的经济收入,另一方面也能够促进社区关系的稳定。因此,不同职业的居民受访者对关系型社会资本感知没有表现出显著性差异。

② 侗族特有组织的影响。肇兴侗寨有别于普通社区,非政府组织对当地的居民关系的稳定性具有重要的作用,有受访者官员表示,几乎每个侗寨中都存在侗款制度,这一制度对当地居民的行为操守、相处模式,以及解决问题的方式都形成了长久且稳定的影响。因此,受寨款制度的影响,不同职业的居民受访者对关系型社会资本感知没有表现出显著性差异。

据此,相应的基于旅游社会资本的精准营销管理策略如下。

① 促进旅游发展中不同职业联动的策略。肇兴侗寨旅游发展带动了当地就业率的攀升,同时不同行业中的从业人员与旅游发展的联系愈发紧密。因此,当地政府和旅游部门应该重视对关系型社会资本的投入,一方面,应该突出旅游发展对社区发展以及各行业的促进作用,使不同行业的居民和组织之间建立稳定的交往关系;另一方面则应该由当地政府牵头建立旅游利益相关者之间的诚信准则保障制度,促进不同行业在旅游发展中形成互惠频率稳定的交往关系。

② 促进基于旅游发展的组织关系整合策略。肇兴侗寨中侗族传统居民组织、旅游企业组织、旅游从业人员组织对旅游的良性发展具有重要的意义。因此,当地政府和旅游部门应该引导社区中不同组织之间关系的整合,形成基于旅游发展的整合关系型社会资本,以此来提升社区旅游业的创造力,尤其是利用组织层面的社会交往关系获取社区发展外部动力资源,并以此来建立组织层面的信任合作关系,维护社区旅游发展的和谐稳定。

(八)居民对民族旅游社会资本感知的收入来源细分需求差异与精准营销

家庭收入来源不同的居民对民族旅游社会资本感知的差异性分析如表6-29所示。

表6-29 家庭收入来源不同的居民对民族旅游社会资本感知的差异性分析

公因子	均值				F值	Sig
	全部来自旅游业	一半及以上来自旅游业	一半及以下来自旅游业	来自非旅游业		
认知型感知	4.00	3.94	3.99	3.86	1.360	0.254
结构型感知	3.92	3.85	3.83	3.70	2.498	0.059
关系型感知	4.18	4.04	3.93	3.86	4.982	0.002**

注:* 表示 $P<0.05$,** 表示 $P<0.01$,*** 表示 $P<0.001$。

首先，由表 6-29 可知，收入来源不同的居民受访者对关系型社会资本感知（$P=0.002$）存在显著性差异，其原因如下。

① 不同居民家庭收入与旅游发展的关联差异。家庭收入较多来自旅游业的居民与旅游发展机构、当地政府、行业协会等具有更多的交往，形成行业的互动关系；同时，家庭收入更多来自旅游业的居民往往更愿意与具有相同属性的居民进行交往和互动，以此来促进旅游信息在彼此间的传递与共享。有居民受访者表示在亲朋好友之间的交往中更愿意分享旅游信息，对于关系网络的认识更深入。因此，收入来源不同的居民会对关系型社会资本感知表现出显著性差异。

② 居民基于家庭收入的社会关系交往差异。随着旅游发展的深入，肇兴侗寨居民在社会网络中的角色开始转变，社会网络也开始出现互助性与对立性。一方面，家庭收入更多来自旅游业的居民往往会获得更多的经济利益，使家庭收入较少来自旅游业的居民形成心理上的不平衡；另一方面，访谈中有一部分居民表示经济收入的不同造成居民感觉旅游经济收益分配不均，因而形成关系上的对立。因此，收入来源不同的居民对关系型社会资本感知存在显著性差异。

据此，相应的基于旅游社会资本的精准营销管理策略如下。

① 推动家庭式旅游联动策略。在肇兴侗寨旅游发展背景下，家庭收入与旅游业联系紧密意味着能够在旅游交往活动中获得更多的关系型社会资本。因此，当地政府和旅游部门应该加强社区居民与旅游业的联系，一方面通过为社区居民创造更多的旅游领域就业机会，使居民家庭成员中从事旅游工作的比例提升；另一方面也应该鼓励居民以家庭为单位来参与旅游发展，鼓励以农家乐、集食宿为一体的客栈、民宿形式来实现家庭式旅游联动。

② 帮扶贫困社区居民旅游从业策略。肇兴侗寨旅游发展使当地社会经济迅速发展，收入更多的社区家庭成员积累了来自不同社会网络的关系资源。因此，当地政府和旅游部门应该对社区旅游收益分配公平性提供政策法规的保障，在对门票收入进行分配的基础上，通过企业让利于民、政府投资于民的政策帮扶更多居民家庭成员接触和从事旅游行业。同时也应该基于居民在旅游中互动频繁的事实，使居民之间能够更多地进行互惠互利。

其次，收入来源不同的居民受访者对认知型（$P=0.254$）、结构型（$P=0.059$）社会资本感知不存在显著性差异，其原因如下。

① 基于侗族道德规范的诚信旅游发展。家庭的高收入更多来自旅游业的居民在收入增加的同时，更加意识到居民间和谐稳定的关系对社区平稳发展的重要性，并且也理解诚信与信任在提供旅游服务过程中的作用。而家庭收入较少来自旅游业的居民感受到经济收入不同导致的关系对立及其带来的负面效应，他们在访谈中也提出平等的居民关系在旅游从业中至关重要。因此，收入来源不同不会形成居民对认知型社会资本感知的显著性差异。

② 旅游社会网络改革创新的现实。随着互嵌式社区发展模式的影响效应扩大，肇兴侗寨居民也更加接受这种以侗族文化为主、包容多元价值观、由多种人口构成的社区结构。在访谈中有旅游机构人员表示，基于旅游发展所产生的管理机构、发展机构、参与机构的成立

和进入,使居民越来越接受旅游发展需要不同利益相关者共同参与的客观事实。因此,收入来源不同的居民对结构型社会资本感知不会产生显著性差异。

据此,相应的基于旅游社会资本的精准营销管理策略如下。

① 突出侗族道德,维护旅游原真策略。肇兴侗寨旅游发展离不开对侗族文化以及居民生活习俗原真性的展示。因此,当地政府和旅游部门应该对全社区居民进行侗族道德、价值观、信仰等方面的教育,一方面,能够使新进社区的居民深入了解侗族传统文化,与侗族居民一起保障旅游产品的原真性特点;另一方面,利用侗族传统文化中崇尚人地关系和谐、人际关系互动频繁、居民关系稳定的特点,提升社区居民诚信度与彼此信任度,为游客提供更好的服务。

② 倡导稳定关系,增加旅游收入策略。肇兴侗寨旅游发展使家庭收入与旅游发展联系更强的居民获得更多经济利益。同时,也导致不同社会网络群体之间的矛盾和对立。因此,当地政府和旅游部门应该首先提升社区居民对稳定社会网络关系重要作用的认知,不仅需要使居民们认识到稳定和谐的居民关系对旅游发展的促进作用,更需要以此来打破由于利益的矛盾与对立使社会资本不能够在不同社会网络中流动的局面,形成提升家庭收入的社会资本通路。

(九) 居民对民族旅游社会资本感知的居住时间细分需求差异与精准营销

居住时间不同的居民对民族旅游社会资本感知的差异性分析结果如表6-30所示。

表6-30 居住时间不同的居民对民族旅游社会资本感知的差异性分析

公因子	均值					F值	Sig
	≤1年	1~3年	4~6年	7~9年	≥10年		
认知型感知	3.87	3.87	3.85	3.88	3.95	0.593	0.668
结构型感知	3.71	3.71	3.79	3.76	3.82	1.097	0.357
关系型感知	3.93	3.98	3.97	3.79	3.96	0.587	0.672

注:* 表示 $P<0.05$,** 表示 $P<0.01$,*** 表示 $P<0.001$。

由表6-30可知,居住时间不同的居民受访者对认知型($P=0.668$)、结构型($P=0.357$)、关系型($P=0.672$)社会资本感知不存在显著性差异,其原因如下。

第一,旅游促进社会资本的社区融合。肇兴侗寨景区中侗族居民作为一直生活在社区内的主体居民,越来越多地直接或间接地参与旅游的发展。在访谈中,有居住时间较短的新进居民表示,进入肇兴侗寨的目的以从事旅游业相关的工作为主,因此,参与旅游发展的客观事实使社区居民对旅游良性发展所需要的因素具有较为一致的认识。因此,居住时间不同的居民对社会资本的认知型、结构型感知不存在显著性差异。

第二,旅游促进社区身份的明确归属。有受访政府官员表示,侗族居民基于侗族文化、习俗、规范、信仰等,形成了较为稳定的关系网络;旅游发展后新进的居民,努力适应当地的侗族文化,并很快融入当地的关系网络。一方面,新进居民对侗族文化与当地网络的接受与适应,使肇兴侗寨关系网络形成稳定性;另一方面,社区当中的关系网络变得更具包容性与开放性。因此,居住时间的长短不会使居民对关系型社会资本感知表现出显著性差异。

据此,相应的基于旅游社会资本的精准营销管理策略如下。

第一,保障社会资本,共襄旅游发展策略。肇兴侗寨旅游发展使当地社区互嵌式发展特点明显,基于旅游的发展,属于不同社会网络的居民联系与互动频繁。因此,当地政府和旅游部门应该重视旅游发展后社区不同网络关系的互动及其能够促进旅游发展的社会资本,对社区全体成员进行以旅游为共同奋斗事业的宣导,积极促进不同社会网络之间的了解与共融,凝聚旅游发展的社会资本动力,利用旅游的关联性增加社区中原始社会资本的开放性与包容性。

第二,明确社区归属,提升旅游认知策略。肇兴侗寨旅游发展使当地社区的概念更加显著。因此,当地政府和旅游部门应该更加重视提升居民对社区归属感的认识,通过旅游发展联系不同群体的居民共同参与旅游工作,使原本社区成员对"侗族人"身份归属认识尽快转变为"肇兴人"的身份归属认识,此举不仅是适应肇兴侗寨社区互嵌式发展的具体措施,而且是利用肇兴侗寨旅游发展吸引更多致力于从事民族旅游的非社区居民进入社区的保障。

(十)居民对民族旅游社会资本感知的参与程度细分需求差异与精准营销

旅游参与程度不同的居民对民族旅游社会资本感知的差异性分析结果如表6-31所示。

表6-31 不同旅游参与程度居民对民族旅游社会资本感知的差异性分析

公因子	均值		F值	Sig
	正参与旅游	未参与旅游		
认知型感知	3.93	3.92	0.528	0.468
结构型感知	3.83	3.75	1.357	0.244
关系型感知	4.03	3.85	13.374	0.000***

注:* 表示 $P<0.05$,** 表示 $P<0.01$,*** 表示 $P<0.001$。

首先,由表6-31可知,在旅游中具有不同参与程度的居民受访者对关系型社会资本感知($P=0.000$)表现出显著性差异,其原因如下。

① 不同居民基于旅游参与程度的社会资本认识差异。正在参与肇兴侗寨旅游发展的居民对关系型社会资本的感知更为深入。一方面,在日常的旅游服务工作中,这部分居民有更多与当地政府、旅游企业、旅游组织以及同样参与旅游业的居民的接触与互动机会,能感受到良好的关系的重要性;另一方面,有居民在访谈中表示,在经济利益的驱使下,原来稳定和谐的关系开始出现破裂。因此,旅游参与程度不同的居民对关系型社会资本感知具有显著性差异。

② 基于是否参与旅游的亲疏关系视角差异。有受访政府官员表示,没有参与肇兴侗寨旅游发展的居民对关系型社会资本感知的视角和态度与参与旅游发展的居民有所不同。一方面,这类居民的生活和工作与旅游的相关性较弱,对社区中产生的新型关系网络影响力的认知不深;另一方面,由于家庭收入与旅游联系较少,这类居民开始对新型关系网络表现出反感态度,尤其体现为互动频率的降低。因此,旅游参与程度不同的居民对关系型社会资本感知存在显著性差异。

据此,相应的基于旅游社会资本的精准营销管理策略如下。

① 鼓励居民旅游参与，维护社区和谐策略。肇兴侗寨中越来越多的居民开始从事旅游工作，从旅游工作中获得更多收益，这类居民与没有参与旅游工作的居民之间也产生一些矛盾。因此，当地政府和旅游部门应该在重视为社区居民创造更多旅游就业机会的同时，强调社区居民间稳定和谐关系对旅游发展的重要作用，不仅要利用合理明确的旅游收益分配政策保障全体社区居民分享旅游发展成果的权利，同样也需要鼓励旅游参与程度不同的居民群体进行沟通与互助。

② 加深主客了解，平衡多元文化策略。旅游参与程度较高的居民与旅游者接触的机会更多，由此会产生基于文化、利益、价值观等方面的碰撞。因此，当地政府和旅游部门应该重视主客关系良性互动的意义，一方面对社区居民进行旅游服务工作的诚信教育，使旅游者能够获得称心如意的旅游体验，减少主客互动之间基于利益的矛盾；另一方面也需要鼓励居民更多地了解社区中存在的不同文化，使他们在主客互动中增加彼此间的尊重与了解，形成良好主客互动。

其次，旅游参与程度不同的居民受访者对认知型（$P=0.468$）、结构型（$P=0.244$）、社会资本感知没有表现出显著性差异，其原因如下。

① 居民普遍渴望参与旅游的客观事实。肇兴侗寨中旅游参与程度较高的居民对影响旅游良性发展的社会资本因素具有基于实践与经验的理解。同时，没有参与旅游发展的居民在看到参与旅游的居民生活质量的提高、社会地位的提高后，对于参与旅游业产生了一定的向往。访谈中没有参与旅游的居民受访者表示也想有途径来从事旅游业。因此，旅游参与程度不同不会使居民对认知型社会资本感知产生显著差异性。

② 旅游社会资本结构的开放性。肇兴侗寨中参与旅游的居民与各利益相关者共同构成了全域旅游下的新型网络结构，他们对结构型社会资本拥有深入的认识。在访谈中，有旅游从业者表示没有参与旅游的居民带着原真性、民族性的特色，表现出对旅游参与机会的渴望，而开放性的新型网络结构更容易接受新的行动者。因此，旅游参与程度的不同不会使居民对结构型社会资本感知表现出显著性差异。

据此，相应的基于旅游社会资本的精准营销管理策略如下。

① 利用参与向往，鼓励积累社会资本策略。大多数肇兴侗寨居民表现出参与当地旅游发展的愿望。因此，当地政府和旅游部门应该对此情况作出积极响应，一方面，应该为尚未从事旅游工作的居民创造更多旅游就业机会，并与当地旅游企业一起在招聘员工方面适度向本社区居民倾斜；另一方面，更应该为已经从事旅游工作的居民提供参与旅游决策、旅游规划的途径，不仅重视他们对旅游发展的反馈，更需要整合不同居民的社会资本来促进旅游发展。

② 开放旅游关系网络，拓宽资源渠道策略。肇兴侗寨旅游发展使当地侗族传统社会资本及其关系网络展现出开放性。因此，当地政府和旅游部门应该利用旅游发展在当地社区构成的新型社会网络，一方面，积极引导社区中侗族居民利用其自身的文化、环境、社区关系等资源，突出侗族文化在景区中的核心地位；另一方面，应该积极引导旅游者以及新进社区居民分享其不同社会关系中的资源，从拓宽社会资本获得渠道的角度来凝聚旅游发展的合力。

二、居民对民族旅游社会资本感知的需求差异相关性与精准营销

居民民族旅游社会资本感知的相关性分析如表 6-32 所示。

表 6-32 居民民族旅游社会资本感知的相关性分析

属性	代码	相关性	认知型感知	结构型感知	关系型感知
职业	R1	相关系数	0.009	−0.065	−0.070*
	R2	偏相关系数	−0.026	0.003	−0.025
民族	R1	相关系数	0.007	0.013	0.001
	R2	偏相关系数	0.027	−0.017	−0.062
收入	R1	相关系数	−0.025	0.116*	0.047
	R2	偏相关系数	−0.004	0.064	0.001
年龄	R1	相关系数	0.112**	0.009	0.085*
	R2	偏相关系数	0.068	−0.015	0.096**
受教育程度	R1	相关系数	−0.088*	0.050	−0.088
	R2	偏相关系数	−0.057	−0.007	−0.017
居住时间	R1	相关系数	0.056	0.080*	−0.008
	R2	偏相关系数	0.019	0.069*	−0.050
收入来源	R1	相关系数	0.019	0.101**	0.125**
	R2	偏相关系数	0.028	0.066	0.071*
是否参与旅游	R1	相关系数	−0.032	0.042	0.127**
	R2	偏相关系数	−0.032	−0.011	0.072*
婚姻状况	R1	相关系数	0.093**	0.031	0.035
	R2	偏相关系数	0.022	0.010	−0.033
性别	R1	相关系数	0.022	0.016	0.003
	R2	偏相关系数	0.030	0.026	−0.001

注：* 表示 $P<0.05$，** 表示 $P<0.01$，*** 表示 $P<0.001$。

为了能够直观地探寻居民受访者背景属性变量与社会资本感知的 3 个公因子之间的关系，本研究将利用偏相关分析，将其他属性变量控制后，展示该属性变量与各公因子的关系及相互之间的影响程度。

首先，由表 6-32 可知，在控制了其他属性变量的影响后，职业、民族、收入、受教育程度、婚姻状况、性别与社会资本感知的 3 个公因子之间没有显著性的关系，说明在单因素方差分

析中所显示出的显著性，是受到其他属性变量的影响。因此，可以说上述属性变量并不是影响居民感知社会资本的重要因素，其原因如下。

① 侗族传统社会资本的主导地位。由肇兴侗寨侗族传统文化中的价值观、道德、信仰、行为准则、亲缘关系、侗款制度等所构成的传统社会资本具有明显的主导地位，侗寨发展民族旅游的核心资源就是侗族文化在现代化背景中的表现。在访谈中，有旅游从业人员表示文化的原真性与旅游资源的原生态是吸引旅游者到访的重要因素，明确了侗族传统社会资本在旅游发展中的作用。因此，民族、性别不是影响居民受访者旅游社会资本感知的重要因素。

② 旅游关联造成的社会网络的结构变化。肇兴侗寨旅游发展使当地社会、人口结构转变，促使当地居民的社会网络发生变化，侗族居民与旅游者、新进居民、旅游企业等利益相关者都拥有不同的社交网络，但旅游的发展使全体社区居民原本相对独立的社交网络开始出现互动与联系。有政府官员在访谈中表示，各行业之间基于旅游发展的相互联系更为稳定与长期。因此，受教育程度、职业不是影响居民受访者旅游社会资本感知的重要因素。

③ 居民对旅游发展中社会关系的普遍适应。肇兴侗寨的旅游发展拓展了居民的社会关系网络，当地政府与居民的关系、居民与企业的关系、收入不同的居民之间的关系、社会地位不同的居民之间的关系等都由于旅游发展开始展现出更多的连接点。在访谈中，有政府官员表示，旅游发展是全体社区居民共同事业的理念愈发深入人心，全体社区居民也越来越愿意分享关系资源，用于更好地发展旅游。因此，个人收入、婚姻状况等不是影响居民受访者社会资本感知的重要因素。

据此，相应的基于旅游社会资本的精准营销管理策略如下。

① 维护侗族传统社交网络策略。肇兴侗寨旅游发展不能脱离具有重要影响力的侗族传统社交网络。因此，当地政府和旅游部门应当重视利用侗族传统社交网络来促进旅游发展，不仅需要尊重和维护侗款制度、节庆节事传统、亲缘关系，以此来增加侗族居民对旅游发展支持，而且需要利用旅游发展来更好地展现侗族独特社会资本在旅游产品中的表现能力，使旅游者能够有机会在节庆、议事、习俗等传统活动接触侗族文化，提升旅游者对侗族文化的正面认可。

② 重视旅游职业规划与社会资本积累策略。肇兴侗寨旅游发展为当地居民创造了更多的就业机会，职业的共同属性也会成为社会资本积累的重要途径。因此，当地政府和旅游部门应该重视对居民旅游职业生涯规划的帮助，明确在旅游领域中获得个人收入提升与在组织中晋升的路径，并且也应该利用旅游从业技能培训、旅游发展学习讲座等形式来为居民提供基于共同学习的社会资本积累平台，拓展居民的社会资本网络渠道，使旅游发展获得更多的动力支持。

③ 基于旅游实践的社会资本参与策略。肇兴侗寨旅游利益相关者的共同参与和协作，是保障当地民族旅游发展和社区发展的重要基础。因此，当地政府和旅游部门应该重视推动旅游非政府组织在社区中的成立，通过代表居民、政府旅游部门、企业、学者、旅游者等不同利益相关者的第三方组织的旅游参与，一方面形成对旅游决策规划与旅游实际发展的监督，另一方面使不同社会网络掌握的资源汇聚，形成促进旅游发展的合力。

其次，在控制了其他属性变量后，年龄、居住时间、收入来源、是否参与旅游等属性变量与社会资本感知的公因子出现显著的相关关系,其原因如下。

① 基于不同年龄与阅历的认知差异。年龄大小与关系型社会资本感知之间存在显著的正相关关系($R^2=0.096$),主要是因为年龄不同的人对社区中的关系网络的认知存在差异,尤其是年龄较大的居民更加赞同旅游利益相关者之间的良好关系对肇兴侗寨旅游发展的正面作用,主要体现在各利益主体之间的互惠频度、正式组织与非正式组织在旅游发展上所表现的支持态度。因此,社会经验与阅历的积累与居民对社会资本的感知之间具有重要关系。

② 基于不同居住时间的旅游网络感知差异。居住时间的长短与结构型社会资本感知之间存在显著的正相关关系($R^2=0.069$),主要是因为在肇兴侗寨居住时间越长的居民越能够看到由旅游发展所带来的社区结构变迁,主要体现在肇兴侗寨的人口流动、文化多元、旅游组织进入等方面。同时,在访谈中,新进居民表示虽然希望快速融入当地,但对社区人口、社会结构没有深入体会。因此,对旅游发展的见证是居民理解社区变革的重要因素。

③ 家庭收入来源不同的居民旅游互动程度存在差异。居民家庭收入与旅游相关性的强弱与关系型社会资本感知之间存在显著的正相关关系($R^2=0.071$),主要是因为家庭收入更多来自旅游业的居民会对旅游活动中的居民与组织、组织与组织之间的关系具有更深入的理解。同时,有居民在访谈中表示家庭成员之间会对旅游活动进行分享和探讨,由此也产生了基于旅游发展的新型关系网络。因此,家庭收入与旅游的联系紧密程度能够影响居民对社会资本的理解。

④ 基于不同旅游关联程度的社交关系积累差异。是否参与旅游与关系型社会资本感知之间存在显著的正相关关系($R^2=0.072$),主要是因为从事旅游相关工作的居民对当地政府、旅游企业、居民与肇兴侗寨旅游良性发展之间的关系具有更为直观的了解,尤其是在工作中的经验积累,能够帮助居民认识到旅游发展后行动者网络关系的变化。同时,参与旅游的居民也更加注重建立和维护网络关系。因此,旅游参与程度能够影响居民对关系型社会资本的认识。

据此,相应的基于旅游社会资本的精准营销管理策略如下。

① 基于年龄阅历的差异化旅游网络建立策略。在肇兴侗寨旅游发展促进社区中出现代表不同居民利益的社会资本网络的同时,侗寨形成了以旅游为核心的社会资本网络。因此,当地政府和旅游部门应该积极利用旅游发展的联动性,以旅游社会资本网络来汇聚来源不同的社会资本,尤其是考虑阅历丰富的居民社会资本积累较多的事实,鼓励其投身到旅游发展工作中。同时,也应对年轻居民进行社会资本认知的宣导,帮助其建立基于旅游发展的社会资本网络。

② 基于旅游参与的差异化社会资本积累策略。当地政府和旅游部门应该对全体社区居民进行差异化的社会资本积累帮助。一方面,鼓励已有社会资本积累的居民在利用社会资本发展自身旅游事业的基础上,向其他愿意从事旅游工作的居民分享关系网络与从业经验;另一方面,当地政府和旅游部门也应该利用与外部社会资本的联系,增加对未从事旅游工作居民的培训与教育,从而帮助他们形成旅游社会资本积累的基础,为他们日后从事旅游工作增加信心。

③ 基于文化资本多元化的关系营销策略。肇兴侗寨旅游发展后文化结构的多元化是客观事实。同时,文化差异也造成了旅游交往关系中的矛盾,因此,当地政府和旅游部门应该正视利用关系营销的理念来推动基于文化差异的社会资本积累。一方面,突出侗族文化在旅游发展中的核心资源地位,使侗族居民、新进居民之间形成更深入的了解,促进长期合作关系的产生;另一方面,加强对旅游者进行侗族文化原真性宣传,提升旅游者对侗族文化的亲近程度。

三、居民对民族旅游社会资本感知的需求差异聚类性与精准营销

(一)不同民族旅游社会资本感知居民聚类的社会学人口统计分析

不同居民聚类群体对民族旅游社会资本感知的社会人口统计学差异特征如表6-33所示。

表6-33 不同居民聚类群体对民族旅游社会资本感知的社会人口统计学差异特征

统计项	构成及其对应的赋值	聚类群体1 关系注重型($N=339$)			聚类群体2 结构敏感型($N=286$)			聚类群体3 中立支持型($N=210$)		
		频数	频率(%)	均值	频数	频率(%)	均值	频数	频率(%)	均值
民族	1=侗族	293	86.44	1.65	239	83.57	1.74	183	87.14	1.81
	2=苗族	17	5.02		23	8.04		4	1.90	
	3=水族	1	0.29		0	0.00		2	0.95	
	4=布依族	2	0.59		0	0.00		0	0.00	
	5=土家族	2	0.59		1	0.35		1	0.48	
	6=壮族	1	0.29		0	0.00		0	0.00	
	7=仫佬族	1	0.29		0	0.00		0	0.00	
	8=瑶族	0	0.00		0	0.00		1	0.48	
	9=汉族	22	6.49		23	8.04		19	9.05	
性别	1=男	163	48.08	1.44	156	54.55	1.44	112	53.33	1.61
	2=女	176	51.92		130	45.45		98	46.67	
婚姻	1=单身	124	36.58	1.65	112	39.16	1.64	91	43.33	1.51
	2=已婚	215	63.42		174	60.84		119	56.67	
年龄	1=18岁及以下	26	7.67	2.49	21	7.34	2.69	25	11.90	2.45
	2=19~29岁	130	38.34		128	44.76		94	44.76	
	3=30~45岁	138	40.72		104	36.36		69	32.86	
	4=46~59岁	38	11.21		27	9.44		16	7.62	
	5=60岁及以上	7	2.06		6	2.10		6	2.86	

(续表)

统计项	构成及其对应的赋值	聚类群体1 关系注重型($N=339$)			聚类群体2 结构敏感型($N=286$)			聚类群体3 中立支持型($N=210$)		
		频数	频率(%)	均值	频数	频率(%)	均值	频数	频率(%)	均值
受教育程度	1＝小学及以下	48	14.16	2.71	46	16.08	2.33	29	13.81	2.25
	2＝初中	149	43.95		110	38.47		91	43.33	
	3＝高中/中专/技校	84	24.78		86	30.07		50	23.81	
	4＝大学本科/大专	57	16.81		42	14.69		38	18.10	
	5＝硕士及以上	1	0.30		2	0.69		2	0.95	
收入	1＝1 000元及以下	85	25.07	3.12	56	19.58	2.46	61	29.05	2.57
	2＝1 001～2 000元	71	20.94		70	24.48		52	24.76	
	3＝2 001～3 000元	84	24.79		66	23.08		44	20.95	
	4＝3 001～4 000元	62	18.29		57	19.93		17	8.10	
	5＝4 001～5 000元	27	7.96		24	8.38		21	10.00	
	6＝5 001元及以上	10	2.95		13	4.55		15	7.14	
职业	1＝国企职员	38	11.22	7.49	21	7.34	7.11	15	7.14	4.49
	2＝私企职员	18	5.31		11	3.84		8	3.80	
	3＝个体商人	88	25.96		96	33.57		61	29.05	
	4＝公务员	19	5.60		10	3.50		9	4.29	
	5＝服务人员	33	9.73		23	8.04		20	9.52	
	6＝专业技术人员	5	1.47		12	4.20		3	1.43	
	7＝教师	7	2.06		4	1.40		6	2.86	
	8＝学生	16	4.72		11	3.84		16	7.62	
	9＝退休人员	0	0.00		1	0.35		0	0.00	
	10＝家庭主妇	13	3.84		7	2.44		8	3.81	
	11＝工人	13	3.84		12	4.20		9	4.29	
	12＝事业单位职员	10	2.95		14	4.90		8	3.81	
	13＝农民/渔民	79	23.30		64	22.38		47	22.38	
家庭收入来源	1＝全部来自旅游业	40	11.80	2.68	29	10.14	3.16	12	5.71	3.10
	2＝一半及以上来自旅游业	88	25.96		81	28.32		41	19.52	
	3＝一半及以下来自旅游业	94	27.73		69	24.13		51	24.29	
	4＝来自非旅游业	117	34.51		107	37.41		106	50.48	

(续表)

统计项	构成及其对应的赋值	聚类群体1 关系注重型(N=339)			聚类群体2 结构敏感型(N=286)			聚类群体3 中立支持型(N=210)		
		频数	频率(%)	均值	频数	频率(%)	均值	频数	频率(%)	均值
在当地居住时间	1=1年以下	26	7.67	4.39	24	8.39	3.88	24	11.43	4.13
	2=1～3年	42	12.39		29	10.14		28	13.33	
	3=4～6年	18	5.31		19	6.64		8	3.81	
	4=7～9年	8	2.36		12	4.20		6	2.86	
	5=10年及以上	245	72.27		202	70.63		144	68.57	
是否参与社区旅游发展	1=是	209	61.65	1.49	170	59.44	1.42	111	52.86	1.47
	2=否	130	38.35		116	40.56		99	47.14	

本研究对居民受访者旅游社会资本感知进行聚类后的结果如表6-33所示,第一类居民受访者为关系注重型群体,包含339位居民受访者;第二类为结构敏感型群体,包含286位居民受访者;第三类为中立支持型群体,包含210位居民受访者。本研究通过对不同居民受访者聚类群体社会人口统计学变量的均值比较,发现如下特点。

第一,旅游社会资本感知关系注重型群体的社会人口统计学特征。该群体侗族居民所占比例最高,为86.44%,其次为汉族居民(6.49%)和苗族居民(5.02%);其中女性居民比例(51.92%)高于男性居民比例(48.08%);同时已婚的居民所占比例(63.42%)也高于单身的居民(36.58%);年龄分布中最多的是30～45岁居民群体,为40.72%,其次为19～29岁(38.34%)、46～59岁(11.21%);初中学历是这类居民群体最主要的学历背景,占比为43.95%,高中/中专/技校(24.78%)、大学本科/大专(16.81%)、小学及以下(14.16%)位列第2～4位;从个人月收入角度来看,1 000元及以下居民人数所占比例最高(25.07%),其后依次为2 001～3 000元(24.79%)、1 001～2 000元(20.94%)、3 001～4 000元(18.29%)、4 001～5 000元(7.96%)、5 001元及以上(2.95%);这类居民主要为个体商人,占比为25.96%,农民(23.30%)、国企职员(11.22%)、服务人员(9.73%)分列第2～4位;这类居民中,家庭收入来源与旅游无关的所占比例最高,为34.51%,全部来自旅游业(11.80%)、一半及以上来自旅游业(25.96%)、一半及以下来自旅游业的(27.73%)分列第2～4位;从在当地居住时间来看,居住10年以上的居民所占比例最高,为72.27%,其次为1～3年(12.39%)、1年以下(7.67%),其中有61.65%的居民正在参与当地旅游发展,占这类群体的绝大部分。

第二,旅游社会资本感知结构敏感型群体的社会人口统计学特征。该群体中侗族居民所占比例最高,为83.57%,汉族居民与苗族居民具有相同的所占比(8.04%);男性居民占比(54.55%)高于女性居民(45.45%);已婚居民所占比(60.84%)也高于单身居民(39.16%);从年龄结构来看,19～29岁的居民所占比例最高,为44.76%,其次为30～45岁(36.36%)、46～59岁(9.44%);初中学历是这类居民主要的学历背景,占比为38.47%,高中/中专/技校

(30.07%)、小学及以下(16.08%)、大学本科/大专(14.69%)位列2~4位;1 001~2 000元是居民个人月收入所占比例最高,为24.48%,其后依次为2 001~3 000元(23.08%)、3 001~4 000元(19.93%)、1 000元及以下(19.58%)、4 001~5 000元(8.38%)、5 001元及以上(4.55%);个体商人是这类居民主要的职业,占比为33.57%,农民(22.38%)、服务人员(8.07%)、公务员(7.34%)占比分列2~4位;大多数这类居民的家庭收入与旅游业无关,所占比例为37.41%,一半及以上来自旅游业(28.32%)、一半及以下来自旅游业(24.13%)、全部来自旅游业(10.14%)的位列2~4位;从在当地居住时间来看,70.63%的居民受访者在当地居住10年以上,其后为1~3年(10.14%)、1年以下(8.39%)、4~6年(6.64%);正在参与社区旅游发展的居民所占比例最高,为59.44%,尚未参与的居民所占比例最少,为40.56%。

第三,旅游社会资本感知中立支持型群体的社会人口统计学特征。该群体中侗族居民占比最高,为87.14%,汉族居民所占比例位列第2位(9.05%);男性居民占比(53.33%)高于女性居民(46.67%),已婚居民所占比(56.67%)也高于单身居民(43.33%);从年龄分布来看,19~29岁的居民所占比例最高,为44.76%,其后为30~45岁(32.86%)、18岁及以下(11.90%);初中学历是这类居民主要的学历背景(43.33%),高中/中专/技校(23.81%)、大学本科/大专(18.10%)、小学及以下(13.81%)位列2~4位;29.05%的居民个人月收入在1 000元及以下,其后依次为1 001~2 000元(24.76%)、2 001~3 000元(20.95%)、3 001~4 000元(8.10%)、4 001~5 000元(10.00%)、5 001元及以上(7.14%);个体商人是这类居民主要的职业,占比为29.05%,农民(22.38%)、服务人员(9.52%)、国企职员(7.14%)分列2~4位;50.48%的居民家庭收入来源与旅游业无关,其后依次为一半及以下来自旅游业(24.29%)、一半及以上来自旅游业(19.52%)、全部来自旅游业(5.71%);在此地居住10年以上的居民所占比例最高,为68.57%,1~3年(13.33%)、1年以下(11.43%)分列2~3位;52.86%的居民正参与当地旅游发展,47.14%的居民尚未参与当地旅游发展。

(二) 不同民族旅游社会资本感知居民聚类差异性分析

不同居民聚类群体对民族旅游社会资本感知的差异性分析结果如表6-34所示。

表6-34 不同居民聚类群体对民族旅游社会资本感知的差异性分析

公因子	聚类群体1 关系注重型	聚类群体2 结构敏感型	聚类群体3 中立支持型	F值	Sig
认知型感知	4.17	3.78	3.74	41.541	0.000***
结构型感知	3.87	4.16	3.18	353.966	0.000***
关系型感知	4.49	3.82	3.29	441.038	0.000***

注:* 表示$P<0.05$,** 表示$P<0.01$,*** 表示$P<0.001$。

由表6-34可知,不同居民受访者聚类群体对民族旅游社会资本感知的认知型社会资本感知($P=0.000$)、结构型社会资本感知($P=0.000$)、关系型社会资本感知($P=0.000$)均存在显著性差异,其原因如下。

第一,不同性别居民的旅游社会交往差异。肇兴侗寨旅游发展使女性居民社会地位提升,女性更多地从事旅游相关工作,尤其在旅游服务第一线,女性居民从业人员的所占比例较高,在访谈中,游客表示女性居民较为感性、更具同情心、更为细致、更注重情感交流,在旅游中的社会交往需求表现出差异,在与同事、家人、朋友、游客和陌生人的交往中更能够获得对方的信任。因此,不同性别的居民在旅游社会交往中的角色与需求存在差异。

第二,从事不同职业居民的社会资本网络结构的开放性存在差异。肇兴侗寨旅游发展吸引旅游者的到访,也吸引更多外来居民前来社区从事旅游工作。旅游业为当地居民创造了更多的就业机会,促进了社区的产业结构调整。然而,社区中仍存在从事农业耕作的农民群体。该群体主要为当地的侗族居民,其社会资本的网络结构受到侗族传统文化的影响,表现出封闭性与亲缘性,与其他社会资本网络结构交流较少。因此,从事不同职业的居民所属社会资本网络结构开放性差异显著。

第三,旅游参与程度不同的居民的社会交往关系互动存在差异。肇兴侗寨旅游发展使居民与旅游之间的联系紧密,但是由于仍有一部分居民没有从事旅游工作,其家庭收入与旅游没有联系,这一部分居民群体对旅游发展中的社会关系维护、互惠互利频率、信息分享程度等方面的感知程度较低。然而与旅游发展联系紧密的居民则更需要维护不同的社会交往关系,与游客、同行、政府、旅游企业的联系更为紧密。因此,不同旅游参与程度的居民的社会交往关系互动呈现显著性差异。

第四,不同学历居民的社会资本认知差异。学历较低的居民群体对社会资本的认知程度相对降低,其所属的社会资本网络也较为单一,大多数只归属于某一个网络,而学历较高的居民群体对社会资本的认知程度相对较高,并且能够理解社会资本积累对肇兴侗寨旅游发展的重要作用。同时,这类居民群体也会对社会资本具有更为客观的认知,其拥有较为复杂的社会资本网络,表现为他们可能同时是不同网络结构的成员。因此,学历不同会显著影响社会资本认知。

据此,相应的基于旅游社会资本的精准营销管理策略如下。

第一,平衡社区不同群体的旅游交往社会距离策略。肇兴侗寨中不同居民群体具有不同的社会距离。在旅游发展中,不同居民群体和居民个体的交往、主客交往、个体与组织的交往、社会网络之间的交往是重要的组成部分。因此,当地政府和旅游部门应当促进各利益相关者在旅游发展中的相互了解,尊重差异化的人际沟通方式,在尊重不同群体利益的情况下,使旅游发展后的社区社会关系能够获得良好的维护,形成良好的旅游发展基础。

第二,促进旅游网络关系资源共享策略。肇兴侗寨中群体性社会特点明显,是否侗族、是否参与旅游、个人月收入高低、家庭收入来源等特征决定了居民生活在不同的群体性社会当中。因此,当地政府和旅游部门应该重视建立社区网络化社会的发展模式,打破由于各种因素所形成的具有严格界限的群体性社会网络,并以旅游事业的公共性与集体性来对社区社会网络进行重组,有效实现社会资本多元性积累,促进社区旅游发展所需资源的共享。

第三,提升旅游关联部门效率策略。肇兴侗寨旅游发展使居民开始对社区的旅游自治管理具有一定认知,传统且封闭的社会网络不利于旅游发展。因此,当地政府和旅游部门应该重视居民对社区自治旅游发展的需求和向往。一方面,利用旅游业关联性较强的特点,从不同行业和部门收集有关社区自治旅游发展的信息和意见;另一方面,也应该积极扶持非政府组织参与旅游业,使社区自治旅游发展在今后成为可能,提升居民主人翁的地位。

第四节 居民对民族旅游积极影响感知的需求差异与精准营销

一、居民对民族旅游积极影响感知的细分需求差异与精准营销

(一)居民对民族旅游积极影响感知的民族细分需求差异与精准营销

不同民族居民对民族旅游积极影响感知的差异性分析如表6-35所示。

表6-35 不同民族居民对民族旅游积极影响感知的差异性分析

公因子	均值									F值	Sig
	侗族	苗族	水族	布依族	土家族	壮族	仫佬族	瑶族	汉族		
生活设施提升感知	4.11	4.29	3.80	4.90	4.00	3.40	5.00	4.40	4.03	1.625	0.114
经济产业促进感知	4.02	4.23	3.93	4.60	4.10	3.80	4.60	4.20	4.14	1.046	0.399
文化环境加强感知	4.05	4.26	3.83	4.38	4.19	3.75	4.25	4.50	4.02	0.651	0.735

注：*表示$P<0.05$，**表示$P<0.01$，***表示$P<0.001$。

由表6-35可知,不同民族的居民受访者对旅游积极影响感知的生活设施提升感知($P=0.114$)、经济产业促进感知($P=0.399$)、文化环境加强感知($P=0.735$)的3个公因子没有表现出显著性差异,其原因如下。

第一,全体居民对社区提升的亲身体验。在访谈中,长期居住在侗寨的居民表示,大多数居民经历了社区从普通的少数民族村寨发展成为今天的"中国侗寨第一乡"的过程,在旅游业发展的过程中,肇兴侗寨在保护侗族特色建筑、民俗民风的前提下,在寨中建设基础设施,并且逐渐形成了具有一定规模的旅游景区,也被评选为AAAA级旅游景点,变化巨大。因此,民族差异并不会造成居民对旅游生活设施提升、文化环境加强的感知表现出显著性差异。

第二,新进居民从事旅游的发展动机。越来越多的外来居民进入肇兴侗寨,肇兴侗寨人口流动频繁、社会结构转变、文化互动增强,外来居民的主要目的和动机就是在肇兴侗寨从事与旅游相关的工作,以此来满足自身的经济利益需求。同时,有受访官员在访谈中表示,侗寨旅游发展为当地创造了更多就业机会,推动了社区的产业结构转变,当地逐步确立了旅游业的主导地位。因此,新进居民与寨中的侗族居民都体验到了旅游发展对经济产业的促进作用。

据此,相应的基于旅游积极影响的精准营销管理策略如下。

第一,尊重侗族传统,重视环境保护策略。肇兴侗寨中侗族传统文化与习俗的核心地位是旅游发展的重要保障。因此,当地政府和旅游部门应该在尊重侗族传统文化的基础上,利

用侗族文化中崇尚自然环境、感恩大自然的侗族传统习俗与祭祀习惯来提升居民对自然环境的保护意识,尤其需要对游客与新进社区居民进行侗族传统习俗与文化的宣传推广,使他们在肇兴侗寨中能够坚守侗族传统的环境保护意识,并形成对侗族传统文化的了解与尊重。

第二,利用互嵌式发展增强居民从业能力策略。肇兴侗寨中外来居民进入社区的主要目的就是从事旅游相关工作,获得经济收入,他们在旅游从业中所累积的经验以及所培育的技能往往比侗族居民高。因此,当地政府和旅游部门应该在重视引导新进居民适应侗族社区生活的基础上,鼓励新进居民与侗族居民之间开展旅游从业经验的分享与交流,举办旅游从业技能的培训班,以互助的形式来推动社区居民整体旅游从业素质提高,促进居民建立相互信任的社交关系。

(二)居民对民族旅游积极影响感知的性别细分需求差异与精准营销

不同性别的居民对民族旅游积极影响感知的差异性分析如表6-36所示。

表6-36 不同性别的居民对民族旅游积极影响感知的差异性分析

公因子	均值		F值	Sig
	男	女		
生活设施提升感知	4.13	4.09	2.942	0.087
经济产业促进感知	4.04	4.05	0.117	0.733
文化环境加强感知	4.03	4.08	3.385	0.066

注:* 表示 $P<0.05$,** 表示 $P<0.01$,*** 表示 $P<0.001$。

由表6-36可知,性别不同的居民受访者对旅游发展后的生活设施提升($P=0.087$)、经济产业促进($P=0.733$)、文化环境加强($P=0.066$)感知没有表现出显著差异,其原因如下。

第一,女性从事旅游后社会地位提升。有受访旅游机构人员表示,肇兴侗寨旅游发展后参与旅游的女性居民比例不断提升。女性在社区中的社会地位和经济地位提高,女性与男性更加平等,对于事物也有较为深刻的认知,尤其是对旅游经济效应的认知,这不仅关系到女性个人收入的提升,更关系社区中女性对旅游发展所作出的贡献以及所获得的认可。因此,性别不同的居民受访者对旅游发展的积极影响感知不存在显著差异。

第二,旅游互动交流中的两性交往频繁。肇兴侗寨旅游发展需要居民共同参与,在工作中,男性与女性居民交流的机会增多,两性对对方的工作、能力、见解等具有更加深入的了解。同时,访谈中有居民受访者强调,由于肇兴侗寨中所有居民都受到侗族文化与行为规范的共同影响,对文化保护、环境保护、社区建设、设施升级等方面具有更多相同的理解。因此,性别不同的居民对旅游发展后的积极影响感知不存在显著性差异。

据此,相应的基于旅游积极影响的精准营销管理策略如下。

第一,推动旅游从业,顺应侗族性别观策略。由于旅游服务工作细致性、敏感性等特色要求,肇兴侗寨旅游从业人员中女性比例更多,当地政府和旅游部门应该在继续支持两性居民都能够拥有从事旅游工作机会的同时,对侗族传统性别观进行了解与适应,尤其应该平衡侗族"男主外、女主内"的传统观念与当今旅游发展中两性公平参与理念之间的碰撞,结合两性在现代社区中均有家庭生活和社会生活权利与义务的事实,获得侗族居民的广泛支持。

第二,推动旅游和谐,突出侗族金钱观策略。肇兴侗寨中男女具有平等的参与旅游工作的机会,突出了居民对个人收入的追求。新进居民促使利益成为左右居民关系的一种因素。因此,当地政府和旅游部门应该重视根据侗族传统的金钱观来建立和谐的社会居民关系,尤其是要提倡侗族文化传统中强调的乐于助人、无偿奉献、处事公道、重人情味的精神,使社区在基于侗族文化发展旅游的基础上,对侗族传统文化价值观进行保护和传承。

(三)居民对民族旅游积极影响感知的婚姻状况细分需求差异与精准营销

不同婚姻状况的居民对民族旅游积极影响感知的差异性分析如表6-37所示。

表6-37 不同婚姻状况的居民对民族旅游积极影响感知的差异性分析

公因子	均值		F值	Sig
	单身	已婚		
生活设施提升感知	4.05	4.15	4.907	0.027*
经济产业促进感知	4.00	4.07	0.475	0.491
文化环境加强感知	4.01	4.08	0.995	0.319

注:* 表示 $P<0.05$,** 表示 $P<0.01$,*** 表示 $P<0.001$。

首先,由表6-37可知,不同婚姻状况的居民受访者对旅游发展后的生活设施提升感知($P=0.027$)存在显著性差异,其原因如下。

① 对社区旅游发展的经验认知不同。已婚的居民对肇兴侗寨发展旅游后生活设施的提升、基础建设的完善有着更加深入的了解,见证发展的经历使他们对旅游发展具有更正面的认识;同时,在访谈中,我们发现当地已婚居民的社会阅历、经验累积等要多于单身居民,这使他们对旅游发展在生活设施提升的方面作用有更客观的评价。因此,婚姻状况不同的居民对旅游发展后的生活设施提升感知存在显著性差异。

② 对日常生活娱乐的需求不同。一方面,已婚的居民尤其是有了孩子的居民则会需要更多有关孩子成长的用品,而单身居民则只需要考虑自己的物质需求,其经济压力与生活压力也相对较小;另一方面,单身居民由于拥有更多可自由支配的时间,对业余生活的需求也更加强烈,所以在访谈中他们也表现出对娱乐产业、休闲娱乐的更多关注。因此,婚姻状况不同的居民对旅游发展后的生活设施提升感知存在显著性差异。

据此,相应的基于旅游积极影响感知的精准营销管理策略如下。

① 将旅游收益投入于娱乐休闲设施策略。肇兴侗寨旅游发展带动了当地的娱乐休闲业的发展,不仅满足了旅游者在景区中的娱乐休闲需求,也增加了当地居民的休闲娱乐机会。因此,当地政府和旅游部门应该结合单身年轻的居民群体对娱乐型休闲生活的需求,建设相关娱乐休闲活动场所,如具有民族风情的演艺酒吧、具有文艺气息的咖啡馆、茶艺馆。同时,也应该强调娱乐休闲产业与侗族文化和景区规划的协调,保证良好的旅游氛围。

② 将旅游收益用于丰富居民业余生活策略。肇兴侗寨发展旅游后应该关注当地居民的业余文化生活水平的提升。当地政府和旅游部门应该在旅游收益分配规划中明确对于社区居民业余生活的投入,针对已婚的居民,要了解他们对于家庭型业余文化生活的需求,建设有利于亲子、家庭团聚等的公共设施,改变已婚居民对旅游发展的态度。同时,也应该积

极推广侗族传统体育活动、歌舞活动，丰富节事节庆的内容，吸引旅游者体验侗族的传统文化。

其次，不同婚姻状况的居民受访者对旅游发展后的经济产业促进（$P=0.491$）、文化环境加强（$P=0.319$）感知不存在显著性差异，其原因如下。

① 社区对旅游经济效应的共同追求。肇兴侗寨旅游发展后的经济效应较为明显，访谈中大多数居民表示能够体会到旅游的经济效应，并且对旅游于社区的影响具有较为正面的评价；同时，为了能够更好地在社区生活和发展，单身居民与已婚居民都需要通过一定的途径实现自我价值，所以他们对经济利益的追求与收入提升的需求是一致的。因此，婚姻状况不同的居民对旅游发展后的经济产业促进感知不存在显著性差异。

② 全体居民对旅游文化环境的共享。肇兴侗寨中不论单身还是已婚的居民都能够意识到侗族文化与良好自然环境对自身生活水平提升的重要性，尤其是对侗族文化的传承与保护，能够决定肇兴侗寨未来的发展方向；在访谈中，有受访居民表示，肇兴侗族文化中崇尚的自然生活和对自然环境的尊重与感恩，已经成为社区居民行为规范、道德准则和价值观的共同源泉。因此，婚姻状况不同的居民对旅游发展后的文化环境加强感知不存在显著性差异。

据此，相应的基于旅游积极影响的精准营销管理策略如下。

① 明确利益分配，促进居民实现自我价值策略。肇兴侗寨的旅游发展不仅使当地社区居民获得更多从事旅游工作的机会，更使居民在旅游发展中积累了职业发展规划的经验。因此，当地政府和旅游部门应当在注重以居民为主体的利益分配原则下，一方面，为从事旅游工作的社区居民提供政策以及经济方面的支持，使他们能够收获职业发展的信息；另一方面，也应该为更多具有自我发展需求的居民提供支持，助力居民整体素质的提高，助力居民实现自我价值。

② 利用旅游收益，丰富文化展示策略。肇兴侗寨传统的侗族文化是吸引游客前来旅游的重要因素，现阶段景区内的侗族歌舞会演并不能满足游客多元化的文化旅游需求。因此，当地政府和旅游部门应该重视丰富侗族文化的展示渠道，一方面，可以与演艺专业团队合作，打造旅游演艺精品，可以参考"印象漓江"等旅游会演，增强民族文化表现的专业性；另一方面，则应该利用景区内的文化博物馆、生态博物馆开展满足求知旅游需求的文化展览。

（四）居民对民族旅游积极影响感知的年龄细分需求差异与精准营销

不同年龄的居民对民族旅游积极影响感知的差异性分析如表6-38所示。

表6-38 不同年龄的居民对民族旅游积极影响感知的差异性分析

公因子	均值					F值	Sig
	≤18岁	19～29岁	30～45岁	46～59岁	≥60岁		
生活设施提升感知	4.02	4.10	4.13	4.20	4.08	0.997	0.408
经济产业促进感知	3.99	4.04	4.07	4.10	3.83	0.759	0.552
文化环境加强感知	4.07	4.02	4.07	4.20	3.89	1.497	0.201

注：* 表示 $P<0.05$，** 表示 $P<0.01$，*** 表示 $P<0.001$。

由表6-38可知，年龄不同的居民受访者对旅游发展后的生活设施提升（$P=0.408$）、经济产业促进($P=0.552$)、文化环境加强($P=0.201$)感知不存在显著性差异,其原因如下。

第一,不同年龄的居民普遍接受了环保教育宣传。肇兴侗寨中侗族居民一直与当地优美的自然环境和谐相处,并且侗族的传统文化也使他们尊重环境。同时,在旅游发展后,相关部门根据不同年龄的居民采用了不同宣传方式,年龄较小的居民往往在学校接受环保知识的教育,年龄较大的居民则通过村委会、宣传栏等方式获得环保知识。在访谈中,我们发现居民受访者大多都具有环保意识。因此,不同年龄的居民对文化环境加强、生活设施提升感知没有表现出显著性差异。

第二,不同年龄居民在旅游领域各有分工。我们在访谈中发现,肇兴侗寨与旅游相关的工作由不同年龄的居民从事,较为年轻的居民主要在当地的两家旅游公司工作,负责旅行社业务、演艺表演、节庆活动、交通运输等。年龄较大的居民一部分成为个体商人,经营餐饮、住宿和旅游纪念品销售,另一部分则从事服务行业。年龄较大的居民表现出更多元的职业创造能力,因此,不同年龄的居民对旅游发展后的经济产业促进具有较为相同的感知。

据此,相应的基于旅游积极影响的精准营销管理策略如下。

第一,遵循侗族传统,提升环保理念策略。肇兴侗寨旅游发展后对于环境保护的宣传与引导,使当地居民环保意识提高。然而,由于通信技术的发展以及社区中不同文化的碰撞,居民受到了现代文化的冲击。因此,当地政府和旅游部门应当在强调侗族文化传统与生活习俗的基础上,突出侗族文化重视人与自然和平相处的发展观,尤其是要突出侗族文化尊重大自然、感恩大自然赐予生活所需物质的环境观,以此来进行旅游环保理念的宣导。

第二,重视年龄差异,完善旅游就业策略。肇兴侗寨仍有很多居民没有机会从事旅游业,因此,当地政府和旅游部门应该针对不同年龄的居民提供旅游就业的机会。一方面,为年轻的居民群体创造旅游服务一线工作岗位,合理运用年轻居民在文化理解、服务理念等方面的优势;另一方面,为年长的居民群体创造能够体现侗族传统文化和风俗习惯的就业机会,发挥年长居民对侗族文化的理解深入的优势,为他们提供侗族文化博物馆侗族工匠技艺展示等岗位。

(五)居民对民族旅游积极影响感知的教育程度细分需求差异与精准营销

受教育程度不同的居民受访者对民族旅游积极影响感知的差异性分析如表6-39所示。

表6-39 受教育程度不同的居民受访者对民族旅游积极影响感知的差异性分析

公因子	均值					F值	Sig
	≤小学	初中	高中/中专/技校	本科/大专	≥硕士		
生活设施提升感知	4.10	4.08	4.20	4.08	4.00	1.535	0.190
经济产业促进感知	3.96	3.98	4.12	4.16	4.36	4.890	0.001**
文化环境加强感知	3.98	4.04	4.12	4.06	4.05	0.571	0.683

注:*表示$P<0.05$,**表示$P<0.01$,***表示$P<0.001$。

首先,由表6-39可知,受教育程度不同的居民受访者对旅游发展后的经济产业促进感知($P=0.001$)存在显著性差异,其原因如下。

① 不同受教育程度居民的旅游认知差异。在访谈中,我们发现,受教育程度较低的居民受访者对于旅游发展的经济促进作用认识较为浅显,主要还是停留在个人收入层面;受教育程度较高的居民对此有更全面的认识,不仅会从个人收入、生活质量的层面,更会从产业结构转型、旅游产业经济效应等更为深入的层面进行分析。同时,也会结合其相关的知识来进行理解。因此,受教育程度不同的居民会对旅游发展后的经济产业促进感知表现出显著性差异。

② 不同受教育程度居民的个人收入差异。受教育程度较低的居民的平均收入相对较低,有收入较低的居民在访谈中表示,在肇兴侗寨旅游发展后,其生活质量没有显著提升,可自由支配的收入也并不多;而受教育程度较高的居民能够在获得相对较高的收入同时,利用自己的知识和学习能力更快地适应肇兴旅游发展,从中寻找到能更好地发挥自身特长的工作机会,因此,受教育程度不同的居民对旅游发展后的经济产业促进感知存在显著性差异。

据此,相应的基于旅游积极影响的精准营销管理策略如下。

① 利用旅游联动作用带动就业策略。肇兴侗寨旅游发展能够为当地居民直接创造旅游就业机会。同时,旅游的联动性也能够促进关联产业就业机会的增加。因此,当地政府和旅游部门应该重视旅游对其他行业的产业提升与带动作用,通过旅游发展增加交通运输业、娱乐休闲业、商品零售业、消遣服务业、媒体通讯业等各行业的就业机会供给,在解决不同社区居民就业压力、提升居民个人收入的同时,促进社区事业全面发展。

② 注重营销培训,适应旅游季节性特点策略。肇兴侗寨旅游相关工作也展现出季节性的特点,如何克服和适应旅游季节性差异对旅游就业的影响将决定居民对发展旅游的态度。因此,当地政府和旅游部门应该首先利用旅游营销,使需求市场认同肇兴侗寨具有四季美景不同、侗族节事终年不断的特点,减少季节性对旅游从业人员的影响。同时,也需要利用游客接待量较少的时间段,对从业人员的服务意识与服务质量进行培训,提高旅游产品质量。

其次,受教育程度不同的居民受访者对旅游发展后的生活设施提升($P=0.190$)、文化环境加强($P=0.683$)的感知没有显著性差异,其原因如下。

① 居民共同参与社区社会生活。肇兴侗寨中的居民大部分是长期生活在社区内的侗族居民,拥有具有侗族特色的社会活动参与形式。在访谈中,有受访政府官员表示,旅游发展后政府对鼓楼、花桥等聚会场地的保护与修缮,一方面保护了侗族的特色文化;另一方面也满足了居民的公共设施需求,且教育背景的不同并不会影响侗族居民对提升公共设施开展特色活动的需求。因此,受教育程度的不同不会使居民对旅游发展后的生活设施提升感知表现出显著性差异。

② 旅游文化信息的分享效率提升。教育背景不同的居民不会对自身侗族文化的传承和保护表现出截然相反的态度,有居民受访者在访谈中表示,在通信技术发展迅猛的条件下,居民能够通过互联网、移动网络获取更多关于外界的信息,形成文化上的互动,吸引游客到访、新进居民进入社区,也使文化和社会结构都开始变迁,旅游信息的流动性开始增强。因此,教育背景不同的居民不会对旅游发展后的文化环境加强感知表现出显著性差异。

据此,相应的基于旅游积极影响的精准营销管理策略如下。

① 突出侗族文化,打造节事庆典策略。肇兴侗寨旅游今后的良好发展离不开对现有旅游产品的创新和突破。因此,当地政府和旅游部门应该在对侗族传统文化进行保护与传承的基础上,利用侗族节事庆典众多、大小节日丰富的特点,开发基于侗族传统文化的侗族节事旅游体验项目,在增加游客旅游活动参与程度的基础上,使旅游者能够更加深入地了解侗族传统文化习俗及其在当代环境下的特色文化价值,创造主客相互理解、和谐交往的旅游氛围。

② 建立信息平台,促进旅游信息分享策略。肇兴侗寨旅游业的市场化发展不仅需要专业的团队从旅游规划、旅游决策、景区管理、市场营销、广告公关等方面开展工作,而且需要建立专业的信息平台,提升旅游产品与需求市场的互动效率。因此,当地政府和旅游部门应当寻求与专业信息科技企业合作,建立肇兴旅游信息平台及数据库,不仅能够使居民获得旅游领域从业信息,了解旅游收入的投入去向,而且能够获得旅游者反馈,形成管理参考。

(六) 居民对民族旅游积极影响感知的收入细分需求差异与精准营销

个人月收入不同的居民对民族旅游积极影响感知的差异性分析如表6-40所示。

表6-40 个人月收入不同的居民对民族旅游积极影响感知的差异性分析

公因子	均值						F值	Sig
	≤1 000元	1 001~2 000元	2 001~3 000元	3 001~4 000元	4 001~5 000元	≥5 001元		
生活设施提升感知	4.00	4.15	4.15	4.12	4.21	4.15	1.024	0.402
经济产业促进感知	3.86	3.99	4.18	4.12	4.09	4.22	7.267	0.000***
文化环境加强感知	3.95	4.05	4.10	4.11	4.14	4.12	0.634	0.674

注:*表示$P<0.05$,**表示$P<0.01$,***表示$P<0.001$。

从表6-40可知,个人月收入不同的居民受访者对旅游发展后的经济产业促进感知($P=0.000$)存在显著性差异,其原因如下。

第一,居民从事旅游工作的机会差异。肇兴侗寨中不仅有经营旅游业的国企和私企,也有从事与食、住、行、游、购、娱相关的个体商户。从事旅游的居民真正分享到了旅游发展后带来的经济效应。然而,景区内仍有很大一部分居民没有从事旅游业,在访谈中,这类居民表示农耕收入仍然是自己经济收入的主要来源,对旅游的经济效应也没有深刻的体会。因此,个人月收入不同的居民对旅游发展的经济产业促进感知表现出显著性差异。

第二,居民个人收入与旅游联动性的差异。肇兴侗寨中的居民在收入上呈现两极化趋势,一方面,景区内仍以农业生产为主的居民在个人收入上没有明显的增长,对旅游增加个人月收入的感知较低;另一方面,一部分居民在享受旅游发展带来的就业机会增加的同时,其个人收入也随之稳步提升,且形成了与旅游较好的联动效应。因此,个人月收入不同的居民对旅游发展的经济产业促进感知表现出显著性差异。

据此,相应的基于旅游积极影响的精准营销管理策略如下。

第一，利用旅游收入改善社会福利策略。肇兴侗寨旅游发展后，一部分从事旅游工作的居民获得直接经济收入，然而社区中仍有一部分居民没有享受到旅游发展带来的直接经济效应。因此，当地政府和旅游部门应当利用旅游收入来改善全体社区居民的福利，可以对年龄较大的居民提供养老金补助，为没有劳动能力的居民提供社会保险，为没有找到工作的居民提供失业保险，为全体居民提供医疗保险，以民生福利来彰显旅游对全体居民的经济提升作用。

第二，允许居民产权入股旅游企业策略。肇兴侗寨大部分旅游发展收入的分配仍停留在初次分配阶段，即旅游企业获得了大部分的经济利益。因此，当地政府和旅游部门应该鼓励当地旅游企业让利于民，同时也应该在社区中推行产权入股的旅游企业发展模式，允许社区和居民将掌握的旅游资源与土地经估值后入股旅游企业，使居民与旅游企业共同分享经济利益、共同承担经营风险，拓展居民收入渠道，平衡居民与旅游企业在利益上的矛盾关系。

其次，个人月收入不同的居民受访者对旅游发展的生活设施提升（$P=0.402$）、文化环境加强（$P=0.674$）感知不存在显著性差异，其原因如下。

第一，共同使用公共设施。在访谈中，有政府官员表示，肇兴侗寨旅游发展后对公共设施的投入力度加强，居民对社区公共设施的升级是有目共睹的，景区内的卫生环境、通信信号、休闲娱乐、生活用品供应等都得到了极大的加强，肇兴侗寨景区的风貌也得到了相应的提升。社区并不会根据居民收入对公共设施的使用设置门槛。因此，个人收入的不同不会使居民对旅游发展的生活设施提升感知表现出显著性差异。

第二，旅游促进文化环境的开放互动。在访谈中，有旅游机构人员表示，随着旅游发展后更多旅游者和外来居民进入肇兴侗寨，侗族文化与主流文化开始形成交流和互动，使当地的侗族居民对其他文化更加了解；肇兴侗寨的自然风光和良好环境也是吸引旅游者到访的重要因素，并且侗族居民在文化交流互动后对绿色环保的认知也相对提升。因此，个人收入的不同不会使居民对旅游发展的文化环境加强感知表现出显著性差异。

据此，相应的基于旅游积极影响的精准营销管理策略如下。

第一，推动旅游发展，突出服务功能策略。肇兴侗寨旅游发展后，当地政府和旅游部门对当地的基础设施投入在提升景区风貌的基础上，也促进了居民生活场域的硬件提升。因此，当地政府和旅游部门应该利用旅游收入来继续维护社区的基础设施更新。同时，也应该提高居民对于旅游促进社区发展、服务社区居民的认知，要强调当地发展旅游不仅是为了满足游客的旅游需求，而且是为了通过旅游收益为社区居民谋福利，从而突出旅游服务社区的功能。

第二，保护文化环境，助力旅游发展策略。肇兴侗寨旅游发展过程中对侗族文化与自然环境的重视，使景区受到旅游者的青睐。因此，当地政府和旅游部门应当继续加强对当地文化资源与自然环境的保护力度，一方面，在旅游营销时应该增加对侗族文化和当地自然环境脆弱性的宣传，促进旅游者对当地旅游资源的尊重；另一方面，应当鼓励全体社区居民继续进行环境保护与文化传承，尽可能调动一切社会力量来维护社区旅游资源的稀缺性。

（七）居民对民族旅游积极影响感知的职业细分需求差异与精准营销

从事不同职业的居民对民族旅游积极影响感知的差异性分析如表6-41所示。

表 6-41　从事不同职业的居民对民族旅游积极影响感知的差异性分析

公因子	均值												F 值	Sig
	国企	私企	个体	公务员	服务员	技术员	教师	学生	退休	主妇	工人	事业	农民		
生活设施提升感知	4.19	4.10	4.12	4.24	4.10	4.24	3.96	3.88	3.40	4.11	4.20	4.00	4.13	1.304	0.204
经济产业促进感知	4.20	3.97	4.10	4.19	4.02	4.00	4.07	3.92	3.60	3.96	4.14	4.08	3.95	1.535	0.099
文化环境加强感知	4.22	3.97	4.08	4.10	4.02	4.06	4.01	3.94	3.50	4.10	4.09	4.02	4.02	0.695	0.769

注：* 表示 $P<0.05$，** 表示 $P<0.01$，*** 表示 $P<0.001$。

由表 6-41 可知，从事不同职业的居民受访者对旅游积极影响的生活设施提升（$P=0.204$）、经济产业促进（$P=0.099$）、文化环境加强（$P=0.769$）等 3 个公因子的感知不存在显著性差异，其原因如下。

第一，不同行业共同见证了旅游的影响。有政府官员在访谈中表示，肇兴侗寨旅游发展旅游后，当地政府、社区、旅游机构对社区基础设施投入力度不断增加，社区景观规划、接待能力、基础设施配套等方面均得到巨大提升，体现为社区在旅游发展后的物质条件更加符合旅游者的需求。同时，旅游发展促使社区居民就业、收入、生活水平等方面的改善，从事不同职业的居民都见证了社区经济基础的发展。因此，从事不同职业的居民对旅游积极影响感知不存在显著性差异。

第二，保护性开发旅游资源理念的广泛宣传。在旅游发展中，当地政府、企业、社区以及相关组织都对社区内的居民进行了广泛的环保宣传，并且也根据景区内不同行业的特点，明确了相关的环保责任与义务，使不同职业的社区居民看到社区在旅游发展过程中对环境与文化保护的重视。同时，有政府官员在访谈中表示，相关部门对环境保护与侗族文化传承方面进行了大力的投入，也取得了一定的成效。因此，从事不同职业的居民对旅游积极影响感知不存在显著性差异。

据此，相应的基于旅游积极影响的精准营销管理策略如下。

第一，从不同行业视角评估旅游开发策略。当地政府和旅游部门更应该维护旅游发展对当地的积极影响，不仅需要在当地旅游管理团队中吸引更多专业人才，为肇兴侗寨旅游发展出谋划策，获得居民对旅游发展的普遍支持，更应该鼓励社区中不同部门、不同职业的居民发表对旅游开发的意见与建议，从不同行业的视角来获得更为全面的资源开发反馈，形成综合性的旅游影响评估报告，用于指导社区旅游资源的新一轮开发。

第二，鼓励从事不同职业的居民参与资源保护策略。肇兴侗寨旅游的可持续发展离不开社区全体居民对环境保护的认知与参与。因此，当地政府和旅游部门应该继续坚持对全体社区居民进行环境保护的宣传，提升他们对社区环境的保护意识。同时，应该鼓励从事不同工作的社区居民参与社区环境、卫生、文化等各方面的保护行动，利用不同职业的社会资源为保护性开发旅游资源提供动力，并且应该落实不同行业的资源保护责任，实现共同保护旅游资源的局面。

(八) 居民对民族旅游积极影响感知的收入来源细分需求差异与精准营销

家庭收入来源不同的居民对民族旅游积极影响感知的差异性分析如表 6-42 所示。

表 6-42　家庭收入来源不同的居民对民族旅游积极影响感知的差异性分析

公因子	均值				F 值	Sig
	全部来自旅游业	一半及以上来自旅游业	一半及以下来自旅游业	来自非旅游业		
生活设施提升感知	4.20	4.14	4.14	4.05	0.537	0.657
经济产业促进感知	4.19	4.15	4.07	3.93	7.915	0.000***
文化环境加强感知	4.23	4.11	4.04	3.99	2.569	0.053

注：* 表示 $P<0.05$，** 表示 $P<0.01$，*** 表示 $P<0.001$。

首先，由表 6-42 可知，家庭收入来源不同的居民受访者对旅游发展后经济产业促进感知（$P=0.000$）存在显著性差异，其原因如下。

① 居民从事旅游的工作经历差异。有旅游机构从业人员在访谈中表示，肇兴侗寨中从事旅游相关工作的居民的收入都获得很大提升，他们从工作到生活的变化显示他们真正分享到了旅游发展带来的经济效应。然而，景区内仍有很大一部分居民没有从事旅游业，仍然还是以从事农业生产为主，对旅游的经济效应也没有深刻的体会。因此，家庭收入来源不同的居民对旅游发展的经济产业促进感知表现出显著性差异。

② 居民个人收入与旅游联动程度的差异。在访谈中，有政府官员表示，肇兴侗寨居民收入呈现两极化趋势，景区内仍以从事农业生产为主的一部分居民在个人收入上没有获得明显的增长，对旅游增加个人收入的效应感知较弱。另一部分居民在享受旅游发展带来的就业机会的同时，随着肇兴侗寨旅游的迅速发展，其个人收入也随之稳步提升，与旅游发展形成了较好的联动效应。因此，家庭收入来源不同的居民对旅游发展的经济产业促进感知表现出显著性差异。

据此，相应的基于旅游积极影响的精准营销管理策略如下。

① 增加旅游就业机会，缓解家庭压力策略。肇兴侗寨家庭成员中从事旅游相关行业工作的越多居民，越能够获得直接经济收入的提升，也越能够集所有家庭成员之力来缓解家庭经济压力。因此，当地政府和旅游部门应该在为社区全体居民创造更多与旅游直接或间接相关的工作机会的同时，引导居民对自身旅游工作事业进行时间以及经济成本的投入，并且也为居民自主创业提供融资的政策支持，以此来增加居民家庭收入与旅游发展的紧密联系。

② 促进传统农业共享旅游利益策略。肇兴侗寨居民对旅游就业创造力的认知亟须提高，尤其是将旅游发展与传统农业相结合来促进旅游就业的理念较为缺乏。因此，当地政府和旅游部门应该积极推动旅游与当地传统农业的结合，利用旅游发展为当地带来的外界关注，突出肇兴侗寨当地农林畜牧业生产的特殊性，结合参与性强、体验性强的农业活动来创造农业旅游的就业机会，实现更多居民家庭成员的旅游参与，使社区全体居民共享旅游利益。

其次，个人收入不同的居民受访者对旅游发展的生活设施提升（$P=0.402$）、文化环境加强($P=0.674$)感知不存在显著性差异。其原因与个人月收入不同的居民受访者对生活设施提升、文化环境加强感知不存在显著差异的原因相同,原因分析及相应策略详见本节前面部分。

(九)居民对民族旅游积极影响感知的居住时间细分需求差异与精准营销

居住时间不同的居民对民族旅游积极影响感知的差异性分析结果如表6-43所示。

表6-43 居住时间不同的居民对民族旅游积极影响感知的差异性分析

公因子	均值					F值	Sig
	≤1年	1~3年	4~6年	7~9年	≥10年		
生活设施提升感知	4.07	4.14	4.04	4.02	4.12	0.923	0.450
经济产业促进感知	4.11	4.17	4.14	4.01	4.01	4.129	0.003**
文化环境加强感知	4.06	4.10	3.99	4.11	4.05	0.433	0.785

注:*表示$P<0.05$,**表示$P<0.01$,***表示$P<0.001$。

首先,由表6-43可知,居住时间不同的居民受访者对旅游发展后的经济产业促进感知($P=0.003$)表现出显著性差异,其原因如下。

① 基于居住时间的发展见证差异。有政府官员在访谈中表示,肇兴侗寨未开发旅游业之前,几乎所有的居民都从事农业生产,依靠种植业维持生计,而在旅游发展之后,侗寨内慢慢开始出现客栈、餐馆、纪念品商店,社区中开始出现第三产业。随着旅游业在肇兴侗寨中的影响力增大,肇兴侗寨居民的生活与旅游业的关系更加紧密,从事旅游的居民人数增加。因此,居住时间不同的居民对旅游发展后的经济产业促进感知具有显著性差异。

② 基于居住时间的收入提升差异。肇兴侗寨居民早期由于身处大山深处,生活较为贫困。有受访官员表示,随着政策的支持力度以及扶贫力度的加大,居民收入开始逐步增加,生活质量获得提升,旅游已经成为一部分社区居民收入提升的重要来源。然而,社区中仍然有很大一部分居民生活质量提升不明显,收入没有显著增加,对旅游发展的经济效应感知较弱。因此,居住时间不同使居民对旅游经济产业促进感知呈现显著性差异。

据此,相应的基于旅游积极影响的精准营销管理策略如下。

① 展示旅游发展成果,获得居民支持策略。肇兴侗寨旅游发展促进了当地社区居民生活质量的全面提升,居住时间长的居民对此具有深切体会。因此,当地政府和旅游部门应该重视对旅游发展成果的展示,鼓励居住时间较长的居民结合自身的实际情况,向社区中居住时间较短的居民与年轻居民宣讲旅游发展的积极影响,使这些对旅游发展成果体会不明显的居民更加珍惜侗寨如今的发展成果,从而能够获得社区中不同居民群体对旅游发展的支持态度。

② 宣传发展机遇,实现专业旅游策略。肇兴侗寨中居住时间较短的居民往往并不是侗族居民,他们进入社区的目的以从事旅游工作为主。因此,当地政府和旅游部门应当积极与新进社区居民进行联系,寻求这些具有一定旅游工作经验的群体分享从事旅游业的经验。同时,也应该在旅游宣传中突出当地旅游事业发展的潜力,吸引更多具备专业性、实践经验的外来居民进入社区,提升旅游服务与产品的专业度。

其次,居住时间不同的居民受访者对旅游发展后的生活设施提升($P=0.450$)、文化环境加强（$P=0.785$）感知不存在显著性差异，其原因如下。

① 旅游发展后景区风貌的普遍提升。在肇兴侗寨居住时间不同的居民虽然会对基础设施建设的发展具有不同的理解，但是对社区内的设施提升和景区风貌改善具有共同需求。在访谈中，有旅游机构人员表示在肇兴侗寨旅游发展后，旅游者人数增加、旅游宣传获得更多认可，景区内的风貌与能够适应旅游发展的基础设施配套，是增加侗寨旅游吸引力与旅游形象建设的重要基础。因此，居住时间的长短不会使居民对旅游生活设施提升感知表现出显著性差异。

② 居民对民族旅游特色文化的共同关注。肇兴侗寨外来居民居住时间不长，对侗族传统文化的理解也不深，但是却对侗族的文化有所关注。在访谈中，有新进居民表示需要深入了解侗族文化特色与风俗习惯，以便能够与寨中的侗族居民和谐共处。新进的居民与侗族居民都需要基于侗族特色的文化来发展自己的旅游事业。因此，居住时间的长短不会使居民对文化环境加强感知表现出显著性差异。

据此，相应的基于旅游积极影响的精准营销管理策略如下。

① 建立旅游业监督机制，加强环保行为策略。肇兴侗寨社区风貌的改善、公共基础设施的改善、自然资源的合理开发等成果来之不易。当地政府和旅游部门应该加强对环境保护的投入，并且成立社区环境监督委员会来提升利益相关者的环境保护意识，杜绝环境破坏行为，一方面，要监督社区居民的环保行为，为居民创造良好的生活环境；另一方面要提升游客对景区环境的保护意识，杜绝刻字、留名、乱丢垃圾的行为，提升游客在景区的旅游感受。

② 进行旅游调研，预防文化变异策略。肇兴侗寨文化变异的情况并不明显，但是一旦发生就会对整个社区的旅游发展形成巨大冲击。因此，当地政府和旅游部门应该严防旅游发展后侗族文化在受到冲击后所产生的不良变异，由于关于文化的调研结果难以量化，所以应该与相关旅游文化调研机构或高校科研团队进行合作，运用系统性、科学性的量表对当地文化原真性进行调研，并建立数据库，观察文化的原真性是否发生变化。

（十）居民对民族旅游积极影响感知的参与程度细分需求差异与精准营销

旅游参与程度不同的居民对民族旅游积极影响感知的差异性分析结果如表6-44所示。

表6-44　旅游参与程度不同的居民对民族旅游积极影响感知的差异性分析

公因子	均值		F值	Sig
	正参与旅游	未参与旅游		
生活设施提升感知	4.11	3.98	0.966	0.326
经济产业促进感知	4.09	3.98	7.464	0.006**
文化环境加强感知	4.12	4.10	6.193	0.013*

注：* 表示 $P<0.05$，** 表示 $P<0.01$，*** 表示 $P<0.001$。

首先，由表6-44可知，旅游参与程度不同的居民受访者对旅游发展后的经济产业促进（$P=0.006$）、文化环境加强（$P=0.013$）感知存在显著性差异，其原因如下。

① 居民是否从事旅游工作决定的经济感知差异。在访谈中，有政府官员表示，在肇兴侗寨中，旅游业已经成为支柱性产业，为当地的社会发展、民生建设提供了动力，在为居民提

供更多就业机会的基础上提升了居民的生活质量,然而没有参与旅游发展的居民从旅游发展中获得的经济收益较少,对旅游发展在社区层面以及个人层面的经济效应了解不多。因此,旅游参与程度不同的居民对旅游发展后的经济产业促进感知存在显著性差异。

② 居民是否从事旅游工作决定的旅游认知差异。参与旅游发展的居民对旅游发展的文化保护效应、环境保护效应具有较多的正面认识。然而由于肇兴侗寨中仍存在一部分居民并没有参与旅游发展,这类居民在访谈中表示,旅游者进入社区后对其日常生活有一定的打扰,并且由于旅游发展所必需的开发和建设影响了原来侗寨中的纯朴生活,所以他们形成了负面的看法。因此,旅游参与程度不同的居民对旅游发展后的文化环境加强感知存在显著性差异。

据此,相应的基于旅游积极影响的精准营销管理策略如下。

① 树立行业明星,突出参与成就感策略。肇兴侗寨中参与旅游相关工作的居民不仅获得了经济收入提升,更在从业中收获了游客认可,形成了心理方面的提升。当地政府和旅游部门更应该重视对参与旅游工作的心理提升作用进行宣导,一方面,可以设立旅游从业居民服务质量排行榜,利用游客对旅游服务的评价来树立旅游工作中的服务明星,形成从业居民对旅游工作成就感的追求;另一方面,要促进居民分享工作经验,从而调动居民参与旅游的积极性。

② 加强旅游内涵建设,形成旅游亲和力策略。肇兴侗寨旅游内涵建设不仅需要突出侗族传统文化价值,而且应该加强居民旅游亲和力培养。当地政府和旅游部门应该注重宣传侗族传统文化中热情好客、礼貌待人的特点,消除主客互动关系中的矛盾因素,提升游客在旅游中对服务亲和力的感知。同时,也应该利用旅游发展为当地居民谋求福利的客观事实,减少居民对旅游发展影响其生活的担忧,促进居民对旅游发展形成正面认知。

其次,旅游参与程度不同的居民受访者对旅游发展后的生活设施提升感知($P=0.326$)没有表现出显著性差异,其原因如下。

① 旅游收益投入的公共事务效应。有受访政府官员表示,肇兴侗寨旅游发展后,政府大力投入区内的基础设施建设,在保留侗寨主要景观原真性的同时对生活设施进行了完善,如肇兴侗寨景区中的广场建设、垃圾回收站建设、公共卫生间建设、公共休憩区建设等,不仅满足了旅游者在观光旅游中的基本需求,也为社区居民营造了更为良好的公共生活环境,在一定程度上突出了旅游发展对社区公共事务的促进和提升能力。

② 旅游发展的产业带动效应。肇兴侗寨发展旅游后,居民能够分享更多的旅游与其他产业之间的联动效用,有居民在访谈中表示,一方面,旅游发展为当地社区丰富生活用品提供了动力,也在一定程度上带动了社区娱乐服务业的发展,景区中具有民族特色的酒吧、小食店、茶馆以及为祭祀活动而修缮的场所等,不仅能够满足旅游者在景区内对物质、娱乐的消费需求,也能够将更多现代娱乐服务业的消费活动展示给肇兴侗寨的居民。

据此,相应的基于旅游积极影响的精准营销管理策略如下。

① 突出旅游公平性,做好公共服务策略。肇兴侗寨旅游发展促进了当地基础设施的完善,改善了景区景观形象,为旅游发展奠定了一定基础。因此,当地政府和旅游部门不仅需要注重对旅游资源开发的投入、对基础设施建设的投入、对旅游市场营销的投入,而且该重

视对社区公共服务的投入,尤其是对旅游发展后社区环境卫生、社区公共安全、社区医疗保障、社区学校教育、社区养老制度等有关民生方面的投入,以此来突出旅游收益分配的公平性原则。

② 突出旅游联动作用,助力产业升级策略。肇兴侗寨旅游发展为当地社区带来了经济发展、居民收入提升、景区设施完善、文化传承保护等方面的动力。因此,当地政府和旅游部门应当重视旅游的联动性,以旅游发展所获得的资金与相关资源来对社区中的其他产业进行升级和完善,形成其他产业与旅游业良好的互动关系,尤其需要对景区中的农业、手工业、娱乐业、体育事业等方面进行投入,突出传统侗族文化在不同行业的表征,实现大旅游的产业升级。

二、居民对民族旅游积极影响感知的需求差异相关性与精准营销

居民对民族旅游积极影响感知的相关性分析结果如表 6-45 所示。

表 6-45 居民对民族旅游积极影响感知的相关性分析

属性	代码	相关性	生活设施提升感知	经济产业促进感知	文化环境加强感知
职业	R1	相关系数	0.033	−0.108**	−0.040
	R2	偏相关系数	0.011	0.027	0.021
民族	R1	相关系数	−0.026	0.109**	0.029
	R2	偏相关系数	−0.045	0.004	−0.010
个人月收入	R1	相关系数	0.031	0.155**	0.055
	R2	偏相关系数	0.035	0.048	0.050
年龄	R1	相关系数	0.062	−0.013	0.025
	R2	偏相关系数	0.008	−0.002	0.020
受教育程度	R1	相关系数	0.005	0.134**	0.008
	R2	偏相关系数	−0.008	0.063	−0.016
居住时间	R1	相关系数	0.048	−0.126**	0.016
	R2	偏相关系数	0.001	−0.083*	0.017
家庭收入来源	R1	相关系数	0.010	0.159**	0.082*
	R2	偏相关系数	0.026	0.123**	0.039
是否参与旅游业	R1	相关系数	−0.034	0.094**	0.086*
	R2	偏相关系数	−0.040	−0.009	0.051
婚姻状况	R1	相关系数	0.077*	0.024	0.035
	R2	偏相关系数	0.045	0.026	−0.002
性别	R1	相关系数	−0.059	0.012	0.064
	R2	偏相关系数	−0.050	0.019	0.071*

注:* 表示 $P<0.05$,** 表示 $P<0.01$,*** 表示 $P<0.001$。

为了能够直观地探寻居民受访者背景属性变量与旅游积极影响感知的3个公因子之间的关系，本研究将利用偏相关分析，将其他属性变量控制后，展示该属性变量与3个公因子的关系及其之间的相互影响程度。

首先，由表6-45可知，在控制了其他属性变量的影响后，职业、民族、个人月收入、年龄、受教育程度、是否参与旅游业、婚姻状况与旅游积极影响感知的3个公因子之间不存在显著的关系，说明在单因素方差分析中所显示出的显著性，是受到其他属性变量的影响，其原因如下。

① 侗族传统道德对旅游业的影响。有受访旅游机构人员表示，肇兴侗寨旅游发展中对侗族传统文化的依赖，对打造侗族文化旅游产品的注重，加强了居民对侗族传统文化的保护与传承，侗族传统文化中的环境观、道德观等对自然环境的尊重和感恩、对人地关系和谐的注重，都是影响全体社区居民提升自然与人文环境保护意识的重要因素，由于侗族传统道德的约束力，当地在旅游发展中尊重侗族文化的同时，使旅游发展与侗族传统文化相适应。

② 环保意识与行为对旅游的激励影响。有受访政府官员表示，肇兴侗寨旅游发展后当地政府和旅游部门较为注重对社区居民的环境保护宣传，并且针对不同年龄、不同职业的居民进行环保责任和义务的宣讲，使处于肇兴侗寨不同社会阶层的居民都具有一定的环境保护意识。景区的环境保护力度提升直接影响到全体社区居民的日常生活，使居民对社区的环境改变尤为重视，也在一定程度上使环保行为成为社区的共识。

③ 旅游对居民生活质量的提升作用。肇兴侗寨旅游发展对居民生活质量的提升体现在各个方面，最直接的就是从事旅游工作的居民个人收入的提升，以及当地政府和旅游部门利用旅游收益提升全体社区居民的福利。同时，有居民在访谈中表示，由于旅游发展使当地的娱乐和休闲产业更为发达，为处于不同人生阶段的居民提供了丰富业余文化生活的机会，并且旅游发展对社区规划以及基础设施提升作出的贡献，使全体社区居民生活质量得到提升。

据此，相应的基于旅游积极影响的精准营销管理策略如下。

① 促进文化传承，建立旅游品牌策略。肇兴侗寨旅游发展中侗族传统文化及其道德、价值观的核心地位，是建立肇兴侗寨旅游品牌的重要保障，因此，当地政府和旅游部门应该重视对侗族传统文化旅游价值的提升，尤其是利用侗寨中侗族大歌、传统芦笙舞蹈、侗族戏曲、侗族医药、民间工艺技巧、传统建筑艺术、侗族传统体育项目等核心旅游资源，树立"侗族文化第一寨"的品牌形象，增加肇兴侗寨在旅游需求市场的知名度，吸引游客到访。

② 建设环保设施，保护旅游环境策略。肇兴侗寨旅游发展后产生了大量生活垃圾，对当地的自然环境具有一定的破坏。因此，当地政府和旅游部门应该重视环境保护设施与设备方面的投入，严格控制景区向河流肆意排放污水、废水，提高居民生活用水中的环保意识。同时，要重点关注景区中客栈民宿、餐厅饭店、制作工坊等环境主要污染源，要求其建立污水处理系统，以及强调整个社区的垃圾分类。

③ 重视游客需求，保障旅游安全策略。肇兴侗寨旅游的特色之一就是游客能够选择在景区内住宿，能够体验居住侗族传统木质房屋。因此，当地政府和旅游部门应该重视排查住

房存在的安全隐患,尤其注意侗寨中木质结构建筑众多、房屋之间空隙较小等火灾隐患,在满足游客体验真实侗家生活的旅游需求的同时,也保障游客与居民的人身安全。同时,更应该建立旅游安全管理机制,应对突发自然灾害,保护景区旅游资源。

其次,在控制了其他属性变量后,个人月收入、居住时间、家庭收入来源以及性别等属性变量与居民与旅游积极影响感知的 3 个公因子之间呈现显著相关关系。

① 居住时间不同的居民对旅游产业的感知差异。居住时间差异与旅游发展的经济产业促进感知之间存在显著的负相关关系($R^2=-0.083$),主要是因为在社区居住时间较短的居民进入肇兴侗寨的目的是通过参与当地的旅游工作来提升自己的收入,可以看出居住时间越短的居民对旅游发展经济产业促进的感知越强,而居住时间较长的社区居民则在关注经济影响的同时,也注重文化和社区建设的旅游影响能力。

② 收入来源不同的居民对旅游经济感知的差异。收入来源差异与旅游发展的经济产业促进感知之间存在显著的正相关关系($R^2=0.123$),主要是因为家庭收入来源与旅游发展越紧密的居民对旅游的认知越深入;家庭收入来源于旅游业的比例越高,居民会对侗寨旅游发展经济影响力的认知程度越高。可以说家庭收入来源与旅游的相关性是决定居民如何看待旅游发展后的经济效应的重要因素,家庭收入来源与旅游业越有关系的居民对旅游的经济效应的评价越高。

③ 不同性别居民的旅游环境感知差异。性别差异与旅游发展的文化环境加强感知之间存在显著的正相关关系($R^2=0.071$),主要是因为女性居民对于环境、卫生、健康等方面具有更高的要求和更强感知,特别是在女性更多地从事肇兴侗寨中的旅游工作后,她们会以女性细心、细致的特点来观察旅游发展对社区环境方面的影响。同时,由于参与旅游工作的女性比例较高,她们也会更加关注作为旅游发展核心的侗族文化被旅游影响的程度。

据此,相应的基于旅游积极影响的精准营销管理策略如下。

① 基于社区归属差异获得旅游发展反馈的策略。由于肇兴侗寨中新进居民增多,全体社区居民的社区归属感存在一定差异,尤其体现在对旅游发展的认知层面,因此,当地政府和旅游部门应该利用社区归属差异来获得多角度的旅游发展反馈信息,以此来形成对旅游发展更为客观的评价,尤其要重视社区中新进居民对旅游发展、规划、政策落实等工作的反馈,并结合他们在旅游工作中的经验和阅历,推动当地民族旅游的和谐发展。

② 基于旅游联系差异的旅游收益分配策略。肇兴侗寨旅游发展使家庭成员与旅游联系更多的居民享受到了直接经济效应。因此,当地政府和旅游部门应该从旅游产品开发与旅游产业链提升两个方面考虑旅游收益分配,一方面,增加旅游线路在社区中的辐射范围,提高居民与旅游者的互动;另一方面,应将旅游发展与社区中的其他产业结合,突出侗族传统农耕、医药、体育、文学、艺术、历史,在深挖侗族传统文化价值的基础上创新民族旅游产品。

③ 基于性别感知差异的旅游环境保护策略。肇兴侗寨中越来越多女性居民开始从事旅游业,女性由于细心、同理心强、注重感情交流等特点,在社区旅游服务中扮演了重要的角色。因此,当地政府和旅游部门应该重视结合两性不同的观点和视角来进行旅游环境保护与整治,从女性视角关注环境保护中容易被忽略的细节,从男性视角关注旅游发展

宏观环境的变化，减少肇兴侗寨旅游发展对社区环境的破坏，提高居民对旅游的支持力度。

三、居民对民族旅游积极影响感知的需求差异聚类性与精准营销

（一）不同民族旅游积极影响感知居民聚类的社会学人口统计分析

不同居民聚类群体对民族旅游积极影响感知的社会人口统计学差异特征如表6-46所示。

本研究对居民受访者旅游积极影响感知进行聚类的结果如表6-46所示，第一类为居民受访者为旅游影响强烈正面感知型群体，包含497位居民受访者。第二类为旅游影响中立正面型感知型群体，包含338位居民受访者，本研究对不同居民受访者聚类群体社会人口统计学变量的均值作了比较。

表6-46 不同居民聚类群体对民族旅游积极影响感知的社会人口统计学差异特征

统计项	构成及其对应的赋值	聚类群体1 强烈正面型（N=497）			聚类群体2 中立正面型（N=338）		
		频数	频率（%）	均值	频数	频率（%）	均值
民族	1=侗族	431	86.73	1.96	284	84.02	1.37
	2=苗族	28	5.63		16	4.73	
	3=水族	2	0.40		1	0.30	
	4=布依族	2	0.40		0	0.00	
	5=土家族	2	0.40		2	0.59	
	6=壮族	0	0.00		1	0.30	
	7=仫佬族	1	0.20		0	0.00	
	8=瑶族	1	0.20		0	0.00	
	9=汉族	30	6.04		34	10.06	
性别	1=男	260	52.31	1.48	237	70.12	1.49
	2=女	171	47.69		167	29.89	
婚姻	1=单身	174	35.01	1.64	153	45.27	1.57
	2=已婚	323	64.99		185	54.73	
年龄	1=18岁及以下	39	7.85	2.59	33	9.76	2.49
	2=19～29岁	204	41.04		148	43.79	
	3=30～45岁	186	37.42		125	36.98	
	4=46～59岁	55	11.07		26	7.69	
	5=60岁及以上	13	2.62		6	1.78	

(续表)

统计项	构成及其对应的赋值	聚类群体1 强烈正面型($N=497$)			聚类群体2 中立正面型($N=338$)		
		频数	频率（%）	均值	频数	频率（%）	均值
受教育程度	1＝小学及以下	77	15.49	2.61	46	13.61	2.25
	2＝初中	199	40.04		151	44.68	
	3＝高中/中专/技校	148	29.79		72	21.30	
	4＝大学本科/大专	70	14.08		67	19.82	
	5＝硕士及以上	3	0.60		2	0.59	
个人月收入	1＝1 000元及以下	112	22.54	2.51	90	26.63	3.12
	2＝1 001～2 000元	116	23.34		77	22.78	
	3＝2 001～3 000元	117	23.54		77	22.78	
	4＝3 001～4 000元	84	16.90		52	15.38	
	5＝4 001～5 000元	48	9.66		24	7.10	
	6＝5 001元及以上	20	4.02		18	5.33	
职业	1＝国企职员	45	9.05	6.00	29	8.58	7.50
	2＝私企职员	19	3.82		18	5.33	
	3＝个体商人	141	28.38		104	30.77	
	4＝公务员	25	5.03		13	3.84	
	5＝服务人员	45	9.05		31	9.17	
	6＝专业技术人员	12	2.41		8	2.37	
	7＝教师	8	1.61		9	2.67	
	8＝学生	21	4.23		22	6.51	
	9＝退休人员	0	0.00		1	0.30	
	10＝家庭主妇	15	3.02		13	3.84	
	11＝工人	21	4.23		13	3.84	
	12＝事业单位职员	18	3.62		14	4.14	
	13＝农民/渔民	127	25.55		63	18.64	
家庭收入来源	1＝全部来自旅游业	52	10.46	3.13	29	8.57	2.68
	2＝一半及以上来自旅游业	123	24.75		87	25.74	
	3＝一半及以下来自旅游业	131	26.36		83	24.56	
	4＝来自非旅游业	191	38.43		139	41.13	

(续表)

统计项	构成及其对应的赋值	聚类群体1 强烈正面型（N=497）			聚类群体2 中立正面型（N=338）		
		频数	频率（%）	均值	频数	频率（%）	均值
居住时间	1=1年以下	37	7.44	3.99	37	10.95	4.38
	2=1~3年	54	10.87		45	13.31	
	3=4~6年	20	4.02		25	7.40	
	4=7~9年	13	2.62		13	3.84	
	5=10年及以上	373	75.05		218	64.50	
是否参与旅游业	1=是	286	57.55	1.50	204	60.36	1.29
	2=否	211	42.45		134	39.64	

第一,旅游影响强烈正面型感知群体的社会人口统计学特征。该类居民群体中侗族人口所占比例最高,为86.73%,其后为汉族居民(6.04%)、苗族居民(5.63%);男性居民所占比例超过半数,为52.31%,女性居民比例为47.69%;已婚居民所占比例(64.99%)高于单身居民所占比例(35.01%);从年龄分布来看,19~29岁居民所占比例最高,为41.04%,30~45岁(37.42%)、46~59岁(11.07%)分列2~3位;初中学历是这类居民群体主要的受教育程度,占比为40.04%,高中/中专/技校(29.79%)、小学及以下(15.49%)、大学本科/大专(14.08%)所占比例分列2~4位;从个人月收入层面来看,2 001~3 000元居民所占比例最高,为23.54%,其后依次为1 001~2 000元(23.34%)、1 000元及以下(22.54%)、3 001~4 000元(16.90%)、4 001~5 000元(9.66%)、5 001元及以上(4.02%);个体商人是这类居民群体从事人数最多的职业,占比为28.38%,农民(25.55%)、国企职员(9.05%)、服务人员(9.05%)占比分列2~4位;从家庭收入来源来看,38.43%的该类居民群体的家庭收入与旅游无关,家庭收入来源与旅游相关的仍占大多数,按照所占比例依次为一半及以下来自旅游业(26.36%)、一半及以上来自旅游业(24.75%)、全部来自旅游业(10.46%);在当地居住时间超过10年以上的居民所占比例最高,为75.05%,1~3年(10.87%)、1年以下(7.44%)分列2~3位;该类居民群体中超过半数的人正参与社区旅游发展,占比为57.55%,没有参与旅游发展的居民占比为42.45%。

第二,旅游影响中立正面型感知群体的社会人口统计学特征。该居民群体中侗族人口占比最高,为84.02%,汉族人口(10.06%)、苗族人口(4.73%)占比分列2~3位;男性居民占比超7成,为70.12%,女性居民所占比例较少,为29.89%;已婚居民占比(54.73%)高于单身居民占比(45.27%);从年龄分布来看,19~29岁居民占比最高,为43.79%,30~45岁(36.98%)、18岁及以下(9.76%)所占比分列2~3位;该居民群体拥有初中教育背景的人口占比最高,为44.68%,高中/中专/技校(21.30%)、大学本科/大专(19.82%)所占比分列2~3位;个人月收入为1 000元及以下的居民占比最高,为26.63%,其后依次为1 001~2 000元(22.78%)、2 001~3 000元(22.78%)、3 001~4 000元(15.38%)、4 001~5 000元

(7.10%)、5 001元及以上(5.33%);个体商人是该类居民从事最多的工作,为30.77%,农民(18.64%)、服务人员(9.17%)、国企职员(8.58%)、学生(6.51%)分列2~5位;该居民群体家庭收入来源与旅游业无关的占比最高,为41.13%,其后依次为一半及以上来自旅游业(25.74%)、一半及以下来自旅游业(24.56%)、全部来自旅游业(8.57%);64.50%的居民在当地居住10年以上,居住时间为1~3年(13.31%)、1年以下(10.95%)的居民所占比分列2~3位;该群体中参与社区发展的居民所占比例最高,为60.36%,没有参与旅游发展的居民所占比例较少,为39.64%。

(二)不同民族旅游积极影响感知居民聚类差异性分析

不同居民聚类群体对民族旅游积极影响感知的差异性分析结果如表6-47所示。

表6-47 不同居民聚类群体对民族旅游积极影响感知的差异性分析

公因子	聚类群体1 强烈正面型	聚类群体2 中立正面型	F值	Sig
生活设施提升感知	4.51	3.52	1 342.777	0.000***
经济产业促进感知	4.22	3.78	6.201	0.013*
文化环境加强感知	4.27	3.75	31.640	0.000***

注:*表示$P<0.05$,**表示$P<0.01$,***表示$P<0.001$。

由表6-47可知,不同居民受访者聚类群体对民族旅游积极影响感知的生活设施提升感知($P=0.000$)、经济产业促进感知($P=0.013$)、文化环境加强感知($P=0.000$)均存在显著性差异,其原因如下。

第一,不同性别居民的旅游环境感知差异。不同性别的居民受访者对肇兴侗寨旅游发展的环境影响感知存在显著性差异。虽然当地政府和旅游部门对环境保护的宣传力度和投入力度都较大,社区居民整体环保意识明显提高,但由于男性和女性在思维方式和关注事务等方面的不同,女性居民受访者更关注旅游发展对社区环境的影响,对环境变化评价较为正面,而男性居民则更加关注旅游发展过程的自然环境整体保护效应,评价中立。

第二,不同学历居民对旅游产业的认知差异。不同学历的居民受访者对肇兴侗寨旅游发展后社区相关产业提升的认知存在显著性差异,主要是因为具有较高学历的居民受访者对旅游业促进其他相关产业发展的认知更加深入与客观,尤其是受过高等教育的居民受访者对事物发展能够拥有辩证性的判断能力,能对环境变化会作出较为客观的评价;而教育背景较差的居民受访者则会更多依据旅游对自身生活水平的提升程度来认识旅游发展,进而形成正面评价。

第三,不同职业居民的旅游收入差异。不同职业的居民受访者对肇兴侗寨旅游发展后个人收入提升以及生活质量提升的理解具有显著性差异,形成此差异的主要原因就是居民受访者从事的工作与旅游产业联系的紧密程度,从事旅游相关工作的居民受访者对旅游发展在经济收入提升方面的作用具有更强烈的感知,对旅游发展经济产业促进能力具有更正面的评价;而没有从事旅游工作的居民由于其收入与旅游无关,对环境的变化持中立态度。

第四,文化背景不同的居民对旅游资源的理解差异。不同文化背景的居民受访者对肇兴侗寨侗族传统文化的理解存在显著性差异,特别是当肇兴侗寨蓬勃发展后,越来越多的旅游者进入社区进行旅游活动、新进社区的外来居民开始从事旅游工作,不同文化开始在社区中互动和碰撞,也使这类群体对当地文化的发展具有正面评价,而侗族居民受到外来文化的冲击,在道德、价值观等方面出现变化,他们对旅游发展的文化影响看法中立。

据此,相应的基于旅游积极影响的精准营销管理策略如下。

第一,结合女性角度,注重旅游细节策略。肇兴侗寨发展旅游应该结合女性视角,以此来推动旅游产品的完善与更新以及对旅游影响细节的关注。当地政府和旅游部门应该注重培养更多旅游服务一线的女性员工,充分发挥其同理心强、注重情感互动的特质来为旅游者服务,给旅游者宾至如归的体验,增进主客之间的和谐交往。同时,也应该从女性视角来审视旅游发展对社区和居民的影响,要形成以"细节决定成败"为特点的旅游目的地的影响反馈机制。

第二,推动旅游教育,提升经济收益策略。肇兴侗寨居民教育背景不仅影响他们在旅游业中从事的工作种类与个人收入,更决定了他们对旅游发展和旅游产业的客观认知。因此,当地政府和旅游部门应该突出旅游职业、个人受教育程度提升的正面作用,一方面,联系专家团队与旅游企业对居民旅游从业技能与旅游发展认知进行培训;另一方面,利用旅游收入建立教育基金,在保障社区义务教育投入的同时,为寻求更好教育机会的居民提供支持。

第三,学习外来文化,突出侗族传统策略。肇兴侗寨居民人口结构复杂化、社区文化多元发展趋势明显,不同文化在社区的互动为旅游发展带来了机遇与挑战。因此,当地政府和旅游部门应该重视利用不同文化中的优秀部分来促进社区旅游的全面发展,尤其是要鼓励居民学习不同文化中有益于促进居民职业技能提升和从业经验积累的部分,更应该提升全体社区居民对侗族传统文化中道德和价值观的理解,从而形成良好的文化共存局面。

第五节 居民对民族旅游消极影响感知的需求差异与精准营销

一、居民对民族旅游消极影响感知的细分需求差异与精准营销

(一)居民对民族旅游消极影响感知的民族细分需求差异与精准营销

不同民族的居民对民族旅游消极影响感知的差异性分析结果如表6-48所示。

表6-48 不同民族的居民对民族旅游消极影响感知的差异性分析

公因子	均值									F值	Sig
	侗族	苗族	水族	布依族	土家族	壮族	仫佬族	瑶族	汉族		
文化传统冲击感知	3.14	3.40	3.60	3.00	3.15	3.40	3.20	5.00	3.05	1.106	0.356
环境设施破坏感知	3.32	3.53	4.06	3.00	3.69	3.33	3.33	5.00	3.32	1.055	0.393
生活关系紧张感知	3.36	3.49	3.75	2.50	3.25	4.00	3.25	5.00	3.22	1.324	0.228

注:* 表示 $P<0.05$,** 表示 $P<0.01$,*** 表示 $P<0.001$。

由表 6-48 可知,不同民族的居民受访者对旅游发展后的文化传统冲击($P=0.356$)、环境设施破坏($P=0.393$)、生活关系紧张($P=0.228$)等感知不存在显著性差异,其原因如下。

第一,旅游开发中对侗族文化的保护传承。肇兴侗寨虽然正在经历嵌入式的发展阶段,然而在访谈中有居民表示侗寨居民受到侗寨中长期以来具有较强影响力的侗族价值观与道德准则的影响。对侗族文化的尊重与传承、对外来文化的接受与适应、对旅游发展所取得成就的认可,都使居民在侗族文化的大框架内对旅游发展的影响产生具有共性的看法。因此,不同民族的居民对旅游发展的消极影响感知不存在显著性差异。

第二,旅游开发中对环保理念的宣传推广。在访谈中,有政府官员表示,肇兴侗寨旅游资源开发的理念明确,即保护寨中的原始风貌,使相关的基础设施符合现代旅游发展的需求,尤其是对于侗族文化及其表现方式的保护是已经被确立的保护重点,因为侗族文化是吸引旅游者到访肇兴侗寨的重要保证,并且当地侗族居民对大自然的尊重与崇尚,在很大程度上形成了环境保护的重要基础。因此,不同民族的居民对旅游发展的消极影响感知不存在显著性差异。

据此,相应的基于旅游消极影响的精准营销管理策略如下。

第一,保护传统习俗,防止文化商业化策略。肇兴侗寨旅游发展使侗族传统文化和风俗习惯被外界更多地了解,然而商业化的发展却对侗族的传统形成了挑战。因此,当地政府和旅游部门应该注重对侗族传统文化原真性的保护性开发,景区中每日的侗族歌舞表演是该项工作的重点,一方面应该打造尊重侗族传统文化的、原真性高的节目内容,使游客能够真实了解侗族的传统习俗;另一方面则应该利用舞台原真性来保护传统文化,平衡商业化发展趋势。

第二,融合多元文化,避免关系矛盾化策略。肇兴侗寨旅游发展使多种文化开始在社区互动和碰撞,也在一定程度上形成了对构建社区和谐关系的挑战,因此,当地政府和旅游部门应该重视增进不同文化之间的了解与尊重,一方面,鼓励侗族居民与新进居民在旅游发展背景下进行合作与分享,在突出侗族文化核心角色的基础上学习不同文化的优秀部分;另一方面,鼓励游客与居民在旅游中互动,提升双方对彼此文化的理解和尊重,形成稳定的旅游关系。

(二)居民对民族旅游消极影响感知的性别细分需求差异与精准营销

表 6-49 不同性别的居民对民族旅游消极影响感知的差异性分析

公因子	均值		F值	Sig
	男	女		
文化传统冲击感知	3.15	3.16	1.492	0.222
环境设施破坏感知	3.36	3.32	0.668	0.414
生活关系紧张感知	3.39	3.32	1.922	0.166

注:*表示 $P<0.05$,**表示 $P<0.01$,***表示 $P<0.001$。

由表 6-49 可知,不同性别的居民对旅游发展后的文化传统冲击($P=0.222$)、环境设施破坏($P=0.414$)、生活关系紧张($P=0.166$)感知不存在显著性差异,其原因如下。

第一,侗族行为准则的基础地位。性别并不会造成居民对社区中的主导文化和道德准则感知表现出差异。在访谈中有居民表示,肇兴侗寨的侗族文化不仅是当地民族旅游发展水平的决定性因素,而且是规范和引导社区居民社会行为与文化共享的重要准则,不同性别的居民在社区中的工作、生活都受到侗族文化与道德准则的约束,并且对旅游发展后的文化变迁具有较为一致的认知。因此,性别不同的居民对旅游发展后居民的行为品德变化感知不存在显著性差异。

第二,社区社会网络关系改变的客观事实。性别不同的居民在肇兴侗寨生活和工作都受到社区居民关系的影响,旅游发展后社区关系的改变是客观存在的事实,性别的不同并不会使居民对社区关系改变产生差异性感知;同时,在访谈中,有居民表示能够切实地感知到旅游发展对整个社区建设的促进作用,也能够感受到旅游发展对当地社会、文化、环境的负面影响。因此,性别不同的居民对环境设施破坏与文化生活冲击的感知不存在显著性差异。

据此,相应的基于旅游消极影响的精准营销管理策略如下。

第一,善用性别特点推动产品创新策略。肇兴侗寨男性居民主要负责家庭生计、女性居民主要负责打理家务,表现出不同的性别特点。因此,当地政府和旅游部门应该重视利用侗族居民性别特点不同来推动旅游产品的升级和创新,一方面,鼓励女性居民更多地从事旅游服务工作,使游客能够感受到侗寨居民的热情;另一方面,鼓励男性居民更多从事旅游商品制作与旅游演艺节目创新等工作,充分运用男性在工匠技艺与节庆活动组织方面的特长。

第二,利用社交媒体创新旅游交往方式策略。肇兴侗寨居民具有一定的接受新事物的能力,手机、电脑、移动设备在居民生活中扮演了重要的角色。因此,当地政府和旅游部门应该积极建立社区的旅游虚拟社交网络平台,一方面,通过对网络设备的升级以及无线网络的建设,使侗寨达到5A旅游景区的硬件要求;另一方面,利用网络平台来及时获得居民对旅游发展的反馈,拉近政府与居民之间的距离,并且促进居民利用虚拟社交平台来创新旅游交往方式。

(三) 居民对民族旅游消极影响感知的婚姻状况细分需求差异与精准营销

不同婚姻状况的居民对民族旅游消极影响感知的差异性分析结果如表6-50所示。

表6-50 不同婚姻状况的居民对民族旅游消极影响感知的差异性分析

公因子	均值		F值	Sig
	单身	已婚		
文化传统冲击感知	3.21	3.11	4.704	0.030*
环境设施破坏感知	3.37	3.32	0.365	0.546
生活关系紧张感知	3.36	3.36	1.149	0.284

注:* 表示 $P<0.05$,** 表示 $P<0.01$,*** 表示 $P<0.001$。

首先,由表6-50可知,婚姻状况不同的居民受访者对旅游发展后的文化传统冲击感知($P=0.030$)存在显著性差异,其原因如下。

① 婚姻状态不同的居民道德关注点的差异。已婚的居民不仅需要遵守有关婚姻的道德,而且对社区中侗族传统的道德约束、行为规范和价值观继承关注更多。对于已经有孩子

的家庭而言,孩子既受到社区、学校、整体文化环境的影响,也受到夫妻双方自身对道德、行为、价值观的认知的影响,他们也更加关心旅游对社区道德的影响。因此,不同婚姻状况的居民对旅游发展后居民的行为品德变化感知存在显著性差异。

② 婚姻状态不同的居民生活需求有差异。单身的居民并不会受到婚姻与家庭生活道德准则的影响,单身居民往往在生活和追求等方面展现出更多的自由。访谈中有政府官员表示,肇兴侗寨的侗族传统文化与外来文化的交流机会增多,使单身居民能够更多、更快地接受新鲜的事物。同时,年轻的单身居民并没有很强的分辨事务在道德上的差异。因此,婚姻状况不同的居民对旅游发展后居民的行为品德变化的感知存在显著性差异。

据此,相应的基于旅游消极影响的精准营销管理策略如下。

① 注重侗族道德,促进文化传承策略。肇兴侗寨侗族居民受到侗族传统文化和道德的影响,表现出团结合作、孝顺长辈、和谐交往、诚实守信等优秀品质。因此,当地政府和旅游部门应该重视对侗族传统道德的宣传,一方面,对接触较多外来文化的年轻居民群体要利用侗族传统的道德规范对其行为进行约束,避免不良行为的产生;另一方面,对已婚的居民群体要利用侗族传统的家庭观和婚姻观对其家庭生活进行引导,为和谐居民关系奠定基础。

② 鼓励主客互动,学习先进经验策略。肇兴侗寨旅游发展后的社区文化环境、自然环境、经济环境、生活环境出现一定程度的变化,居民对旅游发展具有负面情绪。因此,当地政府和旅游部门应该在鼓励社区居民与旅游者进行基于相互尊重的互动和交流,鼓励社区较为年轻的居民以及致力于从事旅游业的居民更多地向游客取经,获得有关旅游发展与旅游开发保护的经验与经营模式,从而能够用发展的眼光来客观审视当地的旅游发展。

其次,婚姻状况不同的居民对旅游发展后的环境设施破坏($P=0.546$)、生活关系紧张($P=0.284$)感知不存在显著性差异,其原因如下。

① 居民对旅游环境容量超载的共同感受。在肇兴侗寨旅游知名度提升以及旅游交通设施改善后,到访旅游者人数的增加使社区的环境卫生质量下降明显。访谈中有旅游机构人员表示,旅游者收入普遍较高、对景区内的物价水平适应能力较强,当地社区居民也开始面对社区内生活用品涨价现象。同时,旅游者的到访也在一定程度上对社区的宁静生活产生影响。居民对旅游承载力的感知不会因为婚姻状况不同而产生显著性差异。

② 旅游改变社交关系的客观事实。旅游发展后更多的旅游者到访肇兴侗寨,单身与已婚的居民跟旅游者交流和互动的机会在逐步增加,社区内的关系网络也由于旅游者的进入开始表现出更开放与互嵌式的特点。有受访居民表示,由于旅游发展后的经济效应显著,单身与已婚的居民都需要适应以利益为主导的居民关系,需要适应新进居民对社区原本居民关系的改变。因此,单身与已婚居民对文化冲击具有相似的感知。

据此,相应的基于旅游消极影响的精准营销管理策略如下。

① 利用价格杠杆,维护旅游持续性策略。肇兴侗寨传统的侗族文化资源受到游客的青睐。在侗族传统节庆时,当地旅游承载力受到严重挑战,环境资源也受到威胁。因此,当地政府和旅游部门应该对社区的旅游承载力进行科学系统的调查和研究,通过价格杠杆维护旅游者的良好旅游体验,也保障居民正常的节庆节事顺利进行,也可以通过门票价格杠杆来提升旅游发展应对游客量季节性变化的差异,提升旅游的可持续性。

② 促进和谐交往,顺应文化动态性策略。肇兴侗寨侗族传统文化是旅游发展的重要资源,也是约束居民行为、维护居民和谐关系的重要因素。因此,当地政府和旅游部门应该积极利用侗族传统道德准则和价值观来维护旅游发展后居民之间和谐稳定的交往局面,以此为基础来增加主客互动中的相互尊重与理解,同时也要以发展的眼光来审视侗族文化的动态性特点,不能一味地重视传统而忽略侗族文化的发展与创新。

(四)居民对民族旅游消极影响感知的年龄细分需求差异与精准营销

不同年龄居民对民族旅游消极影响感知的差异性分析结果如表6-51所示。

表6-51 不同年龄居民对民族旅游消极影响感知的差异性分析

公因子	均值					F值	Sig
	≤18岁	19~29岁	30~45岁	46~59岁	≥60岁		
文化传统冲击感知	3.18	3.20	3.17	2.89	2.78	4.986	0.001**
环境设施破坏感知	3.21	3.41	3.37	3.07	3.23	3.085	0.015*
生活关系紧张感知	3.29	3.38	3.34	3.33	3.58	2.221	0.065

注:* 表示 $P<0.05$,** 表示 $P<0.01$,*** 表示 $P<0.001$。

由表6-51可知,首先,不同年龄的居民受访者对旅游发展后的文化传统冲击($P=0.001$)、环境设施破坏($P=0.015$)感知存在显著性差异,其原因如下。

① 年龄不同的居民对社区变迁认知的差异。年龄较大的居民对肇兴侗寨旅游发展前后社区的变化具有更全面的认识,主要体现在年龄较大的居民在肇兴侗寨居住时间较长,经历了旅游发展前后社区各个方面的变化,尤其是对当地文化受到主流文化的冲击、日常生活的改变、社区景观的改造升级、居民道德标准的变化程度均有较为深刻的认识,因此,年龄不同的居民对旅游发展后居民的行为品德变化感知表现出显著性差异。

② 年龄不同的居民旅游文化互动的差异。年龄较小的居民对新鲜的事物具有更高的接受程度,也会更加向往公共设施便利、基础设施发达的生活空间。由于肇兴侗寨旅游发展后旅游者人数增多,有受访居民表示社区居民与旅游者的交流和互动更为频繁,年龄较小的居民对外面的世界具有一定的认识,也更加渴望亲身感受外面的文化,而年龄较大的居民则会表现出对宁静生活的向往,因此,不同年龄的居民对环境设施破坏感知存在显著性差异。

据此,相应的基于旅游消极影响的精准营销管理策略如下。

① 开发旅游出版物,扩大文化效应策略。肇兴侗寨旅游发展使当地社区基础设施获得提升、居民整体收入有所增加、侗族文化获得传承与认同。当地政府与旅游部门应该与省民族事务委员会、民族出版集团共同推出有关肇兴侗寨旅游发展的图书、音像、影视作品,使肇兴侗寨的旅游宣传得到巩固与稳定。出版物是对旅游纪念品和旅游商品的创新,同时也是记录侗族居民旅游发展历程的载体,能够推动侗族传统文化的传承。

② 增加旅游互动性,推动经验借鉴策略。肇兴侗寨旅游发展后居民对外界文化与外面的世界开始向往,当地政府和旅游部门应该重视促进旅游发展中居民与游客的互动,使游客能够真正体验到原生态的侗族生活习俗,也使居民能够从游客身上学习到更多现代文明。

同时,也应该组织有居民参加的旅游发展考察团到我国民族旅游发展较好的地区进行学习交流,在增加居民旅游发展经验积累的基础上,满足居民感受不同文化的需求。

其次,不同年龄的居民受访者对旅游发展后的生活关系紧张感知($P=0.065$)不存在显著性差异,其原因如下。

旅游改变社会关系的客观事实。有政府官员在访谈中提到,由于居民在旅游中所获得的经济收益不同,原本侗寨中较为纯朴的居民关系出现变化,以利益为主导的社会关系影响力越来越大。同时,肇兴侗寨的旅游发展使越来越多的非本社区居民进入侗寨从事旅游相关工作,这也在一定程度上打破了社区原本较为封闭的居民关系,使居民不得不适应新的交往关系。因此,不同年龄的居民对旅游发展后的生活关系紧张感知不存在显著性差异。

据此,相应的基于旅游消极影响的精准营销管理策略如下。

明确旅游角色,适应新型关系策略。肇兴侗寨旅游发展中的各利益相关者之间的关系稳定性与和谐性,是决定当地旅游发展未来局面的重要因素。因此,当地政府和旅游部门应该联系旅游中的不同利益相关者,明确各方在旅游发展中的角色,要突出当地居民是旅游资源的创造者与拥有者,同时突出政府和旅游部门的引导职能、企业创收和回馈居民的责任、游客的环境保护义务等,增加利益相关者之间的联系,共同促进旅游发展。

(五)居民对民族旅游消极影响感知的教育程度细分需求差异与精准营销

受教育程度不同的居民对民族旅游消极影响感知的差异性分析结果如表6-52所示。

表6-52 受教育程度不同的居民对民族旅游消极影响感知的差异性分析

公因子	均值					F值	Sig
	≤小学	初中	高中/中专/技校	本科/大专	≥硕士		
文化传统冲击感知	3.07	3.10	3.22	3.25	2.80	1.058	0.376
环境设施破坏感知	3.20	3.28	3.45	3.47	2.60	5.042	0.001**
生活关系紧张感知	3.48	3.30	3.38	3.37	2.90	3.251	0.012*

注:* 表示 $P<0.05$,** 表示 $P<0.01$,*** 表示 $P<0.001$。

首先,由表6-52可知,受教育程度不同的居民受访者对旅游发展后的环境设施破坏($P=0.001$)、生活关系紧张($P=0.012$)感知存在显著性差异,其原因如下。

① 教育背景不同的居民的环境认知差异。访谈中有政府官员表示,受教育程度低的居民往往更为注重经济利益,他们认为越多旅游者到来,越能够提升个人收入;而受教育程度较高的居民则拥有更多的知识与对旅游更深入的认知能力,他们更加重视侗寨的旅游环境,一方面,优美的自然环境和原生态的文化能够增加旅游吸引力;另一方面,旅游承载力会影响游客对侗寨的评价。因此,受教育程度不同的居民对旅游发展后的环境设施破坏感知存在显著性差异。

② 教育背景不同的居民的旅游认知差异。访谈中有政府官员表示,受教育程度较低的居民往往不会太关注旅游所带来的居民关系的改变,以及社区发展的和谐程度;受教育程度较高的居民会更加支持良好居民关系对社区、对旅游发展的促进作用,尤其是在面临过度商业化对肇兴侗寨传统文化的破坏,居民过度追求利益的不稳定关系对社区良好发展的影响

时。因此,受教育程度不同的居民对旅游发展后的文化生活冲击感知存在显著性差异。

据此,相应的基于旅游消极影响的精准营销管理策略如下。

① 加强旅游界和教育界联动,提升环保水平策略。肇兴侗寨旅游发展离不开对当地自然环境的保护,对传统文化的传承。因此,当地政府和旅游部门应该积极推动旅游业与教育业之间的联系,一方面,将旅游发展的经济收益投入社区基础教育事业,提升社区居民整体的受教育程度,增加他们对环境保护的认知;另一方面,也应该与高校环境科研团队进行联系,请他们对旅游规划中的环境保护规划进行把关,并对社区环保监测和排污设施进行升级,提高环保科技水平。

② 鼓励环保参与,维护关系和谐策略。肇兴侗寨旅游资源的环境保护需要各利益相关者共同参与,使旅游发展的环境保护受到不同层面的监督。当地政府和旅游部门应该鼓励居民积极参加环境保护活动,不仅要增加对居民环保行为的监督,更应该在旅游互动中向游客传达环境保护对良好游览经历的促进作用。同时,在全体社区居民共同参与旅游环境保护时,居民之间的互动与交流机会增多,能够在一定程度达成共同目标、减少居民之间的矛盾。

其次,受教育程度不同的居民受访者对旅游发展后的文化传统冲击感知($P=0.376$)不存在显著性差异,其原因如下。

① 旅游发展中对侗族文化资源的依赖。肇兴侗寨旅游发展过程中需要对社区原来的建筑、景观进行修缮,有可能会破坏原来的建筑风格。有受访居民表示,侗寨旅游发展后旅游者人数增加,为了吸引旅游者所开展的文化表演活动在一定程度上会影响居民日常的生活,这些在旅游发展后社区物质条件和精神氛围的改变是所有社区居民亲身经历的。因此,受教育程度不同的居民对旅游发展后的文化传统冲击感知不存在显著性差异。

② 旅游发展中的多元文化互动。访谈中有受访政府官员表示,肇兴侗寨旅游发展后不同文化在此互动,虽然受教育程度不同的居民对文化的互动的理解与认知存在差异,但是肇兴侗寨的互嵌式发展模式离不开文化的互动以及居民在文化互动过程中形成的对多元文化的体验。同时,居民生活的现代化程度变高,旅游发展后的文化互动发生在社区的不同层面,因此,受教育程度不同的居民对旅游发展后的文化传统冲击感知不存在显著性差异。

据此,相应的基于旅游消极影响的精准营销管理策略如下。

① 利用侗族博物馆,提升旅游教育效应策略。提升肇兴侗寨旅游发展的教育效应,需要通过社区中的侗族文化博物馆和侗族生态博物馆对侗族历史文化的鲜活展现。因此,当地政府和旅游部门应该积极促进博物馆的建设,一方面,利用侗族文化博物馆增加当地民族旅游的文化内涵,使居民和旅游者能够看到侗族文化的具体展示,提升旅游教育效应;另一方面,利用博物馆对侗族文化的展示促进旅游产品的创新,满足游客求知的旅游需求。

② 弘扬旅游法治观,促进社区和谐策略。肇兴侗寨旅游发展后社区的居民关系出现了不和谐,重要的原因之一就是各旅游利益相关者的法治观念不强。因此,当地政府和旅游部门应该在建立处理居民关系相关组织的同时,重视全体社区居民旅游法律意识的提升,使居民能够知法,用法来保障自身在旅游发展中的合法权益。同时,当地政府也应该提升服务居民的认识,杜绝自大、傲慢、蛮横的工作态度,真心实意地利用旅游为社区居民

谋福利。

（六）居民对民族旅游消极影响感知的个人收入细分需求差异与精准营销

个人月收入不同的居民对民族旅游消极影响感知的差异性分析结果如表6-23所示。

表6-53 个人月收入不同的居民对民族旅游消极影响感知的差异性分析

公因子	均值						F值	Sig
	≤1 000元	1 001～2 000元	2 001～3 000元	3 001～4 000元	4 001～5 000元	≥5 001元		
文化传统冲击感知	3.03	3.18	3.26	3.24	3.09	2.87	2.065	0.068
环境设施破坏感知	3.21	3.33	3.41	3.45	3.45	3.19	2.458	0.032*
生活关系紧张感知	3.28	3.40	3.40	3.43	3.30	3.16	0.363	0.874

注：* 表示 $P<0.05$，** 表示 $P<0.01$，*** 表示 $P<0.001$。

首先，由表6-53可知，个人月收入不同的居民受访者对旅游发展后的环境设施破坏感知（$P=0.032$）具有显著性差异，其原因如下。

① 收入不同的居民的经济环境适应差异。肇兴侗寨的旅游发展使当地居民的个人收入得到一定提高。在访谈中，有居民表示，社区经济环境的改变的典型是景区内的物价变高，个人收入较高的旅游者较能适应这样的高价格。居民因为收入的高低对物价的飙升展现出较为不同的适应程度，收入较低的居民对旅游发展带来的物价飙升具有更强的认知，因此，个人月收入不同的居民对旅游发展后的环境设施破坏感知表现出显著性差异。

② 收入不同的居民的公共设施需求差异。收入较少的居民对肇兴侗寨内的公共设施需求更多，主要体现在对社区公共交通的需求、对社区文化广场的需求、对社区宁静生活的需求、对社区通畅街道的需求。访谈中有政府官员表示，旅游者人数不断增加，尤其是在周末、黄金周以及侗族相关节庆的时段内，这影响了当地居民的生产生活，导致他们对环境设施破坏的感受很深。因此，收入不同的居民对旅游发展带来的环境设施破坏感知具有显著性差异。

据此，相应的基于旅游消极影响的精准营销管理策略如下。

① 丰富物品供给，提升居民议价能力策略。肇兴侗寨旅游发展后，大量旅游者进入景区，其较高的消费能力和个人收入，使当地的经济环境发生转变，景区内的物价开始上升。因此，当地政府和旅游部门应该联合工商部门、物价部门对景区内的生活必需品价格进行调控，降低居民的生活成本。同时，也应该积极利用互联网发展和交通设施的升级拓展供应商渠道，丰富社区的各类物品供应，增加居民的相对议价能力。

② 重视环境保护，维护社区权益策略。肇兴侗寨旅游发展虽然秉持着"先保护、后开发"的理念，但是开发意味着破坏，当地的自然资源必然受到一定冲击。因此，当地政府和旅游部门应该在继续坚持旅游资源保护先于开发理念的基础上，重点对景区内乱扔垃圾、交通工具废气排放、餐饮煤气污染、二氧化碳排放等破坏环境的行为进行管理，使肇兴侗寨的旅游发展不仅满足游客的旅游需求，也合乎社区居民的共同权益。

其次，不同收入的居民受访者对旅游发展后的文化传统冲击感知（$P=0.068$）、生活关系紧张感知($P=0.874$)不存在显著性差异,其原因如下。

① 居民对旅游发展中侗族文化的集体认同。访谈中有旅游机构从业人员表示,肇兴侗寨居民既是民族旅游产品的生产者,也是侗族文化的表现者,是我国侗族文化传承与保护的最基本的个体,尽管收入不同的居民在文化传承与保护中所作出的贡献可能不同,但是收入的高低不会影响当地社区居民对本民族文化的认同与自豪感,尤其是在旅游发展后当地政府对侗族文化作了大量宣传。因此,收入不同的居民对旅游发展的文化传统冲击感知不存在显著性差异。

② 旅游发展中社区关系的利益导向。有受访政府官员表示,在肇兴侗寨发展旅游之前,居民主要以农业生产维持生计,居民间并没有很大收入差异,交往较为频繁、互帮互助的关系稳定;然而旅游业的发展使居民之间原本较为纯朴的关系开始出现变化,居民之间的关系往往会以利益为前提,商业化氛围开始变得浓厚。因此,收入不同的居民对旅游发展的文化传统冲击具有类似的感知,不存在显著性差异。

据此,相应的基于旅游消极影响的精准营销管理策略如下。

① 重视文化认同,丰富旅游内涵。肇兴侗寨中的侗族居民是侗族传统文化的创造者和传承者,是民族旅游发展的重要参与者和利益相关者。因此,当地政府和旅游部门应该在旅游开发中注重对侗族传统文化的理解,尊重侗族居民的价值观、道德、信仰等具有重要影响力的元素,使当地的旅游发展能够获得侗族居民的认可,进而提升侗族居民对旅游发展的支持度。同时,提升侗族居民对其传统文化价值的认知,巩固已有一定基础的文化保护与传承工作。

② 协调利益关系,维护旅游氛围。肇兴侗寨旅游发展的经济效应明显,使社区居民更加认识到旅游发展对自身利益的促进作用,也在一定程度上改变了原本较为和谐的居民关系。因此,当地政府和旅游部门应该对旅游利益相关者的经济收益分配进行明确,尤其是要明确旅游发展收益全体社区居民分配。同时,应该鼓励社区居民间、旅游企业与居民之间的共赢互动,在提升旅游整体发展水平的基础上,实现良好的旅游发展氛围。

(七) 居民对民族旅游消极影响感知的职业细分需求差异与精准营销

从事不同职业的居民对民族旅游消极影响感知的差异性分析结果如表6-54所示。

表6-54 从事不同职业的居民对民族旅游消极影响感知的差异性分析

公因子	均值													F值	Sig
	国企	私企	个体	公务员	服务员	技术员	教师	学生	退休	主妇	工人	事业	农民		
文化传统冲击感知	3.34	3.26	3.18	3.14	3.18	3.22	3.11	2.97	3.20	2.87	3.27	3.05	3.07	1.031	0.419
环境设施破坏感知	3.55	3.37	3.37	3.39	3.46	3.53	3.48	3.15	2.67	2.97	3.49	3.23	3.23	1.427	0.140
生活关系紧张感知	3.54	3.31	3.31	3.30	3.33	3.40	3.46	3.17	3.00	3.21	3.61	3.25	3.40	0.738	0.726

注:* 表示 $P<0.05$,** 表示 $P<0.01$,*** 表示 $P<0.001$。

由表6-54可知,从事不同职业的居民受访者对旅游发展后的文化传统冲击($P=$

0.419)、环境设施破坏（$P=0.140$）、生活关系紧张（$P=0.726$）等感知不存在显著性差异，其原因如下。

第一，旅游发展中不同职业相关联。在访谈中，有政府官员表示，肇兴侗寨发展旅游后，旅游业与其他行业的关联度越来越高，旅游不仅为其他行业的发展带来动力，其他行业的紧密配合与支持力度也对当地旅游发展具有重要的影响；从事职业不同的居民在不同的行业，由于工作与旅游的关联性越来越高，他们能够从各个方面、更加全方位地理解旅游发展对当地的不良影响。因此，从事不同职业的居民对旅游的相关消极影响感知不存在显著性差异。

第二，从事不同职业的居民对旅游发展的共同感知。有受访政府官员表示，肇兴侗寨旅游发展促进了社区公共事务的发展，为社区的建设带来了资金。但肇兴侗寨中侗族文化与道德准则仍然对大部分的居民具有较为强烈的影响力，这些在侗寨中存在多年的文化传统、价值观、信仰、生活习惯根深蒂固，并不会因为居民从事的职业不同而发生大幅度的改变。因此，职业不同的居民对旅游发展后的消极影响感知不会存在显著性差异。

据此，相应的基于旅游消极影响的精准营销管理策略如下。

第一，创造旅游就业机会，维护土地资源策略。肇兴侗寨发展旅游离不开对当地土地资源的开发和利用。旅游为当地居民创造了直接或间接从事旅游工作的机会，在一定程度上增加了对原始土地资源的破坏。因此，当地政府和旅游部门应当在突出旅游就业创造与经济效应的基础上，避免兴建客栈宾馆、餐厅食府、停车场、酒吧等对土地资源的过度利用，要维护社区中全体居民对农耕用地、林业用地等非旅游用地的权益。

第二，落实环保责任，推动行业与部门互动策略。肇兴侗寨旅游发展使原本相对独立的行业与部门开始出现更多的联系，也使这些行业与部门开始主动或被动地参与当地旅游发展。因此，当地政府和旅游部门应该针对不同行业的特点制定环保责任制，促进文化部门对侗族传统文化资源的保护、教育部门对青年学生环保意识的培养、财政部门成立环保基金、民政部门成立环保组织、旅游部门重视资源的保护性开发等，在汇集不同行业环保成果的同时，增加部门间的联系。

（八）居民对民族旅游消极影响感知的收入来源细分需求差异与精准营销

家庭收入来源不同的居民对民族旅游消极影响感知的差异性分析结果如表6-55所示。

表6-55　家庭收入来源不同的居民对民族旅游消极影响感知的差异性分析

公因子	均值				F值	Sig
	全部来自旅游业	一半及以上来自旅游业	一半及以下来自旅游业	来自非旅游业		
文化传统冲击感知	3.25	3.23	3.25	3.01	5.696	0.001**
环境设施破坏感知	3.46	3.39	3.49	3.19	3.756	0.011*
生活关系紧张感知	3.44	3.32	3.45	3.29	0.883	0.449

注：* 表示 $P<0.05$，** 表示 $P<0.01$，*** 表示 $P<0.001$。

首先，由表6-55可知，家庭收入来源不同的居民受访者对旅游发展后的文化传统冲击（$P=0.001$）、环境设施破坏（$P=0.011$）感知存在显著性差异，其原因如下。

① 居民基于家庭收入旅游联系紧密度的环境认知差异。有受访旅游机构人员表示,家庭收入比例更多来自旅游业的居民与旅游业接触较多,随着旅游业的发展,当地的历史文化景观、自然环境、行为道德受到负面影响,这类居民会对旅游发展带来的冲击更为敏感。然而,家庭收入较少来自旅游业的居民对旅游发展的感知不足,没有参与当地旅游发展,他们对旅游发展不太关心,评价中立。因此,家庭收入来源不同的居民对旅游发展的文化传统冲击感知存在显著性差异。

② 居民基于家庭收入旅游联系紧密度的责任认知差异。有受访政府官员表示,家庭收入比例更多来自旅游业的居民希望更多的旅游者到访肇兴侗寨,增加在社区的消费和旅游时间,进而能够进一步提升自己的收入,对旅游发展的环境破坏具有更强的感知。家庭收入较少来自旅游业的居民生活并没有过多依赖旅游的发展和游客的消费,往往形成更为客观的感受,因此,家庭收入来源不同的居民对旅游发展后的环境设施破坏感知存在显著性差异。

据此,相应的基于旅游消极影响的精准营销管理策略如下。

① 重视多方反馈,形成客观决策策略。肇兴侗寨旅游发展中的环境保护政策是决定今后社区旅游发展水平的重要因素。当地政府和旅游部门应该重视全体社区居民对旅游环境保护决策、规划、执行等方面的意见反馈,一方面,鼓励与旅游业联系较为紧密的居民反馈有关旅游工作与环境保护所面临的问题;另一方面,鼓励与旅游发展尚无关联的居民发表有关旅游发展对环境影响的意见,从旅游发展符合全体社区居民利益的角度来综合制定下一步的环保决策。

② 建立环保基金,鼓励承担环保责任策略。肇兴侗寨中居民对环保责任的认知不足,承担环保义务的行为较少。因此,当地政府和旅游部门应该首先利用旅游收益来建立社区环保基金,一方面,可利用环保基金直接对已遭受破坏的环境进行恢复,并且进行环保设施更新;另一方面,可利用环保基金对积极参与环保、对旅游环保监督有力的居民进行奖励,提升他们参与环境保护工作的荣誉感,进而突出环境保护的公共责任性。

其次,收入来源不同的居民受访者对旅游发展后的生活关系紧张感知($P=0.449$)没有表现出显著性差异,其原因如下。

① 社区关系的利益性导向显著。有受访居民表示,肇兴侗寨旅游发展的经济效应明显,越来越多的居民的家庭收入与旅游业的相关性增强,社区中原本较为稳定与和谐的居民关系开始转变,其根源就是社区居民在收入上的差距越来越大,导致居民之间的关系转向以利益为主导,甚至出现了由收入差距导致的对立关系,居民间相处模式的改变是整个社区居民共同面临的问题。因此,家庭收入来源不同的居民对旅游发展后的文化生活冲击感知不存在显著性差异。

② 旅游产品的商业化模式明显。肇兴侗寨以侗族文化为核心打造的民族旅游产品是形成旅游吸引力的主要因素。有受访旅游者表示,为了能够更加迎合旅游者对不同民族文化更为有效的体验,景区内开展的文化表演活动和节庆体验活动主要还是以商业开发的模式进行,使景区内原本原真性很强的侗族文化越来越商业化,对侗族文化的传承和保护具有一定负面作用。因此,家庭收入来源不同的居民都能够对侗族文化商业化具有

一定的认知。

据此,相应的基于旅游消极影响的精准营销管理策略如下。

① 促进旅游转型,推动居民再就业策略。肇兴侗寨发展旅游后增加了对当地自然和土地资源的利用,社区居民人均农业用地面积下降。因此,当地政府和旅游部门应该重视旅游发展过程中社会转型所产生的剩余劳动力,应该积极与旅游相关产业的企业联系,对尚无一技之长的农业人口进行从事旅游工作的技能培训,促进农业人口向以旅游业为代表的服务产业转移,促进居民的再就业,在减少无业居民数量的基础上,减少社区不安定因素。

② 维护旅游市场,平衡产品原真性与商业化策略。肇兴侗寨旅游发展日益市场化的客观事实,在一定程度上导致了当地文化以及旅游产品的过度商业化。因此,当地政府和旅游部门应该注重对原真性与商业化的平衡,一方面,利用侗族旅游资源原真性强的特点来吸引更多旅游者到访,在了解游客需求的基础上促进旅游业市场化发展;另一方面,则应该利用商业化的发展模式来积累旅游经济效应,以此来增加对传承保护侗族文化的资金投入。

(九)居民对民族旅游消极影响感知的居住时间细分需求差异与精准营销

居住时间不同的居民对民族旅游消极影响感知的差异性分析结果如表6-56所示。

表6-56 居住时间不同的居民对民族旅游消极影响感知的差异性分析

公因子	均值					F值	Sig
	≤1年	1~3年	4~6年	7~9年	≥10年		
文化传统冲击感知	3.05	3.18	3.36	3.08	3.14	2.375	0.051
环境设施破坏感知	3.34	3.41	3.36	3.04	3.34	1.648	0.160
生活关系紧张感知	3.20	3.34	3.32	3.13	3.39	3.700	0.005**

注:* 表示 $P<0.05$,** 表示 $P<0.01$,*** 表示 $P<0.001$。

首先,由表6-56可知,居住时间不同的居民受访者对旅游发展后的生活关系紧张感知($P=0.005$)存在显著性差异,其原因如下。

① 基于居住时间长短的社区关系适应差异。在肇兴侗寨中居住时间较长的居民几乎都是侗族,并且寨中所有的长期居住的侗族都具有同一个姓,居民建立关系很大程度上依赖血缘和亲缘的远近,旅游发展使社区关系开始重构并造成他们对此感受较为强烈。然而旅游发展使非本社区居民也开始进入肇兴侗寨从事旅游,访谈中这类居民表示对侗族社会关系并不了解,相关评价更为中立。因此,居住时间不同的居民对旅游发展后的生活关系紧张感知表现出显著性差异。

② 不同居民的居住动机差异。有受访旅游机构人员表示,肇兴侗寨旅游发展后,外来人口进入社区的主要目的就是从事旅游工作,他们在社区居住时间较短,对当地社会关系构成并不了解,因而形成较为中立的评价,而居住时间较长的侗族居民与从事旅游工作的新进居民的生活习惯不同、收入也存在较大差异,故对收入两极化造成的关系紧张具有较高感知。因此,不同居住时间的居民对旅游发展后的文化生活关系紧张感知存在显著性差异。

据此,相应的基于旅游消极影响的精准营销管理策略如下。

① 增强社区认同,提升居民自尊策略。居住时间长短不同的居民对社区认同的程度存在不同,会影响居民社会交往的和谐。因此,当地政府和旅游部门应该注重对新进居民的社区认同感、社区归属感的提升,尤其是要培养新进居民以社区为家、以社区旅游发展成果为傲的认知。同时,还需要关注新进居民在社区工作生活中所遇到的困难,有针对性地对他们进行政策性的帮助与扶持,增加全体居民对旅游发展的自豪感。

② 吸引旅游人才,突出社会责任策略。肇兴侗寨旅游发展吸引了越来越多的非本地居民进入社区从事旅游工作,他们与侗族居民一起推动当地旅游发展。因此,当地政府和旅游部门应该重视人才吸引与旅游行业人才队伍的建设,通过当地旅游发展的就业创造效应,吸引更多致力于发展旅游事业的人才进入社区。同时,也应该鼓励新进居民与侗族居民一起肩负起旅游发展的社会责任,利用自身的资源对社区建设和公共服务做出贡献。

其次,居住时间不同的居民受访者对旅游发展后的文化传统冲击($P=0.051$)、环境设施破坏($P=0.160$)感知不存在显著性差异,其原因如下。

① 旅游发展中的侗族信仰崇拜。访谈中有政府官员表示,在肇兴侗寨旅游发展后外来文化与侗族文化产生碰撞和互动的条件下,侗族文化的核心地位与原真性得以保存,对旅游和社会发展均产生重要的作用。在当地居住时间较长的侗族居民原本就尊重本民族的特色文化与道德准则,在当地居住时间较短的外来居民需要旅游发展带来的经济效应,也会尊重和维护侗族文化。因此,居住时间不同不是形成文化传统冲击感知差异的重要因素。

② 旅游发展对居民生活空间的影响。肇兴侗寨旅游发展后吸引了更多的旅游者到访,随着到访旅游者人数的增多,肇兴侗寨中的自然环境、文化环境、经济环境等方面都开始发生较大的变化。有受访居民表示,景区在节假日时交通拥堵,节庆活动对社区居民公共活动用地存在侵占,景区内物价与消费水平提高。居住时间不同的居民都体会到了旅游对其生活空间的侵占。因此,居住不同时间的居民对旅游发展的环境设施破坏感知不存在显著性差异。

据此,相应的基于旅游消极影响的精准营销管理策略如下。

① 尊重信仰崇拜,促进环境保护策略。肇兴侗寨侗族居民的宗教信仰与崇拜对象在一定程度上影响了全体社区居民的环保意识。因此,当地政府和旅游部门应该在尊重侗族居民宗教信仰、道德准则的基础上,认可侗族宗教信仰中对天、地、水、火、自然现象的崇拜,使居住时间不同的居民对侗族传统信仰更加了解。同时,也应该从中提取出关于自然环境保护的道德准则,在提升居民环保意识的同时,突出侗族的信仰内涵。

② 尊重主客需求,促进空间共享策略。肇兴侗寨的形成突出了居民对共同生活空间的需求,旅游发展后游客形成了对旅游空间的需求。因此,当地政府和旅游部门应该重视旅游共同空间分享理念,一方面,利用旅游者对侗族文化和侗乡生活的向往,以及愿意融入侗族居民传统生活中的特点,使游客的旅游景点分布于居民的生活空间中;另一方面,增加居民与游客的交流互动,使居民的生活空间同样具有旅游空间的属性,促进空间共享。

(十)居民对民族旅游消极影响感知的参与程度细分需求差异与精准营销

旅游参与程度不同的居民对民族旅游消极影响感知的差异性分析结果如表6-57所示。

表 6-57　旅游参与程度不同的居民对民族旅游消极影响感知的差异性分析

公因子	均值		F 值	Sig
	正参与旅游	未参与旅游		
文化传统冲击感知	3.21	3.07	13.546	0.000***
环境设施破坏感知	3.40	3.26	3.976	0.046*
生活关系紧张感知	3.34	3.38	8.725	0.003**

注：* 表示 $P<0.05$，** 表示 $P<0.01$，*** 表示 $P<0.001$。

由表 6-57 可知，旅游参与程度不同的居民受访者对旅游消极影响的文化传统冲击（$P=0.000$）、环境设施破坏（$P=0.046$）、生活关系紧张（$P=0.003$）感知均表现出显著性差异，其原因如下。

第一，居民基于不同旅游参与程度的环境认知差异。有受访居民表示，旅游者对侗族特色文化的赞赏，使参与旅游发展的居民在与旅游者互动后产生更为强烈的自豪感与自尊心，居民会更加愿意在生活中分享侗族文化，对文化的原真性更加重视，他们对文化传统冲击具有较强的感知。而没有参与肇兴侗寨旅游发展的居民因没有获得自尊心与自豪感的提升而表现得更加中立，因此，旅游参与程度不同的居民对文化传统冲击、环境设施破坏的感知存在差异。

第二，居民基于不同旅游参与程度的设施需求差异。肇兴侗寨旅游发展离不开当地基础设施和旅游设施，对于正在社区中从事旅游工作的居民而言，社区内优质的环境和兼具地方民族特色与旅游接待功能的基础设施是重要的保障。有受访居民表示，近些年的旅游发展开始对环境和当地基础设施造成损害。旅游参与程度高的居民对环境与设施的破坏具有更加深入的认知。而未参加旅游工作的居民的感知相对较弱，因此，旅游参与程度不同的居民对环境设施破坏感知存在差异。

第三，居居基于不同旅游参与程度的关系互动差异。有受访政府官员表示，肇兴侗寨新进居民主要从事的工作均与旅游有较强相关性，他们与其他从事旅游工作的社区居民对于旅游发展后的经济利益的追求，导致了社区居民关系的重构；没有从事旅游相关工作的居民，其社交生活受到了旅游者到访、新进居民进入等因素的影响，其社会关系开始变得复杂并由此产生关系紧张的深刻感知，因此，旅游参与程度不同的居民对生活关系紧张感知存在显著性差异。

据此，相应的基于旅游消极影响的精准营销管理策略如下。

第一，落实旅游惠民政策，巩固就业优先策略。肇兴侗寨旅游发展创造了旅游相关产业的就业机会，然而整个社区仍有一部分居民没有获得参与旅游发展的机会，因此，当地政府和旅游部门应该重视出台旅游惠民政策，尤其是要与旅游企业联系，鼓励它们在招聘和就业中优先考虑社区居民，解决社区由于经济产业转型所形成的剩余劳动力问题，并加强对居民从事旅游工作的技能培训，以及通过教育引导提升他们对旅游产业的认知，使旅游发展能够造福社区居民。

第二，强调团队精神，实现旅游共享策略。肇兴侗寨旅游发展吸引了本地和外地居民从事旅游工作，由此产生的利益冲突无法避免，并且参与旅游的居民与没有参与旅游的居民之间关系较为对立,因此,当地政府和旅游部门应该对全社区居民进行团队精神的教育,强调旅游发展所获得收益惠及所有社区居民的客观事实,尤其是要突出旅游发展对社区居民福利和社区民生建设的促进作用,让社区居民真切地感受到能够共享旅游发展成果的事实,减少居民之间的矛盾。

第三,增加参与渠道,实现发展共举策略。肇兴侗寨旅游发展的确为当地居民创造了从事旅游相关工作的机会,但相关就业机会仍不能满足整个社区居民的需求。因此,当地政府和旅游部门应该重视拓宽居民参与旅游发展的渠道,一方面是从旅游就业联动性方面入手,使更多的居民能够拥有从事旅游工作的机会;另一方面则应该重视对旅游参与渠道的建设,尤其是需要通过与居民在旅游发展中的沟通和交流,使广大社区居民了解和支持当地发展旅游。

二、居民对民族旅游消极影响感知的需求差异相关性与精准营销

居民对民族旅游消极影响感知的相关性分析如表 6-58 所示。

表 6-58 居民对民族旅游消极影响感知的相关性分析

属性	代码	相关性	文化传统冲击感知	环境设施破坏感知	生活关系紧张感知
职业	R1	相关系数	−0.093**	−0.086*	−0.056
	R2	偏相关系数	−0.034	−0.007	0.009
民族	R1	相关系数	0.005	0.031	−0.060
	R2	偏相关系数	−0.030	−0.001	−0.002
个人月收入	R1	相关系数	−0.034	0.100**	−0.003
	R2	偏相关系数	−0.114**	0.023	0.054
年龄	R1	相关系数	−0.129**	−0.040	0.077*
	R2	偏相关系数	−0.058	−0.017	0.036
受教育程度	R1	相关系数	0.063	0.110**	−0.066
	R2	偏相关系数	0.079*	0.053	−0.044
居住时间	R1	相关系数	−0.052	−0.038	0.121**
	R2	偏相关系数	−0.037	−0.004	0.091**
家庭收入来源	R1	相关系数	0.137**	0.082*	0.031
	R2	偏相关系数	0.092**	0.042	0.010
是否参与旅游发展	R1	相关系数	0.126**	0.069*	−0.102**
	R2	偏相关系数	0.056	0.015	−0.082*
婚姻状况	R1	相关系数	−0.075*	−0.021	0.037
	R2	偏相关系数	−0.007	−0.004	−0.016
性别	R1	相关系数	0.028	−0.018	−0.038
	R2	偏相关系数	0.011	−0.025	−0.028

注:* 表示 $P<0.05$,** 表示 $P<0.01$,*** 表示 $P<0.001$。

为了能够直接探究居民受访者背景属性变量与旅游消极影响感知3个公因子间的关系，本研究利用偏相关分析，将其他属性变量控制后，展示该属性变量与3个公因子的关系及其相互之间的影响程度。

首先，由表6-58可知，在控制了其他属性变量的影响后，职业、民族、年龄、婚姻状况、性别等属性变量与旅游消极影响感知的3个公因子之间没有显著的关系，说明上述属性变量并不是影响居民感知旅游消极影响的直接重要因素，其原因如下。

① 不同行业对旅游环保事业的支持。肇兴侗寨的自然环境在旅游开发中受到一定程度的破坏，由于旅游发展已经成为社区的公共事务，在提升社区经济发展水平以及社区居民经济收入层面具有举足轻重的作用。有受访居民表示，社区中不同行业与旅游业之间的联系更加紧密，对自然环境的重视愈发加强，从事不同职业的社区居民都需要良好和可持续的旅游发展为其谋取更多的公共福利。因此，职业不同不是影响居民旅游消极影响感知的重要因素。

② 侗族居民具有环保理念的认知基础。侗族传统文化中的道德观与环境观对侗族居民的环境保护认知理念具有促进作用。有受访居民表示，侗族传统环境哲学中所提出的"自然为主，人为客"的生存理念，在很大程度上提升了居民对环境的尊重，对环保的重视，由于肇兴侗寨中的侗族居民人数仍占主导地位，整个社区环境保护意识得到一定的维护，也促进了新进居民对于旅游资源的尊重。因此，年龄与婚姻状况不是影响居民旅游消极影响感知的重要因素。

③ 环保工作中的社区居民共同参与。肇兴侗寨中居民整体环境保护意识较强，居民较为关注旅游发展对当地社区自然和人文环境的影响。然而有受访居民在访谈中表示，肇兴侗寨居民环境保护行为还不充分，一方面，由于居民更多关注自身的收入，客观上减少了居民对旅游环保行动的投入；另一方面，社区中环保参与渠道的缺乏导致居民环保参与意愿的降低，这是社区居民该共同面对的问题，因此，性别不是影响旅游消极影响的重要因素。

据此，相应的基于旅游消极影响的精准营销管理策略如下。

① 促进职业互动，明确环保分工策略。肇兴侗寨单靠旅游部门对社区环保事业的投入并不能完成社区环境治理，因此，当地政府应该在旅游环境保护工作中承担领导者的角色，一方面，科学系统地规划旅游资源开发，减少下一步景区建设中对环境的破坏；另一方面，则应该与社区中的不同部门与行业取得联系，从不同部门的职权范围与不同行业的专业角度着手，对社区环境保护工作进行明确分工，使社区环保参与面进一步扩大。

② 保护侗族文化，建立旅游形象策略。肇兴侗寨旅游目的地形象建设和定位工作亟须创新升级。因此，当地政府和旅游部门应该在注重保护社区文化环境、自然环境、社会环境、经济环境、旅游环境的基础上，对景区内的传统侗族文化、优美自然风光、丰富节庆节事、传统体育活动进行有机地整合，突出景区在旅游观光、休闲度假、文化体验、原生景观等方面的独特性，增加目标游客市场对侗寨旅游形象的接受度，进而吸引游客前来旅游。

③ 利用旅游营销，推广环保理念策略。肇兴侗寨的旅游营销应该注重加入侗族传统文化中对自然资源的环保理念。因此，当地政府和旅游部门应该对供需市场运用不同的营销策略，一方面，针对游客市场要加强对景区文化资源与自然资源脆弱性的宣传，使游客能够

尊重侗族文化，注重自身在景区内的环保行为；另一方面，针对社区居民进行内部营销，尊重居民对社区公共资源的需求，促进居民的环保意愿，形成内部环保动力。

其次，在控制了其他属性变量后，个人月收入、受教育程度、居住时间、家庭收入来源、是否参与社区旅游发展等属性变量与居民和旅游消极影响感知的3个公因子呈现显著相关关系，其原因如下。

① 个人月收入不同的居民的文化冲击感知差异。个人月收入的差异与旅游发展的文化传统冲击感知之间存在显著的负相关关系（$R^2=-0.114$），主要是因为个人月收入较高的居民对利益的追求和感知更强烈。有受访居民表示，在个人工作和生活中，经济利益成为其判断事务的主要准则，所以他认为旅游发展的积极影响更多，不会对当地的道德、遗迹、文化和日常生活形成负面影响；而收入较低的居民则感受到侗族文化受到破坏，因而形成差异。

② 居民基于不同教育背景的旅游道德感知差异。受教育程度的差异与旅游发展的文化传统冲击感知之间存在显著的正相关关系（$R^2=0.079$），主要是因为受教育程度较高的居民在评价事务时较为客观，他们在社区道德建设、社区文化重构、社区生活方式以及建筑修缮保护等方面有深入认识。在剥离经济方面的积极影响后，他们对文化道德方面的负面影响感知更为深入，而受教育程度较低的居民对文化与道德的感知本身就不甚强烈，因而形成差异。

③ 居民基于不同居住时间的矛盾关系感知差异。居住时间的差异与旅游发展的生活关系紧张感知之间存在显著的正相关关系（$R^2=0.091$）。在肇兴侗寨居住时间较长的居民见证了旅游发展为当地社区带来的变化，对当地原本稳定与封闭的社区居民关系的影响与重构具有强烈感知，在对比新的互嵌式居民关系与原来的基于血缘、亲缘的关系后，他们对关系变化与紧张具有更强感知，而居住时间较短的居民则没有经历新旧关系的对比，因而形成差异。

④ 家庭收入来源不同的居民对旅游发展感知的差异。家庭收入来源差异与旅游发展的文化传统冲击感知之间存在显著的正相关关系（$R^2=0.092$）。家庭收入来源更多来自旅游业的居民对肇兴侗寨旅游发展的影响具有更多的认识。尤其是家庭成员在旅游业中从事不同职业会使他们能共享对旅游发展的态度，对侗族文化与道德准则的改变具有更深入的理解；而家庭收入较少来自旅游业的居民则对旅游带来的改变与对传统冲击感知较低，因而形成差异。

⑤ 居民基于不同旅游参与程度的关系改变感知差异。是否参与旅游发展与旅游发展的生活关系紧张感知之间存在显著的负相关关系（$R^2=-0.082$），主要是因为没有参与肇兴侗寨旅游发展的居民从旅游中分享到的利益较少，社区中居民收入开始呈现两极化趋势，他们感受到由于收入差异带来的关系紧张，感知较强。而参与旅游工作的居民更为关注自身的利益与收入，对由此产生的关系紧张并无特别关注，因而形成差异。

据此，相应的基于旅游消极影响的精准营销管理策略如下。

① 利用旅游会展，促进文化交流策略。当地政府对肇兴侗寨的旅游资源的推广与宣传不仅需要将线上、线下结合，更需要重视与旅游相关的会展所形成的资源推广平台。因此，当地政府和旅游部门应该积极了解旅游会展行业信息，一方面，利用数字化、可视化、VR技术对旅游宣传推广进行升级，并寻求参加旅游会展的机会；另一方面，应该根据侗

寨旅游接待的硬件与软件能力,积极承办旅游会展并保持常态化,加强侗族文化与其他文化的交流。

② 明确生命周期,促进阶段环保策略。肇兴侗寨旅游发展使景区经历了不同的生命周期,在不同的生命周期阶段,当地政府和旅游部门应该采取针对性强、阶段性明确的旅游环保策略,一方面,现阶段吸引游客到访与平衡旅游承载力是重点,尤其是要通过对需求市场的把握来控制旅游季节性特点对旅游产品与从业人员的影响;另一方面,则要制定具有发展性、前瞻性的旅游环保策略,适应肇兴侗寨循环发展的生命周期阶段。

③ 利用传统技艺,促进旅游创业策略。肇兴侗寨景区中的人文景观旅游资源得到了修葺和保护,侗族传统文化获得游客青睐。因此,当地政府和旅游部门应该重视结合侗族传统艺术与工匠技艺,使歌舞文化获得在大众面前展示的机会,传统的饮食习惯成为吸引旅游者体验的重点,使具有侗族特点的手工艺品获得游客赞赏,使居民能够以自身的技能从事旅游工作,并且为自身的旅游创业形成技能方面的支持。

三、居民对民族旅游消极影响感知的需求差异聚类性与精准营销

(一)不同民族旅游消极影响感知居民聚类的社会学人口统计分析

不同居民聚类群体对民族旅游消极影响感知的社会人口统计学差异特征如表6-59所示。

表6-59 不同居民聚类群体对民族旅游消极影响感知的社会人口统计学差异特征

统计项	构成及其对应的赋值	聚类群体1 弱化负面型(N=321)			聚类群体2 强烈负面型(N=514)		
		频数	频率(%)	均值	频数	频率(%)	均值
民族	1=侗族	274	85.36	1.93	441	85.80	1.59
	2=苗族	12	3.74		32	6.23	
	3=水族	1	0.31		2	0.39	
	4=布依族	1	0.31		1	0.19	
	5=土家族	2	0.62		2	0.39	
	6=壮族	0	0.00		1	0.19	
	7=仫佬族	0	0.00		1	0.19	
	8=瑶族	0	0.00		1	0.19	
	9=汉族	31	9.66		33	6.43	
性别	1=男	167	52.03	1.55	264	51.36	1.44
	2=女	154	47.98		250	48.64	
婚姻状况	1=单身	127	39.56	1.63	200	38.91	1.59
	2=已婚	194	60.44		314	61.09	

(续表)

统计项	构成及其对应的赋值	聚类群体1 弱化负面型($N=321$)			聚类群体2 强烈负面型($N=514$)		
		频数	频率（%）	均值	频数	频率（%）	均值
年龄	1＝18岁及以下	30	9.35	2.60	42	8.17	2.52
	2＝19～29岁	130	40.50		222	43.19	
	3＝30～45岁	118	36.76		193	37.55	
	4＝46～59岁	34	10.59		47	9.14	
	5＝60岁及以上	9	2.80		10	1.95	
受教育程度	1＝小学及以下	43	13.40	2.74	80	15.56	2.29
	2＝初中	144	44.86		206	40.08	
	3＝高中/中专/技校	78	24.30		142	27.63	
	4＝大学本科/大专	54	16.82		83	16.15	
	5＝硕士及以上	2	0.62		3	0.58	
个人月收入	1＝1 000元及以下	85	26.47	2.44	117	22.77	2.95
	2＝1 001～2 000元	69	21.50		124	24.12	
	3＝2 001～3 000元	69	21.50		125	24.32	
	4＝3 001～4 000元	48	14.95		88	17.12	
	5＝4 001～5 000元	32	9.97		40	7.78	
	6＝5 001元及以上	18	5.61		20	3.89	
职业	1＝国企职员	21	6.54	6.67	53	10.31	6.57
	2＝私企职员	14	4.36		23	4.47	
	3＝个体商人	98	30.53		147	28.61	
	4＝公务员	15	4.67		23	4.47	
	5＝服务人员	31	9.66		45	8.75	
	6＝专业技术人员	7	2.18		13	2.53	
	7＝教师	8	2.49		9	1.75	
	8＝学生	18	5.61		25	4.86	
	9＝退休人员	0	0.00		1	0.19	
	10＝家庭主妇	14	4.36		14	2.73	
	11＝工人	11	3.43		23	4.47	
	12＝事业单位职员	13	4.05		19	3.71	
	13＝农民/渔民	71	22.12		119	23.15	

(续表)

统计项	构成及其对应的赋值	聚类群体1 弱化负面型($N=321$)			聚类群体2 强烈负面型($N=514$)		
		频数	频率(%)	均值	频数	频率(%)	均值
家庭收入来源	1＝全部来自旅游业	28	8.72	2.67	53	10.31	3.13
	2＝一半及以上来自旅游业	78	24.30		132	25.68	
	3＝一半及以下来自旅游业	70	21.81		144	28.02	
	4＝来自非旅游业	145	45.17		185	35.99	
在当地居住时间	1＝1年以下	39	12.15	4.41	35	6.81	3.99
	2＝1～3年	43	13.40		58	11.28	
	3＝4～6年	14	4.36		30	5.84	
	4＝7～9年	11	3.42		14	2.72	
	5＝10年及以上	214	66.67		377	73.35	
是否参与社区旅游发展	1＝是	185	57.63	1.27	305	59.34	1.50
	2＝否	136	42.37		209	40.66	

本研究对居民受访者旅游消极影响感知进行聚类后的结果如表6-59所示。第一类居民受访者为旅游影响弱化负面型(中立客观感知型)群体,包含了321位居民受访者。第二类为旅游影响强烈负面型感知型群体,包含514位居民受访者,本研究对不同居民受访者聚类群体社会人口统计学变量的均值作了比较。

第一,旅游影响中立客观型感知群体的社会人口统计学特征。该居民受访群体中侗族人口所占比例最高,为85.36%,汉族人口(9.66%)、苗族人口(3.74%)所占比例分列第2、第3位;该居民受访者群体中52.03%为男性,47.98%位女性;其中60.44%的居民受访者为已婚状态,39.56%的居民受访者为单身;从年龄分布来看,19～29岁的居民受访者所占比例最高,为40.50%,30～45岁(36.76%)、46～59岁(10.59%)位列第2、第3位;初中学历为该居民群体主要的教育背景,为44.86%,高中/中专/技校(24.30%)、大学本科/专科(16.82%)、小学及以下(13.40%)占比分列第2至第4位;从个人月收入来看,1 000元及以下的居民人数所占比例最高,为26.47%,其后依次为1 001～2 000元(21.50%)、2 001～3 000元(21.50%)、3 001～4 000元(14.95%)、4 001～5 000元(9.97%)、5 001元及以上(5.61%);个体商人是该类居民群体从事最多的职业,占比为30.53%,农民(22.12%)、服务人员(9.66%)、国企职员(6.54%)占比分列第2至第4位;该居民群体中有45.17%的居民家庭收入来源与旅游无关,其后依次为一半及以上来自旅游业(24.30%)、一半及以下来自旅游业(21.81%)、全部来自旅游业为8.72%;66.67%的居民在当地居住时间超过10年,1～3年(13.40%)、1年以下(12.15%)所占比分列第2、第3位;正参与当地旅游发展的居民占比为57.63%,未参与的居民所占比为42.37%。

第二，旅游影响强烈负面型感知群体的社会人口统计学特征。该居民受访者群体中侗族人口所占比例最高，为85.80%，汉族人口（6.43%）、苗族人口（6.23%）占比分列第2、第3位；男性居民所占比例为51.36%，女性居民所占比例为48.64%；61.09%的居民受访者为已婚状态，单身居民受访者占比为38.91%；从年龄分布来看，19～29岁的居民受访者所占比例最高，为43.19%，30～45岁（37.55%）、46～59岁（9.14%）占比分列第2、第3位；初中学历是这类居民受访者主要的教育背景，占比为40.08%，高中/中专/技校（27.63%）、大学本科/大专（16.15%）、小学及以下（15.56%）占比分列第2至第4位；从个人月收入来看，24.32%的居民受访者个人月收入在2 001～3 000元，所占比例最高，其后依次为1 001～2 000元（24.12%）、1 000元及以下（22.77%）、3 001～4 000元（17.12%）、4 001～5 000元（7.78%）、5 001元及以上为3.89%；个体商人是这类居民从事最多的职业，所占比例为28.61%，农民（23.15%）、国企职员（10.31%）、服务人员（8.75%）占比分列第2至第4位；35.99%的居民受访者家庭收入来源与旅游无关，其后依次为一半及以下来自旅游业（28.02%）、一半及以上来自旅游业（25.68%）、全部来自旅游业为10.31%；在当地居住时间超过10年的居民所占比例最高，为73.35%，1～3年（11.28%）、1年以下（6.81%）分列第2、第3位；正参与当地旅游发展的居民所占比例较高，为59.34%，未参与旅游发展的居民占比为40.66%。

（二）不同民族旅游消极影响感知居民聚类差异性分析

不同居民聚类群体对民族旅游消极影响感知的差异性分析结果如表6-60所示。

表6-60　不同居民聚类群体对民族旅游消极影响感知的差异性分析

公因子	聚类群体1 弱化负面型	聚类群体2 强烈负面型	F值	Sig
文化传统冲击感知	2.44	3.60	235.475	0.000***
环境设施破坏感知	2.91	3.61	1.086	0.298
生活关系紧张感知	2.53	3.87	621.633	0.000***

注：* 表示 $P<0.05$，** 表示 $P<0.01$，*** 表示 $P<0.001$。

首先，由表6-60可知，不同居民受访者聚类群体对民族旅游消极影响感知的文化传统冲击感知（$P=0.000$）、生活关系紧张感知（$P=0.000$）存在显著性差异，其原因如下。

① 居民基于不同个人月收入的旅游收益感知差异。肇兴侗寨旅游发展为居民创造了从事旅游工作的机会，使居民家庭与旅游业之间联系紧密。对于旅游经济收益以及对社区居民生活质量提升的感知，收入不同的居民有所不同，从旅游业获得更多经济收益的居民往往会担心环境和文化的破坏会对其旅游事业造成影响，因此，感知强烈并成为强烈负面型群体。而未从旅游业获得收入的居民则对旅游收益感知较弱，因而产生差异。

② 居民基于不同职业背景的环境容量感知差异。从事不同职业的居民对旅游发展进程中环境保护的看法具有一定的差异。一方面，公有部门人员、个体商人、服务人员以及在旅游企业工作的居民对游客人数具有更高的需求，因为游客到访不仅能够为社区经济发展作出贡献，也能够为居民个人的经济收入提升创造条件；另一方面，农民、家庭妇女、退休人员、学生、教师等群体需要公共场所进行日常生活，对环境容量变化具有强烈感知，因而形成

差异。

③ 居民基于不同居住时间的文化保护感知差异。居住时间不同的肇兴侗寨居民的本质差异表现在文化背景不同、所属族群不同、工作动机不同等方面,尤其是新进社区居民往往不属于侗族,对侗族的传统文化不甚了解,其工作动机就是从事旅游工作提升个人收入,在社区归属感方面也相对较弱,对文化环境的陌生、社区成员身份的陌生感,导致其评分也相对较低;长期居住的居民能够见证文化正被冲击,其评分较高,因而形成差异。

据此,相应的基于旅游消极影响的精准营销管理策略如下。

① 开发人力资源,促进居民就业策略。由于肇兴侗寨农业人口向旅游业的转移,一部分没有旅游工作技能的居民处于失业状态,这在一定程度上影响了居民社会交往关系的和谐。因此,当地政府和旅游部门应该在鼓励居民参与旅游技能开发和培训的基础上,与当地旅游企业和从事旅游业的个体商人联系,利用就业倾斜政策,鼓励个体商人聘用社区居民员工,尽量解决社区内的剩余劳动力就业问题,扩大旅游经济效应。

② 重视科学调研,促进供需平衡策略。肇兴侗寨环境容量以及旅游承载力的超载,在很大程度上是旅游资源和产品供需平衡方面出了问题。因此,当地政府和旅游部门应该联系高校专业科研团队,从旅游产品开发、旅游资源管理、旅游行政监督、旅游环境规划等方面进行科学化、系统化的调研与评估,平衡肇兴侗寨的旅游市场供需关系,使游客能够在旅游中获得良好体验并形成口碑效应,也能够维护居民正常的生产生活。

③ 利用旅游发展,促进民族认同策略。肇兴侗寨旅游发展吸引了不少外来居民进入社区从事旅游业,也在一定程度上造成了对当地侗族文化的冲击。因此,当地政府和旅游部门应该重视突出侗族传统文化在旅游发展中的核心地位与角色,引导新进居民积极了解和尊重侗族文化,为其旅游事业的发展奠定基础。同时,利用旅游发展对社区社会交往关系的改变,促进不同民族文化在社区的和谐交流,鼓励不同民族的居民对不同文化进行学习与了解。

其次,不同居民受访者聚类群体对民族旅游消极影响感知的环境设施破坏感知($P=0.298$)不存在显著性差异,其原因如下。

① 学历背景影响居民的旅游认知。肇兴侗寨居民受访者的整体学历水平较低,仍存在一部分居民并没有完成九年义务教育,这部分居民在识字、交流、表达等方面存在障碍。这不仅影响了居民了解旅游发展对社区的具体影响,更影响了社区居民提升自我、加深对外界了解的途径,他们对旅游发展的影响没有形成自己的观点和见解,很容易受到其他居民的影响,同时较低学历也成为阻碍居民获得更多经济收入的主要因素。

② 居民对和谐交往的诉求。肇兴侗寨社区居民的交往受到旅游发展带来的社会文化变革影响,居民交往中利益开始成为主导因素,破坏了原本单纯的交往模式,使侗族居民对旅游发展的社区交往负面影响感触较深,同时新进社区居民对侗族传统文化与价值观了解不多,又由于其进入社区从事旅游在本质上的确分走了一些本应属于社区居民的工作机会,使社区关系中矛盾加剧,因此,对于交往和谐的诉求是社区居民共同的愿望。

据此,相应的基于旅游消极影响的精准营销管理策略如下。

① 利用旅游收益,支持义务教育策略。肇兴侗寨居民普遍学历较低的事实使从事旅游

业的居民比例较低,因此,当地政府和旅游部门应该利用旅游收益对社区的义务教育进行投入与支持,使社区未来的居民至少能够流利地说普通话、用文字进行交流、利用网络进行社交,确保他们能够符合从事旅游工作的最低要求。同时,也应该在社区九年义务教育学校中突出学生社会实践与旅游的联系,使年轻居民群体较早接触旅游,提升全体社区居民对旅游发展的认知。

② 利用侗款制度,促进旅游和谐策略。肇兴侗寨中的侗款制度强调的"立约为先"的观念与社会契约论的约定合法的概念具有异曲同工之妙,并且侗款制度中利用不同等级的款组织处理侗寨各级事务,增加了组织与社会交往的效率。因此,当地政府和旅游部门应该利用传统的侗款制度来帮助居民旅游交往的和谐化发展,更应该与社区居民进行旅游发展方面的约定,突出旅游发展造福居民、旅游发展促进文化环境保护,以获取居民的支持。

第六节 居民对民族旅游参与意愿感知的需求差异与精准营销

一、居民对民族旅游参与意愿感知的需求差异与精准营销

(一)居民对民族旅游参与意愿感知的民族细分需求差异与精准营销

不同民族居民对民族旅游参与意愿响感知的差异性分析结果如表6-61所示。

表6-61 不同民族居民对民族旅游参与意愿响感知的差异性分析

公因子	均值									F值	Sig
	侗族	苗族	水族	布依族	土家族	壮族	仫佬族	瑶族	汉族		
发展决策参与感知	4.00	4.10	4.29	4.57	4.14	3.71	3.86	3.43	3.98	0.585	0.791
行业工作参与感知	4.09	4.21	4.27	4.50	4.45	3.80	3.40	4.40	4.01	1.030	0.412
开发规划参与感知	4.16	4.30	4.33	4.50	4.50	3.67	4.00	3.00	4.02	1.363	0.209

注:* 表示 $P<0.05$,** 表示 $P<0.01$,*** 表示 $P<0.001$。

由表6-61可知,不同民族的居民受访者对旅游发展决策参与($P=0.791$)、旅游行业工作参与($P=0.412$)、旅游开发规划参与($P=0.209$)感知不存在显著性差异,其原因如下。

第一,参与旅游决策的途径匮乏。不同民族的居民对肇兴侗寨旅游决策规划参与途径不明确的问题具有较为一致的认知。一方面,一部分社区侗族居民从事旅游业,在实际工作中会发现问题,但由于没有明确反馈途径,很多问题仍得不到关注;另一方面,由于相关部门在旅游规划中忽视了居民的意见,造成一些旅游发展的政策得不到居民发自内心的支持,因此,不同民族的居民对旅游发展决策参与、旅游开发规划参与感知不存在显著性差异。

第二,社区居民对通过参与旅游获益的共同需求。正在从事旅游相关工作的居民因为旅游的发展提升了收入和生活质量,也在旅游发展后获得了更多心理上的满足感与自豪感,对旅游工作具有较高的参与热情和意愿。没有从事旅游相关工作的居民同样也需要通过参与旅游业提升自己的收入,尤其是当他们看到邻居、好友从旅游发展中获得了更好的生活质

量之后。因此,不同民族的居民对旅游行业工作参与的感知不存在显著性差异。

据此,相应的基于旅游参与意愿的精准营销管理策略如下。

第一,结合侗款制度,丰富旅游参与途径策略。侗族是实现依法管理自身事务较早的少数民族群体,其传承下来的侗款制度对侗族居民参与村寨集体事务具有深远的影响。因此,当地政府和旅游部门应该重视对肇兴侗寨侗款制度的理解与运用,一方面要使侗寨中不同等级的"款首"(领导者)、"款军"(执行者)、"款脚"(联络者)理解参与旅游对社区发展的促进作用;另一方面也要将旅游决策与"款约"相联系,实现旅游参与在侗族文化中的合法性。

第二,突出侗族传统,维系文化参与策略。侗族传统文化、价值观、道德准则、宗教信仰等不仅是支撑旅游发展的核心资源,而且是稳定居民社交关系的重要因素。因此,当地政府和旅游部门应该重视鼓励居民利用自身所掌握的不同侗族传统技艺参与旅游发展,一方面,应该积极培育侗族传统文化技艺,为社区居民创造更多从事旅游工作的机会;另一方面,更应该突出侗族文化对社区发展的重要性,维护侗族传统技艺在旅游业中的地位。

(二)居民对民族旅游参与意愿感知的性别细分需求差异与精准营销

不同性别居民对民族旅游参与意愿感知的差异性分析结果如表 6-62 所示。

表 6-62　不同性别居民对民族旅游参与意愿感知的差异性分析

公因子	均值		F 值	Sig
	男	女		
发展决策参与感知	4.01	4.01	0.031	0.861
行业工作参与感知	4.08	4.11	2.072	0.150
开发规划参与感知	4.18	4.13	2.354	0.125

注:* 表示 $P<0.05$,** 表示 $P<0.01$。

由表 6-62 可知,性别不同的居民受访者对旅游发展决策参与感知($P=0.861$)、旅游行业工作参与感知($P=0.150$)、旅游开发规划参与感知($P=0.125$)不存在显著性差异,其原因如下。

第一,居民对传统旅游管理模式的相同体会。肇兴侗寨旅游决策和开发规划的过程忽略了社区居民的意见和建议,决策、规划的制定和实施过程具有"自上而下"的特点,居民的感受较为类似;肇兴侗寨从事旅游行业的两性居民在具体工作中的经验体会较为类似,具体体现为对决策与规划参与机制的需求、对关于旅游发展的个人见解进行分享的需求。因此,不同性别的居民对旅游发展决策参与感知、旅游开发规划参与感知不存在显著性差异。

第二,社区居民男女平等的客观事实。肇兴侗寨旅游发展使同理心强、更为细心的女性居民开始更多地从事与旅游相关的工作,由于创造了更多的经济利益,女性居民在家庭和社区层面的地位不断提升,男女地位更加平等;而"男主外、女主内"的陈旧观念的改变,使男性居民需要同女性一道体现自己的价值,所以两性居民都需要参与旅游工作。因此,不同性别的居民对旅游行业工作参与感知不存在显著性差异。

据此,相应的基于旅游参与意愿的精准营销管理策略如下。

第一,提倡旅游参与,突出政府服务职能策略。肇兴侗寨旅游管理受到多年来政府"自上而下"管理模式的影响,社区居民缺乏稳定与透明的旅游决策参与途径。因此,当地政府和旅游部门应该积极推动社区自治的创新旅游管理模式,重视服务型政府角色的塑造,在为社区全体居民服务的基础上,引导社区居民参与旅游决策过程,在广泛征询居民意见与建议的同时,提升居民与政府的互动,增强居民旅游发展支持态度。

第二,维护性别平等,促进旅游全面参与策略。侗族传统文化中对男女平等的重视,使男性与女性居民能够拥有同样的参与侗寨事务决策的权利,同时也具有基于性别特征的社会分工。因此,当地政府和旅游部门应该在维护侗族传统社会性别观的基础上,利用旅游工作的不同特点来进一步增强社区中的性别平等,使社区中的两性居民都能够拥有参与旅游工作和旅游决策的权利,从两性不同的视角来进行旅游参与方面的信息反馈,以此来形成全面的旅游社区参与。

(三) 居民对民族旅游参与意愿感知的婚姻状况细分需求差异与精准营销

婚姻状况不同的居民对民族旅游参与意愿感知的差异性分析结果如表6-63所示。

表6-63 婚姻状况不同的居民对民族旅游参与意愿感知的差异性分析

公因子	均值		F值	Sig
	单身	已婚		
发展决策参与感知	3.95	4.05	1.304	0.254
行业工作参与感知	4.03	4.14	2.552	0.111
开发规划参与感知	4.03	4.24	13.070	0.000***

注:*表示$P<0.05$,**表示$P<0.01$,***表示$P<0.001$。

首先,由表6-63可知,婚姻状况不同的居民受访者对旅游开发规划参与感知($P=0.000$)存在显著性差异,其原因如下。

① 基于不同人生阶段的居民环境需求差异。已婚的居民承担更多的家庭生活和发展方面的责任,家庭的经济收入、生活条件的改善、社区发展都是已婚居民关注的重要方面,这类居民对旅游发展的社区影响更为关心,更希望能够参与旅游发展。单身的居民往往不用背负太多家庭压力,其个性与生活方式更为自由,其关注的事务也时常局限于与自身相关的事务。因此,婚姻状况不同的居民对旅游开发规划参与感知具有显著性差异。

② 居民基于不同人生阶段的事物接受差异。单身的居民能够更快地接受外来文化的影响。肇兴侗寨旅游发展后的游客到访使单身居民更便捷地接触不同文化和新鲜事物,然而这些新鲜事物中也存在一些并不和谐与不文明的因素,单身居民也更容易接触到负面信息,导致他们对侗族尊重自然和保护环境相关传统的认知出现变化。因此,婚姻状况不同的居民对旅游开发规划参与感知存在显著性差异。

据此,相应的基于旅游参与意愿的精准营销管理策略如下。

① 宣传侗族家庭观,增强参与责任与义务策略。侗族传统家庭观中有崇尚和睦生活、情感稳定、家庭完整、责任承担等优秀品质,因此,当地政府和旅游部门应该重视利用侗族传

统家庭观来促进肇兴侗寨居民对旅游社区参与责任与义务的认知,一方面,基于侗族居民尊崇的和谐与稳定来提升互嵌式社区中居民之间良性互动;另一方面,则应该突出家庭责任与义务和旅游参与责任与义务之间的关系,使居民在分享旅游发展经济收益的同时,提升旅游参与主动性。

② 宣传侗族环境观,维护环保传统策略。肇兴侗寨旅游发展后社区居民的行为与认知受到外来文化的影响,其中不乏外来文化带来的负面价值观。因此,当地政府和旅游部门应该对侗族传统环境观进行深入挖掘,使亲近自然与人地和谐的传统环境保护理念深入人心,约束社区居民受到外来文化负面影响而产生的只重视经济效益而忽略环境保护的行为,从而提升居民对环境保护的重视,以此来促进社区居民的旅游环保参与程度。

其次,婚姻状况不同的居民受访者对旅游发展决策参与感知($P=0.254$)、旅游行业参与感知($P=0.111$)不存在显著性差异,其原因如下。

① 参与旅游决策和参加培训的社区需求。肇兴侗寨居民在见证旅游发展后生活水平提升的同时,能够在旅游发展过程中发现存在的问题。当地政府在旅游决策中缺乏对居民意见的重视,导致部分决策的可操作性与可实践性较弱,在浪费资源的同时也耽误了发展的机会;同时,社区居民都需要参加旅游培训,一方面,可以增加专业程度和服务质量;另一方面,可增加对旅游发展的全面认识。因此,单身和已婚居民对旅游发展决策参与具有相近的感知。

② 居民对旅游行业工作与就业的需求。肇兴侗寨旅游发展提升了当地居民的生活质量与个人收入,从事旅游工作是社区居民的共同需求,已婚的居民面临家庭生活的经济压力,单身居民也需要满足生活的物质开销。社区居民能够根据自身的特点找到符合自己的旅游工作机会,是实现社区精准扶贫和小康生活的重要途径。因此,婚姻状况不同的居民对旅游行业工作参与感知不存在显著性差异。

据此,相应的基于旅游参与意愿的精准营销管理策略如下。

① 增加技能培训,拓宽旅游参与途径策略。肇兴侗寨居民旅游决策参与程度不高受到居民对旅游参与的认知、社区无明确决策参与途径等多方面的影响。因此,当地政府和旅游部门应该重视对居民从业技能和旅游发展认知的培训与教育,使居民能够切身体会到个人生活质量提升与广泛参与旅游之间的互助关系。同时,也应该将居民参与旅游培训与教育视为旅游参与的重要途径,鼓励居民在学习过程中分享对旅游发展的认知,拓展其参与旅游决策工作的途径。

② 追求小康生活,促进从业信息分享策略。肇兴侗寨作为边远少数民族社区,实现社区的全面小康不仅是政治任务,更是关乎民生建设的重要责任。因此,当地政府和旅游部门应该注重鼓励居民参与旅游工作来提升社区的全面小康建设,一方面,利用就业倾斜政策、产品创新、旅游产业链完善等举措解决社区剩余劳动力就业问题;另一方面,当地政府和旅游部门应该积极将所掌握的信息资源与居民分享,帮助居民尽快适应生产角色的转变。

(四)居民对民族旅游参与意愿感知的年龄细分需求差异与精准营销

不同年龄居民对民族旅游参与意愿感知的差异性分析结果如表6-64所示。

表 6-64　不同年龄居民对民族旅游参与意愿感知的差异性分析

公因子	均值					F 值	Sig
	≤18 岁	19～29 岁	30～45 岁	46～59 岁	≥60 岁		
发展决策参与感知	3.88	3.99	4.07	4.00	3.80	1.937	0.102
行业工作参与感知	3.93	4.09	4.15	4.10	3.93	1.170	0.323
开发规划参与感知	3.92	4.11	4.22	4.28	4.35	3.988	0.003**

注：* 表示 $P<0.05$，** 表示 $P<0.01$，*** 表示 $P<0.001$。

首先，由表 6-64 可知，年龄不同的居民受访者对旅游开发规划参与感知（$P=0.003$）存在显著性差异，其原因如下。

① 不同年龄居民基于参与经历的旅游规划感知差异。年龄较大的居民经历了肇兴侗寨旅游发展从无到有的过程，但并没有真正参与相关的过程中。居民对当地旅游开发与规划的意见、建议并没有得到应有的重视。当地忽略居民参与的旅游规划和开发对现今的旅游发展产生了一定的影响，故这类居民表现出强烈的参与规划与开发的愿望。而年龄较小的居民对旅游规划与开发认知不高，因此，年龄不同的居民对旅游开发规划参与感知存在显著性差异。

② 不同年龄居民的传统文化传承差异。年龄较大的居民更加认同侗族传统文化对自然环境的崇尚与尊重，并且在自己的日常生活中也秉持亲近自然的理念，更希望能够参与旅游发展工作来保护性地开发侗族文化。而年龄较小的居民接受了更多的外来文化，对侗族传统文化的认同感在一定程度上受到影响，他们对外界事物的接受度较高，并没有很积极地参与社区事务和旅游发展，因此，年龄不同的居民对旅游开发规划参与感知存在显著性差异。

据此，相应的基于旅游参与意愿的精准营销管理策略如下。

① 提倡科学规划，促进原真性保护的参与策略。肇兴侗寨旅游发展规划中对自然环境、侗族传统文化等旅游资源的保护，不仅会影响其旅游产品的市场竞争力，而且会影响社区居民对旅游的支持态度。因此，当地政府和旅游部门应该重视鼓励社区中年龄较大居民参与旅游开发规划，使他们能够判断社区旅游发展中的自然资源和人文景观开发是否符合侗寨的原始风貌，并鼓励他们积极参与旅游监督，进一步提升肇兴侗寨旅游资源的原真性。

② 鼓励创新思维，提升参与规划热情的策略。肇兴侗寨的旅游资源开发与保护和居民、游客具有紧密的关系。因此，当地政府和旅游部门应该重视利用创新思维来进一步增加居民对旅游规划工作的参与，一方面，鼓励社区中的年轻居民参与社区旅游规划，利用他们接受新事物快、敢于尝试和创新的精神来增加旅游规划工作的活力；另一方面，应建设旅游虚拟社区平台，鼓励游客对旅游发展发表建议，从而提升利益相关者参与旅游规划的热情。

其次，年龄不同的居民受访者对旅游发展决策参与感知（$P=0.102$）、行业工作参与感知（$P=0.323$）不存在显著性差异，其原因如下。

① 通过参与旅游发展积累经验的共同需求。肇兴侗寨旅游发展后不同年龄的居民与旅游发展的联系越来越紧密，在获得更多的旅游带来的经济利益时，也开始累积实践中的工

作经验,主要体现为对社区旅游决策参与途径的需求、在工作中对专业技能提升的需求、对旅游发展后自身责任与义务的认识等方面。同时,也会更愿意与游客进行良好互动,以此来规划自身职业发展。因此,不同年龄的居民对旅游发展决策参与感知不存在显著性差异。

② 居民在不同行业的旅游就业参与。肇兴侗寨的旅游发展为当地创造了更多的就业机会,也使不同年龄的居民都能够根据自身的特点与适应能力选择相关的工作,社区中从事旅游相关工作的居民在各个年龄层上均有一定的分布。同时,不同年龄的居民都有通过参与旅游发展提升自身收入和生活质量的权利。因此,不同年龄的居民对旅游行业工作参与感知不存在显著性差异。

据此,相应的基于旅游参与意愿的精准营销管理策略如下。

① 顺应年龄差异,实现旅游分工的策略。肇兴侗寨旅游发展中的旅游就业机会是调动社区居民旅游参与积极性的重要途径。因此,当地政府和旅游部门应该重视社区居民的年龄差异,有针对性地对社区居民参与旅游工作进行差异化引导,鼓励年龄较大的居民参与侗族文化汇演、侗族传统展示等旅游文化行业的工作,突出他们对侗族传统文化认知上的优势。同时,也应该鼓励年龄较小的居民从事旅游服务的工作,发挥他们交流、接受能力上的优势。

② 加强旅游教育,促进共同参与的策略。肇兴侗寨居民参与旅游决策程度较低,本质的原因是居民对政治增权和旅游决策参与的认知较低。因此,当地政府和旅游部门应该重视提升全体社区居民的旅游决策参与认知,一方面,针对在校的学生居民群体应该进行权利、责任、义务的教育,提升他们对旅游发展和个人社会交往的全面认知;另一方面,应该重视对居民旅游参与话语权的引导,使居民意识到自己的意见对旅游发展的重要性。

(五) 居民对民族旅游参与意愿感知的教育程度细分需求差异与精准营销

受教育程度不同的居民对民族旅游参与意愿感知的差异性分析结果如表 6-65 所示。

表 6-65 受教育程度不同的居民对民族旅游参与意愿感知的差异性分析

公因子	均值					F 值	Sig
	≤小学	初中	高中/中专/技校	本科/大专	≥硕士		
发展决策参与感知	3.90	3.96	4.09	4.11	3.57	3.157	0.014*
行业工作参与感知	3.97	4.05	4.20	4.16	3.48	2.799	0.025*
开发规划参与感知	4.17	4.06	4.29	4.19	3.33	4.345	0.002**

注: * 表示 $P<0.05$, ** 表示 $P<0.01$, *** 表示 $P<0.001$。

由表 6-65 可知,受教育程度不同的居民受访者对旅游发展决策参与感知($P=0.014$)、行业工作参与感知($P=0.025$)、开发规划参与感知($P=0.002$)存在显著性差异,其原因如下。

第一,居民基于不同教育背景的参与认知差异。受教育程度较高的居民对旅游发展的认知程度较深也较为客观,他们能够对居民参与旅游发展决策和旅游开发规划过程的作用具有更深入的认识,且能够洞悉没有居民参与的旅游决策和开发规划对肇兴侗寨旅游可持续发展的影响,并且对参与旅游发展决策表现出强烈愿望因而评分较高,而受教育程度较低的居民对旅游参与权利的认知不够。因此,受教育程度不同的居民对旅游发展决策参与感知存在显著性差异。

第二,居民基于不同教育背景的旅游参与差异。受教育程度较高的居民往往拥有更强的学习能力,在自己的职业生涯规划上也拥有较为乐观的前景,这类居民能够在从事旅游工作的过程中,更深刻地认识到自身工作的优异对肇兴侗寨旅游整体发展的影响,对旅游者的旅游评价和口碑效应的影响。同时受教育程度较高的居民也会表现出对参与社区旅游发展的热情并且评分较高。因此,受教育程度不同的居民对旅游行业工作参与感知具有显著性差异。

据此,相应的基于旅游参与意愿的精准营销管理策略如下。

第一,重视客观反馈,辅助旅游管理的参与策略。肇兴侗寨中学历较高的居民对旅游发展具有较为客观的认知,对旅游参与的意义也具有较为深刻的认知。因此,当地政府和旅游部门应该重视鼓励社区中学历较高的居民参与旅游业,不仅应该利用这类居民群体对旅游发展影响的客观反馈,为今后的旅游发展决策提供有效的参考,而且应该鼓励他们更多地参与景区旅游管理的相关工作,利用不同学科的教育背景形成对旅游管理工作的综合性建议。

第二,联系专家学者,提升旅游参与效率策略。肇兴侗寨居民旅游参与程度不高的主要原因就是社区居民整体对旅游参与意义的认知程度不高。因此,当地政府和旅游部门应该重视与旅游科研机构、高校团队联系,共同厘清居民旅游参与程度与自身发展、旅游发展、社区发展之间的关系,提升社区居民的旅游参与认知。同时,也应该聘请专家学者对现今的旅游社区参与机制进行调研,形成具有科学性、系统性的透明旅游社区参与机制。

(六)居民对民族旅游参与意愿感知的收入细分需求差异与精准营销

月收入不同的居民对民族旅游参与意愿感知的差异性分析如表6-66所示。

表6-66 月收入不同的居民对民族旅游参与意愿感知的差异性分析

公因子	均值						F 值	Sig
	≤1 000元	1 001~2 000元	2 001~3 000元	3 001~4 000元	4 001~5 000元	≥5 001元		
发展决策参与感知	3.87	3.98	4.13	4.08	4.04	3.97	3.419	0.005**
行业工作参与感知	3.94	4.10	4.16	4.16	4.15	4.21	3.001	0.011*
开发规划参与感知	4.06	4.09	4.25	4.28	4.20	3.96	1.607	0.156

注:* 表示 $P<0.05$,** 表示 $P<0.01$,*** 表示 $P<0.001$。

首先,由表6-66可知,个人月收入不同的居民受访者对旅游发展决策参与感知($P=0.005$)、行业工作参与感知($P=0.011$)存在显著性差异,其原因如下。

① 居民基于收入不同的旅游参与认知差异。肇兴侗寨中收入处于中间水平的居民往往以个体商人和旅游公司职员的身份参与旅游,工作的类型多种多样,他们看到了从事旅游对其今后职业道路的影响,并希望更多地参与旅游决策工作,为自己职业和社区旅游发展提供反馈。而收入较低的居民与旅游联系并不紧密。因此,收入不同的居民对旅游发展决策参与感知存在显著性差异。

② 居民基于不同收入的旅游工作实践差异。肇兴侗寨中收入较高的居民往往具有更多从事旅游工作的经验,更能深刻地认识旅游行业中不同的工作及其相互联系对肇兴侗寨旅游发展的重要性,促使他们了解更多的肇兴侗寨旅游信息,故这类居民对旅游行业的工作参与热情更高。因此,收入不同的居民对旅游行业工作参与感知存在显著性差异。

据此,相应的基于旅游参与意愿的精准营销管理策略如下。

① 鼓励旅游创业,提升旅游收入策略。肇兴侗寨旅游业的快速发展使越来越多的居民开始重视个人收入与旅游发展的联系,他们也形成了较为强烈的参与旅游工作的意愿。因此,当地政府和旅游部门应该在重视创造更多旅游就业机会的基础上,鼓励居民进行旅游创业,不仅为有意向进行旅游创业的居民提供必要的信息分享与创业平台,而且应该利用旅游收入来为居民提供一定的创业资金扶持,使居民能够自主解决旅游就业与个人收入提升等问题。

② 引入民间资本,拓展旅游参与渠道策略。肇兴侗寨景区旅游管理与旅游经营工作主要由景区内的国有旅游公司负责。当地政府和旅游部门应该积极鼓励民间资本投资旅游企业,一方面,此举是响应国务院鼓励多种所有制经济公平竞争的号召,落实相关政策;另一方面,此举是实现肇兴侗寨旅游服务质量提升、消除垄断经营的重要举措,同时,也是提升居民旅游参与意愿的途径。

其次,收入不同的居民受访者对旅游开发规划参与意愿感知($P=0.156$)不存在显著性差异,其原因如下。

① 旅游开发中对环境保护的宣导。肇兴侗寨的旅游发展成为推动社区建设和落实精准扶贫政策的重要途径,社区管理部门、旅游发展机构、上级行政部门都对肇兴侗寨的开发与保护工作进行宣传和引导,尤其突出侗族文化资源、自然环境资源对旅游发展的重要性,强调居民环保意识对景区全面升级的重要性,收入不同的居民能通过不同的渠道接收到环保宣传的相关信息。因此,收入不同的居民对旅游开发规划参与感知不存在显著性差异。

② 侗族文化中对环境的尊重。肇兴侗寨中的社区居民主要受到侗族传统文化和风俗习惯的约束,对大自然表现出更多的依赖和尊重,尤其是侗族传统文化中强调大自然与居民生活之间的紧密联系,社区居民本身就有一定的环保意识,由于侗族传统文化是肇兴侗寨旅游发展的核心资源,在互嵌式的发展模式下,社区仍然保留了尊重自然环境的观念。因此,收入不同的居民对旅游开发规划参与感知没有表现出显著性差异。

据此,相应的基于旅游参与意愿的精准营销管理策略如下。

① 落实精准扶贫,改善旅游环境的参与策略。肇兴侗寨旅游发展的经济收益不仅应该使从事旅游工作的居民受益,而且应该注重对全体社区居民经济收入的提升。因此,当地政府和旅游部门应该重视利用当地旅游发展来促进旅游精准扶贫政策的落实,一方面,利用政府和旅游部门、旅游企业的旅游收益初次分配,建立旅游环境保护的公益基金;另一方面,建立透明的旅游收益再分配制度,吸引更多社区居民参与旅游发展以及旅游环境保护工作。

② 强调文化保护,促进全面参与旅游策略。肇兴侗寨中的侗族特色文化是发展旅游的核心,对文化的保护与传承是实现旅游业可持续发展的重要举措。因此,当地政府和旅游部门应该重视在社区互嵌式发展环境下对当地侗族文化原真性的保护,一方面,应该鼓励新进居民在尊重侗族传统的基础上,在自营的旅游产品中突出侗族传统文化的表征与符号作用;

另一方面,鼓励全体社区居民参与文化原真性保护活动,利用原真性强的旅游资源提高核心竞争力。

(七) 居民对民族旅游参与意愿感知的职业细分需求差异与精准营销

不同职业的居民对民族旅游参与意愿感知的差异性分析结果如表 6-67 所示。

表 6-67 不同职业的居民对民族旅游参与意愿感知的差异性分析

公因子	均值													F 值	Sig
	国企	私企	个体	公务员	服务员	技术员	教师	学生	退休	主妇	工人	事业	农民		
发展决策参与感知	4.22	3.96	4.05	4.13	3.99	3.89	3.98	3.84	3.43	3.99	3.95	4.06	3.92	1.663	0.064
行业工作参与感知	4.30	4.13	4.12	4.15	49	4.04	3.93	3.80	3.20	4.04	4.16	4.14	4.04	1.589	0.083
开发规划参与感知	4.31	4.13	4.17	4.24	4.03	4.07	4.24	3.85	3.33	4.14	4.20	4.09	4.21	1.374	0.166

注:* 表示 $P<0.05$,** 表示 $P<0.01$,*** 表示 $P<0.001$。

由表 6-67 可知,从事不同职业的居民受访者对旅游参与意愿的发展决策参与($P=0.064$)、行业工作参与($P=0.083$)、开发规划参与($P=0.166$)等 3 个公因子的感知不存在显著性差异,其原因如下。

第一,从事不同职业的居民对参与旅游发展的共同诉求。肇兴侗寨旅游发展对当地具有良好的经济效应、文化效应、环境效应、社会效应,职业不同的居民能够从自身工作属性的角度对旅游发展进行更为全面的审视。从职业不同的居民对肇兴侗寨旅游发展问题的意见来看,居民最为关心的就是如何能够在旅游决策与旅游规划中拥有稳定有效的参与途径。因此,从事不同职业的居民对发展决策与开发规划的参与感知不存在显著性差异。

第二,居民参与旅游发展所涉行业的多元化。肇兴侗寨中与旅游直接相关的职业主要是客栈接待业、餐饮业、导游业、旅游纪念品销售业以及文化表演业,并且还有一些诸如零售业、服务业、娱乐业等与旅游间接相关的其他行业。社区中从事不同职业的居民所属的行业大都与旅游业有直接或者间接关系,从事不同职业的居民对旅游具体的工作参与途径都有较为类似的理解。因此,从事不同职业的居民对旅游行业工作参与感知不存在显著性差异。

据此,相应的基于旅游参与意愿的精准营销管理策略如下。

第一,甄选行业代表,提升参与主动性策略。肇兴侗寨旅游发展带动了各行各业的发展,由于旅游发展在当地的主导地位,各行业、部门与旅游业的联系越发紧密。因此,当地政府和旅游部门应该针对居民从事不同职业、归属不同部门的特点建立旅游发展的行业代表参与制度,不仅重视旅游行业、部门内从事不同职业的居民对旅游发展意见的表达,而且应该使其他部门从业的居民能够共同参与旅游发展,提升社区居民整体的旅游发展参与积极性。

第二,促进行业互动,实现反馈多元化策略。肇兴侗寨旅游发展不仅关系到居民的福利,也关系到当地除旅游之外其他行业与部门的发展。因此,当地政府和旅游部门应该重视鼓励不同行业与部门的居民共同参与旅游规划与决策的制定过程,通过定期举办旅游发展商讨会议的正式形式,以及鼓励居民主动在旅游交流平台上发表个人意见与建议,增加旅游参与的广度与深度,在搜集不同行业旅游发展信息的同时,形成多元化的旅游参与形式。

(八) 居民对民族旅游参与意愿感知的收入来源细分需求差异与精准营销

家庭收入来源不同的居民对民族旅游参与意愿感知的差异性分析结果如表6-68所示。

表6-68 家庭收入来源不同的居民对民族旅游参与意愿感知的差异性分析

公因子	均值				F值	Sig
	全部来自旅游业	一半及以上来自旅游业	一半及以下来自旅游业	来自非旅游业		
发展决策参与感知	4.21	4.03	4.07	3.90	5.341	0.001**
行业工作参与感知	4.26	4.15	4.17	3.96	6.269	0.000***
开发规划参与感知	4.28	4.16	4.22	4.08	0.731	0.534

注:* 表示 $P<0.05$,** 表示 $P<0.01$,*** 表示 $P<0.001$。

首先,由表6-68可知,家庭收入来源不同的居民受访者对旅游发展决策参与($P=0.001$)、行业工作参与($P=0.000$)感知表现出显著性差异,其原因如下。

① 不同居民家庭旅游参与程度的差异。家庭收入更多来自旅游业的居民中从事旅游相关工作的比例更高,访谈中有居民表示工作经验的累积使居民对旅游决策参与的理解更加深入,并表现出强烈的参与热情。家庭收入较少来自旅游业的居民可能自身没有参与旅游发展,参与热情可能不高。因此,家庭收入来源不同会使居民对旅游发展决策参与感知产生显著性差异。

② 居民对旅游行业工作参与的认知差异。家庭收入更多来自旅游业的居民关注社区的旅游发展,不仅对旅游相关工作必要性的认知程度高,而且对肇兴侗寨中旅游从业者的专业性有更深刻的认识,由此也产生较高的评分;家庭收入较少来自旅游业的居民对旅游发展认知不高。因此,家庭收入来源不同会使居民对旅游行业工作参与感知产生显著性差异。

据此,相应的基于旅游参与意愿的精准营销管理策略如下。

① 鼓励分享经验,促进旅游行业参与策略。肇兴侗寨居民家庭成员越来越多地参与当地旅游发展工作,不仅增强了家庭经济收入与旅游发展的联系,也使家庭经济收入与旅游发展联系程度较深的家庭积累了从事旅游的经验。因此,当地政府和旅游部门应该鼓励居民家庭就从事旅游工作的经验进行分享,一方面,鼓励家庭内部进行经验分享,鼓励居民为亲朋好友提供参与民族旅游的信息;另一方面,以家庭为单位进行社区内部的分享,鼓励更多居民整合家庭成员资源,参与旅游工作。

② 建立星级制度,提升行业参与质量策略。肇兴侗寨以家庭为单位参与旅游的居民比例正在不断升高,主要涉及住宿、餐饮、旅游纪念品制作与销售等相关行业。因此,当地政府和旅游部门应该利用评定星级制度来提升居民家庭的旅游服务质量,此举不仅能够鼓励更多当地家庭提升服务质量,打造社区家庭旅游创业的精英,形成良好的竞争合作氛围,而且能够使居民家庭提供的旅游产品和服务具有差异化,满足游客对食宿和旅游商品的不同需求。

其次,家庭收入来源不同的居民受访者对旅游开发规划参与感知($P=0.534$)不存在显著性差异,其原因如下。

① 居民对旅游推动社区的发展共同体验。肇兴侗寨的旅游发展促使社区产业结构转型,旅游业和服务业的兴起为整个社区创造了更多的经济效应,为社区的发展提供了动力,居民人均收入的普遍提高,居民生活质量的普遍提升是大家有目共睹的。并且居民受访者在访谈中表示当地旅游发展也为他们带来更多接触外来事物的机会,使他们能够有途径接受和学习现代化的工作和发展模式,因此,家庭收入来源的不同不会导致居民对旅游开发规划参与感知表现出显著性差异。

② 居民具有参与旅游环保的文化基础。肇兴侗寨中的侗族文化本身就具有崇尚和尊重大自然的特点,访谈中有居民表示,"保护在先,开发在后"的旅游开发规划理念与侗族传统联系紧密,使居民对旅游环境、侗族文化的保护与传承的认知更加深入,尤其是旅游者进入社区后对侗族文化的欣赏、对自然环境的赞美,促进了居民对资源保护在旅游开发中重要作用的认知。因此,家庭收入来源不同的居民对旅游开发规划参与感知不存在显著性差异。

据此,相应的基于旅游参与意愿的精准营销管理策略如下。

① 适应参与动态性特点,稳定社区居民参与热情策略。肇兴侗寨旅游社区参与受到季节变化、宏观环境改变、旅游需求改变、市场竞争变化、社区经济发展、居民旅游认知等内外部因素的影响。因此,当地政府和旅游部门应该掌握旅游社区参与动态性的特点,一方面,对居民旅游参与认知进行提升,实现社区内部旅游发展动力的稳定;另一方面,针对外部环境的改变进行预测与判断,实现有针对性的资源开发与产品创新,从内外部着手来稳定居民旅游参与热情。

② 明确开发阶段性,提升旅游环保参与策略。肇兴侗寨旅游资源的保护性开发不仅关乎旅游发展的可持续性,而且是促进居民生活质量提升的重要保障。因此,当地政府和旅游部门应该认清侗寨旅游资源阶段性开发对旅游资源保护的重要意义,一方面,应该在阶段性旅游资源开发过程中广泛征询旅游利益相关者对资源开发利用程度的意见,维护多方利益;另一方面,应该在不同旅游开发阶段强调环保的重要性,实现阶段性的旅游环保参与。

(九) 居民对民族旅游参与意愿感知的居住时间细分需求差异与精准营销

居住时间不同的居民对民族旅游参与意愿感知的差异性分析结果如表 6-69 所示。

表 6-69　居住时间不同的居民对民族旅游参与意愿感知的差异性分析

公因子	均值					F 值	Sig
	≤1 年	1～3 年	4～6 年	7～9 年	≥10 年		
发展决策参与感知	4.00	3.93	3.94	3.73	4.04	1.553	0.185
行业工作参与感知	4.09	4.06	4.08	3.88	4.11	0.410	0.802
开发规划参与感知	4.07	4.07	4.13	3.95	4.19	1.031	0.390

注:* 表示 $P<0.05$,** 表示 $P<0.01$,*** 表示 $P<0.001$。

由表 6-69 可知,居住时间长短不同的居民受访者对旅游发展决策参与感知($P=$

0.185)、旅游行业工作参与感知($P=0.802$)、旅游开发规划参与感知($P=0.390$)不存在显著性差异,其原因如下。

第一,居民对旅游发展意见反馈渠道的共同需求。访谈结果显示,居住时间较短的居民进入肇兴侗寨的目的就是从事与旅游相关的工作,他们同社区中已经从事旅游行业的居民一样认同参与旅游决策的重要性。居民凭借在实际工作中累积的经验,可以对肇兴侗寨旅游发展决策、旅游开发规划提供具体反馈。同时,参与旅游发展的居民也更加需要建立有效的参与机制,分享发展经验,因此,居住时间不同的居民对旅游发展决策、开发规划参与感知不存在显著性差异。

第二,居民普遍具有旅游行业参与意愿。一方面,居住时间较长的居民在访谈中表示,他们通过对比肇兴侗寨旅游发展前后的情况,发现居民在个人收入、生活质量、社区基础设施建设等方面的进步和提升使他们有更高的旅游工作参与意愿;另一方面,居住时间较短的居民往往都是被肇兴侗寨旅游发展机会吸引而来的外来人口,他们也对从事旅游工作、提升生活质量表现出较为强烈的意愿。因此,居住时间不同的居民对旅游行业工作参与意愿感知不存在显著性差异。

据此,相应的基于旅游参与意愿的精准营销管理策略如下。

第一,通过旅游参与,促进新进居民融入策略。肇兴侗寨旅游发展在为侗族居民创造旅游参与机会的同时,也吸引了不少外来居民进入社区从事旅游工作,社交关系的改变对旅游稳定发展具有一定挑战。因此,当地政府和旅游部门应该重视利用旅游参与来提升新进居民的社区归属感,促进新进居民融入社区,尤其应该利用旅游参与渠道的建设,建立和完善居民参与决策和规划工作的意见联席会,使居民在获取信息反馈的同时增加彼此之间的相互理解。

第二,重视技能培训,促进旅游参与策略。肇兴侗寨社区居民对参与旅游工作表达出强烈的意愿。因此,当地政府和旅游部门应该重视对社区居民的旅游技能培训,一方面,针对社区中剩余劳动力进行有关旅游从业技能的培训,并联系旅游企业为居民创造就业机会;另一方面,对已经从事旅游工作的居民进行有关职业晋升和个人发展的培训,增加他们在管理、会计、运营、策划、营销等方面的能力,实现他们对旅游行业更高程度的参与。

(十)居民对民族旅游参与意愿感知的参与程度细分需求差异与精准营销

旅游参与程度不同的居民对民族旅游参与意愿感知的差异性分析结果如表6-70所示。

表6-70 旅游参与程度不同的居民对民族旅游参与意愿感知的差异性分析

公因子	均值		F值	Sig
	正参与旅游	未参与旅游		
发展决策参与感知	4.09	3.89	23.041	0.000***
行业工作参与感知	4.18	3.96	19.556	0.000***
开发规划参与感知	4.17	4.14	3.625	0.057

注:* 表示 $P<0.05$,** 表示 $P<0.01$,*** 表示 $P<0.001$。

首先,由表6-70可知,旅游参与程度不同的居民受访者对旅游发展决策参与感知($P=$

0.000)、旅游行业工作参与感知（$P=0.000$）存在显著性差异，其原因如下。

① 居民旅游参与程度的差异。从未参与旅游发展的居民在访谈中表示，对旅游工作的具体内容和作用不甚了解，更不了解参与旅游决策的重要性，其评分自然较低；而正在参与旅游发展的居民受访者表示能够发现影响旅游工作的因素，在访谈中，他们表示苦无途径反馈意见，希望能够参与旅游决策过程，他们对旅游参与的热情更高，因此，旅游参与程度不同的居民对旅游发展决策参与感知存在显著性差异。

② 居民从事旅游工作的经验差异。没有参与过肇兴侗寨旅游发展的居民在旅游参与经验上有明显的欠缺，他们对旅游具体工作中所需要的技能了解不深，经验的匮乏使他们对旅游工作参与感知评分略低；正在参与肇兴侗寨旅游发展的居民在访谈中表示，对自己的工作具有更多的认识，对同事、同行、竞争对手也有更多了解，对参与的认知程度和评分更高。因此，旅游参与程度不同的居民对旅游行业工作参与意愿感知存在显著性差异。

据此，相应的基于旅游参与意愿的精准营销管理策略如下。

① 建立对话机制，实现旅游参与平等策略。肇兴侗寨居民参与旅游发展的程度较低，目前主要还是停留在参与旅游工作的初级层面，因此，当地政府和旅游部门应该在提升居民对参与旅游工作认知的基础上，建立平等的、常态化的旅游发展对话机制。此举不仅可以保障居民参与旅游决策工作，有发表对旅游的建议与意见的途径，而且是推动政府职能由管理型向服务型转变的有效措施，使居民能够与政府就社区公共事务的发展进行平等有效的对话。

② 创新旅游产品，扩大旅游参与范围策略。虽然肇兴侗寨发展旅游为当地居民创造了参与旅游工作的机会，但社区中仍有很大一部分居民由于技能、地理等因素无法从事旅游工作。因此，当地政府和旅游部门一方面应该对缺乏旅游工作技能的居民进行培训，增加他们从事旅游工作的机会；另一方面，应基于游客体验性、参与性需求的提升，针对居住离主街道较远的居民进行侗族农家生活真实体验的旅游产品开发，增加居民旅游参与的广度。

其次，旅游参与程度不同的居民受访者对旅游开发规划参与感知（$P=0.057$）不存在显著性差异，其原因如下。

① 对旅游资源进行保护性开发的社区共同需求。正在参与肇兴侗寨旅游发展的居民注重"先保护、后开发"的旅游资源开发理念，这样的开发模式不仅有利于对社区有形和无形旅游资源的保护，也有利于增强肇兴侗寨的旅游吸引力，没有参与旅游发展的居民在接受访谈时同样认为，过度地开发和利用当地资源，会对正常生活造成影响。因此，保护性开发是肇兴侗寨居民共同需要的开发模式。所以，居民在开发规划参与感知方面并不存在显著性差异。

② 旅游规划工作的社区共同推动。肇兴侗寨旅游发展规划是当地社区公共事务的重要组成部分，也是促使社区管理更加科学、适度发展的基础，社区建立旅游开发和规划的参与途径，不仅能够汇总居民在旅游工作中的经验和意见，使旅游开发规划工作更加细致，也能够满足不懂得如何参与旅游的居民的愿望，使他们增加对旅游参与的认知。因此，参与旅游程度不同的居民对参与旅游开发规划具有共同的愿望。

据此，相应的基于旅游参与意愿的精准营销管理策略如下。

① 稳定资金投入，确保环保参与长效性策略。肇兴侗寨旅游资源的合理开发与保护关系到社区全体居民的利益，因此，当地政府和旅游部门应该利用旅游发展的收益以及财政部

门的专项拨款,稳定对旅游环境保护的资金投入,此举不但能够解决社区环境保护与环境治理的资金缺口,而且可以吸引更多社区人力资源参与环保事业。同时,旅游环境保护的资金投入要确保稳定性与长期性,使社区旅游环境保护参与能够获得长效性的支持。

② 加强法制建设,确保旅游参与合法性策略。肇兴侗寨旅游社区参与程度较低,主要体现在社区居民对旅游参与的认知与实际行动仍停留在具体旅游工作层面上。因此,当地政府和旅游部门应该积极利用相关法律,制定保障居民参与社区旅游权利的政策和法规,明确社区居民旅游决策参与、规划参与、环保参与、行业参与的权利、责任、义务,并且也使旅游发展部门能够重视社区居民参与旅游的合法性,避免居民对旅游发展的意见与建议被忽视。

二、居民对民族旅游参与意愿感知的需求差异相关性与精准营销

居民对民族旅游参与意愿感知的相关性分析结果如表6-71所示。

表6-71 居民对民族旅游参与意愿感知的相关性分析

属性	代码	相关性	发展决策参与感知	行业工作参与感知	开发规划参与感知
职业	R1	相关系数	−0.123**	−0.057	0.047
	R2	偏相关系数	−0.046	0.048	0.021
民族	R1	相关系数	0.037	−0.037	−0.042
	R2	偏相关系数	0.031	−0.065	−0.060
个人月收入	R1	相关系数	0.072*	0.107**	0.019
	R2	偏相关系数	−0.042	0.062	0.011
年龄	R1	相关系数	−0.003	0.025	0.135**
	R2	偏相关系数	−0.002	0.019	0.067
受教育程度	R1	相关系数	0.111**	0.069*	−0.012
	R2	偏相关系数	0.088*	0.027	0.030
居住时间	R1	相关系数	0.041	0.001	0.065
	R2	偏相关系数	0.077*	0.010	0.009
家庭收入来源	R1	相关系数	0.124**	0.130**	0.002
	R2	偏相关系数	0.036	0.063	0.044
是否参与旅游	R1	相关系数	0.164**	0.151**	0.066
	R2	偏相关系数	0.096**	0.095**	0.070*
婚姻状况	R1	相关系数	0.040	0.055	0.124**
	R2	偏相关系数	0.034	0.014	0.052
性别	R1	相关系数	−0.006	−0.050	−0.053
	R2	偏相关系数	−0.010	0.061	−0.034

注:* 表示 $P<0.05$,** 表示 $P<0.01$,*** 表示 $P<0.001$。

为了能够直接探究居民受访者背景属性变量与旅游参与意愿感知3个公因子之间的关系,本研究利用偏相关分析,将其他属性变量控制后,展示该属性变量与3个公因子的关系及影响程度。

首先,由表6-71可知,在控制了其他属性变量的影响后,职业、民族、个人月收入、年龄、家庭收入来源、婚姻状况、性别等属性变量与旅游参与意愿感知的3个公因子之间没有存在显著的关系,说明上述属性变量并不是影响居民旅游参与意愿感知的直接因素,其原因如下。

① 侗族传统文化对环保行为的约束。大多数侗族受访者表示自己的生活和行为受到传统文化的约束,一方面,侗族传统的环境观使居民与大自然的关系亲近,并且对大自然为侗族居民提供食物以及保护他们生存繁衍具有感激之情;另一方面,侗族传统的哲学观将世界的创立和侗族的出现归因于自然界,使侗族的生活与自然环境密不可分,因此,作为侗寨中具有主导影响力的侗族文化,对以侗族为主的社区居民的环保行为具有一定约束。

② 基于旅游社会交往的旅游参与的需求。侗族受访者表示,旅游发展后旅游者和外来居民的进入使当地居民之间的关系变得复杂,性别、年龄、婚育状况等社会背景不同的居民都因旅游发展的共同目标而形成交往互动,也在一定程度上突出了旅游社区参与对维护社区不同居民群体社会交往关系的作用。在访谈中,有居民表示因旅游发展而获得更多的人际交往机会,因此,旅游参与促进社区关系融洽是全体社区居民共同见证的事实。

③ 居民生活质量对从事旅游工作的依赖。访谈中大多数居民表示生活质量在发展旅游后得到显著提升,从事旅游工作更多的居民受访者的家庭生活质量与收入提升明显,这些居民也在社区中成为一部分先富起来的群体。家庭收入与旅游联系较少的居民群体看到身边从事旅游工作的邻居、朋友先后致富,他们同样也展现出对于从事旅游业从而提升个人收入的向往,因此,全体社区居民对旅游工作表现出强烈参与意愿。

据此,相应的基于旅游参与意愿的精准营销管理策略如下。

① 利用互助传统,实现居民广泛参与环保策略。侗族传统文化中存在着"帮工""换工"的传统习俗,即居民自家以及社区共同的事务可以得到全体社区居民的共同帮助,因此,当地政府和旅游部门应该积极利用侗族这种传统的互助模式来鼓励旅游环境保护工作的社区共同参与,尤其是在落实居民旅游环境保护责任与义务工作时,应该积极利用侗族"帮工""换工"的传统,解决环保工作人力资源不足的问题,增加旅游环保工作的群众参与力度。

② 利用情感维系,实现参与关系和谐策略。侗族传统文化强调居民之间的情感维系,尤其是当不同居民家庭生产工作需要帮助时,侗族居民会轮流在各家共同参与劳动,因此,当地政府和旅游部门应该利用侗族居民重视居民互助关系稳定的特点,明确参与旅游为居民共同的社区事务,团结侗族居民以及新进居民共同参与旅游,使他们之间建立互惠的交往,实现旅游社区参与中的关系和谐与稳定。

③ 利用利益分配,提高居民旅游参与热情策略。肇兴侗寨现阶段的旅游收益分配仍停留在初级阶段,即居民能够分享景区门票收入中的20%,因此,当地政府和旅游部门应该重视创造提升旅游收益的途径,尤其是在分享景区门票收入的基础上,利用合理的税收制度、社区服务公益金制度、居民土地投资回报制度、居民收益分配监督制度,使社区的旅游收益分配制度透明,受到居民的监督,以此来提升居民旅游参与的热情。

其次,在控制了其他属性变量后,受教育程度、在当地居住时间、是否参与社区旅游发展等属性变量与居民对旅游参与意愿感知的3个公因子呈现显著相关关系,其原因如下。

① 居民基于不同受教育程度的旅游发展决策参与认知差异。受教育程度差异与旅游发展决策参与意愿感知之间存在显著的正相关关系($R^2=0.088$)。在访谈中,受访居民谈及较多的是"有文化才懂得参与旅游发展",在一定程度上说明受教育程度高的居民根据自身的工作经验与背景知识对旅游决策参与具有客观的认识,他们对居民参与旅游发展权利的诉求也有深入理解,对旅游理解程度的不同造成了居民在感知上的差异。

② 居民基于不同居住时间的参与权利认知差异。居住时间差异与旅游发展决策参与意愿感知之间存在显著的正相关关系($R^2=0.077$)。在肇兴侗寨居住时间较长的居民对社区旅游发展决策具有更深入的感知,不仅因为他们经历了旅游发展对肇兴侗寨发展的推动过程,而且因为旅游发展的确对社区过去优美自然的环境造成了破坏,并在一定程度上影响了居民生活。因此,居住时间较长的居民往往体现出对旅游发展决策参与途径的迫切需求。

③ 居民基于不同旅游参与程度的旅游环保参与认知差异。旅游参与程度差异与旅游参与意愿感知的3个公因子均表现出显著的正相关关系($R^2=0.096$、0.095、0.070)。正在参与肇兴侗寨旅游发展的居民对不同旅游工作的内容和意义有深入了解,表现为居民受访者大多认可保护性的开发对旅游发展的正面影响。同时,由于他们从事旅游工作多年并发现了问题、形成了意见,却没有渠道表达意见和建议,因此,居民旅游参与程度是决定其参与意愿的重要属性变量。

据此,相应的基于旅游参与意愿的精准营销管理策略如下。

① 利用教育培训,提升旅游就业参与策略。肇兴侗寨旅游为居民创造了从事旅游工作的机会,但旅游服务质量的参差不齐,影响了游客的旅游体验,因此,当地政府和旅游部门应该重视对居民服务意识与服务质量的培训,不仅是对在旅游企业中从事旅游工作的居民,而且应该对在旅游领域中创业的个体商人进行相关培训,提升社区整体的服务质量,为更好地吸引游客与提升旅游产品的竞争力奠定基础,实现高质量的旅游就业参与。

② 维护居民权利,促进居民参与旅游决策策略。肇兴侗寨居民旅游参与程度不高的主要原因之一就是社区居民的旅游增权感知程度较低,尤其体现为与旅游决策参与密切相关的旅游政治增权效应不明显,因此,当地政府和旅游部门应该重视对居民参与旅游权利认知的提升,使居民能够意识到自身在旅游决策制定过程中的主人公地位,并且当地政府和旅游部门也应该重视对居民参与旅游管理工作途径的建立与维护,真正实现对居民旅游参与权利的保护。

③ 重视居民意见,提升居民旅游参与广度策略。肇兴侗寨旅游社区参与中普遍存在的问题是居民对旅游发展的意见与建议没有表达的渠道,导致居民旅游参与热情降低,因此,当地政府和旅游部门应该重视对居民旅游发展话语权表达途径的创新,一方面,利用旅游发展座谈会等形式获取不同行业的居民代表对旅游发展的意见与建议;另一方面,利用访谈与问卷调研等方法,扩大收集的居民旅游发展意见与建议的范围,提升居民旅游参与的广度。

三、居民对民族旅游参与意愿感知的需求差异聚类性与精准营销

(一)不同民族旅游参与意愿感知居民聚类的社会学人口统计分析

不同居民聚类群体对民族旅游参与意愿感知的社会人口统计学差异特征如表6-72所示。

表 6-72　不同居民聚类群体对民族旅游参与意愿感知的社会人口统计学差异特征

统计项	构成及其对应的赋值	聚类群体1 中立参与型(N=282)			聚类群体2 较愿参与型(N=251)			聚类群体3 强烈参与型(N=302)		
		频数	频率	均值	频数	频率	均值	频数	频率	均值
民族	1=侗族	234	82.98%	1.90	222	88.45%	1.96	259	85.76%	1.35
	2=苗族	14	4.97%		14	5.58%		16	5.31%	
	3=水族	1	0.35%		0	0.00%		2	0.66%	
	4=布依族	1	0.35%		0	0.00%		1	0.33%	
	5=土家族	0	0.00%		3	1.19%		1	0.33%	
	6=壮族	1	0.35%		0	0.00%		0	0.00%	
	7=仫佬族	1	0.35%		0	0.00%		0	0.00%	
	8=瑶族	0	0.00%		0	0.00%		1	0.33%	
	9=汉族	30	10.65%		12	4.78%		22	7.28%	
性别	1=男	150	53.19%	1.56	134	53.39%	1.41	147	48.68%	1.47
	2=女	132	46.81%		117	46.61%		155	51.32%	
婚姻	1=单身	133	47.16%	1.63	86	34.26%	1.64	108	35.76%	1.56
	2=已婚	149	52.84%		165	65.74%		194	64.24%	
年龄	1=18岁及以下	31	10.99%	2.41	17	6.77%	2.65	24	7.95%	2.59
	2=19~29岁	127	45.04%		101	40.24%		124	41.06%	
	3=30~45岁	97	34.40%		90	35.86%		124	41.06%	
	4=46~59岁	23	8.16%		32	12.75%		26	8.61%	
	5=60岁及以上	4	1.41%		11	4.38%		4	1.32%	
受教育程度	1=小学及以下	38	13.48%	2.21	56	22.31%	2.45	29	9.60%	2.72
	2=初中	129	45.74%		103	41.04%		118	39.07%	
	3=高中/中专/技校	57	20.21%		70	27.89%		93	30.79%	
	4=大学本科/大专	54	19.15%		22	8.76%		61	20.21%	
	5=硕士及以上	4	1.42%		0	0.00%		1	0.33%	
个人月收入	1=1 000元及以下	77	27.31%	3.09	73	29.08%	2.75	52	17.22%	2.45
	2=1 001~2 000元	60	21.28%		64	25.50%		69	22.85%	
	3=2 001~3 000元	63	22.34%		46	18.33%		85	28.15%	
	4=3 001~4 000元	46	16.31%		43	17.13%		47	15.56%	
	5=4 001~5 000元	26	9.22%		18	7.17%		28	9.27%	
	6=5 001元及以上	10	3.54%		7	2.79%		21	6.95%	

(续表)

统计项	构成及其对应的赋值	聚类群体1 中立参与型(N=282)			聚类群体2 较愿参与型(N=251)			聚类群体3 强烈参与型(N=302)		
		频数	频率	均值	频数	频率	均值	频数	频率	均值
职业	1=国企职员	19	6.74%	6.45	18	7.17%	7.54	37	12.25%	5.97
	2=私企职员	13	4.61%		14	5.58%		10	3.31%	
	3=个体商人	85	30.14%		59	23.51%		101	33.44%	
	4=公务员	18	6.38%		7	2.79%		13	4.31%	
	5=服务人员	22	7.80%		23	9.16%		31	10.26%	
	6=专业技术人员	10	3.55%		4	1.59%		6	1.99%	
	7=教师	8	2.84%		4	1.59%		5	1.66%	
	8=学生	22	7.80%		9	3.59%		12	3.97%	
	9=退休人员	1	0.35%		0.00	0.00%		0	0.00%	
	10=家庭主妇	8	2.84%		10	3.98%		10	3.31%	
	11=工人	9	3.19%		15	5.98%		10	3.31%	
	12=事业单位职员	13	4.61%		6	2.39%		13	4.31%	
	13=农民/渔民	54	19.15%		82	32.67%		54	17.88%	
家庭收入来源	1=全部来自旅游业	26	9.22%	3.11	15	5.98%	3.17	40	13.25%	2.62
	2=一半及以上来自旅游业	69	24.47%		60	23.90%		81	26.82%	
	3=一半及以下来自旅游业	61	21.63%		65	25.90%		88	29.14%	
	4=来自非旅游业	126	44.68%		111	44.22%		93	30.79%	
在当地居住时间	1=1年以下	27	9.57%	3.95	19	7.57%	4.07	28	9.27%	4.41
	2=1~3年	36	12.77%		27	10.76%		36	11.92%	
	3=4~6年	15	5.31%		16	6.37%		14	4.64%	
	4=7~9年	12	4.26%		7	2.79%		7	2.32%	
	5=10年及以上	192	68.09%		182	72.51%		217	71.85%	
是否参与旅游	1=是	158	56.03%	1.52	115	45.82%	1.50	217	71.85%	1.24
	2=否	124	43.97%		136	54.18%		85	28.15%	

本研究对居民受访者旅游消极影响感知进行聚类后的结果如表6-72所示。第一类居民受访者为旅游发展中立参与意愿感知型群体,包括282位居民受访者;第二类为旅游发展较高参与意愿感知型群体,包括251位居民受访者;第三类为旅游发展强烈参与意愿感知型群体,包括302位居民受访者。本研究对不同居民受访者聚类群体社会人口统计学变量的均值作了比较。

第一，旅游中立参与意愿感知型群体的社会人口统计学特征。该群体中侗族人口所占比例最高，为82.98%，汉族人口(10.65%)、苗族人口(4.97%)所占比例分列第2、第3位；其中男性居民所占比例(53.19%)高于女性居民所占比例(46.81%)；已婚居民所占比例(52.84%)略高于单身居民所占比例(47.16%)；从年龄分布来看，19~29岁的居民所占比例最高，为45.04%，30~45岁(34.40%)、18岁及以下(10.99%)居民所占比例分列第2、第3位；初中文化程度是该类居民主要的教育背景，占比为45.74%，高中/中专/技校(20.21%)、大学本科/大专(19.15%)占比分列第2、第3位；从个人月收入来看，有27.31%的居民受访者个人月收入在1 000元及以下，其后依次为2 001~3 000元(22.34%)、1 001~2 000元(21.28%)、3 001~4 000元(16.31%)、4 001~5 000元(9.22%)、5 001元及以上(3.54%)；个体商人是该居民群体从事最多的工作，占比为30.14%，农民(19.15%)、学生(7.80%)、服务人员(7.80%)、国企职员(6.74%)占比分列第2~5位；该类居民受访者中44.68%的居民的家庭收入来源与旅游无关，其后分别为一半及以上来自旅游业(24.47%)、一半及以下来自旅游业(21.63%)、全部来自旅游业(9.22%)；68.09%的居民受访者在当地居住超过10年以上，居住时间1~3年(12.77%)、1年以下(9.57%)的居民受访者所占比例分列第2、第3位；该类居民群体中有56.03%的受访者正参与社区旅游发展，其比例超过了没有参与旅游发展的受访者比例(43.97%)。

第二，旅游较高参与意愿感知型群体的社会人口统计学特征。该群体中侗族居民所占比例最高，为88.45%，苗族居民(5.58%)、汉族居民(4.78%)所占比例分列第2、第3位；男性受访者所占比例(53.39%)高于女性受访者所占比例(46.61%)；已婚受访者群体所占比例(65.74%)高于单身受访者所占比例(34.26%)；从年龄分布来看，40.24%的居民受访者年龄在19~29岁，30~45岁(35.86%)、46~59岁(12.75%)受访者所占比例分列第2、第3位；初中文化程度是该类居民受访者主要的学历背景，占比为41.04%，高中/中专/技校(27.89%)、小学及以下(22.31%)受访者所占比例分列第2、第3位；29.08%的居民受访者个人月收入在1 000元及以下，其后分别为1 001~2 000元(25.50%)、2 001~3 000元(18.33%)、3 001~4 000元(17.13%)、4 001~5 000元(7.17%)、5 001元及以上(2.79%)；农民是该类居民受访者主要的职业，占比为32.67%，个体商人(23.51%)、服务人员(9.16%)、国企职员(7.17%)、工人(5.98%)受访者占比分列第2~5位；44.22%的居民受访者家庭收入来源与旅游无关，其后分别为一半及以下来自旅游业(25.90%)、一半及以上来自旅游业(23.90%)、全部来自旅游业(5.98%)；72.51%的居民受访者在当地居住时间超过10年以上，居住时间在1~3年(10.76%)、1年以下(7.57%)占比分列第2、第3位；没有参与社区旅游发展的居民受访者所占比例最高，为54.18%；正在参与旅游发展的居民所占比例为45.82%。

第三，旅游强烈参与意愿感知型群体的社会人口统计学特征。该群体中侗族居民人口所占比例最高，为85.76%；女性居民受访者比例(51.32%)高于男性居民受访者比例(48.68%)；已婚居民受访者所占比例(64.24%)高于单身居民受访者所占比例(35.76%)；从年龄分布来看，30~45岁与19~29岁的居民受访者所占比例最高，为41.06%，46~59岁(8.61%)、18岁及以下(7.95%)的居民所占比例分列第2、第3位；初中文化程度是该类居民受访者主要的学历背景,所占比例为 39.07%,高中/中专/技校(30.79%)、大学本科/大专(20.21%)占比分列第 2、第 3 位;该类居民个人月收入较高,居民受访者个人月收入在 2 001~3 000 元所占比例最高,为 28.15%,其后分别为 1 001~2 000 元(22.85%)、1 000 元及以下(17.22%)、3 001~4 000 元(15.56%)、4 001~5 000 元(9.27%)、5 001 元及以上(6.95%);个体商人是该居民群体主要从事的职业,所占比例为 33.44%,农民(17.88%)、国企职员(12.25%)、服务人员(10.26%)受访者所占比例分列第 2~4 位;该类居民群体家庭收入来源与旅游无关的比例为 30.79%,其后依次为一半及以下来自旅游业(29.14%)、一半及以上来自旅游业(26.82%)、全部来自旅游业(13.25%);71.85%的居民受访者在当地居住时间超过 10 年,居住时间在 1~3 年(11.92%)、1 年以下(9.27%)的居民受访者所占比例分列第 2、第 3 位;正在参与社区旅游发展的居民受访者所占比例最高,为 71.85%,没有参与社区旅游发展的居民受访者所占比例较低,为 28.15%。

(二)不同民族旅游参与意愿居民聚类差异性分析

不同居民聚类群体对民族旅游参与意愿感知的差异性分析结果如表 6-73 所示。

表 6-73 不同居民聚类群体对民族旅游参与意愿感知的差异性分析

公因子	聚类群体 1 中立参与型	聚类群体 2 较愿参与型	聚类群体 3 强烈参与型	F 值	Sig
发展决策参与感知	3.76	3.72	4.48	232.157	0.000***
行业工作参与感知	3.54	4.08	4.62	399.340	0.000***
开发规划参与感知	3.69	4.47	4.33	176.607	0.000***

注:* 表示 $P<0.05$,** 表示 $P<0.01$,*** 表示 $P<0.001$。

首先,由表 6-73 可知,不同居民受访者聚类群体对旅游参与意愿感知的发展决策参与感知($P=0.000$)、行业工作参与感知($P=0.000$)、开发规划参与感知($P=0.000$)均存在显著性差异,其原因如下。

① 居民基于不同社区归属的旅游决策参与感知差异。社区归属感较低的主要为在当地居住时间较短的居民,非侗族居民所占比例较高。从访谈结果看,这类居民群体反映,他们对侗族社会结构情况、侗族传统文化习俗等方面的了解并不深入,尤其是对侗族侗款制度与寨老制度接触较少,对侗族处理社区事务的方式与方法较为生疏,进而形成了对当地社区和旅游决策不关心的状态,因此,社区归属感不同的居民群体对旅游决策参与感知存在显著性差异。

② 居民基于不同职业背景的旅游行业参与需求差异。不同职业背景的居民群体差异主要表现为:家庭收入与旅游相关的程度差异、参与旅游发展的程度差异、从事职业与旅游关联度的差异。职业背景的差异使居民与旅游产业之间的联系呈现较大差异。访谈结果也显示,不同职业背景的居民对旅游就业、旅游收入分配、旅游创业等方面的评价和认知存在不同,因此,基于不同职业背景所形成的旅游关联度差异是形成居民旅游行业参与感知显著性差异的主要因素。

③ 基于不同文化程度的居民旅游社区参与认知差异。文化程度不同的居民群体在旅游发展的认知如旅游参与对社区建设的意义、居民权利与旅游参与的联系等方面存在差异。

访谈结果显示,学历较低的居民对旅游参与认知较低,他们认为的旅游参与往往仅停留在工作和就业方面,他们对旅游决策以及旅游规划等参与的概念理解不深。同时,学历较高的居民则拥有更全面的旅游参与认识,因此,文化程度不同造成居民旅游社区参与认知程度的显著性差异。

④ 基于不同性别的居民旅游规划参与重视差异。不同性别的居民群体对旅游规划参与中的环境保护、文化保护、基础设施建设、社区事务推动等方面具有一定差异。在访谈中,女性居民表现出对环境保护、社区基础设施建设更为关心,能够发现更多与旅游相关的问题;而男性居民则更加关心旅游发展对侗族传统文化的影响,旅游参与对社区自治管理的推动,因此,不同性别的居民对旅游规划参与的重视层面具有差异。

据此,相应的基于旅游参与意愿的精准营销管理策略如下。

① 鼓励居民参与旅游,提升旅游参与程度策略。由于肇兴侗寨中的旅游参与居民的经济利益关系紧密,社区居民对从事旅游工作表现出强烈的愿望,因此,当地政府和旅游部门应该在重视鼓励居民从事旅游工作的基础上,利用居民从事旅游工作的机会,使他们能够真正接触到旅游事业发展中所遇到的问题与阻碍,形成对高阶旅游参与的诉求,鼓励他们在旅游决策工作与旅游资源规划工作中发表基于自己的工作经验与教训的意见,提升社区整体旅游参与程度。

② 建立志愿组织,提升旅游参与热情策略。肇兴侗寨居民参与旅游决策工作以及旅游资源开发规划工作的渠道不明,导致居民的参与程度较低,也使居民对旅游发展的意见与建议无法发表,因此,当地政府和旅游部门应该积极支持成立旅游非政府组织,使社区旅游发展各个利益相关者的代表都能够进入旅游第三方组织,以此来增加居民参与社区旅游决策和规划的途径,并且鼓励旅游非政府组织监督政府,维护居民旅游参与权利。

③ 重视男女平等,提升居民旅游参与广度策略。肇兴侗寨旅游发展进一步促进了社区中的男女平等,侗族传统中男主外、女主内的生活习惯开始转变,更多的女性居民以其细心、周到、善于交际等优势获得更多参与旅游工作的机会,因此,当地政府和旅游部门应该重视结合社区不同性别居民对于旅游发展关注方面的不同,获得对社区旅游工作不同方面的反馈。

第七章 民族旅游社区参与机制研究结论、精准营销管理启示与原则以及创新与展望

第一节 民族旅游社区参与机制研究结论

一、民族旅游参与感知主客的特点对比与影响

居民和旅游者对民族旅游增权、服务质量、社区联动等方面的认知差异明显,说明旅游者的工作经历、旅游经历、社会经验等使其对旅游参与的认知更加深入。

第一,主客对旅游发展社区联动认知的不同。居民与旅游者对旅游发展与社区建设之间关系的认知存在较大差异,尤其对旅游作为社区公共事务重要组成部分的认知有所不同,旅游者的生活与工作背景使他们对社会资本以及旅游发展有更正面的认知,但居民在旅游发展中能看到另一番景象,即旅游发展并没有对当地社会文化和自然环境作出他们期望的贡献,而文化商业化和环境破坏影响了居民的日常生活。

第二,主客对旅游发展治理权限体会的不同。旅游者大都认为,旅游发展应该能够提升居民在经济、社会、心理、政治方面的增权感知,尤其是社区旅游发展收益的增加能够直接提升居民的生活质量。同时,他们对社区治理权限下移的体会与经历较多;但案例地却表现出社区居民旅游参与程度低、参与面狭窄的实际情况,大部分居民并没有真正获得旅游发展带来的益处且参与权利未得到充分保障,体现出案例地旅游治理的模式固化,造成居民对旅游发展的参与热情与积极性不高。

第三,主客对旅游发展服务质量期望的不同。旅游目的地的服务质量是影响旅游者决策的重要因素之一,旅游者行前、行中、行后的期望与满意度对比决定了他们对目的地的忠诚度和推荐意愿;但从样本的对比分析中可以看出,居民对服务质量的重视程度与旅游者存在差距。居民旅游从业者中只注重短期利益的行为不在少数,忽视长期利益的行为使旅游者的实际旅游体验与期望存在较大差异,由此产生的主客矛盾与对立情绪不可避免。

二、民族旅游增权感知的特点与影响

(一)民族旅游心理增权感知的特点与影响

旅游心理增权感知主要体现在当地开发旅游资源后,社区居民知道旅游者对当地旅游

相关因素评价很高后的自尊心提升与自豪感建立,心理增权可以视为社区居民通过旅游发展实现自身价值的心理认知。

第一,旅游心理增权感知对旅游积极影响感知具有显著的正向影响。由于肇兴侗寨民族旅游发展增强了社区居民对当地特色文化、环境、传统、习俗的认知,这些居民原本习以为常的因素成了发展民族旅游、增强社区发展的动力,居民自尊心与自豪感得到提升,因而居民对旅游发展对当地社区的积极影响具有较为强烈的感知。尤其是旅游者对当地自然环境、文化特色、居民态度等方面的赞赏,会在很大程度上形成居民对旅游发展的正面态度,并且也会更加维护旅游发展为肇兴社区带来的积极影响。

第二,旅游心理增权感知对旅游消极影响感知具有显著的负向影响。肇兴侗寨民族旅游发展后社区居民自尊心与自豪感的提升,会使他们更加注重对当地人文环境、自然环境、社会环境、生活环境等的保护,因为这些具有当地特色的旅游因素是形成旅游吸引力的重要源泉,也促进居民形成长效的自尊心与自豪感提升的重要途径。因此,肇兴侗寨居民较为注重旅游发展对社区的消极影响,这反映了居民维持正常生产生活的客观诉求,也是促进民族旅游和谐发展的重要动力。

第三,旅游心理增权感知对民族旅游参与意愿具有显著的正向影响。肇兴侗寨居民在访谈中均表示,当地旅游发展对他们民族自尊心与自豪感具有提升作用,尤其是旅游发展使越来越多的旅游者、媒体、研究人员到访,居民感受到了本民族文化和生活受到主流文化的重视与青睐。同时,旅游发展不仅为当地社区的建设提供资金投入,而且使居民生活质量得到提升,使居民的可自由支配收入提升,居民从事旅游的信心不断增强,也在很大程度上促进了居民开始或继续从事旅游工作、参与旅游发展的意愿。

(二)民族旅游社会增权感知的特点与影响

旅游社会增权感知主要体现在当地发展旅游后社区凝聚力的提升,居民之间交往关系的建立与交往频繁,社区因旅游发展出现的新型网络关系,社区文化、人口、社会结构的转型等,社会增权的过程可视为社区居民对社会生活权利的追求。

第一,旅游社会增权感知对旅游积极影响感知具有显著的正向影响。肇兴侗寨的民族旅游发展对当地社区的建设、文化的传承、环境的保护、居民生活质量提升均具有一定的促进作用,这些由旅游所带来的积极影响得到了社区居民的广泛认同,并且也成为重构与改善居民社会生活的重要基础;同时,居民在社会生活改变中所获得的自主权与发展权使他们更关心旅游发展是否能够为社区发展提供长期、稳定的积极动力,由于旅游发展为肇兴侗寨居民提供了更多参与社区社会生活的机会,因此,他们也会更加注重旅游对当地社区的正面促进作用。

第二,旅游社会增权感知对旅游消极影响感知具有显著的负向影响。社会增权感知强烈的肇兴侗寨居民更加重视社区的建设与旅游发展之间的关系,尤其是当地民族旅游发展对生活环境、自然资源、人文景观、基础设施等方面的破坏会引起当地居民更多的关注。居民也会在自身的社会生活和交往中表现出对旅游负面影响的反对;越发频繁的社会交往与互动会使侗寨居民形成较为一致的认知,从而反对旅游对社区的破坏,并且积极寻求解决问题、维护发展的措施与策略。

第七章
民族旅游社区参与机制研究结论、精准营销管理启示与原则以及创新与展望

第三,旅游社会增权感知对社会资本感知具有显著的正向影响。国内外学者的研究已经指出,社会增权与社会资本之间存在着紧密的联系,并且社会增权的过程本质就是社会资本积累的过程;肇兴侗寨的民族旅游发展为当地社会带来了关系网络、结构、文化等方面的转型与发展,使侗寨中原本就具有重要影响力的社会资本得到了适应旅游发展的积累,旅游发展后社区居民的社会活动途径与频率的增加使居民与社区之间的联系更为紧密,因而居民对社会资本的感知也就越发强烈,因而旅游社会增权与社会资本之间具有正向关系。

第四,旅游社会增权感知对民族旅游参与意愿具有显著的正向影响。肇兴侗寨旅游发展后社区居民的互动交往获得了动力,由于旅游发展在肇兴侗寨中愈发重要的地位,旅游发展在一定程度上也成为当地社区生活的重要内容,并且也是当地社区发展中的重要组成部分;为了能够更好地适应旅游发展形成的当地社会生活关系网络与社会结构的变化,肇兴侗寨居民对旅游发展表现出了基于社区公共事务的关注,对参与旅游发展表现出了较为强烈的意愿。

(三)民族旅游经济增权感知的特点与影响

旅游经济增权主要体现为旅游发展对当地就业机会、经济收益、收入分配、基础设施建设等方面的促进,旅游经济增权的本质就是旅游发展为社区带来经济收益与贡献,为社区事务的全面发展带来经济层面的推动作用。

第一,旅游经济增权感知对旅游积极影响感知具有显著的正向影响。肇兴侗寨居民在旅游发展中获得了提升收入的机会,社区中广大居民的生活质量在旅游发展后得到较大提升,居民对旅游发展具有较为乐观的态度。同时,肇兴侗寨被规划为景区之后,当地政府和旅游部门均重视对社区基础设施和景观的升级与打造,在一定程度上也使居民的生活更为便捷,并且由于侗族文化本来就重视人与大自然之间的和谐关系,旅游发展并没有对当地环境造成严重破坏,因此,居民受访者在旅游中的经济收益促进了他们对旅游发展的正面认知。

第二,旅游经济增权感知对旅游消极影响感知不具有显著的负向影响。旅游经济增权感知与旅游消极影响感知间虽存在负相关关系,但是不显著。一方面说明当地政府以及旅游部门对当地民族旅游发展后的经济收益分配存在一定问题,尤其体现为分配制度与分配结果的不透明;另一方面说明从旅游发展中获得直接经济收益的居民,虽然具有一定保护环境与文化传承的集体认知,但是个人经济利益的提升却是他们最为重视的方面。

第三,旅游经济增权感知对民族旅游参与意愿具有显著的正向影响。肇兴侗寨旅游发展的经济效应不仅促进了社区基础设施建设,推动了社区全面发展,而且也为一部分从事旅游工作的居民带来了可观的经济收入,改善了他们的生活质量。一方面,正在从事旅游工作的居民希望能够获得长期稳定的经济收入,并且在具体工作中也感知到了参与旅游过程所遇到的问题,因此,对继续且全面地参与旅游发展表现出强烈的意愿;另一方面,未从事旅游发展的居民也希望能够通过从事旅游工作提升生活质量,他们同样也表现出了强烈的旅游参与意愿。

(四)民族旅游政治增权感知的特点与影响

旅游政治增权主要体现为在公平原则的基础上保障居民合法权益的政策支持和法律保

障。旅游政治增权的过程可以看作是通过公平的政治制度与组织架构,调动居民参与社区旅游发展的积极性。

第一,旅游政治增权感知对旅游积极影响感知具有不显著的负向影响。肇兴侗寨旅游发展为当地社区居民带来的政治增权效果不显著,使居民对旅游政治增权的感知较低。一方面旅游发展的相关政策制度落实存在问题,居民对于旅游发展保障公平性的法律与政治组织架构的了解与认识仍处于初级阶段,在这方面对于旅游发展对社区的积极影响感知也不强烈,居民由此也产生了旅游发展中缺乏应有的公平性原则与服务性宗旨的感知,因而政治增权感知与旅游积极影响感知间存在负相关关系。

第二,旅游政治增权感知对旅游消极影响感知具有不显著的正向影响。旅游政治增权效率的低下以及自上而下的制度建设模式,使肇兴侗寨的居民并不能公平地享受旅游带来的积极效应,尤其是侗寨中仍有很大部分的居民以从事农业生产为主,与旅游发展之间的关系尚不紧密,导致一部分社区居民在没有获得旅游效益公平分配的基础上,对当地旅游的发展抱有漠不关心,甚至不支持的态度。因此,政治增权公平性的不完善,造成居民在没有得到适当行政服务的前提下,产生对旅游发展影响的负向感知。

第三,旅游政治增权感知对民族旅游参与意愿具有不显著的正向影响。肇兴侗寨旅游发展后的居民政治增权感知不强烈,主要是因为当地政府和旅游部门没有形成一套行之有效且透明公平的旅游发展政策,尤其体现在肇兴侗寨中没有旅游非政府组织,造成居民与政府、旅游部门之间的沟通存在障碍,并且社区居民也不知道如何更全面地参与旅游。旅游效益分配制度的不完善,造成部分居民没有参与肇兴旅游发展的积极性,参与旅游发展的意愿不强烈。

三、民族旅游发展影响感知的特点与影响

旅游发展影响主要涉及旅游对目的地的经济、社会、环境、文化等方面的影响,其中包含积极与消极的影响,辩证地分析旅游发展影响不仅有助于我们了解当地居民对旅游的看法,更能够直观地展现出居民的旅游发展态度对其参与旅游发展意愿的影响。

第一,旅游积极影响感知对居民民族旅游参与意愿具有显著的正向影响。肇兴侗寨旅游发展为当地居民提供了更多的就业机会,也为当地的经济发展、基础设施建设、生活质量提升提供了动力,尤其是旅游发展依赖当地特色民族文化和良好自然资源的客观事实,使社区居民对本民族的文化保护传承、环境保护坚持具有更深入的认识。同时,旅游发展也为当地居民提供了与旅游者近距离接触的机会。因此,旅游发展给居民所带来的、其能感知到的积极因素促使他们更愿意支持和参与肇兴侗寨的旅游发展。

第二,旅游消极影响感知对居民民族旅游参与意愿不具有显著的负向影响。肇兴侗寨旅游发展确实出现了对社区及居民的消极影响。一方面,随着到访游客人数的增多,社区内的环境卫生、植被覆盖、自然资源、基础设施等均受到了一定程度的破坏;另一方面,由于需要满足游客观光的需求,侗族传统文化与传统习俗的原真性受到影响,景区内商业化程度逐步加深。然而,由于肇兴侗寨进入了发展停滞期,当地政府与旅游部门重视对旅游发展消极影响的控制,且取得了一定成效,旅游消极影响没有对居民参与旅游意愿造成较大影响。

第三,旅游影响作为中介变量受到旅游增权感知的影响。旅游增权感知的经济增权、政治增权、心理增权、社会增权与旅游影响的经济效应、文化效应、环境效应、社会效应的联系紧密,尤其是就业机会的增多、经济收入的增加、心理自豪感的提升、社会结构的变化等因素不仅是旅游增权感知的重要内容,也是旅游发展对肇兴侗寨社区影响的重要方面,由于居民的旅游发展影响感知均较为正面,旅游的积极影响也受到旅游增权的作用,因此,形成了旅游积极影响对居民旅游参与意愿的正向影响与促进。

四、民族旅游社会资本感知的特点与影响

社会资本是信任、规范以及实际与潜在资源共同组成的社会网络。认知、关系、结构是社会资本不同的维度。拥有不同网络密度的社会资本类型对社区的发展具有不同程度的影响效应。

第一,社会资本感知对民族旅游参与意愿具有正向影响。社会资本是社会形成对旅游发展集体态度的重要影响因素。以肇兴侗寨为代表的少数民族社区,由于长期集体生活与相对封闭的生活状态,社区中的社会资本受到侗族文化、传统、习俗、交往、关系、道德、准则等各个方面的影响,具有侗族特色;相对而言,由于居民长期的集体生活,肇兴侗寨的社会资本对社区公共事务的影响力较大,并且旅游发展后所得到的收益通过社会资本网络进行传递与共享,能够刺激居民强烈的旅游参与意愿。

第二,社会资本的不同维度与旅游发展之间的良性互动。在肇兴侗寨具有侗族特色的社会资本与网络结构中,特殊的血缘关系与非正式组织关系在旅游发展中起到了重要的作用。一是社会关系在保持侗族特色交往互动的基础上,获得了由旅游发展带来的改革动力;二是原本相对封闭的结构网络因旅游发展而经历重构,展现出新兴的发展动力;三是居民基于侗族文化传统的认知得到了与以旅游者为代表的现代认知互动的途径,使认知型社会资本获得了传承和发展。居民的社会资本感知是决定其民族旅游参与意愿的重要基础。

第三,社区中不同类型的社会资本对旅游发展的适应能力不同。肇兴侗寨社区侗族居民长期居住于此地,居民之间的血缘关系较近,且都拥有同样的姓氏,因此,形成了具有本地特色的粘附型社会资本。随着旅游的发展、新进居民的进入,肇兴侗寨开始呈现出互嵌式的社区发展模式,也形成了原来侗族居民与新进居民之间的桥接型社会资本,桥接型与粘附型社会资本开始与旅游发展相互适应。然而,社区中的链接型社会资本的缺乏尤其是由不同利益关系者代表组成的协会组织的缺乏,导致居民与当地政府和旅游机构之间的沟通存在障碍。

五、民族旅游参与意愿感知的特点与影响

民族旅游参与意愿具有自发性、集体性、公平性、服务性等特点,主要体现在旅游保护开发、旅游规划决策、旅游景区管理、旅游监督反馈等过程中。以社区居民为主体的旅游发展模式,其本质就是保障社区居民在旅游发展中的权利与义务。

第一,民族旅游参与意愿受到居民旅游增权感知的影响。肇兴侗寨居民民族旅游参与意愿受到旅游经济增权、旅游社会增权、社会资本等方面的正向影响。一方面,旅游的经济

效应较为直接,居民感知能力较强,并且社会资本与社会增权在社区居民受到侗族文化的影响下,也展现出显著的影响能力;另一方面,由于肇兴侗寨政治增权并未获得充分的落实,社区居民在旅游发展中的话语权未受到重视,导致政治增权对参与意愿的影响力极为有限。同时,当地政府和旅游部门没有对旅游心理增权进行合理引导,致使获得心理增权的居民没有表现出强烈的参与意愿。

第二,民族旅游参与意愿受到居民态度感知的影响。居民对旅游发展的态度往往由旅游对社区的影响感知决定,从民族旅游参与意愿所受到旅游影响的程度来看,旅游积极影响对居民参与意愿形成了显著的正向影响,而旅游消极影响对参与意愿的影响并不显著,说明肇兴侗寨居民对旅游整体影响感知较为正面,也形成了社区居民共同支持当地发展特色民族旅游的态度。随着旅游发展的越发深入,旅游为肇兴侗寨带来越来越多的利益,使更多的居民也开始展现出参与旅游的意愿,并且居民也表达了强烈的发表意见与建议的需求。

第三,民族旅游参与意愿受到民族文化传统的影响。肇兴侗寨居民以侗族居民为主,虽然旅游发展使当地社会结构发生了变革,但是旅游产品的核心以及社区发展的价值观均受到侗族文化与传统的影响,社区居民参与旅游不仅需要考虑对当地文化和传统习俗的尊重,而且需要深入了解和利用侗寨中具有重要作用的节事、节庆、聚会、议事方式等的传统,在保证居民共同参与诉求的基础上,进一步扩大居民参与旅游发展的途径与内容,以社区居民的利益为前提,保障旅游参与的畅通与效率。

六、对民族旅游社区参与机制研究结论的思考

(一) 全域旅游发展情境下民族旅游社区参与下的旅游产品优化供给

全域旅游强调在特定区域内,利用旅游的产业联动效应,将资源和产业进行整合与协调,实现社会建设的共治、共享,全方位地保障旅游产业促进当地社会经济协同发展。在民族地区发展全域旅游的过程中,社区参与旅游发展是重要的环节,更是旅游产品优化供给的重要基础。

第一,全域旅游社区参与的民族文化挖掘。民族地区旅游社区参与是提升当地社会经济发展水平和居民生活质量的重要途径,尤其是要发挥全域旅游发展中旅游的联动作用,将旅游与当地的农业、畜牧业、节庆祭祀等方面结合,对民族旅游产品的文化内涵进行挖掘,突出少数民族传统风俗和民风的特点,使传统文化符号能够受到大众的关注,从而形成对少数民族文化的保护与发展。

第二,全域旅游社区参与的科技智慧营销。民族地区旅游资源丰富,但由于民族地区处在较为封闭的边远地区,市场对民族旅游产品的重视显然不足。因此,应该利用智慧旅游的传播方式创新旅游营销的手段,将"互联网+"模式与自媒体、大数据、云计算结合,加强民族地区旅游产品的营销效率,从旅游地形象推广着手,增加旅游信息的传递速率,突破传统营销手段的禁锢,实现智慧营销。

第三,全域旅游社区参与的美丽村寨建设。少数民族村寨和社区具有民族特色的建筑和遗产,是吸引旅游者到访的重要资源。因此,当地应该摒弃"涂脂抹粉"的表面工作,使现代化的生活需求与传统的少数民族生活习惯有机结合,利用美丽乡村建设中"文化传承型模

式"来实现文化创意产业和旅游业的互动,使少数民族村寨和社区不仅拥有亮丽的外表,更具有锦绣的文化内涵。

(二)精准扶贫战略框架下民族旅游社区参与的提质增效

精准扶贫主要依据不同地区的实际发展情况,制定具有针对性的解决贫困的发展规划。从旅游精准扶贫的角度来看,旅游业的绿色特质能够保证旅游发展过程中对环境的较好保护,鼓励民族地区居民参与旅游发展既能够提升居民的收入,促进社会经济发展,也能够创新精准扶贫的路径。

第一,基于旅游精准扶贫策略的技能培训指导。少数民族村寨和社区居民文化程度较低,而从事旅游相关工作也需要一定的技能基础。因此,当地政府应该针对少数民族村寨和社区旅游资源与产品的特点,对当地居民进行旅游从业能力的培训,鼓励更多居民创业、就业,一方面使居民提升自身的生活质量;另一方面能够对居民实现"授之以渔"的旅游帮扶,将精准扶贫策略落到实处。

第二,基于旅游精准扶贫的旅游参与模式创新。少数民族村寨中居民旅游参与程度较低、参与面不广是事实,参与途径的缺失更为明显。因此,当地政府应该创新旅游参与的模式,需要用"产业链"的理念来增加社区内部参与动力,将旅游项目整合,从旅游与住宿的前台到后台全面吸纳居民从事相关工作、从餐饮娱乐与纪念品的销售招募社区居民,扩大民族社区居民旅游参与的途径。

第三,基于旅游精准扶贫的弱势群体关注。旅游精准扶贫的主要对象是民族村寨中生活尚处于温饱线以下的居民。因此,重视社区居民对旅游精准扶贫战略的反馈是评估精准扶贫落实情况的重要依据,尤其应该针对社区中居住远离社区中心、年龄较大、妇女儿童、残障人士等弱势群体进行帮扶,根据他们的反馈来调整扶贫杠杆,以社区全面发展为目标,突出旅游参与式精准扶贫的公平性。

(三)共建共治共享下民族旅游社区参与的权利对等

社区治理体系的建设是新时期民族工作的重点,也是实现政府职能转变、发挥非政府组织和第三方组织参与优势的方向。当地政府对民族旅游社区参与情况的重视,不仅要突出社区居民旅游参与权利,而且要提升少数民族居民的权利自觉。

第一,共建共治共享理念下旅游管理方式的实现。共建共治共享是民族社区治理新格局的重要内涵,也是实现旅游管理方式转变的重要指导。因此,当地政府应该在社区旅游发展诸方面倡导新型的治理理念,使社区旅游事业被居民接受为社区共同的事业,明确旅游发展过程中利益相关者的责任和义务,增加旅游发展的集体性和共同性,避免损害社区居民的权益。

第二,共建共治共享模式下的落实。少数民族地区居民旅游参与的普及是社区治理的重要内容,更是维护居民参与社区事务权利的有效方式。因此,当地政府应该重视居民对参与社区事务权利认知的提升,使居民能够参与社区旅游发展、经济发展、文化传承、环境保护等众多社区事务,从而在社会建设领域中实现民主、法制、公平的理念,使社区全体居民能够共享以旅游发展收益为代表的治理成果。

第三,共建共治共享机制下的社区关系维护。少数民族地区旅游发展中各利益相关者在资源拥有程度、开发管理权利等方面有巨大的差距。因此,应该重视对民族社区中旅游利益相关者在权利方面的平衡,尤其是要保障居民的切身利益,不仅使居民能够拥有参与社区发展的权利,而且应积极转变旅游利益相关者的角色和职能,使社区的稳定和谐关系成为保障旅游可持续发展的动力。

(四)旅游公共服务体系下民族旅游社区参与的评价

现代旅游发展中,公共服务质量是重要的评价因素,是评价旅游发展水平的重要标准。由于民族地区旅游社区参与开始受到各界的重视与关注,现代民族旅游的发展不仅需要利用旅游公共服务体系来保障居民在旅游中的全面参与,而且需要激发旅游目的地居民进行旅游活动的动力。

第一,基于旅游公共服务本质的居民诉求回应。少数民族地区开展旅游的目的之一是促进当地社会经济的全面发展。当地政府应该明确社区居民在旅游发展中的定位,尤其是应该保障居民在参与社区旅游发展的同时获得应有的重视,在旅游资源开发中顾及居民工作和生活的权益,在满足游客旅游体验的同时,关注社区居民对旅游发展的诉求,使旅游规划更加合理。

第二,旅游公共服务坚持以民为本理念。少数民族地区居民是旅游发展利益的分享者,也是旅游发展成本代价的承担者。因此,当地政府应该重视旅游发展在民族社区建设中的社会服务功能,尤其应该将旅游的公共服务效应与社区基础教育、设施维护、居民福祉、社会保障、医疗卫生、养老健康等重点事业联系起来,使以民为本的旅游公共服务发展理念得到具体体现。

第三,基于旅游公共服务的居民旅游动力激发。旅游公共服务的落实能够保障居民参与旅游发展,也能够激发居民自身的旅游行为。因此,当地政府应该重视增加居民对当地旅游资源的认知,在提升其自豪感的同时对当地居民实行景区免费,使居民能够初步形成旅游的需求,进而针对居民进行其他旅游目的地的信息介绍,形成居民外出旅游的基础,进一步丰富居民的业余文化生活。

(五)社会生态环境保护下民族旅游社区参与的动力营造

少数民族地区的环境保护工作尤为重要,当地政府和旅游部门,一方面需要重视对旅游资源的合理开发,保护当地的自然环境,为发展旅游奠定基础;另一方面则需要重视民族社区互嵌式的发展特点,从文化、传统、少数民族价值观等方面着手,实现社区社会环境的稳定。

第一,落实生态环境保护,体现民族环境观。少数民族地区往往生态环境良好,民族旅游的发展在一定程度上是对生态脆弱性的挑战,由于我国各少数民族传统中大多数都有正面积极的环境观。因此,应该重视利用少数民族文化中对自然和生态环境的尊重与崇尚的传统,鼓励少数民族居民积极参与当地的自然环境保护工作。

第二,文化环境保护中坚持民族原真性。少数民族旅游发展的核心是该民族传统文化在旅游产品中的体现,这是吸引旅游者到访的重要因素。因此,当地政府应该重视在旅游开发过程中对民族原真性的保护,同时也应该提升各利益相关者对商业化发展模式的思辨,不能一味地摒弃商业化、市场化的旅游发展路径,做好民族原真性与商业化的平衡是实现民族旅游永续发展的前提。

第三，顺应社会结构变化的社区和谐化建设。少数民族地区由于旅游的发展，社会结构发生转变，外来人口的涌入造成民族社区互嵌式发展特点明显。因此，当地政府应该重视旅游发展后民族社区中不同群体之间的和谐交往关系，从文化、生活习惯、认知、道德等方面引导社区居民相互理解和尊重，形成稳定的社区旅游发展局面，为实现社区旅游的居民全面参与创造基础。

第二节 民族旅游社区参与机制的精准营销管理启示与原则

一、民族旅游社区参与机制的精准营销管理启示

（一）基于主客感知对比差异的旅游参与精准营销管理启示

居民和旅游者在旅游社区参与的途径、社区公共事务、社区发展中的居民权利和义务、社区旅游发展质量等方面的认知存在显著性差异。由于肇兴侗寨中仍是以侗族居民为主，居民对旅游发展、社会变革等方面的接触时间较短，造成了理解和认知上的短板，造成了大多数居民在旅游参与方式不明确的情况下，不知应该如何维护自己参与以旅游为代表的社区公共事务的权利；同时，当地社区居民参与程度和参与认知的不深入，在一定程度上阻碍了社区旅游的良好发展，使部分没有参与旅游发展的居民对旅游发展漠不关心。短期的经营利益导致了居民在旅游工作中的恶性竞争，造成旅游服务业的质量降低，影响了旅游者的体验以及肇兴侗寨旅游的口碑效应。因此，加强居民的权利认知、转变政府的管理角色、提升居民的服务意识将有助于旅游发展中居民的全面参与。

第一，增强居民社区观念，促进社区事务协同发展。肇兴侗寨由三个侗族村落组成，居民对社区作为一个整体认知不够，在一定程度上影响了社区发展效率。因此，当地政府应该重视对居民的社区观念进行引导，使居民能够意识到旅游发展是该社区重要的公共事务，与社区中每一个成员的生活和工作息息相关。同时，当地政府也应该通过协调和组织优势，使社区内各产业和部门协同配合，促进旅游发展，使社区开展的民族旅游能够最大限度地展现产业联动和创造就业的能力。

第二，转变政府旅游监管方式，促进旅游参与权力下移。肇兴侗寨民族旅游发展一直都是按照当地政府和旅游机构制定的规划和发展纲要进行，旅游发展与居民的需求存在不协调。因此，当地政府应该重视自身职能和决策的创新转变，重视居民对社区旅游发展的意见和建议，并为居民创造参与旅游决策的途径，使居民能够感受到在旅游发展中的主人公地位，这样可以提升居民参与旅游和支持旅游的意愿与态度，从而形成符合当地实情的民族旅游治理模式。

第三，提升居民服务意识，促进游客旅游满意体验。肇兴侗寨从事旅游业的居民并不是旅游业的专业人士，也缺乏对其职业和旅游发展的全面认识，他们与游客在服务质量认知上存在差异。因此，针对居民的旅游服务质量和意识的培训必不可少，当地政府和旅游部门应

该联合旅游企业、旅游科研团队为居民开展定期旅游服务培训与考核,提升居民的旅游服务技能和标准,增加旅游者的满意体验,从而为宣传和口碑的打造奠定基础,以便能够增加旅游产品的核心竞争力。

(二) 基于民族旅游社区参与的增权管理启示

从实证研究的结果来看,肇兴侗寨旅游发展前,社区居民所面临的经济、心理等方面的失权情况较为严重。一方面,由于当地经济发展缓慢、基础设施建设投入力度不够,导致肇兴侗寨的居民经济收入较低,生活质量也无法得到保障,形成经济方面的失权。同时,由于处于边远地区,侗族的文化、生活习俗并不被外人所了解,使外人形成了一种侗寨"不文明、又落后"的误解,造成居民一定程度的自卑心理,导致他们心理层面的失权;另一方面,侗族村寨有着一套历史悠久的传统议事制度,居民能够通过特定的集会和节庆参与村寨的事务,并且肇兴侗寨紧密的血缘关系和侗族文化也形成了具有当地特色的社会生活方式,表明在政治方面与社会方面并没有出现失权现象。然而,旅游发展和特定政治制度的引入使肇兴侗寨的居民增权出现变化。

1. 民族旅游社区参与的旅游经济增权激励管理启示

民族旅游发展为肇兴侗寨带来了可观的经济效应。一方面,从社区层面来看,旅游收入的不断提升为当地的基础设施建设、景点资源维护、自然景观保护、旅游产品开发、社区事务管理等方面提供了资金支持,社区的经济产业结构也随着旅游的发展开始转型,旅游业逐步替代农业成为肇兴侗寨的支柱产业;另一方面,从居民层面来看,民族旅游发展为当地的居民创造了更多的就业机会,越来越多的居民能够从事与食、住、行、游、购、娱相关的旅游工作,不仅增加了家庭收入、提升了家庭的生活质量,而且也增强了参与旅游业的意愿。因此,利用好旅游经济增权的效果是提升居民参与意愿的重要路径。

第一,旅游精英形象的树立。肇兴侗寨旅游发展使当地一部分居民的经济收入、生活质量得到较大提升,尤其是那些较早就开始从事旅游相关工作的居民获得了实惠,家庭的富裕、生活的殷实使这部分居民成为脱贫致富的典型。因此,为了能够更有效地促进社区居民更深入地了解旅游发展的经济效应,当地政府与旅游部门应该在社区中树立旅游工作精英居民与家庭典型,此举不仅能够为其他尚未从事旅游业的居民提供经验分享的渠道,更能够以实际鲜活的案例促进居民参与当地旅游发展的热情。

第二,经济增权效果的普及。肇兴侗寨完全没有参与旅游发展的居民所占比例不低,就经济增权层面而言主要体现为,尚未从事旅游工作的居民不能够享受到旅游发展带来的经济利益,虽然景区门票收入中的20%是社区居民共享的经济利益,但实际的旅游收益分配制度尚处于不明确、不透明的阶段。为了能够使整个肇兴侗寨的居民切实获得旅游经济增权,不仅需要鼓励更多的居民开始从事旅游业来增加个人收入,而且应该将居民共享的旅游收入与支出账目公开,使广大居民能够更直观地了解旅游经济增权的公平性,形成对旅游发展正面的支持态度。

第三,民族旅游产业的创新升级。肇兴侗寨经历近40年的发展,已成为国内知名旅游景点,侗族特色文化、生活习俗、节庆节事、饰品服饰、建筑景观、自然环境是吸引游客到访的主要因素,旅游业为当地经济发展作出了较大贡献,也成为当地支柱性产业。然而几十年的旅游发展并没有使旅游产品和旅游产业获得升级与创新,旅游产品早已不能满足旅游者的需求。因此,当地政府应利用当地旅游的经济增权效应,开发体验性强、参与性强、互动性强的创新旅游产品来满足游客的旅游需求,增加游客在当地的停留时间,以此来巩固旅游业作为支柱性产业的地位。

2. 民族旅游社区参与的旅游社会增权稳定管理启示

肇兴侗寨居民依托本民族的文化与传统风俗习惯,形成了一套极具特色的社会生活交往和互动模式,这种社会生活交往的模式不仅以血缘亲疏作为重要基础,而且通过侗族的歌舞、集会等载体扎根于侗寨居民的日常生活当中。长久以来的社会生活模式使居民与社区之间存在良好的互动,令居民对社区产生亲密的情感。侗族文化崇尚自然、尊重环境的特点,使居民在社会生活交往中凸显侗族居民乐观向上、勤劳朴实的精神价值。旅游的发展在适应侗族传统社会生活交往模式的前提下,也丰富了侗寨居民与外界的互动和联系渠道,形成了社会增权层面的稳定发展。因此,广泛利用当地社会增权的良性发展是提升居民参与旅游主动性与责任心的重要途径。

第一,利用社会增权稳定和谐关系。肇兴侗寨的旅游发展为当地居民的社会生活交往带来了改变。居民之间原本的社会生活交往中关系没有利益冲突、较为质朴,因为旅游发展的利益驱使,居民之间开始出现以利益为前提的竞争关系,尤其是从事同一旅游经营项目的居民间的交往关系变得紧张,导致社区当中的社会交往出现了不和谐因素。不仅如此,由于家庭经济收入的不同,从事旅游工作的居民与仍以农业生产为主的居民间的社会交往也出现隔阂。因此,要利用社会增权的稳定性维护居民间的社会交往和谐,以此来提升居民对旅游发展的支持态度。

第二,明确旅游社区参与的责任义务。肇兴侗寨中未从事旅游相关工作的居民对当地民族旅游发展的态度较为中立,这部分居民没有从旅游发展中获益,表现出"事不关己、漠不关心"的状态。由此可看出,肇兴侗寨全体居民并没有意识到旅游是社区公共事务的重要部分,居民对旅游发展公共性较低的认知,与旅游发展中的责任、义务不够明确相关。并且从事旅游工作的居民表现出利益为先的特点,在一定程度上忽略了自身应该承担的义务。因此,当地政府要明确居民在旅游发展中应该承担的义务与责任,在维护社会交往和谐的基础上,促进居民对社区公共事务的奉献精神。

第三,社会生活交往的推进与拓展。肇兴侗寨旅游发展的联动作用在当地逐步开始显现。一方面,旅游六要素的食、住、行、游、购、娱之间的联系较为紧密,在为游客创造旅游休闲产品的同时,也形成了包含居民、游客在内的新兴的社会生活网络;另一方面,民族旅游的发展与社区文化精神建设、景区经营管理、政策法规制定、基础设施建设间也形成一定的互动,使从事不同职业的居民之间交往互动。因此,利用民族旅游的联动作用,不仅能够促进游客与居民之间的相互交流,而且能够使从事旅游工作与未从事旅游工作居民之间的社会交往关系和谐化。

3. 民族旅游社区参与的旅游心理增权效应管理启示

随着旅游推广宣传力度的加大,肇兴侗寨侗族文化、人文景观、自然风景、生活习俗形成了独具特色的旅游形象,吸引了越来越多的旅游者到访。同时,交通便利性的提升与景区接待能力的提高,也极大地提升了景区的可进入性。旅游者人数的增多在促进旅游消费提升的基础上,也为当地居民与旅游者之间的沟通交流创造了条件。尤其是在主客互动过程中游客对肇兴侗寨旅游经历的赞赏、对侗族文化传统的理解、对侗族居民生活的尊重,使侗寨居民对自身的文化、传统、生活有了更新的认识,形成了心理上的自豪感。然而心理层面的提升并没有形成对旅游参与意愿的显著影响力,因此,当地政府需要善加利用旅游心理增权的优势,培养居民景区主人公意识,增加游客参与的广泛性。

第一,培养居民民族文化传承的动力。肇兴侗寨民族旅游发展的核心是特色鲜明的侗族传统文化及其在居民生活中的体现,这也是打造能够满足旅游者求知、求新、求异需求的旅游产品的重要资源。旅游者到访后,表现出对肇兴侗寨旅游经历的满足、对侗族传统生活的理解、对特色文化表现的赞赏,在很大程度上提升了居民在心理层面的满足感,同时也会令社区居民产生重新认识本民族的文化与生活的动力,从而发现文化传统保护与传承的价值。因此,要利用旅游心理增权的客观效应,为肇兴侗寨居民在文化保护与传承中增添新的动力。

第二,促进居民基于心理自信的沟通交往。在发展旅游前,肇兴侗寨居民由于当地经济落后、以及外界对其既定印象的影响,长期存在着一种自卑的心理,尤其是生活习惯、传统习俗与所谓的主流群体具有显著差异,使他们在与外界的交往中面临地位的不平等。然而当肇兴侗寨发展旅游后,旅游者的良好口碑、媒体报道的正面推广使外界对肇兴侗寨有了更加客观与真实的认识,社区居民也开始摆脱由既定印象造成的"歧视"。因此,利用旅游心理增权使社区居民心理自信提升的机会,巩固旅游中主客交往的对等性,能够有效地加强主客互动。

第三,强调自尊心、自豪感与旅游的联系。旅游发展对肇兴侗寨居民的心理增权产生了有效的推动,然而心理增权却没有展现出对居民旅游参与意愿的正面影响力。虽然社区中已经从事旅游相关工作的居民能够真切地认识到旅游发展对其自尊心与自豪感的提升,但是更多没有直接从事旅游工作的居民则没有认识到旅游对其心理自信的提升作用。因此,一方面应该加强对社区居民的引导与宣传,突出旅游业作为社区公共事务对所有居民做出的贡献;另一方面更应该明确社区所有居民对当地旅游发展的重要性,使其意识到自己日常的生活与表现就是最好的旅游产品。

4. 民族旅游社区参与的旅游政治增权革新管理启示

肇兴侗寨发展历史悠久,基于侗族传统文化、侗寨血缘关系所形成的侗款制度存在已久。侗款制度以约法款为法律核心,形成了一套对侗族居民在习俗、宗教、军事、自然、道德、价值观、行为、准则、娱乐等各个方面的约束网络。侗寨居民能够通过这一特定的行政制度共同参与公共事务管理。然而国家行政制度与当地政府的建立,在一定程度上替代了侗款制度的影响力,使侗寨居民在政治层面开始出现失权。同时,在肇兴侗寨的旅游发展规划、旅游决策过程、景区管理框架的判定决策过程中,当地社区居民参与较少,尤其是居民对于旅游发展的意见与建议得不到渠道发表,旅游发展并没有展现出应有的政治增权能力。因此,注重居民对旅游发展的意见反馈、转变政府在旅游发展中的角色是提升居民政治权利的重点。

第一,探索社区自下而上的旅游管理模式。随着旅游发展的不断深入,肇兴侗寨的旅游发展在总结经验教训的基础上,越来越以市场为导向,然而当地政府和旅游部门在旅游发展中的主导地位,使旅游资源无法完全被利用,利益无法全面分配导致旅游政治增权效果不明显。因此,改变当地政府和旅游部门的这种自上而下的主导干预模式,形成旅游发展以社区为主导的自下而上的旅游管理模式,最主要的方式就是当地政府的"放权"和社区的"自治"的结合,从而使社区居民拥有在旅游发展中的话语权,形成政府引导、社区具体谋划旅游发展方式的协作管理形式。

第二,社区以民为本的制度创新。肇兴侗寨旅游政治增权较低的主要表现就是社区居民没有发表对旅游发展意见与建议的渠道,以及当地政府与旅游部门的政策与分配制度不透明,由此产生了肇兴侗寨居民在制度层面的失权感和无助感。由于肇兴侗寨旅游发展的最终目的是服务当地人民、提升社区的整体建设,因此当地政府和旅游部门应该更加重视居民对旅游发展的意见与建议。因此,建立良好的居民与当地政府之间的沟通机制,能够形成有效的政策落实反馈渠道,同时也能够使居民更好地了解旅游发展决策、旅游收益分配、旅游责任与义务,形成透明的发展制度。

第三,明确当地政府对社区的引导角色。当地政府和旅游部门在肇兴侗寨旅游发展中的引导角色极为重要,不仅要引导当地民族旅游的发展方向与目标,更要引导社区居民客观认识旅游发展、培养其参与旅游的积极性。同时,肇兴侗寨社区中多年传承的侗族侗款制度也应该引起当地政府的重视,尤其是对于以旅游为代表的社区公共事务,侗款制度能够在尊重当地传统文化习俗的基础上,协助当地政府更好地激发居民的社区奉献精神,形成协作开发旅游资源和管理旅游事务的特色制度,为旅游政治增权的普遍实现奠定基础。

(三) 基于民族旅游社区参与的旅游影响管理启示

研究结果显示,肇兴侗寨居民对当地旅游发展的积极影响感知较高,并且旅游积极影响也对居民的民族旅游参与意愿具有显著的正向影响;同时,旅游发展的消极影响并没有对居民的民族旅游参与意愿形成显著的影响。这说明肇兴侗寨旅游发展在一定程度上获得了居民的正面支持态度,尤其体现在对居民收入提升、就业机会、生活质量等方面的促进作用。然而,随着旅游发展的经济效应稳步提高,肇兴侗寨社区中同样也出现了由旅游带来的负面影响,虽然现阶段这些负面影响不大,但为了保障侗寨旅游可持续发展,社区物价上涨、收入两极化、生活空间被占、外来文化的冲击等负面影响应该引起当地政府和居民的重视。因此,处理好旅游发展给社区带来的负面影响,决定了居民的参与意愿与当地旅游发展的持续性。

第一,基于旅游经济效应的平稳管理。旅游经济效应为肇兴侗寨居民带来收入提升与就业机会的同时,也使社区居民的收入两极化程度加深,并且社区物价上涨也是不争的事实。由于景区内居民居住位置差异的因素,居住于远离主要景点景观的居民从事旅游工作困难较多,因此,当地政府一方面要增加旅游就业岗位,在远离景点的居民聚集地开发体验传统侗族生活的旅游产品和项目,使旅游者获得相应的旅游体验;另一方面,应该出台相关规定控制景区内的恶性竞争,严查不符合市场规律的物价上涨,减轻居民生活压力,提高游客消费意愿。

第二,基于社区旅游承载力的博弈控管。民族旅游发展在为肇兴侗寨带来旅游收益、游客赞赏、文化宣传的同时,也给居民的日常生产生活带来了一定的影响,尤其是侗族节事节庆期间,大量涌入的游客不仅造成了景区内的拥挤,也形成了对居民生活空间的侵占,导致游客旅游的体验变差、景区环境遭受破坏、居民生活受到滋扰等。因此,当地政府、社区居民、旅游机构应该共同制定规范游客和居民环境保护行为的条款,在保证居民生活、游客体验的基础上进行承载力和旅游收入的博弈管控,形成良好的旅游氛围。

第三,基于不同文化冲击的结果引导。旅游发展使肇兴侗寨的侗族文化与旅游者所带来的外来文化开始互动。同时,社区内社会结构的改变,也使侗族居民与来此从事旅游的外来居民之间出现文化上的碰撞。不同文化的相互影响,导致居民道德准则、价值观、社会生活认知、互动交往关系出现变化,由此也产生了对当地文化原真性的破坏。因此,当地政府一方面应该积极鼓励社区居民了解和借鉴外来文化的先进生活和生产经验,提升对于外来事物的认知;另一方面更应该促进不同文化互动的积极影响,维护和谐稳定的社会生活关系,确定以侗族文化为核心的原真性民族旅游发展方向。

(四) 基于民族旅游社区参与的社会资本影响管理启示

研究结果显示,肇兴侗寨居民对社会资本的感知较为强烈,对于社会资本对旅游发展的促进作用也较为认同。居民普遍认为团结协作的精神、传统道德规范、社会结构变化、旅游互惠关系、信息沟通交流等因素是社会资本影响居民民族旅游参与意愿的重点。随着旅游发展的深入,肇兴侗寨原本以侗族文化和道德规范为主的具有侗族特色的社会资本开始出现变革,一方面女性地位的提升、新进居民的到来、到访旅游人数的增加造成社区在社会和文化结构上的变化;另一方面因为旅游经济效应明显,社区中形成了新的以追求利益为目的的关系网络。因此,利用旅游发展与社会资本的相互影响,培养社区居民参与旅游发展的积极性,是平衡网络关系、增强居民旅游参与意愿的重要途径。

第一,旅游社会关系的重构。原本封闭且稳定的肇兴侗寨社会关系因旅游发展出现了变革,游客的到访、外来居民的进入在形成新兴社会网络的同时,也开始与原本的侗族社区关系相互互动与影响。肇兴侗寨旅游发展后出现了以竞争关系、合作关系、交往关系、替代关系等为代表的居民与居民之间、游客与居民之间、居民与政府之间、居民与旅游机构之间的错综复杂的旅游发展关系网络。因此,应以旅游发展作为不同网络重构与结合的基础,发挥旅游联动的作用,形成社区新型竞合关系网络的架构,并以此来推动居民的旅游参与。

第二,适应社区社会结构变化的发展。肇兴侗寨旅游发展使当地社区的社会结构发生变化,主要体现为:一是外来旅游务工人员、进城打工返乡居民、女性地位的显著提升使社区人口结构转变;二是旅游企业、当地政府、居民、旅游者之间新的旅游发展结构网络形成;三是不同文化相互影响所形成的文化结构变迁。因此,适应肇兴侗寨社区中社会结构的变迁,不仅是增强旅游发展效应的重要基础,更是使旅游发展符合新型社区结构下广大社区居民共同利益的路径,由此也可以使社区居民产生旅游是社区公共事务的认知,激发居民参与民族旅游发展的意愿。

第三,非政府组织的制衡性协调。肇兴侗寨传统的价值观、道德准则、互惠规范、信任形成了结构紧密的粘附型社会资本,旅游发展也使侗族居民与外来从事旅游工作的新进居民间建立了桥接型社会资本;然而社区中却没有出现起到串联协调作用的、成员来自不同群体网络的链接型社会资本。因此,可以考虑在社区旅游发展中引入非政府组织,由其承担协调当地政府、旅游企业、居民关系和角色定位的具体工作,一方面能够使居民和当地政府、旅游企业间形成畅通的沟通渠道,利用舆论监督完善旅游参与体系;另一方面为居民提供培训、资金、技术等方面的支持,形成居民自主参加旅游发展的必要条件。

(五) 民族旅游社区参与的分类意愿激励管理启示

肇兴侗寨旅游发展在经济、社会、文化、环境等方面的积极效应,使越来越多的居民有机会由从事农林畜牧生产转为从事与旅游相关的工作,旅游业已成为肇兴侗寨的支柱性产业。然而社区居民参与旅游的普遍性不高,参与旅游发展的居民也发现了参与机制层面的问题。一方面,旅游虽然创造了更多的就业机会,但不是所有社区居民都能够直接从事旅游工作,并且肇兴侗寨的居民旅游参与也只停留在从事旅游工作的初级层面;另一方面,从事旅游工作的居民在日常工作中发现自己对旅游发展的意见不受重视,积累的从业经验没有渠道分享,硬性的旅游发展规划与决策阻碍了部分居民从事旅游工作的弹性。因此,扩大居民旅游参与面、重视居民意见反馈、增加旅游决策过程中的居民参与途径是提高居民旅游参与意愿重要措施。

第一,基于产品创新创造居民工作机会。以观光旅游为主的民族旅游发展模式不仅不能满足旅游者旅游需求的变化,而且造成肇兴侗寨居民从事旅游工作的机会不足。因此,肇兴侗寨政府、旅游机构、第三方组织、社区居民代表应该对旅游产品进行升级创新,开发出更具体验性的差异化旅游产品,为希望体验真实侗族居民生活、远离浓厚商业氛围的旅游者提供服务,为不在商业街和景点居住的居民创造从事旅游工作的机会。同时,也需要对社区居民进行有关旅游服务的职业培训,在提高居民对旅游发展认知的基础上,提升旅游者的旅游体验,为社区民族旅游发展带来更多动力。

第二,建立居民旅游意见与建议的反馈途径。居民对旅游发展意见与建议的反馈途径缺失,导致居民无法获得相应的支持,产生无助感,也会造成当地政府、旅游部门无法真正对旅游政策与旅游决策的具体落实效果进行评估,由此形成的旅游发展报告也缺乏一定程度的真实性。因此,建立居民对旅游意见与建议的反馈途径,不仅是对居民作为旅游资源生产者、传承者的尊重,而且是形成良好旅游发展社区支持氛围的措施。此举能够较好地刺激肇兴侗寨居民在旅游发展中的主人翁意识,在促进居民旅游参与意愿的同时,提高居民在文化、环境、资源方面的主动性保护行为。

第三,旅游规划与决策过程的居民参与。旅游规划与决策过程中的居民参与是提升肇兴侗寨旅游政治增权的主要途径,同时也是形成符合居民利益、遵循市场规律、利于实际执行的旅游发展政策、法规的重要基础。居民参与旅游规划决策过程是社区旅游参与的核心内容,也是促进居民参与愿望、资源保护参与积极性,形成居民旅游参与认知的动力源泉。因此,建立居民旅游决策参与途径,保障旅游决策形成过程中居民的话语权,为肇兴侗寨的旅游发展增加可行性强的决策,真正实现以居民为本、以社区为主、以市场为导向的旅游长期发展纲要。

二、基于民族旅游社区参与机制的精准营销管理原则

(一) 政府引导服务,社区主导发展原则

政府职能的转变是实现自下而上的社区主导旅游发展模式的重要基础,尤其是要突出当地政府和旅游部门在肇兴侗寨旅游发展中的服务性职能、引导性职能,避免当地政府过多

干预当地旅游发展,放权于肇兴侗寨社区和居民。当地政府应该在资金、政策、信息、技术、公平等方面为社区提供服务,使社区在自下而上的旅游管理中获得必要的支持,形成当地政府和社区在旅游发展中的良性互动。以社区为主导的民族旅游发展原则是实现旅游增权效应的根本保障,也是符合社区客观实际的民族旅游发展规划和决策得以成形的重要基础。

(二)企业与居民共享,权利义务对等原则

肇兴侗寨中旅游企业对经营利益的追求是客观事实,企业在追求利益的同时往往会在一定程度上损害居民的利益。因此,当地政府和旅游部门应该明确居民和企业在使用和开发旅游资源过程中的责任与义务,使企业能够在保证自身发展的前提下,重视社会责任,不损害居民的正常生活和经济收入,同时也使居民明确自身在旅游发展中的角色,提升对旅游参与的全面认知和实际参与行为。此举能够促使居民和企业在旅游发展中的地位平等,并且共同拥有全面参与旅游发展的权利,促进参与机制的落实和稳定。

(三)开展股份制运营管理,倡导协会协调支持原则

当地政府、旅游部门、旅游企业、社区、社区居民都需要从肇兴侗寨民族旅游发展中获得利益。因此,可以尝试将居民的土地、房产以及共有的旅游资源作为股本,与其他利益相关者一道建立肇兴侗寨景区的股份制运营公司,真正实现社区居民在旅游发展中的主动权和参与权。同时,肇兴侗寨也应该成立由当地政府、旅游企业、社区、居民、科研机构组成的第三方组织,如旅游发展协会,促进当地不同社会资本网络的联系互动,形成对旅游发展各环节的支持与监督,从而为民族旅游社区参与途径的建立与运行奠定基础。

(四)加强教育培训,激发居民能动原则

肇兴侗寨的旅游教育培训主要涉及文化知识教育、旅游从业培训、传统文化引导三个方面。首先,要注重对肇兴侗寨居民的文化知识教育,为他们从事旅游工作提供必要的知识背景;其次,要通过当地政府与非政府组织的配合,对社区居民进行旅游从业能力培训,提升居民胜任旅游相关工作的能力,并激发居民在旅游管理、营销、经营、技术等方面的进一步发展;最后,要利用旅游心理增权效应,将社区居民对本民族文化和传统受到赞赏的自豪感与自尊心变成参与旅游的动力,从而形成基于传统文化价值的旅游良性引导。

(五)旅游精准扶贫,分配制度透明原则

肇兴侗寨民族旅游发展应该以旅游精准扶贫政策为指导,将旅游发展经济收益分配制度透明化,使社区全体居民都能够了解旅游收益与社区发展、居民个人生活质量之间的紧密关系。一方面,当地政府、旅游企业应当为当地居民创造更多从事旅游工作的机会,利用旅游发展的联动作用,创新旅游业与更多其他产业之间的联系方式,形成大旅游发展框架下的产业与工作机会的互动;另一方面,当地政府和第三方组织应该建立旅游发展激励机制,在解决居民旅游参与困难和障碍的基础上,积累旅游发展储备资金,为旅游脱贫致富提供长期有效的动力支持。

(六)沟通信息对称,舆论监督执行原则

当地政府、旅游部门与社区居民之间的信息不对称和沟通不畅在一定程度上影响了肇兴侗寨居民对旅游发展的客观认识,从而也阻碍了社区居民旅游参与意愿的激发。首先,当地政府和旅游部门应该利用传统公告和新兴移动信息分享措施,实现政务、收益、旅游发展

等方面的信息公开,提高居民的监督权限;其次,应通过以旅游协会为代表的第三方组织形成当地政府与居民相互沟通的有效桥梁,利用公共舆论监督建立通畅沟通路径;最后,应主动向社区居民传递有关旅游市场、产品服务、旅游发展的信息,使居民逐渐具备适应市场化的能力。

三、民族旅游社区参与机制运行的精准营销管理过程

如图7-1所示,影响肇兴侗寨民族旅游社区参与的因素不仅包括居民、政府、组织协会、企业等以人为主要代表的行动者,同样也包含如文化、社会、环境、经济、感知、资本等以非人因素为主要代表的行动者。为了能够平等对待一切人或非人因素对旅游参与意愿的客观影响,本研究主要利用行动者网络理论的框架,进行民族旅游社区参与机制组成部分和运行方式的探讨。其中包括行动者共同关注的问题呈现节点、代表行动者共同权利与义务的强制通行节点、赋予行动者角色的利益赋予节点、接受核心利益过程的征召节点、维护该网络稳定的动员节点等过程。

第一,旅游发展问题呈现。肇兴侗寨旅游参与程度不高的问题主要体现在两个方面:一方面,当地民族旅游发展遇到了良好的外部环境,政策的支持、交通等基础设施升级、形象的宣传推广使肇兴侗寨旅游效应不断扩大,然而旅游增权并没有落到实处,使社区居民产生失权感和无助感;另一方面,由于肇兴侗寨旅游发展决策和规划中没有提供居民参与的途径,导致居民在旅游发展中往往处于被动的地位,这在一定程度上抑制了居民参与旅游发展的热情,也造成了旅游决策无法真正落实的客观事实。因此,民族旅游社区参与机制运行过程中的首要任务就是结合肇兴侗寨实际情况,确定旅游发展中亟须解决的问题,并且将问题的核心呈现出来,为后续的机制运行明确问题对象。

第二,明确责任义务。在明确肇兴侗寨旅游发展中居民参与效率较低的问题后,提升社区居民旅游参与的普遍性、调动居民参与旅游发展的积极性是保障民族旅游可持续发展的重要节点。在明确居民参与对旅游发展重要性的过程中,首先,要确立旅游是肇兴侗寨社区公共事务重要组成部分这一客观事实,尤其是要消除一部分尚未从事旅游相关工作的居民对旅游发展漠不关心的态度,使旅游发展与社区居民之间的联系更为紧密;其次,要明确肇兴侗寨居民在当地民族旅游发展中的重要地位,明确居民作为旅游资源和旅游产品的部分拥有者和创造者角色,使其对社区产生归属感;最后,利用社区归属感明确居民在旅游发展中对文化、资源、环境、设施的保护和利用的责任,进而明确其在当地民族旅游发展中的义务。

第三,角色定位与利益赋予。在以民族旅游发展为基础的新型关系网络中,对利益和权利的争取是网络成员创造联系、确定角色定位,并且消除隔阂、形成共同奋斗目标的重要过程。肇兴侗寨旅游发展中居民参与程度不高的重要原因就是利益相关者角色定位出现了问题。因此,首先,要确定服务型政府的引导角色;其次,要建立企业对居民的让利机制;再次,要保障居民在旅游发展中的话语权;最后,要利用由居民、当地政府、企业、旅游者、科研培训机构成员代表组成的非政府组织(社区旅游协会)的沟通、监督、制衡功能,形成旅游发展信息的沟通机制。重新定位后的利益相关者角色不仅是旅游发展新型网络成员形成共同利益认知的基础,更是保障肇兴侗寨切实实现旅游增权效应、以民为本的核心动力。

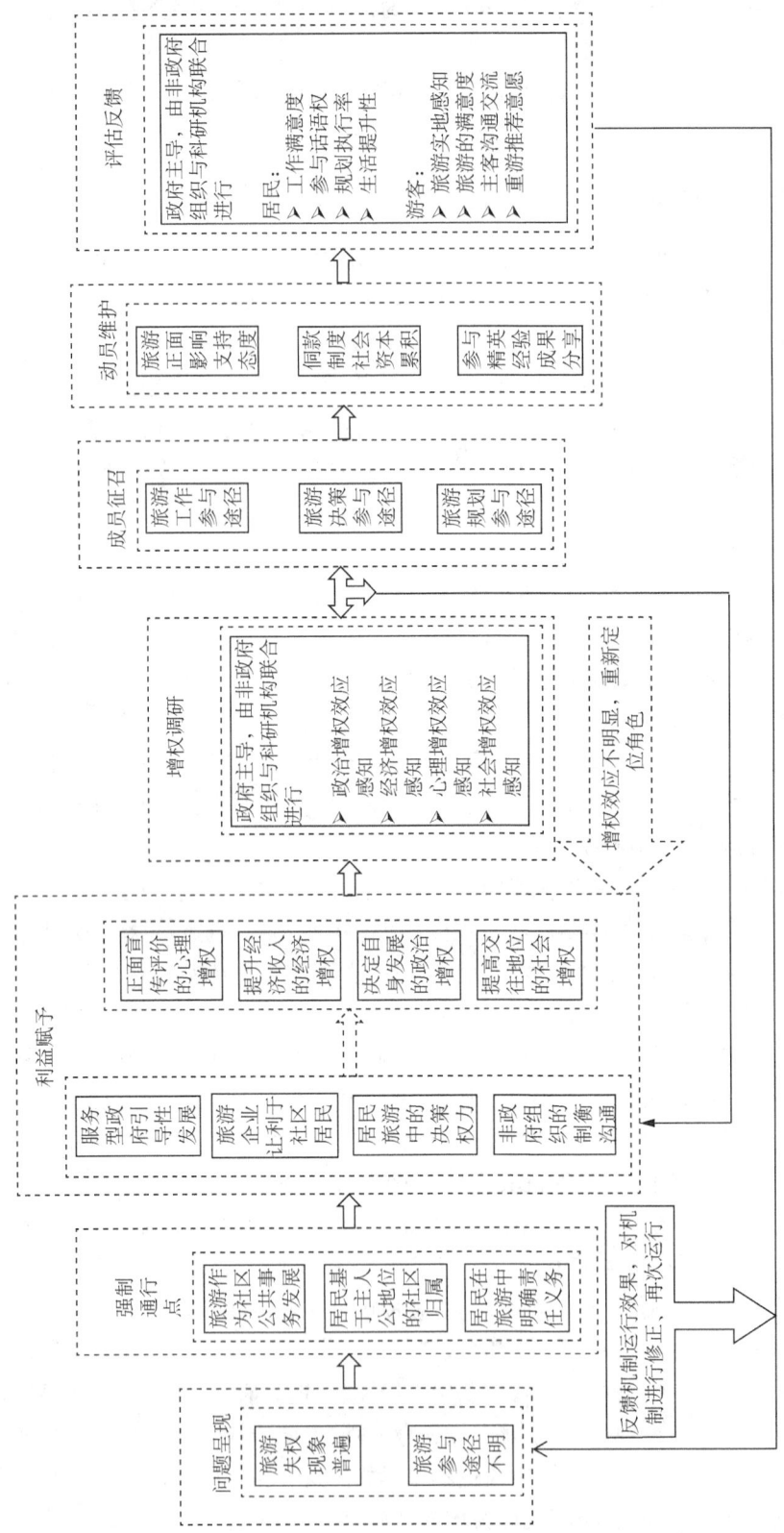

图 7-1 行动者网络理论框架下民族旅游社区参与机制运行流程

第七章
民族旅游社区参与机制研究结论、精准营销管理启示与原则以及创新与展望

第四，协调发展，充分合作。民族旅游发展使少数民族社区的社会交往关系网络变得更加复杂，协调好各利益相关者的关系能够有效保障旅游发展的可持续性。一是协调好社区中的主客关系，使少数民族居民能够在分享旅游发展收益的基础上获得参与旅游的动力，发自内心地展现出热情好客的民族特性。同时，也应该对游客的行为进行引导，提升游客对少数民族文化和居民生活习惯的尊重，促进主客关系的稳定和谐。二是协调旅游发展与社区发展之间的关系，突出旅游推动社区发展的功能，使旅游发展适应当地自然、文化、社会、经济等环境，形成具有当地社区特色的社会发展动力。三是促进旅游的产业联动效应，使旅游发展能够在调整产业结构的基础上，带动更多行业和部门的升级创新，形成基于社区层面的行业和产业合作。

第五，旅游增权评价反馈。旅游增权的4个维度是实现肇兴侗寨民族旅游社区居民增权的主要途径。一是利用旅游产生的经济效应，增加居民个人收入，使居民形成基于经济增权的旅游参与主动性。二是利用游客的口碑效应、传统媒体与新兴媒体对肇兴侗寨的正面宣传，提升居民对本民族传统文化价值的心理增权。三是利用旅游业与其他产业的联动性，提升居民在社会交往中的地位，形成旅游社会增权。四是利用非政府组织和政府相关部门的协调，建立居民对旅游发展意见和建议的表达渠道，形成政治增权效应。对旅游增权效应的评估应该利用第三方组织进行调研，以求获得更真实的反馈，并且对反馈结果进行评估，若发现增权效应不明显则应重新定位行动者角色；反之，则进行参与路径建设。

第六，征召成员参与旅游发展。行动者网络中主要行动者或网络成员已经界定的共同利益，是征召更广泛的行动者进入网络并接受新角色的重要基础。肇兴侗寨基于旅游发展所形成的行动者网络中，各行动者在网络形成的过程中已经表达了对参与旅游发展的强烈愿望。一方面，已经从事旅游工作的居民展现出更加深入参与旅游发展的期望；另一方面，尚未从事旅游工作的居民由于未从旅游中获得直接经济利益，表现出对参与途径透明化的需求。因此，政府部门、协会组织、社区居民代表应当共同进行规划，根据当地旅游发展的实际情况及居民对旅游参与的实际需求，建立具有通畅性、透明化的社区旅游参与途径，从旅游工作的实际参与、开发规划的制定参与、发展决策的确立参与三个层面招募更多行动者，扩大参与面。

第七，旅游参与动员维护。在建立透明、公平的旅游社区参与途径之后，对居民参与热情、参与普及、参与程度、参与效果等方面的维护势在必行。参与网络的稳定性主要依靠行动者及其所掌握的客观资源的支持。首先，居民对于民族旅游发展对肇兴侗寨影响的感知是居民意识层面的重要因素，尤其是居民基于旅游影响感知所形成的对旅游发展的态度，决定了其旅游社区参与的热情和普及性；其次，肇兴侗寨中基于悠久历史的侗款制度及血缘关系形成的社会资本是行政制度的重要补充因素，基于侗族宗教、道德、价值观、信任、关系的社会资本决定旅游社区参与的程度与效果；最后，居民对旅游社区参与经验、效果等信息的分享，以及社区参与精英形象的树立是决定其旅游参与认知的重要因素。

第八，居民参与效应评估。针对居民参与效应的评估应该由当地政府和旅游部门计划组织，由社区旅游协会等非政府组织与科研机构共同组成评估组执行调研，以保证评估的真实性与客观性。一方面，评估组应该针对肇兴侗寨民族旅游参与主体的居民进行调研，主要

涉及对旅游参与的满意度、旅游决策参与途径与话语权、旅游环保参与效率与规划执行、旅游参与对自身生活质量的提升等方面;另一方面,评估组也需要针对旅游者进行基于需求市场的调研,突出旅游者对于旅游社区参与机制运行后的旅游体验与实地旅游感知,主要涉及旅游的满意程度,主客互动交流沟通、重游意愿与推荐意愿等方面。若综合评估结果不良,则需对调研中的问题重新进行分析,利用参与运行机制对行动者网络进行重新梳理。

第三节　民族旅游社区参与机制研究创新与展望

一、民族旅游社区参与机制研究创新

(一) 将社会资本作为旅游参与模型中介变量

社会资本理论与增权理论是研究社区发展问题,尤其是社区参与问题的重要理论,很多研究都以这两个理论为基础分别对旅游社区参与的意愿与机制进行过研究。考虑到社会资本与社会增权之间的紧密关系,以及侗族社会资本对旅游参与的影响力,本研究探寻旅游发展后社会增权效应对社会资本理论中的认知、关系、结构维度的影响,并以社会资本作为中介变量来具体分析其对民族旅游社区参与意愿的作用。同时,通过研究以旅游为基础形成的新型社会资本组成的链接型社会资本对民族旅游参与意愿的影响,突出社会资本与社会增权在旅游参与机制中的重要地位。

(二) 根据供需市场反馈,分析影响旅游参与机制的因素

对于少数民族旅游社区参与的研究大多都是基于当地居民的视角来进行,不论问卷调查还是访谈的对象都是居民,也有学者尝试从居民、政府、企业的联合视角来进行研究,不过总体来看还是基于供给市场。本研究基于居民与旅游者的视角对少数民族旅游社区参与进行研究,主要分析旅游者对当地旅游社区参与模式、情况的评价,并且搜集旅游者对现行参与模式下旅游发展的总体感知,以及游客与居民的感知的差异,更重要的是希望通过对需求市场的检验与评价来全面地分析少数民族旅游社区参与机制,形成对民族旅游社区参与运行机制的客观反馈。

(三) 网络行动者关注旅游相关者整合协同的创新

从行动者网络理论的角度来看,一切人或非人的行动者的平等地位凸显了该理论的广义对称性原则,不同的行动者都可能造成对转译过程的影响,并且进一步影响最终的共同愿望。本研究利用行动者网络理论,拓展研究的理念,将旅游利益相关者视为人类行动者,将民族旅游人文与自然资源、外部条件、内部动力、参与感知、增权感知、资本收益、传统文化、旅游影响等一系列与旅游相关的因素视作非人类行动者,在对称原则的基础上平等对待不同行动者,通过设立有效的民族旅游社区参与这一强制通行点,促进行动者在网络中的角色定位和资源共享,并利用行动者网络理论的转译过程形成民族旅游社区参与机制。

二、民族旅游社区参与机制研究展望

第一,民族旅游社区参与的动态性。民族旅游社区参与受到民族旅游发展动态性的影响,外部宏观环境的改变、内部参与动力来源的变化都是造成旅游参与不确定性的重要因素。在本研究的调研时期,旅游精准扶贫政策、高铁与高速公路的建设与提升、"国发2号文件"等创造了良好的发展旅游业的外部环境。同时,社区内旅游经济效应明显、居民自尊心和自豪感的提升、居民对本民族传统文化价值的重新认知形成的内部动力,使肇兴侗寨民族旅游参与意愿较为强烈。然而,随着时间的推移与旅游需求不断改变,肇兴侗寨的旅游产品开发、旅游决策制定、旅游就业等都会出现变革,居民参与意愿、居民对旅游发展的态度、居民对旅游增权的感知等方面也会变化。因此,本研究所形成的实证研究结果、研究方法、理论基础分析对后续的研究具有一定的参考性,但后续的研究需要结合旅游社区参与动态性这一特点进行研究设计,同时也需要结合学术领域的学科前沿动态与创新理论,以形成具有系统性、科学性、客观性的研究基础。

第二,旅游参与机制运行的实践性。本研究基于行动者网络理论建立的民族旅游社区参与运行机制是实证研究结果与理论框架的结合,具有一定的理论性、科学性。然而这一运行机制的实践效果有待具体操作的检验。一方面,旅游参与机制运行中的首要问题就是旅游发展中政府职能的转变,主要体现在政府职能向服务型转变与政府的放权引导,这是影响社区居民旅游增权感知的基础,也是决定居民参与意愿与参与有效性的前提;另一方面,运行机制中非政府组织及其监督与制衡能力,同样是影响居民增权和参与的重要方面,尤其是非政府组织在民族旅游发展中的角色定位和工作效率保障都需要实践来进行修正和推动。因此,对于本研究形成的民族旅游社区参与运行机制的检验和修正是后续研究可选择的方向,尤其是在利益赋予、动员、征召的转译后半过程中,网络行动者成员的互动效果、动力资源的自由支配度、调研反馈的科学性和客观性都有待后续研究的深入探讨。

第三,旅游参与相关实证结果的可推广性。本研究结果的可推广性受到时间和空间等因素的影响,结构方程模型中的路径分析与路径系数也受到研究设计、问卷填写质量、对研究问题的理解程度等方面的影响。我国拥有众多少数民族,不同少数民族的传统、文化、习俗、道德、宗教信仰、价值观念对旅游增权感知、旅游影响感知、社会资本感知、旅游参与意愿感知产生不同程度的影响,进而研究结果也会出现偏差。同时,不同地区的社会发展程度、经济发展阶段、旅游政策执行效果、开发保护效果的差异,同样会形成居民和旅游者在感知上的不同,这也就形成了对本研究结果推广性的限制和约束。因此,未来的研究应该在重视行动者网络理论、社会资本理论、增权理论的基础上,结合本研究所建立的民族旅游社区参与机制,针对不同民族地区的旅游社区进行案例研究,一方面能够形成不同少数民族社区旅游参与机制的研究对比,丰富研究的广度;另一方面也从不同研究中总结出对不同地区都产生重要影响的因素,增加研究的深度。

参 考 文 献

一、中文文献(按作者姓氏拼音字母排列)

(一) 中文专著和报告

[1] 陈悦,陈超美,胡志刚,王贤文. 引文空间分析原理与应用[M]. 北京:科学出版社,2014:38-44.

[2] 黄芳铭. 结构方程模式理论与应用[M]. 北京:中国税务出版社,2005:260-279.

[3] 贵州省民族事务委员会. 侗族文化大观[M]. 贵阳:贵州民族出版社,2016:1-14.

[4] 李杰,陈超美. CiteSpace:科技文本挖掘及可视化[M]. 北京:首都经济贸易大学出版社,2016:194-196.

[5] 温忠麟,刘红云,侯杰泰. 调节效应和中介效应分析[M]. 北京:教育科学出版社,2012:70-81.

[6] 吴明隆. 结构方程模型——AMOS的操作与应用[M]. 重庆:重庆大学出版社,2016:236-237.

[7] 吴明隆. 问卷统计分析实务——SPSS操作与应用[M]. 重庆:重庆大学出版社,2016:237-238.

[8] 叶至诚. 社区工作与社区发展[M]. 台北:秀威出版,2010:193-195.

[9] 余佳霖. 结构方程式模型:专题分析[M]. 台北:秀威资讯科技股份有限公司,2010:269-273.

[10] 贵州省统计局. 贵州统计年鉴[M]. 北京:中国统计出版社,2002.

[11] 贵州统计局. 贵州统计年鉴[M]. 北京:中国统计出版社,2005.

[12] 贵州统计局,国家统计局贵州调查总队. 贵州统计年鉴[M]. 北京:中国统计出版社,2008.

[13] 贵州统计局,国家统计局贵州调查总队. 贵州统计年鉴[M]. 北京:中国统计出版社,2011.

[14] 贵州统计局,国家统计局贵州调查总队. 贵州统计年鉴[M]. 北京:中国统计出版社,2014.

[15] 贵州统计局,国家统计局贵州调查总队. 贵州统计年鉴[M]. 北京:中国统计出版社,2017.

[16] 黔东南州统计局. 黔东南统计年鉴(2002)[R]. 2002.
[17] 黔东南州统计局. 黔东南统计年鉴(2005)[R]. 2005.
[18] 黔东南州统计局. 黔东南统计年鉴(2008)[R]. 2008.
[19] 黔东南州统计局,国家统计局黔东南调查队. 黔东南统计年鉴(2011)[R]. 2011.
[20] 黔东南州统计局,国家统计局黔东南调查队. 黔东南统计年鉴(2014)[R]. 2014.
[21] 黔东南州统计局. 黔东南统计年鉴(2017)[EB/OL]. (2017-12-31)[2018-03-31]. http://tjj.qdn.gov.cn/tjsj/sjcx_57102/qdntjnj/202103/P020210223371043475035.pdf.

(二)中文学位论文

[1] 曾小溪. 专业社工机构培育社区社会组织路径探析——以来年自助学堂为例[D]. 北京:中国青年政治学院,2014:28-48.

[2] 陈成. 社会资本视角下的大学生校园公共参与研究——以上海市六所高校为例[D]. 上海:上海交通大学,2015:67-111.

[3] 陈静. 知识服务产业社会资本理论与实证研究[D]. 上海:复旦大学,2007:113-142.

[4] 陈攀. 情感价值在民族旅游产品设计中的实践探索[D]. 呼和浩特:内蒙古师范大学,2013:1-15.

[5] 陈淑新. 社会资本理论视角下城市社区建设问题研究——以赤峰市敖汉旗为例[D]. 沈阳:辽宁大学,2013:5-20.

[6] 陈晓红. 社会资本视角下的民族旅游社区妇女精英化研究——以互助县小村庄为例[D]. 西安:陕西师范大学,2012:50-74.

[7] 陈韵. 广东滨海旅游发展的权利困境与社区增权研究——以阳江海陵岛为例[D]. 广州:广州大学,2015:36-58.

[8] 崔玉范. 赫哲族传统文化与民族旅游可持续发展研究——以同江市民族旅游为例[D]. 济南:山东大学,2009:195-222.

[9] 邓开民. 云南少数民族传统体育旅游资源开发利用研究[D]. 北京:北京体育大学,2011:65-77.

[10] 邓小海. 旅游精准扶贫研究[D]. 昆明:云南大学,2015:150-166.

[11] 董茜. 社会资本视角下地质公园社区参与研究——以湖北神农架世界地质公园为例[D]. 武汉:中国地质大学,2016:83-101.

[12] 窦开龙. 新疆民族旅游产品开发研究[D]. 兰州:兰州大学,2008:78-98.

[13] 郭迪. 基于利益相关者理论的自然保护区生态旅游社区参与研究——以海棠山自然保护区为例[D]. 锦州:渤海大学,2015:39-52.

[14] 郭建斌. 电视下乡:社会转型期大众传媒与少数民族社区——独龙江个案的民族志阐释[D]. 上海:复旦大学,2003:169-182.

[15] 郭明哲. 行动者网络理论(ANT)——布鲁诺·拉图尔科学哲学研究[D]. 上海:复旦大学,2008:76-100.

[16] 何乃柱. 民族社区社会工作研究:本土实践与理论建构[D]. 兰州:兰州大学,2013:189-222.

[17] 贺建芹. 行动者的能动性观念及其适当性反思——拉图尔行动者网络理论研究[D]. 济南：山东大学，2011：77-96.

[18] 侯国林. 基于社区参与的湿地生态旅游可持续开发模式研究——以盐城海滨湿地国家级自然保湖区为例[D]. 南京：南京师范大学，2006：14-26，105.

[19] 胡波. 旅游社区原住民地方依恋对社区参与的影响研究[D]. 长沙：湖南大学，2014：30-55.

[20] 胡冀珍. 云南典型少数民族村落生态旅游可持续发展研究——以沧源翁丁佤寨为例[D]. 北京：中国林业科学研究院，2012：65-80.

[21] 黄海珠. 民族旅游村寨建设研究[D]. 北京：中央民族大学，2007：140-160.

[22] 黄燕玲. 基于旅游感知的西南少数民族地区农业旅游发展模式研究[D]. 南京：南京师范大学，2008：123-145.

[23] 黄永春. 顾客参与新服务开发及其对绩效的影响：社会资本视角[D]. 南京：南京大学，2010：65-88.

[24] 孔瑞. 权力变迁中的"苗"——基于渝东南一个民族杂居村落的田野调查[D]. 兰州：兰州大学，2017：149-159.

[25] 李朝婷. 帕特南社会资本理论视角下的社区治理问题研究——以D社区为例[D]. 沈阳：辽宁大学，2012：12-33.

[26] 李红伟. 民族文化创新与产业链研究——以广西龙州金龙布傣族群"天琴文化"为例[D]. 北京：中央民族大学，2013：45-58.

[27] 李嘉莹. 民族地区社区参与旅游增权研究——以天山大峡谷景区为例[D]. 乌鲁木齐：新疆大学，2017：22-36.

[28] 李强. 新农民：民族村寨旅游对农民的影响研究——以云南曼听村与贵州西江村为例[D]. 兰州：兰州大学，2012：206-226.

[29] 梁婧媛. 基于社区参与的乡村旅游发展模式研究——以武夷山市五夫镇兴贤村为例[D]. 福州：福建师范大学，2015：33-44.

[30] 梁自玉. 文化变迁与旅游业发展研究——以湘西凤凰县为例[D]. 北京：中央民族大学，2007：63-78.

[31] 刘超祥. 民族旅游村寨的人口迁移与文化变迁——以湘西德夯村为例[D]. 北京：中央民族大学，2012：91-105.

[32] 刘英明. 基于扎根理论的乡村旅游社区参与的障碍因素探究——以淄博中郝峪村为例[D]. 济南：山东大学，2015：42-47.

[33] 刘云. 组织创新气氛对员工创新行为的影响过程研究——基于心理授权与激励偏好的实证分析[D]. 上海：上海交通大学，2016：80-127.

[34] 罗宇. 民族地区文化旅游业发展研究[D]. 北京：中央民族大学，2013：38-52.

[35] 吕秋琳. 增权理论视角下社区参与乡村旅游可持续发展研究[D]. 济南：山东大学，2012：33-52.

[36] 吕莹. 崂山风景区内社区增权研究[D]. 青岛：青岛大学，2015：1-63.

[37] 缪祥如. 民族传统体育旅游营销模式研究[D]. 济南：山东大学，2012：15-18.

[38] 潘琦. 基于购买意愿的民族手工艺旅游商品微营销模式研究——以贵州为例[D]. 贵阳：贵州师范大学，2016：46-62.

[39] 孙启贵. 技术与社会的创新及其协同演化[D]. 合肥：中国科学技术大学，2009：52-70.

[40] 唐梅. 城市化进程中转制民族社区建设研究——"常营模式"及其实践[D]. 北京：中央民族大学，2011：110-123.

[41] 田雯. 通过激活社会资本在虚拟社区中实现知识共享：来自中国在线社交网络的发现[D]. 合肥：中国科学技术大学，2011：45-58.

[42] 佟敏. 基于社区参与的我国生态旅游研究[D]. 哈尔滨：东北林业大学，2005：98-105.

[43] 王汉祥. 中国北疆民族地区旅游茶叶生态化发展研究[D]. 呼和浩特：内蒙古大学，2017：85-93.

[44] 王辉. 社区老年人社会资本测量指标的研究[D]. 合肥：安徽医科大学，2013：18-45.

[45] 王曲元. 中国少数民族地区居民生活质量与主观幸福感研究[D]. 北京：中央民族大学，2009：85-96.

[46] 王润球. 中国少数民族特许商品旅游购物市场开发研究[D]. 北京：中央民族大学，2012：156-185.

[47] 王文棣. 河西走廊民族社区协调发展研究[D]. 兰州：兰州大学，2010：115-137.

[48] 王艳丽. 城市社区协同治理动力机制研究[D]. 长春：吉林大学，2012：61-77.

[49] 魏宝祥. 民族地区旅游者行为与文化响应研究——以临夏回族自治州为例[D]. 兰州：兰州大学，2013：23-42.

[50] 吴梦颖. 在线度假旅游"云营销"参与者参与意向与行为的影响研究——基于社会资本的视角[D]. 广州：暨南大学，2015：32-57.

[51] 吴小云. 变革型领导影响下属满意度和组织承诺的路径研究[D]. 上海：复旦大学，2010：111-145.

[52] 吴玉峰. 农村社会资本与参保决策研究——基于对 3 066 个农民的调查[D]. 武汉：华中科技大学，2012：97-168.

[53] 修新田. 参与式森林旅游发展中的社区增权机制和路径研究[D]. 福州：福建农林大学，2015：131-156.

[54] 薛寒冰. 中国少数民族地区旅游业跨越式发展研究[D]. 北京：中央民族大学，2010：94-136.

[55] 杨建翠. 川西民族地区旅游业推进城镇化研究——以九寨沟县为例[D]. 成都：西南民族大学，2012：87-129.

[55] 杨玲玲. 民族地区旅游客源地建设研究[D]. 北京：中央民族大学，2010：148-178.

[57] 袁文. 湘西凤凰古城社区参与旅游发展的增权路径研究[D]. 武汉：华中师范大学，2014：20-35.

[58] 张静静. 服务业员工心理授权与组织公民行为关系实证研究——基于反馈的调节作用

[D]. 重庆：重庆大学，2014：55-64.
[59] 张娟娟. 少数民族社区居民旅游影响认知研究——以西安市回坊为例[D]. 西安：陕西师范大学，2012：23-50.
[60] 张彦. 社区旅游增权研究——基于山东三个历史街区的探讨[D]. 济南：山东大学，2012：105-125.
[61] 赵钧. 少数民族旅游社区居民社会幸福感研究——以甘南州郎木村为例[D]. 西安：陕西师范大学，2012：40-61.
[62] 郑艾林. 社会资本形成及其变迁的因素分析[D]. 武汉：华中科技大学，2011：18-47.
[63] 郑明远. 轨道交通与城市空间整合规划方法论研究——行动者网络理论的应用[D]. 北京：北京交通大学，2012：79-98.

（三）中文期刊论文

[1] 保继刚，孙九霞. 社区参与旅游发展的中西差异[J]. 地理学报，2006，61(4)：401-413.
[2] 保继刚，孙九霞. 雨棚社区旅游：社区参与方式及其增权意义[J]. 旅游论坛，2008，1(1)：58-65.
[3] 卜文虎. 边疆民族地区城市化转型社区发展问题研究——基于资产建设社会政策视角[J]. 学术探索，2017，25(3)：49-57.
[4] 曹伟，杨德明，赵璨，池勤伟. 地方政治权力转移与企业社会资本投资周期——基于政企关系重构的动态研究[J]. 财经研究，2017，43(1)：4-16.
[5] 曹永辉. 社会资本理论及其发展脉络[J]. 中国流通经济，2013，27(6)：62-67.
[6] 曾钰诚，杨帆. 从建筑现象看民族传统村落文化的迷失与"回归"——以贵州肇兴侗寨为例[J]. 石河子大学学报（哲学社会科学版），2017，31(4)：92-99.
[7] 陈娟，刘阳，车慧颖. 增权理论视域下海岛社区参与旅游研究——以青岛市海岛社区为例[J]. 中国渔业经济，2012，31(4)：110-117.
[8] 陈丽坤. 离析现代化与旅游对民族社区的文化影响——西双版纳三个傣族的比较研究[J]. 旅游学刊，2011，26(11)：58-64.
[9] 陈茜. 浅析西部大开发过程中少数民族历史文化资源在发展当地旅游业中的地位与作用[J]. 和田师范专科学校学报，2005，25(6)：185-186.
[10] 陈晓娟，章立倩. 贵州乡村民俗文化旅游浅析[J]. 绿色科技，2016，54(23)：135-136，138.
[11] 程仁杰，李朦. 分析贵州民族地区旅游扶贫开发中存在的问题及解决对策[J]. 旅游纵览（下半月），2017，27(5)：196+199.
[12] 崔海洋，眭莉婷，虞虎. 西南民族文化生态社区的发展模式与影响因素研究[J]. 贵州民族研究，2015，36(11)：53-58.
[13] 笪玲. 基于PSR模型的都市近郊乡村旅游社区参与模式研究——以重庆市璧山县为例[J]. 南方农业学报，2012，49(1)：120-123.
[14] 邓凌怡，李越，成俊涛，李楠，刘文怡. 浅谈少数民族地区文化旅游的可持续发展[J].

市场研究，2017，65(3)：32-33.

[15] 邓永进,谯丹.我国民族旅游细分市场特征分析[J].学术探索,2010,18(6):30-34.

[16] 邓永进.论民族旅游可持续发展的战略重点与主要措施[J].云南民族大学学报(哲学社会科学版),2010,27(2):62-66.

[17] 丁元竹.价值意义与工具意义上的社区——关于社区建设和社区治理的探索[J].中国治理评论,2013,2(2):24-41.

[18] 杜宗斌,苏勤.乡村旅游的社区参与、居民旅游影响感知与社区归属感的关系研究——以浙江安吉乡村旅游地为例[J].旅游学刊,2011,26(11):65-70.

[19] 范波.贵州乡村旅游发展的思考[J].理论与当代,2014,31(6):41-42.

[20] 方世巧,马耀峰,马泓宇.旅游对少数民族社区文化影响的国内研究述评[J].旅游研究,2013,5(4):26-31.

[21] 冯晓华,汪锦,虞敬峰.天山天池景区居民旅游影响感知及旅游参与[J].干旱区资源与环境,2015,29(12):227-232.

[22] 冯学钢,王晓云,杨昇.西南民族旅游目的地发展潜力研究[J].旅游论坛,2009,2(1):62-66,81.

[23] 冯耘.传承与发展:肇兴侗寨乡村旅游发展研究[J].旅游纵览,2016,26(5):127.

[24] 付兵.培育社区居民参与意识的意义及对策[J].广西社会主义学院学报,2012,23(5):96-99,105.

[25] 付佳荣,高云娇.社会工作增权理论视野中的环境保护意识[J].社会工作下半月(理论),2008,21(10):24-26.

[26] 傅安辉.侗族文化多样性简论[J].凯里学院学报,2013,31(2):1-7.

[27] 高文智.少数民族社区旅游开发中社区居民利益分配问题研究[J].赤峰学院学报(自然科学版),2014,30(7):67-68.

[28] 高小茹.谈旅游规划中的社区参与问题[J].旅游纵览(下半月),2015,29(2):22.

[29] 高永久,朱军.试析民族社区的内涵[J].北方民族大学学报(哲学社会科学版),2010,22(1):5-11.

[30] 龚光明.从哈尼族传统生产生活方式看地理环境与人类社会的关系——以"行动者网络理论"为视角[J].大连民族学院学报,2014,16(2):108-112.

[31] 郭华.增权理论视角下的乡村旅游社区发展——以江西婺源李坑村为例[J].农村经济,2012,30(3):47-51.

[32] 郭丽丹,刘云.我国社区参与旅游发展研究综述[J].旅游纵览(下半月),2015,29(7):34-36.

[33] 郭凌,王志章,朱天助.社会资本与民族旅游社区治理——基于对泸沽湖旅游社区的实证研究[J].四川师范大学学报(社会科学版),2015,42(1):62-69.

[34] 郭凌,王志章.制度嵌入性与民族旅游社区参与——基于对泸沽湖民族旅游社区的案例研究[J].旅游科学,2014,28(2):12-22,48.

[35] 国家民族事务委员会经济发展司,国家统计局国民经济综合统计司.2016中国民族统

计年鉴[J]. 北京：民族出版社，2016.

[36] 何烈孝. 全域旅游下民族旅游目的地品牌建构研究——以贵州黔东南为例[J]. 凯里学院学报，2017，35(5)：60-64.

[37] 何莽，陈惠怡，李靖雯. 民族旅游扶贫中的旅游吸引物建设——基于四川兴文县苗族旅游扶贫案例的分析[J]. 广西民族大学学报(哲学社会科学版)，2017，39(6)：69-75.

[38] 何昭丽，米雪."少数民族非物质文化遗产保护"与"旅游开发"双赢发展研究[J]. 广西民族研究，2017，33(5)149-155.

[39] 郝亚明. 民族互嵌型社区社会结构和社区环境的理论分析[J]. 新疆师范大学学报(哲学社会科学版)，2015，36(4)：14-20.

[40] 贺能坤. 旅游开发中民族文化变迁的三个层次及其反思——基于贵州省黎平县肇兴侗寨的田野调查[J]. 广西民族研究，2009，32(3)：172-177.

[41] 胡北明，雷蓉. 民族社区旅游利益诉求认知差异研究——以九寨沟自然保护区为例[J]. 贵州民族研究，2014，35(6)：101-104.

[42] 胡建华. 论社会资本理论视域下民族地区新农村社区建设的完善——以渝东南民族地区为例[J]. 重庆工商大学学报(社会科学版)，2014，31(2)：53-60.

[43] 胡洁. 多中心治理视域下民族社区治理模式的优化[J]. 青海社会科学，2017，38(5)：128-134.

[44] 胡锡茹. 云南旅游扶贫的三种模式[J]. 经济问题探索，2003，24(5)：109-111.

[45] 胡显强，胡月. 贫困民族地区社区教育志愿者队伍建设可持续发展策略[J].科学咨询(教育科研)，2016，17(5)：5-7.

[46] 胡晓，王飞霞. 民族旅游中跨文化传播与和谐社会建构[J]. 中南民族大学学报(人文社会科学版)，2010，30(4)：62-66.

[47] 华热·多杰，达哇才让. 互嵌式居住模式在构建和谐民族社区中的积极作用——基于青海农牧区多民族互嵌式居住状况的调研[J]. 青海大学学报(哲学社会科学版)，2017，39(2)：25-33.

[48] 黄莹莹. 社区参与视角下乡村旅游利益分配机制研究[J]. 中南林业科技大学学报(社会科学版)，2016，10(5)：67-71，77.

[49] 黄芸玛，骆桂花，陈蓉. 基于游客感知的社区居民参与旅游实证研究——以玉树称多县为例[J]. 青海民族研究，2014，25(1)：84-89.

[50] 贾衍菊，王德刚. 社区居民旅游影响感知和态度的动态变化[J]. 旅游学刊，2015，30(5)：65-73.

[51] 江增光，郭文. 旅游地居民空间全能感知、旅游影响感知及开发态度的关系——以江南古镇同里为例[J]. 商业经济研究，2016，35(1)：188-191.

[52] 蒋焕洲. 贵州民族地区旅游扶贫实践：成效、问题与对策思考[J]. 广西财经学院学报，2014，27(1)：34-37，48.

[53] 亢琳. 民族旅游形象设计研究——以桂林宛田瑶族为例[J]. 广西民族大学学报(哲学社会科学版)，2011，33(5)：118-121.

[54] 蓝东兴. 贵州少数民族村寨文化传承研究的内容、价值与意义[J]. 贵州民族学院学报（哲学社会科学版），2012，32（4）：1-5.

[55] 劳惠燕. 基于全域旅游视角下社区参与旅游发展的思考[J]. 中外企业家，2017，34（11）：192，197.

[56] 李东. 论健康旅游的类型、市场和概念[J]. 国土与自然资源研究，2016，38（1）：70-73.

[57] 李飞虎，孙秀莉. 论增权理论在社会工作实务中的运用——以"我爱我家"社区康乐活动为例[J]. 重庆城市管理职业学院学报，2013，13（3）：1-5.

[58] 李航，李伟. 民族社区参与旅游发展问题的研究——以西双版纳民族社区为例[J]. 旅游研究，2010，2（2）：46-50.

[59] 李宏，李伟. 论民族旅游地的可持续发展[J]. 云南师范大学学报（哲学社会科学版），2010，42（1）：130-136.

[60] 李华香. 社会资本理论与文化产业发展的关联性研究[J]. 山东师范大学学报（人文社会科学版），2013，58（4）：149-154.

[61] 李坚飞，黄福华. 中小企业共同物流服务稳定性的影响机理——基于社会资本理论的结构解析与实证检验[J]. 系统工程，2013，31（7）：52-58.

[62] 李菁. 云南鹤庆新华村社会资本参与乡村旅游发展研究[J]. 旅游论坛，2012，5（3）：80-86.

[63] 李立华，付涤非，刘睿. 旅游研究的空间转向——行动者网络理论视角的旅游研究述评[J]. 旅游学刊，2014，29（3）：107-115.

[64] 李娜，龙虎. 民族旅游产品的消费者需求分析研究[J]. 大众文艺，2013，23（14）：264.

[65] 李秋成，周玲强，范莉娜. 社区人际关系、人地关系对居民旅游支持度的影响——基于两个民族旅游村寨样本的实证研究[J]. 商业经济与管理，2015，35（3）：75-84.

[66] 李文哲. 旅游开发语境下的少数民族社区失序问题研究——以丹巴甲居藏寨为例[J]. 旅游纵览（行业版），2012，2（5）：86.

[67] 李亚娟，陈田，王开泳，等. 国内外民族社区研究综述[J]. 地理科学进展，2013，32（10）：1520-1534.

[68] 李湮. 民族村寨旅游社区主要利益相关者的利责探究[J]. 产业与科技论坛，2015，14（2）：46-48.

[69] 李湮. 谈民族村寨旅游社区利益保障制度系统的研究结构[J]. 旅游纵览（下半月），2015，29（2）：47-48，50.

[70] 李颖婵. 自然保护区生态旅游社区参与模式研究——以锡林郭勒草原自然保护区为例[J]. 环境保护与循环经济，2017，37（9）：64-67.

[71] 李应芝，满林华. 贵州开发铁皮石斛养生旅游产品路径研究——以环梵净山区为例[J]. 旅游纵览（下半月），2017，27（4）：157.

[72] 李政忙. 民族地区农村扶贫项目对农村社区发展的影响研究[J]. 现代营销（下旬刊），2018，16（1）：194-195.

[73] 李忠斌，文晓国. 对民族旅游概念的再认识[J]. 广西民族研究，2012，28（4）：177-184.

[74] 廖军华. 国内外社区参与旅游研究综述[J]. 贵州民族大学学报(哲学社会科学版), 2015, 35(1): 34-39.

[75] 刘海洋, 许丽萍. 基于RMP的边疆民族地区民俗旅游产品开发研究——以演变朝鲜族自治州为例[J]. 黑龙江民族丛刊, 2017, 33(5): 38-43.

[76] 刘静艳, 陈阁芝, 肖悦. 社会资本对生态旅游收益与居民环保意识关系的调节效应[J]. 旅游学刊, 2011, 26(8): 80-86.

[77] 刘曙霞. 新媒体视角下乡村旅游社区参与机制研究[J]. 吉首大学学报(社会科学版), 2017, 38(12): 19-22.

[78] 刘旺, 蒋敬. 旅游发展对民族社区社会文化影响的乡土视野研究框架[J]. 经济地理, 2011, 31(6): 1025-1030.

[79] 刘旺, 王汝辉. 文化权理论在少数民族社区旅游发展中的应用研究——以四川省理县桃坪羌寨为例[J]. 旅游科学, 2008, 22(2): 63-68.

[80] 刘闻达. 行动者网络理论的经济地理学哲学思考[J]. 文教资料, 2013, 56(3): 79-80.

[81] 刘宣, 王小依. 行动者网络理论在人文地理领域应用研究述评[J]. 地理科学进展, 2013, 32(7): 1139-1147.

[82] 龙安娜, 张英, 游葭露. 民族地区旅游资源开发与精准扶贫研究——以湘西土家族苗族自治州为例[J]. 2016, 34(11): 87-91, 107.

[83] 娄缤元, 夏建中. 从个人到社会:社会资本理论研究取向的转变[J]. 新视野, 2013, 30(5): 103-106.

[84] 卢小丽. 居民旅游影响感知、态度与参与行为研究[J]. 科研管理, 2012, 33(10): 138-144.

[85] 陆军, 潘善环. 多维视野中的民族旅游开发[J]. 桂林旅游高等专科学校学报, 2003, 14(5): 58-62.

[86] 罗敏. 民族村寨旅游市场吸引力评价体系构建及实证检验[J]. 中央民族大学学报(自然科学版), 2015, 23(2): 30-34.

[87] 罗晓春, 谷雨, 倪晓昉, 等. 云南少数民族居民心理和谐与生活质量关系研究[J]. 中国健康教育, 2014, 30(1): 27-30.

[88] 罗永常. 浅谈原生态少数民族社区文化旅游的适度开发——以贵州黔东南为例[J]. 贵州民族研究, 2009, 29(5): 98-102.

[89] 罗中玺, 袁凤琴. 区域民族旅游节庆策略研究——以贵州省铜仁地区节庆为例[J]. 贵州民族研究, 2010, 32(4): 75-79.

[90] 吕淑芳. "增权"视域下女性参与生态农业旅游动机的实证研究[J]. 云南农业大学学报, 2015, 9(5): 28-32, 41.

[91] 马冬艳. 旅游增权、社区参与和公平感知的关系研究——以四川理县桃坪羌寨为例[J]. 中央民族大学学报(哲学社会科学版), 2015, 42(4): 104-111.

[92] 马海涛, 苗长虹, 高军波. 行动者网络理论视角下的产业集群学习网络构建[J]. 经济地理, 2009, 29(8): 1327-1331.

[93] 马晓玲. 关于城市"民族互嵌式"社区的内涵思考[J]. 中南民族大学学报(人文社会科学版), 2016, 36(1): 15-19.

[94] 马骅. 关于民族旅游可持续发展的思考[J]. 中南民族大学学报(人文社会科学版), 2017, 37(6): 126-130.

[95] 牛云峰. 加快推进新疆少数民族经济社会发展的必要性和重要性[J]. 中共伊犁州委党校学报, 2010, 22(2): 41-43.

[96] 潘炳韬, 周林刚. 助残公益组织完善增权机制探讨——基于社会资本理论的分析[J]. 残疾人研究, 2011, 1(3): 57-62.

[97] 潘立新. 消费需求:民族地区旅游管理提升的逻辑起点[J]. 贵州民族研究, 2015, 36(4): 140-143.

[98] 潘植强, 梁保尔, 吴玉海, 等. 社区增权:实现社区参与旅游发展的有效途径[J]. 旅游论坛, 2014, 7(6): 43-49.

[99] 彭建, 王剑. 中外社区参与旅游研究的脉络和进展[J]. 中央民族大学学报(哲学社会科学版), 2012, 39(3): 133-141.

[100] 彭宗兰. 民族村寨旅游服务标准化建设的现实意义[J]. 产业与科技论坛, 2017, 16(20): 18-19.

[101] 黔东南年鉴编纂委员会. 2017黔东南年鉴[J]. 昆明: 云南科技出版社, 2017: 74-76.

[102] 秦兆祥. 内蒙古民族传统文化旅游资源的保护性开发[J]. 贵州民族研究, 2017, 38(11): 181-184.

[103] 邱新艳, 李伟. 西双版纳民族社区居民参与旅游后的归属感研究[J]. 旅游纵览(下半月), 2013, 3(2): 81-84.

[104] 仟瀚. 基于行动者网络理论的区域旅游创新发展研究[J]. 开放导报, 2012, 21(6): 87-90.

[105] 石敏. 从"稻鱼鸭共生系统"看侗族的原生饮食——以贵州从江县稻鱼鸭共生系统为例[J]. 中国农业大学学报(社会科学版), 2016, 33(3): 76-82.

[106] 时少华. 社会资本、旅游参与意识对居民参与旅游的影响效应分析——以北京什刹海社区为例[J]. 地理研究与开发, 2015, 34(3): 101-106.

[107] 宋惠芳. 社区增权:中国基层社会管理新视角[J]. 北京科技大学学报(社会科学版), 2017, 33(6): 81-86, 94.

[108] 孙永龙, 王生鹏. 民族村落文化的旅游价值及开发利用[J]. 资源开发与市场, 2015, 31(3): 375-377.

[109] 谭日辉, 罗树杰. 民族旅游展示和阐释中的科学性问题刍议——以广西宜州市刘三姐故里旅游区为例[J]. 广西民族研究, 2017, 33(4): 132-137.

[110] 唐顺铁. 旅游目的地的社区化及社区旅游研究[J]. 地理研究, 1998, 17(2): 145-149.

[111] 唐为, 陆云航. 社会资本影响农民收入水平吗——基于关系网络、信任与和谐视角的实证分析[J]. 经济学家, 2011, 23(9): 77-85.

[112] 唐咏. 中国增权理论研究述评[J]. 社会科学家, 2009, 24(1): 18-20.

[113] 唐仲霞,肖景义,何明花,等.民族旅游社区多主体共生因素分析——以青海三个社区为例[J].青海师范大学学报(哲学社会科学版),2017,39(4):47-52.

[114] 田敏,撒露莎,邓小艳.民族旅游开发与民族村寨文化保护及传承比较研究——基于贵州、湖北两省三个民族村寨的田野调查[J].广西民族大学学报(哲学社会科学版),2012,34(5):88-94.

[115] 田敏.民族社区社会文化变迁的旅游效应再认识[J].中南民族大学学报(人文社会科学版),2003,23(5):40-44.

[116] 汪洁,王洪亮.基于行动者网络理论的创新生态系统模型构建[J].商业时代,2014,33(12):36-38.

[117] 王超,杨春宇.文化软实力视角下贵州民族旅游发展战略研究——以态势分析方法为工具[J].吉林师范大学学报(人文社会科学版),2015,37(3):101-105.

[118] 王纯阳,黄福才.从"社区参与"走向"社区增权"——开平碉楼与村落为例[J].人文地理,2013,28(1):141-149.

[119] 王华,龙慧,郑艳芬.断石村社区旅游:契约主导型社区参与及其增权意义[J].人文地理,2015,30(5):106-110.

[120] 王华,郑艳芬.遗产地农村社区参与旅游发展的制度嵌入性——丹霞山瑶塘村与断石村比较研究[J].地理研究,2016,35(6):1164-1176.

[121] 王焕茹,罗永常,尚海龙,何烈孝.全域旅游视角下民族地区旅游业发展的策略研究——以黔东南州为例[J].中国市场,2018,24(2):238-240.

[122] 王会战,李树民,李梦.文化遗产地社区居民旅游增权测度研究[J].北京第二外国语学院学报,2015,37(5):56-63.

[123] 王鹏辉.新疆民族旅游的社会文化影响研究[J].北京第二外国语学院学报,2006,28(7):67-74,60.

[124] 王力,王琼.少数民族旅游发展的民生保障机制与策略研究[J].贵州民族研究,2017,38(12):173-177.

[125] 王奇.近十年来国内乡村旅游社区参与研究综述[J].旅游纵览(下半月),2013,3(9):71-72.

[126] 王汝辉,罗晓彬.西部民族旅游开发中民居接待供给制度的效率研究[J].四川师范大学学报(社会科学版),2009,36(3):118-122.

[127] 王三北,高亚芳.价值理性的回归:民族社区旅游发展中文化传承功能的升级演进——以红柳湾和官鹅沟为例[J].民族研究,2008,51(3):31-40.

[128] 王世靓,王伯承.公共性视野下的民族互嵌型社区探析[J].西南民族大学学报(人文社会科学版),2017,39(12):49-54.

[129] 王霄,胡军.社会资本结构与中小企业创新——一项基于结构方程模型的实证研究[J].管理世界,2005,21(7):116-122,171.

[130] 王学基,孙九霞.民族旅游地的文化展示与"旅游域"构建——以三亚槟榔谷为例[J].旅游论坛,2015,8(2):23-30.

[131] 王亚娟. 社区参与旅游的制度性增权研究[J]. 旅游科学, 2012, 26(3): 18-26, 94.

[132] 王增鹏. 巴黎学派的行动者网络理论解析[J]. 科学与社会, 2012, 32(4): 28-43.

[133] 王兆峰, 鹿梦思. 民族地区旅游市场结构、游客行为与感知分析——以湘西州为例[J]. 西南民族大学学报(人文社科版), 2016, 42(12)148-153.

[134] 王兆峰, 向秋霜. 基于MOA模型的武林山区社区居民参与旅游扶贫研究[J]. 中央民族大学学报(哲学社会科学版), 2017, 44(6): 94-102.

[135] 吴良平. 流动人口与新疆嵌入式民族社会结构构件——以新疆石河子市明珠社区汉族流动人口春节族际互动网络为例[J]. 西南民族大学学报(人文社会科学版), 2016, 42(2): 31-36.

[136] 吴其付. 旅游开发下民族社区精英成长与文化认同——以北川羌族自治县五龙寨为例[J]. 重庆文理学院学报(社会科学版), 2013, 32(4): 17-21.

[137] 吴其付. 民族旅游文献中的文化认同研究[J]. 广西民族研究, 2011, 26(1): 191-198.

[138] 吴修林, 陈慧钧. 少数民族旅游演艺特色品牌的营造与提升——以张家界为例[J]. 求索, 2011, 31(10): 90-91, 57.

[139] 吴永明. 建国以来西南少数民族地区社会发展研究综述[J]. 云南民族大学学报(哲学社会科学版), 2012, 29(6): 61-66.

[140] 吴忠军, 韦俊峰, 王佳果. 民族旅游标准化建设探讨[J]. 标准科学, 2015, 52(3): 20-24.

[141] 吴忠军, 韦俊峰. 国内民族旅游研究综述[J]. 广西经济管理干部学院学报, 2014, 26(1): 65-71.

[142] 伍百军. 增权:女性参与农业旅游的模式选择——以广东罗定连州镇为例[J]. 旅游研究, 2014, 6(3): 14-19.

[143] 肖琼. 基于利益相关者的民族旅游城镇可持续发展研究[J]. 城市发展研究, 2009, 16(10): 102-105.

[144] 萧跃. "侗乡第一寨"肇兴[J]. 中国地名, 2017, 34(4): 54-55.

[145] 谢菲. 民族地区特色文化旅游景观生产、市场感知及其发展路径——以广西三江侗族自治县为例[J]. 西南边疆民族研究, 2017, 22(1): 165-173.

[146] 谢维光, 杨光, 刘彦亮. 民族旅游与文化变迁的核心问题探讨[J]. 对外经贸, 2013, 27(10): 65-66, 106.

[147] 修新田, 陈秋华. 山村社区参与森林旅游发展的增权路径研究[J]. 林业经济, 2014, 36(3): 96-101, 107.

[148] 许勇, 江婷婷, 方亚丽. 黔东南:"三大战略"助推跨越发展[J]. 当代贵州, 2017, 23(15): 46-47.

[149] 胥兴安, 孙凤芝, 王立磊. 居民感知公平对社区参与旅游发展的影响研究——基于社区认同的角度[J]. 中国人口·资源与环境, 2015, 25(12): 113-120.

[150] 徐刚. 基于隐私分析的民族地区旅游目的地营销战略研究——以贵州省黔东南为例[J]. 贵州民族研究, 2014, 35(7): 150-153.

[151] 宣平. 贵州肇兴侗寨旅游发展分析[J]. 旅游纵览(下半月), 2017, 27(12): 91-92.

[152] 薛瑞. 肇兴侗寨村寨旅游文化开发存在的问题及其对策[J]. 旅游纵览(下半月), 2017, 27(1): 122-123.

[153] 薛熙明, 叶文. 旅游影响下滇西北民族社区传统生态文化变迁机制研究[J]. 贵州民族研究, 2011, 32(5): 108-114.

[154] 颜庭干, 雷天来. 村落旅游社区参与的实证研究——以江西省婺源县长溪村为例[J]. 安徽农业科学, 2013, 41(4): 1592-1594, 1600.

[155] 杨军昌. 贵州民族人口数量的变动历程与分析[J]. 人口·社会·法制研究 2015—2016年卷, 2017, 8(1): 3-17.

[156] 杨佳润, 甘德彬, 郭向阳, 马从明. 精准扶贫背景下的旅游扶贫路径研究[J]. 旅游纵览, 2016, 26(8): 182-183.

[157] 杨静. 基于精准扶贫背景下贵州省乡村旅游开发利用模式研究[J]. 旅游纵览, 2016, 26(2): 200-201.

[158] 杨素. 基于社区参与的旅游景区管理[J]. 旅游纵览(下半月), 2015, 29(5): 61.

[159] 杨曦, 金倩. 民族旅游对当地居民主观幸福感的影响研究——以西江千户苗寨为例[J]. 佳木斯职业学院学报, 2016, 33(12): 431-432.

[160] 杨艳. "一带一路"语境下滇西北边境少数民族旅游扶贫研究[J]. 中央民族大学学报(哲学社会科学版), 2018, 45(2): 65-74.

[161] 杨洋, 朱正斌, 蔡溢, 等. 乡村旅游地居民社区参与满意度结构关系研究——基于贵州镇远铁溪乡村旅游地居民旅游影响感知分析[J]. 贵州师范大学学报(自然科学版), 2016, 34(3): 25-31, 84.

[162] 杨主泉, 白鹭. 国内社区参与生态旅游研究进展述评[J]. 旅游纵览(下半月), 2013, 3(4): 182-185.

[163] 姚伟钧, 霍晓丽. 文化产业视域下民族旅游文化产业的发展——以湘西捞车古村寨为例[J]. 中国海洋大学学报(社会科学版), 2015, 28(1): 98-102.

[164] 叶小青. 民族旅游社区居民主观幸福感实证研究——以浙江畲族为例[J]. 贵州民族研究, 2017, 38(6): 38-43.

[165] 尹立军. 基于原真性认识的民族旅游目的地演化与重构[J]. 湖北社会科学, 2013, 27(11): 94-96.

[166] 禹紫灵. 多民族社区和谐民族关系建设研究——以云南为例[J]. 学术探索, 2016, 24(10): 75-80.

[167] 袁荣珊. 增权理论的内容及其产生的政治思想基础[J]. 法制与社会, 2008, 3(17): 234.

[168] 张补宏, 徐施. 民族旅游真实性研究及保护模式探讨[J]. 地理与地理信息科学, 2010, 26(3): 105-108.

[169] 张福春, 廖洪泉. 度假旅游背景下贵州旅游供给侧改革问题研究[J]. 安顺学院学报, 2017, 19(6): 110-113.

[170] 张河清,廖碧芯,陈韵,等. 滨海旅游社区增权的指标体系与实证研究——以广东阳江海陵岛为例[J]. 陕西师范大学学报(自然科学版),2017,45(3):94-99.

[171] 张机,徐红罡. 民族旅游中的主客互动研究:基于符号互动论视角[J]. 思想战线,2012,38(3):116-119.

[172] 张恒. 多彩贵州风景正好——第十二届贵州旅游产业发展大会观察[J]. 当地贵州,2017,23(47):28-29.

[173] 张璟,王永贵,刘文霞. 互联网+模式下民族旅游服务营销的民族展示策略[J]. 贵州民族研究,2015,36(10):164-167.

[174] 张培,喇明清. 民族地区旅游目的地营销绩效评估研究[J]. 西南民族大学学报(人文社会科学版),2015,41(3):135-139.

[175] 张锐,张宝成. 少数民族地区经济社会发展的现状及政策分析[J]. 前沿,2011,33(7):156-161.

[176] 张婷婷. 基于文化视角下的社区参与民族地区旅游开发研究[J]. 南方论坛,2015,27(2):89-90.

[177] 张文明,陈丹,朱根,陈菁,李忠莉. 基于社会资本理论的农民灌溉水价支付意愿影响因素分析模型[J]. 水利经济,2010,28(2):36-40.

[178] 张耀一. 乡村旅游社区参与开发模式与利益分配机制研究[J]. 农业经济,2017,37(3):65-66.

[179] 张志泽,高永久. 传统民族社区治理现代化视域下的社会组织发展[J]. 贵州民族研究,2016,37(8):27-34.

[180] 赵强. 城市治理动力机制:行动者网络理论视角[J]. 行政论坛,2011,18(1):74-77.

[181] 赵巧艳. 布迪厄实践理论视角下民族旅游与社会性别的互动——以龙胜金坑红瑶为例[J]. 人文地理,2011,26(6):67-71.

[182] 赵雪雁. 社会资本测量研究综述[J]. 中国人口·资源与环境,2012,22(7):127-133.

[183] 赵芸. 基于智慧旅游的贵州旅游业发展策略研究[J]. 宏观经济管理,2017,33(S1):8-9.

[184] 郑辽吉. 丹东边境旅游产品创新与联合开发——基于行动者-网络理论观点[J]. 世界地理研究,2009,18(2):128-134.

[185] 郑永君. 青少年社区矫正对象的社会支持及其增权机制[J]. 青年探索,2017,35(2):36-44.

[186] 郑元凯. 校园分层视域下高校特殊学生群体"增权"路径[J]. 重庆交通大学学报(社会科学版),2017,17(4):138-141.

[187] 中国民族年鉴编辑部. 中国民族年鉴[J]. 北京:中国民族年鉴编辑部,2015:370-374.

[188] 中华人民共和国国家旅游局. 中国旅游统计年鉴[J]. 北京:中国旅游出版社,2002,2005,2008,2011,2014,2017.

[189] 中华人民共和国国家统计局. 中国统计年鉴[J]. 北京:中国统计出版社,2016:

573-593.

[190] 钟洁. 中国民族旅游与少数民族女性问题研究进展[J]. 妇女研究论丛, 2010, 19(2): 83-87.

[191] 周标. 行动者网络理论与西南少数民族旅游文化翻译[J]. 贵州民族研究, 2013, 34(3): 67-70.

[192] 周杰, 杨兮, 张凤太. 少数民族村寨社区参与旅游发展的特征及内涵解析[J]. 黑龙江民族丛刊, 2013, 29(5): 92-97.

[193] 周娟. 社会资本概念与测量的理论研究综述[J]. 改革与开放, 2010, 25(20): 80-81.

[194] 周立军. 社会资本视域下西北边疆地区多民族社区治理创新研究[J]. 新疆社科论坛, 2015, 27(4): 106-110.

[195] 周丽洁. 民族旅游对非物质文化遗产保护与传承的影响——基于湖南省湘西地区的调查与思考[J]. 中州学刊, 2010, 32(4): 131-133.

[196] 周涛, 鲁耀斌. 基于社会资本理论的移动社区用户参与行为研究[J]. 管理科学, 2008, 21(3): 43-50.

[197] 周学军, 李勇汉. 社区居民的扶贫旅游参与意愿研究——基于旅游影响感知、态度的视角[J]. 技术经济与管理研究, 2017, 38(7): 26-30.

[198] 周真刚. 近二十年来贵州少数民族村寨聚落研究综述[J]. 贵州民族研究, 2012, 33(1): 31-41.

[199] 朱峰, 保继刚, 项怡娴. 行动者网络理论与旅游研究方式创新[J]. 旅游学刊, 2012, 27(11): 24-31.

[200] 朱盼玲. 从"帮扶"到"增权": 学校社会工作介入贫困生就业的策略转变[J]. 当代青年研究, 2017, 37(6): 24-28.

[201] 朱万春. 基于特色民族文化的贵州文化旅游发展创新区研究[J]. 贵州民族研究, 2014, 35(3): 141-145.

[202] 朱元秀. 生态旅游发展中的社区参与典型模式比较与分析[J]. 商业时代, 2015, 34(35): 137-139.

[203] 祝霞, 王强, 邹莹. 社区居民视角下少数民族旅游村寨社区边缘化研究——以贵州西江千户苗寨为例[J]. 时代农机, 2015, 42(10): 75-76.

[204] 邹海霞, 杨文健. 重大基础设施项目对少数民族社区发展影响的实证研究——以桂中水南高速项目中的兴科村为例[J]. 中央民族大学学报(哲学社会科学版), 2014, 41(6): 46-52.

[205] 邹丽敏, 张嘉雯, 姆丽德·包尔江, 等. 少数民族地区旅游目的地选择影响因素研究[J]. 市场周刊(理论研究), 2017, 16(3): 36-38.

[206] 左冰, 保继刚. 从"社区参与"走向"社区增权"——西方"旅游增权"理论研究述评[J]. 旅游学刊, 2008, 23(4): 58-63.

[207] 左冰, 保继刚. 制度增权:社区参与旅游发展之土地权利变革[J]. 旅游学刊, 2012, 27(2): 23-31.

[208] 左冰. 社区参与：内涵、本质与研究路向[J]. 旅游论坛，2012，5(5)：1-6.

(四) 中文报纸文献

[1] 白洋. 代表委员聚焦贵州旅游——树"品牌"才能促发展[N]. 贵阳晚报，2016-01-28(A11).

[2] 佚名. 二零一三年贵州旅游十大亮点[N]. 中国旅游报，2014-01-06(15).

(五) 中文会议论文集文献

[1] 乐后明，武博. 企业人际和谐量表构建与信效度检验——基于社会资本理论的视角[C]. 第六届(2011)中国管理学年会——组织行为与人力资源管理分会场论文集，2011：233-341.

(六) 中文网络文献

[1] 国家统计局. 第六次全国人口普查主要数据发布[EB/OL]. http://www.stats.gov.cn/ztjc/zdtjgz/zgrkpc/dlcrkpc/dcrkpcyw/201104/t20110428_69407.htm，2011-04-28.

[2] 黔东南微报. 大美黔东南魅力耀四方——2017黔东南旅游发展综述[EB/OL]. (2017-12-14)[2020-12-11]. http://www.sohu.com/a/212454080_654922.

[3] 黔讯网. 2017年贵州接待海内外游客7.44亿人次总收入7116亿[EB/OL]. (2018-02-07)[2020-12-11]. http://news.sina.com.cn/c/2018-02-07/doc-ifyrkrva4467568.shtml.

[4] 杨理显. 黎平县2017年旅游收入达38亿[EB/OL]. (2018-01-17)[2020-12-11]. http://www.qdnrbs.cn/news/content/2018-01/17/102_11023.html.

[5] 吴家贤. 肇兴旅游开发思考[EB/OL]. (2012-04-10)[2020-12-11]. http://wenku.baidu.com/link?url=JNq3 mbFWni8MPqGtH4U6uv_LzVDoa89XjjIEzjrx6gCGeMfMGHXWij7oJBCde2kl0Bsb4UeDN54T34fmRSsr_7PCsS_411Yndt1wYpFLA3a.

[6] 吴志培. "公益捐步"给黎平县肇兴景区带来的微妙变化[EB/OL]. (2016-05-31)[2020-12-11]. http://www.qdnwm.gov.cn/index.php?m=content&c=index&a=show&catid=23&id=16982，2016-05-31.

二、英文文献(按作者姓氏拼音字母排列)

(一) 英文专著

[1] Basford L, Slevin O. Theory and Practice of Nursing: An Integrated Approach to Caring Practice[M]. London: Campion Press, 2003:69-73.

[2] Behrouzi M. Democracy as the Political Empowerment of the People: The Betrayal of an Ideal[M]. New York: Lexington Books, 2006:67-70.

[3] Bourdieu P. The Forms of Capital. In Handbook of Theory and Research for the Sociology of Education[M]. New York: Greenwood Press. 1986:241-259.

[4] Bricker K, Black R, Cottrell S. Sustainable Tourism & The Millennium Development Goals: Effecting Positive Change[M]. Burlington: Jones & Bartlett Learning, 2012:

58-60.

[5] Fenwick T, Edwards R. Actor-Network Theory in Education[M]. Abingdon: Routledge, 2010:39-56.

[6] Fisher A T, Sonn C C, Bishop B J. Psychological Sense of Community: Research, Applications and Implications[M]. New York: Springer, 2012:245-246.

[7] Ginnodo B. ThePower of Empowerment: What the Experts Say and 16 Actionable Case Studies[M]. Arlington Heights: Pride Publications, 1994:15-17.

[8] Jacobs J. The Death and Life of Great American Cities[M]. New York: Random House, 1961:137-140.

[9] Kinlaw D C. The Practice of Empowerment: Making the Most of Human Competence [M]. Aldershot: Gower, 1995:105-106.

[10] Kirst-Ashman K K. Human Behavior, Communities, Organizations, and Groups in the Macro Social Environment: An Empowerment Approach [M]. Belmont: Thomson, 2007:266-267.

[11] Latour Bruno. Reassembling the Social: An Introduction to Actor-network-theory [M]. Oxford: Oxford University Press, 2005:25-300.

[12] Law J, Hassard J. Actor Network Theory and After[M]. New York: Wiley, 1999:15-25.

[13] Lin N. Social Capital: A Theory of Social Structure and Action[M]. New York: Cambridge University Press, 2002:19-25.

[14] Mancoske R J, Hunzeker J M. Empowerment Based Generalist Practice: Direct Services with Individuals[M]. New York: Cummings and Hathaway, 1989:14-15.

[15] Meade R, Shaw M, Sarah B. Politics, Power and Community Development[M]. Bristol: Policy Press, 2016:10-15.

[16] Mullender A, Ward D, Fleming J. Empowerment in Action: Self-directed Groupwork [M]. Basingstoke: Palgrave Macmillan. 2013:25-27.

[17] Narayan D P. Empowerment and Poverty Reduction: A Sourcebook[M]. Washington DC: The World Bank, 2002:14.

[18] Narayan D P. Measuring Empowerment: Cross-disciplinary Perspectives [M]. Washington DC: The World Bank, 2005:310-312.

[19] O'Rourke N, Hatcher L. A Step-by-Step Approach to Using SAS for Factor Analysis and Structural Equational Modeling[M]. Cary: SAS Instibute Inc., 2013:250.

[20] Organization for Economic Co-Operation and Development. Poverty Reduction and Pro-poor Growth: The Role of Empowerment[M]. Sydney: OECD, 2012:18.

[21] Patel N V. Critical System Analysis and Design: A Personal Framework Approach [M]. Abingdon: Routledge, 2014:31-35.

[22] Pauknerova K, Stella M, Gibas P. Non-Humans in Social Science: Ontologies,

Theories and Case Studies[M]. Cerveny Kostelec: Pavel Mervart, 2014:38-40.

[23] Peters B J. The Head Start Mother: Low-income Mothers' Empowerment through Participation[M]. London: Garland Publishing, 1998:28.

[24] Potterfield T A. The Business of Employee Empowerment: Democracy and Ideology in the Workplace[M]. London: Quorum Books, 1999:50-51.

[25] Putnam R D. Bowling Alone: Revival of American Community[M]. New York: Simon & Schuster Paperbacks, 2000:20-21.

[26] Putnam R D. Making Democracy Work: Civic Traditions in Modern Italy[M]. Princeton: Princeton University Press, 1993:167.

[27] Rappaport J, Seidman E. Handbook of Community Psychology[M]. Berlin: Springer, 2000:44.

[28] Rappaport J, Swift C, Hess R. Studies in Empowerment: Steps toward Understanding and Action[M]. New York: Routledge, 2013:15-16.

[29] Singh S. Timothy D J, Dowling R K. Tourism in Destination Communities[M]. Wallingford: CABI Publishing, 2003:234.

[30] Solomon B, Black B. Empowerment: Social Work in Oppressed Communities[M]. New York: Cambridge University Press, 1976:20-21.

[31] Stromquest S. Solidarity and Survival: An Oral History of Iowa Labor in the Twentieth Century[M]. Iowa City: University of Iowa Press, 1993:33-34.

[32] Talbot L, Verrinder G. Promoting Health: The Primary Health Care Approach[M]. Chatswood: Elsevier, 2010:60-62.

[33] Tatnall A. Actor-Network-Theory and Technology Innovation: Advancements and New Concepts[M]. Hershey: Information Science Reference, 2010:148-150.

[34] Teater B. An Introduction to Applying Social Work Theories and Methods[M]. Maidenhead: Open University Press, 2014:57-60.

[35] Wall G, Yang L. Planning for Ethnic Tourism[M]. Surrey: Ashgate, 2014:2-4.

(二) 英文学位论文

[1] Spreitzer G M. When organizations dare: The dynamics of individual empowerment in the workplace[D]. Ann Arbor: Doctoral dissertation of the University of Michigan, 1992: 6-26.

(三) 英文期刊论文

[1] Arezzo M F, Giudici C. The effect of social capital on health among European older adults: an instrumental variable approach[J]. Social Indicators Research, 2017, 134(1): 153-166.

[2] Adler P S, Kwon S. Social Capital: prospects for a new concept[J]. Academy of Management Review, 2002, 27(1): 17-40.

[3] Afandi E, Kermani M, Mammadov F. Social capital and entrepreneurial process[J].

International Entrepreneurship and Management Journal, 2017, 13(3): 685-716.

[4] Afiff S, Lowe C. Claiming indigenous community: political discourse and natural resource rights in Indonesia[J]. Alternatives. 2007, 32(1):73-98.

[5] Akama J S. Western environment values and nature-based tourism in Kenya[J]. Tourism Management, 1996, 17(8): 567-574.

[6] Allen C D. On Actor-Network Theory and landscape[J]. Area, 2011, 43(3): 274-280.

[7] Ansari S, Munir K, Gregg T. Impact at the 'bottom of the pyramid': the role of social capital in capability development and community empowerment[J]. Journal of Management Studies, 2012, 49(4): 813-842.

[8] Arambiza E, Painter M. Biodiversity conservation and the quality of life of indigenous people in the Bolivian Chaco[J]. Human Organization, 2006, 65(1): 20-34.

[9] Araten-Bergman T, Stein M A. Employment, social capital and community participation among Israelis with disabilities[J]. Work, 2014, 48(3): 381-390.

[10] Arnaboldi M, Spiller N. Actor-network theory and stakeholder collaboration: the case of Cultural Districts[J]. Tourism Management, 2011, 32(3): 641-664.

[11] Aslan A. Tourism development and economic growth in the Mediterranean countries: evidence from panel Granger causality tests[J]. Current Issues in Tourism, 2014, 17(4): 363-372.

[12] Attanasi C, Casoria F, Centorrino S, et al. Cultural investment, local development and instantaneous social capital: a case study of a gathering festival in the South of Italy[J]. The Journal of Socio-Economics, 2013, 47(6): 228-247.

[13] Auld G, Snyder I, Henderson M. Using mobile phones as placed resources for literacy learning in a remote indigenous community in Australia[J]. Language and Education, 2012, 26(4): 279-296.

[14] Barnes R. Exploring emotionality, and civic empowerment and engagement in online participation: acase study of community reporting website Homicide Watch DC[J]. Media International Australia, 2017, 158(1): 112-123.

[15] Bauer I. The health impact of tourism on local and indigenous populations in resource-poor countries[J]. Travel Medicine and Infectious Disease, 2008, 6(5): 276-291.

[16] Bennett N, Lemelin R, Koster R, et al. A capital assets framework for appraising and building capacity for tourism development in aboriginal protected area gateway communities[J]. Tourism Management, 2012, 33(4): 752-766.

[17] Biddle N. The relationship between community and individual measures of wellbeing: comparisons by remoteness for indigenous Australians [J]. Australian Geographer, 2014, 45(1): 53-69.

[18] Blangy S, Donohoe H M, Mitchell S. Current issues in method and practice: developing a geocollaboratory for Indigenous tourism research[J]. Current Issues in

Tourism, 2012, 15(7): 693-706.

[19] Boley B B, McGehee N G, Perdue R R, et al. Empowerment and resident attitudes toward tourism: strengthening the theoretical foundation through a Weberian lens [J]. Annals of Tourism Research, 2014, 49(5): 33-50.

[20] Boley B B, McGehee N G. Measuring empowerment: developing and validating the resident empowerment through tourism scale (RETS)[J]. Tourism Management, 2014, 45(1): 85-94.

[21] Boley B B, McGehee Nancy G, Perdue R R, et al. Empowerment and resident attitudes toward tourism: strengthening the theoretical foundation through a Weberian lens[J]. Annals of Tourism Research, 2014, 49(5): 33-50.

[22] Bondzi-Simpson A, Ayeh J K. Serving indigenous dishes in hotels: An inquiry into the conative response of menu decision makers [J]. International Journal of Hospitality Management, 2017, 67(1): 115-124.

[23] Bonner B, Chiasson M, Gopal A. Restoring balance: how history tilts the scales against privacy: an actor-network theory investigation [J]. Information and Organization. 2009, 19(2): 84-102.

[24] Books B, Hogan B, Elison N, et al. Assessing structural correlates to social capital in Facebook ego networks[J]. Social Networks, 2014, 38(1): 1-15.

[25] Booth A L, Skelton N W. "There's a conflict right there": integrating indigenous community values into commercial forestry in the Tl'azt'en First Nation[J]. Society & Natural Resources, 2011, 24(4): 368-383.

[26] Brown J, Fraehlich C, Debassige A. Benefits of working in the aboriginal community: perspectives of staff in urban aboriginal family service organizations[J]. The British Journal of Social Work, 2013, 43(6): 1130-1149.

[27] Butler G. Fostering community empowerment and capacity building through tourism: perspectives from Dullstroom, South Africa[J]. Journal of Tourism and Cultural Change, 2017, 15(3): 199-212.

[28] Buultjens J, Brereton D, Mennott P, et al. The mining sector and indigenous tourism development in Weipa, Queensland [J]. Tourism Management, 2010, 31(5): 597-606.

[29] Buultjens J, Gale D, White N. E. Synergies between Australian indigenous tourism and ecotourism: possibilities and problems for future development[J]. Journal of Sustainable Tourism, 2010, 18(4): 497-513.

[30] Buultjens J, Gale D. Facilitating the development of Australian indigenous tourism enterprises: the business ready program for indigenous tourism [J]. Tourism Management Perspectives, 2013, 2(1): 41-50.

[31] Buzinde C N, Manuel-Navarrete D. The social production of space in tourism

enclaves: Mayan children's perceptions of tourism boundaries[J]. Annals of Tourism Research, 2013, 43(4): 482-505.

[32] Buzinde C N, Santos C A, Smith S L J. Ethnic representations: destination Imagery [J]. Annals of Tourism Research, 2006, 33(3): 707-728.

[33] Camacho F M. Competing rationalities in water conflict: mining and the indigenous community in Chiu Chiu, El Loa Province, northern Chile[J]. Singapore Journal of Tropical Geography, 2012, 33(1): 93-107.

[34] Campbell C, McLean C. Representations of ethnicity in people's accounts of local community participation in a multi-ethnic community in England[J]. Journal of Community & Applied Psychology, 2002, 12(1): 13-29.

[35] Canavan B. Tourism culture: nexus, characteristics, context and sustainability[J]. Tourism Management, 2016, 53(1): 229-243.

[36] Carr E S. Rethinking empowerment theory using a feminist lens: The importance of process[J]. Affilia-Journal of Women and Social Work, 2003, 18(1): 8-20.

[37] Cassel S. Performing identity and culture in Indigenous tourism-a study of Indigenous communities in Québec, Canada[J]. Journal of Tourism and Cultural Change, 2017, 15(1): 1-14.

[38] Chang J, Wall G, Hung J. Tourists' perception of aboriginal heritage souvenirs[J]. Asia Pacific Journal of Tourism Research, 2012, 17(6): 684-700.

[39] Clark I D. Naming sites: names as management tools in indigenous tourism sites — an Australian case study[J]. Tourism Management, 2009, 30(1): 109-111.

[40] Cohen E, Cohen S A. Current sociological theories and issues in tourism[J]. Annals of Tourism Research, 2012, 39(4): 2177-2202.

[41] Cole S. Beyond authenticity and commodification[J]. Annals of Tourism Research, 2007, 34(4): 943-960.

[42] Coleman J S. Social capital in the creation of human capital[J]. American Journal of Sociology, 1988, 94(S): 95-120.

[43] Colman J S. Social capital in the creation of human capital[J]. American Journal of Sociology, 1988, 94(Supp. 1): 95-120.

[44] Coria J, Calfucura E. Ecotourism and the development of indigenous communities: the good, the bad, and the ugly[J]. Ecological Economics, 2012, 73(1): 47-55.

[45] Cover R. Community print media: perceiving minority community in multicultural South Australia[J]. Journal of Media & Cultural Studies, 2013, 27(1): 110-123.

[46] Craven C E. Refusing to be toured: work, tourism, and the productivity of "life" in the Colombian Amazon[J]. Antipode, 2016, 48(3): 544-562.

[47] Cuni-Sanchez A, Pfeifer M, Marchant R, et al. Ethnic and locational differences in ecosystem service values: insights from the communities in forest islands in the

desert[J]. Ecosystem Service, 2016, 19(1): 42-50.

[48] d'Hauteserre A. Government policies and indigenous tourism in New Caledonia[J]. Asia Pacific Journal of Tourism Research, 2010, 15(3): 285-303.

[49] Daldeniz B, Hampton Mark P. Dive tourism and local communities: active participation or subject to impacts? case studies from Malaysia[J]. International Journal of Tourism Research, 2013, 15(5): 507-520.

[50] Daldeniz B, Hamton M P. Dive tourism and local communities: active participation or subject to impacts? Case studies from Malaysia[J]. The International Journal of Tourism Research, 2013, 15(5): 507-520.

[51] Dedeke A. Creating sustainable tourism ventures in protected areas: an actor-network theory analysis[J]. Tourism Management, 2017, 61(1): 161-172.

[52] Diep N A, Cocquyt C, Zhu C, et al. Predicting adult learners' online participation: effects of altruism, performance expectancy, and social capital[J]. Computers & Education, 2016, 101(1): 84-101.

[53] Drew E M. Strategies for antiracist representation: ethnic tourism guides in Chicago[J]. Journal of Tourism and Cultural Change, 2011, 9(2): 55-69.

[54] Dyer P, Aberdeen L, Schuler S. Tourism impacts on an Australian indigenous community: a Djabugay case study[J]. Tourism Management, 2003, 24(1): 83-95.

[55] Engbers T A, Thompson M F, Slaper T F. Theory and measurement in social capital research[J]. Social Indicators Research, 2017, 132(2): 537-558.

[56] Fallon L D, Kriwoken L K. Community involvement in tourism infrastructure—the case of the Strahan visitor center, Tasmania[J]. Tourism Management, 2003, 24(3): 289-308.

[57] Fan Y, Zheng Q, Liu S, Li Q. Construction of a new model of job engagement, psychological empowerment and perceived work environment among Chinese registered nurses at four large university hospitals: implications for nurse managers seeking to enhance nursing retention and quality of care[J]. Journal of Nursing Management, 2016, 24(5): 646-655.

[58] Farrelly T A. Indigenous and democratic decision-making: issues from community-based ecotourism in the Bouma National Heritage Park, Fiji[J]. Journal of Sustainable Tourism, 2011, 19(7): 817-835.

[59] Fukuyama F. Social capital and the global economy[J]. Foreign Affairs, 1995, 74(5): 89-103.

[60] Ghazinoory S, Hajishirzi R. Using Actor-Network Theory to identify the role of IT in cognitive science in Iran[J]. Social and Behavioral Sciences, 2012, 32(1): 153-162.

[61] Gibson H J, Walker M, Thapa B, et al. Psychic income and social capital among host nation residents: a pre-post analysis of the 2010 FIFA World Cup in South Africa[J].

Tourism Management, 2014, 44(5): 113-122.

[62] Gilli M, Sonia F. Tourism in multi-ethnic districts: the case of Porta Palazzo market in Torino[J]. Leisure Studies, 2018, 37(2): 146-157.

[63] Goltz S, Buche M W, Pathak S. Political empowerment, rule of law and women's entry into entrepreneurship[J]. Journal of Small Business Management, 2015, 53(3): 605-626.

[64] Guisela S C O, Gary B. A case study on cultural brokers and their role in tourism management in the indigenous community of Taquila Island in Puno, Peru[J]. International Journal of Tourism Research, 2015, 17(4): 347-355.

[65] Hanifan L J. The rural school community center[J]. Annals of the American Academy of Political and Social Science, 1916, 67(1): 130-138.

[66] Harrison N, Page S, Finneran M. Generative methodology: an inquiry into how a university can acknowledge a commitment to its aboriginal community[J]. Australian Educational Researcher, 2013, 40(3): 339-351.

[67] Hipwell W T. Taiwan aboriginal ecotourism: Yanayiku Natural Ecology Park[J]. Annals of Tourism Research, 2007, 34(4): 876-897.

[68] Hoarau H, Kline C. Science and industry: Sharing knowledge for innovation[J]. Annals of Tourism Research, 2014, 46(3): 44-61.

[69] Holifield R. Actor-Network Theory as a critical approach to environmental justice: a case against synthesis with urban political ecology[J]. Antipode, 2009, 41(4): 637-657.

[70] Holman D V. The relational bent of community participation: the challenge social network analysis and Simmel offer to top-down prescriptions of 'community'[J]. Community Development Journal, 2015, 50(3): 418-432.

[71] Horn P, Scheffler P, Schiele H. Internal integration as a pre-condition for external integration in global sourcing: a social capital perspective[J]. International Journal of Production Economics, 2014, 158(7): 54-65.

[72] Hunter W C. Performing culture at indigenous culture parks in Taiwan: using Q method to identify the performers' subjectivities[J]. Tourism Management, 2014, 42(1): 294-304.

[73] Hunter W C. Rukai indigenous tourism: representations, cultural identity and Q method[J]. Tourism Management, 2011, 32(2): 335-348.

[74] Hwang D, Chi S, Lee B. Collective action that influences tourism: social structural approach to community involvement[J]. Journal of Hospitality and Tourism Research, 2016, 40(4): 497-515.

[75] Inoue Y, Umezaki M, Watanabe C. Emergence of income inequality and its impact on subjective quality of life in an ethnic minority community in Hainan Island, China[J].

Anthropological Science, 2012, 120(1): 51-60.

[76] Ishii K. The impact of ethnic tourism on hill tribes in Thailand[J]. Annals of Tourism Research, 2012, 39(1): 290-310.

[77] Iskandarova M. From the idea of scale to the idea of agency: an actor-network theory perspective on policy development for renewable energy[J]. Science and Public Policy, 2017, 44(4): 476-485.

[78] Jaafar M, Rasoolimanesh S M, Ismail S. Perceived sociocultural impacts of tourism and community participation: a case study of Langkawi Island[J]. Tourism and Hospitality Research, 2017, 17(2): 123-134.

[79] Jamal T B, Getz D. Collaboration theory and community tourism planning[J]. Annals of Tourism Research, 1995, 22(1): 186-204.

[80] Jorgensen M T. Reframing tourism distribution-activity theory and actor-network theory[J]. Tourism Management, 2017, 62(1): 312-321.

[81] Joseph C A, Kavoori A P. Mediated resistance: tourism and the host community[J]. Annals of Tourism Research, 2001, 28(4): 998-1009.

[82] Kaiser H F, John R. Little Jiffy, Mark IV[J]. Journal of Educational and Psychological Measurement, 1974, 34(1): 111-117.

[83] Kim K, Uysal M, Sirgy M J. How does tourism in a community impact the quality of life of community residents[J]. Tourism Management, 2013, 36(1): 527-540.

[84] Ku B H. 'Happiness being like a blooming flower': an action research of rural social work in an ethnic minority community of Yunnan Province, PRC[J]. Action Research, 9(4): 344-369.

[85] Kunasekaran P, Gill S S, Ramachandran S, et al. Measuring sustainable indigenous tourism indicators: a case of Mah Meri ethnic group in Carey Island, Malaysia[J]. Sustainability, 2017, 9(7): 1-20.

[86] Kwon S, Heflin C, Ruef M. Community social capital and entrepreneurship[J]. American Sociology Review, 2013, 78(6): 980-1008.

[87] Laurence J. Countervailing contact: community ethnic diversity, anti-immigrant attitudes and mediating pathways of positive and negative inter-ethnic contact in European societies[J]. Social Science Research, 2018, 69(1): 83-110.

[88] Laurence J. Wider-community segregation and the effect of neighborhood ethnic diversity on social capital: an investigation into intra-neighborhood trust in Great Britain and London[J]. Sociology-The Journal of The British Sociological Association, 2017, 51(5): 1011-1033.

[89] Law J. Notes on the theory of the actor network: Ordering, strategy and heterogeneity[J]. System Practice, 1992, 5(4): 379-393.

[90] Lee H. Interactive design and community participation: the case of Mullae art village

[J]. International Journal of Arts Management, 2015, 18(1): 1-13.

[91] Lee N A, Nie Y. Teachers' perception of school leaders' empowering behaviors and psychological empowerment: evidence from a Singapore sample[J]. Educational Management Administration & Leadership, 2017, 45(2): 260-283.

[92] Lemelin R H, Koster R, Youroukos N. Tangible and intangible indicators of successful aboriginal tourism initiatives: a case study of two successful aboriginal tourism lodges in Northern Canada[J]. Tourism Management, 2015, 47(1): 318-328.

[93] Levanon A. Who succeeds as an immigrant? effects of ethnic community resources and external conditions on earnings attainment[J]. Research in Social Stratification and Mobility, 2014, 36(1): 13-29.

[94] Lewis V A, MacGregor C A, Putnam R D. Religion, networks, and neighborliness: the impact of religious social networks on civic engagement[J]. Social Science Research, 2013, 42(2): 331-346.

[95] Li S C, Choi T H. Does social capital matter? a quantitative approach to examining technology infusion in schools[J]. Journal of Computer Assisted Learning, 2014, 30(1): 1-16.

[96] Li Y, Hunter C. Community involvement for sustainable heritage tourism: a conceptual model[J]. Journal of Cultural Heritage Management and Sustainable Development, 2015, 5(3): 248-262.

[97] Li Z. Psychological empowerment on social media: who are the emposered users[J]. Public Relations Review, 2016, 42(1): 49-59.

[98] Limerick M. What makes an aboriginal council successful? case studies of aboriginal community government performance in far north Queensland[J]. Australia Journal of Public Administration, 2009, 68(4): 414-428.

[99] Lin M, Wu X, Ling Q. Assessing the effectiveness of empowerment on service quality: a multi-level study of Chinese tourism firms[J]. Tourism Management, 2017, 61(1): 411-425.

[100] Littleton S. Review on outline of a Theory of Practice[J]. American Anthropologist, New Series, 1979, 81(1): 181-182.

[101] Liu J, Qu H, Huang D, Chen G, et al. The role of social capital in encouraging residents' pro-environmental behaviors in community-based ecotourism[J]. Tourism Management, 2014, 41(4): 190-201.

[102] Luscombe A, Walby K. Theorizing freedom of information: the live archive, obfuscation, and actor-network theory[J]. Government Information quarterly, 2017, 34(3): 379-387.

[103] Lynch M, Duinker P N, Sheehan L R, et al. The demand for Mi'kmaw cultural tourism: tourist perspectives[J]. Tourism Management, 2011, 32(5): 977-986.

[104] Mahadevan R. Examining domestic and international visits in Australia's Aboriginal tourism[J]. Tourism Economics, 2018, 24(1): 127-134.

[105] Mak B K L, Cheung L T O, Hui D L H. Community participation in the decision-making process for sustainable tourism development in rural areas of Hong Kong, China[J]. Sustainability, 2017, 9(10): 1-13.

[106] Martini U, Buffa F, Notaro S. Community participation, natural resource management and the creation of innovative tourism products: evidence from Italian Networks of Reserves in the Alps[J]. Sustainability, 2017, 9(12): 1-16.

[107] Maruyama N U, Woosnam K M. Residents' ethnic attitudes and support for ethnic neighborhood tourism: the case of a Brazilian town in Japan [J]. Tourism Management, 2015, 50(1): 225-237.

[108] Maruyama N U, Woosnam K M, Boley B B. Who is ethnic neighborhood tourism for anyway? Considering perspectives of the dominant cultural group [J]. International Journal of Tourism Research, 2017, 19(6): 727-735.

[109] Massing K. Safeguarding intangible cultural heritage in an ethnic theme park setting—the case of Binglanggu in Hainan Province, China[J]. International Journal of Heritage Studies, 2017, 24(1): 66-82.

[110] Mazel O. Self-determination and the right to Health: Australian aboriginal community controlled health services[J]. Human Rights Law Review, 2016, 16(2): 323-355.

[111] Mendoza-Ramos A, Prideaux B. Assessing ecotourism in an Indigenous community: using, testing and proving the wheel of empowerment framework as a measurement tool[J]. Journal of Sustainable Tourism, 2018, 26(2): 277-291.

[112] McGehee N G, Lee S, O'Bannon T L, et al. Tourism-related social capital and its relationship with other forms of capital: an exploratory study[J]. Journal of Travel Research, 2010, 49(4): 486-500.

[113] McIntosh A J. Tourists' appreciation of Maori culture in New Zealand[J]. Tourism Management, 2004, 25(1): 1-15.

[114] McMillan C L, O'Gorman K D, MacLaren Andrew C. Commercial hospitality a vehicle for the sustainable empowerment of Nepali women[J]. International Journal of Contemporary Hospitality Management, 2011, 23(2): 189-208.

[115] Morgan-Trimmer S. 'It's who you know': community empowerment through network brokers[J]. Community Development Journal, 2014, 49(3): 458-472.

[116] Moscardo G, Konovalov E, Murphy L. Linking tourism to social capital in destination communities[J]. Journal of Destination Marketing & Management, 2017, 6(4): 286-295.

[117] Movono A, Dahles H. Female empowerment and tourism: a focus on businesses in a

Fijian village[J]. Asia Pacific Journal of Tourism Research, 2017, 22(6): 681-692.

[118] Murdock K A, Varnes C J. Beyond effectuation: analyzing the transformation of business ideas into ventures using actor-network theory[J]. International Journal of Entrepreneurial Behavior & Research, 2017, 24(1): 256-272.

[119] Murphy P E. Community driven tourism planning[J]. Tourism Management, 1988, 9(2): 96-104.

[120] Nahapiet J, Ghoshal S. Social capital, intellectual capital, and the organization advantage[J]. Academy of Management Review, 1998, 23(2): 242-266.

[121] Ndivo R M, Cantoni L. Rethinking local community involvement in tourism development[J]. Annals of Tourism Research, 2016, 57(1): 234-278.

[122] Nenadovic M, Epstein G. The relationship of social capital and fishers' participation in multi-level governance arrangements[J]. Environmental Science & Policy, 2016, 61(1): 77-89.

[123] Niekerk M V. Advocating community participation and integrated tourism development planning in local destinations: the case of South Africa[J]. Journal of Destination Marketing & Management, 2014, 3(2): 82-84.

[124] Numerato D, Baglioni S. The dark side of social capital: an ethnography of sport governance[J]. International Review for the Sociology of Sport, 2011, 47(5): 594-611.

[125] Nunkoo R. Governance and sustainable tourism: what is the role of trust, power and social capital[J]. Journal of Destination Marketing & Management, 2017, 6(4): 277-285.

[126] Onyx J, Bullen P. Measuring social capital in five communities[J]. Journal of Applied Behavioral Science, 2000, 36(1): 23-42.

[127] Ooi C, Hooy C, Som A P M. Diversity in human and social capital: Empirical evidence from Asian tourism firms in corporate board composition[J]. Tourism Management, 2015, 48(1): 139-153.

[128] Paget E, Dimanche F, Mounet J. A tourism innovation case: an actor-network approach[J]. Annals of Tourism Research, 2010, 37(3): 828-847.

[129] Palmer N A, Perkins D D, Xu Q. Social capital and community participation among migrant workers in China[J]. Journal of Community Psychology, 2011, 39(1): 89-105.

[130] Park D, Lee K, Choi H, et al. Factors influencing social capital in rural tourism communities in South Korea[J]. Tourism Management, 2012, 33(6): 1511-1520.

[131] Pasque P, Carducci R, Kuntz A, et al. Qualitative Inquiry for Equity in Higher Education: Methodological innovations, implications, and interventions[J]. ASHE Higher Education Report, 2012, 37(6): 21-23.

[132] Perrett R, Lucio M M. Trade unions and relations with black and minority-ethnic community groups in the United Kingdom: the development of new alliances[J]. Journal of Ethnic and Migration Studies, 2009, 35(8): 1295-1314.

[133] Peterson N A. Empowerment Theory: clarifying the nature of higher-order multidimensional constructs[J]. American Journal of Community Psychology, 2014, 53(1-2): 96-108.

[134] Pollack J, Costello K, Sankaran S. Applying Actor—Network Theory as a sensemaking framework for complex organizational change programs[J]. International Journal of Project Management, 2013, 31(8): 1118-1128.

[135] Portela M, Neira I, Salinas-Jimenez M D M. Social capital and subjective wellbeing in Europe: a new approach on social capital[J]. Social Indicators Research, 2013, 114(2): 493-511.

[136] Pratt Stephen, Gibson D, Movono A. Tribe tourism in Fiji: an application and extension of Smith's 4Hs of indigenous tourism[J]. Asia Pacific Journal of Tourism Research, 2013, 18(8): 894-912.

[137] Qi X. Guanxi, social capital theory and beyond: toward a globalized social science [J]. The British Journal of Sociology, 2013, 64(2): 308-324.

[138] Rasoolimanesh S M, Jaafar M, Ahmad A G, et al. Community participation in World Heritage Site conservation and tourism development[J]. Tourism Management, 2017, 58(1): 142-153

[139] Reid D G, Heather M, George W. Community tourism planning: a self-assessment instrument[J]. Annals of Tourism Research, 2004, 31(3): 623-639.

[140] Ren C, Non-human agency, radical ontology and tourism realities[J]. Annals of Tourism Research, 2011, 38(3): 858-881.

[141] Rodger K, Moore S A, Newsome D. Wildlife tourism, science and actor network theory[J]. Annals of Tourism Research, 2009, 36(4): 645-666.

[142] Rodriguez-Martinez R E. Community involvement in marine protected areas: the case of Puerto Morelos reef, Mexico[J]. Journal of Environment Management, 2008, 88(4): 1151-1160.

[143] Rodríguez-Pose A, Berlepsch V. Social capital and individual happiness in Europe [J]. Journal of Happiness Studies, 2014, 15(2): 357-386.

[144] Roggeveen S, Meeteren M V. Beyond community: an analysis of social capital and the social networks of Brazilian migrants in Amsterdam[J]. Current Sociology, 2013, 61(7): 1078-1096.

[145] Rolfe S. Divergence in community participation policy: analyzing localism and community empowerment using a theory of change approach[J]. Local Government Studies, 2016, 42(1): 97-118.

[146] Ruhannen L, Whitford M, McLennan C. Exploring Chinese visitor demand for Australia's indigenous tourism experiences[J]. Journal of Hospitality and Tourism Management, 2015, 24(1): 25-34.

[147] Russell-Mundine G. Reflexivity in indigenous research: reframing and decolonizing research[J]. Journal of Hospitality and Tourism Management, 2012, 19(1): 85-90.

[148] Ryan N, Head B, Keast R, et al. Engaging indigenous communities: towards a policy framework for indigenous community justice program[J]. Social Policy & Administration, 2006, 40(3): 304-321.

[149] Saegert S, Winkel G. Crime, social capital, and community participation[J]. American Journal of Community Psychology, 2004, 34(3/4): 219-233.

[150] Salisbury R H. An exchange theory of interest groups[J]. Midwest Journal of Political Science, 1969, 13(1): 1-32.

[151] Saufi A, O'Brien D, Wilkins H. Inhibitors to host community participation in sustainable tourism development in developing countries[J]. Journal of Sustainable Tourism, 2014, 22(5): 801-820.

[152] Sayes E. Actor-Network theory and methodology: just what does it mean to say that nonhumans have agency[J]. Social Studies of Science, 2014, 44(1): 134-149.

[153] Scheyvens R. Ecotourism and the empowerment of local communities[J]. Tourism Management, 1999, 20(2): 245-249.

[154] Scheyvens Regina. Ecotourism and the empowerment of local communities[J]. Tourism Management, 1999, 20(2): 245-249.

[155] Sekhar N U. Local people's attitudes towards conservation and wildlife tourism around Sariska tiger reserve, India[J]. Journal of Environment Management, 2003, 69(4): 339-347.

[156] Sheehan R. Actor-network theory as a reflexive tool: (inter)personal relations and relationships in the research process[J]. Area, 2011, 43(3): 336-342.

[157] Sidali K L, Morocho P Y, Garrido-Pérez E I. Food tourism in indigenous settings as a strategy of sustainable development: the case of Ilex guayusa Loes. In the Ecuadorian Amazon[J]. Sustainability, 2016, 8(10): 967-984.

[158] Simon B L. Rethinking empowerment[J]. Journal of Progressive Human Services, 1990, 1(1): 27-39.

[159] Smart A, Gifts B. Guanxi: a reconsideration of Bourdieu's Social Capital[J]. Cultural Anthropology, 1993, 8(3): 388-408.

[160] Spencer D M. Facilitating public participation in tourism planning on American Indian reservations: a case study involving the Nominal Group Technique[J]. Tourism Management, 2010, 31(5): 684-690.

[161] Stantaon-Salazar R D. Study of institutional agents and their role in the

empowerment of low-status students and youth[J]. Youth & Society, 2011, 43(3): 1066-1109.

[162] Steen J. Actor-network theory and the dilemma of the resource concept in strategic management[J]. Scandinavian Journal of Management, 2010, 26(3): 324-331.

[163] Stock C, Mares S, Robinson G. Telling and re-telling stories: the use of narrative and drawing in a group intervention with parents and children in a remote aboriginal community[J]. The Australian and New Zealand Journal of Family Therapy, 2012, 33(2): 157-170.

[164] Stone L S, Stone T M. Community-based tourism enterprises: challenges and prospects for community participation; Khama Rhino Sanctuary Trust, Botswana [J]. Journal of Sustainable Tourism, 2011, 19(1): 97-114.

[165] Strickland-Munro J, Moore S. Indigenous involvement and benefits from tourism in protected areas: a study of Purnululu National Park and Warmun Community, Australia[J]. Journal of Sustainable Tourism, 2013, 21(1): 26-41.

[166] Su M M, Wall G. Community participation in tourism at a world heritage site: Mutianyu Great Wall, Beijing, China [J]. International Journal of Tourism Research, 2014, 16(2): 146-156.

[167] Sutawa G K. Issues on Bali Tourism development and community empowerment to support sustainable tourism development[J]. Economics and Finance, 2012, 4(1): 413-422.

[168] Tai H. Development through conservation: an institutional analysis of indigenous community-based conservation in Taiwan[J]. World Development, 2007, 35(7): 1186-1203.

[169] Taylor A, Carson D B, Carson D A, et al. 'Walkabout' tourism: the indigenous tourism market for Outback Australia [J]. Journal of Hospitality Tourism Management. 2015, 24(1): 9-17.

[170] Taylor G. The community approach: does it really work[J]. Tourism Management, 1995, 16(7): 487-489.

[171] Theerapappisit P. Pro-poor ethnic tourism in the Mekong: a study of three approaches in Northern Thailand[J]. Asia Pacific Journal of Tourism Research, 2009, 14(2): 201-221

[172] Theodossopoulos D. Emberá indigenous tourism and the trap of authenticity: beyond inauthenticity and invention[J]. Anthropological Quarterly, 2013, 86(2): 397-425.

[173] Thomas K W, Velthouse B A. Cognitive elements of empowerment: an "interpretive" model of intrinsic task motivation[J]. The Academy of Management Review, 1990, 15(4): 666-681.

[174] Tolkach D, King B, Whitelaw P A. Creating Australia's national landscapes: issues of collaborative destination management[J]. Journal of Destination Marketing & Management, 2016, 5(2): 117-132.

[175] Tosun C. Expected nature of community participation in tourism development[J]. Tourism Management, 2006, 27(3): 493-504.

[176] Tosun C. Limits to community participation in the tourism development process in developing countries[J]. Tourism Management, 2000, 21(6): 613-633.

[177] Tosun C. Stages in the emergence of a participatory tourism development approach in the developing world[J]. Geoforum, 2005, 36(3): 333-352.

[178] Tsai J H. Xenophobia, ethnic community, and immigrant youths' friendship network formation[J]. Adolescence, 2006, 41(162): 285-298.

[179] Van der Duim R. Tourismscapes: an Actor-Network perspective[J]. Annals of Tourism Research, 2007, 34(4): 961-976.

[180] Van Ingen E, Van Ejick K. Leisure and social capital an analysis of types of company and activities[J]. Leisure Sciences, 2009, 31(2): 192-206.

[181] Waheduzzaman W, As-Saber S. Community participation and local governance in Bangladesh [J]. Australian Journal of Political Science, 2015, 50(1): 128-147.

[182] Walter P G. Travelers' experiences of authenticity in "hill tribe" tourism in Northern Thailand[J]. Tourist Studies, 2016, 16(2): 213-230.

[183] Weaver D. Indigenous tourism stages and their implications for sustainability[J]. Journal of Sustainable Tourism, 2010, 18(1): 43-60.

[184] Wellman B, Wortley S. Different strokes from different Folks: community ties and social support[J]. American Journal of Sociology, 1990, 96(3): 558-588.

[185] White S D. The political economy of ethnicity in Yunnan's Lijiang Basin[J]. The Asia Pacific Journal of Anthropology, 2010, 11(2): 142-158.

[186] Whitford M M, Ruhanen L M. Australian indigenous tourism policy: practical and sustainable policies[J]. Journal of Sustainable Tourism, 2010, 18(4): 475-496.

[187] Wise J, Driskell R. Tolerance within community: does social capital affect tolerance[J]. Social Indicators Research, 2017, 134(2): 607-629.

[188] Wong I A, Mckercher Bob, Li X. East meets west: tourist interest in hybrid culture at postcolonial destination[J]. Journal of Travel Research, 2016, 55(5): 628-642.

[189] Woosnam K M, Norman W C, Ying T. Exploring the theoretical framework of emotional solidarity between residents and tourists[J]. Journal of Travel Research, 2009, 48(2): 245-258.

[190] Wright L T. Newman A, Dennis C. Enhancing consumer empowerment[J]. European Journal of Marketing, 2006, 40(9): 925-935.

[191] Wu Q, Tsang B, Ming H. Social capital, family support, resilience and educational

outcomes of Chinese migrant children[J]. British Journal of Social Work, 2014, 44(3): 636-656.

[192] Xie P F, Wu T, Hsieh H. Tourists' perception of authenticity in indigenous souvenirs in Taiwan[J]. Journal of Travel & Tourism Marketing, 2012, 29(5): 485-500.

[193] Xie P F. Developing ethnic tourism in a diaspora community: the Indonesian Village on Hainan Island, China[J]. Asia Pacific Journal of Tourism Research, 2010, 15(3): 367-382.

[194] Yang J, Ryan C, Zhang L. Ethnic minority tourism in China-Han perspectives of Tuva figures in a landscape[J]. Tourism Management, 2013, 36(1): 45-56.

[195] Yang J, Ryan C, Zhang L. Impersonation in ethnic tourism-the presentation of culture by other ethnic groups[J]. Annals of Tourism Research, 2016, 56(1): 16-31.

[196] Yang J, Ryan C, Zhang L. Social conflict in communities impacted by tourism[J]. Tourism Management, 2013, 35(1): 82-93.

[197] Yang L, Wall G, Smith S L J. Ethnic tourism development: Chinese government perspectives[J]. Annals of Tourism Research, 2006, 35(3): 751-771.

[198] Yang L, Wall G. Ethnic tourism: a framework and an application[J]. Tourism Management, 2009, 30(4): 559-570.

[199] Yang L, Wall G. Minorities and tourism: community perspectives from Yunnan, China[J]. Journal of Tourism and Cultural Change, 2009, 7(2): 77-98.

[200] Yang L. Ethnic tourism and minority identity: Lugu Lake, Yunnan, China[J]. Asia Pacific Journal of Tourism Research, 2013, 18(7): 712-730.

[201] Yang S. Cultural performance and the reconstruction of tradition among the Bunun of Taiwan[J]. Oceania, 2011, 31(3): 316-330.

[202] Ying T, Zhou Y. Community, governments and external capitals in China's rural cultural tourism: a comparative study of two adjacent villages[J]. Tourism Management, 2007, 28(1): 96-107.

[203] Yoon E, Felix-Mora M, Jung K R, et al. Validation of social connectedness in mainstream society and the ethnic community scales[J]. Cultural Diversity and Ethnic Minority Psychology, 2012, 18(1): 64-73.

[204] Zamani-Farahani H, Musa G. The relationship between Islamic religiosity and residents' perceptions of socio-cultural impacts of tourism in Iran: case studies of Sare'in and Masooleh[J]. Tourism Management, 2012, 33(4): 802-814.

[205] Zhang H, Lei S L. A structural model of residents' intention to participate in ecotourism: the case of a wetland community[J]. Tourism Management, 2012, 33(4): 916-925.

[206] Zhao L, Lu Y, Wang B, Chau P Y K, et al. Cultivating the sense of belonging and

motivating user participation in virtual communities: a social capital perspective[J]. International Journal of Information Management, 2012, 32(6): 574-588.

[207] Zhao W, Ritchie J R B, Echtner C M. Social capital and tourism entrepreneurship [J]. Annals of Tourism Research, 2011, 38(4): 1570-1593.

[208] Zheng H, Li D, Wu J, et al. The role of multidimensional social capital in crowdfunding: a comparative study in China and US [J]. Information & Management, 2014, 51(4): 488-496.

[209] Zhu P, Liu C Y, Painter G. Does residence in an ethnic community help immigrants in a recession[J]. Regional Science and Urban Economics, 2014, 47(1): 112-127.

[210] Zhu Y, Fu Q. Deciphering the civic virtue of communal space: neighborhood attachment, social capital, and neighborhood participation in urban China [J]. Environment and Behavior, 2017, 49(2): 161-191.

[211] Zimmerman M. Taking aim on empowerment research: On the distinction between individual and psychological conceptions [J]. American Journal of Community Psychology, 1990, 18(1): 169-177.

[212] Zinda J A, Yang J, Xue X, et al. Varying impacts of tourism participation on natural resource use in communities in southwest China[J]. Human Ecology, 2014, 42(5): 739-751.

[213] Zou T, Huang S, Ding P. Toward a community-driven development model of rural tourism: the Chinese experience[J]. International Journal of Tourism Research, 2014, 16(3): 261-271.

（五）英文会议论文集文献

[1] Eshliki S A, Kaboudi M. Community perception of tourism impacts and their participation in tourism planning: a case study of Ramsar, Iran[A]. ASEAN Conference on Environment-Behavior Studies[C], 2011: 333-341.

（六）英文析出文献

[1] Callon M, Latour B. Unscrewing the big leviathan: how actors macrostructure reality and how sociologists help them to do so[M]. Knorr-cetina K C V. Advances in social theory and method ology: towards an integration of micro-and macro-sociologies. Boston: Routledge & Kegan Paul, 1981:277-303.

[2] Loury G C. A Dynamic Theory of Racial Income Differences[M]. Wallace P A, LaMond A M. Women, Minorities, and Employment Discrimination, Lexington: Lexington Books, 1977:153-186.

后　　记

本书对具有中国特色的民族旅游社区参与机制做了理论与案例的综合研究,希冀为政府机构和企业的精准科学决策提供量化依据。本书的出版得到了国家自然科学基金项目(71373054、72074053)和复旦大学高峰学科项目基金的资助,特表感谢。

文化是一个国家、一个民族的灵魂。没有高度的文化自信,就没有中华民族的伟大复兴。坚定文化自信的重要路径,就是促进中华优秀传统文化实现创造性转化与创新性发展,使中华民族的传统文化基因与当代文化相适应、与现代社会相协调。坚持以文塑旅、以旅彰文,打造独具魅力的中华文化旅游体验,这就要求民族地区的旅游发展关注文化的传承,保护传统村落、民族村寨和乡村风貌,以原真性的民族旅游资源吸引游客到访,以深入发展大众旅游、智慧旅游,创新旅游产品体系,改善旅游消费体验。我国关于深入实施区域协调发展的战略也要求各方面加大对民族地区发展的支持力度,为民族地区旅游业的发展增添活力。民族地区居民是民族文化的见证和传承者,民族地区居民参与旅游业的发展有助于健全非物质文化遗产保护传承体系,加强各民族优秀传统手工艺保护和传承,进而有助于传承和弘扬中华优秀传统文化。

中国特色社会主义已进入了新时代,我国社会主要矛盾已经转化为人民日益增长的美好生活需要和不平衡不充分的发展之间的矛盾,这就要求全党要坚持以人民为中心,把人民对美好生活的向往作为奋斗目标和使命担当,朝着实现中华民族伟大复兴的宏伟目标奋勇前进。《中华人民共和国国民经济和社会发展第十四个五年规划和2035年远景目标纲要》以满足人民日益增长的美好生活需要为根本目的,以坚持以为人民中心为原则,提出了民生福祉达到新水平的目标,旨在增进民生福祉,不断实现人民对美好生活的向往。这就要求各地保障居民更高质量就业。旅游业作为民族旅游地区的战略性支柱产业,其提供的就业机会较多且门槛较低,能够为少数民族地区居民就业提供更多的保障和支持,以提高少数民族地区的民生福祉水平。这也是本书的研究目的所在。

本书得以顺利出版,要特别感谢以下相关人员:一是特别感谢立信会计出版社的相关领导和编辑,他们持续不断、卓有成效的积极推进与有效管理,使本书得以顺利出版发行;二是特别感谢上海市民族和宗教事务局、上海市新闻出版局给予本专著的极大信任与支持;三是特别感谢本书所借鉴和参考的已公开发表的国内外参考文献相关作者;四是特别感谢本书写作过程中参与头脑风暴和接受深度访谈的政府、企业和高校的高层管理者、专家学者,以及在我们研究团队进行抽样调研过程中参与深度访谈的当地居民和游客等;五是特别感谢默默给予我们极大支持和关心帮助的亲朋好友和同事。

由于作者水平所限,本书难免有诸多不足和疏漏之处,敬请广大同仁不吝赐教。

作　者
2022 年 9 月 1 日